Griechenland · Leben und Kultur in klassischer Zeit

W0192287

Robert Flacelière

Griechenland

Leben und Kultur
in klassischer Zeit

Mit 61 Abbildungen im Text
und 41 auf Tafeln sowie 3 Karten

Aus dem Französischen übersetzt
und herausgegeben von Edgar Pack

Philipp Reclam jun. Stuttgart

Titel der Originalausgabe:
La vie quotidienne en Grèce au siècle de Périclès

CIP-Kurztitelaufnahme der Deutschen Bibliothek

Flacelière, Robert
Griechenland : Leben u. Kultur in klass. Zeit / aus d. Franz. übers. u. hrsg. von Edgar Pack. – 1. Aufl. – Stuttgart : Reclam, 1977.
Einheitssacht.: La vie quotidienne en Grèce au siècle de Périclès ⟨dt.⟩
ISBN 3-15-010264-2

Alle Rechte vorbehalten. © Philipp Reclam jun. Stuttgart 1977
Die Übersetzung erscheint mit Genehmigung von Librairie Hachette, Paris
© Librairie Hachette, 1959. Schrift: Linotype Garamond-Antiqua
Printed in Germany 1977. Herstellung: Reclam Stuttgart
Umschlagentwurf: Hanns Lohrer, Stuttgart
Karte: Theodor Schwarz, Urbach
ISBN 3-15-010264-2

Vorwort

Allen Griechen, nicht allein den Bewohnern der Balkanhalbinsel, sondern auch den Griechen Kleinasiens, den Griechen Massalias und der Städte am Pontos Euxeinos (dem Schwarzen Meer), war das Bewußtsein eigen, Abkömmlinge eines gemeinsamen Stammes zu sein; gegenüber jener Welt, die sie als die der »Barbaren« bezeichneten, d. h. gegenüber der Gesamtheit der Völker, die nicht das Griechische als Muttersprache besaßen, empfanden sie die tiefe Gemeinsamkeit der Sprache (trotz der Unterschiede örtlicher Dialekte), der Religion und der Sitten. »Hellas«, der Name Griechenlands, hat in der Antike jedoch nie wirklich politische Bedeutung besessen; Griechenland im engeren, eigentlichen Sinne hat vor der makedonischen und römischen Herrschaft nie eine staatlich geordnete Einheit gebildet. Wenn die drei bedeutenderen und politisch ehrgeizigeren Städte Athen, Sparta und Theben nacheinander die Hegemonie innehatten und die Geschicke des Landes bestimmten, so waren die von ihnen organisierten Bündnisse nicht eben von langer Dauer und haben vor allem niemals alle griechischen Städte zusammengeschlossen. Jede Stadt, wie klein ihr Territorium auch immer gewesen sein mag, legte Wert auf absolute Unabhängigkeit und hatte ihre eigenen politischen, religiösen und juridischen Einrichtungen, sehr oft sogar ihr besonderes Münzwesen und ein mehr oder weniger eigenständiges System von Maßen und Gewichten.

Wie soll man nun angesichts einer solchen Verschiedenartigkeit, einer solchen Vielzahl kleinräumiger souveräner Staaten, das Alltagsleben »in Griechenland« beschreiben? Das Leben eines mit sieben Jahren in die vormilitärischen Formationen eingegliederten und bis zum Alter von sechzig Jahren einer streng disziplinierten Lebensführung unterworfenen Spartiaten unterschied sich beträchtlich von dem des Atheners, dessen Erziehung größere Freiheiten kannte und auf dem später weniger schwere Verpflichtungen lasteten. Wir müssen also auswählen, doch wird uns die Wahl sozusagen vom Stand unserer archäologischen und literarischen Quellen aufgezwungen.

Fast alle Autoren der klassischen Zeit, deren Werke wir noch besitzen, sind Athener, und es darf nicht überraschen, wenn die meisten Nachrichten, die sie uns überliefern, das Leben ihrer Landsleute und Mitbürger betreffen. Was die von den Archäologen ans Tageslicht gebrachten Denkmäler angeht, so bestätigen sie in ihrem fragmentarischen Zustand die Voraussage des Thukydides (I, 10,2), und auch hier erscheint Athen im Vergleich zu den anderen griechischen Städten und insbesondere zu Sparta als bevorzugt. Zwar sind, soweit es um die Privatbehausungen geht, die Ausgrabungen von Olynth auf der Chalkidike viel ergiebiger als auf dem Gebiet Athens, doch muß die Frage gestellt werden, was wir, sieht man vom Grundriß der Häuser einmal ab, vom Alltagsleben der Olynthier sonst eigentlich wissen. So werden wir in diesem Buch hauptsächlich von Athen und den Athenern sprechen, freilich nicht ohne bisweilen einen vergleichenden Blick auf andere Städte zu werfen. Schon die Alten betrachteten im übrigen Athen als »Hellas im Hellas«.

Die Abgrenzung der hier ins Auge gefaßten Epoche betreffend, erschien es unmöglich, uns auf die Zeit des tatsächlichen Herrschaftseinflusses des Perikles (seit etwa 450 bis 429 v. Chr.) zu beschränken, denn allzu zahlreich sind die für unser Thema bedeutsamen Quellen, die dieser kurzen Zeitspanne vorausgehen oder – häufiger noch – in spätere Jahrzehnte fallen. Selbst wenn wir die fünfzig Jahre von der Schlacht bei Plataiai (479) bis zum Tode des Perikles (429), die Pentekontaëtie, erfassen wollten, müßten wir das wesentliche Zeugnis des Aristophanes und das der Redner des 4. Jahrhunderts beiseite lassen. Sogar auf Autoren des 3. Jahrhunderts werden wir uns gelegentlich berufen, doch soll zumindest im Grundsatz das – weit gefaßte – »Jahrhundert des Perikles« unseren chronologischen Rahmen bilden. Im Sinne einer gewiß willkürlichen, aber bequemen Definition wollen wir darunter den Zeitraum verstehen, der um 450 nach der großen Krise der Perserkriege beginnt und etwa um 350 vor der Schlacht von Chaironeia (338) endet, jener Schlacht, die der makedonischen Herrschaft die Tore öffnete und mit die Voraussetzungen schuf für die vielfältigen und tiefgreifenden politisch-gesellschaftlichen Wandlungen der Alexanderzeit und des Hellenismus.

Erstes Kapitel

Der geographische Rahmen: Stadt und Land

Die griechische Landschaft

Wer als Reisender von Westen kommend Athen anfliegt, erkennt, sobald er den Golf von Korinth überquert, sofort die beiden wesentlichen Charakterzüge der griechischen Landschaft: den bedeutenden Umfang der Gebirge, die achtzig Prozent der Gesamtfläche einnehmen, und das infolge äußerst zerschnittener Küsten enge Ineinander von Land und Meer.

Die Gebirge sind nicht sonderlich hoch; das höchste, der Olymp im Norden, auf dem man die Wohnstätte der Götter ansiedelte, erreicht nicht ganz 3000 Meter. In der Phokis in Mittelgriechenland bleibt der Parnaß unterhalb von 2500 Metern. Die Gebirgszüge Attikas bewegen sich zwischen 1000 und 1500 Metern. Auf der Peloponnes übersteigen nur das Taygetos-, das Kyllene- und das Erymanthosgebirge 2000 Meter. Diese Höhenzüge sind auch keineswegs unüberwindbar, doch hat das antike Griechenland nie ein wirkliches Gegenstück zu dem späteren römischen Straßensystem gekannt. Gut ausgebaute Überlandstraßen besaß es nicht, und die Feldwege waren nur selten breit genug, auch nur zwei einander entgegenkommenden Wagen ungehinderte Durchfahrt zu gestatten.

Daher reisten die Griechen, wenn immer sie eine etwas längere Strecke zu bewältigen hatten, lieber zur See. Nur ein Heros wie Theseus konnte, um sich von Troizen (in der Argolis) nach Athen zu begeben, die lange und gefahrenreiche Reise über Land[1] vorziehen, wo doch der Seeweg so leicht war. Kein Ort Griechenlands liegt mehr als neunzig Kilometer von der Küste entfernt. Das »griechische« Meer schlechthin, das ist die Ägäis, die mit ihren zahlreichen Inseln, die als Zwischenhäfen für die Reise von Europa nach Asien dienten, so etwas wie das wirkliche Zentrum von Hellas bildet. Oft braust hier ein böiger Sturmwind, und die Seefahrt ist, sieht man vom Sommer einmal ab, häufig gefährlich; in der schlechten Jahreszeit begab man sich daher kaum an Bord eines Schiffes.

Zu allen Zeiten sind in Griechenland Erdbeben häufig gewesen. In Lakonien war die Katastrophe des Jahres 464 v. Chr. so groß, daß die Heloten die allgemeine Verwirrung zu einem Aufstand benutzen konnten. Im Jahre 426 traf es die Städte der Lokris. Die achaiischen Städte Helike und Bura wurden 373 von einem Beben in Verbindung mit einer Springflut zerstört. Es ist ja bekannt, daß noch in unseren Tagen Erdbeben Kandia (das heutige Iraklion, 1926), Korinth (1928) und – erst kürzlich – die Ionischen Inseln und Santorin schwer geschädigt haben. Schrecklich ist Poseidon, der Gott mit dem Dreizack, in seinem Zorn. Ihm, dem Gott, »der die Erde erschüttert«, wie Homer sagt, schrieben die Alten ja die Erdbeben zu, so wie sie den »wolkensammelnden« Zeus, den Gott des Himmels und der atmosphärischen Erscheinungen, etwa für die Gewitter verantwortlich machten.

Dieses so oft von Erdstößen geschüttelte Land ist aufs Ganze gesehen nicht eben fruchtbar. Freilich, Sonne fehlt nicht, liegt Griechenland doch in der Zone, die bei den Geographen die »warmgemäßigte« heißt. Die Ungetrübtheit der Atmosphäre, die lichtvolle Klarheit der Luft, ist besonders in Attika bemerkenswert, und man weiß, wie sehr die »Helle des Tages« von den griechischen Dichtern gefeiert worden ist, die in ihr das beste Pfand, das unvergleichliche Symbol des glücklichen Lebens sahen. Doch wird diese glänzende Lichtfülle erkauft um den Preis der Trockenheit. Nur selten und in geringen Mengen fällt Regen, abgesehen von gewissen Gewitterschauern, die so plötzlich und sturzbachartig auftreten, daß sie wahre Katastrophen verursachen. Flußbetten wie die des Ilissos und des Kephisos in Athen liegen die meiste Zeit trocken, können sich aber plötzlich in gefährliche Wildbäche verwandeln. Nur wenige Flüsse führen – wie der Peneios in Thessalien, der Acheloos in Akarnanien und der Alpheios auf der Peloponnes – das ganze Jahr über Wasser. Man versteht daher, daß in einem so trockenen Lande Flüsse und Quellen eine so große Bedeutung besaßen, daß sie schon früh als heilig galten. Jeder Fluß, jeder Bach war eine Gottheit, jede Quelle eine Nymphe, brachten sie doch Pflanzen, Tieren und Menschen das lebensnotwendige Wasser.

Die Vegetation war die der Mittelmeerländer, d. h. bestimmt von der Stärke der Sonneneinstrahlung und dem geringen Feuchtigkeitsgrad. Wälder, die damals noch viel ausgedehnter waren als heute, überzogen einen großen Teil der Gebirge; man fand dort viele Platanen, Eichen und zahlreiche andere Arten, aber auf noch weitläufigeren Flächen hatten Büsche und Sträucher die Bäume verdrängt. Die wilden Tiere, die – wie der Nemeische Löwe – in den Zeiten der Heroen die Wälder durchstreift hatten, starben in klassischer Zeit allmählich aus; Bären und Wölfe jedoch waren in den Bergen noch recht häufig anzutreffen. In den ausgedehnten Buschwaldgebieten, deren Fauna überwiegend von Myrten, Sandbeersträuchern, Heidekraut oder Kreuzdorn geprägt war, gab es Wild im Überfluß: Hasen, Rebhühner, Krammetsvögel, Wachteln und Lerchen; Hochwild freilich – Hirsch und Wildschwein – war nur noch im Gebirge zu finden. Die Viehzucht wurde vor allem auf den hochgelegenen Weideflächen in den Bergen betrieben.

Die menschliche Tätigkeit konzentrierte sich auf die unteren Berghänge und die Ebenen, denn nur dort findet sich fruchtbarer Boden für den Anbau von Getreide. Die ausgedehnte Ebene von Thessalien gestattete die Aufzucht von Pferden, die boiotische lieferte Weizen und Gerste im Überfluß. Attika war weniger begünstigt: die Alten tadelten die Steinigkeit und Trockenheit seines Bodens. Die Ebenen von Marathon und Eleusis waren wegen ihrer Sumpfgebiete teilweise ungesund. Zwischen Hymettos und Laureion war die Mesogaia, das »Land in der Mitte«, das am besten bebaute und fruchtbarste Gebiet; hier vor allen Dingen gediehen zwischen einigen Zypressen die ertragreichen niedrigen Weinstöcke und die Ölbäume, die Reben des Dionysos und die Ölbäume der Athena, die Haupteinnahmequellen Attikas, das an Bodenerzeugnissen außer Wein und Öl kaum etwas exportieren konnte. Diese Flüssigkeiten wurden in Gefäßen aus gebranntem Ton verschickt; von daher versteht man die Bedeutung, die in Attika die Töpferkunst, die κεραμική (τέχνη), gewinnen sollte. An Bodenschätzen war nur das silberhaltige Blei des Laureion bekannt, dessen Abbau in unseren Tagen wiederaufgenommen und sogar auf andere Metalle ausgedehnt worden ist.

Die Lage Athens

Der Historiker Thukydides weiß zu berichten, daß in der archaischen Zeit alle Griechen unansehnliche Dörfer bewohnten. Aus dem Zusammenschluß mehrerer benachbarter Dörfer konnte eine Stadt entstehen. Genau dies geschah in der zum Meer hin offenen Ebene, die von den Gebirgszügen des Parnes, des Pentelikon und des Hymettos begrenzt wird, mit der Siedlung, deren Mittelpunkt auf der Akropolis lag (s. Karte S. 12/13). Nach dem Mythos war es Theseus, der alle Dörfer Attikas durch den Synoikismos (συνοικισμός) zusammenschloß und damit alle seine Bewohner zu Athenern machte. Doch wurde auch der geschlossene Zentralort selbst aus der Vereinigung mehrerer Dörfer gebildet. Dies erklärt, weshalb sein Name immer pluralisch geblieben ist: Athen – das waren genaugenommen *die Athenai.*

Im 5. Jahrhundert war die Akropolis nur mehr der Unterbau, auf dem sich einzig die Tempel der Götter erhoben, aber dies war das Ergebnis einer historischen Entwicklung. Vor Theseus »war nur die jetzige Akropolis die Stadt gewesen und etwa das südlich darunter gelegene Gebiet«.[2] Tatsächlich scheint die unmittelbar im Süden der Akropolis gelegene Zone der seit den frühesten Zeiten bewohnte Teil der ganzen Stadt zu sein, befanden sich doch in diesem nicht weit vom Ilissos gelegenen versumpften Viertel, das bezeichnenderweise Limnai (Sumpf) heißt, mehrere sehr alte Kultstätten.

Athen ist also wie die meisten antiken und neuzeitlichen Städte (mit Ausnahme der Kolonien und anderer Neugründungen) ohne vorgefaßten Plan entstanden, und seine Entwicklung in der Folgezeit hatte nichts vernunftmäßig Berechenbares. Sie spiegelt im Gelände das in gewisser Weise organische Wachstum des attischen Volkes in dem Rahmen wider, den ihm im Umkreis der Akropolis der Kolonos-Agoraios-Hügel, der Nymphen- und der Pnyxhügel, das Museion, der Lykabettos und der Ardettos zuwiesen; denn auch Athen könnte mit gutem Recht als »die Stadt auf den sieben Hügeln« bezeichnet werden.

Um die Akropolis, die Wiege der Stadt, und um Limnai herum, ihre Fortsetzung nach Süden, konzentrierte sich zumindest seit dem Ende des 7. Jahrhunderts das städtische Leben vor allem nach Nordwesten zu im Arbeiterviertel Kerameikos (s. Taf. 1), dessen Name sich mit den zahlreichen Herstellern von Töpferware hinlänglich erklärt. In diesem Viertel lag der Marktplatz der Stadt, die Agora des Kerameikos, der Versammlungsort zugleich des religiösen, politischen und wirtschaftlichen Lebens. Dort, auf der Orchestra (ὀρχήστρα, dem »Tanzplatz«), fanden zu Ehren des Theatergottes Dionysos die ersten dramatischen Aufführungen statt, dort auch die Volksversammlungen in der anfangs nur durch verspannte Seile markierten Einfriedung des περισχοίνισμα, und schließlich verkauften hier die Händler die Erzeugnisse des Bodens und der verarbeitenden Gewerbe. Das Gedränge des Marktes aber und die Menge der umherspazierenden Müßiggänger machten die politischen Zusammenkünfte und die Theatervorstellungen an diesem allzu belebten Ort wenig angenehm, so daß erstere zur Pnyx (westlich des Areopags und der Akropolis), letztere zum Heiligtum des Dionysos Eleutherios (am Südabhang der Akropolis) umzogen. Allein der Markt verblieb auf der Agora. Jedoch hatten die Mitglieder des Rats und die Prytanen weiterhin dort ihre Versammlungsstätten; auch die Bürgerversammlung konnte bei Gelegenheit noch immer an diesem Ort stattfinden.

Die erste Mauer Athens war im 6. Jahrhundert unter der Herrschaft des Tyrannen Peisistratos und seiner Söhne gebaut worden, die Athens Macht und Blüte sehr gefördert hatten. Zur Zeit der Perserkriege, in den Jahren nach der Schlacht von Salamis (480), wurde diese Anlage von Themistokles erweitert und befestigt. Diese neue Ummauerung hatte einen etwa kreisförmigen Umfang von annähernd 6 Kilometern Länge bei einem Durchmesser von 1500 Metern. Infolge der hervorragenden Bedeutung, die der Kerameikos und seine Agora gewonnen hatten, lag die Akropolis nicht genau

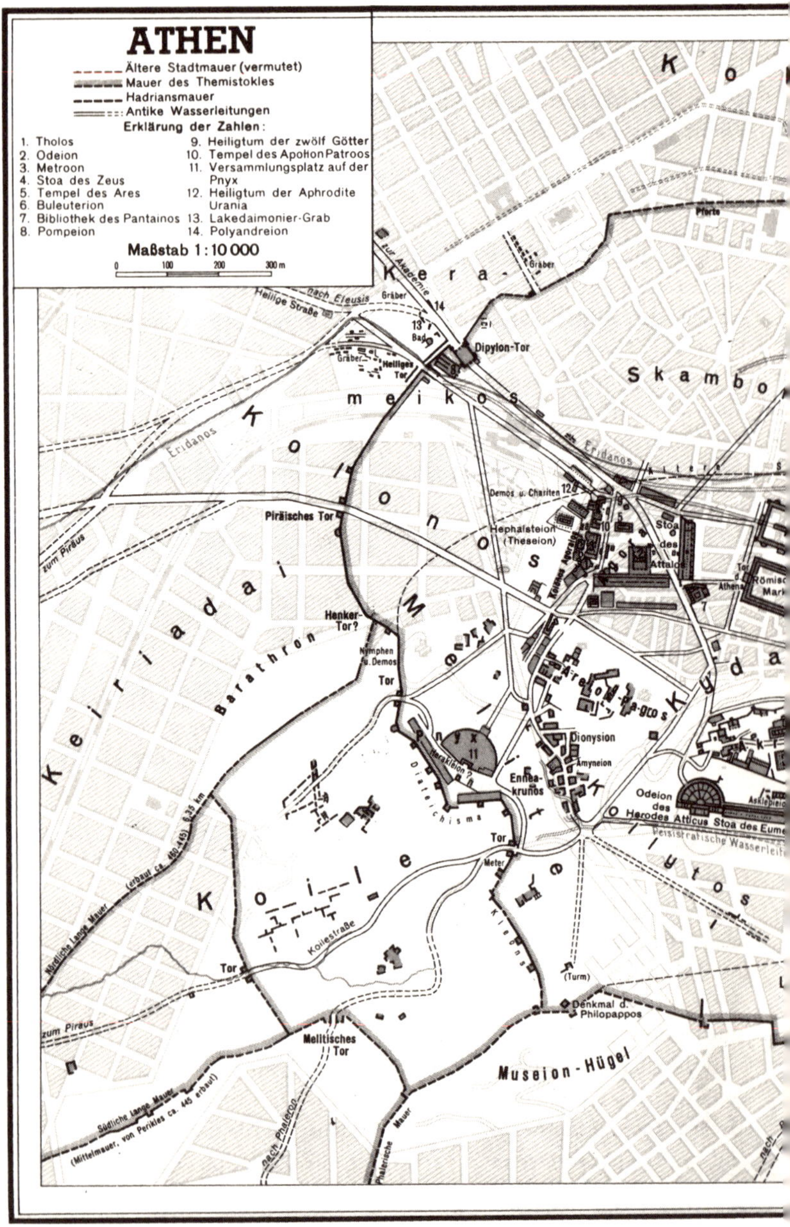
ATHEN
Ältere Stadtmauer (vermutet)
Mauer des Themistokles
Hadriansmauer
Antike Wasserleitungen
Erklärung der Zahlen:
1. Tholos
2. Odeion
3. Metroon
4. Stoa des Zeus
5. Tempel des Ares
6. Buleuterion
7. Bibliothek des Pantainos
8. Pompeion
9. Heiligtum der zwölf Götter
10. Tempel des Apollon Patroos
11. Versammlungsplatz auf der Pnyx
12. Heiligtum der Aphrodite Urania
13. Lakedaimonier-Grab
14. Polyandreion
Maßstab 1:10 000
0 100 200 300 m
Kerameikos
Kolonos Agoraios
Skambonidai
Keiriadai
Melite
Koile
Kydathenaion
Kollytos
Dipylon-Tor
Heiliges Tor
Heilige Straße
nach Eleusis
zur Akademie
Gräber
Bad
Pforte
Eridanos
Piräisches Tor
zum Piräus
Demos u. Chariten
Hephaisteion (Theseion)
Stoa des Attalos
Römischer Markt
Henker-Tor?
Nymphen u. Demos
Tor
Barathron
Areopagos
Dionysion
Amyneion
Enneakrunos
Herakleion?
Diateichisma
Odeion des Herodes Atticus
Stoa des Eumenes
Asklepieion
Peisistratische Wasserleitung
Meter
Koilestraße
(Turm)
Denkmal d. Philopappos
Museion-Hügel
Melitisches Tor
Nördliche Lange Mauer (erbaut ca. 460–445) 6,35 km
Südliche Lange Mauer (Mittelmauer, von Perikles ca. 445 erbaut)
nach Phaleron
Phalerische Mauer

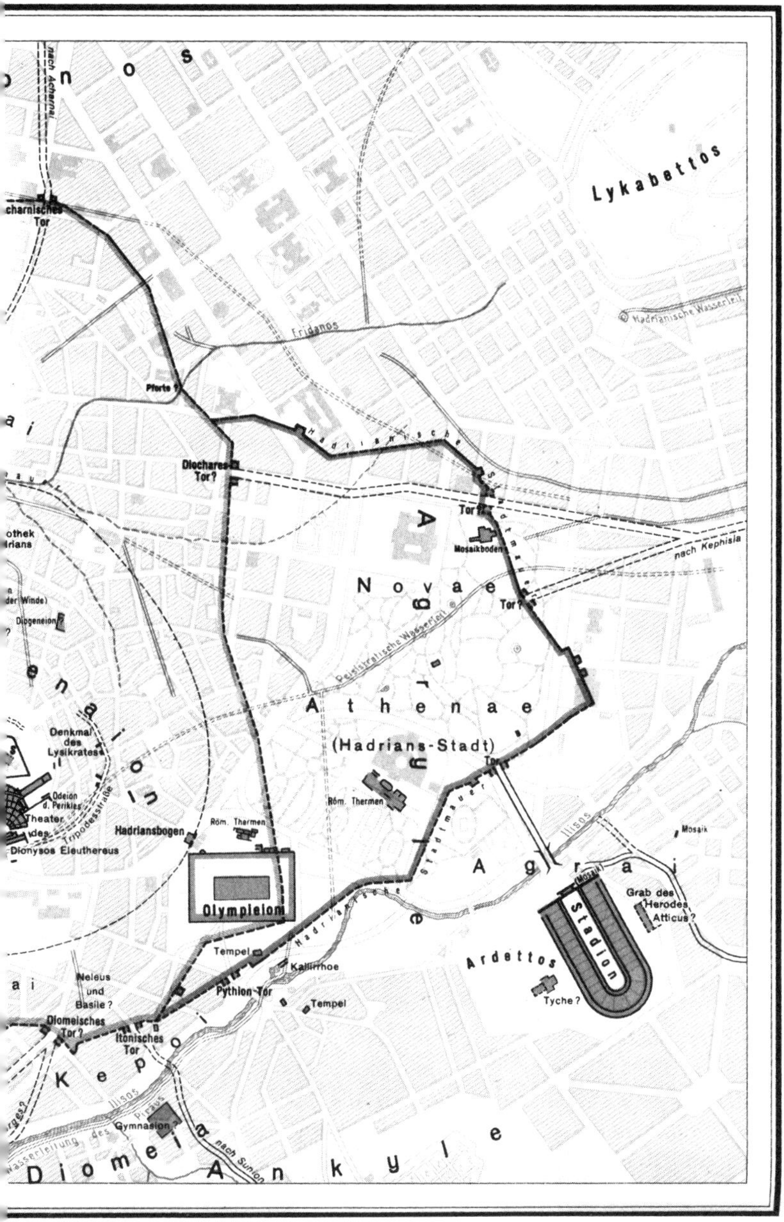
Lykabettos
nach Acharnai
charnisches Tor
Hadrianische Wasserleit.
Eridanos
Pforte ?
Diochares-Tor?
Hadrianische Stadtmauer
Tor ?
Mosaikboden
nach Kephisia
Novae
Tor ?
Peisistratische Wasserleit.
Athenae
(Hadrians-Stadt)
Agyieus
Tor
Röm. Thermen
Denkmal des Lysikrates
Odeion d. Perikles
Theater des Dionysos Eleuthereus
Tripodesstraße
Diogeneion
Hadriansbogen
Röm. Thermen
Olympieion
Stadtmauer
Hadrianische
Ilisos
Mosaik
Agrai
Mosaik
Stadion
Grab des Herodes Atticus ?
Ardettos
Tyche ?
Tempel
Kallirrhoe
Pythion-Tor
Tempel
Neleus und Basile ?
Diomeisches Tor ?
Itonisches Tor
Kepoi
Ilisos
Gymnasion ?
Wasserleitung des Piräus
nach Sunion
Diomeia
Ankyle

im Mittelpunkt, sondern mehr im Süden. Die Ummauerung, die im Südwesten an die Langen Mauern anschloß, umfaßte mehrere andere Viertel, deren jedes einem städtischen Demos (δῆμος, einer im Jahre 508 v. Chr. von Kleisthenes gleichzeitig mit den zehn Phylen geschaffenen Verwaltungseinheit) entsprach: im Norden das ausgedehnte Wohnviertel Skambonidai, von wo man durch das Acharnische und das Phyle-Tor das Land erreichen konnte, im Südwesten zwischen dem Kerameikos und dem »Sumpf« (Limnai) die Volksviertel Melite und Kollytos. Im Osten erstreckte sich außerhalb der Mauern eine Vergnügungsvorstadt, die Agryle, die sehr viel später unter dem Namen Neai Athenai (Neu-Athen) von dem Kaiser Hadrian in die Stadt einbezogen wurde.

Die Langen Mauern verbanden Athen mit seinem Hafen, dem Peiraieus (s. Karte S. 15). Nord- und Südmauer, beide mehr als 6 Kilometer lang, umgaben die fast genau ein Schritt-Stadion, d. h. etwa 164 Meter, breite Heeresstraße. Die in Friedenszeiten am häufigsten benutzte Straße verlief jedoch nördlich davon außerhalb dieser Mauern. Deren Zweck war es, aus der Stadt und ihrem Hafen eine einzige, leicht zu verteidigende Festung zu machen; sie gestatteten den Athenern die Wareneinfuhr auch in Kriegszeiten, denn der größte Teil ihres Lebensmittelnachschubs traf ja auf dem Seeweg ein. Auf diese Weise blieb Athen nach dem Plan des Perikles, solange es die Vormacht zur See behielt, vor jedem Angriff von der Peloponnes aus geschützt: Die Lakedaimonier und ihre Verbündeten konnten Attika verwüsten und Weinstöcke und Ölbäume umschlagen: Athen wurde im Schutz seiner Festungswerke weiterhin vom Peiraieus versorgt, und seine Kriegsflotte versetzte den Feinden schwere Schläge. Wie die Befestigungen wurde auch der Peiraieus erstmals unter Themistokles ausgebaut. Es wird gesagt, die Athener hätten zu seiner Anlage den Geometer und Philosophen Hippodamos von Milet berufen, der als der Vater der als »geometrisch« bezeichneten Stadtpläne gilt, in denen sich bekanntlich alle Straßen im rechten Winkel schneiden und so immer quadratische oder rechtwinklige Wohninseln begrenzen (s. Abb. 1). Zwar läßt, was von den Baulichkeiten des Peiraieus übriggeblieben ist, kaum zu, an eine so große Regelmäßigkeit seines Grundrisses zu glauben, doch kann

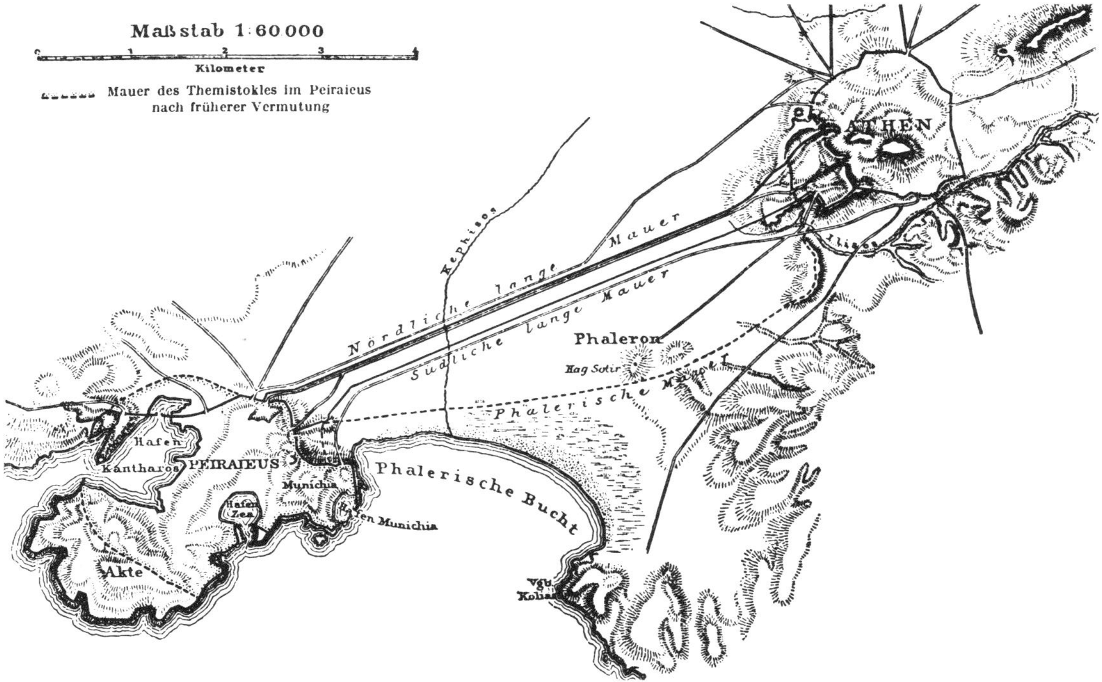
Maßstab 1:60000
0
1
2
3
4
Kilometer
Mauer des Themistokles im Peiraieus nach früherer Vermutung
ATHEN
Ilisos
Kephisos
Nördliche lange Mauer
Südliche lange Mauer
Phaleron
Hag Sotir
Phalerische Mauer
Phalerische Bucht
Vgb Kolias
Hafen
Kantharos
PEIRAIEUS
Munichia
Hafen Zea
Hafen Munichia
Akte

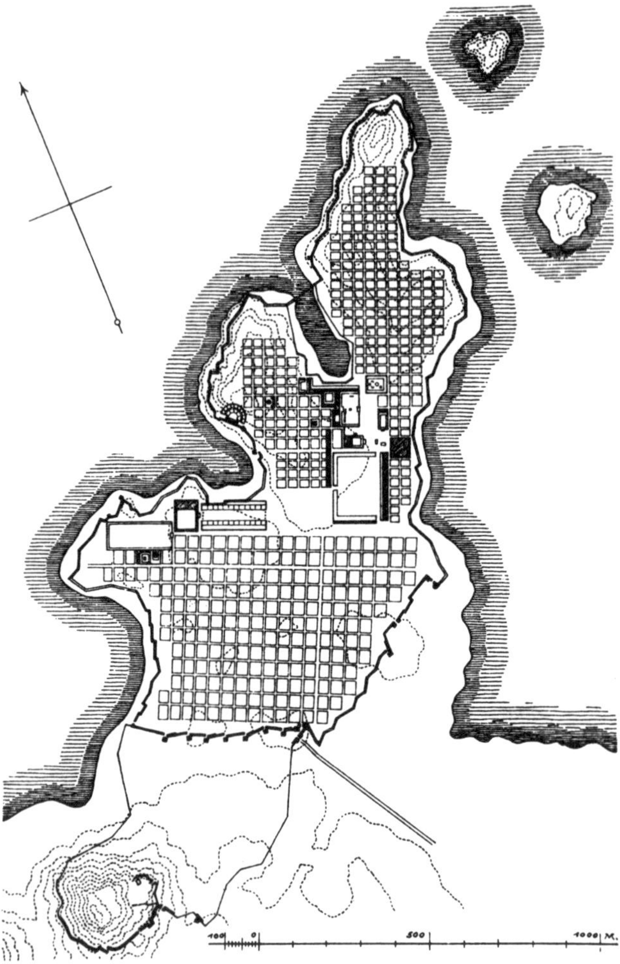

Abb. 1. Milet. Stadtplan nach hippodamischem Muster, nach 479 v. Chr. Rekonstruktion von A. v. Gerkan, *Griechische Städteanlagen*, Berlin und Leipzig 1924, Abb. 6.
Nach: G. Kleiner, *Die Ruinen von Milet*, Berlin: de Gruyter, 1968, S. 26, Abb. 14.

man immerhin eine wirkliche Planungstätigkeit beobachten: Der Gemeindebesitz weist klare Abgrenzungen auf, um eine geordnete Entfaltung der administrativen, der religiösen sowie der Marine- und Handelseinrichtungen der Hafengegend zu ermöglichen.

Straßen und Viertel

Im Unterschied zum Peiraieus war die Stadt Athen ohne jeden Plan entstanden und gewachsen. Der religiöse Mittelpunkt blieb im 5. Jahrhundert die Akropolis, wo Perikles in prachtvoller Weise die von der Armee des Xerxes zerstörten Tempel wiederaufbauen sollte. Dort war im Gegensatz zur Unterstadt alles glanzvoll geordnet. Man hat schreiben können: »In Athen konnte die Ästhetik der Ordnung nur auf der Akropolis triumphieren, weil die Perser mit der Vergangenheit radikal aufgeräumt hatten.«[3] Das gesellschaftliche und wirtschaftliche Leben und in bedeutendem Umfang auch dic politische und gerichtliche Aktivität spielten sich im Rahmen der Agora des Kerameikos ab, die wir dank den amerikanischen Ausgrabungen jetzt recht gut zu kennen beginnen (s. Abb. 2).

In einiger Entfernung vom teilweise erhaltenen Dipylon-Tor, wo die beiden von der Akademie und von Eleusis (die Heilige Straße) kommenden Wege ineinander übergehen, nicht weit von der Gräberstätte des äußeren Kerameikos, teilte sich der am Eridanos-Fluß entlang verlaufende Dromos (Gang, Zugangsstraße) in zwei Straßen: Die eine führte unter dem Namen Straße der Panathenäen quer über die Agora zur Akropolis, die andere bog geradewegs nach Süden ab und setzte sich dann in der Tripoden-Straße fort, wo man noch heute das zierliche Lysikrates-Denkmal bewundern kann. Diese zweite Straße ließ unmittelbar nach der Abzweigung die ältesten öffentlichen Monumente der Agora rechts liegen. Sie stehen zwischen dieser Straße und dem Kolonos-Agoraios-Hügel, auf dem sich der unbeschädigt erhalten gebliebene Hephaistos-Tempel, das auch Theseion genannte Hephaisteion, erhebt: Es sind (von Norden) die Königsstoa (oder Stoa des Zeus, denn es trifft sehr wahrschein-

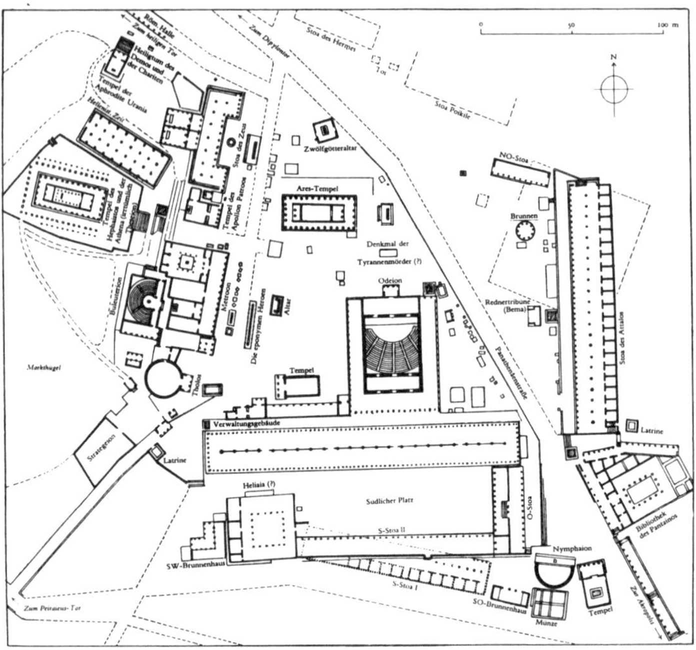

Abb. 2. Athen, Agora. Lageplan von E. Meyer, 1965.
Nach: J. Boardman [u. a.], *Die griechische Kunst*, München: Hirmer, ^{3}1976, S. 60, Abb. 100.

lich zu, daß beide Bezeichnungen ein und dasselbe Bauwerk meinen), der Tempel des Apollon Patroos, das Metroon, d. h. das Heiligtum der Göttermutter Kybele[3a], in dem die Staatsarchive lagerten, das Buleuterion, in dem sich der Rat der Fünfhundert versammelte, und die Tholos, ein Rundbau, in dem die 50 Prytanen, der ständige Ausschuß des Rats, zusammentraten und ihre gemeinsamen Mahlzeiten hielten. Auf der anderen Seite erhoben sich in einigem Abstand von derselben Straße der Altar der zwölf olympischen Götter, den man als offizielles Zentrum der Stadt betrachtete, der Ares-Tempel und das Monument der Eponymen Heroen, die den zehn Phylen des Kleisthenes ihre Namen gegeben hatten. Noch unbekannt ist die Lage der berühmten Bilder-Stoa (Stoa Poikile), die um 460 unter der Herrschaft des Strategen Kimon errichtet worden war, ebenso wie die des aus derselben Zeit stammenden Theseus-Heiligtums, in das im Jahre 475 die von Kimon auf der Insel Skyros entdeckten Überreste des Helden überführt wurden. Nur die Körper der Heroen durften innerhalb der Stadtgrenzen ruhen, während die übrigen Grabstätten wie die des Kerameikos sich immer *extra muros* befanden.

Im 2. Jahrhundert vor unserer Zeitrechnung werden zwei große Stoai die Süd- und die Ostseite der Agora begrenzen, im 5. Jahrhundert scheint jedoch – vorbehaltlich neuer Entdeckungen – nur der westliche Teil der Agora einen wirklich monumentalen Anblick von einiger Eindrücklichkeit geboten zu haben, zweifellos ohne daß man ihn mit den großen Plätzen aus hellenistischer Zeit vergleichen könnte, die ganz mit prunkvollen Säulenhallen umgeben waren.

Wie können wir uns den Ostteil dieser Agora vorstellen, der als eigentliche Markt-Agora diente? Nur die literarischen Texte können uns dabei helfen.

Auf der Agora gab es Platanen, die Kimon gepflanzt hatte.[4] Unzählige Verkaufsstände und Handwerksbuden besetzten jeden noch freigelassenen Raum, denn an diesem Ort drängte sich die Kundschaft am dichtesten und machten die Händler und Handwerker die besten Geschäfte. Der »Invalide« des Lysias sagt zu den Athenern, von denen er Gerechtigkeit fordert:

> »Mein Ankläger behauptet auch, daß sich bei mir viele schlechte Leute herumtreiben, die ihr Vermögen verschleudert haben und denen nachstellen, die ihres bewahren wollen. Ihr aber merkt euch alle, daß, wer solches sagt, mich nicht mehr anschuldigt als die anderen, soweit sie ein Handwerk ausüben, und meine Kunden nicht mehr als diejenigen, die bei den anderen Handwerkern verkehren. Jeder von euch ist ja doch gewohnt, sie häufig aufzusuchen, der eine den Salben- und Parfümladen, der andere die Barbierstube, ein dritter die Schuhmacherwerkstatt, ein anderer wonach ihm gerade der Sinn steht, und die meisten gehen

zu denen, die sich am nächsten bei der Agora eingerichtet haben, die wenigsten zu denen, die am weitesten von ihr entfernt stehen.«[5]

Viele dieser Läden waren sicherlich sehr leichte Bauwerke von der Art, wie wir sie auf unseren heutigen Jahrmärkten sehen können, Bretterbuden, die mit Fellen oder Weidengeflechten gedeckt waren und so ein Wetterdach besaßen: Demosthenes berichtet uns, daß man in dem panischen Schrecken, den die Nachricht von der Besetzung Elateias durch Philipp im Jahre 339 v. Chr. auslöste, Feuer an diese Baracken legte, um den Platz für die sofort zusammentretende Volksversammlung zu räumen und um zugleich durch den Brand die Aufmerksamkeit der Landbevölkerung in der Umgebung von Athen auf sich zu ziehen.[6]
Trotz einer vermutlich malerischen Unordnung, von der sich jeder eine Vorstellung machen kann, der die *souks* der orientalischen Städte besichtigt hat, scheinen diese Buden annähernd entsprechend den Waren angeordnet gewesen zu sein, die sie den Kunden zum Kauf anboten: in einer Ecke der Agora waren vor allem die Buchhändler zu finden, in einer anderen Kessel und andere Haushaltsgegenstände, an der nächsten Stelle Gemüse und Wein, wieder anderswo Toilettenartikel für die Damen, Myrtenkränze für die Bestattungsfeierlichkeiten usw. Nicht allein die Städter kamen hierher, um ihre Einkäufe zu tätigen oder um die Dienste des Friseurs in Anspruch zu nehmen, auch die Bauern vom Lande drängten sich dort zugleich als Verkäufer und Käufer, und sogar – vor allem in der Zeit der großen Dionysien gegen Ende März – viele Fremde, die aus den der herrschenden Stadt tributpflichtigen griechischen Poleis gekommen waren.

Städtebau und Stadtordnung

Die Bauwerke der Akropolis und – in geringerem Maße – die der Agora, auch die vorstädtischen Parks um die Gymnasien (die Akademie im Westen, das Kynosarges im Süden und das Lykeion im Osten) riefen die Bewunderung der Betrachter hervor. Dagegen waren Athens Straßen mit Ausnahme des Dromos und der Tripoden-Straße klein, eng, gewunden und von Häusern begrenzt, die alle durchweg ein eher dürftiges Erscheinungsbild boten. Indessen muß man in dieser Hinsicht zwischen den Vierteln unterscheiden: dem von Skambonidai z. B., wo vornehmlich die Reichen wohnten, und den zugleich volkstümlichen und volkreichen des Kerameikos, von Kollytos und Melite. Hier konzentrierten sich die verschiedenen Berufe – in etwa wie die Verkaufsstände auf der Agora – nach Vierteln oder Straßen. Der Name Kerameikos selbst erinnert ja daran, daß dort überwiegend Töpfer arbeiteten. Anderswo waren es die Schreiner oder Gerber, die Fleischverkäufer, die Fischhändler usw. Diese Traditionen haben sich durch die Jahrhunderte erhalten, und noch im modernen Athen gibt es in den Vierteln der kleinen Leute, die sich am Fuß der Akropolis, nicht weit von der Stelle der antiken Agora, hinziehen, die Straße der Lederpantoffeln, die der Kesselflicker, der Grobschmiede ... (s. Abb. 3).

Aufs Ganze gesehen machte die Unterstadt nicht gerade einen anziehenden Eindruck. Ein Reisender des 3. Jahrhunderts v. Chr. schreibt:

> »Die ganze Stadt ist trocken, schlecht bewässert und infolge ihres hohen Alters schlecht gegliedert [...] Würde sie unvorbereitet von Fremden betrachtet, so könnte wohl ein Zweifel aufkommen, ob dies die vielgenannte Stadt der Athener sei.«[7]

Da nun der allgemeine Anblick der Stadt sich zwischen dem 5. und dem 3. Jahrhundert eher gebessert haben dürfte, gilt dieses Urteil erst recht von der Stadt der Perikleischen Zeit.

Wer sich über diese Feststellung wundert, sollte zweierlei berücksichtigen: Einerseits spielt sich das Leben der Menschen in den Mittelmeerländern weitgehend draußen unter freiem Himmel ab; oft begeben sie sich nur nachts zum Schlafen in ihre Häuser. Im Sommer geschieht es sogar nicht eben selten, daß man sich auf dem flachen Dach des Hauses zum Schlafen legt, um die nächtliche Abkühlung zu genießen. Im Winter zwar kann es in Athen recht kalt werden, doch sind die Kälteperioden gewöhnlich von kurzer Dauer, und

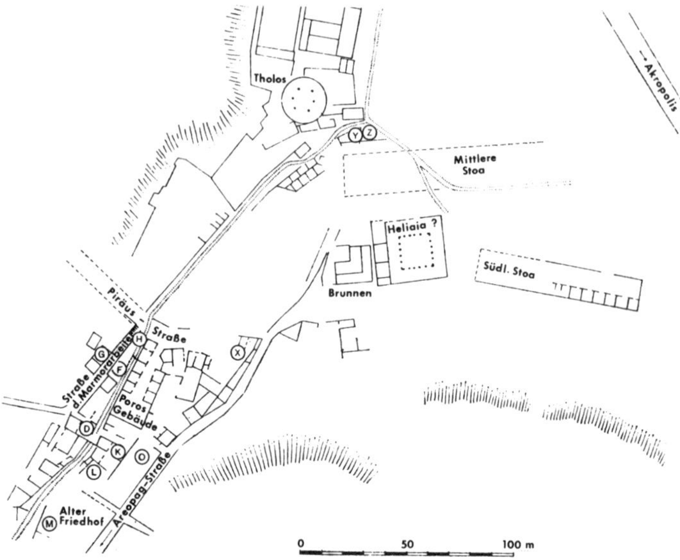

Abb. 3. Athen, das Handwerkerviertel südwestlich der Agora. Poros-Bau, Marmorarbeiter, 5. und 4. Jh. v. Chr. – D Schmiede des Aristaichmos; F nicht identifizierter Handwerksbetrieb; G, H, K Marmorarbeiter; L Terrakotta-Betrieb, bis ins 1. Jh. n. Chr. tätig; M Marmorwerkstätte aus römischer Zeit; O Erzgießerei aus hellenistischer Zeit; X Mikion und Menon; Y Simon der Schuster; Z Grenzstein der Agora.

Nach: A. Burford, *Craftsmen in Greek and Roman Society*, London: Thames & Hudson, 1972, S. 83, Abb. III (Ausschnitt).

die Sonne bessert alles, sobald sie nur scheint. Andererseits haben die Alten, und nicht allein die Griechen, von religiösem Geist durchdrungen, sich sehr viel mehr darum gekümmert, ihren Göttern prachtvolle Wohnstätten zu bieten, als sich selbst Annehmlichkeiten zu schaffen.

Der Gegensatz zwischen der glänzenden Ordnung der Akropolis

und der Nachlässigkeit der Unterstadt ist in dieser Hinsicht bezeichnend. Beim Anblick der von Perikles errichteten Tempel der Akropolis und zweifellos auch der Säulenhallen und städtischen Bauten der Agora erhob sich nationaler Stolz; für Menschen allzu aufwendige Wohnungen zu bauen wäre dagegen fast als Frevel erschienen; hier wie anderswo fand das delphische Gebot »Nichts im Übermaß« Anwendung.

Die Tyrannen des 6. Jahrhunderts mögen für sich selbst anspruchsvoller gewesen sein, im demokratischen und egalitären Athen der folgenden Jahrhunderte aber erregte privater Luxus sofort Anstoß. Man beachte, mit welchen Worten Demosthenes gewisse Politiker seiner Zeit angreift, die ihre Häuser mit einem seiner Ansicht nach unrechtmäßig erworbenen Vermögen verschönerten:

> »[...] im Privatleben dagegen waren sie maßvoll und dem Geist der Staatsverfassung treu, daß wer von euch etwa weiß, wie die Wohnungen des Aristeides und des Miltiades und anderer berühmter Männer jener Zeit beschaffen sind, wohl sieht, daß sie in nichts glänzender waren als die der Nachbarn. Denn sie verwalteten die staatlichen Belange nicht zu ihrem eigenen Vorteil, sondern jeder glaubte, das gemeine Beste fördern zu müssen, und so konnte es nicht fehlen, daß sie bei ihrer gewissenhaften Fürsorge für das gesamte hellenische Interesse, bei ihrer Ehrfurcht vor den Göttern und der Gleichheit untereinander eine große Blütezeit erlebten. [...] Aber, höre ich jemanden sagen, steht es auch damit schlecht, so hat sich doch das innere Leben der Stadt selbst gebessert. Und was ließe sich wohl dafür anführen? Etwa, daß wir die Mauerzinnen anstreichen lassen, die Straßen ausbessern, Brunnen anlegen und ähnliche Nichtigkeiten mehr? Schaut sie nur an, die Männer, die von Staats wegen mit diesen Geschäften betraut sind: einige von ihnen sind aus Bettlern zu reichen Leuten geworden, andere aus gemeinem Volk zu vornehmen Leuten, einige haben sich Privathäuser eingerichtet, prächtiger als die öffentlichen Gebäude, kurz: in ebendem Maße, wie die Wohlfahrt der Stadt abgenommen hat, ist ihr Wohlstand gestiegen.«[8]

Solche gewiß demagogischen Behauptungen spiegeln durchaus die Meinung eines großen Teiles des athenischen Volkes wider, so daß man versteht, weshalb diejenigen, die in der Stadt eine Rolle zu spielen wünschten, von allzu offensichtlichen verschwenderischen und daher Neid erregenden Ausgaben absahen.

Das Zitat aus Demosthenes zeigt uns überdies, daß man zu seiner Zeit die Stadtbefestigungen, die Straßen und Brunnen instand setzte. Die Aufsicht über den Staatsbesitz oblag in früherer Zeit dem Areopag, dem aus den ehemaligen Archonten gebildeten Rat, der auf dem Ares-Hügel, ganz in der Nähe der Akropolis, seinen Tagungsort besaß. Als die Befugnisse dieses aristokratischen Rates von Ephialtes und Perikles beschnitten wurden, erbte der Rat der Fünfhundert diese Funktionen. Um den Rat bei seiner Arbeit zu unterstützen, mußte man aber schon bald Kollegien von mit speziellen Aufgaben betrauten Amtsträgern schaffen. Für die Instandhaltung und Ordnung der Stadt waren dies die zehn Astynomoi (ἀστυνόμοι, fünf für Athen und fünf für den Peiraieus) und für die Überwachung der Märkte die in gleichem Verhältnis zwischen Stadt und Hafen aufgeteilten Agoranomoi (ἀγορανόμοι). Der Einfluß der Astynomoi ist beträchtlich: Die Sorge für die Wahrung der guten Sitten (Aufsicht über Aulosspielerinnen, Tänzerinnen und Freudenmädchen), die Straßenordnung (Abfallbeseitigung, Schutz gegen Beeinträchtigungen des Verkehrs durch Anlieger), die Bauordnung, die Veranstaltung der Feste und anderes mehr bilden ihren Aufgabenbereich. Insbesondere haben sie darauf zu achten, daß die Müllfuhrleute (κοπρολόγοι) die Abfälle wenigstens zehn Stadien außerhalb der Stadtmauer abladen.[9] Die Agoranomoi überwachen die Anwendung der Preisvorschriften und die Belieferung der Märkte; bei der Kontrolle von Maßen und Gewichten stehen ihnen zehn als Metronomoi (μετρονόμοι) bezeichnete Aufsichtsbeamte zur Seite. Bei Xenophon beglückwünscht ein Gesprächspartner den schönen Charmides zu der harmonischen Entwicklung sowohl seiner Arme wie seiner Beine durch den Sport, indem er ihm sagt:

> »Darum scheinen denn auch deine Beine mit deinen Schultern so im Gleichgewicht zu sein, daß ich glaube, du kämest ohne Geldbuße

davon, wenn du Ober- und Unterkörper getrennt – wie Brote – bei den Marktaufsehern wiegen lassen müßtest.«[10]

Wir finden auch den Astynomoi untergebene Straßenbevollmächtigte mit der Amtsbezeichnung ὁδοποιοί, denen eine Abteilung von Stadtsklaven als Straßenarbeiter zur Verfügung steht. Schließlich gab es in Athen einen obersten Stadtbaumeister (ἀρχιτέκτων), der jedoch keine großen Befugnisse gehabt zu haben scheint; zweifellos war er einzig mit der baulichen Instandhaltung der Tempel und öffentlichen Gebäude beauftragt.
In einer Stadt von der Trockenheit Athens übertraf die Wasserversorgung alle anderen Probleme an Bedeutung. Die Tyrannen des 6. Jahrhunderts hatten sich ihrer mit Vorrang angenommen und Athen durch umfangreiche Baumaßnahmen mit mehreren Brunnen ausgestattet, deren berühmtester die Enneakrunos (das Brunnenhaus mit neun Wasserstellen) war. Der Wasserdienst wurde im 4. Jahrhundert einem besonderen Beamten anvertraut, dessen große Bedeutung daraus hervorgeht, daß man ihn nicht wie die meisten Magistrate durch das Losverfahren, sondern mit Wahl durch Handaufheben bestimmte. Er mußte reich sein, um aus eigenen Mitteln einen Beitrag zur Finanzierung der unvermeidlichen Ausgaben seines Postens leisten zu können. Ein athenischer Volksbeschluß des Jahres 333/332 v. Chr. ehrt den »Brunnenaufseher« Pytheas aus dem Demos Alopeke als jemanden, der allen Aufgaben seines Amtes mit Eifer nachgekommen ist, insbesondere den neuen in der Nähe des Ammon-Heiligtums gelegenen Brunnen habe vollenden und den Brunnen des Amphiaraos-Heiligtums, wo er Sorge für die Wasserzu- und -ableitung trug, habe errichten lassen. Zum Dank soll Pytheas einen goldenen Kranz im Werte von 1000 Drachmen erhalten.[11] Wie man sieht, befaßte sich dieser Beamte nicht nur mit den Brunnen Athens, sondern auch mit allen Brunnen Attikas, hat er doch auch das in der Nähe der boiotischen Grenze gelegene Amphiaraos-Heiligtum mit einem neuen Brunnenhaus ausgestattet (s. Taf. 5).
All diese Beamten konnten, wie groß ihr Eifer auch gewesen sein mag, die sehr mangelhafte Lage der Dinge nicht von Grund auf ändern. Die Straßen Athens sind fast nie rechtwinklig gewesen.

Doch nicht nur, daß sie den natürlichen Durchgängen zwischen den Hügeln folgten; weit davon entfernt, überall die gleiche Breite zu haben, verengten sie sich noch dazu an manchen Stellen beträchtlich. Die Häuser stehen kaum in einer wohlgeordneten Reihe, sondern springen bisweilen vor oder erheben sich in einigem Abstand von der Straße. Das Regenwasser, zumindest soweit es nicht in den Zisternen gesammelt wird, und das im Haushalt gebrauchte Wasser wird durch Fenster oder Türen auf die Straße geschüttet. Jedoch scheint die »Freiluftkanalisation« mitten auf der Straße im 4. Jahrhundert in vielen Fällen durch unterirdische Rohre und Abzugskanäle ersetzt worden zu sein. Die Straßen sind nicht gepflastert und verwandeln sich bei schlechtem Wetter schnell in einen von

Abb. 4. Satyrn und Frauen an einem Ziehbrunnen. Schwarzfiguriges Vasenbild, attisch, 2. Hälfte 6. Jh. v. Chr.

Nach: *Histoire générale des techniques*, Bd. 1, Paris: Presses Univ. de France, 1962, S. 197, Abb. 58.

abfließenden Wassermengen aufgeweichten und schlammbedeckten Morast. Bei alldem wird nicht nur kaum nach städtischer Planung, sondern nicht einmal nach hygienischen Belangen gefragt. Man versteht daher, daß Epidemien wie die große Pest des Jahres 429, der in Athen auch Perikles zum Opfer fiel, sich in einer Stadt, in der sich noch obendrein zu jener Zeit eine überdurchschnittliche Ansammlung der Landbevölkerung drängte, so schnell ausbreiten konnten. Es versteht sich von selbst, daß die Straßen nachts nicht beleuchtet waren, wie eine Anekdote zeigt, die Plutarch zur Veranschaulichung der stolzen Selbstbeherrschung des Perikles erzählt:

> »Eines Tages wurde Perikles auf offenem Markt von einem unverschämten Frechling den ganzen Tag geschmäht und verlästert. Er hielt jedoch schweigend stand und erledigte dabei ein paar dringende Geschäfte. Gegen Abend ging er ruhig nach Hause, ständig verfolgt von dem Kerl und seinen wüsten Beschimpfungen. Als er ins Haus treten wollte – es war inzwischen ganz dunkel geworden –, befahl er seinem Diener, eine Laterne zu nehmen und den Menschen sicher nach Hause zu geleiten.«[12]

Die Heliasten der *Wespen*, die mitten in der Nacht aufgestanden sind, um zum Gericht zu gehen, versuchen mit Hilfe von Lampen, die junge Sklaven ihnen zur Erhellung des Weges voraustragen, den Sumpflöchern auszuweichen.[13]

Die Häuser

Der oben erwähnte Reisende des 3. Jahrhunderts, der sich vom allgemeinen Anblick Athens enttäuscht zeigte[14], fügte hinzu: »Die meisten Häuser sind sehr einfach, nur wenige annehmbar.« Arme Behausungen wurden in den Felsen gehauen, z. B. im Vorort Koile (die Höhle), an der Stelle, wo die Langen Mauern auf die Stadtbefestigung stoßen. Eine dieser künstlichen Höhlen besteht aus drei Räumen und einer schuppenartigen Diele. Irreführend hat man sie das »Gefängnis des Sokrates« genannt; in Wirklichkeit handelt es sich um eine Felswohnung, die in römischer Zeit als Grabkammer diente.

Andere Wohnstätten lehnen sich gegen die nackten Wände des behauenen Felsens oder stehen auf kleinen durch Erdnivellierung angelegten Terrassen. In der Nähe ihrer Häuser hatten diese »Höhlenbewohner« Zisternen in die Erde gegraben.

In den Volksvierteln waren die Häuser meist sehr klein und bestanden nur aus einem Erdgeschoß mit zwei oder drei winzigen Zimmern. Besaßen sie ein zusätzliches Stockwerk mit ein oder zwei Kammern, führte der Zugang dorthin oft über eine außen angebrachte Holztreppe. Diese Dachwohnungen konnten an arme Leute vom Lande oder an Fremde, die in der Stadt ein Absteigequartier suchten, vermietet werden. »In unserem Haus«, sagt ein Gerichtsredner, »gab es ein Obergeschoß, das Philoneos benutzte, wenn er sich in der Stadt aufhielt.«[15]

Die Mauern dieser Häuser wurden aus Holz, aus unverputzten Ziegeln oder Steinen errichtet, die man durch einen Mörtel aus mit Wasser angerührter Erde verband. Sie waren so leicht zu durchstoßen, daß die Diebe sich nicht einmal die Mühe gaben zu versuchen, die Türen oder Fenster aufzubrechen. Sie zogen es vor, ein Loch in die dünnen Wände zu schlagen, so daß in Athen die Einbrecher geradezu τοιχωρύχοι genannt wurden, was soviel heißt wie »Mauerdurchbrecher«. Ein Athener, der als Dieb galt, hatte den Beinamen Χαλκοῦς (der Eherne); als dieser eines Tages in der Volksversammlung über den Fleiß spottete, mit dem Demosthenes nachts seine Reden ausarbeitete, antwortete ihm der Rhetor: »Ich weiß, daß ich dir dadurch lästig bin, daß ich mein Licht so lange brennen lasse. Aber ihr, Athener, wundert euch nicht über die vielen Diebstähle, wo wir doch ›eherne‹ Diebe und Wände aus Kleiberlehm haben.«[16] Im allgemeinen hatten diese Häuser eine gemeinsame Trennwand, und die Athener hätten wie die Plataier vorgehen können, die, als ihre Stadt 431 unvorhergesehenerweise von den Thebanern eingenommen wurde, »die gemeinsamen Zwischenwände ihrer Häuser durchbrachen, um sich im geheimen, d. h. ohne auf der Straße gesehen zu werden, versammeln zu können«.[17]

Die Dimensionen der Häuser, deren Spuren in Athen heute noch auszumachen sind, erweisen sich durchweg als sehr gering. Die Türen öffneten sich, wie uns Plutarch mitteilt, nach außen, und wer aus dem Haus gehen wollte, klopfte vorher, um den Vorübergehenden einen unangenehmen Zusammenstoß mit einer sich unerwartet öffnenden Tür zu ersparen.

Die Dächer waren terrassenartig angelegt. Die Fenster waren, sofern es sie überhaupt gab, notwendigerweise sehr klein, etwa von den Ausmaßen einfacher Dachfenster, da den Alten durchsichtige Fensterscheiben aus Glas unbekannt waren; wenn man des schlechten Wetters wegen die Fenster zusperren wollte, war das nur mit Hilfe von undurchsichtigen Füllungen möglich.

Im Falle der Vermietung solcher Häuser wandte der Eigentümer, sofern er den vereinbarten Mietbetrag nicht regelmäßig erhielt, energische Mittel an: Er ließ die Tür des Hauses aushängen oder auch die Ziegel des Daches abtragen oder schließlich den Zugang zum Brunnen sperren. Die zahlungsunfähigen Mieter kehrten in die große Masse der Leute ohne festen Wohnsitz zurück, die es in Athen gab.

Unter den Leuten, die wir heute »Obdachlose« oder »Stadtstreicher« nennen würden, gab es einerseits bedauernswerte aus der Bahn geworfene Existenzen, Opfer menschlicher Härte und eines unbarmherzigen Schicksals; es gab aber auch die »willentlich Besitzlosen«, will sagen jene in hellenistischer Zeit so zahlreich auftretenden Philosophen, die es sich als Ehre anrechneten, nicht nur die Reichtümer, sondern sogar die gewöhnlichsten Annehmlichkeiten des Lebens zu verachten. Zwar sind wir noch nicht in der Zeit des Diogenes und seiner Tonne, aber der Gründer der kynischen Schule, Antisthenes, war ein Schüler des Sokrates. Teles wird im 3. Jahrhundert vom kynischen Philosophen sagen:

> »Wenn er das Bedürfnis hat, sich zu salben, geht er in das öffentliche Bad und reibt sich mit dem dicken Öl-Schmutz-Gemisch ein (das die Badenden sich mit der *strigilis* vom Körper schaben, bevor sie in das Wasser steigen). Zuweilen geht er auch mit seinen Weißfischen in eine Schmiede, brät sie dort am Feuer, gießt ein wenig Öl dazu, setzt sich und nimmt so sein Mahl ein. Auch schläft er während des Sommers in den Heiligtümern, im Winter

dagegen in den Bädern. Es fehlt ihm an nichts, da er sich begnügt mit dem, was er hat.«[18]

Schon im Perikleischen Jahrhundert suchten in der schlechten Jahreszeit, wie wir wissen, die Armen in den Bädern Zuflucht, in der Hoffnung, dort ein wenig Wärme zu finden, und zogen sich manchmal, wenn sie sich allzu nah an den Ofen drängten, Verbrennungen zu. Im *Plutos* des Aristophanes stellt Chremylos der Armut (Penia) die rhetorische Frage: »Du, sag mir, was kannst du denn Gutes verleihn? – Brandblasen vom Ofen im Badhaus, [...].«[19]
Die Speisen dürften, wie noch heute in vielen griechischen Dörfern, meist unter freiem Himmel auf einem Kohlenbecken gekocht worden sein. Die Häuser scheinen im 4. Jahrhundert in der Tat keinen Küchenraum besessen zu haben, und selbst wo es ihn gab, umfaßte er anscheinend nicht einen festeingebauten Herd. Man entzündete das Feuer draußen und trug es erst dann ins Innere des Hauses, wenn das Holz oder die Kohlen schon Feuer gefangen hatten und weniger Rauch entwickelten. Doch stellte sich das Problem der Ableitung des Rauches in jedem Fall dann, wenn die Bewohner im Winter das Bedürfnis empfanden, sich zu wärmen. Das einfachste Verfahren (das sich auch heute in gewissen Bauernhäusern wiederfindet) bestand darin, daß man, sobald das Feuer angezündet war, eine Platte oder einen Ziegel der Hausbedachung beiseiteschob, was mit Hilfe einer Stange von innen zu bewerkstelligen war. Diese Entlüftungslöcher (ὀπαί), die nicht mit den Fenstern (θυρίδες) zu verwechseln sind, konnten ebenso auch im oberen Teil der Wände, unterhalb des Gesimses, angelegt werden.[20] Die antiken Texte erwähnen aber auch einen wirklichen »Rauchfang« (καπνοδόκη)[21], der aus gebranntem Ton gefertigt worden sein wird; dies bezeugt uns, daß eine weniger primitive Vorrichtung als das Entlüftungsloch ebenfalls im Gebrauch war. Derartigen Kaminen begegnete man vor allem in Häusern, die im Vergleich zu den bisher betrachteten eine stärker entwickelte Architektur aufwiesen, in den Häusern der reichen oder doch wenigstens wohlhabenden Bürger.
Wenn es auch feststeht, daß von den etwa zehntausend Häusern, die Xenophon[22] im Athen seiner Zeit zählte, die meisten den soeben

beschriebenen ärmlichen Behausungen ähnlich sahen, so müssen andere, namentlich in den Wohnvierteln wie Skambonidai, zumindest im 4. Jahrhundert ebenso gewiß viel aufwendig-wohnlicher eingerichtet gewesen sein, da sie den Neid der Zeitgenossen des Demosthenes erregten. In Attika hat man bei Vouliagmeni, in der Nähe des Heiligtums des Apollon Zosterios, ein Peristylhaus entdeckt, das aus dem 6. Jahrhundert zu datieren scheint, und auf der athenischen Agora ein großes Bauwerk derselben Zeit[23], das ebenfalls Säulenhallen umfaßt, doch ist die entscheidende Frage, ob es sich hierbei wirklich um Wohnstätten von Privatleuten handelt. Dies ist sehr zweifelhaft; eher muß man an städtische Gebäude denken, die gewissen Beamtenkollegien als Tagungsort dienten.

Uns ist bekannt, daß es zumindest im 4. Jahrhundert in Athen große Gemeinschaftswohnbauten entsprechend unseren Mietshäusern gab, denn der Redner Aischines berichtet uns:

> »Wenn mehrere Mieter sich eine Wohnstätte teilen, nennen wir diese eine Synoikie (συνοικία), wo dagegen nur einer wohnt, sprechen wir von einer οἰκία. Wenn nun etwa in einen der zur Straße hin liegenden Läden ein Arzt einzieht, wird dieser das ›Haus des Arztes‹ genannt. Wenn jedoch dieser auszieht und in demselben Haus ein Schmied seine Werkstatt einrichtet, wird es Schmiede genannt, wenn ein Walker, dann heißt es Walkerei, wenn ein Zimmermann, dann Zimmermannswerkstatt, und wenn ein Hurenwirt mit seinen Damen nachfolgt, nennt man es sogleich dem Gewerbe entsprechend ein Bordell.«[24]

Was man in Attika nicht gefunden hat, sind große und reiche Häuser, die mit Sicherheit als Privatwohnungen angesprochen werden könnten. Um uns von den damals vorhandenen Privathäusern eine Vorstellung zu machen, müssen wir uns auf die bemerkenswerten Ergebnisse der Ausgrabungen berufen, die in Olynth (auf der Chalkidike in Nordgriechenland) und auf der Insel Delos in der Ägäis vorgenommen worden sind (s. Abb. 5).[25]

Die in Olynth entdeckten Häuser stammen aus dem 4. Jahrhundert. Den am besten erhaltenen liegt ein nahezu quadratischer Gesamt-

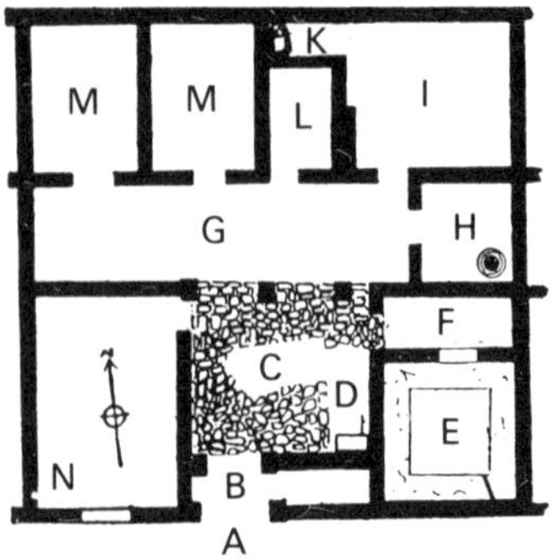

A Eingangstor
B Diele (Prothyron)
C Hof (Aule)
D Treppe
E Andron
F Vorraum
G Nordportikus (Pastas)
H Vorratsraum
I Küche
K Bad
L Heizanlage
M Wohnräume (Diaiteteria)
N Geschäftsraum

Abb. 5. Wohnhaus in Olynth, Grundriß. Spätes 5. oder 4. Jh. v. Chr.

Nach: W. B. Dinsmoor, *The Architecture of Ancient Greece*, London: Batsford, [3]1950, S. 252, Abb. 92 (links).

plan zugrunde (s. Abb. 6). Alle Räume öffnen sich nicht etwa zur Straße hin, sondern zu einem inneren Portikus (παστάς, Pastas), der sich an einen Hof (αὐλή) anschließt; vor diesem liegt eine Eingangsdiele (πρόθυρον). Diese Gliederung kündigt schon die um ein inneres Peristyl angeordneten Häuser hellenistischer und römischer Zeit an. Die Pastas ist gewöhnlich genau nach Süden ausgerichtet, wie etwa Sokrates bei Xenophon rät: »In den nach Süden gelegenen Häusern scheint im Winter die Sonne in die Hallen hinein, im Sommer läßt sie uns im Schatten, indem sie über uns und unsere Dächer hinweggeht.«[26] Das Eingangstor kann an der Süd- oder Ostseite liegen, ohne daß dies etwas an der Ausrichtung der Pastas änderte. Ebenso konnte der mosaikgeschmückte Raum, in dem die Gelage stattfanden, der Andron (ἀνδρών), an der Nordost- oder Südostecke liegen, das ausgedehnte Wohnzimmer (διαιτητήριον) jedoch lag regelmäßig im Norden hinter der Pastas, von der es sein Licht empfing. An das gewöhnliche Speisezimmer (οἶκος) schlossen sich seitlich der Baderaum bzw. die Küche an. Eine Vorratskammer und ein Geschäftsraum vervollständigten das Erdgeschoß. Im ersten Stock lagen im wesentlichen die Einzelgemächer, das eheliche Schlafzimmer (θάλαμος), das Frauengemach (γυναικωνῖτις, γυναικών) und Verschläge, in denen die Sklaven nächtigten.[27]

Bemerkenswert ist die übliche Verbindung von Küche und Baderaum, deren Grund man leicht erraten kann: Die Küche gab einen Teil ihrer Hitze an den benachbarten Raum weiter. In dem Aristo-

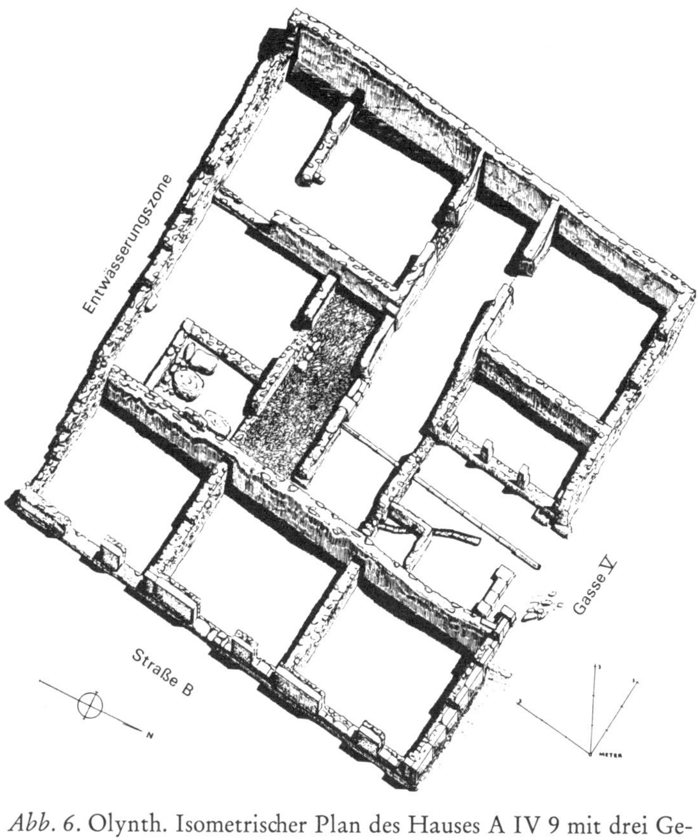

Abb. 6. Olynth. Isometrischer Plan des Hauses A IV 9 mit drei Geschäften an der Front zur Straße B. Die Mauern sind im Ausgrabungszustand wiedergegeben.

Nach: *Excavations at Olynthus VIII*, Baltimore: Hopkins, 1938, Taf. 93.

phanischen Stück *Die Wespen* hält Bdelykleon seinen Vater Philokleon im eigenen Hause gefangen, da der verrückte Alte sich davonmachen will, um zur Gerichtssitzung zu eilen. Als Bdelykleon seinen Vater rumoren hört, ruft er einem Sklaven zu: »Der Vater steckt im Ofen in der Badestub' und kriecht und rennt wie eine Maus drin 'rum! Sieh, daß er durch den Rinnstein nicht entschlüpft!«[28] Man hat kürzlich vorgeschlagen, unter »Rinnstein« (τῆς πυέλου τὸ τρῆμα) das Loch, die Öffnung für die Warmluft zu verstehen, die man in die Wand zwischen den beiden Räumen gebrochen haben soll[29], aber wie hätte dann Philokleon, sobald er einmal in das Badezimmer eingedrungen war, nach außen ins Freie entweichen können? Gewiß, der Scherz wirkt gewaltsam, daß nämlich Philokleon sich klein genug machen könne, um durch das Abflußloch des Wassers zu kriechen, doch werden die Leser des Aristophanes nicht zögern, ihn auf den Alten zu beziehen. Tatsächlich entweicht Philokleon durch den Kamin und ruft dabei triumphierend (V. 144): »Ich bin der Rauch, der aufsteigt!« In der Tat hat man in den Ruinen von Olynth einen Dachziegel mit einer elliptischen Öffnung von 47 × 23 cm entdeckt, durch die ein Mensch sich ohne Mühe auf das Dach schieben konnte. Der Vergleich der olynthischen Ausgrabungen und des Aristophanes-Textes erlaubt also die Annahme, daß Häuser dieses Bautyps in Athen seit dem Ende des 5. Jahrhunderts existiert haben müssen. Ein anderer Text, verfaßt von Demosthenes, bestätigt uns, daß ein zahlungsunfähiger Schuldner in dem Augenblick, als man zu seiner Verhaftung schreiten wollte, daran denken konnte, unbemerkt über das Dach und die Terrasse zu seinen Nachbarn zu fliehen.[30]

Die Häuser von Delos umfaßten häufig nicht nur die eine Säulenreihe der Pastas, sondern Portiken auf mehreren Seiten des Innenhofes, der manchmal auf allen vier Seiten von einem Peristyl umgeben war. Allerdings stammen diese Häuser aus hellenistischer Zeit, und nichts macht es sicher, daß sie einem schon im Athen des 4. Jahrhunderts geläufigen Typ angehören (s. Abb. 7).

Gewißheit besteht dagegen darüber, daß viele Privatwohnhäuser seit dieser Zeit wenigstens ein Stockwerk besaßen. Bei Lysias erklärt ein athenischer Bürger:

»Zunächst, ihr Richter, will ich folgendes vorausschicken (denn auch diese Einzelheiten müssen erwähnt werden): Mein Häuschen hat zwei Geschosse, deren Anordnung für die Frauengemächer oben und die untenliegende Männerwohnung dieselbe ist. Als uns das Kind geboren wurde, nährte es die Mutter selbst. Damit

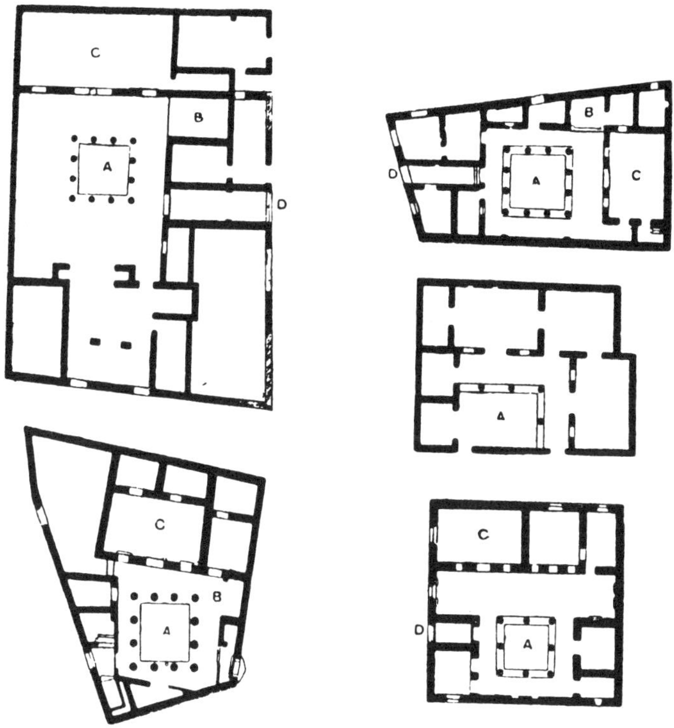

Abb. 7. Häuser auf Delos, Grundriß. 2. Jh. v. Chr. – A Innenhof (παστάς); B Sonnen- und windgeschützte Exedra; C Oikos; D Eingang. Um den Innenhof weitere Räume mit unterschiedlichen Funktionen.

Nach: W. B. Dinsmoor, *The Architecture of Ancient Greece*, London: Batsford, ³1950, S. 324, Abb. 118.

sie nicht jedesmal, wenn das Kind gebadet werden mußte, Gefahr liefe, beim Hinabsteigen auf der Treppe zu stürzen, zog ich nach oben, die Frauen zogen nach unten. Und so war es schon zur Gewohnheit geworden, daß meine Frau hinunterging, um bei dem Kind zu schlafen, um ihm, wenn nötig, die Brust zu geben und es zu beruhigen, damit es nicht schreie.«

Er fügt hinzu: »Und ich war so einfältig zu glauben, meine Frau sei die vernünftigste in der ganzen Stadt!«[31] Nur allzubald nutzte sie die neue Aufteilung der Zimmer, um im Erdgeschoß in aller Ruhe ihren Liebhaber zu empfangen, während sich ihr Gatte im ersten Stock dem Schlaf hingab.

Oft stand dieses Stockwerk zur Straße hin über, aber der Staat betrachtete solche balkonartigen Vorsprünge als ungesetzliche Beeinträchtigung der öffentlichen Sicherheit. Schon der Sohn des Peisistratos, der athenische Tyrann Hippias, »bot die auf öffentliche Straßen hin überstehenden Erker, die außen am Haus aufsteigenden Treppen, vorspringende Einfriedungen und sich nach außen öffnende Türen zum Verkauf an«.[32] Im 4. Jahrhundert schlug Iphikrates den Athenern vor, jeden vorspringenden Bau dieser Art mit einer Steuer zu belegen, um so den beunruhigenden Stand der öffentlichen Finanzen zu verbessern.[33] Die Flachdächer des ersten Stockes konnten, wie auf Vasenbildern des 4. Jahrhunderts dargestellt, mit Balustraden und Säulen geschmückt sein.

Die Ausmalung der Häuser beschränkte sich anfangs auf eine einfache Kalkschicht auf den Wänden. Im 4. Jahrhundert schmückten Mosaiken wie in Olynth den Andron oder den Säulenhof. Das Haus des Phokion im Meliteviertel war »mit Kupferblechbeschlägen geschmückt, im übrigen aber ganz schlicht und einfach«.[34] Es ist zweifelhaft, ob man den Bakchylides-Vers »Von Gold und Elfenbein schimmert das Haus«[35] ganz wörtlich zu nehmen hat. Die Wände der reichsten Wohnungen waren mit Teppichen und Stickereien bespannt, die Decken zuweilen verziert oder getäfelt. Es wurde erzählt, daß Alkibiades den Maler Agatharchos drei Monate widerrechtlich bei sich eingesperrt hatte, um ihn zu zwingen, sein Haus mit Fresken auszumalen.[36] Jedoch ist die Vorstellung von dem vielgerühmten Luxus im Hause des Alkibiades nicht unbedingt gültig: »Die Aufstellung seines Besitzes, der in Ausführung des Urteils, das den Hermenverstümmelungsprozeß und den Mysterienprozeß beendete, verkauft wurde, weckt nicht die Vorstellung eines übermäßig verschwenderischen Luxus: zwei ἱμάτια (Mäntel), die mit den ἐσθῆτες ἁλουργαί (Purpurgewändern) identisch sein könnten, von denen Plutarch spricht, ein bis ins kleinste aufgeführtes Mobiliar, dessen reichstes Stück vielleicht ein ›Eßzimmer‹ mit vier Tischen und zwölf Liegen ›in milesischer Arbeit‹ in einem Gesamtwert von etwa 120 Drachmen war – dies ist es anscheinend, worauf sich die Kleidung und der Besitz an beweglichen Gütern eines Mannes beschränkte, dessen privater Aufwand an der Spitze der bescheidenen Lebensführung der Athener des 5. Jahrhunderts lag.«[37] Über die Liegen, Tische, Stühle und Schemel hinaus umfaßte die Einrichtung vor allem Truhen und Kästchen, in denen man Kleider und Schmuck aufbewahrte (s. Taf. 13). Man hat sich auch vorzustellen, daß viele der von berühmten Künstlern signierten bemalten Vasen keiner häuslichen Verwendung dienten, sondern ähnlich wie jene heute die Wohnungen zierenden bemalten Teller oder kostbaren Vasen als Schmuckstücke in bestimmten Räumen des Hauses zur Schau gestellt wurden. So dürfen wir uns das Haus des reichen Atheners Kallias vorstellen, das uns Platon in seinem *Protagoras* vor Augen führt: Unter dem προστῷον (der nächst dem Eingang liegenden Säulenhalle) wandelte dort der berühmte Sophist, umgeben von dem »Chor« seiner Freunde und Schüler, diskutierend einher und veranlaßte die ihm folgende gelehrte Gesellschaft zu wohlgeordneten Bewegungsfiguren, als Sokrates und der junge Hippokrates eintraten, nachdem sie nur mit Mühe den Türhüter, einen Eunuchen, dazu bewegen konnten, die Tür zu öffnen.[38]

Im Athen des Perikles waren solche Häuser jedoch selten. Viele sahen eher Elendsquartieren ähnlich, und die meisten erlaubten ob ihrer Beengtheit nicht einmal den Luxus sanitärer Einrichtungen. Daher war die Verwendung des ἀμίς (jenes »Topfes, den man im Schlafzimmer verlangt«, wie ihn die *Racines grecques* umschreiben) sehr geläufig[39], selbst unter den in Garnison liegenden Soldaten, die ihn gelegentlich zu groben Späßen gebrauchten.[40]

Nachts legt man seinen Mantel und den Gürtel des Untergewandes ab, behält dieses selbst aber als Nachthemd an. In einer recht lockeren Szene erfahren wir bei Aristophanes, daß die Betten aus mit Gurten versehenen Holzrahmen bestehen, auf die man als Matratze eine dünne Schilf- oder Binsenmatte (ψίαθος) legte, und daß man Kopfkissen und Decken benutzte. Nicht dagegen ist von Bettüchern die Rede. Während des Sommers legt man sich mit Vorliebe auf dem flachen Dach des Hauses schlafen, um die nächtliche Kühle zu genießen. Dabei wickelt man sich in eine Bettdecke, doch häufig stören Flöhe und Wanzen den Schlaf: Den alten Strepsiades jagen die Bisse des Ungeziefers aus seinen Decken.[41]
Die Hygiene mußte bei solchen Wohnbedingungen zwangsläufig unentwickelt bleiben. Im sechsten Kapitel werden wir von der Körperpflege sprechen, die natürlich entsprechend den gesellschaftlichen Klassen und dem Lebensniveau sehr unterschiedlich war. Ratten, Fliegen und Mücken verbreiteten Krankheiten aller Art, und Epidemien waren nicht eben selten. Schmutz und übler Geruch, die noch heute in vielen Städten des Orients herrschen, waren im klassischen Athen gewiß nicht unbekannt.

Dipylon:
1. Brunnenhaus
2. Altar des Zeus, Hermes und Akamas
3. Turm mit Resten des themistokleischen Torbaus

Kerameikos (Straße der Staatsgräber):
H Grenzsteine der Straße
4. Staatsgrab der Lakedämonier
5. Staatsgrab eines Unbekannten
6. Schwitzbad
7. Mauerrund (Heroon?)

Heiliges Tor:
8. Flußüberwölbung
9. Ausfallspforte

Vor dem Heiligen Tor:
10. Heiligtum unbekannter Gottheit
11, 12. Gesandtengräber
13. Heiligtum der Tritopatreis
H Grenzsteine des Heiligtums
14. »Weststraße«
15. »Südweg«
16, 17. Familiengräber der Heiligen Straße
18. Lutrophoros des Olympichos
19. Grabhügel der Eukoline
20–26. Familiengräber der »Weststraße«
27, 28. Familiengräber am »Südweg«
29. Grabsäulen des Isidoros und der Zosime
30. Grabpfeiler des Sosibios
31. Altar und Kultmal der Hekate (?)

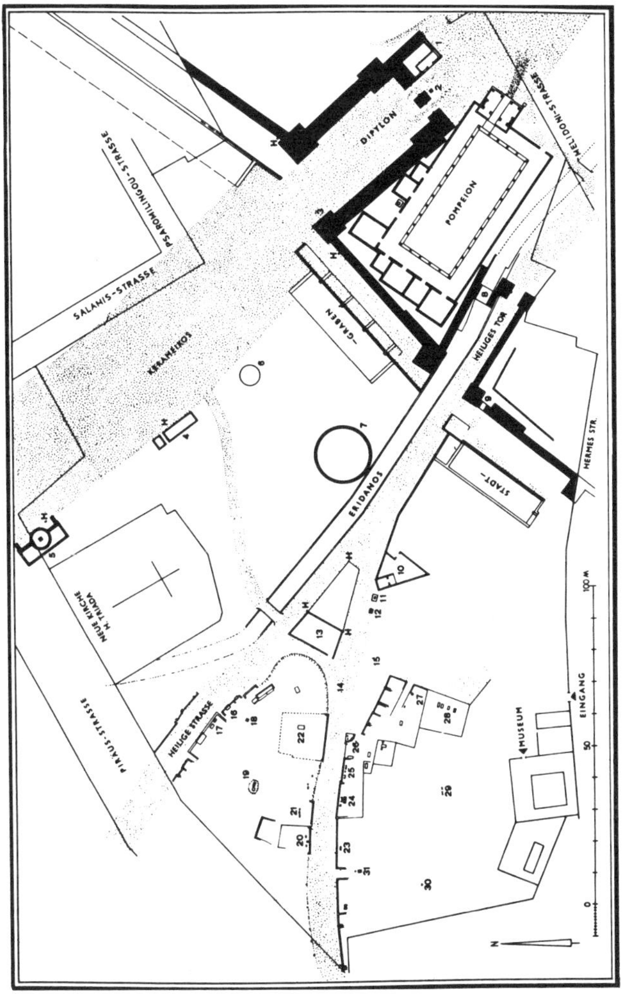

Abb. 8. Dipylon. Kerameikos. Heiliges Tor. Vor dem Heiligen Tor.
Nach: D. Ohly, »Kerameikos-Grabung, Tätigkeitsbericht 1956–1961«, in: *AA* 80, 1965, Sp. 279 f., Abb. 1.

Vororte

Wenn man Athen im Nordwesten durch das Dipylon-Tor verließ, befand man sich bald auf dem Hauptfriedhof der Stadt (s. Taf. 1), der beiderseits der zur Akademie führenden Straße lag (s. Abb. 8). Die Begräbnisstätte ging wenigstens bis ins 8. Jahrhundert zurück, da man dort bekanntlich die großen Grabvasen geometrischen Stils gefunden hat, die als »Dipylon-Vasen« bezeichnet werden. In späterer Zeit sollte der athenische Staat an diesem Ort das Gemeinschaftsgrab für die im Felde gefallenen Soldaten errichten und ihr Andenken durch von Staats wegen benannte Redner feiern lassen, die Namen wie Perikles, Demosthenes oder Hypereides tragen sollten. Die von den Ausgrabungen freigelegte Gräberstraße ist eine südlich des Weges zur Akademie in der Nähe des Eridanos-Ufers verlaufende Nebenstraße, die stark an die Aliscamps von Arles und die römische Via Appia erinnert (s. Abb. 9). Längs der Böschungen liegen Terrassen, die von Mäuerchen in kleine Begräbnisstätten athenischer Bürger- oder Metökenfamilien unterteilt werden. Jede

Abb. 9. Grabstätten längs der Weststraße des Kerameikos in Athen. Links das Dexileos-Monument; dahinter zwei hellenistische ›mensae‹.

Nach: D. C. Kurtz und J. Boardman, *Greek Burial Customs*, London: Thames & Hudson, 1971, S. 109, Abb. 20.

Einfriedung enthält die Gräber der Familienmitglieder und die ihrer Sklaven. Die Grabdenkmäler bestehen meist aus mit Flachreliefs geschmückten aufrechtstehenden Marmorplatten (στῆλαι), doch findet man auch Giebelädikulen. Auf bestimmten Gräbern erheben sich Marmorvasen, insbesondere Lekythoi und Lutrophoren (Vasen länglicher Form mit einem oder zwei Henkeln) als Zeichen der Gräber von Unverheirateten. Die Sklaven schließlich haben nur einfache runde Gedenksteine (Säulenstümpfe), die ihren Namen tragen. Symbolträchtige Tiere – Stiere, Löwen, Hunde, Sphingen oder Sirenen – werden entweder auf hohen Sockeln oder an den Ecken der Begräbnisstätten aufgestellt. Die mit bildhauerischen Arbeiten geschmückten Stelen zeigten meist ebenfalls symbolische Abschieds- oder Wiedersehensszenen (s. Taf. 3). Auch eine junge Frau bei der Toilette (Hegeso) ist darauf zu sehen ebenso wie ein athenischer Ritter von zwanzig Jahren, der einen Feind niederschlägt, bevor er selbst zugrunde geht (Dexileos). Indem man sich weiter von Athen in Richtung Westen entfernte, betrat man jenseits des Kerameikos-Friedhofs das Gebiet des Demos Kolonos, den Geburtsort des Dichters Sophokles, und gelangte zur Akademie, d. h. zum Hain des Akademos, einer Persönlichkeit, die entweder der ehemalige Besitzer des Grundstückes oder aber eher ein Lokalheros gewesen sein mag, der hier ein ländliches Heiligtum besaß. Es handelte sich um einen weitläufigen heiligen Hain, den Hipparchos, der Sohn des Peisistratos, mit Umfassungsmauern umgeben hatte. Er war der Athena geweiht, und hier konnte man die der Göttin heiligen zwölf Ölbäume (μορίαι) sehen, von denen gesagt wurde, sie seien aus einem Schößling des Ölbaumes vom Erechtheion entsprossen. Diese Ölbäume lieferten das den Siegern der Panathenäischen Spiele als Preis verliehene Öl. Auch andere Götter oder Heroen hatten dort ihre Altäre, namentlich Hermes, der Gott der Gymnasien, und Eros, der Liebesgott. Die Athener besuchten die Akademie gern, um hier spazierenzugehen. Kimon, der »die Akademie aus einem bis daher wasserlosen und dürren Land in einen wohlbewässerten Hain mit schattigen Spazierwegen« verwandelte, richtete auch ein Gymnasion[42] ein, dessen Laufbahnen den Epheben zu Übungen dienten, die sie dem Rat zur Begutachtung vorführen mußten. Kürzlich

durchgeführte Grabungen haben es ermöglicht, die Lage dieses Gymnasions, die Ruinen einer Palaistra, Teile einer Umfassungsmauer und einen kleinen Tempel ausfindig zu machen und freizulegen.[42a]
Aristophanes gibt anläßlich der Bestimmung des alten Erziehungsideals in den *Wolken* eine hübsche Beschreibung des Gymnasions:

Blühend und strotzend in Jugendkraft auf dem Turnplatz wirst
du dich tummeln,
Kein verschrobener Schwätzer und Witzling des Markts, nach der
Weise der heutigen Jugend,
Kein Zänker, der stets vor den Richtern sich balgt in
Lausbagatellenprozessen;
Lustwandeln wirst du im friedlichen Hain Akademos', im
Schatten des Ölbaums,
Mit schimmerndem Laube die Stirne bekränzt, an der Seite des
sittsamen Freundes,
Von Eiben umduftet und müßiger Ruh' und den silbernen
Blättern der Pappel,
In der Wonne des Lenzes, wenn flüsternd leis zu der Ulme sich
neigt die Platane!
[...]
Dann wird dir zum Lohn eine kräftige Brust,
Ein blühend Gesicht, breitschultriger Wuchs,
[...].[43]

Wenn die Akademie aber berühmt geworden ist und allen heutigen Akademien ihren Namen gegeben hat, dann verdankt sie dies Platon, denn ebendort eröffnete dieser im Jahre 387 einen geordneten Lehrbetrieb. In der Tat wurden in der Zeit der »Sophisten«, d. h. der Gelehrten und Philosophen, mangels jeder Form von höherem Schulwesen die Gymnasien zu den regelmäßigen Versammlungsstätten echter Intellektuellenkreise, die wir heute »Schulen« nennen. Wie man zu Recht bemerkt hat, sind »die Gymnasien eine genaue Verkörperung jener ›Kulturzentren‹, in denen die Städtebauarchitekten der Gegenwart alles beieinander unterbringen wollen, was körperliche wie geistige Bildung betrifft«.[44] In den Gymnasien brauchten die Athleten Wasser, um sich nach dem Wettkampf zu waschen, und daher ist es gewiß kein Zufall, wenn die Akademie in der Nähe des Kephisos lag.

Ebenso lag das Lykeion – im Osten Athens –, das Aristoteles als »Schule« dienen sollte, in der Nachbarschaft der Eridanos-Quellen, ebenso auch das Kynosarges im Süden, wo der Kyniker Antisthenes lehrte, nahe am Ilissos, ohne Zweifel nicht weit von jenem bezaubernden Ort, dessen Beschreibung Platon an einer berühmten Stelle seines *Phaidros* dem Sokrates in den Mund gelegt hat:

> »Bei der Hera, ein schöner Ruheplatz! Hier die Platane, mächtig ausladend und hoch, und wie schön der Wipfel des Keuschbaumes und sein dichter Schatten, und wie er gerade in vollster Blüte steht, so daß er den Ort ganz mit seinem Dufte erfüllt. Und die lieblichste Quelle, die unter der Platane fließt, mit ganz kühlem Wasser, wie man am Fuße spürt. Nach den Mädchenfiguren und Weihbildern ist es offenbar ein Heiligtum einiger Nymphen und des Acheloos. Wie man nur wünschen mag: wie angenehm und sehr süß ist das Wehen der Luft an diesem Orte. Sommerlich und hell tönt sie im Chor der Zikaden. Der Rasen aber ist der allerzarteste, wie er allmählich ansteigt, um, wenn man sich ausstrecken will, dem Haupte die angenehmste Stütze zu geben.«

Phaidros wundert sich über die Begeisterung eines Mannes, der »nie aus der Stadt über die Grenze hinauswandert, [. . .], ja nicht einmal aus der Mauer hinausgeht«. Sokrates, von dem wir wissen, daß er gleichwohl das Lykeion und bisweilen die Akademie besuchte, antwortet ihm: »Nun, ich bin doch lernbegierig, die Fluren aber und die Bäume wollen mich nun einmal nichts lehren, wohl dagegen in der Stadt die Menschen.«[45] Um nichts weniger bezeugt dieser Abschnitt eine aufrichtige Naturliebe Platons. Gewiß werden die Idyllen Theokrits im 3. Jahrhundert einen von Grund auf neuen Aspekt literarischen Empfindungsvermögens darstellen, doch zeigen die beiden eben zitierten Stellen aus den Werken Aristophanes' und Platons zur Genüge, daß die Griechen wie wir für die Frische des Grüns, die Stille einer anmutigen Landschaft und die Schönheit der Bäume empfänglich waren. Auch die Lage, die sie für ihre Gymnasien wählten, bezeugt dies ja.

Auf dem Lande

Zweifellos besaßen viele reiche athenische Bürger ein Landhaus außerhalb der Mauern, sei es im Vorort Agryle oder anderswo. Doch waren die Straßen schlecht. Außer der Heiligen Straße, auf der die kultische Mysterienprozession nach Eleusis zog, und den beiden zivilen bzw. militärischen Straßen, die die Stadt mit ihrem Hafen Peiraieus verbanden und die ein beträchtliches Verkehrsaufkommen an Lastkarren aufweisen mußten, gab es nur Erdwege oder erbärmliche Pisten, auf denen man zu Fuß, auf dem Rücken eines Esels oder Maultiers, schwerlich dagegen mit einem leichten zweirädrigen Karren dahinzog.
Bei Einbruch der Nacht waren diese Wege noch unsicherer als die dunklen gewundenen Gassen Athens, in denen sich die Räuber in den Hinterhalt legten. In den *Vögeln* des Aristophanes erzählt der Athener Euelpides von seinem Mißgeschick:

> Mein Mantel von phrygischem Wollenzeug, durch den Gockel kam ich um diesen!
> Ich war in die Stadt zu dem Namensfest eines Bübchens geladen, da trank ich
> Mir ein Räuschchen und dämmert' allmählich ein, eh' die andern noch trunken, da kräht' er!
> Ich wähnend, es tag', geh Halimus zu und laviere so grad' vor die Mauern
> Hinaus: Da versetzt mir ein Straßendieb mit dem Knüttel eins über den Rücken:
> Da lag ich im Dreck und versuchte zu schrein, doch davon waren Mantel und Spitzbub![46]

Natürlich gab es entlang den Straßen auch Herbergen, die den Reisenden aufnahmen und ihm Unterkunft und Speise boten (s. Abb. 10). Wieder ist es Aristophanes, der uns ihr Vorhandensein bezeugt, zugleich aber auch Anlaß zu ernstem Zweifel an ihrer Sauberkeit gibt, wenn in den *Fröschen* Dionysos sich mit folgenden Worten bei Herakles nach dem günstigsten Weg zum Hades erkundigt:

[...] sag mir deine
Bekannten, für den Notfall, bitt ich, die
Du dort gesprochen, als den Kerberos
Du einst geholt, auch Häfen, Bäckerladen,
Lustgärten und Bordelle, Städte, Brunnen,
Gasthäuser, Nachtquartiere, wo der Wanzen
Nicht allzuviel –[47]

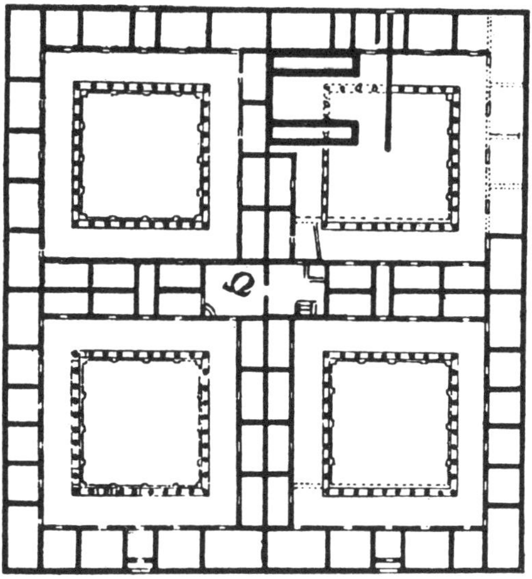

Abb. 10. Das Hotel (Katagogion) in Epidauros. 4. Jh. v. Chr.
Nach: W. B. Dinsmoor, *The Architecture of Ancient Greece*, London: Batsford, [3]1950, S. 251, Abb. 91.

Lange Zeit hatte es in Athen große landwirtschaftliche Güter im Besitz der Eupatriden gegeben. In Solonischer Zeit umfaßte die erste Bürgerklasse, deren Mitglieder allein Zugang zum Archontat hatten, die Athener, deren jährliche Einkünfte 500 Medimnen Getreide erreichten oder überschritten, die πεντακοσιομέδιμνοι. Da der Medimnos (μέδιμνος) ein Hohlmaß von etwas über 50 Litern war, müssen sie also mindestens 250 Hektoliter an Ernteerträgen eingebracht haben. Noch im 5. Jahrhundert war Kimon, der Sohn des Miltiades, reich genug, um seine Popularität durch außergewöhnliche Akte von Freigebigkeit zu steigern:

> »Kimon stellte sein Haus den Bürgern als Prytaneion [πρυτανεῖον, d. h. als gemeinsame Speisehalle, in der er, so wie den großen Wohltätern des Staates im Prytaneion Unterhalt gewährt wurde, all die speiste, die ihn darum baten] zur Verfügung und [erlaubte] den Fremden, auf dem Lande die Erstlinge der Früchte und alles, was die Jahreszeiten Gutes bringen, zu nehmen und zu genießen.«[48]

Auch Perikles besaß in Attika Ländereien und Häuser, die er dem Staat abzutreten versprach für den Fall, daß die Lakedaimonier, die zu der Zeit in das Land einfielen, sie verschonen sollten, um ihn dadurch seinen Mitbürgern verdächtig zu machen.[49]
Die attische Wirtschaft beruhte im wesentlichen auf Ackerbau und Viehzucht und dazu dem Handel. In den Landdemen hat man die Ruinen einiger Herrenhäuser gefunden, doch gestattet der allzuschlechte Erhaltungszustand keinerlei präzise Aussage.
Besser beziehen wir uns auf die Beschreibung, die uns der Athener Xenophon von seinem Landgut Skillus in Elis auf der Peloponnes gibt:

> »Es traf sich, daß durch dieses Stück Land der Bach Selinus fließt [...] [in dem] Fische und Muscheln leben. [...] In dem Grundstück bei Skillus kann man auch Jagden veranstalten auf alles nur mögliche jagdbare Wild. [...] Aus dem geweihten Geld errichtete er auch einen Altar und einen Tempel zu Ehren der Artemis. Man

veranstaltete Jagden auf das Wild: Wildschweine, Rehe und Hirsche, zum Teil im heiligen Bezirk selbst, zum Teil in der Pholoe. Der Ort liegt an dem Wege von Lakedaimon nach Olympia, ungefähr 20 Stadien vom Heiligtum des Zeus in Olympia entfernt. In dem heiligen Bezirk gibt es eine Wiese und waldbedeckte Berge mit genügend Nahrung für Schweine, Ziegen, Rinder und Pferde. Um den Tempel wurde ein Hain von Obstbäumen angelegt, der je nach der Jahreszeit Früchte aller Art für den Nachtisch hervorbringt.«[50]

Vor allem aber im *Oikonomikos* unterrichtet uns Xenophon über das Leben des Landedelmanns. Dort hält er eine große Preisrede auf die als Quelle aller Tugenden und Fähigkeiten dargestellte Landwirtschaft. Mit Sicherheit entspricht dieses idyllische Bild, auf das wir zurückkommen werden, einer persönlichen Erfahrung.

Die Entwicklung der athenischen Demokratie jedoch, die von den Reichen durch Leiturgien (λειτουργίαι, Übernahme öffentlicher Dienste und Leistungen wie etwa der Trierarchie und Choregie) sehr schwere Opfer verlangte, und vor allem die Güterteilung unter den Kindern verminderten Zahl und Bedeutung der großen Grundbesitztümer sehr, so daß Attika im 5. Jahrhundert vornehmlich von kleinen Landwirten bebaut wurde, die ihr Stück Land zwar mit Hilfe einiger Sklaven und landwirtschaftlicher Tagelöhner, aber doch von eigener Hand bearbeiteten. Diese Mittelschicht kleiner Bodeneigentümer, die gegen Mühen und Schmerzen abgehärtet waren, bildete zur Zeit der Perserkriege die Hauptstreitmacht Athens, und ganz sicher sind aus ihr die meisten Kämpfer der Schlacht bei Marathon hervorgegangen, jene »Marathonomachoi«, deren ruhmreiches Andenken Aristophanes und andere attische Schriftsteller so gern priesen.

Das Leben im Gebirge war hart; Viehzucht (vor allem Schweine, Ziegen und Schafe), der Honig der Bienenstöcke des Hymettos und die Gewinnung von Holzkohle bildeten die Haupteinkommensquellen, namentlich an den waldigen Abhängen des Parnes. Dort lag das große Dorf Acharnai, dessen Bewohner, rauhe und starrköpfige Gebirgler, uns die Aristophanische Komödie mit dem Titel *Die Acharner* wirklichkeitsnah vor Augen stellt.

In der Ebene erbrachte das Korn nicht die großen Erträge, die Athen verbrauchte, so daß es einen großen Teil seines Weizens einführen mußte; der Wein dagegen und die Obstbäume, insbesondere die Öl- und Feigenbäume, lieferten gute Ernten. Strepsiades in den *Wolken*, Dikaiopolis in den *Acharnern* und Trygaios im *Frieden* gehören zu den charakteristischsten Gestalten unter den attischen Bauern, deren Höfe in der gesegneten Zeit des Friedens das Glück des Landes sichern. Strepsiades, der sich in der Stadt niedergelassen hat, trauert dem freien und üppigen Leben nach, das er vor seiner unglückseligen Heirat auf dem Lande führen konnte:

Das schönste Leben hatt' ich auf dem Lande:
Hübsch durcheinander, recht im Speck und Dreck,
Behaglich unter Honig, Woll' und Trestern!
Da nahm ich, Bauer, aus dem Haus Megakles
Megakles' Nichte, städtisch, üppig, stolz
Und flott, die eingefleischte Koisyra:
Als ich mit der das Hochzeitsbett bestieg,
Roch ich nach Hefe, Käs' und schmutz'ger Wolle,
Sie nach Pomade, Schmink' und Zungenküßchen,
Hoffart, Verschwendung, Schlemmerei und Buhlschaft.[51]

Ebenso klagt Dikaiopolis in den *Acharnern:*

[...] ich schau
Ins Feld hinaus und bet um Frieden, fluche
Der Stadt und denke: Wär' ich nur daheim
Auf meinem Dorf: dort hör ich niemals: »Kauft,
Kauft Kohlen, Essig, Öl!« Da trägt die Erde
All das von selbst und ohne »Kauft!«-Geschrei![52]

Trygaios schließlich und mit ihm der Chor attischer Landleute schwärmt im *Frieden*:

O wie sehn ich mich bei diesem Anblick wieder heim aufs Land,
Um nach Jahr und Tag mein Gütchen umzugraben mit dem Karst!
Männer, denkt der alten Zeit,
Wie ihr unter *ihrem* [der Göttin] Schutze
Einst behaglich lebtet!
Denkt der eingemachten Früchte,
Denkt der Feigen, denkt der Myrrhen,
Denkt des zuckersüßen Mostes
Und der Veilchen an dem Brunnen
Und der schattigen Oliven,
Die wir über alles lieben [. . .].[53]

Dieses Bild ist ohne Zweifel im Interesse der Sache beschönigt, denn Aristophanes will zum Haß gegen den Krieg bewegen, indem er das vom Frieden bewirkte Glück preist, und es ist durchaus zweifelhaft, ob er jemals den Acker oder die Weinreben mit eigener Hand bearbeitet hat. Doch müssen wir deshalb um nichts weniger annehmen, daß viele der Bauern Attikas, wie rauh und hart auch immer ihr Leben war, mit ihrem Schicksal zufrieden gewesen sind.

Zweites Kapitel

Die Polis und ihre Bevölkerung: Bürger, Metöken, Sklaven

Der Stadt-Begriff

Eine Stadt ist im antiken Griechenland weniger durch das Territorium bestimmt, auf dem sie sich erstreckt, als durch die Menschen, die sie als Personenverband ausmachen. Die Grenzen zwischen den Staaten verlaufen, wenn nicht durch einen Fluß festgelegt, mit vager Unbestimmtheit in den bergigen Grenzgebieten (ἐσχατιαί), jenen hochgelegenen Weideflächen, auf denen kümmerliche Herden den spärlichen Pflanzenwuchs abfressen. Was die Polis (πόλις) ausmacht, sind ihre Menschen. Die offizielle Sprachregelung nennt niemals »Athen« (Ἀθῆναι), sondern immer »die Athener« (οἱ Ἀθηναῖοι) oder »das Volk, die Stadt der Athener« (ὁ δῆμος, ἡ πόλις τῶν Ἀθηναίων).
Die klassische Polis ist »eine völlig unabhängige Bürgergemeinde, die in bezug auf die sie bildenden Bürger souverän ist, durch staatliche Kulte zusammengehalten und mit Hilfe von Gesetzen regiert wird«.[1]
»Völlig unabhängig«. In der Tat läßt die Stadt, auch wenn ihren Bürgern bewußt ist, einer umfassenderen ethnischen und kulturellen Gemeinschaft anzugehören, keinerlei politische Verbindung im Sinne von Unterwerfung unter einen anderen Staat zu. Um die kostbare Freiheit der Selbstbestimmung zu retten, traten mehrere Städte, an ihrer Spitze Athen und Sparta, den »Barbaren« des Dareios, später des Xerxes, entgegen. Diese ungezähmte Liebe zur Unabhängigkeit, ein Grundzug des antiken Griechenland, hatte nicht nur positive Folgen, verhinderte sie doch jeden dauerhaften Zusammenschluß der griechischen Staaten in einer Föderation, die zur politischen Einheit des Landes hätte führen können. Was jede Stadt vor allem fürchtet, ist die Unterwerfung unter eine andere; gleichwohl bemüht sie sich nach Kräften, die Vorherrschaft über ihre Nachbarn zu gewinnen. So kommt es, daß Athen, Sparta und

Theben Bündnisse (συμμαχίαι) schaffen, deren Mitgliedsstädte zwar als »Verbündete« bezeichnet werden, um ihre Empfindlichkeit zu schonen, praktisch aber abhängige Befehlsempfänger sind; doch hat das Wesensbedürfnis nach Selbstbestimmung diese Verbindungen immer instabil gehalten und bewirkt, daß ihre Lebensdauer beschränkt blieb.

»Souverän in bezug auf ihre Bürger«. Die antike Stadt ist sich selbst Zweck, ein nahezu absoluter Wert, der niemandem allzuviel Freiheit läßt und das Handeln aller auf sich verpflichtet. In diesem Sinne ist sie von Grund auf totalitär. Für Sparta ist dies offensichtlich und bedarf keiner Erläuterung; in Athen dagegen könnten die liberalen Züge des athenischen Charakters diese tiefliegende Wirklichkeit verdecken, die deshalb aber um nichts weniger existiert. Die Freiheit des Denkens und der Rede, namentlich im Hinblick auf die Götter, ist wertlos: Die Asebieprozesse und der Tod des Sokrates legen davon Zeugnis ab. Es ist ja gerade die nach dem Sturz des oligarchischen Regimes im Jahre 403 wiederhergestellte Demokratie, die Sokrates den Schierlingsbecher trinken ließ.[2] Ein Bürger kann durch den Ostrakismos (ὀστρακισμός) des Landes verwiesen werden, auch ohne daß man ihm irgendein Vergehen vorwerfen könnte.

»Durch staatliche Kulte zusammengehalten«. Die Unterscheidung von Geistlichem und Zeitlich-Weltlichem war den Alten unbekannt. Athen ist die Stadt der Athena, und die Athena-Priester sind wie auch die Priester aller anderen Götter städtische Beamte. Religion und Staat bilden eine Einheit, zumindest die offizielle Religion. Sogar gewisse Mysterienkulte, etwa der von Eleusis, stehen unter der Schutzherrschaft und der Aufsicht der Stadt. Aus dieser eben nicht nur politisch-gesellschaftlichen, sondern auch sakralen Bindung aller seiner Bürger erklärt sich die notwendige Unduldsamkeit des Staates.

»Mit Hilfe von Gesetzen regiert«. Von der Geburt bis zum Tod bestimmen die Nomoi (νόμοι) das Leben des Bürgers, sogar in Athen, wo allerdings die Unterwerfung nicht von derselben lückenlosen Strenge ist wie in Sparta. Zweifellos sind diese Gesetze von den Bürgern selbst oder ihren Vätern erlassen worden (die Gewohnheits-

rechte der Vorfahren, die ungeschriebenen Gesetze, sind ebenso bindend wie die durch Volksbeschlüsse sanktionierte Gesetzgebung), und eben hierin liegt die Würde der Griechen als freien Menschen gegenüber den Barbaren, Untertanen eines vielleicht ungerechten oder launischen Herrn, doch verbleibt diese Freiheit faktisch innerhalb sehr enger Grenzen. Demaratos sagt zu Xerxes: »Sie [die Spartiaten] sind zwar frei, aber nicht in allem. Über ihnen steht nämlich das Gesetz als Herr, das sie viel mehr fürchten als deine Untertanen dich.«[3] Platon läßt im *Kriton* die Gesetze als Personifikationen auftreten:

> »Betrachte es einmal so: Wenn im Augenblick, da wir uns anschicken, uns von hier [d. h. aus dem Gefängnis] zu entfernen [...], die Gesetze und der Gemeinsinn der Stadt uns entgegenträten und fragten: ›Sage mir, Sokrates, was hast du im Sinn zu tun? Planst du etwas anderes mit diesem Werk, in das du dich einläßt, als uns, die Gesetze und die ganze Stadt, an deinem Teil zugrunde zu richten? Oder hältst du es für möglich, daß eine Stadt weiterbestehe und nicht zusammenstürze, in welcher die gerichtlichen Entscheide keine Wirkungen haben, sondern von Privatleuten aufgehoben und vernichtet werden?‹«[4]

Das politische Leben der Stadt

Athen ist eine unmittelbare Demokratie, in der alle Bürger in der Volksversammlung, der Ekklesia (ἐκκλησία), an der Regierung des Staates teilnehmen. Wenngleich den Alten die Repräsentativverfassung, wie sie in den modernen Staaten praktiziert wird, nicht völlig unbekannt war – die politische Ordnung des Boiotischen Bündnisses scheint in der Form, wie sie von 447 bis 386 bestanden hat, soweit wir sie kennen, ein typischer Fall von Regierung durch Repräsentationsorgane gewesen zu sein[5] –, sind die meisten antiken Städte unmittelbar von der Versammlung ihrer Bürger regiert worden; Quelle aller Gewalten, der rechtsetzenden, ausführenden und rechtsprechenden, war die Volksversammlung. Es versteht sich von selbst, daß eine solche Regierungsform nur in Staaten begrenzter

Größe möglich ist, und allein die Ortsversammlungen in den Schweizer Kantonen können uns heute eine gewisse Vorstellung von den Ekklesiai der antiken Gemeinwesen geben.

Um Bürger zu sein und damit das Recht zu haben, mit Sitz und Stimme an der Volksversammlung teilzunehmen, bedurfte es zweier Voraussetzungen. Einerseits mußte schon der Vater athenischer Bürger gewesen sein, seit dem Perikleischen Gesetz des Jahres 451 auch die Mutter. Die zweite Voraussetzung war die Volljährigkeit, die man mit 18 Jahren erreichte; da man jedoch zwei Jahre Militärdienst zu absolvieren hatte, gewann man erst im Alter von 20 Jahren Zugang zur Volksversammlung. Die Athener konnten einem Fremden durch Volksbeschluß das Bürgerrecht verleihen, ebenso wie sie einem der ihren dieses Recht entziehen konnten, indem sie ihn mit der ἀτιμία, d. h. dem Verlust der bürgerlichen Ehrenrechte, belegten.

Das tägliche Leben der Athener war von der aufmerksamen Teilnahme an den Staatsgeschäften geprägt, zumindest im Prinzip; denn selbstverständlich konnten die attischen Landbewohner – die Strepsiades, Dikaiopolis und Trygaios hatten sich ja gezwungenermaßen in der Stadt niedergelassen – nicht ununterbrochen ihre Höfe und Ländereien verlassen, um an den Sitzungen auf der Pnyx teilzunehmen, zumal nicht in den Zeiten der Feldarbeit und der Ernte. Dies erklärt auch, daß bei einer annähernden Gesamtzahl von 40 000 athenischen Bürgern ein *Quorum* von 6000 Stimmberechtigten selbst bei den Entscheidungen genügte, die als die schwerwiegendsten betrachtet wurden.[6] Doch blieb dieses unvermeidliche Fernbleiben so begrenzt wie möglich, und zweifellos aus diesem Grund mußte jede Einberufung der Volksversammlung ebenso wie die Tagesordnung (πρόγραμμα) vier Tage vorher verkündet werden; auf diese Weise konnten die Landbewohner rechtzeitig verständigt werden. Wer sich den Staatsgeschäften zu entziehen schien, konnte einer strengen Verurteilung durch die öffentliche Meinung gewiß sein. Erst gegen Ende des 4. Jahrhunderts, nach dem Verlust der athenischen Unabhängigkeit bei Chaironeia (338), wagte eine Philosophenschule – die des Epikur –, dem Weisen den Rat zu geben, sich ausschließlich mit seinen persönlichen Angelegenheiten zu befassen, mit seinem eigenen Glück. In der Zeit der »Marathonkämpfer« war es unvorstellbar, das Glück des Individuums könne von der Wohlfahrt des Staates getrennt werden. Die Einführung einer finanziellen Entschädigung für die in der Volksversammlung anwesenden Bürger (des μισθὸς ἐκκλησιαστικός) nach dem Peloponnesischen Krieg war nicht nur eine demagogische Maßnahme, wie man häufig zu Unrecht gesagt hat: Wie hätten die Theten (θῆται, die Tagelöhner, die besitzlosen Athener) ohne einen solchen finanziellen Ausgleich den Sitzungen beiwohnen können, die zuweilen einen ganzen Tag lang dauerten und wenigstens viermal monatlich und in Wirklichkeit viel öfter stattfanden?

Wollte man das tägliche Leben eines Europäers des 20. Jahrhunderts skizzieren, könnte man die Wahlpflicht durchaus vernachlässigen, die er nur in großen Abständen auszuüben Gelegenheit hat. Der Stadtathener dagegen nahm nicht allein an den häufigen Versammlungen teil, sondern konnte ja noch dazu für ein Jahr zum Beamten, Mitglied des Rates der Fünfhundert (βουλευτής) oder Richter ernannt werden. In diesem Fall war gewiß der größte Teil seiner Zeit von den öffentlichen Angelegenheiten in Anspruch genommen. Es erscheint daher unerläßlich, hier wenigstens kurz zusammengefaßt das Räderwerk des politischen Mechanismus Athens zu beschreiben. Die Organisation der Rechtsprechung soll im neunten Kapitel ins Auge gefaßt werden.

Die Versammlung auf der Pnyx war freilich nicht die einzige, an der ein freier Athener teilzunehmen hatte. Daneben gab es die Versammlungen der Phratrien, der Demen und der Phylen, die die örtliche Verwaltung sicherstellten. Kleisthenes hatte im Jahre 508 die alten Teilgebiete Attikas beseitigt – etwa in der Weise wie die Französische Revolution später die Provinzen Frankreichs durch die Départements ersetzt hat – und die Bürger auf zehn »Stämme« (φυλαί) aufgeteilt, deren jeder einen attischen Heros als »Patron« und Namensgeber (ἐπώνυμος) hatte: die Phyle Erechtheis den Erechtheus, die Aigeis den Aigeus, den Vater des Theseus, die Pandionis Pandion usw. Jede Phyle hatte Grundbesitz und wählte Beamte zur Verwaltung ihrer Güter. Das gleiche läßt sich von den Demen, einer Unterteilung der Phyle, sagen (ursprünglich gab es hundert Demen, je 10 pro Phyle, in der Folgezeit jedoch nahm ihre Zahl zu). Der Kerameikos, Kollytos, Melite und Skambonidai waren städtische Demen, Acharnai, Marathon, Dekeleia gehörten zu den Landdemen. Jeder athenische Bürger wurde in amtlicher Vollständigkeit durch drei Namen bezeichnet, seinen Eigennamen, den Namen seines Vaters (das Patronymikon) und den seines Demos (das Demotikon): Perikles, Sohn des Xanthippos, aus dem Demos Cholargos, oder Alkibiades, Sohn des Kleinias, aus dem Demos Skambonidai, oder Demosthenes, Sohn des Demosthenes, aus dem Demos Paiania. Der Vorsteher eines Demos, der Demarch (δήμαρχος), nahm Aufgaben wahr, die in etwa denen eines heutigen Bürgermeisters entsprechen. Für ein Jahr von seinen Mitbürgern gewählt, führte er den Mitgliedernachweis seines Demos, d. h., wenn man es so will, ein Personenstandsverzeichnis oder eher noch eine Wahlliste.

Die Phratrie (φρατρία) schließlich ist eine Untereinheit des Demos (δῆμος), deren Organisation uns freilich unbekannt ist. Ihr Name läßt an eine Gruppe von durch Blutsverwandtschaft miteinander verbundenen Familien denken, denn er hat sicher dieselbe Wurzel wie das lateinische *frater* (Bruder).

Die Versammlungen der Phylen, Demen und Phratrien umgaben den athenischen Bürger also mit einem ganzen Netz von Pflichten und Rechten, traten aber weniger häufig als die Versammlungen der ganzen Stadt zusammen.

Die Volksversammlung

Die erste Szene der im Jahre 425 aufgeführten *Acharner* des Aristophanes stellt eine Sitzung der Volksversammlung dar. Freilich handelt es sich eher um eine Karikatur als um eine treue Wiedergabe, doch wenn wir die nötigen Berichtigungen und Ergänzungen hinzufügen, dürfen wir uns Aristophanes durchaus als Führer anvertrauen. Zugegeben – er ist weniger vollständig und genau als Aristoteles, dafür aber entschieden kurzweiliger. Um weitere Einzelzüge werden wir unsere Darstellung auch aus einem seiner anderen Stücke bereichern, den Ἐκκλησιάζουσαι, der *Weibervolksversammlung*, deren Titel schon ein Wortwitz ist, hatten doch die Frauen in der Antike niemals irgendwelche politischen Rechte. So konnten sie selbstverständlich auch nicht an einer Versammlung des Volkes teilnehmen: Abgesehen von Aristophanes hat niemand das Verb ἐκκλησιάζω (an einer Sitzung der Ekklesia teilnehmen) je in der weiblichen Form des Partizips verwandt.

Dikaiopolis, der uns schon bekannte[7] Held des Aristophanes, steht zu Beginn allein vor den leeren Bänken der athenischen Pnyx. Die Pnyx (d. h. »der Ort, an dem Menschen in großer Zahl und dichtgedrängt stehen«) war im 5. Jahrhundert der übliche Tagungsort der Volksversammlung geworden, die ursprünglich auf der Agora tagte und es später, im 4. Jahrhundert, vorzog, auf den bequemeren Stufen des Dionysostheaters zusammenzukommen. Der Pnyx-Hügel lag südwestlich des Areopags, dem Aufgang zur Akropolis gegenüber. Noch heute sind dort die Reste eines ausgedehnten halbkreisförmigen freien Platzes an dem felsigen, dem Areopag und den Propyläen zugewandten Abhang zu sehen. Dieser Halbkreis von 120 Metern Durchmesser, der um 20 000 Menschen fassen konnte, ruht auf einer riesigen Stützmauer. Die in den Fels geschnittene Rednertribüne (βῆμα) steht noch heute (s. Taf. 2). Auf einem dreistufigen Podium erhebt sich ein Felsquader, zu dem seitlich zwei kleine Treppen hinaufführen und um den unten eine Bank nebst kleinen Sitzen herumläuft. Propyläen und Parthenon lagen von dort im Blick der Redner und konnten den Zuhörern mit rhetorischer Wirkung vor Augen gehalten werden. Die Protokollführer nahmen auf der erwähnten Bank und den Stühlen Platz. Der Steinquader war vielleicht der Altar des Zeus Agoraios, auf dem man vor jeder Sitzung ein Opfer darbrachte. Hinter dieser Tribüne sind, etwas höher gelegen, Spuren zweier terrassenartig aus dem Fels gehauener Logen zu erkennen, auf denen zweifellos die Vorsitzenden der Volksversammlung saßen. Dies waren in der Regel die fünfzig ein und derselben Phyle angehörenden Prytanen, die als Mitglieder des Rats der Fünfhundert für jeweils den zehnten Teil des Jahres, mit anderen Worten 35 oder 36 Tage, dessen als Prytanie (πρυτανεία) bezeichneten ständigen Ausschuß bildeten. Im 5. Jahrhundert war

Versammlungsleiter ein jeden Tag neu durch das Los bestimmtes Mitglied des Prytanenrats, das dann den Titel Epistat (ἐπιστάτης) trug.

Dikaiopolis, ganz allein auf der Pnyx, wird ungeduldig und langweilt sich: Alle seine vergangenen Leiden seien nichts, verglichen mit dem gegenwärtigen, »die Pnyx so leer zu sehen, obwohl doch heute morgen eine ordentliche Volksversammlung (κυρία ἐκκλησία) ist« (V. 19 f.). Es gab in der Tat in jeder Prytanie vier ordentliche Versammlungen, und die Sitzungen pflegten bei Tagesanfang zu beginnen. Das Eröffnungszeichen wurde durch das σημεῖον, eine Art Wahrzeichen oder Fahne, gegeben, die man über der Pnyx aushängte.[8]

Obwohl Dikaiopolis in offensichtlicher Übertreibung weiter unten (V. 40) behauptet, daß es schon fast Mittag sei, haben die Athener die Agora noch nicht verlassen: »Dort auf dem Markt, da schwätzen sie und springen hin und her, um dem zinnoberrotgefärbten Binsenstricke zu entgehen« (V. 21 f.). Wir wissen ja, daß die Agora der bevorzugte Treffpunkt der Müßiggänger und Eckensteher war, von denen es in Athen nicht gerade wenig gab. Demosthenes konnte später fragen: »Wollt ihr denn, sagt mir, umherschlendern und einander fragen: ›Gibt's was Neues?‹«[9], und der Verfasser der Apostelgeschichte wird ihm dies nachsprechen: »Die Athener alle und die Fremden, die sich dort aufhielten, hatten für nichts anderes Sinn, als etwas recht Neues zu sagen oder zu hören«.[10] Wie sollte man also diese Gaffer bewegen, zur Pnyx zu kommen? Die städtischen Sklaven, die als Ordnungshüter eingesetzt wurden, versperrten die zur Agora führenden Straßen und trieben die Bürger mit einem zinnobergetränkten Seil, das sie quer über die Straßen spannten, in die gewünschte Richtung. Es wird unangenehm genug gewesen sein, auf diese Weise mit einem roten Schandfleck gezeichnet zu werden, und die Annahme, daß die Athener, denen dies geschah, zusätzlich eine Ordnungsstrafe zahlen oder auf den μισθὸς ἐκκλησιαστικός verzichten mußten, erscheint mir überflüssig.

Dikaiopolis fährt fort: »Selbst die Prytanen kommen nicht, doch wenn zu spät sie kommen und mit Gedräng zur ersten Bank hinunterstürzen, dann schubsen sie, du glaubst nicht wie!« (V. 23–26) und ein wenig weiter: »Ha, die Prytanen endlich! – Mittag ist's – und seht ihr, hab ich's nicht vorausgesagt? Wie sie sich um die ersten Plätze balgen?« (V. 40–42). Wie wir schon bemerkten, haben die Prytanen in der Versammlung unter Leitung ihres Epistaten den Vorsitz inne.

Der Herold drängt die Bürger, voranzugehen und »innerhalb des κάθαρμα«, d. h. des geheiligten Bezirks, Platz zu nehmen (V. 43 f.). Dieses Wort genügt, uns daran zu erinnern, daß zu Beginn jeder Sitzung die Priester, die περιστίαρχοι, auf dem Altar eine Anzahl von Schweinen opferten und mit dem Blut der Opfertiere einen heiligen Kreis um die Versammlung zogen. Danach richtete der Herold ein Gebet an die Götter und stieß die formelhaften Verfluchungen aus gegen jeden, der versuchen würde, das Volk zu täuschen.

Selbstverständlich verkürzt und vereinfacht Aristophanes um der Theatereffekte willen. In Wirklichkeit wies der Versammlungsleiter den Herold an, den Bericht des Rates (βουλή) über das auf der Tagesordnung stehende Projekt zu verlesen (dieser Bericht in Gestalt eines Gesetzesvorschlags hieß προβούλευμα), sodann ließ er die versammelte Menge durch Handaufheben darüber entscheiden, ob man den Vorschlag unverändert annehmen oder zur Diskussion übergehen wolle. Nur im zweiten Fall sprach der Herold die vorgeschriebene Formel, die wir im Vers 45 der *Acharner* finden: »Wer verlangt das Wort?« Der Bürger, der sich daraufhin erhob, schritt nach vorn zur Rednertribüne und setzte sich einen Myrtenkranz aufs Haupt, der ihm den Charakter der Unverletzlichkeit verlieh.[11] Hier ist es Amphitheos, der sich erhebt. Er behauptet, von den Göttern beauftragt zu sein, Frieden mit Sparta auszuhandeln, und beklagt sich über die Weigerung der Archonten, ihm die Gesandtschaftskosten (ἐφόδια) zu bewilligen. Auf ein Zeichen des Vorsitzenden ruft der Herold sogleich »die Bogenschützen« (V. 54), damit sie Amphitheos ergreifen und hinausweisen. Hierbei handelt es sich um die skythischen Bogenschützen, die in der Volksversammlung für die Aufrechterhaltung der Ordnung sorgen.[12]

Dikaiopolis erhebt Einspruch, doch der Herold bringt ihn zum Schweigen (V. 55–59) und kündigt die Botschafter an, die Athen zum persischen Großkönig gesandt hatte, offensichtlich, um ihn um

Hilfe gegen die Peloponnesier zu ersuchen, da bekanntlich die innergriechischen Streitigkeiten den Großkönig mehr und mehr zum Beherrscher der Lage machten. In der Tat legten die Gesandten dem Rat, dann der Volksversammlung, einen Rechenschaftsbericht über ihre Mission vor, wie es uns im 4. Jahrhundert die beiden Reden des Demosthenes bzw. des Aischines über die Gesandtschaften an den König Philipp zeigen. Natürlich ist der Bericht dieser Gesandtschaft bis zur Karikatur getrieben: Aristophanes bringt hier den Neid der kleinen Leute Athens auf die Politiker und Redner zum Ausdruck, die sich großzügig bezahlen lassen (zwei Drachmen pro Tag; V. 66), um auf Staatskosten schöne Reisen zu machen, die sie so lang wie eben möglich ausdehnten. Die Botschafter haben einen angeblichen persischen Gesandten, das »Auge des Königs«, in Begleitung zweier Eunuchen mitgebracht; alle drei jedoch werden von Dikaiopolis als Athener entlarvt. Trotzdem wird »das Auge des Königs« vom Prytanenrat eingeladen (V. 123 f.), d. h. zu einem Empfang von Staats wegen ins Gemeindehaus gebeten. Dieser Brauch ist uns durch zahlreiche noch erhaltene Dokumente bezeugt, in denen es heißt: »Das Volk hat beschlossen, daß die Gesandten morgen im Prytaneion als Gäste des Staates empfangen werden sollen [...]«.

Dann meldet der Herold einen weiteren Gesandten, der vom Hof des mit Athen verbündeten Königs von Thrakien, Sitalkes, zurückkehrt und eine Reihe von odomantischen Kriegern als Vorboten der Hilfsarmee vorstellt, die Sitalkes, wie er sagt, demnächst den Athenern zuführen wird. Die Fremden aber entreißen Dikaiopolis unversehens seinen Knoblauchsack, worauf der Acharner empört ausruft: »Da seht ihr ruhig zu, Prytanen, wie in meiner Heimat mich Barbaren plündern? Gut! – Aber heut wird nichts beschlossen über den Sold der Thraker. Seht ihr? Zeus verbietet's (διοσήμια 'στι): Ein Regentropfen fiel mir auf die Nase« (V. 167 bis 171). Sogleich verkündet der Herold: »Die Thraker kommen übermorgen wieder hierher: die Volksversammlung ist entlassen« (V. 172 f.). Ein Regentropfen mag vielleicht nicht ausgereicht haben, um die Verhandlungen der Volksversammlung zu beenden, unbestreitbar ist dagegen, daß ein Gewitter, ein Erdbeben oder eine

Sonnenfinsternis diese Wirkung zeitigten, wenn die Zeichendeuter (ἐξηγηταί) darin eine Willenserklärung Zeus', ein ungünstiges Vorzeichen, erkannten. Daher sagen die personifizierten Wolken in einem anderen Stück des Aristophanes zu den Athenern:

> Mehr als alle Götter segnen wir doch eure Stadt:
> Gleichwohl bringt ihr nie zum Opfer weder Trank noch Speis' uns dar,
> Uns, die wir euch treu beschirmen: immer wenn im Unverstand
> Ihr beschließet auszurücken, donnern oder regnen wir.
> Neulich, als den gottverhaßten, paphlagon'schen Gerber [Kleon] ihr
> Auserkoren euch zum Führer, runzelten wir gleich die Stirn,
> Schnitten grimmige Gesichter, »Blitz und Donner sprühten wir,«
> Und es trat der Mond aus seiner Bahn, die Sonne zog zurück
> In sich selbst den Docht der Lampe und erklärt' euch rund heraus,
> Daß sie keinen Strahl euch sende, wenn euch Kleon kommandiert.[13]

Die Volksversammlung konnte den Wortlaut der Ratsvorlage zurückweisen oder durch jeden für gut erachteten Zusatz oder eine Streichung abändern. Bei Xenophon ist uns der Bericht über die beiden dramatischen Sitzungen der Volksversammlung erhalten, in denen die in der Seeschlacht bei den Arginusen (406 v. Chr.) siegreichen Strategen angeklagt wurden, die schiffbrüchigen Seeleute nicht an Bord genommen zu haben. Man konnte die Verhandlung jedoch nicht in einer Sitzung zu Ende führen, »denn diesmal war es schon zu spät, und man hätte die Hände bei der Abstimmung [nach dem Verfahren der χειροτονία] nicht mehr richtig sehen können«.[14]

Demnach konnte eine in der Morgendämmerung begonnene Versammlung bis zum Sonnenuntergang fortgesetzt werden. Unter solchen Bedingungen ist verständlich, daß viele Athener sich wie Dikaiopolis mit Lebensmitteln versahen, wenn sie zur Tagung kamen.

Buleuten, Prytanen und städtische Beamte

Die der Volksversammlung vorstehenden Prytanen sind ein aus dem Rat (βουλή) hervorgehendes Gremium. Der Rat, der in mancher Hinsicht das Repräsentationssystem der modernen Parlamente ankündigt, umfaßte 500 Mitglieder, je 50 aus jeder Phyle. Die 50 Buleuten (βουλευταί) einer Phyle waren für den zehnten Teil des Jahres, d. h. für ungefähr 36 Tage, Prytanen, mit anderen Worten Vorsitzende der Volksversammlung.
Die Buleuten werden durch das »Bohnenlos« aus den Bürgern eines Demos bestimmt, die das dreißigste Lebensjahr vollendet haben und sich als Kandidaten anbieten. Das Losverfahren gilt dabei als Kundgabe des Willens der Götter. In einen Krug legte man Täfelchen mit den Namen der Bewerber, in einen anderen gleich viele Bohnen, jedoch solche von schwarzer und solche von weißer Farbe, wobei die Anzahl der weißen der Menge der zu wählenden Buleuten entsprach. Dann zog man gleichzeitig einen Namen und eine Bohne; war die letztere weiß, hatte der Träger des zugleich gezogenen Namens die Wahl gewonnen.
Die Kandidaten waren nicht so zahlreich, wie man vielleicht glauben könnte; denn man hatte ja gegebenenfalls ein ganzes Jahr im Dienste des Staates zu verbringen und konnte nicht umhin, seine Privatangelegenheiten zu vernachlässigen. Die Entschädigung betrug nur 5 Obolen pro Tag, für die Prytanen 1 Drachme, d. h. 6 Obolen, was nicht eben viel ist, wenn man bedenkt, daß ein guter Arbeiter 2 Drachmen täglich verdienen konnte. Ein Gesetz verbot, daß ein Athener mehr als zweimal im Leben Buleut sei. Da man für jedes Jahr 500 Ratsmitglieder brauchte und sich die Zahl der Bürger auf etwa 40 000 belief, hatte jeder Athener, den danach verlangte, wie man sieht, gute Aussichten, einmal Mitglied des Rates zu sein.
Nach ihrer Bezeichnung durch das Los mußten sich die zukünftigen Buleuten einer Prüfung, der Dokimasie (δοκιμασία), unterziehen, bevor sie – bei günstigem Ergebnis – den Eid leisteten. Ihr Versammlungsort war das Buleuterion (βουλευτήριον) auf der Agora im Kerameikosviertel (vgl. Abb. 11). In ihrem Amtsjahr waren sie von

Abb. 11. Priene, Buleuterion. Sitzungssaal. 4. Jh. v. Chr. Rekonstruktion von F. Krischen.

Nach: J. Boardman [u. a.], *Die griechische Kunst*, München: Hirmer, [3]1976, S. 59, Abb. 99.

der Wehrpflicht befreit und nahmen im Theater Ehrenplätze ein. Die Einberufung der Ratssitzungen oblag den Prytanen.

Diese residierten in der Σκιάς oder Θόλος, einem ganz in der Nähe des Buleuterions gelegenen Rundbau, der aber vom Prytaneion, jener Art von Gemeindehaus, in dem die Stadt zu Ehren athenischer Bürger oder Fremder, z. B. der Gesandten, Empfänge gab, zu unterscheiden ist. Wenigstens ein Drittel der Prytanen war dauernd anwesend, sogar die Nacht über. Ihr Epistat, der täglich neu ausgelost wurde und sein Amt von einem Sonnenuntergang bis zum nächsten innehatte, war – freilich nur für eine sehr kurze Frist – das eigentliche Staatsoberhaupt. Er bewahrte das Staatssiegel und die Schlüssel zu den Tempeln auf, in denen der Staatsschatz lag. In Rat und Volksversammlung führte er den Vorsitz. Er konnte nur ein einziges Mal in dieses Amt berufen werden, so daß von 50 Prytanen wenigstens 36 einmal die Präsidentschaft ausübten (denn es gab in den Jahren mit einem Schaltmonat Prytanien mit mehr als 36 Tagen). Der durchschnittliche Athener konnte sich demnach, da er, wenn er es wünschte, gute Aussichten hatte, in den Rat zu kommen, fast ebenso große Chancen ausrechnen, einen Tag lang Oberhaupt seines Gemeinwesens zu werden.[15]

Die Prytanen sind die höchsten Staatsbeamten, aber neben ihnen gab es viele andere Magistrate, die immer in Kollegien, fast immer in Zehnerkollegien (je Phyle ein Mitglied), zusammengeschlossen waren. Oben erwähnten wir schon die ἀστυνόμοι, die ἀγορανόμοι und die μετρονόμοι.[16] Zahlreich waren die Finanzbeamten: πωληταί (für die Verpachtung von Steuern und anderen Staatseinnahmen zuständige Beamte), πράκτορες (mit der Einziehung von Schulden und Geldstrafen betraut), ἀποδέκται, κωλακρέται und ταμίαι τῆς Ἀθηνᾶς (die mit der Aufsicht und Verwaltung der öffentlichen Besitztümer beauftragt sind), ἑλληνοταμίαι (»Schatzmeister der Griechen«, die die Abgaben der verbündeten Städte erhoben) usw.

Unter den Zivilbeamten waren die Archonten (ἄρχοντες) die bedeutendsten, unter den militärischen Funktionen die der Strategen (στρατηγοί). Die ungerade Zahl der Archonten (neun) kommt daher, daß dieses Amt das älteste Griechenlands ist und weit in die Zeit vor Kleisthenes und der Einteilung der zehn attischen Phylen zurückgeht. Jedoch zog das Kollegium einen Sekretär hinzu, der die Gesamtzahl seiner Mitglieder auf zehn erhöhte, so daß jeder sich mit einer Phyle beschäftigen konnte, z. B. bei der Aufteilung der Heliasten auf die einzelnen Gerichte, jenem hochkomplizierten Vorgang, den Aristoteles beschreibt.[17] Im übrigen hatten sie sehr unterschiedliche Aufgaben zu erfüllen: Der Archon eponymos (ἄρχων ἐπώνυμος), der dem Jahr seinen Namen gab, überwachte die Familienstreitigkeiten, insbesondere die Erbfälle, und auch bestimmte religiöse Feste wie die großen Dionysien. Der Archon Basileus (ἄρχων βασιλεύς) hatte die kultischen und richterlichen Funktionen des ehemaligen Königs geerbt. Der Archon polemarchos (ἄρχων πολέμαρχος), der ursprünglich Oberkommandierender des Heeres gewesen war, hatte die Aufsicht über die Metöken- und Fremdenprozesse inne und zeichnete für die Organisation der Staatsbegräbnisse, die man den vor dem Feind gefallenen Bürgern bereitete, verantwortlich. Die sechs Thesmotheten (θεσμοθέται) schließlich sollten das Recht aufzeichnen und für richterliche Entscheidungen zur Verfügung halten.

Wie die meisten anderen Beamten wurden auch die Archonten durch das Los bestimmt, wobei ein dem oben für die Auslosung der Buleuten beschriebenen entsprechendes Verfahren zur Anwendung kam. Die zehn Strategen wurden dagegen von der Volksversammlung gewählt, je einer aus jeder Phyle, und waren unbegrenzt wiederwählbar. In der Tat verlangte ihr Wirkungsbereich so viel Sachkenntnis, daß man ihre Wahl nicht dem Zufall des Losens überlassen konnte. Aus demselben Grund mußten diejenigen, die ihre Fähigkeit unter Beweis gestellt hatten, im öffentlichen Interesse dem Staat weiter dienen können. Sie waren im wesentlichen mit der Staatsverteidigung beauftragt und befehligten in Kriegszeiten Heer und Flotte. Im Namen des Staates handelten sie Verträge aus und konnten von den Prytanen die Einberufung der Volksversammlung verlangen. Bekanntlich regierte Perikles lange Jahre hindurch den Staat als einer der zehn Strategen, ohne irgendein anderes öffentliches Amt zu bekleiden.

Die Demokratie hegte großes Mißtrauen gegen alle, denen sie auch nur einen kleinen Anteil an der Macht übertragen hatte. Eine erste Vorsichtsmaßnahme bildete die Zahl der immer in Kollegien zusammengefaßten Beamten. Erst nach einer sorgfältigen Prüfung, der sich zugleich auf ihre sittliche Zuverlässigkeit und ihre Sachkenntnis beziehenden Dokimasie, traten sie – wie die Buleuten – ihr Amt an. Jeder Beamte leistete einen Eid und konnte jederzeit durch einen Beschluß der Ekklesia abgesetzt und sogar zum Tode verurteilt werden, wie es mit den bei den Arginusen siegreich gewesenen Strategen im Jahre 406 geschah. Am Ende seiner Amtsperiode wurde seine Amtsführung einer strengen Prüfung (εὔθυνα) unterworfen. Schließlich konnte jeder Politiker, der aufgrund der von ihm ausgeübten Ämter in den Verdacht weitergehenden Ehrgeizes geriet, von der Volksversammlung mit dem Ostrakismos, d. h. einer zehnjährigen Verbannung ins Ausland, belegt werden, ohne daß man auch nur einen Anklagepunkt gegen ihn vorgebracht hätte.

Metöken

Wenn die Athener einen so bedeutenden Teil ihrer Zeit den politischen Geschäften der Stadt widmen konnten, dann liegt der Grund in der weitgehenden Entlastung vieler von wirtschaftlicher Tätigkeit durch die beiden anderen Gruppen der Gesellschaft, die Metöken und die Sklaven.

Die antike Stadt ist, so sagten wir zu Beginn dieses Kapitels, totalitär: im Hinblick auf ihre Angehörigen, insofern sie deren individuelle Freiheit stark einschränkt, mehr noch aber gegenüber den Fremden, die sie *a priori* als Feinde betrachtet. Wer als Fremder in einer griechischen Stadt wohnt, ist in den häufigsten Fällen ein Kriegsgefangener, ein Sklave. In Sparta ordnete man in regelmäßigen Abständen die Ausweisung der Fremden (ξενηλασία) an. Athen war in dieser Hinsicht großzügiger und gestattete zahlreichen nichtathenischen Griechen, auf dem städtischen Territorium zu leben und dort beachtliche Rechte wahrzunehmen. Diese in der Stadt ansässigen Fremden waren die Metöken (μέτοικοι, die »Mit-Bewohner«). Es erstaunt keineswegs, daß dieses Wort wie das Wort »Barbaren« (im Sinne von »die Nicht-Griechen«) über die Zeiten hinweg eine abwertende Bedeutung beibehalten hat, die der patriotische Lokalstolz jeder Stadt zur Genüge erklärt. Die meisten Metöken in Athen sind Griechen, doch man findet unter ihnen auch Phöniker, Phryger, Ägypter und sogar Araber.

Die Metöken waren im Athen des 5. Jahrhunderts zahlreich und erreichten annähernd die Hälfte der Bürgerzahl, mit anderen Worten, etwa zwanzigtausend. Sie waren fast allen finanziellen Verpflichtungen unterworfen wie die Bürger, namentlich den meisten Leiturgien (öffentlichen Diensten), z. B. der Choregie für das Lenäenfest (d. h., sie mußten zu diesem Fest auf eigene Kosten einen Dramenchor ausstatten und einstudieren lassen, sofern sie vom Archon dazu bestimmt wurden). Befreit waren sie dagegen von der Trierarchie (τριηραρχία), da diese den Befehl über ein Kriegsschiff mit sich brachte. Die Metöken bezahlten darüber hinaus eine freilich geringe Sondersteuer, das μετοίκιον, jährlich zwölf Drachmen für die Männer, sechs für die Frauen, mit anderen Worten

die Einkünfte von sechs bzw. drei Arbeitstagen. Zur Ephebie (ἐφηβεία) waren die Metöken nicht zugelassen, konnten jedoch die öffentlichen Gymnasien besuchen (von denen die Sklaven ausgeschlossen waren). Kriegsdienst leisteten sie in der athenischen Armee als Hopliten oder leichtbewaffnete Infanteristen und vor allem als Ruderer in der Flotte. Ihr Verteidigungsbeitrag zu Lande bestand hauptsächlich in der Sicherung des attischen Territoriums. Ehen zwischen Bürgern und Metöken waren gesetzlich ohne Zweifel erlaubt, doch galt seit 451 nicht einmal der Sohn eines Atheners und einer Metökin als athenischer Bürger, geschweige denn der eines Metöken und einer Bürgerin. Sie konnten bewegliche Güter erwerben und Sklaven besitzen, nicht aber Häuser oder Grundstücke, soweit sie nicht ausnahmsweise dieses Erwerbsrecht (ἔγκτησις) ausdrücklich verliehen bekommen hatten, das üblicherweise mit einem anderen Privileg, der Isoteleia (ἰσοτέλεια), verbunden war, das sie in steuerlicher Hinsicht den Bürgern völlig gleichstellte.
Vor Gericht konnten sie der Folter unterworfen werden, doch wurde diese Gesetzesbestimmung kaum angewandt. In den Gerichtshöfen wurden sie von einem Bürger als ihrem Prostates (προστάτης) oder Rechtshelfer vertreten. Wer einen Metöken umgebracht hatte, konnte – anders als der Mörder eines Bürgers – nur zum Exil, nicht zum Tode verurteilt werden; das Leben eines Bürgers und eines Metöken galt dem Auge des Gesetzes also nicht gleich viel. Ihr Besitz stand unter dem Schutz des Archon polemarchos, dem die Regelung aller Metöken betreffenden Rechtsstreitigkeiten oblag. Sie waren unbegrenzt frei, die Kulte ihres Ursprungslandes zu feiern und sich in religiösen Vereinen, sogenannten θίασοι, zusammenzuschließen, und diese fremden Gottheiten wie die thrakische Göttin Bendis und die phrygische Göttermutter gewannen eine nicht unbeträchtliche Reihe von Anhängern selbst unter den Athenern. Einen eigenen Platz nahmen die Metöken auch bei der Feier gewisser staatlicher Feste wie der Ἡφαίστια und der Panathenäen ein, wo sie an der Seite der Verbündeten und Kleruchen (κληροῦχοι, Bürgern, die ihren Wohnsitz in einer athenischen Kolonie hatten) auftraten. Die Metöken werden in Athen also recht großzügig behandelt, zumindest wenn man die Haltung Spartas und vieler an-

derer griechischer Städte vergleicht. Von daher ist es zu verstehen, daß Perikles bei Thukydides sagen kann: »[...] unsere Stadt ist jedermann offen, und es gibt keine Fremdenausweisungen, durch die wir jemanden hindern, sich zu unterrichten und seine Beobachtungen anzustellen«.[18]

Die Metöken waren den einzelnen Demen zugewiesen und somit verwaltungsmäßig der athenischen Bevölkerung eingegliedert, besaßen aber selbstverständlich keinerlei politische Rechte. Gewiß konnten sie bestimmte öffentliche Ämter bekleiden, jedoch nur solche von untergeordneter Bedeutung. So finden sich Metöken etwa als Herolde, Stadtärzte, Steuerpächter oder Leiter von öffentlichen Bauten; die meisten übten jedoch eine Tätigkeit in Handel oder Gewerbe aus oder gingen Berufen nach, die wir heute zu den »freien« rechnen.

Groß war ihre Zahl im Bereich des kleinen Handwerks und des Großgewerbes, namentlich in der Weberei, in der Leder- und Fellverarbeitung, der Töpferei und der metallverarbeitenden Industrie. In letzterem Bereich scheinen sie geradezu ein faktisches Monopol innegehabt zu haben. Der Syrakusaner Kephalos, den uns Platon am Anfang seines Dialogs *Der Staat (Politeia)* als freundlichen, zugleich reichen und weisen Greis vorstellt, leitete in Athen eine Waffenfabrik; er ist der Vater des Redners Lysias.

Auch im Handel, sowohl im Groß- als auch im Einzelhandel, nehmen die Metöken den ersten Platz ein. Sie verkaufen Stoffe, Gemüse und Getreide, doch gibt es auch Großhändler und Importkaufleute unter ihnen. Sie sind es vor allem, die Schiffe chartern, um das Holz Makedoniens, die Goldblättchen des Orients, das Getreide und den gesalzenen Fisch aus dem Schwarzmeergebiet nach Athen zu bringen. Das größte Handelshaus für Pökelfleisch und gesalzenen Fisch in Athen besitzen Chairephilos und Söhne; Chairephilos sollte später das athenische Bürgerrecht erhalten und in Delphi eine Votivgabe stiften mit der Weihinschrift: »Dem Pythischen Apollon hat Chairephilos, Sohn des Pheidon, athenischer Bürger, aufgrund eines Gelübdes [die Inschrift] gesetzt«; aus anderen Quellen wissen wir aber, daß er eben nicht von Geburt Athener war.[19] Die bedeutendsten Finanzleute und Bankiers (τραπεζῖται) Athens sind Metöken oder ehemalige Sklaven, die bei ihrer Freilassung die Stellung von Metöken erworben haben.

Viele Metöken, durch ihre wirtschaftlichen Unternehmungen zu Wohlstand oder Reichtum gekommen, lassen ihren Söhnen eine ausgezeichnete Erziehung angedeihen, die diesen glänzende Erfolge als Künstler, Arzt oder Redner ermöglichen sollte. Der aus Syrakus stammende Waffenfabrikant Kephalos z. B., von dem wir oben schon sprachen, ließ seinen Sohn Lysias, der später ein berühmter Redner wurde, zusammen mit den Kindern der ersten Familien Athens erziehen. Doch auch viele talentierte Männer, die schon in ihrer Heimatstadt Ruhm erworben hatten, ließen sich vom Glanz und der Bestätigung, die diese Stadt ihrer Begabung verleihen konnte, anziehen und kamen nach Athen, häufig, um sich für immer hier niederzulassen. Die großen Maler Polygnot von Thasos, Zeuxis von Herakleia und Parrhasios von Ephesos mögen als Beispiel dienen. Der Vater der medizinischen Wissenschaft, Hippokrates von Kos, erlebte in Athen einen großen Erfolg; Herodot von Halikarnassos, der »Vater der Geschichtsschreibung«, wie ihn Cicero nannte, lebte lange Jahre hindurch hier und hielt öffentliche Lesungen (»Vorträge« würden wir sagen), bevor er sich nach Süditalien einschiffte, um an der panhellenischen Koloniegründung in Thurioi, einer auf Perikles' Entscheidung zurückgehenden und von Athenern angeführten Unternehmung, teilzunehmen.

Perikles selbst, den man aufgrund seines Gesetzes von 451, das die Ausdehnung des Bürgerrechts bremsen sollte, für einen Fremdenfeind halten könnte, umgab sich mit Metöken: Sein Lehrer Anaxagoras stammte aus Klazomenai, seine Lebensgefährtin Aspasia aus Milet. Der Baumeister des Peiraieus, Hippodamos von Milet, und der Astronom Phalinos, der Lehrmeister Metons, sind Metöken. Die »Sophisten«, Gelehrte und Lehrer der Beredsamkeit, die Athen auf ihren Vortragsreisen berühren und sich manchmal dort niederlassen, lernen wir durch Platon, ihren erbitterten Feind, kennen: Protagoras kommt aus Abdera in Thrakien, Gorgias aus Leontinoi auf Sizilien, Prodikos von der Insel Keos und Hippias aus Elis. Von den zehn athenischen Rednern, die als die größten gelten, sind drei Metöken, Isaios von Chalkis, Deinarchos von Korinth und Lysias, der Sohn des Syrakusaners Kephalos. Dank seinem Geldbesitz konnte dieser bei der Wiederherstellung der Demokratie 403 eine gewisse Rolle spielen und hätte wie Chairephilos damals beinahe das Bürgerrecht erhalten – was ihm, dessen Reden nach Meinung aller das Musterbeispiel des Attizismus bieten, wohl nach Verdienst zugestanden hätte.

Unzweifelhaft haben die Metöken zur ökonomischen Macht wie zum geistigen und künstlerischen Ansehen Athens erheblich beigetragen. Platon jedoch mißtraute ihnen und hätte ihre Aktivitäten gern beschnitten gesehen – eine Haltung, die vermutlich mit seiner Bewunderung für die Verfassung Spartas, der fremdenfeindlichen Stadt schlechthin, zusammenhängt. Ein anderer Athener, Xenophon, auch er ein Bewunderer der lakedaimonischen Verfassung, aber von größerer Wirklichkeitsnähe, riet den Athenern dagegen, in ihrem eigenen Interesse den Metöken mehr Erleichterungen zuzugestehen. Er hatte lange Zeit außerhalb seines Vaterlandes gelebt und sogar gegen es gekämpft, dadurch erscheint er ein wenig als Vorläufer des Kosmopolitismus der Zeit Alexanders und des Hellenismus. Die Anwesenheit und rege Tätigkeit so vieler Metöken dürften ebenso wie ihre stets loyale Haltung gegenüber der Stadt, die sie aufgenommen hatte, die Athener auf diese universalistische Neigung vorbereitet haben, die aber – und Platon spürte das sehr wohl – zum grundlegenden Totalitarismus der griechischen Stadt im Gegensatz stand. In der Praxis war die Haltung der Athener zu den Metöken ein ehrenhafter Kompromiß zwischen ihren traditionellen politischen Prinzipien und ihrem zur Großzügigkeit neigenden Charakter.

Sklaven

Ein Metöke, der seine Sondersteuer nicht mehr bezahlt oder sich widerrechtlich das Bürgerrecht anzueignen versucht, wird in den Sklavenstand herabgesetzt. Dies erinnert an die anfängliche Haltung der griechischen Stadt gegenüber den Fremden. Natürlich konnten die Metöken nicht alles selbst erledigen, und viele, wie wir sahen, ließen als Unternehmer und Betriebsleiter andere für sich arbeiten. Diese anderen waren in der Hauptsache Sklaven.

Die großen Philosophen des 4. Jahrhunderts haben die Sklaverei als Faktum hingenommen und in keiner Weise gegen die Ungerechtigkeit, die sie darstellte, protestiert. Platon empfiehlt in den *Gesetzen* nur, man solle keine Griechen versklaven und im übrigen seine unfreien Knechte gut behandeln; wir werden sehen, daß er mit solchen Aufstellungen über das Verhältnis zu den Sklaven weitgehend nur der menschlichen Haltung der meisten seiner Landsleute gegenüber ihren Dienern folgte. Aristoteles dagegen zeigt sich in den Kapiteln I und II des ersten Buches seiner *Politik* viel härter. Er spricht dort von Leuten, die »behaupten, das Herrenverhältnis sei gegen die Natur; nur durch Konvention sei der eine ein Sklave, der andere ein Freier, der Natur nach bestünde dagegen kein Unterschied. Darum sei es auch nicht gerecht, sondern gewaltsam« (vor allem, weil häufig auf Kriegseinwirkung zurückgehend). Er ist aber weit davon entfernt, diese schon zu seiner Zeit aufkommende Meinung zu teilen:

> »[...] Auf dieselbe Weise muß es sich nun auch bei den Menschen im allgemeinen verhalten. Diejenigen, die so weit voneinander verschieden sind wie die Seele vom Körper und der Mensch vom Tier (dies gilt bei allen denjenigen, deren Aufgabe die Verwendung ihres Körpers ist und bei denen dies das Beste ist, was sie leisten können), diese sind Sklaven von Natur, und für sie ist es, wie bei den vorhin genannten Beispielen, besser, auf die entsprechende Art regiert zu werden« (1254 b 15–20).

Er schreibt sogar:

> »Darum ist auch die Kriegskunst von Natur eine Art von Erwerbskunst (die Jagdkunst ist ein Teil von ihr), die man anwenden muß gegen die Tiere und gegen jene Menschen, die von Natur zum Dienen bestimmt sind und dies doch nicht wollen. Denn ein solcher Krieg ist von Natur gerecht« (1256 b 23–26).

Unter dem Namen κρυπτεία wurde in Lakonien tatsächlich Jagd auf Sklaven gemacht. Freilich ist sich auch Aristoteles darüber im klaren, daß die einzige Rechtfertigung der Sklaverei in ihrer Notwendigkeit liegt, da ja in der griechischen Stadt das gesamte Wirtschaftsleben auf der Arbeit der Sklaven beruht:

> »Wenn nämlich jedes einzelne Werkzeug auf einen Befehl hin [...] seine Aufgabe erfüllen könnte, [...] wenn also auch das Weberschiffchen so webte und das Plektron die Kithara schlüge, dann bedürften weder die Baumeister der Gehilfen noch die Herren der Sklaven« (1253 b 32 – 1254 a 1).

Schon Homer hatte bei der Beschreibung der Götterwelt roboterartige Wunderwerke ersonnen, die Hephaistos in seiner Schmiede herstellen sollte: Dreifüße auf goldenen Rädern, »daß sie von selbst annahten zur Schar der unsterblichen Götter, dann zu ihrem Gemach heimkehrten, Wunder dem Anblick«, und vor allem zwei junge Mädchen, in Gold gearbeitet, die ihn, den hinkenden Krüppel, beim Gehen stützen sollten. In der Schmiede arbeiteten die Blasebälge entsprechend seinen Anordnungen von allein.[20] Man könnte also sagen, daß die Griechen das, was wir heute »Automation« nennen, schon vorausgeahnt haben, so wie die Flügel des Ikaros von ferne die Luftfahrt ankündigten; in der Wirklichkeit stand ihnen aber nur die Arbeitskraft der Sklaven zur Verfügung.

Die erste Quelle, aus der sich der Sklavenmarkt speist, ist wie in Homerischer Zeit noch immer der Krieg. Ein gefangener Krieger wird, sofern man ihm das Leben läßt, Sklave dessen, der ihn besiegt hat, und bleibt in dessen Dienst, wenn seine Angehörigen nicht eine angemessene Auslösesumme zahlen können. Fällt eine Stadt in die Hand der Feinde, werden alle Einwohner, wo nicht getötet, in die Sklaverei weggeführt. So geschieht es Hekabe, Andromache und Kassandra. Auch die Seeräuberei liefert viele Sklaven; Eumaios erzählt in der *Odyssee*, wie phönikische Piraten, die Seehandel und Kindesraub verbanden, ihn aus dem Palast seines Vaters entführten. Im 5. Jahrhundert nun, als die athenische Thalassokratie die Piraten praktisch ausgerottet hat, reißen die Kriegsereignisse fast nie ab.

Thukydides zum Beispiel beendet seinen Bericht über das tragische Gespräch der Athener und der Bewohner der kleinen Insel Melos, deren Schuld allein in dem Wunsche nach Neutralität besteht, mit dem lapidaren Satz: »Sie töteten alle erwachsenen Männer, die sie ergreifen konnten, die Kinder und Frauen verkauften sie in die Sklaverei.«[21] Und die Melier waren Griechen!

Noch in Friedenszeiten sind die Sklavenreservoirs recht zahlreich. Bei den Barbaren und selbst in Griechenland (seit Solon mit Ausnahme Attikas) hatte der Familienvater das Recht, seine Kinder zu verkaufen. Die »Menschenvieh«-Händler wandten sich offensichtlich vor allem nach Thrakien, Karien und Phrygien, denn aus diesen drei Ländern kommen besonders viele Sklaven. In Athen sogar hatte ein Vater, der aus Armut oder Eigensucht ein Kind nicht aufziehen wollte, das Recht, es unmittelbar nach der Geburt »auszusetzen«, d. h. auf einem Abfallhaufen niederzulegen; das Neugeborene ging zugrunde oder wurde, falls man es (wie Oidipus und andere Heroen) fand, Sklave (s. Taf. 4). Wer als mittel- und arbeitsloser Thete Hunger leiden mußte, konnte sich selbst an einen Herrn verkaufen, der für seinen Unterhalt sorgen würde. Wir hören sogar von einem Arzt, Menekrates von Syrakus, der den hoffnungslos Kranken seine Behandlung nur zusagte unter der Bedingung, daß diese sich vertraglich verpflichteten, ihm im Falle der Gesundung als Sklaven zu dienen.[22] Konnte jemand seine Schulden nicht bezahlen, wurde er in die Sklaverei verkauft; der Erlös fiel an den Schuldner. In Athen war diese Maßnahme freilich seit Solon verboten.

Der Philosoph Platon, der sich nach Sizilien zu Dionysios von Syrakus begeben hatte, wurde – so will eine antike Überlieferung[22a] – im Jahre 388 Opfer eines unangenehmen Vorfalls. Als er sich bei dem Tyrannen mißliebig gemacht hatte, ließ ihn dieser mit Gewalt auf ein spartanisches Schiff bringen, dessen Kapitän ihn auf Aigina als Sklaven verkaufte. Glücklicherweise kaufte ihn ein Mann aus Kyrene frei und gab ihn seinen Freunden und der Philosophie wieder. Es kam in Attika sogar vor, wie aus einem athenischen Gesetz hervorgeht, daß auf dem Lande oder mitten in der Stadt Kinder oder Heranwachsende von ἀνδραποδισταί (Sklavenmachern) entführt wurden.

Die wichtigsten Sklavenmärkte lagen auf Delos, Chios und Samos sowie in Byzantion und auf Zypern. In Attika bestanden zwei Märkte dieser Art, der eine am Kap Sunion, der vor allem die nahegelegenen Bergwerke des Laureion mit Arbeitskräften versorgte, der andere in Athen, wo allmonatlich zum Neumond die Agora zum Sklavenmarkt wurde. Der Verkauf geschah durch Zuschlag an den Meistbietenden. Der Preis für die Sklaven war im Laufe der Zeiten großen Schwankungen unterworfen und hing selbstverständlich auch von der Qualität und den Fähigkeiten der einzelnen ab. Das Lösegeld für die Kriegsgefangenen lag im 5. Jahrhundert ungefähr bei einer Mine oder 200 Drachmen und stieg gegen Ende des 4. Jahrhunderts bis auf 5 Minen an. Ein ungelernter Handarbeiter kostet etwa 2 Minen, Frauen sind üblicherweise ein wenig teurer. Ein qualifizierter Facharbeiter kann dagegen 3–6 Minen einbringen.

Bei den Sklaven unterscheidet man die im Haus geborenen und die gekauften. Man sollte aber nicht glauben, daß die Herren Verbindungen zwischen Sklaven – die keine vollgültigen Ehen (γάμοι) waren – begünstigt hätten, um sich billig einen »Sklavenbestand« zu sichern; denn die Kinder wollten ja über lange Jahre hinweg ernährt sein, bevor sie ihrerseits »produktiv« wurden. Wenn man den guten Sklaven gestattete, eine Familie zu gründen, dann geschah dies eher, um sie an sich zu binden. Im *Oikonomikos* des Xenophon sagt Ischomachos:

> »Ich setzte ihr auch auseinander, daß die Frauengemächer durch eine festverschließbare Tür vom Männerabteil getrennt sein müssen, damit nicht Unerlaubtes von innen herausgetragen werden kann und die Dienerschaft nicht ohne unser Einverständnis Kinder bekommt. Allerdings sind tüchtige Dienstboten, wenn sie Kinder haben, meistens noch anhänglicher an ihre Herrschaft, die untüchtigen aber werden, wenn man sie verheiratet, noch geschickter zum Unrechttun.«[23]

Sieht man von den Laureion-Bergwerken ab, waren die Sklaven auf dem Land verhältnismäßig weniger zahlreich; denn die kleinen Grundeigentümer (αὐτουργοί) verfügten nicht über genügend Mittel, um eine große Schar von Knechten ernähren zu können. Die wohlhabenden Besitzer vom Schlage des Ischomachos dagegen verfügten über mehrere, die unter der Leitung eines Verwalters standen, der selbst Sklave war. Die kleinen Landwirte konnten überdies für die jahreszeitlich anfallenden Arbeiten Sklaven mieten, denn reiche Bürger und Metöken legten ihre Gelder in Kauf und Unterhaltung von sklavischen Arbeitskräften an, um diese dann für bestimmte Zeiten weiterzuvermieten.

Die Gewerbebetriebe beschäftigten mit Sicherheit die größte Zahl von Sklaven. Die im Süden der attischen Halbinsel gelegenen Bergwerke des Laureiongebirges, in denen man silberhaltiges Blei fördert, benötigten mehr als 10 000 und – in bestimmten Zeiten – vielleicht gar an die 20 000 Arbeitskräfte.

> »Eine mangelhafte Technik ließ sie mit unvollkommenen Werkzeugen in engen, von schwalchenden Öllampen erhellten Stollen arbeiten. Draußen brachte man sie in schmutzigen Baracken inmitten einer trostlosen Landschaft unter – denn das schwefelführende Erz setzt bei der Erhitzung Dämpfe frei, die den Pflanzenwuchs vernichten –, ohne Familien, versteht sich, damit man die Kosten für zusätzliche Lebensmittel sparen konnte.«[24]

Eine solche Arbeitskräftekonzentration scheint jedoch in diesem Land einzigartig gewesen zu sein. In den übrigen Gewerben kennen wir keine Werkstatt, die mehr als 120 Sklaven beschäftigt hätte wie die Waffenfabrik des Metöken Kephalos, des Vaters des Redners Lysias.

Der so blühende athenische Handel erforderte ebenfalls bedeutende Arbeitskräfte, insbesondere z. B. der Peiraieus zum Beladen und Löschen der Schiffe. Diese »Dockarbeiter« waren sicher mehrheitlich Sklaven. Was das Bankwesen betrifft, so kennen wir durch Gerichtsreden des Demosthenes den Fall zweier Sklaven, die, von ihren Herren mit verantwortlichen Posten betraut, sich zu einer angesehenen Stellung emporarbeiten konnten. Ein gewisser Pasion zeichnete sich als Bankangestellter durch seine Arbeit und seinen Geschäftssinn so sehr aus, daß ihn sein Herr freiließ. Als er sich dann bei Gelegenheit dank den ihm zur Verfügung stehenden Mitteln dem Staat dienstbar erweisen konnte, erhielt Pasion sogar das Bürgerrecht, was für einen Mann aus dem Sklavenstand außerordentlich selten war. Bei seinem Tode im Jahre 370 hinterließ er eine Witwe und zwei Söhne, den einen im Alter von 24 Jahren, den zweiten zehnjährig. Da er in die finanzielle Begabung seines Ältesten, der Geld besser auszugeben als zu verdienen verstand, wenig Vertrauen setzte, ordnete er testamentarisch an, daß sein treuergebener Angestellter Phormion, ebenfalls ein Freigelassener, die Geschäftsführung seiner Bank sowie einer desgleichen in seinem Besitz befindlichen Schildfabrik übernehmen solle; er entschied weiterhin, Phormion solle seine Witwe heiraten und Vormund seines jungen Sohnes werden. Selbstverständlich wurde dieses Testament durch seinen älteren Sohn gerichtlich angefochten.[25] Dieser Fall ist ein Beispiel dafür, daß mancher Sklave die Möglichkeit hatte, zu beneidenswerten Stellungen aufzusteigen.

In der Stadt wurden die häuslichen Dienste gewöhnlich von Sklaven versehen. Ein außerordentlich reicher Bürger wie der Staatsmann Nikias besaß allein mehr als tausend, von denen er viele vermietete, da er sie verständlicherweise nicht alle bei sich beschäftigen konnte. Ein wohlhabender Athener hatte, wenn man Platon trauen darf, gemeinhin um die 50 Sklaven, ein der Mittelschicht angehörender Athener anscheinend etwa 10: den Pförtner, den Koch und den »Paidagogen«, der die Kinder zur Schule brachte und auf sie aufpaßte, schließlich die Mägde, die das Haus sauberhalten, Wasser holen, das Korn zwischen den Mühlsteinen mahlen und nach den Anordnungen der Herrin spinnen und weben. Viele arme Athener besaßen überhaupt keinen Sklaven, so der »Invalide« des Lysias, der Friseur oder Schuhmacher gewesen sein muß (man weiß es nicht genau) und erklärt: »Ich habe einen Beruf, der mir jedoch nicht viel einbringt. Ich selbst kann ihn nur noch mit Mühe ausüben, aber einen Sklaven, der mich darin ablöst, kann ich mir noch nicht kaufen.«[26]

Der Staat selbst schließlich war Besitzer von Sklaven, ebenso die Heiligtümer, die Hierodulen (ἱερόδουλοι) besaßen. An Gemeindesklaven kennen wir zunächst die Diener oder Angestellten der Ekklesia, der Bule (βουλή), der Gerichte und der verschiedenen Magistrate. Unentbehrliche Rädchen im Staatsmechanismus, füllen sie im wesentlichen die Dienststellen der athenischen Verwaltung. Dazu gibt es noch die Henker (z. B. den Diener des Elfergerichts, der Sokrates den Schierlingsbecher bereitet und überbringt), die Straßenkehrer, die Arbeiter der Münzstätte, wo die Drachmen geprägt werden, schließlich die Polizisten, d. h. die skythischen Bogenschützen. Diese im Jahre 476 geschaffene Polizeitruppe ist zu unterscheiden von den athenischen Hilfskontingenten, die ebenfalls mit dem Bogen bewaffnet waren. Die vom Staat angekauften Skythen stellten, wie wir sahen, die Ordnung auf den Straßen und der Agora, in der Volksversammlung und den Gerichten sicher. Ihre Truppe war 1000 Mann stark und lag auf dem Areopag, von wo aus sie bequem Agora und Stadt überwachen konnte.[27]

Die privaten und die Gemeindesklaven hatten der Theorie nach keinerlei Rechte. In rechtlicher Hinsicht galten sie als Sache, als beweglicher Gegenstand, den man verkaufen, mieten und verpfänden kann. Sie sind nicht Rechtsperson und können vor den Gerichten nicht einmal Zeugnis ablegen. War ein Herr allerdings in einen Prozeß verwickelt, bot er häufig an, seine Sklaven auf die Folter stellen zu lassen, um durch diese Prüfung seine Aussagen zu bestätigen. Die Verbindungen von Sklaven haben keinerlei rechtlich bindende Wirkung und bedürfen der Erlaubnis des Herrn, dem alle zukünftigen Kinder gehören. Ein entlaufener Sklave wird hart bestraft und mit einem Brandmal gezeichnet.

In Sparta lebten die Sklaven, die Heloten (εἵλωτες), mit Sicherheit unter bedauernswerten Umständen; die Einrichtung der Sklavenjagd (κρυπτεία) und die Anekdote von dem betrunkenen Heloten sind in dieser Hinsicht bezeichnend. Daher benutzten die Heloten die allgemeine Unordnung im Anschluß an das Erdbeben des Jahres 464 v. Chr. zum Aufstand. Doch gewannen in Athen die Sitten und – ihnen folgend – die Gesetze nach und nach an Milde. Entläuft ein Sklave seinem unmenschlichen Herrn, kann er in einem Heiligtum, dem des Theseus oder dem der Erinnyen, Zuflucht suchen; damit steht er unter dem Schutz des Asylrechts, und sein Herr ist verpflich-

tet, ihn weiterzuverkaufen. Mehr noch: wie gegen Freie verbietet das Gesetz auch gegen Sklaven Ausschreitungen und Gewalthandlungen (δίκη ὕβρεως), bei jedem Streit um Freilassung gesteht es dem Sklaven sogar einen συνήγορος, eine Art Rechtsbeistand, zu. Das Eigengut, das sich ein Sklave aufbauen konnte, gehörte rechtlich dem Herrn, der ihm jedoch sehr häufig die Nutznießung überließ.
Die jungen im Hause geborenen Sklaven erhielten gewöhnlich keine Ausbildung. Die Gymnasien, die den freien Männern und ihren Kindern vorbehalten waren, konnten sie nicht benutzen. Die gekauften Sklaven dagegen wurden in Athen nach einem bestimmten Brauch empfangen und in die Familie aufgenommen. Man gab ihnen einen Platz am Herd, und die Herrin des Hauses streute ihnen Feigen, Nüsse und Süßigkeiten auf das Haupt.[28] Zu diesem Anlaß gab man ihnen auch einen Namen. Diese Zeremonie, in der Parallelen zum Brauchtum bei der Eheschließung und der Adoption nicht fehlen, »besagte zweifellos, daß der noch tags zuvor unbekannte Neuankömmling von nun an zur Familie gehören und den Kult der Familiengötter teilen werde. Daher war er auch bei den Gebeten zugegen und nahm an den Festen teil. Aus diesem Grund mußte der Sklave auch in der Grabstätte der Familie beigesetzt werden«[29], wie wir es auf dem Gräberfeld des Kerameikos gesehen haben. Ein Sklave griechischer Herkunft hatte überdies das Recht, sich in die Eleusinischen Mysterien einweihen zu lassen. Wurde ein Sklave freigelassen, so besagte dies nicht das Abreißen jeder Verpflichtung gegenüber dem γένος seines ehemaligen Herrn; denn die religiösen Bande bestanden fort.
Die Lage der Haussklaven scheint in Athen demnach im allgemeinen erträglich gewesen zu sein. Die Gemeindesklaven führen im großen und ganzen das Leben von kleinen Beamten. Sie können wohnen, wo sie es wünschen (mit Ausnahme der skythischen Bogenschützen), beziehen ein Gehalt und haben das Recht, Vereinigungen zu bilden. Ebenso konnten viele in Handel und Gewerbe tätige Sklaven ihre Behausung selbst wählen und einen Betrieb führen. Dessen Einkünfte kamen zwar rechtlich dem Herrn zu, doch zog dieser häufig einen Vorteil daraus, ihr Interesse an der Geschäftsführung zu steigern, indem er ihnen einen Anteil am Gewinn abtrat. Auf diesem

Wege konnten z. B. Pasion und sein Nachfolger Phormion ihre Stellung aufbauen.[30]

Das Theater und vor allem die Komödie spiegeln die Bedeutung der Sklaven in den Angelegenheiten des täglichen Lebens wider. Xanthias, dem wir in den *Fröschen* des Aristophanes begegnen, zeichnet sich durch Begabung mit all den Qualitäten aus, die seinem Herrn, dem Gott Dionysos, abgehen. Im *Plutos* tritt der Sklave Karion als Spielleiter auf, und man weiß, wie sehr die Rolle des geschickten, listigen und boshaften Sklaven – der häufig den Namen Daos trägt – in der Neuen Komödie, der des Menander, an Bedeutung gewinnen sollte.

Doch leben wenigstens zwei Gruppen von Sklaven weiterhin unter beklagenswerten Umständen, einerseits die Mühlenarbeiter, die die Mahlsteine drehen und das Korn zerkleinern mußten, andererseits die schon erwähnten Bergleute vom Laureion. Wenn ein Herr seinen aufsässigen oder unehrlichen Sklaven strafen wollte, konnte er ihn zu den Mühlen oder in die Bergwerke schicken. Die Einfälle der Lakedaimonier nach Attika ermöglichten es den Laureion-Sklaven im Peloponnesischen Krieg, ihre Arbeitsplätze zu verlassen und das Land mit Furcht und Schrecken zu überziehen.

Gesamtbevölkerung und gesellschaftliche Gruppen; ihr numerisches Verhältnis

Im 5. Jahrhundert zählte Athen etwa 40 000 Bürger und 20 000 Metöken. Fügt man die Frauen und Kinder beider Gruppen hinzu, kommt man auf eine freie Bevölkerung von ungefähr 200 000 Menschen. Dazu muß es ungefähr ebenso viele Sklaven gegeben haben, wenn es auch unmöglich ist, ihre Zahl nur annähernd zu schätzen. Vielleicht belief sie sich auch auf 300 000 oder gar noch mehr.

Man stellt also fest, daß bei einer attischen Gesamtbevölkerung von etwa einer halben Million Menschen nur zwei Fünftel Freie waren. Die Männer, die die politischen Rechte besaßen und tatsächlich an der Regierung des Staates teilnahmen, bilden eine kleine Minderheit.

Diesen Gesichtspunkt sollte man nie aus dem Auge verlieren, wenn man von der griechischen Demokratie spricht.

Auch darf man nie vergessen, daß die Griechen der klassischen Zeit die Verachtung der Sklavenarbeit, d. h. der Arbeit eines nach Lohn und Lebensunterhalt von einem anderen Abhängigen, als Erbstück einer früheren Epoche übernommen haben. Besonders der Handel war verrufen, und aus diesem Grunde überließen die Athener ihn so bereitwillig den Metöken.[31]

In Lakedaimonien war ja bekanntlich jede wirtschaftliche Tätigkeit den »Gleichen« (ὅμοιοι) untersagt, d. h. den spartanischen Vollbürgern, die von ihrem unveräußerlichen, von Heloten bearbeiteten Landlos (κλῆρος) lebten. In Athen freilich gab es seit Solon ein Gesetz, das den Müßiggang der Bürger verbot (δίκη ἀργίας). Plutarch erzählt folgende Anekdote:

> »Als einmal ein Spartaner in Athen war, während Gericht gehalten wurde, und hörte, daß jemand, der wegen Müßigganges bestraft worden war, niedergeschlagen davonging, begleitet von seinen Freunden, die mit ihm trauerten und klagten, da bat er die Umstehenden, ihm den Mann zu zeigen, dem man wegen Freiheit den Prozeß gemacht hatte. Für so knechtswürdig hielten sie die Beschäftigung mit Handarbeit und Gelderwerb.«[32]

Die Lakedaimonier standen mit diesen Denkgewohnheiten nicht allein, und selbst in Athen wurden solche Meinungen dem Solonischen Gesetz zum Trotz von vielen geteilt.

So ist die Handarbeit in den Augen der Griechen eine Tätigkeit niederen Ranges und eines freien Mannes unwürdig. Platon und Aristoteles betrachten die Herstellung (ποίησις) eines Gegenstandes, welcher Art auch immer, selbst das Schaffen eines Kunstwerkes, als eine durchaus zweitrangige Beschäftigung. Der Weise darf sich nur der Praxis (πρᾶξις) und der Theorie (θεωρία) widmen, d. h. einerseits der Tätigkeit in politischen Angelegenheiten, der Menschenführung, und andererseits dem Studium der Philosophie.[33] Im *Phaidros*-Mythos ordnet Platon die verschiedenen Lebensformen entsprechend ihrem Wert auf neun Stufen an. Bauer und Handwerker nehmen den siebten Rang ein, gerade über dem Demagogen und dem Tyrannen, die in den Augen des Philosophen die verächtlichsten und schlimmsten Geißeln der Menschheit sind.[34]

Eine Demokratie, die Vorurteile gegen die manuelle und händlerische Arbeit nährt, eine Demokratie, die nur einer schwachen Minderheit der Bevölkerung die politischen Bürgerrechte zuerkennt, sieht eine solche Demokratie nicht einer Aristokratie frappierend ähnlich?

Drittes Kapitel

Die Welt der Frauen: Ehe und Familie

Zur Stellung der griechischen Frau

In Athen genießen die Frauen der Vollbürger wie die Sklaven keinerlei politische oder juristische Rechte. Die bedeutende Rolle, die sie in der minoischen Gesellschaft[1] spielten und in der Homerischen Zeit[2] anscheinend teilweise bewahrt hatten, war ihnen verlorengegangen. Wenn die verheiratete Frau also auf das Hauswesen beschränkt ist, so leitet sie doch zumindest dieses mit zwingender Autorität, vorausgesetzt freilich, daß ihr Herr und Meister keine Einwände erhebt. Für ihre Sklaven und Sklavinnen ist sie die δέσποινα, die Herrin. Im übrigen ist ihr Gatte so sehr außer Hauses in Anspruch genommen – durch die Feldarbeiten und die Jagd, sofern sie auf dem Lande, durch den Beruf und die Teilnahme an den politischen und richterlichen Geschäften der Gemeinde, falls sie in der Stadt wohnen –, daß er meist gezwungen ist, seine Frau das Hauswesen nach ihrem Gutdünken lenken zu lassen.
Die Abhängigkeit und Unterordnung der athenischen Frau wird schon erkennbar im Leben der Mädchen und in der Weise, in der sie zur Ehe gelangen. Es ist kaum vorstellbar, daß ein junges Mädchen frei und unbeobachtet jungen Leuten begegnen könnte, denn nur höchst selten verläßt es die den Frauen vorbehaltenen Wohnräume, den Gynaikon (γυναικών). Während die verheirateten Frauen selten über die Schwelle der äußeren Tür ihres Hauses nach draußen schreiten, erscheinen die Mädchen kaum im Innenhof, da sie ja fern den Blicken, abseits selbst von den männlichen Angehörigen der eigenen Familie, leben müssen. Im Athen des 5. Jahrhunderts findet sich keinerlei Entsprechung zu jener Erziehungseinrichtung, die zu Anfang des 6. Jahrhunderts die Dichterin Sappho auf der Insel Lesbos für Mädchen vornehmer Herkunft leitete. Jeder Vergleichspunkt fehlt auch für die Leibesübungen der kurzgeklei-

deten und »schenkelzeigenden« (φαινομηρίδες[3]) Spartanerinnen, die Euripides darstellt als Mädchen,

> Die gern mit Jünglingen aus dem Haus entweichen
> Mit nackten Beinen und im offenen Gewand.[4]

Nur in diesem Punkt war das strenge Sparta duldsamer als Athen, und Euripides nimmt an den lakedaimonischen Sitten eben deshalb

Abb. 12. Frau, im Stehen spinnend. Rotfiguriges Vasenbild.
Nach: H. Blümner, *Technologie und Terminologie der Gewerbe und Künste bei Griechen und Römern*, Bd. 1, Leipzig und Berlin: Teubner, ²1912, S. 133, Abb. 50.

Anstoß, weil sie in dieser Hinsicht den athenischen entgegenstanden.

Alles, was eine junge Athenerin sich an Fertigkeiten aneignet – im wesentlichen die häuslichen Arbeiten, Kochen, Spinnen und Weben, dazu vielleicht gewisse Grundkenntnisse im Lesen, Rechnen und Musizieren –, lernt sie bei der Mutter, bei einer Großmutter oder

den Sklavinnen der Familie (s. Abb. 12). Die einzige Gelegenheit, bei der die Mädchen regelmäßig das Haus verlassen können, sind bestimmte religiöse Feste, an denen sie dem Opfer beiwohnen und an der Prozession teilnehmen, wie auf dem Panathenäenfries des Parthenon zu sehen ist. Trotz allem ist es demnach unvermeidlich, daß wenigstens einige von ihnen Gesang und Tanz erlernen, um an den feierlichen Chören teilnehmen zu können, doch bleiben Mädchen- und Knabenchöre immer streng getrennt.
Im *Oikonomikos* sagt Ischomachos von seiner jungen Frau:

> »Wie hätte sie denn schon alles verstehen können, Sokrates, da sie noch nicht 15 Jahre zählte, als sie zu mir kam, in der Zeit vorher aber fürsorglich darauf achtgegeben worden war, daß sie so wenig wie möglich sehe, so wenig wie möglich höre und so wenig wie möglich frage?«[5]

In der Tat war dies für die Mädchen das Ideal der guten Erziehung, der Sophrosyne (σωφροσύνη).
Derselbe Ischomachos sagt ein wenig später, diesmal zu seiner Frau gewandt:

> »Sage mir, [...] hast du schon darüber nachgedacht, weswegen ich dich nahm und warum dich die Eltern mir gaben? Denn daß jeder von uns beiden auch andere hätte finden können, um mit ihnen zu schlafen, ist, wie ich genau weiß, auch dir klar. Als ich nun über mich nachdachte, so wie auch deine Eltern über dich, mit wem man am besten Kinder haben könnte, da wählte ich dich aus, und deine Eltern nahmen von den in Frage kommenden Partnern, wie man sieht, mich.«[5a]

Der Kyrios (κύριος) des Mädchens also (ihr Vater oder, falls der nicht mehr lebt, ein Bruder, der von demselben Vater stammt, oder ein Großvater oder schließlich der gesetzliche Vormund) wählt einen Gatten für es und entscheidet an seiner Stelle. Ohne Zweifel wurde es in vielen Fällen um seine Meinung gefragt, doch besitzen wir dafür keinerlei Zeugnisse, und seine Zustimmung war keineswegs unabdingbar. Herodot freilich erwähnt folgenden einzigartigen Zug eines Atheners des 6. Jahrhunderts:

> »Zu seinen drei Töchtern, was war er [Kallias] da für ein Mann! Denn als sie zur Heirat heranwuchsen, bedachte er sie mit einer großartigen Mitgift und erwies ihnen folgende Gunst: Er gab seine Töchter dem Manne aus Athen, den jede von ihnen sich zum Gatten erwählte.«[6]

Herodot, der im 5. Jahrhundert lebte, gedenkt lobend, wie es scheint, des Verhaltens dieses Familienvaters, und man darf annehmen, er habe es gebilligt, aber gleichwohl stellt er es als einen ganz und gar ungewöhnlichen Fall dar. Der Regelfall ist eher das, was ein Dichter der Spätzeit in einem Vers sagt:

> »Ehemann sei dir der, den die Eltern für dich sich erwählen.«[7]

Wenn ein Athener heiratet, dann im wesentlichen, um Kinder zu haben. Von diesen erhofft er nicht nur, daß sie im Alter für ihn sorgen, sondern vor allem, daß sie ihn nach seinem Tod entsprechend den vorgeschriebenen Riten begraben und den Kult der Familiengötter fortführen werden. Der erste und wichtigste Grund bei der Eheschließung stammt aus dem religiösen Bereich, und in dieser Hinsicht behalten die Schlußfolgerungen Fustels de Coulanges in seinem Werk *La cité antique* voll und ganz ihre Gültigkeit: vor allem anderen heiratet man, um männliche Nachkommen oder wenigstens einen zu haben, der den Stamm erhalten und seinem Vater jene kultischen Ehren sichern wird, die dieser selbst seinen Vorfahren erwiesen hat und die als unerläßliche Bedingung für das Glück der Toten in der anderen Welt betrachtet werden.

In Sparta wurden hartnäckige Junggesellen vom Gesetz bestraft. In Athen gab es zwar keine rechtliche Verpflichtung zur Ehe, aber der Druck der öffentlichen Meinung war stark; denn Ehelosigkeit von Männern zog Geringschätzung und vorwurfsvollen Tadel nach sich. Wer jedoch einen verheirateten älteren Bruder mit Kindern aufzuweisen hatte, konnte sich leichter von der Eheschließung befreien.

So hat es in der Tat den Anschein, als hätten die meisten Athener aufgrund des religiösen und gesellschaftlichen Herkommens und nicht aus Neigung geheiratet. Für sie war, wie der am Ende des 4. Jahrhunderts schreibende Dichter Menander sagte, die Ehe »ein notwendiges Übel«[8]. Jedenfalls kennen wir vor der Neuen Komödie kein Zeugnis, in dem jemals von Liebe zwischen Verlobten die Rede wäre. Wie hätte sich im übrigen auch ein junger Mann in ein Mädchen verlieben können, das er in den meisten Fällen nie gesehen hatte? Das Wort Eros (ἔρως, Liebe, *amor*) verwandten die Griechen bekanntlich in erster Linie für das leidenschaftliche Gefühl, das ἐρώμενος und ἐραστής verbindet, d. h. für das, was eben als jene »griechische Liebe« beredet wird, von der wir im Zusammenhang der Erziehung im folgenden Kapitel sprechen werden.

All dies will natürlich durchaus nicht besagen, daß nicht später Liebe zwischen den Gatten habe entstehen können. Xenophon läßt Sokrates in seinem *Gastmahl* sagen: »[...] Nikeratos liebt [ἐρών], wie ich höre, sein Weib und findet Gegenliebe [ἀντεράται]«.[9] Euripides, der allerdings als Weiberfeind galt, hat auf der Bühne die erhabene Ergebenheit der Alkestis dargestellt, die aus Liebe zu ihrem Gatten das Leben opfert, und selbst Platon, dieser Theoretiker der Knabenliebe, schrieb: »Ja, auch zu sterben füreinander begehren allein die Liebenden, nicht allein Männer, sondern auch die Frauen.« Dazu führt er das Beispiel der Alkestis an, »deren Tat die Götter so bewunderten, daß sie ihrer Seele gestatteten, den Hades zu verlassen und an das Sonnenlicht zurückzukehren«.[10] Das Werk des Aristoteles, der die Nichte (oder Schwester[10a]) seines Freundes Hermias geheiratet und es sehr gut mit ihr getroffen hatte, ist voll von Abschnitten, in denen die Ehe nicht als ein Geschäft oder eine Verbindung erscheint, deren einzige Aufgabe in der Erhaltung der Art liegt, sondern als eine Gemeinschaft von wechselseitiger Zuneigung und Zärtlichkeit, die allen geistig-sittlichen Bedürfnissen des menschlichen Lebens zu genügen vermag. Indessen sollte erst der späte Stoizismus, wahrscheinlich unter dem Einfluß der römischen Sitten, die eheliche Liebe in Griechenland in ihr altes Ansehen voll wiedereinsetzen. Die der Männerliebe günstige philosophische Tradition war so stark,

daß noch zu Beginn des 2. Jahrhunderts unserer Zeitrechnung Plutarch sich verpflichtet fühlt, seiner Verteidigungsrede auf die Ehe den Nachweis vorauszuschicken, daß Mädchen nicht weniger als Knaben imstande seien, den Eros zu wecken.[11]
Der Inzest war in Athen nicht durch ein städtisches Gesetz verboten, doch betrachtete man die Verbindung von Vater und Tochter bzw. Mutter und Sohn als abscheuliches Vergehen, das – wie man in Sophokles' *König Oidipus* sieht – die Strafe der Götter nach sich zieht. Dasselbe religiöse und gesellschaftliche Verdikt erstreckte sich auch auf Verbindungen von Geschwistern, die von derselben Mutter geboren waren; ein Halbbruder konnte dagegen die von seinem Vater aus einer anderen Mutter gezeugte Schwester heiraten. So wurde Mnesiptolema, eine Tochter des Themistokles aus der zweiten Ehe des großen Staatsmanns, mit ihrem Bruder Archeptolis vermählt, der von der ersten Frau stammte.[12] Ebenso erwähnt ein Gerichtsredner, sein Großvater habe seine von einer anderen Mutter geborene Stiefschwester geheiratet.[13] Das Prinzip der Endogamie, d. h. der Heirat innerhalb derselben sozialen Gruppe, hat zur Folge, daß die Verbindung zwischen Nahverwandten nicht nur als erlaubt gilt, sondern sogar vom Herkommen empfohlen wird. In einer Prozeßrede erklärt ein Athener, er habe es vorgezogen, seine Tochter einem Neffen statt einem Fremden zu geben, um so die Familienbande zu erhalten und zu stärken. Nicht selten finden sich Ehen von Vettern und Cousinen ersten Grades oder auch von Onkel und Nichte, wodurch der Bruder des Onkels dessen Schwiegervater wird. Die θυγατὴρ ἐπίκληρος (Erbtochter), d. h. die Tochter, die beim Tode des Vaters mangels jedes männlichen Erben dessen Erbe antritt, muß den nächsten Verwandten des Vaters heiraten, der einwilligt; in vollem Licht erscheint hier jene vorrangige Sorge um das Fortleben des Geschlechtes und die Erhaltung des Familienkultes.
Hesiod riet, der Mann solle im Alter von etwa dreißig Jahren ein sechzehnjähriges Mädchen heiraten.[14] Eine förmliche Regel im Hinblick auf das Heiratsalter, das festzulegen erst die Philosophen des 4. Jahrhunderts beanspruchen sollten, gab es in Athen nicht, aber oft scheint man dem Ratschlag Hesiods gefolgt zu sein. Die

Mädchen konnten verheiratet werden, sobald sie das Alter der Mannbarkeit erreicht hatten, d. h. mit etwa zwölf oder dreizehn Jahren, doch pflegte man anscheinend gewöhnlich bis zum 14. oder 15. Lebensjahr zu warten. Die Frau des Ischomachos war bei ihrer Eheschließung noch nicht fünfzehn Jahre alt.[15] Auf jeden Fall scheint es gewiß, daß noch nicht geschlechtsreife Mädchen nicht – im Gegensatz zu Rom[16] – zur Ehe gegeben wurden. Die jungen Männer heirateten, so scheint es, nie vor Erreichen der Volljährigkeit, d. h. vor Vollendung des 18. Lebensjahres, und häufig warteten sie damit noch weit über ihre beiden Jahre in der Ephebie hinaus, d. h. bei dem kasernierten Militärdienst, den sie im Alter von achtzehn bis zwanzig Jahren ableisteten. Der Altersunterschied zwischen den Ehegatten war oft beträchtlich.[17]

Heirat und Ehe

Die rechtsgültige Ehe zwischen einem Bürger und der Tochter eines Bürgers setzt in Athen die charakteristische ἐγγύησις (wörtlich: die Aushändigung eines Pfandes) voraus. Sie ist mehr als eine einfache Verlobung, sie ist im wesentlichen ein Vertrag, eine mündliche, aber feierliche Abmachung zwischen zwei Personen, nämlich einerseits dem Bewerber, andererseits dem Kyrios des Mädchens, natürlich dem Vater, sofern dieser noch lebt. Dabei tauscht man einen Händedruck aus und spricht einige sehr einfache rituelle Formeln, die die folgende Wechselrede Menanders recht getreu wiedergeben dürfte:

Pataikos. Hier diese meine Tochter geb ich dir, damit du edle Kinder mit ihr zeugst –
Polemon. Ich nehme sie!
Pataikos. Und drei Talente nehmt als Mitgift an!
Polemon. Auch dies ist gut.[18]

Bei dieser Abmachung müssen Zeugen anwesend sein, die gegebenenfalls bestätigen können, daß sie stattgefunden hat, da sich alles mündlich abspielt. Ob die zukünftige Gattin dieser Zeremonie beigewohnt hat, bleibt zweifelhaft; sicher ist aber, daß sie dabei gegebenenfalls keinerlei aktive Rolle gespielt hat und daß ihre Anwesenheit nicht erforderlich war. Man hat sich ja zu vergegenwärtigen, daß in früherer Zeit der Familienvater über seine Kinder ebensolche Rechte besaß wie über seine Sklaven und sie folglich verkaufen konnte, was – freilich nicht in Attika – noch im 5. Jahrhundert in vielen Ländern üblich war. In Homerischer Zeit war es im übrigen der Bewerber, der seinem Schwiegervater Geschenke brachte, d. h. ihm die Tochter abkaufte, doch haben sich die Gewohnheiten in dieser Hinsicht später umgekehrt. In Athen konnte ein Mädchen auch ohne Mitgift heiraten, aber dies war die Ausnahme. Es hat sogar den Anschein, als sei das Vorhandensein oder Fehlen der Mitgift ein Merkmal gewesen, an dem man die rechtmäßige Ehe vom Konkubinat unterscheiden konnte.

Der spätere Gatte muß seinerseits, sobald er volljährig ist, nicht mehr von seinem Vater vertreten werden und handelt bei der ἐγγύησις als Person eigenen Rechts. Gleichwohl wird er sich wahrscheinlich in den meisten Fällen vor der Verlobung die Zustimmung seines Vaters erbeten und sehr oft sogar seine Braut auf dessen Rat gewählt haben. Ein Gerichtsredner sagt: »Als ich gerade achtzehn geworden war, beredete mich mein Vater, die Tochter des Euphemos zu heiraten, da er Kinder sehen wollte, die von mir gezeugt worden wären. [...] Da ich glaubte, alles tun zu müssen, was ihn erfreuen könnte, gehorchte ich ihm, und auf diese Weise heiratete ich.«[19] In diesem Fall trifft offensichtlich der Vater für seinen Sohn die Wahl in der eigenen oder einer anderen Familie. Maßgeblich ist dabei die Rücksicht auf Beziehungen, die er aus vornehmlich materiellem Interesse zu dem einen oder anderen unterhalten oder verstärken möchte.

Die ἐγγύησις ist ein Heiratsversprechen, allerdings von sehr starker Geltung, schafft sie doch schon feste Bindungen zwischen dem Bewerber und seiner zukünftigen Gattin. Um dies zu verstehen, muß man sich die außerordentliche Bedeutung in Erinnerung rufen, die in den Augen der Griechen jedem feierlich ausgesprochenen Wort, jeder in ritueller Form vollzogenen Handlung zukam, da ja solche Worte und Handlungen auch unbeeidigt nach ihrer Ansicht schwere

Folgen nach sich zogen und man sich einer unter solchen Umständen eingegangenen Verpflichtung nicht entziehen konnte, ohne sich den Strafen der Götter auszusetzen. Nicht allein der Fluch (ἀρά) besitzt eine im eigentlichen Sinne magische Wirksamkeit, sondern jedes formelhafte Wort, durch das man in Gegenwart der Götter eine Verpflichtung eingeht; denn wir müssen uns vorstellen, daß die ἐγγύησις-Feier am häuslichen Altar stattfand. Jedoch ist für das 4. Jahrhundert zumindest ein Fall bekannt, in dem auf die ἐγγύησις nicht die Heirat folgte. Der Vater des Demosthenes verlobte, kurz bevor er starb, seine damals fünfjährige Tochter mit Demophon, einem seiner Verwandten; dieser erhielt unmittelbar nach dem Tode des Vaters die Mitgift, sollte die Tochter aber erst zu sich ins Haus nehmen, »wenn sie das entsprechende Alter erreicht habe (dies sollte in zehn Jahren der Fall sein)«. Damit finden wir bestätigt, daß das Alter von 15 Jahren als normal für die Heirat von Mädchen betrachtet wurde. Die erwähnte Verlobung jedoch blieb ohne Folgen, eine Hochzeit wurde nicht gefeiert.[20]

Die zeremoniellen Formen der eigentlichen Hochzeitsfeier (ἔκδοσις, d. h. der Übergabe der Braut an den Gatten) sind uns in den Einzelheiten nur recht unvollkommen bekannt, aber wir können uns gleichwohl einen Gesamteindruck verschaffen.

Nach dem Gesetz besteht die Ehe seit der ἐγγύησις; der ausdrückliche Endzweck der Verbindung, die ja wesentlich um der Nachkommenschaft willen geschlossen wird, ist aber die Gemeinschaft von Tisch und Bett. Der Vollzug der Ehe, der γάμος, erfordert die Überführung der Braut in das Haus ihres Verlobten. Diese Überführung, die üblicherweise in einer recht kurzen Frist nach der ἐγγύησις stattgefunden haben dürfte, bildete den Hauptteil der Hochzeitsfeier. Anscheinend veranlaßten bestimmte abergläubische Überzeugungen die Griechen, den Hochzeitstermin innerhalb des Monats bevorzugt in die Zeit des Vollmonds[21], innerhalb des Jahres in den Winter zu legen.[22] Im Monat Gamelion (Januar/Februar), dem siebten des athenischen Jahres, der Hera, der Schutzgöttin der Ehe, geweiht war und den schon der Name als »Heiratsmonat« zu erkennen gibt, müssen die Eheschließungen besonders zahlreich gewesen sein.

Die Feierlichkeiten beginnen am Vorabend des Tages, an dem die Braut in das neue Heim ziehen soll. Zunächst opfert man den Schutzgottheiten der Ehe, Zeus, Hera, Artemis, Apollon und Peitho (der Göttin der Überredung, auch des Gehorsams). Die Braut weiht den Göttern ihr Mädchenspielzeug und die vertrauten Dinge ihrer Kindheit, wie man aus folgendem Epigramm ersieht:

Vor ihrer Hochzeit entbot Timareta hier diese Pauke,
Diesen entzückenden Ball, auch von den Locken das Netz (κεκρύφαλος)
Und, wie es recht sich gebührt, die Puppen und Puppengewänder,
Artemis, dir, du Kind Letos, o Göttin der See [Limnatis],
Dir, der Jungfrau, die Jungfrau. Halt über Timaretos' Tochter
Gnädig die Hände und sei, Fromme, der Frommen ein Schirm.

Ein nach Ausweis der Inschrift der Artemis Limnatis geweihtes Bronzebecken befindet sich im Besitz unserer Museen.[23]
Das wesentliche Zeremoniell aber, ein Reinigungsritus, war das Bad der Braut, zu dem eine Gruppe von Frauen in einem geordneten Zug das Wasser von einer besonderen Quelle, der Kallirhoe, holte. In diesem auf Vasenbildern dargestellten Zug ging zwischen den fackeltragenden Frauen ein Oboenspieler mit. Ihm folgte eine Frau, die ein Gefäß von besonderer Form für die Aufnahme des Badewassers trug, eine zweihenklige Lutrophoros (λουτροφόρος) mit ovalem Bauch und dünnem Hals: eine Szene, die im übrigen bezeichnenderweise auf den Seiten einer solchen Lutrophoros dargestellt ist. Freilich werden solche Gefäße auch mit Trauerszenen bemalt, war es doch auch eine Lutrophoros, die man auf das Grab der unverheiratet Gestorbenen setzte (s. Taf. 7). Der Bräutigam mußte seinerseits ebenfalls ein Bad nehmen.
Am Tag der Hochzeit (γάμος) werden die Häuser der Frau und des Mannes mit Girlanden aus Ölbaum- und Lorbeerblättern[24] geschmückt. Opfer und Festmahl finden beim Vater der Braut statt. Diese trägt dabei ihr schönstes Gewand, auf dem Kopf einen Kranz, vor dem Gesicht einen Schleier und wohnt, umgeben von ihren Freundinnen, geleitet und unterstützt von der Brautführerin

(νυμφεύτρια), den verschiedenen Akten der Eheschließungsfeier bei. Auch dem Bräutigam steht immer ein Ehrenknabe, der πάροχος, zur Seite. Im Speiseraum sitzen Männer und Frauen selbstverständlich getrennt. Zum Hochzeitsmahl gehören bestimmte traditionelle Gerichte wie z. B. der als Fruchtbarkeitspfand geltende Sesamkuchen. Ein kleiner Knabe, dessen Vater und Mutter noch leben (ἀμφιθαλής)[25], geht zwischen den Gästen umher und teilt aus einem Korb Brot aus; dazu spricht er die an gewisse formelhafte Wendungen im Kult der Mysterienreligionen erinnernden Worte: »Das Böse hab ich überwunden, das Bessere nun gefunden.« War die Mahlzeit beendet, erhielt die Braut Geschenke. Zu diesem Zeitpunkt legte sie vielleicht den Schleier ab, doch ist dies nicht sicher:

> »Wenn der Schleier dazu bestimmt war, sie in der gefährlichen Zeit des Übergangs in einen neuen Stand gegen schädliche Einflüsse zu schützen, möchte man eher annehmen, daß die Entschleierung erst nach der Ankunft im Heim des Gatten vorgenommen wurde.«[26]

Gegen Abend bildete sich schließlich der Geleitzug, der die Braut zu ihrem neuen Haus führte (s. Taf. 6). In früheren Zeiten vollzog sich dieser Hauswechsel in der äußeren Form einer Entführung, eine Tradition, die sich in Sparta erhalten hatte:

> »In Lakedaimon heiratete man durch Raub [...] Die Geraubte nahm die sogenannte Brautbedienerin in Empfang, schor ihr das Haar ganz ab, zog ihr ein Männergewand und Schuhe an und legte sie allein und ohne Licht auf eine Spreu. Dann kam der Bräutigam herein [...], nachdem er wie immer bei dem Gemeinschaftsmahl gespeist hatte, löste ihren Gürtel, hob sie auf und legte sie aufs Bett. Doch blieb er nicht lange bei ihr, sondern ging sittsam davon, um wie früher am gewohnten Ort mit den anderen jungen Leuten zu schlafen.«[27]

In Athen brachte gewöhnlich ein Wagen die beiden Neuvermählten von einem Haus zum anderen, wobei ein Freund des Mannes den mit Maultieren oder Ochsen bespannten Karren lenkte. Die Braut trug dabei einen Bratrost und ein Sieb, Zeichen ihrer künftigen häuslichen Tätigkeit (s. Abb. 13). Langsam bewegte sich der Karren voran, Eltern und Freunde folgten im Licht der Fackeln und zu den Klängen des von Kithara und Oboe begleiteten Hochzeitsliedes; auch die Brautmutter selbst hielt eine Fackel in Händen. Am Haus des Bräutigams standen der mit Myrten bekränzte Vater und die eine Fackel tragende Mutter in der Tür. Wie bei der Ankunft eines neuen Sklaven[28] streute man der Braut Nüsse und getrocknete Feigen auf das Haupt und bot ihr einen Teil des aus Honig und Sesam bereiteten Hochzeitskuchens sowie eine Quitte oder Dattel als Fruchtbarkeitssymbole an.

Sodann betrat das Paar die Hochzeitskammer (ϑάλαμος), und es mag sein, daß sich die junge Frau bei dieser Gelegenheit entschleierte. Die Tür wurde geschlossen und von einem Freund des Ehemanns, dem ϑυρωρός, bewacht, während die anderen laut einen Hochzeitshymnos sangen und – wie man glaubt, um die bösen Geister abzuschrecken – auf vielfache Weise Lärm machten. Es versteht sich von selbst, daß Aufwand und Glanz dieses Tages so unterschiedlich waren wie das Vermögen der Familien. Mitunter war das Hochzeitsessen so kostspielig, daß wiederholt ein Gesetz die Zahl der Teilnehmer begrenzen mußte.

Abb. 13. Hochzeitszug mit Mauleselkarren. Von einer kabirischen Vase, boiotisch, 6. Jh. v. Chr.

Nach: E. Pfuhl, *Malerei und Zeichnung der Griechen*, Bd. 3, München: Bruckmann, 1923, Taf. 249, Abb. 614.

Auch der auf die Hochzeitsnacht folgende Tag galt noch als Feiertag. Unter den Klängen der Oboe brachten die Eltern der jungen Frau feierlich Geschenke (ἐπαύλια) für das junge Paar, und ohne Zweifel wurde bei dieser Gelegenheit die bei der ἐγγύησις versprochene Mitgift ausgehändigt.

Einige Zeit darauf gab der neue Ehemann den Mitgliedern seiner Phratrie ein Essen, dem ein Opfer vorausging. Zwar stellte er ihnen seine Frau nicht vor, doch teilte er ihnen in feierlicher Form seine Heirat mit, was für die Zukunft von Bedeutung war, da ja seine männlichen Nachkommen in die Phratrie aufgenommen werden sollten.

Von allen uns bekannten Hochzeitsriten scheint keiner die Aufgabe zu haben, in erkennbarer Weise eine innige Gemeinschaft der Eheleute zu verankern, dagegen richtet sich alles auf das Wohlergehen des Oikos (οἶκος), d. h. jener kleinen Zelle des gesellschaftlichen und religiösen Lebens, die das neue Herdfeuer begründet, sowie auf die Zeugung von Kindern, die die Zukunft dieses Oikos sicherstellen werden. Wenn z. B. die Braut im Heim des Gatten ein Stück Kuchen und eine Quitte verzehren muß, teilt sie diese keineswegs, wie man erwarten könnte, mit ihrem Mann. In Sparta war die gesamte Gesetzgebung, die die Familie und das Verhältnis der Geschlechter betraf, beherrscht von der Sorge um gesunden und reichlichen Nachwuchs, die so weit ging, einem schon älteren Mann einer jungen Frau zu gestatten, einen tüchtigen jungen Mann bei dieser einzuführen, damit sie von ihm gesunde und kräftige Kinder bekomme.[29] In Athen geht man nicht so weit, aber wir müssen feststellen, daß nichts in der Vorbereitung und der feierlichen Besiegelung der Ehe in irgendeiner Weise so etwas wie wechselseitige Zuneigung und Liebe der Eheleute hervorhebt.

Immerhin kann Ischomachos, als er Sokrates erzählt, wie er seine noch sehr junge Frau in ihre neuen Pflichten als Hausherrin eingeführt habe, sagen: »Zunächst habe ich natürlich geopfert und zu den Göttern gebetet, daß ich als Lehrer und sie als Lernende das Beste für uns beide erlangen möchten.«[30] An diesem Opfer, mit dem die beiden Gatten feierlich ihr gemeinsames Leben begannen, nahm selbstverständlich auch die Frau teil.

Ein Ehemann hat jederzeit das Recht, seine Frau zu verstoßen, selbst dann, wenn er keinerlei Grund geltend machen kann. Ist die Frau im vollen Rechtssinn des Ehebruchs überführt, verpflichtet dies den Ehemann sogar zur Verstoßung, wenn er nicht der Strafe der ἀτιμία (Aberkennung der Bürgerrechte) verfallen will. Oft wird der Grund der Zurückweisung Unfruchtbarkeit gewesen sein, denn da ja der Mann in erster Linie heiratete, um das Fortbestehen der Familie und der Stadt zu sichern, erfüllte er in der Tat nur die Pflicht eines guten und frommen Staatsbürgers, wenn er seine unfruchtbare Frau verstieß. Andererseits war aber selbst eine Schwangerschaft kein Hindernis für eine Verstoßung. Der Ehemann, der seine Frau aus dem Hause wies, mußte freilich die Mitgift herausgeben, und diese Verpflichtung bildete die einzige – in zahlreichen Fällen aber durchaus wirksame – Hemmung, die eine unerträgliche Zunahme der Scheidungsfälle verhinderte.

Unterliegt die Scheidung aufgrund einer Willenserklärung des Mannes keinerlei besonderen Formansprüchen, so steht es ganz anders mit einer Scheidung auf Wunsch der Frau, denn diese ist ja im Sinne der geltenden Gesetze dauernd rechtsunfähig. Der Frau steht nur eine Rechtshilfe zu Gebot: Sie kann den Archonten, den geborenen Schutzherrn aller Rechtsunfähigen, aufsuchen und ihm ein Schriftstück übergeben, in dem die Gründe für ihren Trennungsantrag entwickelt werden. Über die Schwere der der Frau zugefügten Schäden urteilte der Archon allein, und es ist sehr wahrscheinlich, daß offene Untreue des Mannes nicht ausreichte, ihn auf Trennung erkennen zu lassen, denn die sittlichen Vorstellungen ließen die sexuelle Freizügigkeit des Mannes ohne allen Tadel gelten. Wurde die Frau aber von ihrem Mann geschlagen oder in anderer Weise mißhandelt, so wird dies, falls durch eine Untersuchung sicher erwiesen, ein triftiger Grund gewesen sein. Die öffentliche Meinung jedoch war den Frauen, die sich von ihren Männern trennten, ungünstig gesonnen. Medea, die Euripides wie eine Athenerin seiner Zeit sprechen läßt, sagt dies ausdrücklich: »Unrühmlich ist der Frau es, sich vom Mann zu trennen, und sie darf ihn nicht verschmähn.«[31]

Der Gynaikon

Die Heirat beendet in keiner Weise das eng umgrenzte häusliche Leben der Frauen. Gewiß werden in Athen die Gynaikones (γυναικῶνες) – außer in der Nacht – nicht abgeschlossen, noch sind die Fenster vergittert, doch reicht durchaus das Herkommen, um die Frauen im Hause zu halten. Dieses Herkommen drückt sich mit strenger Härte in formelhaften Vorschriften aus, deren Tenor etwa lautet: »Eine ehrbare Frau bleibt im Haus; die Straße gehört den Frauen, die nichts wert sind.«[32] Selbst eine Frau, die sich aus Neugier an der Tür des Hauses aufhält, macht sich verdächtig. Gewöhnlich tätigen die Männer oder die Sklaven die für das tägliche Leben nötigen Einkäufe auf der Agora.

Hier gilt es jedoch, die verschiedenen sozialen Schichten zu unterscheiden. Die armen Athener, die nur über eine sehr kleine Behausung verfügten, gestatteten ihren Frauen viel eher, die Wohnung zu verlassen. Im übrigen waren diese oft gezwungen, außer Hauses zur Sicherung des Familienunterhaltes zu arbeiten; so wissen wir zum Beispiel, daß viele als kleine Verkäuferinnen und Wiederverkäuferinnen auf den Markt gingen. Im Gegensatz dazu scheinen die Athener der Mittelschicht und der reichen Besitzerschicht in diesem Punkte viel strenger gewesen zu sein, freilich nannten sie auch einen ausgedehnten Gynaikon und oft einen Innenhof ihr eigen, in denen sich ihre Frauen, geschützt vor neugierigen Blicken, an der frischen Luft ergehen konnten.

Von Zeit zu Zeit hatte eine Frau, auch wenn sie dem athenischen »Bürgertum« angehörte, die eine oder andere persönliche Anschaffung – ein Kleid oder ein Paar Schuhe – zu machen, die sie zum Verlassen des Hauses zwang. In diesem Fall mußte sie sich unausweichlich von einer Vertrauten, d. h. einer ihrer Sklavinnen, begleiten lassen. Vor allem anläßlich der städtischen Feste und familiärer Ereignisse konnten die Frauen aus dem Haus gehen.

Namentlich in Athen gibt es ein den verheirateten Frauen vorbehaltenes Fest, die Thesmophorien (Θεσμοφόρια).[33] Ein betrogener Ehemann, der den Liebhaber seiner Frau ermordet hat, sagt zu seinen Richtern:

»In der ersten Zeit [...] war sie die beste Frau, die man sich denken kann, eine strenge, höchst sparsame Hausfrau, die in jeder Beziehung die Geschäfte auf das genaueste besorgte. Als aber meine Mutter starb, wurde dies die Ursache aller meiner Leiden. Denn als meine Frau mit dem Leichenzug ging, bekam dieser Mensch sie zu Gesicht, und es gelang ihm mit der Zeit, sie zu verführen; er paßte die Dienerin, wenn sie auf den Markt ging, ab, richtete allerlei Reden an sie und verleitete sie zum Verrat.«

Derselbe Gerichtsredner beschreibt in der Fortsetzung seiner Rede, wie er, als ihn die Sklavin einer verheirateten Frau, zu der derselbe Eratosthenos ebenfalls eine Liebschaft unterhalten hatte, von seinem Unglück in Kenntnis gesetzt hatte, die Dienerin seiner Frau durch Drohungen bewegte, alles einzugestehen: »Sie sagte zuerst, daß jener nach dem Leichenbegängnis sich an sie herangemacht habe [...] und schließlich, daß sie an den Thesmophorien, während ich auf dem Lande war, mit seiner Mutter in den Tempel gegangen sei.«[34]
Die Frau soll sich eben durchaus nicht das angelegen sein lassen, was außerhalb des Hauses geschieht, denn dies betrifft den Mann – und nur den Mann. Im übrigen hat sie nicht gerade oft Gelegenheit, sich des längeren mit ihrem Mann zu unterreden, der ja fast immer außer Hauses ist und anscheinend nicht regelmäßig seine Mahlzeiten zusammen mit seiner Frau einnimmt: »Gibt es unter deinen Bekannten jemanden, mit dem du weniger sprichst als mit deiner Frau?« fragt Sokrates Kritobulos, und dieser antwortet: »Wenn auch nicht gerade das, so doch nicht viele!«[35] Wenn ein Athener Freunde nach Hause einlädt, erscheint seine Frau nicht im Speiseraum, dem Andron, es sei denn vielleicht, um die bedienenden Sklaven zu beaufsichtigen; auch wenn ihr Gatte von einem Freund eingeladen ist, begleitet sie ihn nicht. Nur bei den Familienfesten können sich die Frauen freier unter die Männer mischen.
Gleichwohl regiert die Ehefrau über das Innere des Hauses, wo sie sich um alles kümmern muß. Xenophons *Oikonomikos* läßt uns in Einzelheiten die Pflichten der Hausherrin erkennen (s. Abb. 14). Wir wollen hier nur die folgenden Anweisungen des Ischomachos an seine Frau wiedergeben:

»Du wirst im Hause bleiben müssen und diejenigen Sklaven, die draußen arbeiten sollen, hinausschicken; über die aber, die ihre Arbeiten im Haus verrichten müssen, hast du die Aufsicht zu führen, und du mußt das, was ins Haus geschafft wird, in Empfang nehmen. Du hast zu verteilen, was hiervon sofort verwendet werden soll; was dagegen übrigbleiben soll, mußt du vorausberechnen und unter deine Obhut nehmen, damit nicht der für das Jahr aufgespeicherte Vorrat in einem Monat verbraucht werde. Und wenn die Wolle ins Haus geschafft wird, mußt du dafür Sorge tragen, daß alle nach Bedarf die entsprechenden Gewänder erhalten. Auch mußt du dein Augenmerk darauf richten, daß das getrocknete Getreide eßbar und schmackhaft bleibt.«[36]

Nur in den sehr armen Familien buk die Frau selbst das Brot. Als die Gesandten Alexanders den Athener Phokion in sein Haus begleiteten, sahen sie, wie Plutarch sagt, »die große Einfachheit [seines Haushalts], wie die Frau den Brotteig knetete und Phokion selbst Wasser aus dem Brunnen heraufseilte, um sich die Füße zu waschen«.[37] Gewöhnlich verrichteten diese Arbeit die Sklaven, freilich – wie in den Homerischen Zeiten, als Eurykleia Odysseus die Füße wusch[38] – unter der Aufsicht der δέσποινα (der Herrin).

Abb. 14. Webstuhl. Von einem schwarzfigurigen Skyphos, boiotisch, frühes 4. Jh. v. Chr.

Nach: E. Pfuhl, *Malerei und Zeichnung der Griechen*, Bd. 3, München: Bruckmann, 1923, Taf. 249, Abb. 615.

Als Zeichen ihrer Autorität trägt die Frau die Hausschlüssel, insbesondere die der Vorratskammer und des Weinkellers. Bei der Beschreibung des Mißtrauischen sagt Theophrast: »Seine Frau fragt er, während er schon im Bett liegt, ob sie die Geldtruhe verschlossen habe, ob der Becherschrank versiegelt und der Riegel vor das Hoftor gelegt sei.«[39] Erweist sich die Frau aber als allzu starke Esserin, neigt sie zur Trunksucht oder zum Verschleudern des Geldes, so kann das den Mann veranlassen, ihr die Schlüssel zu entziehen.

Das Zeugnis des Aristophanes über das Leben der Frauen ist schwer zu verwenden, denn nicht immer wissen wir, wo das Bild des wirklichen Lebens aufhört und die Theaterrolle beginnt. Jedoch verschaffen uns seine Komödien den Eindruck, daß schon gegen Ende des 5. Jahrhunderts die alte Abgeschlossenheit der Frauen zahlreiche Ausnahmen erfuhr. Der Grund dafür ist einfach: Der Peloponnesische Krieg zwang die mit Kriegszügen und Festungswache beschäftigten Männer, noch öfter als in Friedenszeiten fern von zu Hause zu sein. In der *Lysistrata* singt der Chor der Frauen, mit Sicherheit freier Frauen und athenischer Bürgerinnen:

> Eben hab ich am Brunnen den Krug voll nur geschöpft in der Dämm'rung,
> Mühsam genug unter dem Lärm und dem Gedräng' um den Brunnen
> Und dem Geklirr der Krüge [...]
> Sklavinnen drückten mich hin und her und gebrandmarkte Kerle.[40] (Taf. 5.)

Nach Aristophanes gehen die Frauen nicht nur zum Brunnen, sondern auch zur Agora, um dort die nötigen Besorgungen zu machen oder um ihre Erzeugnisse zu verkaufen; so war die Mutter des Euripides, wie es scheint, Gemüsehändlerin.[41] Aus einer Gerichtsrede ist uns auch eine Athenerin bekannt, die zunächst mit Bändern handelte und dann Dienste als Amme annahm[42], doch übten die Frauen athenischer Bürger nur in der äußersten Not einen Beruf aus, während die Metökenfrauen oft als Wollweberinnen, Schuhmacherinnen,

Schneiderinnen usw. arbeiteten. Einige darunter scheinen sogar ausgesprochene »Geschäftsfrauen« gewesen zu sein.[43]
Natürlich kam es auch vor, daß ein wenig dumme oder unbewegliche Athener und vor allem solche vom Lande vor einer herrschsüchtigen und listigen Frau die Segel streichen mußten. Der Bauer Strepsiades jammert darüber, »eine Frau aus der Stadt, ein feines Fräulein und Zierpüppchen dazu«, geheiratet zu haben, eine Frau, die ihn nicht einmal ihrer beider Sohn so benennen ließ, wie er es wünschte. Er hatte ihm, wie allgemein üblich, nach dem Großvater den Namen Pheidonides (der Sparsame, Knauserige) geben wollen, sie dagegen bestand auf einem mit ἵππος (Hippos, Pferd) gebildeten Wort, weil die Reiter oder Ritter wohlhabende Leute von aristokratischem Stand waren. Darauf sollte dann jeder seinen Wunsch einbringen, ein Kompromiß, der zu dem Namen Pheidippides (der sein Pferd schont) führte.[44] Vielleicht hat man mit Recht gemeint, daß – wenigstens in Attika auf dem Lande – »die Frau nichts von jenem schlichten und unterständigen Charakter besaß, den die Bauersfrau in Frankreich so lange behalten sollte«.[45] Noch heute kann man nämlich in bestimmten Provinzen Frankreichs beobachten, daß die Frau des Hauses, wenn das Familienoberhaupt Gäste empfängt, am Tisch bedient, ohne bei den Männern Platz zu nehmen.
Die Frauen liebten es, einander – freilich immer in Begleitung wenigstens einer Sklavin – zu Haus zu besuchen. Man »ging zur Nachbarin«, um das eine oder andere Hausgerät auszuleihen, vor allem aber, um unter diesem Vorwand ein Plauderstündchen zu halten und über die verschiedenen Dinge zu reden, wie aus einer Gerichtsrede des 4. Jahrhunderts zu ersehen ist.[46] Theokrits Dichtung *Die Syrakusanerinnen am Adonisfest* versetzt uns ins 3. Jahrhundert und – weit von Athen – nach Alexandrien; ein solch lebhaftes Gespräch wie das zwischen Gorgo und Praxinoa hätte sich aber ebensogut auch zwischen zwei Athenerinnen des 4. Jahrhunderts abspielen können:

G o r g o *(an der Tür).* Ist Praxinoa da?
P r a x i n o a *(zur Tür stürzend).*
Ei, Gorgo, wie lang nicht gesehn! – Ja! –

Wundre mich, daß du grad jetzt kommst. *(Zu einer Sklavin)*
Eunoa, hol ihr den Sessel!
Leg auch ein Kissen darauf!
G o r g o. Schon gut so.
P r a x i n o a. Nun setze dich, Gorgo.
G o r g o *(sitzend).*
Ach, ich hilfloses Wesen! Kaum, o Praxinoa, konnte
Ich mein Leben euch retten bei so viel Menschen und Wagen.
Nichts als genagelte Schuhe und überall Menschen in Festtracht.
Endlos ist auch der Weg, und du wohnst auch immer entfernter.
P r a x i n o a. Freilich, so ist er, der Narr. Ans Ende der Welt mußt' er ziehen,
Nahm dies Loch, nicht ein Haus, damit wir nur beide nicht Nachbarn
Würden – aus Trotz, der neidische Kerl der, immer derselbe.
G o r g o *(indem sie die verblüffte Miene des kleinen Sohnes der Praxinoa bemerkt).*
Rede doch, Beste, nicht derart von Dinon, deinem Gemahle!
Ist doch der Kleine dabei. Ach sieh doch nur, wie er dich anschaut!
Lustig, Zopyrion, herziges Kind, sie meint den Papa nicht.
P r a x i n o a.
Heilige Göttin, er merkt es, der Kleine.
G o r g o. Gutes Papachen.
P r a x i n o a. Jenes Papachen fürwahr kam neulich – wir sagten doch neulich:
»Papa, hole uns Soda und rote Farbe beim Krämer!« –
Kam und brachte uns Salz, dies dreizehnellige Mannsbild.[47]

Noch im 3. Jahrhundert also war es, wie man sieht, in Alexandrien der Ehemann, der die Einkäufe tätigte. Gorgo und Praxinoa fahren eine Weile fort, über ihre Männer herzuziehen und Bosheiten zu verteilen, dann verlassen sie gemeinsam, begleitet von je einer Sklavin, das Haus, um sich zum Adonisfest zu begeben. Wir sagten ja schon, daß die athenischen Bürgerfrauen vor allem aus Anlaß

der religiösen Feste der engen Welt des Gynaikons entfliehen konnten.
Zu den Dionysosfesten gehörten nun die Theateraufführungen, denen beizuwohnen die Frauen, was immer man zu diesem Problem gesagt haben mag, mit Sicherheit das Recht hatten. Ebenso gewiß ist es, daß sie bei den Tragödien von diesem Recht Gebrauch machten, auch wenn diesen ein oft sehr freizügig-ausgelassenes Satyrstück folgte. Nahmen sie aber auch an den Komödien des Aristophanes, etwa der *Lysistrata*, teil, Stücken also, die wohl kaum die Sophrosyne (σωφροσύνη) förderten, jene Tugend, auf die die Athener bei ihren Frauen am meisten Wert legten? Ein Satz der Platonischen *Gesetze* läßt vermuten, daß die gebildeten und wohlerzogenen Frauen Athens der Tragödie den Vorzug gaben und demnach ohne Zweifel auf Besuch der Komödienaufführungen verzichteten.[48] Ein Aristoteles-Text, der von den in vielen griechischen Kulten üblichen Ausgelassenheiten und Freizügigkeiten handelt, verpflichtet die Ehemänner, an solchen Handlungen allein, d. h. unter Ausschluß der Frauen und Kinder, teilzunehmen.[49] Die am stärksten um die Sitten besorgten Familienväter werden gewiß so gehandelt haben, »es bleibt aber trotz allem wahrscheinlich, daß sie eine Ausnahme bildeten und daß im Publikum des Aristophanes nicht zuletzt eine große Zahl von Frauen aus dem niederen Volk sich amüsieren ließ und unbefangen über die schlimmsten Grobheiten in Lachen ausbrach«.[50]

Eheliche Liebe und Familie

Es hat nach alldem sehr den Anschein, als habe es in Athen im allgemeinen zwischen den Eheleuten geringe innere Beziehungen, wenig geistigen Austausch und selten echte Liebe gegeben. Die Männer pflegten zu den wechselseitigen Einladungen zu gehen und trafen sich tagtäglich auf der Agora, in den Gerichten, in der Volksversammlung und bei ihren Geschäften. Die Frauen lebten in einem eigenen Bereich für sich. Der Gynaikon war immer vom Andron sorgfältig abgetrennt. Viele Athener werden im Hinblick auf die

Ehe dieselbe Meinung vertreten haben, die später Montaigne zum Ausdruck brachte:

> »In diesem vernünftigen Geschäft finden sich solch ausgelassenen Begierden nicht, sie sind gedämpfter und stumpfer. Was immer man sagen mag, man heiratet nicht für sich; man heiratet ebensosehr und mehr noch für seine Nachkommen, für seine Familie [. . .] Daher wäre es eine Art Inzest, wollte man in dieser ehrwürdigen und geheiligten Verbindung die Bemühungen und Ausschweifungen einer unbändigen Liebe aufwenden [. . .] Eine gute Ehe – wenn es eine solche gibt – darf sich auf die wechselnden Stimmungen einer Liebesgemeinschaft nicht einlassen.«[51]

So versteht sich auch freilich, daß der Athener, wenn er in seiner Frau nur die Mutter seiner Kinder und die Herrin seines Hauswesens sieht, seine fleischlichen und gefühlsmäßigen Bedürfnisse nicht zu Hause befriedigen kann, sondern draußen, in der Stadt, Knaben und Freudenmädchen aufsucht . . .

Jedoch ist hier zwischen 5. und 4. Jahrhundert zu unterscheiden. Während des größten Teiles des 5. Jahrhunderts scheint die athenische Familie intakt geblieben zu sein, erst der fast dreißig Jahre unerbittlich auf dem Lande lastende Peloponnesische Krieg bewirkte große Veränderungen der Sitten. Die in den Jahren 430 und 429 schrecklich wütende Pest, der auch Perikles zum Opfer fiel, war eine Folge dieser Auseinandersetzung. Thukydides beschreibt mit folgenden Worten ihre Wirkungen auf die öffentlichen Sitten:

> »Überhaupt kam in der Stadt die Sittenlosigkeit erst mit dieser Seuche richtig auf. Denn mancher wagte jetzt leichter seinem Gelüst zu folgen, das er bisher unterdrückte, da man in so raschem Wandel die Reichen, plötzlich Sterbenden, tauschen sah mit den früher Besitzlosen, die mit einem Mal deren Gut zu eigen hatten, so daß sie sich im Recht fühlten, rasch jedem Genuß zu frönen und zu schwelgen, da Leib und Geld ja gleicherweise nur für den einen Tag seien.«[52]

Nach dem Vorbild der spartanischen Frauen, die weniger abgeschlossen lebten als die Athenerinnen und sich stärker unter die Männer mischen konnten, nahmen jetzt auch hier viele Frauen freiere Lebensgewohnheiten an, und die dadurch entstehende Unordnung führte zur Ernennung eines neuen Beamten, dessen besondere Aufgabe es war, die Lebensführung und vor allem den persönlichen Aufwand der Frauen zu beaufsichtigen, und der die Magistratsbezeichnung γυναικονόμος führte.[53] Wenn man die *Lysistrata* aus dem Jahre 411 und *Die Weibervolksversammlung* von 392 liest, könnte man meinen, viele Athenerinnen hätten sich in der Erkenntnis, daß die ganz und ausschließlich von Männern geleitete Politik die Stadt ins Verderben zu führen drohte, entschlossen, ein Wort mitzureden und den Männern zu Rat zu kommen, aber die Stücke des Aristophanes sind komische Übertreibungen, die mit kabarettistischen Effekten spielen und in keiner Weise erlauben, auf so etwas wie eine »Frauenbewegung« im heutigen Sinne zu schließen, eine Bewegung, die im antiken Athen unvorstellbar gewesen wäre.

Im übrigen stellt die als Mann verkleidete und als solcher sprechende Praxagora selbst in der *Weibervolksversammlung* mit folgender Rede das ruhige Traditionsbewußtsein der Frauen der rastlos nach Neuerungen strebenden Beweglichkeit der Männer gegenüber:

Daß sie [die Frauen] in allem besser sind als wir,
Will ich beweisen: Heut noch waschen sie
Nach altem Brauch die Woll' in warmem Wasser,
Und eine wie die andere! Keine siehst
Du Neues je probieren! – O Athen,
Wie wärst du wohlgeborgen, hieltest du's
Wie sie und fragtest nichts nach Neuerung!
Noch sitzen sie beim Kochen, grad wie sonst,
Sie tragen auf den Köpfen, grad wie sonst,
Sie feiern Thesmophorien, grad wie sonst,
Sie backen ihre Kuchen, grad wie sonst,
Sie quälen ihre Männer, grad wie sonst,
Sie lassen Buhler ein noch, grad wie sonst,
Sie naschen gern was Leckres, grad wie sonst,

Und trinken gerne Puren, grad wie sonst,
Und lassen gern sich . . ., grad wie sonst![54]

Auch die Männer veränderte dieser scheinbar nicht enden wollende Krieg, hielt er sie doch immer wieder lange Zeit von der Heimat und ihren Frauen fern, so daß auch sie weniger zögerten, wenn es darum ging, den Begierden freien Lauf zu lassen. Ein Gerichtsredner des 4., nicht des 5. Jahrhunderts erklärte eines Tages vor versammeltem Gerichtshof:

»Die Freudenmädchen halten wir um der Lust willen, die Geliebten um der Pflege unserer täglichen Körperbedürfnisse willen, die Ehefrauen aber, damit sie uns rechtmäßige Kinder schenken und treue Wächterinnen unseres Hauses seien.«[55]

Gewiß gab es im 5. Jahrhundert ein Paar wie Perikles und Aspasia, dessen Verhältnis nicht der Regel entsprach. Perikles lernte die schöne Milesierin kennen, als er von der Verwandten, mit der er verheiratet war, schon zwei Kinder hatte. Er verstieß seine Frau, um mit Aspasia zusammenzuleben. Die Scheidung war in Athen von Rechts wegen zugelassen, und Perikles hätte Aspasia in zweiter Ehe heiraten können, wäre sie athenische Bürgerin gewesen oder aus einer Stadt gekommen, die von Athen das Recht der ἐπιγαμία erhalten hatte. Dies war jedoch bei Aspasias Vaterstadt Milet nicht der Fall. So wurde sie Lebensgefährtin des Perikles, der, wie es scheint, in gutem Einvernehmen bis zu seinem Tod mit ihr zusammenlebte.

Sie war im übrigen eine kluge Frau von bemerkenswerter Bildung, und wenn man Xenophon und Platon glauben will, brachte ihr Sokrates besondere Hochschätzung entgegen.[56] Die Komödiendichter dagegen nahmen sich ihrer mit Heftigkeit an und zögerten nicht, sie als Hure und Bordellwirtin darzustellen.[57]

Man hat geschrieben:

»Niemand hätte etwas dabei gefunden, wenn Perikles Knaben oder junge Männer zum Gegenstand seiner Liebe gemacht oder auch wenn er seine erste Frau schlecht behandelt hätte; daß er aber die zweite Frau als ein menschliches Wesen ansah, daß er wirklich mit ihr zusammenlebte, anstatt sie in den Gynaikon zu verbannen, daß er Freunde mit ihren Frauen zu sich einlud, das war der eigentliche Stein des Anstoßes. All dies war viel zu erstaunlich, um als natürlich gelten zu können, und für eine ehrbare Frau schien Aspasia allzuviel Glanz zu verbreiten.«[58]

Dies mag richtig sein; nach meiner Meinung aber bestand der Hauptvorwurf gegen Perikles, den ersten Bürger seiner Stadt, von dem man ein Beispiel von Tugendhaftigkeit auch im Privatleben erwarten zu dürfen glaubte, vor allem darin, daß er eine athenische Bürgerin aus seinem Haus verstoßen hatte, um eine Stadtfremde an ihre Stelle zu setzen.

Im 4. Jahrhundert hatten anscheinend viele Athener eine Nebenfrau oder Geliebte (παλλακή), ohne doch deshalb ihre rechtmäßige Frau zurückzuweisen. Fraglich ist, ob diese Konkubinen – athenische Bürgerinnen, Sklavinnen oder freie Metökinnen – eine gesetzliche oder in irgendeiner Form öffentliche Anerkennung genossen. Soweit uns vor Gericht gehaltene Reden davon Nachrichten übermitteln, kann man daran zweifeln.[59] Die Sitten aber, wenn nicht auch die Gesetze, waren im Hinblick auf diese Frauen sehr duldsam, und nicht wenige Athener scheinen in dieser Zeit praktisch in Bigamie gelebt zu haben. Auch Sokrates habe, so wird gesagt, neben der zänkischen Xanthippe eine zweite Frau mit Namen Myrto gehabt, doch handelt es sich dabei wahrscheinlich um ein Märchen. Die Weiberfeindschaft, die Euripides in mehreren seiner Tragödien erkennbar werden läßt, erklärte man ebenfalls damit, daß man ihm nachsagte, er habe in einer Doppelehe gelebt und somit die Bosheit der Frauen gleich zweimal erfahren können! Von – freilich späten – Autoren hören wir, in der Zeit des Peloponnesischen Krieges sei, um der zunehmenden Entvölkerung abzuhelfen, jedem Athener das Recht zugestanden worden, über die in legitimer Ehe geheiratete Athenerin hinaus eine zweite Frau, die auch stadtfremd sein konnte, zu nehmen und als legitim anerkannte Kinder mit ihr zu zeugen. Schon viel früher allerdings war Themistokles als Sohn eines athenischen Bürgers und einer thrakischen Sklavin, Abrotonon, geboren worden, was ihn, wiewohl Kind aus einer rechtlich nicht bestehenden Ehe, nicht daran hinderte, Karriere zu machen. Plutarch schrieb später:

> »Haben nicht selbst die sittsamen und tugendhaften Frauen in ihrem Charakter etwas Hämisches, Widriges und Unausstehliches? Nennt man sie nicht oft deswegen, weil sie die Tugend lieben, zänkische Furien, die beständig mit ihren Männern keifen? Demnach täte man wohl am besten, auf der Agora eine Abrotonon aus Thrakien oder eine Bakchis aus Milet zu kaufen und sie ohne ἐγγύησις zu seiner Frau zu machen, indem man Nüsse auf ihr Haupt legt?«[60]

Wie unterschied sich nun eine Konkubine, die das athenische Bürgerrecht besaß, von der rechtmäßigen Ehefrau, wenn doch auch ihre Kinder als vollberechtigte Athener angesehen wurden? Isaios sagt: »Wer seine Töchter in eine Konkubinatsehe gibt, vereinbart in der Regel einen Geldbetrag, der gegebenenfalls der Nebenfrau auszuzahlen ist.«[61] Man kann sich vorstellen, daß arme Athener, die keine Mitgift zu stellen vermochten, ihre Töchter Verbindungen dieser Art eingehen ließen und dabei nur die Forderung nach finanzieller Genugtuung im Trennungsfall erhoben. Eine legitime Ehefrau dagegen brachte ihrem Gatten gewöhnlich eine Aussteuer in die Ehe.

Die Freudenmädchen (ἑταίραι) gehörten im wesentlichen dem Sklavenstand an. Oft gaben sie sich mit dem bescheidenen Lohn eines Obolos zufrieden, andere dagegen, die hochfliegenden Luxushetären, verlangten finanzkräftige Liebhaber. In hellenistischer Zeit mag es der einen oder anderen Kurtisane sogar gelungen sein, einen Fürsten zur Ehe zu bewegen und auf diese Weise Königin zu werden: »Flötenspielerinnen aus Samos, Tänzerinnen wie Aristonika, die Paukenschlägerin Oinanthe und Agathokleia haben selbst königliche Diademe mit Füßen getreten.«[62] Doch schon im 4. Jahrhundert erwarb die berühmte Phryne aus Thespiai in Boiotien großen Reichtum. In Wirklichkeit soll sie Mnesarete geheißen haben, was soviel bedeutet wie »die sich auf die Tugend besinnt«! Ihr Spitzname Phryne leitete sich von ihrer gelblichen Hautfarbe her (φρύνη heißt »Kröte«), die offensichtlich ihre Schönheit in nichts beeinträchtigte. Es ist ja bekannt, auf welche Weise einer ihrer Liebhaber, der Redner Hypereides, bei einem gegen sie angestrengten Gottlosigkeitsprozeß die Richter zum Freispruch bewogen haben soll; allerdings ist die Anekdote sehr verdächtig.[63] Geliebte des Praxiteles, diente sie ihm auch, wie man sagt, als Modell für viele Aphroditestatuen. Ihr beträchtliches Vermögen erlaubte ihr, im Heiligtum von Delphi – mitten unter den Statuen der Strategen und Könige – ihr eigenes Standbild in Gold errichten zu lassen. Plutarch, der auch Priester des Pythischen Apollon war, sollte sich später darüber mit den Worten entrüsten, diese Statue der Phryne sei als »ein Ehrenmal der Zuchtlosigkeit der Griechen«[64] aufgestellt worden.

Seit den Tagen Solons gab es in Athen im Kerameikosviertel, vor allem aber im Peiraieus, Bordelle.[65] Mit einem Teil ihres Gewinns hatten die Hurenwirtinnen zum Bau des Tempels der Athena Pandemos beigetragen.[66]

Waren diese – frei oder in geschlossenen Häusern arbeitenden – Freudenmädchen wirklich, wie behauptet wird, den ehrbaren athenischen Bürgerfrauen an Bildung und persönlicher Kultur überlegen? Lassen wir uns bei unserem Urteil von den Fällen leiten, in denen sie uns in den Gerichtsreden als Rivalinnen der rechtmäßigen Ehefrauen begegnen, so bleibt das sehr zweifelhaft. Alke, die Vorsteherin eines geschlossenen Hauses, die den alten Euktemon an sich zieht[67], Neaira, die mit Stephanos zusammenlebt, und ihre Tochter Phano, die es dazu bringt, einen zum Archon Basileus ernannten Athener zu ehelichen und mit ihm an den heiligsten Kultfeiern teilzunehmen[68], nicht eine dieser Frauen scheint eine höhere Erziehung genossen zu haben. Neaira wurde von einer Kupplerin aufgezogen, »die geschickt in den Gesichtszügen noch ganz kleiner Kinder ihre spätere Schönheit erkennen konnte«, doch scheint sich diese Erziehung vor allem auf das Erlernen der Pflege des Körpers und der anderen sinnlichen Verführungskünste beschränkt zu haben. Von Phryne wird gesagt, sie sei schön gewesen; von Intelligenz und Bildung wie bei Aspasia ist nicht die Rede. Aufmerksamkeit und Gefälligkeit waren die Mittel, mit denen die Hetären ihre Liebhaber an sich zu ketten suchten, ganz wie ein Komödiendichter sagt:

Ist nicht ein kleines Freudenmädchen netter stets
Als jede Ehefrau? Gar sehr, und das hat Grund.
Denn diese bleibt – weil es Gesetz – auch ganz verachtet dir im Haus.
Dagegen jenes muß, mit welchen Mitteln es den Mann
Sich kaufe, zusehn oder – einen andern suchen.[69]

Gleichwohl behält es eine gewisse Wahrscheinlichkeit, daß viele Hetären eine freiere und weiter gespannte Erziehung als die athenischen Bürgerfrauen bekommen hatten, insbesondere was Musik, Gesang und Tanz anbelangt. Zahlreiche Freudenmädchen waren Aulosspielerinnen (der αὐλός, oft fälschlich als Doppelflöte bezeichnet, entspricht nach seinem Aufbau eher der heutigen Oboe) und kamen zu den Symposien, um dort durch die Klänge ihres Instruments, durch Lieder und Tänze zur Unterhaltung der Gäste beizutragen und einen mehr oder weniger hohen Lohn in Empfang zu nehmen.

Geburt

Die griechischen Ehen waren nicht eben fruchtbar. Dies hatte zwei Gründe: Der Mann fand leicht außerhalb der ehelichen Gemeinschaft die Befriedigung seines Sexualtriebes, und auf der anderen Seite fürchtete man aufgrund der Armut oder aus Selbstsucht, neue Kinder füttern und großziehen zu müssen, ja man fürchtete auch, der Familienbesitz müsse auf zu viele Erben aufgeteilt werden, wodurch sich der Anteil jedes einzelnen verringern würde. Schon Hesiod sagt ausdrücklich: »Ein Sohn, aber nur einer sei da, daß des Vaters Besitztum sicher besteht. So wird in den Kammern wachsen der Wohlstand.«[70] Und Platon antwortet darauf, wenn er sagt: »Das mindeste, was in dieser Beziehung nach dem Gesetz als ausreichend zu gelten hat, ist *ein* Knabe und *ein* Mädchen.«[71] Nur demjenigen, der eine Erbtochter (ἐπίκληρος) zur Frau genommen hatte, schrieb Solon vor, daß »er ihr in jedem Fall dreimal monatlich beiwohnen müsse«[72], denn hier ging es ja darum, so bald wie möglich einen männlichen Erben hervorzubringen, damit der Oikos in der Zukunft fortbestehen könne. Wenn dagegen Plutarch in seiner Schrift *Über die Liebe* sagt, »Solon habe damit erreichen wollen, daß, so wie die Staaten ihre geschlossenen Bündnisse von Zeit zu Zeit erneuern, ebenso auch Ehegatten nach den jedesmal vorgefallenen Uneinigkeiten durch solche Liebesbezeigungen ihre Ehe wieder erneuern sollen«[73], so befindet er sich über die Absichten des Gesetzgebers mit Sicherheit im Irrtum und unterschiebt ihm seine eigene Vorstellung von ehelicher Liebe. Das am weitesten unter den Menschen des Altertums verbreitete Gefühl drückt Menander aus mit den Worten: »Kann jemand weniger glücklich denn sein als ein Vater? Kaum wohl, es sei denn der Vater, dem Kinder in größerer Zahl noch gegeben.«[74] Ein Komödienschreiber sagt: »Den eig'nen Sohn zieht jeder auf, und sei er noch so arm, ein Töchterchen dagegen auszusetzen ist gang und gäbe selbst bei Reichen.«[75]

Um ein übermäßiges Anwachsen der Familie zu vermeiden, verfügte man über zwei Mittel, die eines wie das andere – wenigstens im allgemeinen – als rechtlich zulässig betrachtet wurden: die Abtreibung und die Aussetzung der neugeborenen Kinder.

In der Tat war die Abtreibung nicht gesetzlich verboten. Wenn das Gesetz einschreitet, so nur, um die Rechte des Herrn, d. h. des Vaters des entstehenden Kindes, zu schützen. Weder kann eine Mutter ohne die Zustimmung ihres Mannes noch eine Sklavin ohne die ihres Herrn eine Abtreibung vornehmen lassen. Wenn ein Stadtfremder bei einer Frau oder einer Sklavin durch Abort den Verlust des Kindes herbeiführt, schädigt er den Vater oder Herrn in seinen Rechten. Jedoch ist das religiöse Bewußtsein scheuer als das Zivilrecht, und daher schreibt Aristoteles vor, den Fetus entfernen zu lassen, »bevor er Wahrnehmung und Leben habe«[76], d. h., bevor es sich um ein im Vollsinn des Wortes lebendes Wesen handele. Ganz ähnlich unterscheidet ein altes Sakralgesetz von Kyrene zwischen ausgebildetem und noch unausgestaltetem Embryo; bei einer Fehlgeburt kommt die das Haus treffende Befleckung im ersten Fall der durch einen Todesfall eintretenden gleich, im zweiten dagegen handelt es sich um eine einfache Befleckung wie nach einer Entbindung.[77] Nirgendwo ist von einem allgemeinen Prinzip die Rede, das dem noch im Mutterschoße wachsenden Kind ein Recht auf Leben zuerkennen würde, vielmehr haben die Einwände gegen Abtreibung und Aussetzung immer nur den Charakter eines religiösen Bedenkens.

Dieselben Skrupel hinderten daran, ein neugeborenes Kind zu töten, nicht aber, es durch fehlende Ernährung und Pflege umkommen zu lassen. Mit Recht hat man, wie ich meine, geschrieben:

> »Die Tötung von Kindern wird gemeinhin als ein moralisch wie gefühlsmäßig gleichgültiger Vorgang betrachtet, da das Kind noch nicht am Leben der sozialen Gruppe teilhat. Solange es noch nicht durch die vorgeschriebenen Riten in die Gemeinschaft aufgenommen ist und dadurch wenigstens einen ersten Persönlichkeitscharakter erhalten hat und solange es insbesondere noch keinen Namen bekommen hat, ist es so gut wie nicht existent; sein Verschwinden ruft dann auch nicht das, was wir ›die natürlichen Gefühle‹ nennen, hervor.«[78]

Mit derselben Heuchelei aber, mit der Kreon die von ihm zum Tode verurteilte Antigone nicht hinrichten, sondern in einer Grabhöhle einmauern läßt, in der sie den Erstickungs- oder Hungertod erleiden wird (so wurden in Rom die ihrem Keuschheitsgelübde untreu gewordenen Vestalinnen bestraft), wird das Kind, das man nicht großziehen will, nicht getötet, sondern draußen in einem Korb oder Tongefäß, das ihm als Grab dienen soll, ausgesetzt.[79] Selbstverständlich werden uneheliche Kinder häufiger als die anderen ausgesetzt – so z. B. im Mythos Ion, der Sohn der Kreusa, die der Gott Apollon als junges Mädchen verführt hatte –, aber auch die »überzähligen«[79a] ehelichen Kinder erleiden dasselbe Schicksal. Es konnte freilich vorkommen, daß diese Neugeborenen von anderen aufgenommen und großgezogen wurden, um dann als Sklaven zu dienen. Gelegentlich sollen sie sogar dazu gedient haben, die Sehn-

süchte unfruchtbarer Frauen zu befriedigen, indem diese ihren Ehemännern eine angebliche Schwangerschaft vortäuschten und dann den erwünschten Sohn schenkten.
In Sparta, wo man sich sehr um die Kontrolle eines nutzbringenden Geburtenwesens kümmerte, mußte ein neugeborenes Kind den Ältesten der Gemeinde vorgeführt werden:

> »Diese untersuchten das Kind und, wenn es wohlgebaut und kräftig war, ordneten sie an, es aufzuziehen; war es aber schwächlich und mißgestaltet, so ließen sie es zu der sogenannten Ablage (Apothetai) bringen, einem Felsabgrund am Taygetos.«[80]

Vorher hatte das Kind allerdings eine Probe auf seine Lebensfähigkeit über sich ergehen zu lassen:

> »Die [spartanischen] Frauen badeten daher die Neugeborenen nicht mit Wasser, sondern mit Wein, um so ihre Konstitution zu prüfen. Denn man sagt, epileptische oder sonstwie kränkelnde Kinder stürben vom ungemischten Wein ab und blieben weg, gesunde hingegen würden durch ihn noch mehr gestärkt und gekräftigt.«[81]

Andernorts prüfte man die Kinder mit eiskaltem Wasser oder gar mit Urin auf ihre Lebenskraft.
Bei der Niederkunft umstanden die Frauen des Hauses das Bett oder den Stuhl der Kreißenden; das Wort μαῖα kann jede Frau eines gewissen Alters, jede erfahrene Dienerin bezeichnen, die sich auf die Aufgaben der ὀμφαλοτόμος (der Durchschneiderin der Nabelschnur) versteht. In schwierigen Fällen wandte man sich jedoch um Hilfe an eine wirkliche Hebamme oder sogar an einen Arzt.
Vor der Geburt bestrich man das Haus mit Pech, um die bösen Geister zu vertreiben oder, wie eher anzunehmen ist, weil Pech gegen die Befleckungen schützen sollte.[82] Jede Geburt bringt nämlich für die Mutter und das gesamte Hauswesen eine Verunreinigung mit sich, weshalb etwa auch eine Frau auf keinen Fall in einem heiligen Bezirk niederkommen darf. Ist das Kind geboren, bringt man über

der Haustür bei einem Jungen einen Ölzweig, im Fall eines Mädchens eine Wollbinde an, nicht nur als Zeichen der Freude, sondern auch, um den Nachbarn Geburt und Geschlecht des Kleinen anzuzeigen.

Fünf oder sieben Tage nach der Entbindung finden die 'Αμφιδρόμια statt, ein Familienfest, bei dem die vorgeschriebenen Reinigungsakte für die Mutter und alle bei der Geburt Beteiligten vollzogen werden. Gleichzeitig wird das Kind in feierlicher Form in seinen Sozialverband aufgenommen, indem man es im Lauf rund um das Herdfeuer herumträgt (ἀμφιδρόμια heißt ja soviel wie »das Um-etwas-herum-Laufen«). Aus diesem Anlaß kommen alle Familienmitglieder zusammen. Von da an ist das Kind in die Gemeinschaft aufgenommen; es steht fest, daß man es aufziehen wird, und der Vater hat kein Recht mehr, sich seiner zu entledigen.

Am zehnten Tage nach der Geburt schließlich treffen sich die Angehörigen der Familie erneut zu einem Opfer und einem Festessen.[83] Jetzt erst erhält das Kind seinen Namen. In Athen gibt man dem erstgeborenen Knaben gewöhnlich den Namen des Großvaters väterlicherseits, doch ist diese Regel keineswegs zwingend und unterliegt Ausnahmen.[84] Die zum Festmahl geladenen Verwandten bringen Geschenke für das Kind mit, insbesondere Amulette. Mit diesem Tag gilt die Mutter als völlig gereinigt und darf wieder den üblichen Beschäftigungen nachgehen.[85]

Tod und Bestattung

Die Hochachtung vor den alten Leuten wird besonders in Sparta betont, gilt aber in der Antike in ganz Griechenland allgemein. Erste Pflicht der Söhne ist es, über die alten Tage ihrer Eltern zu wachen und ihnen alles Nötige zu beschaffen. Eine Inschrift aus Delphi hat uns den Anfang eines städtischen Gesetzes erhalten: »Wer es unterläßt, für den Unterhalt seines Vaters und seiner Mutter zu sorgen, den soll, wenn er beim Rat angezeigt wird, der Rat in Ketten legen und in das Gemeindegefängnis führen lassen, bis daß er ...«. Die Fortsetzung des Textes fehlt, da der Stein abge-

brochen ist.[86] Eine wenn auch zeitlich befristete Haftstrafe ist für einen freien Mann eine sehr schwerwiegende Maßnahme; Bürger wurden nur bei den als wichtiger geltenden Vergehen eingesperrt.
Diese Beistandspflicht im Hinblick auf die betagten Eltern wird durch eigens neugebildete Worte bezeichnet (γηροβοσκία, γηροτροφία), und wer sich ihr entziehen wollte, geriet in Athen unweigerlich in Konflikt mit einem Gesetz Solons und zog sich eine Geldstrafe und eine eingeschränkte Form der ἀτιμία (Aberkennung der Bürgerrechte) zu.
Die ernsteste Verpflichtung aber betrifft das Begräbnis. Wollen die Kinder nicht ihre Hauptschuldigkeit gegenüber den Eltern versäumen, müssen sie ihnen ein den vorgeschriebenen Riten entsprechendes Begräbnis bereiten.
Die nächsten Verwandten rüsten den Toten für seine letzte Reise. Sie reinigen den Leichnam mit duftenden Essenzen und legen ihm saubere, gewöhnlich weiße Gewänder an. Dann umwickeln sie ihn mit Binden und hüllen ihn in ein Leichentuch, lassen aber das Gesicht frei. Das Gesetz verbot, einen Toten mit mehr als drei Gewändern zu bestatten.[87] Wertgegenstände wie Ringe, Halsketten und Armbänder werden mit dem Toten beigesetzt. In großer Zahl haben die Archäologen beim Freilegen von Gräbern solche Objekte wieder ans Licht gebracht. Zu bestimmten Zeiten legte man dem Toten eine Münze in den Mund, jenen Obolos, den er dem Fährmann Charon für die Überfahrt über den Fluß der Unterwelt zahlen mußte, ein Brauch, den man besser versteht, wenn man weiß, daß in Athen die Leute aus dem Volk gewöhnlich den Mund als Geldbeutel benutzten, wie mehrere Stellen bei Aristophanes[88] und folgender Text des Theophrast bezeugen: »[Der Bedenkenlose] lehnt es nicht ab, [...] die Zinsen aus seinem Geschäft in die Backe zu sammeln.«[89] Bisweilen legte man auch einen Honigkuchen neben den Toten, der diesem gestatten sollte, Kerberos, den Wachhund vor dem Eingang zur Unterwelt, für sich zu gewinnen.[90]
So ausgestattet, wird der Tote ein oder zwei Tage lang[90a] im Eingangsraum des Hauses, die Füße zur Tür gekehrt, auf einem Prunkbett aufgebahrt (πρόθεσις). Diese Szene findet sich auf vielen Vasenbildern (s. Taf. 7), namentlich auf jenen weißgrundigen Lekythoi[90b],

die man unter das Totenbett stellte. Das mit Blumen bekränzte Haupt des Toten ruht auf einem Kissen. Frauen umstehen die Bahre und schützen mit Schirmen und Fächern den Toten gegen die Sonne und Fliegen. Andere streuen sich Asche auf die Haare, zerkratzen sich die Wangen, schlagen sich die Brust oder strecken die rechte Hand zum Toten aus: alle ergeben sich den rituellen Klagerufen und dem Wehgeschrei über den Toten (ὀλολυγή), das der Gesetzgeber allerdings zu unterdrücken sucht.

Alle Männer, die zum Totenabschied kommen, können eingelassen werden; die Gegenwart der Frauen dagegen ist vom Gesetz streng begrenzt. In Iulis auf der Insel Keos z. B. besagt eine Vorschrift:

> In das Totenhaus dürfen »nur die Frauen eintreten, die [durch die Nähe des Toten ohnehin] befleckt sind. Dies sind die Mutter, die Frau, die Schwestern, die Töchter, dazu nicht mehr als fünf Frauen und zwei Mädchen von den weiblichen Verwandten bis zum Grad der Kinder von den Vettern und Cousinen. Eine andere darf nicht eintreten.«[91]

Ebenso sollen in Athen aufgrund eines Solonischen Gesetzes »die Frauen nicht das Recht haben, im Hause des Toten aus- und einzugehen, noch auch dem Toten das Geleit zu geben, wenn er zu Grabe getragen wird, es sei denn [...] sie gehören zum Kreis der Verwandten bis hin zu Kindern von Vettern und Cousinen einschließlich«.[92] Die Trauergäste tragen schwarze oder graue, manchmal auch weiße Gewänder und haben die Haare geschnitten – auch dies ein Zeichen der Betrübnis. Oft stellte man bezahlte Trauerweiber und Totenkläger an, die den Threnos (θρῆνος), das Grablied, singen sollen, aber auch in diesem Punkte begrenzte das Gesetz Aufwand und Glanz des Begräbnisses. Vor die Haustür setzte man das ἀρδάνιον, ein mit Lustrationswasser gefülltes Gefäß, dessen Inhalt man beim Nachbarn holen mußte, da das Wasser des Totenhauses ja als unrein galt. Wer das Haus verläßt, besprengt sich mit diesem Wasser; zugleich gibt das Gefäß den Vorübergehenden kund, daß in dem betreffenden Hause ein Toter über Erden steht.

Der Leichenzug (ἐκφορά) fand üblicherweise schon an dem auf die

Aufbahrung folgenden Tage statt. Solons Gesetz schrieb vor: »Der Tote ist im Hause aufzubahren, wie es dem Willen der Familie entspricht. Am Tag, der auf die Aufbahrung folgt, ist der Tote vor Sonnenaufgang aus der Stadt hinaus zu Grabe zu tragen.«[93] In Athen fanden also die Beisetzungen noch bei Dunkelheit statt. Der Grund ist religiöser Natur: Man fürchtete, durch den Tod selbst die Strahlen der Sonne zu beflecken. Vor dem Verlassen des Hauses bringt man zu Ehren der Götter Trankopfer dar, dann nimmt der Leichenzug Aufstellung. Auf derselben Kline, die schon zu seiner Aufbahrung diente, wird der Tote aus dem Haus geführt, getragen von Angehörigen oder Sklaven oder auf einem von Pferden oder Maultieren gezogenen Karren liegend. An der Spitze des Zuges schreitet eine Frau, die ein Libationsgefäß hält, darauf folgen die Männer, anschließend die Frauen (ausschließlich die nahen Verwandten des Toten) und schließlich die Aulosspielerinnen. In der Begräbnisprozession von Ermordeten trägt man der Leiche eine Lanze als Zeichen der am Mörder zu verübenden Blutrache voran.[94]

Auf dem Friedhof, der immer außerhalb der Stadtmauern liegt, wird der Leichnam entweder begraben oder auf einem Scheiterhaufen verbrannt (s. Abb. 15 und 16). Im zweiten Fall sammelt man die Asche und die Knochen in einem Leintuch und legt sie in eine Urne. Darauf weiht man dem Toten Trankspenden; das Grabrecht von Iulis legte genau fest, es sei verboten, mehr als drei Choes Wein und mehr als einen Chus Öl zum Grab zu bringen (der Chus oder das κόγγιον war ein Flüssigkeitsmaß von etwa dreieinviertel Litern). Man richtet ein letztes Lebewohl an den Toten und kehrt dann zum Haus zurück. Dort müssen lange und peinlich genau vorgeschriebene Reinigungsakte vorgenommen werden, denn die durch Berührung mit dem Tod verursachte Befleckung gilt als die schlimmste von allen.[95] Die Eltern und Verwandten des Toten waschen sich am ganzen Körper und nehmen anschließend am Totenmahl teil. Nach dem Grabrecht von Iulis wurde am darauffolgenden Tage das Haus selbst mit Meerwasser und Hysop gereinigt.

In der Folgezeit wiederholen sich die Opfer und Totenmahlzeiten am dritten, dann am neunten und am dreißigsten Tag nach dem Begräbnis sowie an den Jahrestagen des Todes. Damit beginnt der Totenkult.

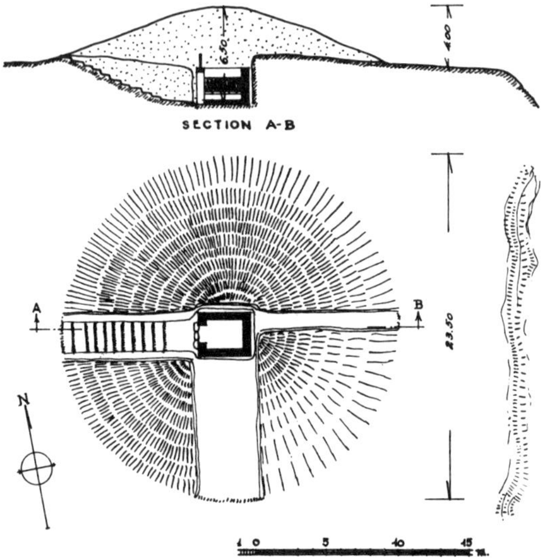

Abb. 15. Tumulus mit Kammergrab. Olynth, 4. Jh. (vor 348) v. Chr.
Nach: *Excavations at Olynthus XI*, Baltimore: Hopkins, 1942, Taf. 53.

Abb. 16. Tonsarkophag mit Kindesbestattung. Kerameikos, um 480 v. Chr.
Nach: D. C. Kurtz und J. Boardman, *Greek Burial Customs*, London: Thames & Hudson, 1971, S. 98, Abb. 17.

Viertes Kapitel
Die Kinder und das Erziehungswesen

Die Kinder Spartas

Im vorhergehenden Kapitel haben wir fast nur von den athenischen Frauen, von Ehe und Familie in ihren athenischen Ausprägungen gesprochen. Kommt man nun auf die Erziehung zu sprechen, darf Sparta nicht länger außer acht gelassen werden, denn gerade auf diesem Gebiet zeichnet sich zweifellos am deutlichsten der Unterschied, die grundlegende Gegensätzlichkeit der in Athen und Lakedaimonien üblichen Lebensweisen ab. Im übrigen wäre es ja selbst für den, der sich nur die Kenntnis der attischen Erziehung angelegen sein lassen wollte, wichtig zu wissen, welchen Einfluß das »Phantasiebild Sparta«[1] darauf auszuüben vermochte.

Die staatlich-gesellschaftlichen Institutionen Spartas scheinen um die Mitte des 6. Jahrhunderts in gewisser Weise erstarrt zu sein, zu einer Zeit also, in der ein aristokratischer Gewaltstreich die sich – wie in vielen anderen griechischen Städten – deutlich auf eine demokratische Entwicklung hinbewegenden Tendenzen zerschlug und die dem Lykurgos zugeschriebenen Gesetze zu jenem »Stahlkorsett« ausgestaltete, das für lange Zeit Kraft und Stärke der Stadt aufrechterhalten sollte. So kann uns die spartanische Erziehung des 5. und 4. Jahrhunderts als Zeugnis für die frühesten Formen der Kinderaufzucht dienen, wenn auch die zu ihrem Fortbestand notwendige Versteifung das alte System zu einer nahezu karikaturhaften Strenge und vor allem zu einer quälenden allseitigen Einflußnahme des Staates führte, der sogar die Liebesbeziehungen der jungen Ehepaare zu regeln beansprucht.

Gegen jede augenscheinliche Realität will Plutarch uns Lykurgos, den er ja mit dem friedfertigen Numa vergleichen möchte, als einen »sanften und um Frieden bemühten Mann«[2] darstellen. In Wirklichkeit haben wir keinerlei sichere Kenntnis von der historischen Existenz dieses Mannes, doch falls die spartanische Staats- und

Gesellschaftsordnung das Werk eines einzigen Gesetzgebers ist, muß eins als unbezweifelbar gelten: Dieser Gesetzgeber dachte viel mehr an den Krieg als an den Frieden. Man muß im übrigen wohl annehmen, daß die spartanische Erziehung eher das Ergebnis einer langen Geschichte als das Werk eines Mannes ist; zu einer Einrichtung wie der κρυπτεία (Sklavenjagd), auf die wir bald zu sprechen kommen werden, hat ja die vergleichende Völkerkunde bemerkenswerte Entsprechungen in anderen Ländern gefunden. Es kann auch kein Zweifel darüber bestehen, daß die dorischen Eroberer Lakoniens aufgrund ihrer geringen Zahl inmitten der unterworfenen, aber immer versteckt feindseligen Vorbevölkerungen wie in einem Kriegslager leben mußten und sich gezwungen sahen, Mut und Kraft der zukünftigen Hoplitenkämpfer schon von frühester Kindheit an zu formen.

Während in Athen, wie wir sagten, die Mädchen ihre Jugend zurückgezogen im Gynaikon verbrachten, lebten die spartanischen Mädchen – ganz wie die Knaben – im Freien und übten sich in mancherlei Sportarten. Sie widmeten sich dem Ringkampf, dem Diskus- und dem Speerwurf – und der Speer ist – wohlgemerkt! – eine Kriegswaffe. Aus Sorge um gesunde und leichte Geburten wollte man widerstandsfähige und kräftige Mütter und Frauen heranziehen, denen auch männliche Eigenschaften nicht abgingen. »Weiblichkeit, Verzärtelung und alles weibische Wesen verbannte er [Lykurgos]«, so sagt Plutarch, »und gewöhnte die Mädchen ebenso wie die Knaben, nackt ihre Aufzüge zu halten und bei gewissen Festen zu tanzen und zu singen, in Gegenwart und vor den Augen der jungen Männer.«[3] So bereitete man die sinnvoll zueinander passenden Verbindungen vor, die Sparta Nachwuchs an kräftigen Burschen sichern sollten. Wenn Platon in seinem utopischen Staatsentwurf zum gemeinen Nutzen die Ehen »nicht aufgrund mathematischer, sondern erotischer Notwendigkeit, die noch viel zwingender als jene die breite Masse überzeugt und mit sich zieht«[4], zustande kommen läßt, schwebt ihm durchaus dieser freizügige Umgang mit dem nackten Körper vor. Die zum Gesang der Parthenien (παρθένεια) Alkmans vollführten Chortänze spartanischer Mädchen waren in aller Welt berühmt.

Der spartanische Knabe bleibt nur bis zum Alter von sieben Jahren in seiner Familie. Schon von frühester Kindheit an wird er anscheinend besonderen »Zuchtmethoden«, geradezu einer Art Dressur, unterworfen. »Bei der Aufzucht«, so sagt uns wiederum Plutarch, »hatten die Ammen ein gewisses kunstmäßiges Verfahren, nach dem sie die Säuglinge ohne Windeln aufzogen und so dem Körper und dem Gliederbau Ungezwungenheit gaben, sie ferner dazu erzogen, nicht eklig und wählerisch beim Essen zu sein, keine Angst zu haben im Dunkeln oder wenn sie allein waren und frei zu sein von häßlicher Übellaunigkeit und Weinerlichkeit.«[5] So wandten sich die vornehmen Familien Athens auf der Suche nach einer Amme für ihren Nachwuchs meist nach Sparta.
Nach Vollendung des siebten Lebensjahres geht der junge Spartiat in den Bereich unmittelbaren Staatszugriffs über, den er erst mit dem Tode wieder verlassen wird. Alsbald wird er – wie heutzutage die Jugend totalitärer Staaten – in vormilitärische Formationen eingegliedert, die unter der Oberaufsicht des παιδονόμος, »eines regelrechten Kommissars für nationale Erziehung«[6], in verschiedenen Stufen die ganze Zeit seines Heranwachsens begleiten. Nach der mir am überzeugendsten erscheinenden Rekonstruktion[7] dieser Altersklassen gehört der Knabe nacheinander:

vom 8. bis 11. Jahr zu den »kleinen Jungen« oder »Wölflingen«	(ῥωβίδας, προμικκιζόμενος, μικκιζόμενος, πρόπαις);
vom 12. bis zum 15. Jahr sodann zu den Knaben im eigentlichen Sinne	(πρατοπάμπαις, ἁτροπάμπαις, μελλείρην);
vom 16. bis zum 20. Jahr zu den Jünglingen	(εἰρήν, d. h. Ephebe des ersten, zweiten, dritten oder vierten Jahres).

Vom achten bis elften Lebensjahr sind die Knaben in Meuten oder Scharen eingeteilt, die von größeren jungen Männern, von den ältesten εἰρένες, angeführt werden und ihrerseits in kleine patrouillenartige Gruppen untergliedert sind, an deren Spitze der Geschei-

teste der dazugehörenden Knaben mit dem Titel βουαγός das Kommando innehat. Man hat auf gewisse Entsprechungen im Pfadfinderwesen hingewiesen, auf die Altersstufen der Wölflinge, Späher und Rover, doch bleiben diese Analogien an der Oberfläche und dürfen nicht einen tiefgreifenden und wesentlichen Unterschied verdecken: In Sparta handelt es sich eben nicht um eine freiwillige Feiertags- und Ferienbeschäftigung, sondern um eine alltägliche Zwangsaktivität, geradezu um das Grundmuster des Lebens.
Es besteht kein Zweifel, daß diese Knaben Lesen und Schreiben lernten, aber – so sagt Plutarch – »nur soviel, wie sie brauchten; die ganze übrige Erziehung war darauf gerichtet, daß sie pünktlich gehorchen, Strapazen ertragen und im Kampfe siegen lernten. Daher verschärften sie bei fortschreitendem Alter das Training, schoren sie ganz kahl und gewöhnten sie, barfuß zu gehen und ihre Übungen in der Regel nackt zu halten.«[8]
Vom 12. Lebensjahr an tragen sie kein Untergewand mehr und erhalten nur einen Mantel für das ganze Jahr. Sie schlafen in gemeinsamen Unterkünften auf Streuschütten, die sie aus selbstgeschnittenem Schilf zusammentragen. Nur an sehr wenigen Festtagen dürfen sie sich baden und mit Öl einreiben. Für jeden, auch leichten Fehler werden sie unbarmherzig ausgepeitscht. Bewußt gibt man ihnen bei den gemeinsam eingenommenen Mahlzeiten nur grobe Nahrung in unzureichender Menge, damit sie versuchen, Lebensmittel zu stehlen, und sich so an Wagemut und List gewöhnen. Die Anekdote von dem spartanischen Knaben, der einen soeben gestohlenen jungen Fuchs unter dem Mantel verborgen hielt und sich eher den Bauch zerfleischen ließ, als daß er sich verraten hätte, und den Schmerz aushielt, bis er daran starb, ist wohlbekannt.

»Von diesem Alter an gelten auch jene erotischen, wenn nicht aktiv sinnlichen Verhältnisse von Kindern und Erwachsenen als erlaubt, die mit dem vom übrigen Volk abgetrennten Zusammenleben der jungen Männer notwendig verbunden zu sein scheinen. Gesetz und öffentliche Meinung erklärten sie für untadlig, legten ihnen aber, wie es scheint, gewisse Begrenzungen auf, die allerdings schwer zu skizzieren sind. Zwischen dem Liebhaber und

> dem von ihm ausgewählten Knaben entwickelte sich ein Band enger Vertrautheit; der Liebhaber war zugleich Beschützer und Vorbild, und diese so eigenartige Bindung, die man auch bei anderen dorischen Völkern wiederfindet, schuf ein vielfältiges Wetteifern, das zugleich den kriegerischen Wert steigerte.«[9]

Weiter unten werden wir im Zusammenhang mit Athen, wo die Knabenliebe allerdings weniger verbreitet war und stärker aus der Öffentlichkeit ferngehalten wurde, auf dieses Thema zurückkommen.

Mit sechzehn Jahren schließlich geht der Knabe vom Kindes- in das Heranwachsendenalter über. Die εἰρένες unterziehen sich einer Reihe von Initiationsriten, die zugleich Proben der Ausdauer und magische Kultakte sind, oft in Verbindung mit Chorliedern und Maskentänzen. Zwei einander bekämpfende Ephebengruppen müssen versuchen, am Altar der Artemis Orthia Käse zu stehlen, und dieses »große Spiel« gab Gelegenheit, sich gegenseitig ein paar Peitschenhiebe zu versetzen; die grausame Ephebengeißelung allerdings sollte anscheinend erst viel später – in römischer Zeit – zu den Kultbräuchen gehören.[10] Die seltsamste Prüfung ist freilich die der κρυπτεία (des »Verstecks«): Der junge Krieger verbrachte eine Zeit der Zurückgezogenheit allein und wie der λυκάνθρωπος (Wolfsmensch) im verborgenen auf dem Lande; anschließend ging er dann auf die Jagd nach Heloten, d. h. Sklaven, und tötete mindestens einen von ihnen. Solche Gewohnheiten, die auch zu anderen Zeiten und auch an anderen Orten bezeugt sind, reichen mit ihren Ursprüngen bis in eine sehr ferne Vergangenheit hinauf.[11]

Außer diesen Wettkämpfen und Übungen zur Vorbereitung auf ein Kriegerleben, mit denen die jungen Spartiaten den größten Teil ihrer Zeit hinbrachten, erhielten sie auch eine musikalische Ausbildung, der im übrigen ja ebenfalls nicht die Beziehung zum Krieg fehlte, denn der regelmäßige Takt begünstigt das disziplinierte Manövrieren der Truppenteile. Wir wissen, daß Oboe (αὐλός) und Gesänge den Bewegungen der spartanischen Armee Gleichschritt verliehen.[11a] Läßt man diese musikalische Bildung und den Unterricht in den Anfangsgründen des Lesens und Schreibens beiseite, so darf man wohl sagen, daß die gesamte spartanische Erziehung, peinlich genau vom Staat durchgegliedert und kontrolliert, wie sie ist, auf den Leibesübungen und der vorbereitenden Ertüchtigung für den Kriegsdienst beruhte.

Kindheit in Athen

Was steht dieser völligen Unterwerfung der Erziehung unter den spartanischen Staat nun in Athen gegenüber? Hier besitzt der Familienvater fast völlige Freiheit, seine Kinder ganz nach seinen Vorstellungen zu erziehen oder von anderen erziehen zu lassen, freilich nur bis zum Alter von 18 Jahren, in dem der Heranwachsende in den Kreis der Bürger aufgenommen wird und mit dem Erlernen des Waffenhandwerks seinen neuen rechtlichen Status antritt. Von sieben bis achtzehn Jahren unterscheiden sich das Leben eines jungen Spartiaten und das eines jungen Atheners beträchtlich.

In der frühesten Lebenszeit allerdings ist der kleine Athener paradoxerweise in seiner Bewegungsfreiheit eingeschränkter. In Sparta pflegten die Ammen, wie wir sagten, die Kinder nicht in Windeln zu legen, in Athen dagegen scheint es die am weitesten verbreitete Gewohnheit zu sein, sie in spiralförmig gelegte, einzwängende Stoffbinden zu wickeln.[12]

Soweit man auf Vasenbildern Wiegen abgebildet findet, handelt es sich dabei meist um Körbe aus Schilfgeflecht oder verschiedengestaltete Holzkästen; gelegentlich können sie aber auch seltsame Formen annehmen und etwa einem Schuh ähneln, falls man nicht diesen Einfall einer Laune des Malers in Rechnung stellen muß. Daß man die Kinder in der Wiege schaukelt, ist ein über die ganze Zeit hin belegter Brauch ebenso wie das Singen von Wiegenliedern, die den Kindern das Einschlafen erleichtern sollten. Platon verglich diese Gewohnheiten mit der therapeutischen Verwendung von Tanz und Musik bei der Heilung der sogenannten Korybantenkrankheit, einer Art von Besessenheit oder Verzückung.[13]

Die Mütter nährten ihre Kinder meist selbst, so z. B. die Frau des Euphiletos, die sich aus Bequemlichkeitsgründen in dem im Erdgeschoß des Hauses gelegenen Kinderzimmer eingerichtet und ihrem Mann das gewöhnlich den Frauen vorbehaltene Obergeschoß überlassen hatte. So konnte sie ohne Gefahr, beim Hinabsteigen in der Dunkelheit auf der Treppe zu stürzen, ihrem Säugling nachts die Brust reichen ... und, wenn ihr Sinn danach stand, unbemerkt vom oben schlafenden Gatten, ihren Liebhaber empfangen.[14] In den wohlhabenden Familien kommt der Mutter gewöhnlich eine Amme zu Hilfe, meist eine Sklavin, mitunter auch eine freie Bürgerfrau aus den unteren Schichten. In den *Choephoren* des Aischylos schildert die Amme des Orestes sehr realistisch die Pflege, die sie dem Sohn Agamemnons zukommen läßt. Es unterliegt keinem Zweifel, daß der Dichter diese Beschreibung nach den zu seiner Zeit in Athen zu beobachtenden Zuständen verfaßt hat:

Ach, mein Orest, der meines Lebens Sorge war,
Den auf ich zog, seit ich aus Mutterschoß ihn nahm –
Sein lautes Schreien, das mich aufgejagt bei Nacht,
Und manches andre, das verdrießlich war, ich trug's
Umsonst. Und muß man doch ein unverständig Kind
Mit Klugheit pflegen wie ein Tierchen. Ist's nicht so?
Das Kleine, das in Windeln liegt, es sagt ja nichts,
Wenn es der Durst und Hunger plagt und wenn es naß
Gemacht, und eigenmächtig ist das Bäuchlein noch.
Ich sah's voraus; doch täuschte mich das Kind auch oft –
Ich glaub es gern – dann machte ich die Windeln rein
Und tat der Wäscherin und Amme Dienst zugleich![15]

Vasenbilder zeigen uns eine Amme, die den zweifellos gerade trockengelegten Säugling zu seiner Mutter bringt, die sich, auf einem Stuhl sitzend, anschickt, ihm die Brust zu geben. Viele Ammen säugten das ihnen anvertraute Kind natürlich selbst. Daß die kräftigen Frauen aus Lakonien für diese Aufgaben in Athen besonders gesucht waren, wurde bereits erwähnt.

Der gutmütige Strepsiades ruft in den *Wolken* des Aristophanes seinem Sohn Pheidippides ins Gedächtnis, wie er ihn selbst als Kleinkind versorgte (was auch Phoinix mit Achilleus getan hatte[16]):

[...] Hab ich dich nicht erzogen
Und immer gleich erraten, was du lallend wolltest?
Und schriest du: »Bäh!«, da lief ich gleich und brachte dir zu trinken.
Und sagtest du: »Pap, pap!«, da rannt' ich fort, den Brei zu holen.
Kaum hattest du: »Äh, Äh!« gesagt, da nahm ich dich und setzte
Dich vor die Tür und hielt dich ab [...].[17]

Müssen wir aus diesen Versen schließen, daß ein athenischer Familienvater sich üblicherweise so sehr um seine Kinder kümmerte? Gewiß nicht; dieser Fall dürfte eher die große Ausnahme gewesen sein, die Aristophanes nur deshalb nennt, weil sie zum Lachen reizt. Strepsiades hat ja ein eitles »Zierpüppchen« geheiratet, das sich mehr um die eigene Körperpflege als um die seines Sohnes sorgt, und es mag sein, daß der knauserige Strepsiades die Ausgaben für eine Amme gescheut hat. Jedenfalls hatten die athenischen Bürger im allgemeinen allzuviel außer Hauses zu tun, als daß sie sich viel um ihre kleinen Sprößlinge hätten kümmern können. So ist es notwendig die Mutter, die mit Hilfe der Sklavinnen die mit ihr zurückgezogen im Hause lebenden Kinder umgab und ihnen die nötige Pflege angedeihen ließ.
Später, sobald ihre Knaben zur Schule gehen, wird sie ihnen kaum mehr helfen noch auch ihren Lernbemühungen folgen können, denn ihre eigene Bildung und Erziehung ist ja wie die aller Mädchen vernachlässigt worden. Solange die Kinder freilich zu klein sind, zum Schulmeister zu gehen, gehören sie ganz ihr und den Frauen des Hauses.
Die Mütter und Ammen sangen dem Kind nicht nur Wiegen- und Kinderlieder vor, sondern pflegten ihm auch, sobald es in das entsprechende Alter gekommen war, die herkömmlichen »Geschichten« zu erzählen, die zugleich der erste Unterricht waren. Über diese Lieder und Erzählungen sind wir nur schlecht unterrichtet. Wir wissen immerhin, daß auch den kleinen Griechen bei Ungehorsam »der schwarze Mann« in verschiedenen (meist weiblichen) Gestalten angedroht wurde. In dieser zahlreichen und schreckeneinjagenden Gesellschaft finden sich Namen wie Akko, Alphito, Gello, Gorgo,

die Empuse, Lamia, Mormo oder Mormolyke, Ephialtes. Auch der Wolf mußte als Schreckbild herhalten, wie man aus der Fabel *Der Wolf und die Alte* ersieht.[18] Die braven Kinder verlangten nach kurzweiligen Geschichten, in denen Tiere die Hauptrolle spielten, nach jenen Äsopischen Fabeln, die Sokrates noch in seinem Alter auswendig wußte und die er kurz vor seinem Tode in Verse zu bringen sich bemühte.[19] Mit ihrer Moral, die jeweils eine bestimmte Erfahrung ausdrückt, brachten diese Fabeln immer eine gewisse Belehrung mit sich. Der alte Philokleon erinnerte sich an eine dieser Geschichten mit dem Anfang »Es war einmal 'ne Katze und ein Wiesel ...«[20]. Ein wenig später machten die Mütter und Ammen ihre Kinder zweifellos auch mit den Grundzügen der Mythologie und der legendenhaften Volksgeschichte vertraut, indem sie ihnen das weitergaben, was sie selbst gelernt hatten, und sie auf diese Weise auf die Dichtungen Homers und Hesiods vorbereiteten, die sie beim Grammatisten (γραμματιστής, Leselehrer, Elementarlehrer) lesen würden.

Platon rät, die Kinder bis zum Alter von sechs Jahren bei ihren Spielen ganz dem eigenen Willen zu überlassen, freilich nicht ohne ihre Aufmerksamkeit auf das Erlernen eines zukünftigen Berufs zu lenken.[21] Aristoteles schreibt in seiner *Politik* gewichtig:

> »Kinder brauchen eine Beschäftigung, und die Klapper (πλαταγή) des Archytas (des Philosophen und Staatsmannes aus Tarent) ist eine ausgezeichnete Sache, wenn er sie den Kindern zum Spielen gibt, damit sie nichts im Haus zerschlagen. Denn junge Geschöpfe können nicht stillsitzen. Dieses Spielzeug paßt nun für die Säuglinge, für ältere aber vertritt die Erziehung die Stelle der Klapper.«[22]

Wenn allerdings die Klapper zuviel Lärm erzeugte, waren die Mutter und der Vater, falls zu Hause, trotz allem zu bedauern!

Mit dem Ball (σφαῖρα) und mit den Knöcheln (ἀστράγαλοι) spielten sicher schon die Kleinkinder, aber auch die Heranwachsenden gaben sich noch diesem Vergnügen hin (wir werden darauf zurückkommen). Anderes Spielzeug ist eher für das frühere Kindesalter kennzeichnend, z. B. jene kleinen von Kindern gezogenen Karren, die man auf Vasenbildern sieht. Ein solches Wägelchen hat Strepsiades seinem Sohn Pheidippides gekauft; er sagt:

Tu's mir zulieb; hab ich nicht dir zuliebe,
Als kaum sechs Jahr du warst, du lalltest noch,
Vom ersten Obolos meines Richtersoldes
Zum Fest [der Diasien, einem Zeusfest] ein Wägelchen für dich gekauft![23]

Viele religiöse Feste, nicht nur die Diasien (Διάσια), sondern vor allem die Ende Februar stattfindenden Anthesterien (Ἀνθεστήρια) geben in der Tat Gelegenheit zu Belustigungen, an denen auch die Kinder teilhatten und bei denen man ihnen üblicherweise ein Spielzeug kaufte, etwa die erwähnten kleinen Wagen oder jene ihrer Größe angepaßten Gefäße, eine Art von Oinochoen (οἰνοχόαι) im Kleinformat, auf denen die Maler fast immer spielende nackte Kinder mit einem schärpenartig über die Brust gelegten Kranz von Amuletten darstellten. Diese Amulette (προβασκάνια) sollten, so glaubte man, den bösen Blick, ein widriges Schicksal oder Krankheiten abwenden. Die kleinen Knaben dürften demnach so gut wie unbekleidet im Gynaikon gespielt haben, während die kleinen Mädchen auf denselben Vasen gewöhnlich ein kurzes Kleidchen tragen.
Die Archäologen haben bei ihren Ausgrabungen zahlreiche Terrakottafigürchen gefunden, die offensichtlich als Spielzeug der ersten Kinderjahre dienten, namentlich Klappern in verschiedenen Anfertigungen, Pferde auf Rädern und allerlei Tiere: Schweine, Hähne, Tauben usw., dazu für die kleinen Mädchen unzählige Puppen, von denen einige sogar bewegliche Glieder besitzen (νευρόσπαστα)[24].
Die Spielsachen, an denen die Kinder besonders hingen, waren vielleicht die billigsten, will sagen: die selbstgebastelten. Strepsiades rühmt gegenüber Sokrates das Geschick seines Sohnes:

Als klitzekleines Bübchen hat daheim
Er Häuschen schon gebaut, Schiffchen geschnitzelt,
Aus Lederabfall Wäglein konstruiert,
Aus Apfelschalen Frösche, grad zum Staunen![25]

Ebenso mußte sich Dionysios, der spätere Tyrann von Syrakus, als Kind, dem der Vater aus höchstem Mißtrauen jeden Umgang mit Spielkameraden untersagt hatte, damit beschäftigen, »kleine Wagen und Leuchter und Stühle und Tische zu zimmern«.[26]
Nicht nur mit im Hause hergestellten oder gekauften Tierfigürchen vergnügten sich die Kinder, sondern auch mit lebenden Tieren, vor allem, wie aus der Vasenmalerei ersichtlich, mit Hunden, aber auch mit Enten oder Wachteln, die sie aufzogen, mit Mäusen und Wieseln und sogar mit Heuschrecken. Unter solchen Umständen drohte das Frauengemach sich in einen kleinen Tierpark zu verwandeln.

Allgemeine Beobachtungen zum Erziehungswesen

Im Gegensatz zu Sparta und anderen dorischen Städten gab es in Athen keinen παιδονόμος. Freilich kann der Staat, zumindest was die moralischen Umstände des Unterrichts betrifft, nicht völlig teilnahmslos an den Bedingungen vorübergehen, unter denen die Erziehung vermittelt wird. Solonische Gesetze geboten den Eltern, die Kinder erst nach Sonnenaufgang zur Schule zu schicken und sie vor Sonnenuntergang heimzuholen, damit die Kinder nicht den Gefahren eines Fußwegs im Dunkeln ausgesetzt seien. Obendrein war jungen Leuten und Außenstehenden der Zugang zur Schule bei Anwesenheit der Kinder untersagt, eine Maßnahme, die auf die Bekämpfung der Knabenliebe zielte.[27] Diese Vorschriften zielen aber, wie man sieht, in keiner Weise auf den Unterricht selbst, ganz gleich, ob es sich um den des Paidotriben (παιδοτρίβης, des Sportlehrers), des Kitharisten (κιθαριστής) oder des Grammatisten (γραμματιστής) handelt. Es ist nicht einmal gewiß, ob die Eltern in Athen verpflichtet waren, ihre Kinder zur Schule zu schicken, doch mag auch ein geschriebenes Gesetz gefehlt haben – schon die ebenso zwingende Kraft des Herkommens war sicherlich stark genug, so etwas wie eine Schulpflicht zu verankern.[28] Konnten aber die Beamten der Stadt und insbesondere die Strategen an der Erziehung der Kinder durchgängig uninteressiert sein, an der Erziehung, die doch den Wert der künftigen Epheben, d. h. der Verteidiger der Stadt, bedingte? Ein Beschluß des Demos von Eleusis ehrt den Strategen Derkylos insbesondere wegen »der Großmut, die er bezüglich der Erziehung der Kinder des Demos bewiesen hat«. Die Überwachung der öffentlichen Aufstellung dieses Beschlusses wird dem Demarchen und den Eltern der Kinder anvertraut, die in dankbarer Anerkennung die Anregung zu dieser Ehrung gegeben haben.[29] Dieses Zeugnis läßt nicht die Behauptung zu, die Kindererziehung habe zu den ständigen Amtsbefugnissen der Strategen gehört, doch zeigt es immerhin, daß sie sich gelegentlich darum kümmern konnten.

Handele es sich um den Schreibunterricht, um den Musikunterricht oder die Gymnastik – dieses *trivium* der griechischen Erziehung –, in jedem Fall empfängt der Lehrer die Schüler in seinem Haus und nicht in einem öffentlichen, auf Staatskosten errichteten Gebäude. Für den Grammatisten und den Kitharisten versteht sich dies fast von selbst; bei den Palaistren ist zu unterscheiden zwischen den Epheben- und Männerpalaistren und den Ringschulen, die den Kindern vorbehalten waren; letztere scheinen durchaus private Einrichtungen im Besitz der Paidotriben zu sein, deren Namen sie tragen, so etwa wie die »Ringschule des Taureas« oder die »Palaistra des Sibyrtios«.[30]

Man kann also sagen, daß die Erziehung in Athen fast völlig frei und der Initiative der Privatleute überlassen war. Selbst in einem Sonderfall wie dem der »Staatsmündel«, d. h. der Söhne von für das Vaterland gefallenen Bürgern, deren Unterhalt aus Mitteln des Staatsschatzes gewährleistet wurde, begnügte sich der Staat damit, ihre Erziehung bei privaten Lehrern zu bezahlen. Ganz ähnlich handelte auch die Stadt Troizen, als im Jahre 480 die Athener beim Herannahen des Xerxes ihre Frauen und Kinder in ihre Mauern brachten. »Die Bürger der Stadt beschlossen nämlich, den Unterhalt der Flüchtlinge auf die öffentliche Kasse zu übernehmen und jedem zwei Obolen am Tage zu bewilligen. Außerdem gestatteten sie den Kindern, sich Obst zu holen, wo sie nur wollten, und stellten sogar einige Lehrer für sie in Dienst.«[31]

Normalerweise tragen natürlich die Eltern die Kosten der Erziehung ihrer Kinder. Dies hatte notwendig zur Folge, daß die Söhne reicher oder wohlhabender Bürger ihre Studien bis zur Ephebie fortsetzen konnten, während die Armen viel eher und oft, wenn sie kaum die Grundbegriffe kennengelernt hatten, die Schule verlassen mußten.[32] Für manche Kinder reichten die so erworbenen Kenntnisse gerade zum Lesen: Man kennt ja die Anekdote von jenem Athener, der im Jahre 482 anläßlich des Ostrakismos den Aristeides bat, dessen Namen auf die Stimmscherbe zu kratzen, da er selbst nicht schreiben konnte.[33] Doch scheint das Bildungswesen im Laufe des 5. Jahrhunderts sehr an Breite gewonnen zu haben. Im letzten Drittel dieses Jahrhunderts, zur Zeit des Peloponnesischen Krieges, gibt es unter den Figuren des Aristophanes so gut wie keine Analphabeten mehr: Selbst der bäuerliche Strepsiades in den *Wolken* und der grobschlächtige Wursthändler Agorakritos in den *Rittern* beherrschen – wenn auch mit Mühe – die Schrift.[34]

Die Schule des Grammatisten

Schon seit der Zeit vor den Perserkriegen besaß Athen gewiß feste Schulen. In den *Wolken* beschwört Aristophanes die »alte Erziehung«, wie sie die Generation der Marathonomachoi erhalten hatte, d. h. der Krieger, die in der Schlacht bei Marathon (490 v. Chr.) mitgekämpft hatten:

> Da durfte den Knaben kein trotziger Laut, kein störrisches
> Mucksen entfahren,
> Da kamen im Schwarm sie die Straßen daher, nach der Singschul', all' in der Ordnung
> Aus jeder Gemeinde, nur spärlich bedeckt, und wenn es auch
> Roggenmehl schneite.[35]

In bestimmten Schulen lernte man sehr wahrscheinlich gleichzeitig Lesen und Schreiben und gewisse Grundzüge von Musik und Gesang. So stellt eine berühmte Schale des Vasenmalers Duris (s. Taf. 9) einen Grammatisten und einen Kitharisten dar, die in denselben Räumen unterrichten.[36] Verlassen wir uns dagegen auf die Rede des Protagoras, die dieser im gleichnamigen Dialog Platons über das Thema Erziehung hält, so folgte der Unterricht des Kitharisten üblicherweise auf den des Grammatisten; in einem dritten Abschnitt schloß sich dann die gymnastische Erziehung durch den Paidotriben an:

> »Sind die Kinder so weit, daß sie die Buchstaben erlernt haben und Geschriebenes demnächst so gut verstehen werden wie vordem die mündliche Rede, so legen sie ihnen auf den Schulbänken die Werke großer Dichter zum Lesen und Auswendiglernen vor [...] [Die Kitharisten] legen ihnen, wenn sie das Spielen der Kithara erlernt haben, auch ihrerseits Werke von Dichtern vor, von anderen Dichtern, nämlich den lyrischen [...] Sodann schickt man sie noch dazu zum Paidotriben [...].«[37]

In der Tat darf es als wahrscheinlich gelten, daß die geistige Erziehung, die Musike (μουσική), die zugleich den Schreibunterricht und die Musik im engeren Sinne umfaßte, dem Sportunterricht vorausging, daß etwa im Alter von vierzehn Jahren die Körperschulung die Überhand über die Pflege der geistigen Entwicklung gewann, freilich ohne diese völlig zu verdrängen.
Hat ein kleiner Athener das Alter erreicht, in dem er zur Schule gehen kann, verläßt er – zumindest in den wohlhabenden Familien mit mehreren Sklaven – die Obhut der Amme und geht in die des Paidagogos (παιδαγωγός) über. Dies ist ein ihm persönlich zugeordneter Sklave, dem es obliegt, ihn überall zu begleiten und ihm gute Umgangsformen zu vermitteln (»das Benehmen eines höflichen und wohlerzogenen Knaben«), wobei er sich notfalls durch Körperstrafen, insbesondere mit dem Stock, Gehorsam verschaffen durfte. Morgens führt er das Kind zum Schulmeister und trägt ihm dabei die im Unterricht benötigten Utensilien (Wachstafeln zum Schreiben, den Griffel, Bücher, später dann Kithara und Aulos).
Solange der Knabe dem Unterricht beiwohnt, wartet der Paidagogos in einem besonderen Raum[38] oder – eher wohl – im Klassenraum selbst. Bei dem mit gekreuzten Beinen auf einem Schemel sitzenden Mann auf der oben erwähnten Duris-Schale handelt es sich gewiß nicht um einen ἐραστής, sondern um einen Paidagogen, der, einen

langen Stab in der Hand, den Kopf dem ihm anvertrauten Kinde zuwendet, das gerade ein Stück aus einem Epos vorträgt. Da er ja am Unterricht teilgenommen hat, kann der Paidagogos anschließend zu Hause die Wiederholungsübungen beaufsichtigen.
Die Lehrer sitzen auf thronartigen Sesseln mit Rückenlehne und leicht bogenförmig ausgestellten Beinen, den Vorläufern der Katheder (καθέδραι, der Lehrstühle), während die Schüler, die Paidagogen und die Hilfslehrer nur auf Schemeln (βάθρα) mit senkrechten Füßen und ohne Rückenlehne Platz nehmen können (s. Taf. 9). Tische gibt es nicht, denn mit den festen Wachstäfelchen läßt sich leicht auf den Knien schreiben; auch kann man bequem ein Papyrusblatt darauflegen und beschreiben. Demosthenes hielt seinem erbitterten Feind Aischines, der als Sohn des Gehilfen eines Schulmeisters geboren war, vor:

»In deiner Kindheit bist du in bitterer Armut aufgewachsen, zusammen mit deinem Vater hast du dich an einer Schule abgerackert, hast Tinte (mit der man auf Papyrusblätter schrieb) gerieben, die Bänke gereinigt, das Schulzimmer ausgekehrt in der Stellung eines Sklaven, nicht eines freigeborenen Sohnes.«[39]

Die Schulmeister müssen sehr schlecht bezahlt gewesen sein, dürftiger allerdings noch ihre Gehilfen, die jene aus dem von den Eltern ihrer Schüler zu entrichtenden Schulgeld selbst entlöhnen mußten. Ein anderes Vasenbild zeigt uns einen Lehrer, der sich, den Schreibgriffel in der Hand, »mit der Gebärde eines heftigen Verweises, den Finger drohend erhoben, auf seinem Stuhl vorbeugt, als ob er die seiner Obhut anvertraute Kinderschar schelte«.[40] Erst in der zweiten Hälfte des 5. Jahrhunderts kann man in den Sophisten (σοφισταί) wirklichen Lehrern begegnen, die über genügend Prestige verfügen, um sich ihre Dienste angemessen entgelten zu lassen. Es hat im übrigen ganz den Anschein, daß wer immer sich auf das Lesen und Schreiben verstand, sich ohne irgendwelche Vorbedingungen als Schulvorsteher niederlassen konnte und daß ein »Zeugnis« über bestimmte Fähigkeiten nicht erforderlich war. Soweit der Staat eine Kontrolle ausübte, beschränkte sie sich allein auf den Aspekt der

Sitten und bezog sich in keiner Weise auf die Wissenschaftlichkeit des Unterrichts und die fachliche Kompetenz der Lehrer.
Der aus dem Judentum stammende Brauch des wöchentlichen Ruhetages ist den Griechen unbekannt. Die Feiertage liegen – entsprechend den religiösen Festen der einzelnen Städte – recht ungleichmäßig über das Jahr verteilt. In bestimmten Monaten jedoch – so etwa in Athen im Anthesterion (Februar/März) – ruhte an so vielen Tagen die Arbeit, daß sie ein wenig den »großen Ferien« geähnelt haben müssen. »Wenn seine Söhne«, so sagt Theophrast vom Geizigen, »wegen Krankheit nicht den ganzen Monat in die Schule gehen, zieht er den entsprechenden Betrag vom Schulgeld ab. Im Anthesterion schickt er sie gar nicht zu den Lektionen wegen der vielen Feiertage, um das Schulgeld zu sparen.«[41] Dazu kamen natürlich für jedes Kind die Tage der Familienfeiern und der persönlichen Feste (so der Geburtstag, das feierliche Schneiden der Haare, mit dem zeichenhaft die Kindheit zu Ende ging) sowie wichtige Ereignisse, Hochzeiten und dergleichen, die zusätzlichen Anlaß boten, dem Unterricht fernzubleiben.

Zunächst lernte das Kind offensichtlich Lesen, dann Schreiben. Dazu mußte es zuvor die Namen der Buchstaben des Alphabetes, *alpha*, *beta*, *gamma*, *delta* usw., auswendig hersagen können; Merkverse, die der Schüler leise vor sich hersang, halfen ihm, sich die Worte einzuprägen. Diese Buchstaben oder στοιχεῖα (Elemente, nämlich der Dinge und Worte) umgab ein fast religiöser Respekt, um so mehr, als sie nicht nur zur Fixierung des gesprochenen Worts, sondern auch der Zahlen und der musikalischen Intervalle dienten. Nichts in der antiken Pädagogik, die sehr schablonenhaft und nach dem Gewohnheitsprinzip arbeitete, kündigt unsere neuzeitliche »Ganzheitsmethode« an. Langsam schreitet man von Einfacherem zum Schwierigeren voran, von den einzelnen Buchstaben zur Silbe mit zwei Buchstaben (β und α = βα), sodann zu drei- und vierbuchstabigen Silben und läßt das Kind die Aussprache besonders schwieriger und seltener Wörter (wie etwa λύγξ) üben. Man bemüht sich in keiner Weise, dem Kind die Dinge zu erleichtern; im Gegenteil scheint man der Meinung gewesen zu sein, wer die

größte Schwierigkeit gemeistert habe, dem falle das übrige als Dreingabe in den Schoß. Es gab freilich Elementarfibeln, in denen die Silben eines jeden Wortes getrennt geschrieben waren.
Dann wagte man sich an die kursorische Lektüre, die um so schwerer war, als in den damals üblichen Ausgaben irgendwelche Satzzeichen fehlten und nicht einmal die Worte durch unbeschriebene Abstände voneinander getrennt wurden, wie man z. B. an den erhaltenen Inschriften feststellen kann.[42] Selbstverständlich mußte das Kind im Unterricht laut vorlesen, aber auch in der Folgezeit wird es diese Leseweise beibehalten haben, denn die stille Lektüre war anscheinend durchaus unüblich. So las man entweder selbst mit halblauter Stimme vor sich hin oder ließ sich von einem Sklaven vorlesen. Damit erklärt sich auch z. B. der Titel eines Werkes, in dem Plutarch davon handelt, wie die kleinen Knaben die Dichter lesen sollen: *Wie ein Knabe die Werke der Dichtkunst h ö r e n soll.*
Anschließend hatte sich der Schüler im Buchstabenschreiben zu üben, wozu er mit einem stichelartigen Griffel, dessen rundes abgeflachtes Ende zum Auslöschen der Schrift diente, die Schriftzeichen auf eine mit Wachs überzogene gerahmte Holztafel ritzte. Diese unseren Schiefertafeln entsprechenden Täfelchen gab es als Einzelstücke oder als Verbindung von zwei oder mehr Exemplaren, wobei dann die einzelnen Teile mit Gelenken oder mit Faden- oder Lederstücken, die man durch die hierzu angebrachten Löcher hindurchzog, zusammengeheftet wurden. Am Anfang zeichnete der Lehrer die Buchstaben mit leichten Strichen vor, und der Schüler zog sie mit stärkerem Griffeldruck nach. Man konnte auch mit Tinte auf Papyrusblätter schreiben; die Tinte wurde in fester Form gekauft, zunächst kleingerieben und dann vom Lehrer oder einem seiner Gehilfen in Wasser gelöst. Als Feder verwandte man ein entsprechend zugeschnittenes, vorne gespaltenes Schilfrohr. Auch Ostraka (ὄστρακα), d. h. Tonscherben, fanden Verwendung (s. Abb. 17), insbesondere für Notizen und als Kladde. Kreuzförmige Lineale (wie man eines auf der erwähnten Duris-Schale an der Wand hängen sieht) halfen den Schülern, die Buchstaben in schönem Ebenmaß auf eine Zeile und – wie in der auf den zeitgenössischen Inschriften üblichen στοιχηδόν-Ordnung – jeweils genau einen Buchstaben unter

den anderen zu setzen. Möglicherweise wurden schon damals für die Schulkinder eigene Schönschreibwettbewerbe veranstaltet, wie wir sie für die hellenistische Zeit kennen.[43]

Abb. 17. Fehlerhaftes Alphabet. Schreibübung auf einer Tonscherbe. Nach: *Graffiti in the Athenian Agora. Excavations of the Athenian Agora*, Picture Books No. 14, Princeton, N. J.: The American School of Classical Studies at Athens, 1974, Abb. 1.

Bei solch unentwickelten Lehrmethoden konnte das Erlernen des Lesens und Schreibens lange dauern und bis zu drei oder vier Jahre in Anspruch nehmen. Sobald das Kind nahezu fließend zu lesen und schreiben verstand, konzentrierten sich die Übungen auf das Auswendiglernen von Versen und immer längeren Abschnitten der großen Dichter, vor allen anderen Homers, des Dichters der *Ilias* und der *Odyssee.* In der Tat gilt ohne Zweifel auch für das Perikleische Zeitalter, was der Rhetor Herakleitos im 1. Jahrhundert unserer Zeitrechnung sagte:

> »Von frühester Kindheit an leistet er [Homer] der kindlichen Ahnungslosigkeit der gerade zu lernen beginnenden Knaben mit seiner allseitigen Erfahrung Ammendienste, und kaum daß sie in den Windeln liegen, geben wir ihren Seelen die kräftigende Milch seiner Worte zu trinken. Jedem Menschen ist er nah schon seit der Geburt; er verläßt ihn nie, wenn er allmählich zum Manne heranwächst [...].«[44]

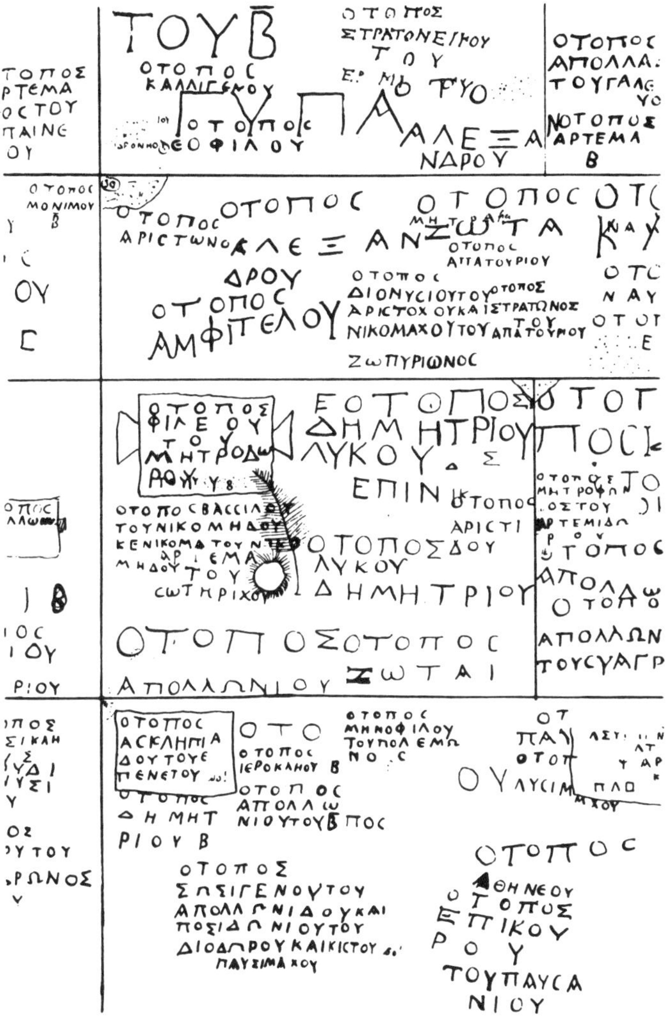

Abb. 18. Priene. Schülerinschriften an der Wand des Ephebeions.
Nach: M. Schede, *Die Ruinen von Priene*, Berlin: de Gruyter, ²1964, S. 85, Abb. 98.

Homer gilt den Griechen als der Erzieher schlechthin, und der Grammatist gewinnt aus ihm für seine Schüler nicht etwa Lehrstücke des schönen Scheins der bloßen Dichtung, sondern solche der Sittlichkeit und Frömmigkeit und – in allgemeinerer Weise noch – Lehrstücke guter Lebensführung, denn Homer vermittelt alles, was ein Mann, der dieses Namens würdig sein will, wissen muß: Tun und Handeln in Kriegs- und Friedenszeiten, die Berufe, Politik und Diplomatie, Weisheit, Höflichkeit, Mut, die Pflichten gegen die Eltern und gegen die Götter ... Die anderen epischen Dichter des Kyklos nehmen gegenüber Homer einen untergeordneten Rang ein, aber auch Hesiod und – in Athen – Solon liefern Themen für den Unterricht. Ohne Zweifel handelt es sich um eine Szene von wesentlicher Bedeutung, die uns – um von anderen Vasenbildern ganz zu schweigen – die Duris-Schale vor Augen stellt: In der Mitte des Schulraums sitzt der Lehrer und entrollt einen Papyrus, der die Anfangsverse einer epischen Dichtung enthält, die der ihm gegenüberstehende junge Knabe lernen soll. Alle Bücher hatten ja damals die Form von Papyrusrollen.

Der Rechenunterricht vervollständigte diese Ausbildung. Bekanntlich schreiben die Griechen die Zahlen mit Hilfe der Buchstaben des Alphabets, dessen Gesamtumfang durch die Hinzufügung dreier alter, aus der Schrift schon verschwundener Zeichen, des *digamma*, das für 6 Einheiten, des *koppa*, das für 90 Einheiten, und des *sampi*, das für 900 stand, erweitert wurde. So verfügte man über neun Zeichen für die Einer (*alpha* bis *theta*), ebensoviele für die Zehner (*iota* bis *koppa)* und ebensoviele für die Hunderter (*rho* bis *sampi*). Bei Zahlen, die 999 überschritten, half man sich mit den Worten χίλιοι (tausend) und μύριοι (zehntausend), oder man schrieb 1000, indem man sich des links mit einem Iota-Strich versehenen *alpha* bediente, usw. Mit diesem Zahlensystem zu rechnen war nicht leicht, da die Griechen in Unkenntnis der Null den Wert der die Zahlen bezeichnenden Buchstaben nicht durch die Stellung anzeigen konnten. Daher nahmen sie bei den elementaren Rechenvorgängen die Finger zu Hilfe, wobei die eigenartigen Regeln des Fingerrechnens angewandt wurden.[45] Für schwierigere Aufgaben zog man den ἄβαξ oder das ἀβάκιον heran, ein Tafelbrett, auf dem durch Konvention festgelegte vorgezogene Unterteilungen die verschiedenen Einheiten voneinander trennten und auf dem man die Zahlenwerte durch Rechensteine fest»legte« – eine auf Empirie beruhende Methode, die noch heute im mohammedanischen Orient weiterlebt. Das Einmaleins lernten die Schüler natürlich, indem sie es wie die Pythagoräer durch im Quadrat angeordnete Punkte sinnlich vorstellbar machten.

Daß der kleine Athener des 5. Jahrhunderts in der Schule sogar die ersten Grundlagen der ebenen Geometrie gelernt hätte, ist außerordentlich zweifelhaft. Seine Kenntnisse beschränkten sich sicher auf die vier Grundrechenarten und eine gewisse Vorstellung von den einfachen Brüchen. Es war natürlich z. B. wichtig zu wissen, daß, wenn eine Drachme den Wert von sechs Obolen hatte, die Vierteldrachme eineinhalb Obolen gleichkam.

Damit ist auch ungefähr der Kreis abgesteckt, in dem sich das Wissen des Strepsiades bewegt haben dürfte, als er sich zur »Denkerwerkstatt« des Sokrates begab, um neue Kenntnisse zu erwerben.

Musikunterricht

Historisch gesehen, ist die Musikerziehung in Griechenland älter als der Schreibunterricht. Zu allen Zeiten haben die Griechen Musik und Tanz geliebt[46] und es als Grundlage jeder Erziehung eines freien Mannes betrachtet, Gesang und Spiel der Instrumente zu erlernen. Schon in Homerischer Zeit umgibt, wie Odysseus bei den Phaiaken verkündet, die Sänger (ἀοιδοί), die die Großtaten der Helden vergangener Zeiten feiern, Ansehen und Achtung: »Alle sterblichen Menschen der Erde nehmen die Sänger billig mit Achtung auf und Ehrfurcht; selber die Muse lehrt sie den hohen Gesang und waltet über die Sänger.«[47] Die Heroen selbst und der größte unter ihnen, Achilleus, der für die Griechen das Idealbild eines edlen Mannes verkörpert, verschmähen die Musik keineswegs; als die Gesandten Agamemnons bei ihm eintrafen, »fanden sie ihn, erfreuend sein Herz mit der klingenden Leier, schön und künstlich gewölbt, woran ein silberner Steg war, [...]. Hiermit erfreut' er sein Herz und sang Siegestaten der Männer.«[48]

Es ist nicht ohne Bedeutung, daß der Name der Musik selbst von dem der Musen, jener Göttinnen, die den intellektuellen und künstlerischen Tätigkeiten der Menschen vorstehen, abgeleitet ist. Daraus erhellt, wie sehr den Griechen die Musik in der Tat als der wesentliche Teil und als das treffendste Symbol aller Kultur erschien. Der gebildete Mensch ist eben der μουσικὸς ἀνήρ. Themistokles gab zu, daß seine Erziehung und Bildung unvollständig sei, da er nicht gelernt habe, ansprechend auf der Kithara zu spielen.[49] Wir pflegen zu sagen, »Musik besänftige den Charakter«, für die Griechen aber war sie die erste Voraussetzung aller Kultur; jede Veränderung, die die musikalische Technik durchmachte, schien ihnen in gefährlicher Weise geeignet, das sittliche Gleichgewicht jedes Bürgerverbandes und des gesamten Staates zu erschüttern.[50] Es ist bekannt, welche erstrangige Bedeutung die Pythagoräer der Musik in ihrer Konzeption des menschlichen Lebens und der Welt beimaßen, einer Konzeption, die sich auf die universelle Zahlenharmonie gründete, die auch die Klangintervalle bestimmte. Mit diesem Gedanken folgten Pythagoras und seine Schüler nur einer natürlichen Neigung des griechischen Menschen und entwickelten sie durch wissenschaftliche Erörterung weiter.[51]

In wunderbarer Weise findet die Verzauberung (im eigentlichen Sinn des Wortes), die die Griechen beim Anhören einer herrlichen Musik empfanden, ihren Ausdruck auf den Vasenbildern. Namentlich auf einem Krater in der Antikenabteilung der Berliner Staatlichen Museen erkennen wir Orpheus, der vor vier offensichtlich von der Musik hingerissenen Thrakern singt und dazu die Leier schlägt (s. Taf. 8); mit Recht hat man für diese Szene den Titel »Der Triumph der Musik« vorgeschlagen.[52] Andere Vasenbilder, so etwa die der weißgrundigen Grablekythoi, zeigen uns häufig einen vor der Grabstele sitzenden oder stehenden jungen Mann, der inmitten einer Reihe von Menschen, die in religiösem Schweigen zu lauschen scheinen, singt und sich dazu auf der Leier begleitet.[52a]

> »Dies ist das musikalische Opfer, das die Überlebenden den Eltern oder dem toten Freund darbringen. Wessen der bedauernswerte Tote, von dem man glaubt, daß er unter Erden weiterlebe,

bedarf, ist weit mehr als der üblichen Trankspenden: Er braucht die Freuden des Geistes. Dies ist der Grund, weshalb man sich bemüht, ihn bis in das Grab hinein zu erfreuen, indem man ihm jene Melodien hinunterschickt, die ihn zeit seines Lebens erfreut haben.«[53]

Die Kithara (κιθάρα) oder Lyra (λύρα) ist ein Saiteninstrument, dessen Resonanzkörper ursprünglich aus einem Schildkrötenpanzer bestanden haben soll; der Gott Hermes habe sie, so sagte man, als kleines Kind beim Spiel erfunden.[54] Über der mit einer Tierhaut bespannten Hohlseite dieses »Kastens« sind zwei gekrümmte und in ihrer oberen Hälfte durch eine – bei der Leier des Achilleus silberne – Querstange verbundene Streben angebracht. Die Saiten, üblicherweise sieben, laufen von der Querstange zum unteren Ende des Instruments. Ein Steg schließlich trennt sie von der Haut des Resonanzbodens. Es gibt auch vervollkommnete Leiern mit acht oder neun Saiten. Man bringt die Kithara zum Klingen, indem man die Saiten entweder mit den Fingern zupft oder mit dem Plektron (πλῆκτρον), einem dem Federkielplektrum der Mandoline entsprechenden kleinen Metallplättchen, das mit einem Band an dem Instrument befestigt ist, anreißt (s. Taf. 6, 37, 41).
Der Aulos (αὐλός), ein Blasinstrument, wird gewöhnlich als Flöte bezeichnet, gleicht aber eher einer Oboe, obgleich er meist zwei vom Mundstück an auseinanderlaufende Rohre hat. Diese mit Löchern versehenen Rohre und die Zungen, die die Schwingungen erzeugten, waren aus Schilf. Die berufsmäßigen Auleten hielten ihr Instrument mit Hilfe einer aus Lederbändern bestehenden Mundbinde (φορβειά, Phorbeia), die einen Teil der Backen bedeckte, an den Lippen; die auf den Vasenbildern begegnenden Kinder dagegen verwenden dieses Hilfsmittel nie. Aulos und Kithara wurden in Spezialwerkstätten hergestellt; der Vater des Rhetors Isokrates etwa hatte sich als Leiter einer Oboenfabrik Reichtum erworben.[55]
Recht zahlreiche Vasenbilder zeigen uns Kinder, die beim Musiklehrer das Leier- und Oboenspiel erlernen.[56] Der Lehrer sitzt auf einem Lehnstuhl, ihm gegenüber auf einem Schemel der Schüler. Entweder spielt der Lehrer selbst, um dem Kind die richtigen

Griffe zu zeigen, oder er läßt sich vom Schüler vorspielen und schlägt den Takt dazu; bisweilen halten auch beide eine Kithara auf den Knien und spielen gemeinsam. Der Unterricht beruht also ganz auf beobachtender Nachahmung und orientiert sich mangels schriftlicher Notentexte am Gehör. Das mag heute überraschend erscheinen, aber die griechische Musik war ja ausschließlich monodisch und ließ sich daher leichter lernen als eine Tonkunst von polyphoner Klangfülle.

Im Gegensatz zum Aulos läßt die Kithara den Mund frei zum Gesang, und in der Tat werden die Leierspieler sehr oft mit halbgeöffnetem Mund dargestellt, d. h. als Sänger, die sich selbst auf ihrem Instrument begleiten. Schon Achilleus übte, wie wir sahen, diese Form des Musizierens, die so geläufig war, daß man den Sänger, der sich auf der Kithara begleitete, mit einem einzigen Wort – κιθαρῳδός – bezeichnete. Ein Vasenbild stellt uns so z. B. eine Art Terzett vor Augen: Der Lehrer singt und spielt gleichzeitig auf der Kithara, sein ihm gegenüberstehender Schüler begleitet ihn auf dem Aulos.

Gesang und Instrumentalmusik lernten die Kinder also zur gleichen Zeit. Die Texte der Lieder wurden den alten lyrischen Dichtern entnommen, und mit Sorgfalt hatte der Kitharist darauf zu achten, daß die übernommenen Stücke frei von aller Neuerung blieben. Aristophanes gedenkt der jungen Athener von einst, wenn er sagt:

> Nicht übereinandergeschlagen die Bein', anständig saßen und lernten
> Sie ihr: »Pallas, die Städteverwüsterin«, oder: »Horch, was ertönt aus der Ferne?«
> In gehaltenem Ton, in gemessenem Takt, wie die Väter von jeher es sangen.
> Und wenn einer aus Eitelkeit Sprünge versucht' und die Lieder mit Schnörkeln verhunzte,
> Wie es jetzo der Brauch, in des Phrynis Manier, mit verkünstelten Koloraturen,
> Dann regnet' es Schläg' auf den Sünder, der frech an den heiligen Musen gefrevelt![57]

Das vornehme, eines freien Mannes würdige Instrument schlechthin war die Kithara. Gleichwohl erfuhr die wahrscheinlich aus Boiotien eingeführte Oboe im 5. Jahrhundert in Athen große Verbreitung. Schon Alkibiades allerdings empfand heftige Abneigung gegen dieses Instrument, das – so sagte er – beim Spielen das Gesicht verunstaltete.[58] Der Vorrang der Kithara findet Bestätigung namentlich im Mythos des Gottes Apollon Kitharodos, der durch das Musenurteil über den Satyr Marsyas triumphiert – ein berühmtes Flachrelief aus Mantineia illustriert diese Szene.[59] Plutarch läßt uns unter Anführung eines Sophokles-Verses wissen, daß »der Aulos in der ersten Zeit nur zur Trauer herangezogen wurde und dort seinen nicht hochgeachteten, nicht fröhlichen Dienst leistete«.[60] Im 4. Jahrhundert scheint der Aulos fast nur noch von berufsmäßigen Musikanten und Freudenmädchen gespielt worden zu sein; so wurde der Name »Aulosspielerin« (αὐλητρίς) geradezu ein Synonym für »Hetäre«.[61] In derselben Zeit tauchen auf den Vasenbildern auch Frauen auf, die die Harfe oder – vor allem bei Kultfeiern orgiastischer Art – das Tamburin schlagen.

Ebenfalls im 4. Jahrhundert treten erstmals Konzertmusiker auf, die ihre virtuose Beherrschung des Instruments auf Tourneen bewundern lassen. Das Kitharaspiel entwickelt verschiedenartige Techniken und nimmt an Schwierigkeit zu, so daß Aristoteles in der *Politik* des längeren der Frage nachgeht, ob der Unterricht des Kitharisten den Fortschritten der musikalischen Kunst zu folgen habe. In weiser Zurückhaltung schloß er damit, dieser Unterricht habe nur die Bildung eines sachverständigen Liebhabers, nicht die des Berufsmusikanten zu erstreben.[62] »Die immer zunehmende Scheidung der Schulmusik von der lebendigen Kunst«[63] sollte jedoch nach und nach den Niedergang des Musikunterrichts zur Folge haben.

Die jungen Athener trugen zu bestimmten Anlässen mit ihren musikalischen Talenten durch Gesangs- und Tanzchoroi zum Glanz der Feste des Demos, der Phyle oder der ganzen Stadt bei. So hatte im Jahre 480 der spätere Dichter Sophokles als etwa fünfzehnjähriger Knabe nackt und mit Öl eingerieben, im Arm die Leier tragend, den Chor der Kinder angeführt, die nach der Schlacht bei Salamis den Siegespaian sangen.[64]

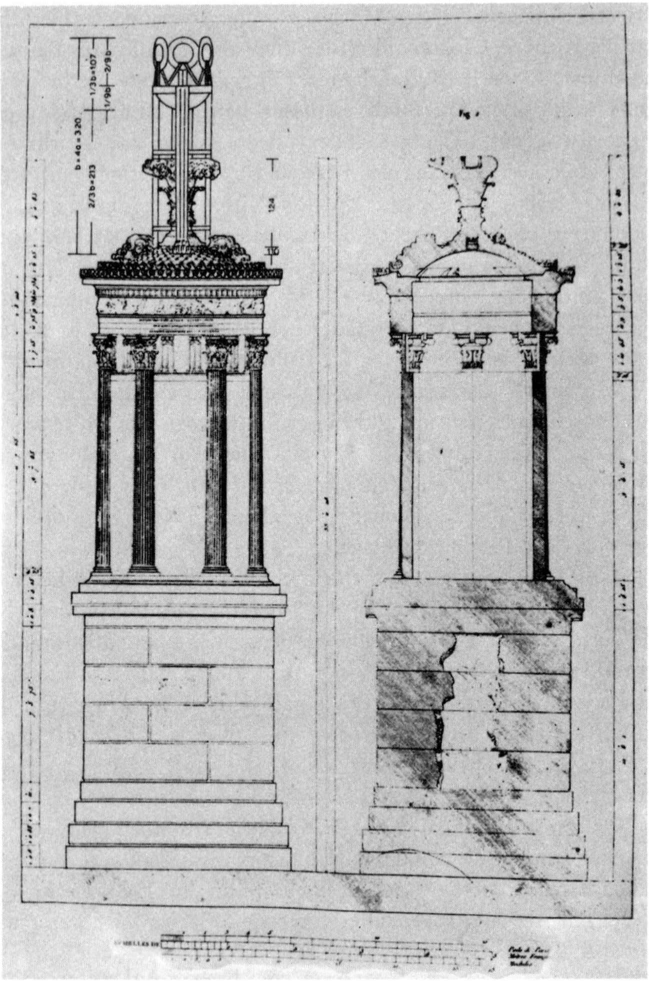

Abb. 19. Denkmal des Lysikrates, 335/334 v. Chr. Rekonstruktionszeichnung von Stuart, Revett und Colocotsas.
Nach: *Bulletin de Correspondance Hellénique* 100, 1976, S. 78, Abb. 46.

Unter solch außergewöhnlichen Umständen, jedoch auch regelmäßig anläßlich der großen religiösen Feste ernannte die Stadt Choregoi (χορηγοί), reiche Bürger, die zur Übernahme der mit dieser Funktion verbundenen finanziellen Lasten in der Lage waren und deren Aufgabe darin bestand, Gruppen von Kindern zusammenzustellen und von χοροδιδάσκαλοι (Chorlehrern) einüben zu lassen, die zu Ehren eines Gottes gemeinsam ein Werk der lyrischen Dichtung vorsingen sollten. Dieser Chorgesang forderte nicht sonderlich viele Proben, da er ja immer einstimmig oder – bei gemischten Chören – mit Oktavbegleitung intoniert wurde; denn polyphone Musik war, wie wir sagten, den Griechen unbekannt. Gemeinhin fanden diese zugleich religiösen und künstlerischen Veranstaltungen in Form von Wettbewerben mehrerer, jeweils von einer der zehn Phylen gestellter Chöre statt. Der Choregos der siegreichen Gesangstruppe erhielt als Preis einen Dreifuß, den er aus Ruhmsucht zur Erinnerung an dieses Ereignis auf der Spitze eines auf seine Kosten errichteten Monuments aufstellen lassen konnte. So hieß eine Straße Athens, die beidseitig von solchen Weihgaben gesäumt war, Straße der Dreifüße. Dies ist auch der Ursprung des Choregendenkmals des Lysikrates, das man noch heute in Athen bewundern kann und das eine auf das Jahr 335/334 v. Chr. datierte Inschrift trägt (s. Abb. 19):

> »Lysikrates, Sohn des Lysitheides, aus dem Demos Kikynna, war Chorege, der Bezirk Akamantis siegte beim Wettstreit der Knaben.
> Oboe: Theon. Lehrer: Lysiades von Athen. Chorführer: Euainetos.«[65]

Leibesübungen

Ebenso alt und ausgeprägt wie ihre Liebe zur Musik ist die Neigung der Griechen zu den Leibesübungen. Schon die Lektüre des Berichts über die von Achilleus veranstalteten Totenspiele zu Ehren des Patroklos (im XXIII. Gesang der *Ilias*), der Beschreibung der

Palastspiele des Alkinoos oder des Bogenwettbewerbs auf Ithaka in den Gesängen VIII und XXI der *Odyssee* genügt, um sich davon zu überzeugen. Wo immer die Griechen Städte gegründet haben, erschienen zwei Bauwerke als für ihre Kultur charakteristisch: das Theater und das Stadion (s. Taf. 25).

In welchem Alter der junge Athener gewöhnlich damit begann, unter der Leitung des Paidotriben seinen Körper besonderen Übungen zu unterwerfen, ist nicht eben genau bekannt, möglicherweise schon mit acht[66], wahrscheinlich etwa mit zwölf Jahren, also nachdem er schon mehrere Jahre lang die Schule des Grammatisten und des Kitharisten besuchte. Die Schüler des Paidotriben waren in zwei »Klassen« aufgeteilt, die »Kleinen« (παῖδες), die vielleicht im Alter von zwölf bis fünfzehn Jahren standen, und die fünfzehn bis achtzehn Jahre alten »Großen« (νεανίσκοι).[67]

Während Schreib- und Musikunterricht in irgendeinem beliebigen Raum erteilt werden konnten, erforderte das gymnastische Training die besonderen Einrichtungen der Palaistra. Diese war im wesentlichen ein quadratischer, mit Mauern umgebener Sportplatz unter freiem Himmel. Auf ein oder zwei Seiten lagen bedachte Gemächer, die als Umkleideräume, als mit Bänken ausgestattete Rückzugswinkel zum Ausruhen (ἐξέδραι), als Bäder oder Vorratsräume für Öl und Sand dienten, denn, wie wir sehen werden, gehörten Öl und Sand bei den Leibesübungen der Griechen zum unerläßlichen Bedarf. Büsten des Gottes Hermes, des Patrons der Gymnasien, schmückten die Palaistra. Diese kann allen im folgenden kurz erwähnten Sportarten als Rahmen dienen. Allein zu den eine weitläufigere Sportfläche voraussetzenden Laufwettbewerben mußte der Paidotribe seine Schüler zum Stadion führen (s. Abb. 20).

Angetan mit einem Purpurmantel, den er dann und wann zum Vorführen einer Übung ablegt, herrscht der Paidotribe über die Palaistra. Als Zeichen seiner Stellung trägt er einen langen, oben gegabelten Stock, mit dem er undisziplinierte und ungeschickte Kinder ohne Milde bestraft oder auch wohl die ineinander verbissenen Ringkämpfer trennt. Häufig stehen ihm Hilfstrainer zu Gebot, die er anscheinend unter seinen ältesten und begabtesten Schülern auswählt (s. Taf. 10).

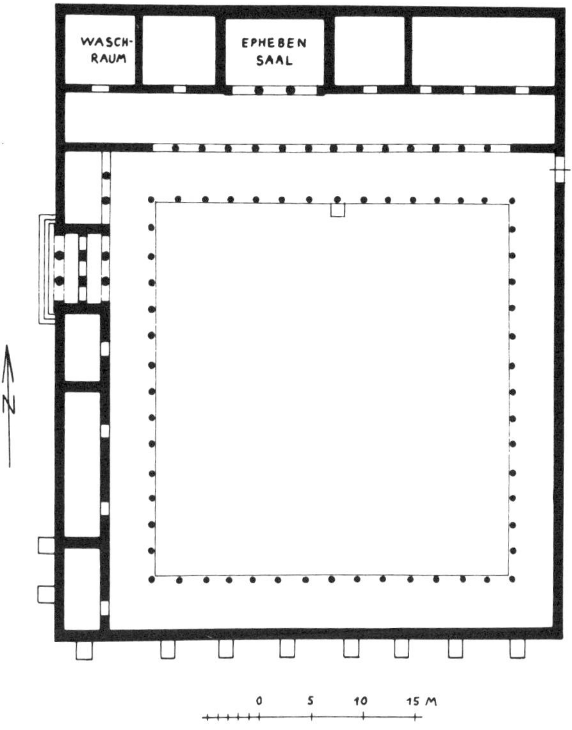

Abb. 20. Priene. Grundriß des Unteren Gymnasions. 4. Jh. v. Chr.
Nach: M. Schede, *Die Ruinen von Priene*, Berlin: de Gruyter, ²1964, S. 83, Abb. 95 (vgl. Abb. 97, hier Abb. 24, S. 162).

Drei wesentliche Merkmale zeichnen die griechische Gymnastik aus: die völlige Nacktheit der Athleten (das Wort »Gymnastik« ist von γυμνός, »nackt«, abgeleitet), der Brauch, sich vor dem Kampf mit Öl einzureiben, und der Umstand, daß alle Übungen von Oboenmusik begleitet sind.
Die beiden erstgenannten Eigenarten führte Thukydides auf spartanischen Einfluß zurück:

> »Die Lakedaimonier«, so sagt er, »waren die ersten, sich öffentlich nackt auszuziehen und beim Turnen mit Öl einzureiben. Ursprünglich kämpften nämlich sogar in Olympia die Wettkämpfer mit Gürteln um die Scham.«[68]

Die auf den Vasenmalereien dargestellten jungen Gymnasten tragen weder Gürtel noch Schuhe. Der Kopf bleibt meist unbedeckt, abgesehen von einigen Sportlern, die bisweilen eine kleine Kappe aus Tierhaut tragen.

Geht ein Knabe zur Palaistra, gehören zu seiner unerläßlichen Ausrüstung ein Schwamm zum Waschen, ein Ölfläschchen (ἀλάβαστος) und der Bronzeschaber (στλεγγίς, lateinisch *strigilis*), eine Art von rinnenförmig gebogenem Spachtel mit umgekrümmtem Ende. Vor dem Kampf wäscht sich das Kind an einem Brunnen, oder, sofern in der Palaistra vorhanden, in einer großen Steinwanne, reibt sich dann den ganzen Körper mit Öl ein und verteilt über die Glieder Sand und Staub, den es in feinen Wolken durch die leicht gespreizten Finger auf die Haut rieseln läßt. Gesundheitliche Gründe sollten diese Sitte rechtfertigen, glaubte man doch, den Körper auf diese Weise gegen Unbilden der Witterung zu schützen. Nach dem Kampf schabte der Knabe mit der Strigilis die Schmutzschicht aus Öl, Staub und Schweiß von der Haut, um sich anschließend natürlich von neuem zu waschen.

Schließlich ist sicher, daß mit jeder Palaistra wenigstens ein Aulosspieler fest verbunden war. Seine Aufgabe bestand darin, den Rhythmus nicht nur der Lockerungsübungen von der Art der heute so genannten »Schwedischen Gymnastik« anzugeben, sondern sogar beim Diskus- und Speerwurf und allen anderen Sportarten das Gleichmaß der Bewegungen zu begünstigen. Auf den Vasen begegnen in der Tat Aulosspieler (αὐληταί), die ihr Instrument mit der Phorbeia[69] am Mund befestigt haben und die Übungen der Knaben mit Oboenmusik begleiten.[70]

Seit der Zeit des Peisistratos im 6. Jahrhundert gab es am Panathenäenfest einen Wettbewerb, der ausschließlich den Kindern vorbehalten war. Gekämpft wurde dabei in den fünf Disziplinen des

Pentathlon (πένταθλον), nämlich Ringen, Lauf, Weitsprung, Diskus- und Speerwurf.

Der Ringkampf galt als der Sport schlechthin, hatte er doch auch der Palaistra seinen Namen (πάλη) gegeben. Die Knaben lockern zunächst mit einer Hacke – die häufig auf Vasenbildern mit Sportszenen dargestellt wird – den Boden auf. Auch die Arbeit mit der Hacke bedeutet ja im übrigen schon für sich ein Körpertraining. Dann stehen sie sich je zu zweit gegenüber, mit gesenktem Kopf und vorgestreckten Armen, und versuchen, den anderen an den Handgelenken, am Hals oder an der Hüfte zu fassen. Ziel ist, den Gegner in den Staub zu werfen, selbst aber unerschütterlich stehen zu bleiben. Eine Begegnung wurde in drei Runden ausgefochten. Der Paidotribe lehrte alle besonderen Griffe und wie man sie am besten parierte, ein Unterricht, der eine ganze Fülle von technischen Wörtern und Begriffen hatte entstehen lassen, die den Athenern vertraut geworden waren. Ihre Schriftsteller verwenden diese Fachsprache in zahlreichen metaphorischen Ausdrücken[71], und Lukian hat ihr später in einer erotischen Passage seiner Diatribe *Der Esel* besondere Effekte abgewonnen.[72] Bei den Wettkämpfen der Knaben sowohl wie auch der Männer bildete man mit Bohnen, von denen je zwei die Buchstaben *alpha*, *beta* usw. trugen, durch das Los die Kampfpaare. Ergab die Menge der Konkurrenten eine ungerade Zahl, z. B. fünf, legte man eine mit *gamma* gezeichnete Bohne in den Krug. Wer diese Bohne zog, pausierte in der ersten Runde, um anschließend gegen einen der Sieger aus den Eröffnungskämpfen anzutreten, zwischen denen ein zweites Mal das Los gezogen wurde, usw. bis zum Finale (s. Abb. 21).[73]

Die Laufwettbewerbe kannten eine gewisse Vielfalt: Neben den Sprintstrecken (s. Taf. 25) über eine Stadionlänge (in den verschiedenen Städten unterschiedlich; um 180 Meter) oder die doppelte Stadionlänge (δίαυλος) standen der Lauf über die Mittelstrecke von 4 Stadien (ἵππιος) und der Langstreckenlauf, der über Entfernungen von bis zu 24 Stadien, d. h. mehr als 4 Kilometern, ging. All diese Strecken führten den Läufer nicht wie heute über die geschlossene Stadionrunde, sondern mußten, soweit nötig, durch mehrfaches Hin- und Herlaufen zwischen der durch eine Reihe von Cippi (kegelstumpfförmigen Säulen) bezeichneten Startlinie und dem Ende des Sportfeldes zurückgelegt werden. Am Ende des Stadions angekommen, wendete der Läufer, indem er um einen Begrenzungsstein (τέρμα) herumlief, und kehrte zum Ausgangspunkt zurück; bei Distanzen, die über mehr als doppelte Stadionlänge gingen, machte er sich erneut auf den Weg. Solche Cippi der Stadionbegrenzung sind z. B. in Epidauros erhalten und erscheinen auf zahlreichen bildlichen Darstellungen.[74] Vor dem Start hockten die Griechen nicht wie heute beim sogenannten Tiefstart mit einem Knie an der Erde, sondern erwarteten stehend mit vorgebeugtem Oberkörper und eng geschlossener Fußstellung das Zeichen.

Von den Sprungwettbewerben wurde bei den Griechen anscheinend nur der Weitsprung mit Anlauf betrieben. Wie für den Ringkampf lockern die Knaben für diese Übung mit der Hacke die Stelle, wo sie nach dem Sprung wieder mit dem Boden in Berührung treten. Beim Sprung selbst halten sie gewöhnlich in jeder Hand eine Hantel

Abb. 21. Ringer in der Palaistra. Rückseite einer rotfigurigen Amphora des Andokides.

Nach: W. W. Hyde, *Olympic Victor Monuments and Greek Athletic Art*, Washington: The Carnegie Institution of Washington (Publication No. 268), 1921, S. 230, Abb. 49.

(ἁλτῆρ, verwandt mit griech. ἅλλομαι: »ich springe«). Diese Stein- oder Bleihanteln hatten entweder die Form von Halbkugeln, die in der Mitte eine Durchbrechung und damit eine Art Griff aufwiesen, den man mit der Handfläche umfassen konnte, oder bestanden – wie die neuzeitlichen Hanteln – aus zwei durch einen Steg verbundenen Gewichten, mit dem Unterschied freilich, daß dieser als Griff dienende Steg gebogen war. Ein bis fünf Kilogramm schwer, fanden die Hanteln auch bei Lockerungsübungen Verwendung. Beim Sprung verstärkten sie die Wirkung der auf Wahrung des Gleichgewichts zielenden Armbewegungen. Der Athlet Phayllos von Kroton soll auf diese Weise über 16 Meter weit gesprungen sein.[74a]
Die Diskoi bestanden aus Bronze und wogen ein bis vier Kilogramm. Die Knaben warfen natürlich leichtere Disken als die Männer. Die Wurffläche, auf der man Schwung holte, war nur nach vorne und auf den Seiten begrenzt. Der eigentliche Wurfvorgang umfaßte zwei aufeinanderfolgende Bewegungsabläufe (s. Taf. 38):

> »Zunächst nimmt der Werfer seinen Diskos mit beiden Händen hoch, beugt sich dann in Wurfrichtung und setzt dabei das linke Bein vor; dann richtet er sich mit heftigem Schwung wieder auf, der Rumpf dreht sich in den Hüften von links nach rechts, und der rechte Arm beschreibt einen großen Kreis von vorn nach hinten. [...] [In der zweiten Phase] wird der Diskos wieder herabgerissen, der Körper beugt sich nieder, und der linke Fuß, der beim Anheben des Diskos nach hinten gewandert war, wird mit gekrümmten Zehen und über den Boden schleifenden Nägeln wieder nach vorne genommen.«[75]

In der Haltung dieser zweiten Phase hat Myron seinen Diskuswerfer dargestellt. Um zu verhindern, daß der Diskos aus den Fingern rutschte, wurde er mit Sand eingerieben. An der Landestelle des Diskos steckte man einen Meßstab in den Boden, um den Wurf mit denen der Gegner vergleichen zu können.
Der Speer, die auf der Jagd und im Krieg gebräuchliche Waffe, diente auch sportlichen Zwecken. Der annähernd körperlange und fingerdicke Sportspeer hatte keine Spitze (um Unfälle zu verhüten),

war aber am Ende beschwert. Auf der Höhe des Schwerpunkts wurde ein Wurfriemen (ἀγκύλη) aus Leder von etwa 40 Zentimetern Länge um den Schaft gewickelt (s. Abb. 22). Dieser Riemen endete in einer Schlinge, in die der Werfer Zeige- und Mittelfinger der rechten Hand legte. Ein solcher Wurfriemen verlieh dem Speer eine Drehbewegung und konnte so die Flugweite verdoppeln oder verdreifachen. Auf den Vasenbildern tragen die Speerwerfer oft eine Art Zirkel; ein Ephebe scheint hinter einem Hilfstrainer herzugehen und dabei seine Schritte zu zählen.[76] Es ist demnach sehr wahr-

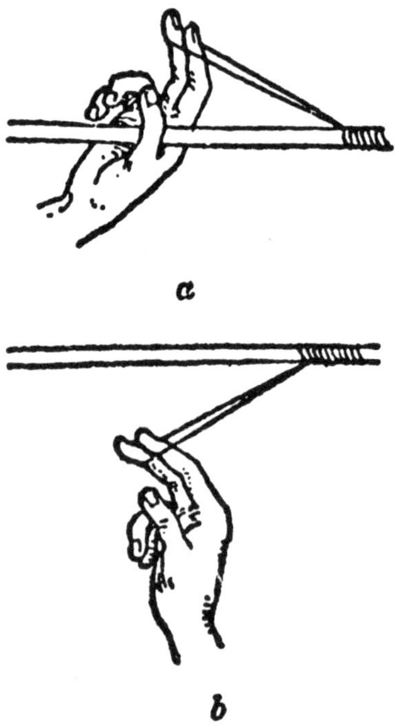

Abb. 22. Wurfschlinge (Ankyle) eines Speers. Nach griechischen Vasenbildern; (a) Ausgangshaltung; (b) Haltung beim Abwurf.
Nach: M. I. Finley und H. W. Pleket, *Die Olympischen Spiele der Antike*, Tübingen: Wunderlich, 1976, S. 72.

scheinlich, daß man mit dem Zirkel in einer bestimmten Entfernung einen Kreis zog, in dem der Speer landen mußte. In diesem Fall galt der Wettkampf dem Zielwerfen, aber die Athleten konnten ebenfalls darum wetteifern, wer den Speer am weitesten schleudern würde.

Neben den fünf klassischen Disziplinen übten die Knaben auch schon gelegentlich den Boxkampf und das Pankration. Zum Boxen umwickelte man die Hände mit Lederstreifen; einen abgegrenzten Boxring und Pausen gab es nicht. Dies galt auch für das Pankration, eine noch rohere Form des Kampfes, bei der fast alle Schläge einschließlich der Griffe des Ringkampfes, der Fußtritte, der Fausthiebe, des Gliederumdrehens usw. erlaubt waren; verboten war nur, dem Gegner die Finger in die Augen zu bohren. Im allgemeinen wälzten sich die beiden Pankratiasten sehr bald im Schlamm (denn der Boden wurde nicht nur wie beim Ringkampf und Weitsprung lockergehackt, sondern auch mit Wasser besprengt). Der Kampf endete mit der Aufgabe eines der erschöpften Kämpfer, der durch Armheben seine Niederlage anerkannte. Aus diesem Grund, so sagte man, waren diese beiden Sportarten in Sparta verboten: Ein Spartaner darf sich nie geschlagen geben.[77]

Man sieht, der griechische Sport konnte roh und gewalttätig sein. H.-I. Marrou schreibt: »Wenn wir uns also ›die nackten Kämpfer unter dem klaren Himmel von Hellas‹[77a] vorzustellen suchen, so verdient die verklärende Darstellung der neuklassischen Dichter keinen Glauben. Wir müssen sie in der Sonne und im staubigen Wind sehen (Lukian, *Amores* 45), mit fettiger Haut, ganz bedeckt mit einem Überzug von farbiger Erde, ganz von den Pankratiasten zu schweigen, die sich blutbefleckt im Schmutz wälzen ... (Lukian, *Anacharsis* 1–3).«[78]

Zumindest in der Frage des Knabensports darf man annehmen, daß die Paidotriben darauf achteten, jede Übertreibung zu vermeiden, wie etwa auch Aristoteles in vernünftigen Regeln nahelegte. So wie er dem Musiklehrer von dem Ehrgeiz abriet, Virtuosen heranbilden zu wollen, so bedeutete er den Paidotriben, sie sollten davon Abstand nehmen, nur Athleten zu züchten, die bei den großen Spielen Griechenlands den Sieg davontragen könnten, und er empfahl ihnen, die jungen Leute in allen Sportarten auszubilden, damit sie eine vollkommen harmonische Entwicklung nähmen, statt sie in irgendeinem der beiden Bewerbe zu einem Rekord zu treiben.[79]

Außer dem Pentathlon, dem Boxen und Pankration widmeten sich die Kinder im Takt der Oboe auch allerlei Geschmeidigkeitsübungen: bestimmten Bewegungen der Arme und Beine (χειρονομία), Ballspielen und dem Reifenspiel[80], so auch dem Umgang mit dem *punching-bag* (dem κώρυκος, einem mit Sand gefüllten, in Brusthöhe aufgehängten Ledersack, an dem man den Boxkampf trainierte, s. Abb. 23). Die Kinder aus gutem Hause begannen schon früh, sich dem Reitsport zu widmen, denn zu allen Zeiten haben die Griechen das Pferd geliebt. Daß sie den Tanz im eigentlichen Sinne erlernten, erscheint sehr zweifelhaft, doch waren die Übungen der Palaistra gewiß eine gute Vorbereitung für einen etwaigen späteren Unter-

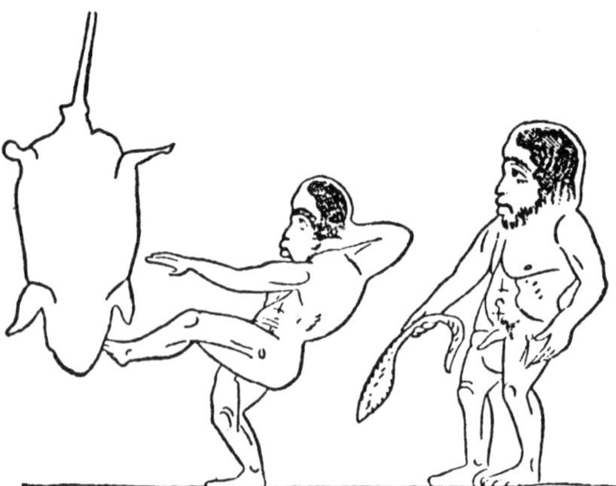

Abb. 23. Pygmäen (Zwerge) beim Pankrationtraining an einem Punchingball aus ausgestopfter Schweinshaut. Von einer attischen Vase, Ende 5. Jh. v. Chr.

Nach: M. I. Finley und H. W. Pleket, *Die Olympischen Spiele der Antike*, Tübingen: Wunderlich, 1976, S. 144.

richt. Ebenso bildete der gutbezeugte Fackellauf (λαμπαδηδρομία) an den Festen ohne Zweifel nicht einen besonderen Unterrichtsgegenstand, sondern wer daran teilnehmen wollte, mußte nur ein guter Läufer sein.

Es ist auf den ersten Blick überraschend, daß wir unter den Wettbewerben fast nie eine Schwimmveranstaltung finden, obwohl doch die Griechen ein Volk von Seefahrern sind und eine idiomatische Wendung den »Dummkopf« definierte als jemanden, »der weder lesen noch schwimmen kann«.[81] Ruder- und Segelregatten sind außerordentlich selten. Dieser Befund mag sich dadurch erklären, daß die Griechen aus dem Norden vom Kontinent gekommen waren und die traditionelle Reihe der Wettspiele in einer fernen Vergangenheit feste Gestalt angenommen hatte, als die Griechen noch keine Seeleute waren.[82]

Zur Knabenliebe

Schon bei der Behandlung der spartanischen Erziehung kamen wir kurz auf das Phänomen der Knabenliebe zu sprechen. So heikel dieses Thema auch sein mag, es geht nicht an, stillschweigend darüber hinwegzugehen, hat doch die Knabenliebe in der griechischen Erziehung eine bedeutende Rolle gespielt. Bemerkenswerterweise wird das Wort Eros (ἔρως, Liebe) in den Texten der klassischen Zeit recht selten verwendet, wenn von der gewöhnlichen Beziehung der Geschlechter die Rede ist; es scheint dem Bereich der gleichgeschlechtlichen Liebe vorbehalten zu sein. Ein Dichter wie Aischylos, der zu keiner Zeit leidenschaftliche Liebe zwischen einem Mann und einer Frau auf der Bühne dargestellt hatte, hatte das durchaus sinnliche Liebesverhältnis von Achilleus und Patroklos zum Vorwurf seiner *Myrmidonen* gewählt (die *Ilias* dagegen ließ zwischen den beiden Helden nur eine herzliche, aber reine Freundschaft bestehen). Diese Tradition ist in Griechenland so stark und von solch fortdauernder Lebenskraft, daß noch in römischer Zeit Plutarch, obwohl ein ausgezeichneter Ehemann und Vater einer kinderreichen Familie, sich verpflichtet fühlt, mehrere Seiten seines Dialogs *Über die Liebe*

(Erotikos) dem Nachweis zu widmen, daß Mädchen ebensosehr wie junge Männer imstande sind, leidenschaftliche Gefühle zu wecken.[83]

Wird man sagen können, dieser Zustand rühre in Athen daher, daß die jungen Mädchen so zurückgezogen lebten und ohne wirkliche Bildung aufwuchsen? Auch in Sparta aber, wo sich die Mädchen doch durchaus halbnackt in der Öffentlichkeit sehen ließen und die Knaben kaum etwas zur Förderung ihrer geistigen Fähigkeiten taten, blühte (oder wütete) die Paiderastie in größerem Maße und offener als in Athen.

Unleugbar ist dagegen, daß die Nacktheit der jungen Männer beim Paidotriben die Knabenliebe begünstigt hat. Zahlreiche Vasenmalereien, die Knaben und Epheben beim Sport in den Gymnasien darstellen, tragen Inschriften des καλός-Typs, die so etwas wie Widmungen an die »schönen Jünglinge« sind.

Doch man muß noch darüber hinausgehen. Mit Recht, wie ich glaube, hat H.-I. Marrou nachdrücklich auf dem militärischen Ursprung der gleichgeschlechtlichen Liebe in Griechenland bestanden. Nach ihm war sie anfangs eine Form von »Kriegerkameradschaft«, die auch im griechischen Mittelalter überleben, sich jedoch in den dorischen Staaten, die eine archaisierende »Verknöcherung« ihrer gesellschaftlichen und politischen Institutionen erlebt haben, besser erhalten sollte. Im übrigen sieht es ganz so aus, als hätten die Dorier selbst diese Sitten in Griechenland eingeführt. Die griechische Stadt bleibt – selbst in entwickelteren Formen wie denen des Athen der Perikleischen Epoche – ein »Männerklub«, ein »geschlossenes männliches Milieu«, das dem anderen Geschlecht verboten bleibt und in dem die leidenschaftliche Zuneigung eines Mannes (des ἐραστής) und eines zwölf- bis achtzehnjährigen Heranwachsenden (ἐρώμενος) edle Gefühle wie Mut und Ehre erzeugen und fördern kann. Die berühmte »Heilige Schar« von Theben bildet im 4. Jahrhundert ein typisches Beispiel von auf »individuelle Freundschaften« gestützter und durch sie verankerter Tapferkeit einer Gemeinschaft, und schon im 6. Jahrhundert scheinen in Athen die allbekannten Tyrannenmörder weniger aus Freiheitsliebe gehandelt zu haben als aus Rache dafür, daß einer der Söhne des Peisistratos es gewagt hatte, ein Auge auf den schönen Harmodios, den Geliebten des Aristogeiton, zu werfen. Plutarch erwähnt mehrere entsprechende Fälle in anderen Städten, in denen die Ermordung des Tyrannen in Wirklichkeit eine durch Eifersucht oder Rache für die Verletzung eines Liebesverhältnisses veranlaßte Tat[84], mithin ein im Affekt begangenes Verbrechen war, doch wurden die Tyrannenmörder überall so sehr als Befreier gefeiert, daß die ihrem Andenken erwiesenen Ehren auf die Liebe unter Männern zurückstrahlten.[85]

Kenntnisse verschiedener Art, Techniken, Kunstgriffe, alles dies lernt der junge Athener beim Grammatisten, beim Kitharisten und bei dem Paidotriben; nirgendwo aber sehen wir, daß es sich dabei um »Erziehung« im engeren, eigentlichen Sinn handele, will sagen: um moralisch-geistige Bildung. Gewiß ist diese eine außerordentlich schwierige Aufgabe, und in Frankreich hat ja keineswegs die Umbenennung des »Ministeriums für das Schulwesen« in »Ministerium für nationale Erziehung« bewirkt, die allseitige Bildung der Kinder von heute auf morgen in besserer Weise zu gewährleisten. Wird man sagen können, diese Erziehung sei Aufgabe des Paidagogen gewesen? Dieser war noch ein Sklave, wie hätte er denn die Tugenden eines freien Mannes lehren können? Der Vater, dem in anderen Gesellschaften die natürliche Erzieherrolle zuzufallen pflegt, war allzusehr von den Geschäften der Stadt in Anspruch genommen. Wie man sieht, gab es kaum ein anderes Verhältnis, in dem ein Älterer auf einen Jüngeren wohltuenden Einfluß hätte ausüben können.

In Athen scheinen die Solonischen Gesetze Männern, die dort keine Aufgaben wahrzunehmen hatten, den Zugang nicht nur zur Schule, sondern auch zur Palaistra untersagt zu haben; Platons Dialoge lassen freilich erkennen, daß dieses Verbot kaum respektiert wurde. So führt uns der *Lysis* zum Beispiel mit Sokrates und einigen seiner jungen Freunde in die Ringschule des Mikkos, wo man zusammenkommt, um den »schönen Lysis« zu bewundern. Auf diesem Wege konnte ein Mann einen Jüngling kennenlernen und ihn mit Aufmerksamkeiten verfolgen. Antwortete der Heranwachsende auf die Annäherungsversuche und ließ er sich an seinen Verehrer binden, konnte eine enge Freundesgemeinschaft wachsen, die gewiß von Tadel frei bleiben konnte, sehr oft aber ohne Zweifel einen anderen Charakter angenommen haben wird. Oft hatte diese Freundschaft erhebende Wirkungen zugleich für den Älteren, den der brennende Eifer beseelte, seinen ἐρώμενος zu schützen und zu bilden, und den Jüngeren, den Dankbarkeit und Bewunderung für den ἐραστής erfüllten. Zumindest ist dies das Ideal der »pädagogischen« Knabenliebe, so wie sie die Athener verstanden: »Liebe (ἔρως), die sich auf eine junge Seele von guten Anlagen richtet und über die Freundschaft Tugend (ἀρετή) zum Ziele hat.«[86]

Heißt dies, daß der Staat diese Art von Verbindungen ermutigte? Sofern es sich um Verhältnisse der Sinnlichkeit handelte, läßt sich diese Frage sicher verneinen. Selbst in Sparta und in Kreta, wo doch die Knabenliebe am hellen Tage auftreten durfte, waren körperliche Beziehungen und um so mehr die Vergewaltigung der Epheben verboten und wurden – zumindest im Grundsatz – vom Gesetz bestraft. Für den athenischen Bereich zeigt die Lektüre der Rede des Aischines *Gegen Timarchos* recht deutlich, welche Strenge in der öffentlichen Meinung ebensosehr wie in den Gesetzen gegenüber Prostitution, Kuppelei und Vergewaltigung eines Heranwachsenden herrschte. Die Anhänger der Paiderastie betonten natürlich, es handele sich immer um eine ganz reine, durch keinerlei Fragwürdigkeit getrübte Freundschaft, und nur in diesem Verständnis kann Platon sie zur Bedingung für den Aufstieg der Seele zum Schönen und Guten und zum Prinzip aller wirklich höheren Erkenntnis erheben.

Wir mögen zugeben, daß die Liebe des Sokrates zu Alkibiades rein geblieben ist – zum großen Mißfallen des jungen Mannes im übrigen[87]; Plutarch allerdings schrieb später von der Knabenliebe:

> »Sie verleugnet freilich allen sinnlichen Genuß, aber nur weil sie sich schämt und fürchtet. Sie bedarf eines scheinbaren Vorwandes, um sich schönen Jünglingen zu nähern; daher versteckt sie sich hinter Freundschaft und Tugend, daher wälzt sie sich im Staub, badet sich in kaltem Wasser, zieht die Augenbrauen in die Höhe und prangt äußerlich mit Philosophie und Enthaltsamkeit. Allein

des Nachts, wenn alles um sie her still ist, trifft das Sprichwort zu: ›Am süßesten schmeckt das Obst, wenn niemand uns belauscht‹.«[88]

Ein sehr griechischer Grundsatz besagte, die Schönheit des Körpers sei »die Blüte der Tugend«, so als ob sich die Seele immer den Körper gestalte und als ob ein schöner Leib notwendig nur mit einer schönen Seele verbunden sein könne.

In manchen Gegenden der griechischen Welt hat zu bestimmten Zeiten die Existenz des hier besprochenen »Männerklubs« als Gegenstück die Entstehung eines »Frauenklubs« zur Folge gehabt; die männliche Homosexualität fand ihre Entsprechung in der »lesbischen Liebe«. Sappho, jene große Dichterin, die die Alten fast Homer gleichstellten, lebte im 6. Jahrhundert auf der Insel Lesbos und leitete dort als Erzieherin eine Art »Jungmädchenpensionat«, in dem sich zwischen Lehrerinnen und Schülerinnen besondere Freundschaften anzuknüpfen pflegten.[89] Im Griechenland der Perikleischen Zeit finden wir freilich nichts, was hiermit vergleichbar wäre.

Die Sophisten

Der Unterricht, den der junge Athener in der Schule erhielt, war elementar und wenig entwickelt, wie wir sahen, und es hat sehr den Anschein, daß es zumindest in der ersten Hälfte des 5. Jahrhunderts in Athen keinerlei höhere Schulbildung gab. Die zweite Hälfte des Jahrhunderts sah allerdings durch den Beitrag der Sophisten (σοφισταί) im Bereich der Erziehung und Bildung Neuerungen von grundlegender Wichtigkeit heraufkommen. Das Wort σοφισταί ist ursprünglich in keiner Weise abwertend, ganz im Gegenteil: Es bezeichnet die Männer, die bestimmte Fertigkeiten und gelehrtes Wissen besitzen und es verstehen, ihre Wissenschaft oder ihr technisches Können anderen zu vermitteln.

Schon früher hatte es an verschiedenen Orten Griechenlands und vor allem auf der Insel Kos Medizinschulen gegeben. Seit dem 6. Jahrhundert hatten sich die ionischen Philosophen die Frage nach

Wesen und Aufbau des Kosmos gestellt, und schon lange vor Platon hatten einige dieser Männer, so z. B. Xenophanes von Kolophon, die Kühnheit besessen, die Sittenlosigkeit der Homerischen Götter zu kritisieren. Anscheinend waren aber die Pythagoräer die ersten, die in Großgriechenland, in Metapont und Kroton, wirklich eine Unterrichtsstätte höherer Bildung, eine Vorläuferin unserer heutigen Universitäten, gründeten. Dort lehrten sie vor allem Mathematik und Philosophie. Lehrer und Schüler bildeten eine Art religiöser Bruderschaft, die sich unter der Schutzherrschaft der Musen dem Studium widmete. Die Schulen Platons, Aristoteles' und Epikurs gaben sich in der Folgezeit im wesentlichen dieselbe Form, so sehr berühren in der Alten Welt beinahe alle menschlichen Tätigkeiten mehr oder weniger den Bereich des Heiligen; finden doch auch Theateraufführungen – und seien es die freizügigsten und gegen die Götter ganz und gar nicht ehrerbietigen Stücke des Aristophanes – im Rahmen religiöser Feiern statt. So entfalten sich auch die rückhaltlos offenen und freien Diskussionen der Philosophen über die Welt und die Götter im Rahmen religiöser Feiern um den Altar der Musen, denen man ein Kultopfer darbringt.[90]

Neue Systeme neuer Kenntnisse verbreiten aber vor allem die Sophisten. Sie unterrichten nicht an einem festen Ort; vielmehr wandern diese ersten Professoren eines höheren Lehrwesens als freie Vortragsreisende dauernd umher. Die Schaustellung ihres Wissens und ihrer Sprachbegabung zieht Schüler an, die sich an ihre Fersen heften und ihnen von Stadt zu Stadt folgen; denn die Sophisten sind vor allem Erzieher. Unter der allgemeinen Bezeichnung »Philosophie« lehren sie das gesamte Wissen der damaligen Zeit, das an den Elementarschulen natürlich unbekannt war: Geometrie, Physik, Astronomie, Medizin, die Künste und Handwerke und vor allem Rhetorik und Philosophie im engeren Sinne.

Der Anspruch der Sophisten ging also auf Universalität, und dies ist zumal der Punkt, an dem sie der Kritik und der erbarmungslosen Ironie Platons und Aristoteles' Gelegenheit zum Angriff boten. Ihr gemeinsames Ziel war es, Männer ersten Ranges zu bilden, die zugleich über das gelehrte Wissen der Zeit und praktisches Geschick verfügen und vor allem Anführer der Massen und Staatsmänner sein sollten, kurz gesagt die herrschende Schicht einer jeden Stadt. Sie behaupteten ja, die Arete (ἀρετή) lasse sich lehren.[91] Diese Arete, die *virtus* der Römer, ist nun freilich nicht von Anfang an und in erster Linie die moralische Tugend, sondern die Gesamtheit der Qualitäten, die den vortrefflichen Mann ausmachen und ihm Wirkkraft und Ansehen verleihen.

Dieses Wissen als die Vorbedingung der Arete zu erwerben lag vielen jungen Athenern mehr als alles andere am Herzen. So wurde die Ankunft eines berühmten Sophisten in der Stadt für sie zu einem großen Ereignis. Ein Platonischer Dialog zeigt uns die Unruhe und ängstliche Erwartung des jungen Hippokrates, der noch vor Tagesanbruch Sokrates aus dem Schlaf reißt, damit er ihn Protagoras von Abdera vorstelle, der auf der Durchreise in Athen weilt. Man begibt sich zum Hause des reichen Kallias, der als Mäzen den Sophisten gern Gastfreundschaft gewährt. Dort erkennen Sokrates und Hippokrates schon im Vorraum den Protagoras, der im Gespräch mit Athenern aus den besten Familien umherschreitet, darunter dem Hausherrn Kallias, den beiden Söhnen des Perikles, Charmides ...

»Auch Antimoiros aus Mende war da, der namhafteste Schüler des Protagoras, der sich fachmännisch von ihm ausbilden läßt, da er selbst Sophist werden will. Die sich hinten anschließende Schar derer, die der Unterhaltung lauschten, bestand, wie es schien, zum größten Teile aus Fremden, wie sie Protagoras aus allen von ihm berührten Städten mit sich führt – denn er lockt sie mit seiner Stimme wie Orpheus, und sie folgen dem Zauber seines Gesanges –, doch fanden sich auch einige Einheimische in dem Chor. Bei den Bewegungen machte es mir [so sagt Sokrates] besondere Freude zu beobachten, wie geschickt und behutsam sie es vermieden, dem Protagoras vorn in den Weg zu treten; sooft nämlich er und seine Begleiter kehrtmachten, traten die stummen Zuhörer mit allem Anstand und in bester Ordnung auf beide Seiten auseinander, schwenkten im Kreise herum und reihten sich dann immer wieder hinten mit unfehlbarer Sicherheit an.«

Auch andere Sophisten vermag Sokrates unter den Anwesenden zu erkennen: Hippias von Elis, der sich für schlechterdings alles interessierte und als Polyhistor so etwas wie der Vorläufer eines Pico della Mirandola war, und Prodikos von Keos, der mit Gorgias von Leontinoi einer der berühmtesten Lehrer der Redekunst war.[92]
Im Unterschied zu Sokrates sind die Sophisten nicht völlig uneigennützig, denn sie lassen sich ihre Unterrichtsstunden teuer bezahlen; doch sind sie in jener Zeit die einzigen, die eine wirkliche Allgemeinbildung verbreiten und Redner ausbilden können. Gerne lachte die Masse über diese aufwendig gekleideten, anmaßenden und pedantischen Intellektuellen, und den Komödiendichtern lieferten sie eine ausgesuchte Zielscheibe des Spotts. In den *Wolken* stellt Aristophanes Sokrates als einen dieser Sophisten dar, der abgeschlossen in seiner »Denkerwerkstatt« lebt oder sich in einem Korb an der Decke aufhängen läßt, um die atmosphärischen Erscheinungen und die Sterne aus größerer Nähe studieren zu können. Wir wissen, daß Sokrates sich mit seinem sittlichen Ideal und seiner grundlegenden Wahrheitsforderung sehr wohl von den Sophisten unterschied, die bewußt auf Nutzen aus waren und sich viel mehr um praktische Wirksamkeit sorgten als um intellektuelle und daraus notwendig folgende sittliche Strenge; aber so genau wollte dies ein durchschnittlicher Athener nicht wissen. Diese spöttischen Angriffe – Preis der Berühmtheit – hinderten die Sophisten nicht daran, einerseits ein einträgliches Geschäft zu machen und andererseits durchaus einen gewissen Humanismus zu fördern, den zweifellos Sokrates und Platon einer strengen und reinigenden Kritik unterziehen, der aber, so wie er war, unbestreitbar zur Entwicklung und Formung der griechischen Führungsschicht beigetragen hat.
Der schwerste Vorwurf, den Sokrates und Platon gegen den Unterricht der Sophisten richten, lautet, die Arete, die sie anstrebten, setze sich im Grunde leichtfertig über das hinweg, was wir heute Tugend nennen; in der Tat siedelt der Kallikles des Platonischen *Gorgias* sein Machtideal jenseits von Gut und Böse an. Sokrates' Leben und Tod legen gegen diesen Immoralismus Zeugnis ab. Zwölf Jahre nachdem Sokrates den Schierlingsbecher getrunken hatte, im Jahre 387, als der »Königsfriede« den griechischen Städten eine

gewisse Ruhe zurückgab, gründete Platon im Gymnasion der Akademie seine Schule.[93] In langen »dialektischen« Erörterungen, deren literarische Umsetzung uns in den Platonischen Dialogen überkommen ist, suchten Lehrer und Schüler gemeinsam nach der Wahrheit. Doch darf man sich über eins nicht täuschen: Diese Einrichtung, wenn man so will, die erste im eigentlichen Griechenland eröffnete »Universität«, war nicht nur ein Ort geistigen Unterrichts; gleichzeitig war sie nach dem Vorbild der Schule der Pythagoräer eine Art religiöser Gemeinschaft, in der die Philosophen als Lehrende und Lernende, geeint durch den Kult der Musen, aber auch in der Erinnerung an den schon früh in dem Ruf des Wunderbaren stehenden Sokrates, sich um eine möglichst reine Lebensführung bemühten, um jenes Leben, das die von den Befleckungen des Leibes befreite Seele darauf vorbereitet, nach dem Tode zur Anschauung Gottes zu gelangen. So ist das »philosophische Leben« in der Tat eine Einübung in das Sterben und verpflichtet das ganze Wesen. Gewiß läßt es Platon an Interesse an der irdischen Stadt, deren ideale (und utopische) Ordnung er im *Staat* und in den *Gesetzen* skizziert, nicht fehlen, aber – höher und weiter ausgreifend – richtet er seine Gedanken auf die überirdische Bestimmung des Menschen.[94]

Im 4. Jahrhundert löste der Athener Isokrates die Sophisten ab, indem er mit Erfolg seine Schule in rivalisierendem Gegensatz zur Akademie einzurichten vermochte. Isokrates ist ein Rhetor, der sich als Philosoph gibt, obgleich ihn die Philosophie im strengen Sinne nur in dem Maße interessiert, wie sie dem Redner eine allgemeine Bildung und bestimmte Themen liefert; er betrachtet sie als Propädeutik, als Vorschule, für den Unterricht in der Redekunst. Im Lauf der folgenden Jahrhunderte ist diese Auseinandersetzung bekanntlich zugunsten Platons entschieden worden, denn in unseren Gymnasien folgt ja die Klasse der Philosophie als Krönung der Studien auf die Klasse der Rhetorik – und Platon ist unbestreitbar der Urahn unseres Philosophieunterrichts, so wie Isokrates am Ursprung unserer Rhetorikkurse steht (s. Abb. 24).

Diese Förderung der geistigen Studien in der Führungsschicht der griechischen Städte hatte einen gewissen Rückgang der Teilnahme

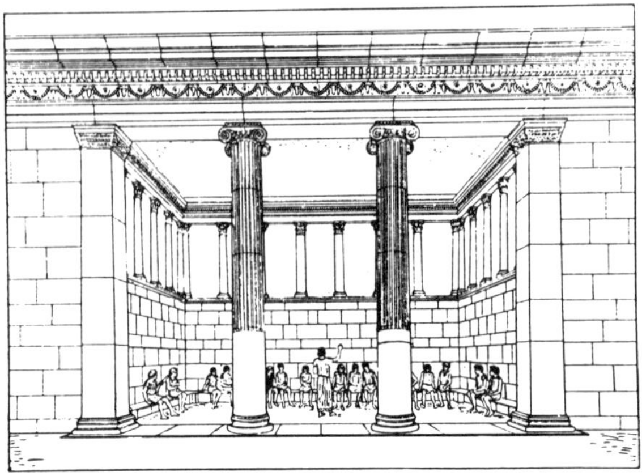

Abb. 24. Priene. Ephebensaal des Unteren Gymnasions. 4. Jh. v. Chr. Rekonstruktion von F. Krischen. Vgl. Abb. 20 und 18.
Nach: M. Schede, *Die Ruinen von Priene*, Berlin: de Gruyter, ²1964, S. 84, Abb. 97.

an der Leibeserziehung zur Folge. Die Schüler der Sophisten kritisierten gerne die »alte Erziehung«, die athletische Menschen mit glänzend ausgebildetem Körper, aber unbesonnenem Kopf hervorbrachte. Wir erwähnten ja schon, daß im 4. Jahrhundert auch der Musikunterricht in gewissem Maße verfiel.[95] Statt dessen kam in dieser Zeit der Zeichenunterricht auf. Es hat den Anschein, daß man den jungen Athenern vor allem das Thema der menschlichen Gestalt stellte, die sie mit Holzkohle auf geglättete Bretter zeichneten. Aristoteles gibt dem Zeichenlehrer denselben Rat wie dem Kitharisten und Paidotriben, d. h., er solle seine Schüler nicht mit dem Ehrgeiz arbeiten lassen, aus ihnen Künstler zu bilden, sondern sich darum bemühen, ihren Geschmack zu entwickeln, um ihnen so die sachkundige Wertschätzung der Kunstwerke zu gestatten.[96]
Dank den Sophisten gewann somit das intellektuelle Element in der Erziehung nach und nach die Vorherrschaft, während es in der »alten Erziehung« (ἀρχαία παιδεία), die sich in Sparta unverändert erhalten hatte, durchweg untergeordnet und nebensächlich gewesen war.

Fünftes Kapitel

Arbeit und Beruf

Zur Einschätzung der körperlichen Arbeit

Den Sophisten wurde vorgeworfen, sie ließen sich ihre Unterrichtsstunden bezahlen. Diese Kritik ist für die geistige Einstellung der alten Griechen gegenüber den Berufen und gewerblichen Tätigkeiten außerordentlich aufschlußreich. Wir sagen heute, jede Arbeit sei ihres Lohnes wert, und die Bezahlung eines geleisteten Dienstes erscheint uns nicht nur als natürlich, sondern vor allem als gerecht. Zur Zeit des Perikles, deren Vorstellungen vom Aufbau der Gesellschaft auf die archaische Zeit zurückgingen und sich seit Hesiod kaum geändert hatten, verhielt es sich hiermit durchaus anders.

Für den Dichter der *Werke und Tage* ist die beste, freilich sehr mühsame, aber doch als einzige die volle Würde des Menschen sicherstellende Lebensform die des grundbesitzenden Bauern, der auf seinem Landgut die Mittel findet, um sich selbst und die Seinen zu ernähren und zu kleiden und alle Bedürfnisse seiner Hausgemeinschaft zu befriedigen. In seinem täglichen Lebensunterhalt von einem anderen abhängig zu sein erscheint dem leidenschaftlich für die Freiheit eingenommenen Griechen als unerträgliche Sklaverei. Ein wirklich freier Mensch muß in jeder Hinsicht sein eigener Herr sein; wie könnte er es, wenn er von einem anderen Lohn empfinge? Schon für Homer war das schlimmste aller menschlichen Schicksale das des Landarbeiters, des Theten (ϑής), d. h. des Besitzlosen, den das Elend zwingt, die Arbeitskraft seiner Arme zu verdingen.[1] Das erstrebte Ideal, das wohl nur auf dem Lande ganz verwirklicht werden kann, ist also die Autarkie des Individuums oder wenigstens der Hausgemeinschaft. Hesiod stellt seinen Pflug und alle Geräte, die er benutzt, selbst her. Es sind die Frauen des Hauses, die die Wolle für die Kleidung spinnen und weben. Der Bauer der *Werke und Tage* mag gezwungen sein, das eine oder andere Geschäft abzuschließen, im Grunde aber widerstrebt ihm dies; der Seehandel schreckt ihn ab.[2]

Ohne Zweifel hat die Gesamtentwicklung im Jahrhundert des Perikles den wirtschaftlichen Austausch vervielfacht. Dazu kommt die Entstehung von Industrie, die den Kauf in spezialisierten Werkstätten hergestellter Gegenstände vorteilhafter macht als ihre Produktion im eigenen Haus. Gleichwohl besteht die alte Abneigung gegen die bezahlte Arbeit fort. Noch mitten im 4. Jahrhundert wird Aristoteles schreiben können:

> »Wahr ist auf alle Fälle, daß man nicht alle die zu den Staatsbürgern zu rechnen hat, ohne welche die Polis keinen Bestand hätte [...]. Der vollkommene Staat wird den Handwerker [βάναυσος] jedenfalls nicht zum Bürger machen. [...] Denn wer das Leben eines Handwerkers oder Tagelöhners führt, hat keine Möglichkeit, sich um die Dinge der Tugend [ἀρετή] zu kümmern. [...] In Theben gab es ein Gesetz, daß erst an der Regierung teilhaben durfte, wer sich zehn Jahre lang von den Marktgeschäften ferngehalten hatte. [...] Daher nennen wir Handwerke all diejenigen Künste, die den Körper in eine schlechtere Verfassung bringen, und ebenso die Lohnarbeit; denn sie raubt dem Denken die Muße und macht es niedrig«.[3]

Platon und Xenophon bringen verwandte Vorstellungen zum Ausdruck.[4] Die drei genannten Autoren geben in diesem Punkt allerdings offensichtlich die aristokratische Tradition wieder, die sich in voller Reinheit nur in Sparta erhalten hatte. Sokrates war dagegen realistischer. Nicht nur besuchte er gerne die Marktstände und Handwerker und versicherte, bei ihnen gebe es vieles zu lernen, in den *Memorabilien* sehen wir ihn sogar bei dem Versuch, einen Athener, dem seine freigeborenen weiblichen Verwandten zur Last fallen, zu überreden, sie arbeiten zu lassen, da er sie nicht mehr ernähren kann:

> »So weißt du demnach nicht, daß Nausikydes mit nur einem von diesen, der Mehlzubereitung, nicht nur sich selbst und seine Skla-

ven ernährt, sondern darüber hinaus auch zahlreiche Schweine und Rinder und dabei so viel Gewinn erzielt, daß er auch noch oft durch Übernahme einer Leiturgie der Stadt dienen kann? Daß Kyrebos mit der Brotbäckerei seinen gesamten Haushalt unterhält und dabei gut lebt, daß Demeas aus dem Demos Kollytos mit der Herstellung von Mänteln [χλαμυδουργία], Menon mit der Verfertigung feiner Obergewänder [χλανιδοποιία] und die meisten Megarer durch die Produktion von Tuniken [ἐξωμιδοποιία] sich den Lebensunterhalt verschaffen? Du meinst also, weil sie freigeboren und mit dir verwandt seien, dürften sie nichts anderes tun als essen und schlafen?«[5]

Trotz Aristoteles besaßen in Athen die Bürger, die einem Gewerbe nachgingen, in der Volksversammlung in Wirklichkeit die gleichen Rechte wie alle anderen (sofern sie persönlich anwesend sein konnten). Ein Gesetz entband einen Sohn, den der Vater keinen Beruf hatte erlernen lassen, von der Pflicht, diesen in seinem Alter zu ernähren. Ein anderes Gesetz verurteilte den Müßiggang: die von uns oben[6] zitierte Plutarch-Stelle zeigt in klarer Weise den Unterschied der diesbezüglich in Athen und Sparta geläufigen Vorstellungen.

Solon selbst hatte sich dem Handel zugewandt, um das durch seinen Vater geschmälerte Familienvermögen wiederherzustellen, doch liefert Plutarch in seinem Bericht einen Beweis für das Bedürfnis, diese Tätigkeit zu rechtfertigen. Er erinnert an Hesiods Vers: »Arbeiten ist keine Schande« und gibt zu verstehen, daß Handel zumindest damals in Ansehen stand.[7] Wenn er dann an anderer Stelle schreibt, kein junger Mann von edler Geburt möchte Bildhauer sein wie Pheidias oder Polyklet noch auch Dichter wie Anakreon, Philemon oder Archilochos, so spiegelt er die Vorurteile seiner Heimat wider, des aristokratischen Boiotien.[8]

Tatsächlich waren die meisten Athener bereit, die Würde der Arbeit des Künstlers voll anzuerkennen, und mit Stolz zeichneten die Vasenmaler ihre Werke mit Namen. Die Hochachtung, mit der sie dem Ackerbau begegneten (wenn ihn der Grundbesitzer selbst, d. h. als αὐτουργός betrieb[9]), dehnten sie sogar auf den Großhandel

und das Bankwesen aus. Der Vater des Demosthenes war Waffenfabrikant; der des Isokrates führte eine Oboenfabrik, aber der Verfasser der Vita des Redners legt Wert auf die Feststellung, daß die eigentliche Herstellung der Oboen in den Händen der Sklaven lag und der Vater des Isokrates sich mit der Betriebsführung begnügte.[10] In Athen wie in den meisten anderen Städten Griechenlands – Sparta ausgenommen – standen in der Tat allein die Handarbeit und der kleine Einzelhandel in wirklich schlechtem Ansehen.
Thukydides läßt Perikles sagen:

> »[...] seine Armut einzugestehen ist [bei uns] nie verächtlich, verächtlicher, sie nicht tätig [ἔργῳ] zu überwinden. Wir vereinigen in uns die Sorge um unser Haus zugleich und unsre Stadt, und den verschiedenen Tätigkeiten [ἔργα] zugewandt, ist doch auch in staatlichen Dingen keiner ohne Urteil.«[11]

Für die Kenntnis der in einem Volk am weitesten verbreiteten Vorstellungen ist oft eine Untersuchung des Wortschatzes aufschlußreich. Ohne Zweifel hat nun das Wort βάναυσος, das in Athen zur Bezeichnung zunächst der mit Feuer Arbeitenden (Metallarbeiter und Töpfer), sodann aller mit der Hand Arbeitenden am häufigsten verwandt wird, einen stark verächtlichen Ton, sehr viel stärker als das Wort δημιουργός, das im eigentlichen Sinn den »Mann, der zugunsten oder im Interesse des δῆμος, des Volkes, der Öffentlichkeit, arbeitet«, bezeichnet und sich auf die körperlich Arbeitenden ebenso wie auf die stärker verstandesmäßig Tätigen bezieht, die wir heute den »freien Berufen« zuordnen würden, z. B. die Ärzte. In Ionien dagegen nannte man den Arbeiter häufig χειρῶναξ, und dieses aus χείρ (Hand) und ἄναξ (Herr, Führer) gebildete Wort, das man vielleicht als »Handwerksmeister« übersetzen könnte, war frei von aller verächtlichen oder unehrenhaften Nebenbedeutung. In vielen Städten mit Industrie und Handel wie etwa Korinth waren die Arbeiter nicht verachtet.[12] In Athen jedoch wurden die handwerklichen Berufe im wesentlichen von den Sklaven und Metöken ausgeübt; die freien Bürger fanden sich mit ihnen nur unter dem Zwang der Notwendigkeit ab.[13]

Geld und Geldverleih

Zur Zeit des Homer und des Hesiod vollzog sich der wirtschaftliche Verkehr auf dem Wege des Tauschhandels. Zuweilen benutzte man auch ungemünzte Edelmetallbarren. Gewöhnlich wurde der Wert einer Sache oder eines Menschen in Stück Vieh berechnet: ein Panzer, eine Frau gleich soundsoviel Rinder.

Das Münzgeld, das in Griechenland seit dem 7. Jahrhundert in Gebrauch zu sein scheint, ist anfangs sehr unhandlich und unbequem. Es tritt in Form von Eisenspießen auf, und hier liegt der Ursprung des Wortes Obolos (ὀβολός), das »Spieß, Nagel« bedeutet. Wie man weiß, hat sich in Sparta der Gebrauch dieses Geldes länger als andernorts gehalten, woraus man schloß, der Gesetzgeber Lykurg habe auf diese Weise der Prunksucht und der Bestechung entgegenarbeiten wollen.[14]

Bis zur Epoche der Perserkriege bleibt das Gold- und Silbergeld aus Mangel an Edelmetallen in Griechenland ziemlich selten. Nur die Bergwerke an der thrakischen Küste und auf den Inseln Thasos und Siphnos fördern sie. Zwar wurden in Attika selbst, im Laureiongebirge im Süden des Landes, Vorkommen von silberhaltigem Blei ausgebeutet, doch erst 483 entdeckte man eine sehr viel reichere Ader, die von Maroneia, »einen Silberquell, einen Schatz, den die Erde bewahrte«.[15] Diese Entdeckung, die schon bald dank dem Flottengesetz des Themistokles[16] einen bedeutenden Beitrag zu dem Sieg von Salamis leisten sollte, ermöglichte von da an eine reiche Münzprägung.

Die attische Drachme wog 4,36 Gramm Silber und war von ausgezeichneter Qualität (von einem Feingehalt bis zu 983 Tausendstel). In der Münze (ἀργυροκοπεῖον) von Athen[17] schlug man auch Zweidrachmenstücke (δίδραχμα) und Zehndrachmenstücke (δεκάδραχμα), vor allem aber Vierdrachmenstücke (τετράδραχμα). Über der Dekadrachme, die im übrigen selten ist, kennt man nur Recheneinheiten: die Mine (μνᾶ) im Wert von 100 Drachmen und das Talent (τάλαντον), das 60 Minen oder 6000 Drachmen wert ist. Dagegen sind die Untereinheiten der Drachme ebenfalls durch Silbermünzen vertreten, vor allem den Obolos (ὀβολός), gleich einem Sechstel der Drachme (man beachte, daß beim Geld das Duodezimalsystem mit dem Dezimalsystem im Wettbewerb bleibt), durch Stücke im Wert von 3 Obolen (τριώβολον, auch: τριόβολον) und 2 Obolen (διώβολον) und die Bruchteile des Obolos, das Dreiviertelobol (τριτημόριον = τριταρτημόριον), das Viertelobol (τεταρτημόριον) und das Achtelobol (ἡμιτεταρτημόριον). All diese Münzen gehören jenem Typ an, der auf der Vorderseite den Kopf der Athena mit lorbeerblattbekränztem Helm und auf dem Revers die Eule, den Vogel der Athena, mit der Sichel des zunehmenden Mondes, dem Ölzweig und den drei Anfangsbuchstaben des Namens »Athen« zeigt. Diese Münzen nannte man »die Eulen vom Laureion«, und ein Sprichwort sagte, es sei ganz nutzlos, »Eulen nach Athen zu tragen«, d. h. Wasser in den Fluß. Lange bewahrte das Münzbild dieser Prägungen seinen sehr archaischen Charakter, zweifellos weil man eine Münze, die durch den Gebrauch anerkannt und auf dem internationalen Markt sehr gesucht war, nicht verändern wollte (s. Taf. 32 und 33).

Grundsätzlich machte jede unabhängige Stadt von ihrem Münzprägerecht Gebrauch, nur einigen Städten aber gelang es, ihren Münztypen eine weitere Verbreitung zu sichern. Dies war der Fall beim Geld von Aigina mit dem Schildkrötenstempel, dessen Stater (στατήρ) ungefähr 12 Gramm wog, und beim Geld von Kyzikos, dessen Statere (Κυζικηνοί genannt) mit dem Delphin im Münzbild aus ἤλεκτρον, einer Legierung von Gold und Silber, bestanden. Schwierigkeiten konnten beim Wechsel dieser verschiedenen Systemen angehörenden Münzen entstehen. Auf dem Markt erleichterte die Vielfalt der Münzen den Betrug. Der Komödiendichter Diphilos bringt einen Händler auf die Bühne, der für einen großen Fisch 10 Obolen fordert. Als der Käufer sich anschickt, ihm 10 attische Obolen auszuhändigen, bricht er in Protestgeschrei aus und behauptet, er habe 10 aiginetische Obolen sagen wollen: der attische Obolos entsprach nämlich nur dem Gegenwert von sieben Zehnteln des aiginetischen.

Um derartigen Schwierigkeiten ein Ende zu setzen, vor allem aber, um die Vorherrschaft seiner »Eulen« sicherzustellen, zwang Athen im Lauf des Peloponnesischen Krieges allen Städten des Bündnisses sein eigenes Maß-, Münz- und Gewichtssystem auf.[18] Diese Ent-

scheidung parodiert Aristophanes in seinem Stück *Die Vögel*, in dem der »Handlungsreisende in Volksbeschlüssen« ein Dekret anbietet, demzufolge »in Wolkenkuckucksburg soll gelten gleiches Maß und Gewicht und Recht wie zu Heulenburg«[19], und ebenso spielt er scherzhaft im *Frieden* auf den athenischen Volksbeschluß an, der eine verbündete Stadt, auf deren Gebiet ein Athener gewaltsam umgekommen war, mit einer Geldstrafe von 5 Talenten belegte.[20]
Der Gesamtbetrag der Abgaben (φόροι), die die Städte des von Aristeides nach Salamis geschaffenen Delisch-Attischen Seebundes an Athen zahlten, belief sich anfänglich auf 460 Talente jährlich. Als während des Peloponnesischen Krieges die von Perikles im Schatz des Athena-Tempels angehäuften Reserven durch die Kosten der militärischen Operationen erschöpft waren, wurde dieser Tribut wiederholt angehoben, zuletzt bis auf das Dreifache der ursprünglichen Summe, und dennoch litt Athen – zumal nach der unheilvollen Sizilischen Expedition – unter Geldmangel. Als sich die Spartaner in Attika auf Dauer festsetzten, bewirkte dies sogar die zeitweilige Einstellung des Abbaus in den Laureion-Bergwerken, da die Sklaven die Situation zur Flucht genutzt hatten. Damals mußte man zur Prägung von Münzen Statuen aus massivem Gold einschmelzen lassen und entschloß sich auch zur Verwendung von Bronze. Diese Prägung war aber im 5. Jahrhundert von kurzer Dauer. Bei Aristophanes sagt ein Athener zu einem anderen: »Erinnerst du dich noch auch an das Kupfergelddekret, das wir beschlossen?« Und sein Gesprächspartner antwortet ihm:

Mir hat sich das Gepräge
Fest eingeprägt. Denn von verkauften Trauben
Bracht' ich das Maul voll Kupfermünzen heim:
Nun ging ich auf den Markt, um Mehl zu kaufen,
Und wie ich schon den Mehlsack unterhielt,
Da rief der Herold aus: »Die Kupfermünzen
Sind abgeschätzt, es gilt nur Silbergeld!«[21]

Auf jene Gepflogenheit der Athener, sich ihres Mundes als Geldbeutel zu bedienen, wurde schon oben[22] aufmerksam gemacht. Im

4. Jahrhundert jedoch sollte das Bronzegeld in Athen wiederkehren und sich dort endgültig durchsetzen.

Die wichtigsten Goldmünzen waren die von den Persern geprägten Dareikoi (Δαρεικοί, nach dem Namen des Königs Dareios I., 521 bis 485), die im Münzbild den Bogenschützen zeigten. In den letzten Jahren des Peloponnesischen Krieges, als der Großkönig die Spartaner finanziell unterstützte, verbreiteten sie sich in Griechenland so sehr, daß zwischen 450 und 336 das Verhältnis des Goldwerts zu dem des Silbers von 13¹/₃ auf 10 sank. (Siehe Taf. 34 und 35.)

Das athenische Geld war – wir sagten es bereits – nicht das einzige, das in einer ganzen Reihe von Städten Gültigkeit besaß, aber wir kennen in der klassischen Zeit nur eine einzige griechische Münze, die nicht von einer einzelnen Stadt, sondern von einer zwischenstaatlichen Organisation ausgegeben wurde: die um 338 geprägte Amphiktyonenmünze mit dem Bild der beiden Gottheiten des Delphischen Amphiktyonenbundes, der Demeter und des Apollon. Möglicherweise ist hierin ein bemerkenswerter Versuch zur Vereinheitlichung der Zahlungsmittel zu sehen, ein Versuch jedoch, der nur sehr wenig Erfolg gehabt zu haben scheint.[23] (Siehe Taf. 36 und 37.)

In der Perikleischen Zeit kommt das verzinsliche Darlehen auf. Bis dahin waren fast ausschließlich die Geldhortung und der Eranos (ἔρανος), d. h. die zinslose Anleihe, üblich. Jetzt aber fordert das Anwachsen der wirtschaftlichen Aktivität Investitionen, und trotz der Proteste gewisser Philosophen erscheint es billig, daß der Darlehensgeber als Ausgleich seines Verlustrisikos einen Mehrwert erhält. Seit dem Ende des 5. Jahrhunderts treten Bankiers auf, meistenteils Metöken oder Freigelassene. Die Plädoyers in Erbschaftsprozessen des 4. Jahrhunderts geben uns Kenntnis von Fällen, in denen Vermögen vollständig in Schuldscheinen angelegt wurden. Will man ein Kapital nutzbringend anlegen, so bieten sich als die gängigsten Verfahren das hochverzinste Darlehen im Seehandel oder der Ankauf von Sklaven an, deren Arbeitskraft man an den Staat oder an Privatleute weitervermietet.

Die Darlehen sind gewöhnlich knapp befristet; an jedem Neumond, d. h. zu Ende jeden Mondmonats, werden die Zinsen fällig. Strepsiades, der sich in Schulden gestürzt hat, um die Ausgaben für den kostspieligen Hang seines Sohnes zum Pferdesport bestreiten zu können, lassen die Geldsorgen nachts nicht schlafen. Er sagt: »Ich verzweifle, sooft der Monat halb vorüber ist: da rückt der Zins heran.«[24] Beim Geldverleih lag der übliche Zinssatz bei 1 Drachme je Mine und Monat, mit anderen Worten bei 12 Prozent. Der Zinsfuß von 5 Obolen (10 Prozent) ist ein Vorzugssatz, und recht häufig findet man Quoten von 9 und 10 Obolen im Gebrauch, was einem Zinsfuß von 20 Prozent entspricht. Die Wucherer gehen natürlich noch darüber hinaus. Der Staat scheint sich – zumindest für gewöhnlich – um eine Begrenzung des Zinsfußes nicht zu kümmern. Jedoch kennen wir eine Ausnahme: zu Beginn des 4. Jahrhunderts, unter dem Archontat des Kadys, verbietet die Stadt Delphi Darlehen zu mehr als 3 Obolen je Mine und Monat. Dies entspricht einem Zinsfuß von 8,57 Prozent, falls es sich um die delphische Mine im Wert von 70 Drachmen handelt, oder von 6 Prozent, sofern man gemäß dem am weitesten verbreiteten Brauch 100 Drachmen je Mine rechnet.[25]

Landwirtschaft

Ebenso wie in den Tagen des Hesiod bleibt für die griechischen Zeitgenossen des Xenophon das Leben eines Bauern, der als Eigentümer sein Stück Land selbst bewirtschaftet, das Ideal, und wenn die Hellenen rund um das Mittelmeer, in Italien, Gallien, Spanien, Afrika und bis nach Südrußland hinein, so zahlreiche Kolonien gegründet haben, dann vor allem in dem Streben, Ländereien für den Bevölkerungsüberschuß zu finden, den ein ziemlich trockener und armer Boden nicht ausreichend ernähren konnte. Der Dialog *Oikonomikos* des Xenophon enthält ein Loblied auf den Ackerbau, der nicht auf die Produktion der lebensnotwendigen Güter beschränkt ist, sondern noch dazu Leib und Seele derer bessert, die sich ihm widmen:

> »Auch macht er diejenigen, die das Land mit ihren eigenen Händen bearbeiten, geschickt und verleiht ihnen Kraft; diejenigen,

die mit Sorgfalt die Feldarbeit beaufsichtigen, härtet er ab, indem er zu frühem Aufstehen veranlaßt und zu schweren Fußmärschen nötigt. [...] Das Land treibt die Bauern auch an, den Boden mit den Waffen zu verteidigen, indem es die Feldfrüchte offen vor aller Augen wachsen läßt, so daß wer der Stärkere ist, sich ihrer bemächtigen kann. [...] Insofern die Erde auch eine Göttin ist, lehrt sie ebenfalls Gerechtigkeit. [...] Sodann lehrt uns die Landwirtschaft auch, anderen Befehle zu erteilen. [...] Wer also sein Land gut bebauen will, der muß die Tagelöhner sowohl arbeitswillig wie auch bereit zum Gehorsam machen. [...] Und eine treffende Bemerkung machte jener Mann, der sagte, die Landwirtschaft sei Mutter und Amme der anderen Künste; denn wenn die Landwirtschaft gesund ist, dann stehen auch alle anderen Künste in Blüte.«[26]

Kurz und gut, die Landwirtschaft ist es, die die besten Bürger und die besten Soldaten hervorbringt.
Das System der Bearbeitung des Grundbesitzes wechselt in Griechenland nach Gegend und Zeit. In Lakedaimonien besitzt jeder spar-

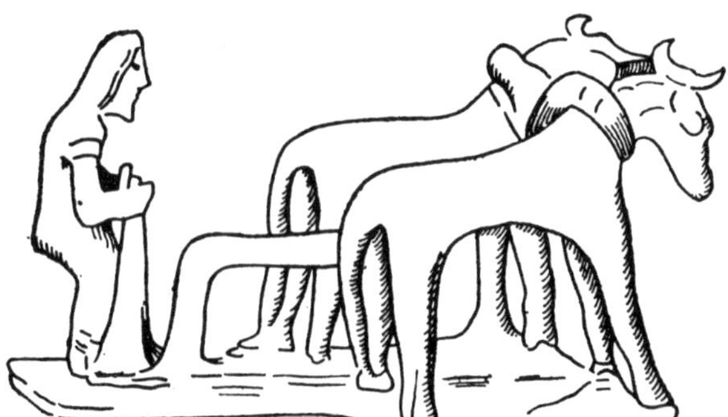

Abb. 25. Bauer hinter mit Ochsen bespanntem Pflug. Terrakotta, Tanagra, 7. Jh. v. Chr.

Nach: *Histoire générale des techniques*, Bd. 1, Paris: Presses Univ. de France, 1962, S. 211, Abb. 70.

tanische Vollbürger ein Landlos (Kleros, κλῆρος) von mittlerem Umfang, das im Prinzip unveräußerlich ist und von den Heloten bebaut wird; denn da die Spartaner außer dem Waffenhandwerk kein anderes ausüben dürfen, ist es freilich unumgänglich, daß statt ihrer andere das Land bearbeiten. Jeder erhält zum Lebensunterhalt die Produkte seines Landloses in Form von Naturalien, d. h. im wesentlichen jährlich 70 Medimnen Korn für sich selbst sowie 12 für seine Frau, was ungefähr 4000 Kilogramm ergibt, dazu Früchte – Oliven und vor allem Weintrauben – in entsprechendem Verhältnis. Jedoch wurde das Klerossystem nicht mit bruchloser Strenge durchgehalten; es gelang nicht, gewisse Familien daran zu hindern, sich auf Kosten der überwiegenden Mehrheit zu bereichern. So konzentrierte sich der Besitz des Bodens in Lakonien rasch in den Händen einer kleinen Zahl von Bürgern, die ihre Güter unaufhörlich vergrößerten.[27] In vielen anderen Gebieten der griechischen Welt, z. B. in Thessalien und Boiotien, scheint das System des großräumigen Grundbesitzes dagegen immer die Regel gewesen zu sein. Die kleinen Bodeneigentümer wie Hesiod sind dort selten und haben häufig Grund zur Klage über jene Großen, die der Bauer aus Askra »Könige« (βασιλεῖς) nennt (s. Abb. 25).

In Attika waren, wie wir oben[28] sagten, fast alle großen Güter der Eupatriden im 6. Jahrhundert aufgeteilt worden. Die große Mehrzahl der Bürger lebte dort auf ihrem Land oder doch von ihrem Land. Wie wir sahen, unterscheidet Xenophon zwischen dem Grundbesitzer, der – meist mit Hilfe einiger Sklaven – sein Gut mit eigener Hand (αὐτουργός) bearbeitet, und jenem, der sich wie Ischomachos, der Gesprächspartner des Sokrates im *Oikonomikos*, auf die Überwachung der Feldarbeiten auf seinen Ländereien beschränkt. Einen dritten Typus repräsentiert der Grundbesitzer, der ganz in der Stadt wohnt und seinen Boden einem Verwalter mit der Auflage anvertraut, ihm den Ertrag in Naturalien oder auch dessen Gegenwert in Bargeld zukommen zu lassen. So läßt Perikles, den die Pflichten des Staatsmanns in der Stadt zurückhalten, den gesamten Ertrag seiner Güter von seinem Verwalter verkaufen und bestreitet mit dem eingenommenen Geld die täglichen Ausgaben seines Hauswesens.

Vor dem Peloponnesischen Krieg scheint die Lage eines Landeigentümers in Attika selbst bei nur bescheidenem Besitz an Grund und Boden recht glücklich gewesen zu sein. Zumindest lassen dies die bedauernden Klagen des gutmütigen Strepsiades vermuten, wenn er an sein Dorf zurückdenkt, das er wegen des Krieges verlassen mußte.[29] In der Tat »liefern die Ebenen der Mesogaia, des Kephisos und von Eleusis gute Erträge an Getreide und Gemüse. Die Diakria nehmen stattliche Weinberge ein. Längs des Parnes-Gebirges gibt es Weiden und Unterholz im Überfluß. Auf den Höhenzügen füllen Bienen die Körbe mit Honig. Überall erzeugen Olivenhaine ein Öl, das für gutes Gold reißenden Absatz findet.«[30] Doch war der »Perikles-Plan«, der darauf hinauslief, das Land den feindlichen Einfällen preiszugeben, um aus Athen und dem Peiraieus eine Festung zu machen, von der aus die Trieren die Küsten der Peloponnes heimsuchen sollten, auf lange Sicht für die attische Landwirtschaft unheilvoll, insbesondere für die Weinstöcke und Ölbäume, die Hauptreichtümer des Landes. Der Neuanbau der abgeschlagenen Reben beanspruchte seine Zeit. Die vernichteten Ölbäume bedeuteten eine Katastrophe, denn ein junger Ölbaum braucht mehr als zehn Jahre, bis er die ersten wenigen Früchte abwirft, bis zur Einträglichkeit noch etliche Jahre mehr. Daneben beschleunigen noch andere Ursachen den Niedergang der Landwirtschaft in Attika und anderen Gebieten Griechenlands, wo die Güter schließlich in winzige Landfetzen aufgeteilt werden, auf denen selbst eine verkleinerte Hausgemeinschaft nicht mehr leben kann. Auf der anderen Seite führt der allgemeine Preisanstieg den kleinen Grundeigentümer zur Verschuldung. Oft verkauft er am Ende sein Feld an einen Spekulanten.

Die Technik des Ackerbaus bleibt in klassischer Zeit ziemlich unentwickelt. An Getreide baut man fast ausschließlich Weizen und Gerste an, jedoch in unzureichenden Mengen: Attika muß den größten Teil seines Bedarfs aus Sizilien, Ägypten, Thrakien und von den Küsten des Schwarzen Meeres einführen. Gewöhnlich wurde der Acker dreimal jährlich bestellt, im Frühjahr, im Sommer und im Herbst. Der seit Hesiod kaum vervollkommnete Pflug, den (in Attika recht seltene) Ochsen oder Maultiere zogen, erlaubte eine nur oberflächliche Bodenbearbeitung; Kreuzhacke oder Spitzhacke ergänzten seine Arbeit.[31] Das Dreschen des Korns geschah wie noch heute in bestimmten ländlichen Gegenden Griechenlands: An einem windigen Ort breitete man die Garben auf einem mit Steinplatten belegten Platz aus. Sodann ließ man sie von einem Pferde- oder Maultiergespann zertreten, das sich an einem langen Seil im Kreis um einen Mittelpfahl bewegte. Darauf wurde das Korn mit Hilfe von Holz- oder Steinstößeln in einem Mörser gemahlen, üblicherweise von den Frauen.[32] Seit dem 4. Jahrhundert bemühen sich Landwirtschaftsexperten um den Fruchtwechsel und die Aufbesserung der Böden: man denkt vor allem an eine Ertragssteigerung durch Düngemittel. Den Hauptgegenstand ihrer Untersuchungen bildet aber die Baumzucht.

Die Olivenernte geschieht entweder von Hand oder mit langen, biegsamen Schilfrohren. Zum Auspressen benutzt man einen Mörser mit einer Ausgußtülle oder einer Bodenöffnung zum Ablaufen der ἀμόργη, jenes bitteren, wässerigen Saftes, der sich beim Pressen vom Fleisch der Olive absondert und den man als Dünger und zum Imprägnieren von Holz oder Leder verwandte. Auch eine wirkliche Ölmühle aus zwei ineinandergreifenden Steinen, einem feststehenden und einem beweglichen, befand sich im Gebrauch. Das Fruchtfleisch wurde sodann der Kelter unterworfen (s. Abb. 26).[33]

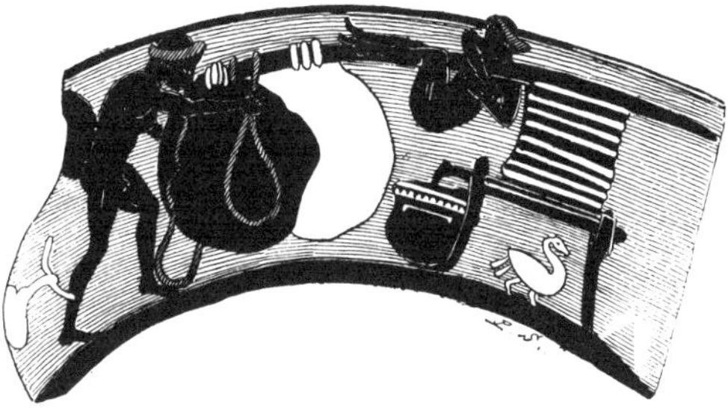

Abb. 26. Ölkelter. Schwarzfiguriges Vasenbild, 6. Jh. v. Chr.

Nach: Ch. Daremberg, E. Saglio und É. Pottier, *Dictionnaire des antiquités grecques et romaines*, Bd. 4,1, Paris: Hachette, 1907, S. 166, Abb. 5388.

Die Weinlese vollzog sich beim Klang der Oboe. So wie sie den Rhythmus der Übungen im Gymnasion bestimmte, regte sie auch den Eifer der Arbeiter an (s. Abb. 27). Die Weinkelter, ein tragbares Holzfaß, besaß einen leicht geneigten Boden, damit der Most durch einen vorspringenden Ausfluß in das darunterstehende Gefäß laufen konnte. Die Trauben wurden – noch immer unter Oboenbegleitung – mit den Füßen zertreten, wobei sich die Arbeiter zur Wahrung des Gleichgewichts mit einer Hand an einer Querstange festhielten.[34]

Von den Obstbäumen muß der Feigenbaum wohl der am weitesten verbreitete gewesen sein. In dem Stück *Der Frieden* beschwört Trygaios die Erinnerung an die frischen Feigen und jene »Ziegelplatten aus trockenen Feigen«, die es vor dem Krieg im Überfluß gab.[35]

Den einzigen Zucker, über den die Athener verfügten, lieferten die Bienen. Den geschätztesten und teuersten Honig gaben die Bienenstöcke des Hymettos. Noch einmal ist es Trygaios, der zu Polemos, als dieser attischen Honig in seinen Mörser schüttet, sagt: »Du, nimm dir andern Honig – dieser kostet vier Obolen – und spare den athen'schen!«[36]

Abb. 27. Satyrn bei der Weinlese. Von einer schwarzfigurigen attischen Vase.

Nach: E. Pfuhl, *Malerei und Zeichnung der Griechen*, Bd. 3, München: Bruckmann, 1923, Taf. 76, Abb. 287.

Das Gemüse, das die Athener verzehren und das als Zeichen einer gewissen Üppigkeit des Lebens betrachtet wird, kommt im 5. Jahrhundert hauptsächlich aus den Nachbarlandschaften, aus Boiotien und der Megaris. Kohl, Linsen, Erbsen, Zwiebeln und Knoblauch aber ziehen auch die Landwirte Attikas mit Erfolg. Sie machen sogar die Kürbisgewächse Ägyptens heimisch. Auch Blumen werden besonders gepflegt; man braucht sie bei jedem öffentlichen oder privaten Fest für Girlanden und Kränze.

In Attika, wo fette Weiden fehlen, ist die Ochsen- und Pferdezucht nicht erfolgreich, während sie in den Ebenen von Thessalien und Boiotien eine der großen Einnahmequellen bildet. Esel und Maultiere gibt es dagegen reichlich; sie werden für Transporte verwandt (s. Abb. 28).[37] Die Aufzucht von Schweinen ist weit verbreitet: Platon betrachtet die Schweinehirten als notwendig für den Staat.[38] Die Kandidaten für die Einweihung in die Eleusinischen Mysterien dürften keine Mühe gehabt haben, sich für drei Drachmen das bei der Feier in Phaleron nötige Ferkel zu beschaffen.[39] Die Grenzgebiete des Landes (ἐσχατιαί) im Gebirge gaben zahlreichen Ziegen- und Schafherden Nahrung. Strepsiades pflegte zu seinem noch kleinen Sohn zu sagen: »Wenn du mal groß bist, [...] wenn du im Schafpelz [...] vom Phelleuswald heim mit den Ziegen fährst, wie einst dein Vater [...].«[40] Schließlich lieferten die Schafe nicht

Abb. 28. Bauern bei der Feldarbeit und auf dem Weg zum Markt. Nach einer schwarzfigurigen attischen Kleinmeisterschale.

Nach: E. Pfuhl, *Malerei und Zeichnung der Griechen*, Bd. 3, München: Bruckmann, 1923, Taf. 63, Abb. 248.

nur Milch und Fleisch wie die Ziegen, sondern auch Wolle, den unentbehrlichen Rohstoff für die Anfertigung von Kleidung. Aber die Herden waren ein natürlicher Feind der bebauten Felder, die sie plünderten und verwüsteten, sobald die Wachsamkeit der Schäfer nur ein wenig nachließ. Einige Städte beschlossen aus diesem Grunde, die Aufzucht von Ziegen bei Strafe zu verbieten.[41]

Handwerker

Im Jahrhundert des Perikles wächst in Athen die Bedeutung der Industrie unaufhörlich, und die große Mehrheit der Stadtbevölkerung gewinnt ihren Lebensunterhalt durch die Ausübung eines Berufs. Doch werden viele Arbeiten noch im Bereich des Hauswesens geleistet. Wenn auch die meisten Athenerinnen zu Hause spinnen und weben und viele hier ihr Brot backen, so kaufen freilich doch zahlreiche Brot und Kuchen beim Bäcker (s. Taf. 12) oder bearbeiten, wenn der Familienbedarf an Kleidung gedeckt ist, Wolle für eine Kundschaft und verkaufen auf dem Markt Garn, Bänder, Gewänder, Mützen und Kränze.[42]
Die anstrengendsten Arbeiten bleiben vornehmlich auf die Sklaven, in zweiter Linie auf die Metöken beschränkt. Die Bürger bilden, wie man gesagt hat, eine Art »Arbeitsaristokratie«[43]; nur selten übernehmen sie eine auch nur vorübergehende Beschäftigung als Handarbeiter. Darüber hinaus bleiben sie häufig der Arbeit fern, um den Sitzungen der Volksversammlung oder der Gerichte beizuwohnen, in denen sie Tagegelder beziehen.
Trotz einer unleugbaren industriellen Konzentration kann man in Attika noch nicht von »Fabriken« sprechen. Die bedeutendste Werkstatt, die wir kennen, ist die Waffenschmiede des Metöken Kephalos, des Vaters des Lysias. Viele Unternehmen, die als ansehnlich galten, beschäftigten weniger als fünfzig Arbeiter. Nur die Bergwerke des Laureion brauchten Massen von Sklaven, die aber auf zahlreiche Konzessionsinhaber aufgeteilt waren. Für alle öffentlichen Arbeiten, z. B. für den Flottenbau, beschaffte der Staat die Werkstoffe üblicherweise selbst und vergab die ausgeschriebenen

Projekte an eine Vielzahl von kleinen Unternehmern, die jeweils nur einen bescheidenen Betrieb besaßen.
Sofern es sich nicht um die Sicherung der Ordnung oder um den Schutz öffentlichen Eigentums handelte, dachte der Staat nicht im geringsten daran, die Arbeit durch Vorschriften zu regeln. Gewiß, die Aulos- oder Kitharaspielerinnen, meist Hetären, durften nicht mehr als zwei Drachmen pro Tag verlangen, und wenn mehrere Kunden Anspruch auf dasselbe Mädchen erhoben, vergaben die Astynomoi dieses durch das Los.[44] In den staatlichen Bergwerken des Laureion ist es verboten, die Stützpfeiler wegzureißen oder die Stollen unter Rauch zu setzen. Sieht man von diesen Bestimmungen ab, so befaßt sich keinerlei Gesetzgebung mit den Arbeitsbedingungen. Uneingeschränkt herrscht das Gesetz von Angebot und Nachfrage. Wer arbeitslos ist, kommt zum Kolonos und zur Agora, wo er seine Arbeitskraft feilbieten und nach Belieben des Käufers für einen Tag oder länger eingestellt werden kann. Die jährlichen Arbeitsverträge werden gewöhnlich im Februar, am 16. des Monats Anthesterion, erneuert.
Die einzige Unterstützung, die der Staat den Mittellosen bisweilen zuteil werden ließ, bestand in der Verminderung der Arbeitslosigkeit durch große Baumaßnahmen. Nach Aussage des Plutarch war dies einer der Gründe für die zur Amtszeit des Perikles unternommene Ausschmückung der Akropolis. Dieser berühmte Text liefert uns auch eine eindrucksvolle Aufzählung der Berufsgruppen, denen dieses glückliche Ereignis zugute kam:

> »Perikles wünschte, daß auch die vielen nicht kriegspflichtigen Bürger, die sich mit ihrer Hände Arbeit durchbringen mußten, von den Einkünften nicht ausgeschlossen seien. Da sie ihnen aber auch nicht unverdient und ohne Arbeit in den Schoß fallen sollten, legte er dem Volke großartige Pläne für Unternehmungen und Bauten vor, welche viele Handwerker für lange Zeit beschäftigen konnten. [...] Vielerlei Materialien wurden benötigt, Steine, Erz, Elfenbein, Gold, Eben- und Zypressenholz, und zu ihrer Bearbeitung brauchte es mancherlei Handwerker, so Zimmerleute, Bildhauer, Kupferschmiede, Steinmetzen, Färber, Gold-

arbeiter, Elfenbeinschnitzer, Maler, Sticker, Graveure, sowie für alle Baustoffe Aufseher und Transportbegleiter. Die Transporte zur See brachten den Reedern, den Matrosen und Steuerleuten Beschäftigung, diejenigen zu Lande den Wagenbauern, Pferdehaltern und Fuhrleuten, den Seilern, Leinewebern, Sattlern, Straßenbauern und Bergleuten [...] und so verteilten die Erfordernisse der Arbeit reichen Gewinn sozusagen auf jedes Alter und jeden Stand.«[45]

Bei den Handwerkern trat recht häufig der Sohn die Nachfolge des Vaters im Geschäft an und wurde von diesem mit den Arbeitsweisen und Geheimnissen seines Berufs vertraut gemacht. Oft gab man auch die Kinder zu einem kleinen Unternehmer in die Lehre, worüber ein Vertrag geschlossen wurde. Es kam – z. B. in den Töpferwerkstätten[46] – vor, daß man Wettbewerbe zwischen den Lehrlingen veranstaltete, um deren Arbeitseifer anzutreiben.
In Athen gab es jährlich ungefähr sechzig Feiertage, die überdies sehr ungleichmäßig über die Monate hin verteilt lagen. Die Arbeit begann morgens zu sehr früher Stunde und endete erst mit Sonnenuntergang. Nicht allein Philokleon, der besessene Richter[47], steht beim Hahnenschrei auf:

> [...] daß [...] wenn früh er [der Hahn] sein Morgenlied krähet,
> Alle Welt aufsteht und zur Arbeit eilt, die Schmiede, die Töpfer, die Gerber,
> Die Schuster, Friseure und Müllergeselln, die Leier- und Schildfabrikanten.
> In die Schuhe fahren im Dunkeln sie schnell und rennen – [...].[48]

Gegen Ende des 5. Jahrhunderts lag der Normallohn eines ungelernten Arbeiters bei einer Drachme pro Tag, stieg aber im Laufe des 4. Jahrhunderts gleichzeitig mit den Lebenshaltungskosten an. Bestimmte Fachleute wurden für fertiggestellte Einzelarbeiten bezahlt, wie wir aus Inschriften wissen, die uns Rechnungen über die Errichtung von Gebäuden erhalten haben. Die Löhne dürften in etwa den Lebensunterhalt eines unverheirateten Arbeiters sichergestellt haben, erlaubten es aber wohl kaum, eine Familie zu ernähren, selbst wenn man die außerordentliche Genügsamkeit der Griechen berücksichtigt, die sich oft mit einem Stück Brot, zwei Zwiebeln und drei Oliven am Tag zufriedengaben.

Die meisten Berufe – abgesehen von den Handlangern – erforderten Geschicklichkeit und Tüchtigkeit und bestanden nicht nur in der mechanischen, eintönigen Wiederholung bestimmter Bewegungen. Der Unterschied zwischen Handwerker und Künstler war mitunter sehr gering, da viele Gewerbe Geschmack und einen gewissen Schönheitssinn verlangten. Eine Reihe von Handwerkern pflegte bei der Arbeit zu singen, und in manchen Werkstätten gab der Klang der Oboe der Arbeit ein gewisses Gleichmaß. Die nachlässigen oder faulen Sklaven aber wurden grausam ausgepeitscht, und man hielt ein Auge darauf, daß sie keine Gelegenheit hatten, sich die Früchte ihrer Arbeit anzueignen. Einer der beiden Sklaven, die am Anfang des Aristophanischen *Friedens* ekelerregende Kuchen aus Mist für den Käfer ihres Herrn Trygaios kneten, ruft aus: »Nun, etwas kommt mir doch zugut: Man wird nicht sagen, daß ich unterm Backen nasche!«[49] Wir wissen, daß man den Bäckersklaven, um sie daran zu hindern, den von ihnen gekneteten Teig oder den frischgebackenen Kuchen zu essen, ein ringförmiges Gestell um den Hals legte, dessen Durchmesser die Länge ihrer Arme übertraf und das so dieselbe Wirkung wie ein Maulkorb hatte.

Das Werkzeug war von urtümlicher Einfachheit und geringer Leistungsfähigkeit.

Die Bergarbeiter verfügten über eine Öllampe aus Blei oder gebranntem Ton, die sie in eine Wandnische stellten und die Brennstoff für etwa zehn Stunden faßte. Die Arbeitsschichten folgten ohne Pause aufeinander. Selten waren die Stollen höher als einen Meter, häufig viel niedriger, weshalb man auf den Knien oder gar liegend arbeiten mußte. Um der Einsturzgefahr entgegenzuwirken, ließen die Bergleute in unterschiedlichen Abständen Stützpfeiler aus erzhaltigem Gestein stehen, die den Holzausbau ersetzten. Habgierige Konzessionspächter ließen auch diese Stützen niederreißen und gefährdeten so die Sicherheit der Arbeit; der Staat war daher gezwungen, sie mit schweren Strafen zu bedrohen. Da Luftschächte sehr selten waren, wird man oft nur mit Mühe haben atmen können. Hinter dem Hauer, der mit Pickel, Hammer und Meißel arbeitete, sammelten Helfer, darunter manchmal auch Frauen, das Erz in große Körbe und trugen es zu zweit gebückt zu den Schächten, wo sie über Holzleitern an die Oberfläche zurückkehren konnten. Dort wurde das Erz in Mörsern, dann mit Mühlsteinen zerkleinert, darauf gewaschen und schließlich im Ofen geschmolzen. Das so gewonnene Blei wurde im Handel in Form von etwa fünfzehn Kilogramm schweren Barren verkauft, die jeweils das besondere Firmenzeichen des Herstellers trugen. Das Silber wurde gereinigt und dann zur Prägestätte (ἀργυροκοπεῖον) geschickt, wo es zur Herstellung von Münzen diente.[50]

Sehr zahlreich waren die mit der Bearbeitung von Ton Beschäftigten (s. Taf. 11), die sich in Athen hauptsächlich im Kerameikosviertel (bezeichnender Name) konzentrierten. Denn die Alten gebrauchten Ton ja nicht nur für die Gegenstände, die auch heute aus Steingut oder Porzellan hergestellt werden, sondern außerdem für viele andere, die jetzt aus Holz (z. B. die Fässer, damals große Behälter aus Terrakotta, πίθοι), aus Glas (die Trinkschalen, κύλικες) oder Metall sind (die Kochtöpfe, χύτραι). Um jeder möglichen Verwendung zu entsprechen, fertigte man daher auch Gefäße außerordentlich verschiedener Form an, Lampen eingeschlossen.[51] Eine korinthische Votivtafel stellt die Gewinnung des Tons dar.[52] In Attika gab es Tongruben namentlich am Kap Kolias, zehn Kilometer südlich von Athen (s. Abb. 29). Um das Rot des Tons zu intensivieren und um ihn weniger porös zu machen, fügte man roten Ocker (μίλτος) oder Zinnober hinzu; eine Inschrift unterrichtet uns davon, daß Athen sich im 4. Jahrhundert das Monopol über den Zinnober der Insel Keos sicherte.[53]

Die schon in Homerischer Zeit gebräuchliche Töpferscheibe war auf einer noch sehr unentwickelten Stufe stehengeblieben: auf einer senkrechten Achse war eine einfache Platte angebracht, die der Töpfer mit eigener Hand oder statt seiner ein Gehilfe in Bewegung setzte (s. Abb. 30). Hatte ein Gefäß seine Gestalt erhalten, wurde es an der Sonne getrocknet, dann geglättet und anschließend verziert. In früheren Zeiten hatten die Maler ihre Figuren mit schwarzer Farbe auf den roten Ton gemalt. Im 5. und 4. Jahrhundert dagegen umrissen sie zunächst mit einem schwarzen Strich die Konturen ihrer Gestalten, die ihrerseits in der Farbe des Tons belassen wurden; darauf wurde der gesamte Vasengrund mit einer schwarzen Tonfarbe überstrichen. Dies sind die »rotfigurigen« Vasen, die die Nachfolge der »schwarzfigurigen« antraten. Über Schwarz und Rot hinaus verfügten die Maler über mehrere andere Farben: Weiß, das gelegentlich, wie etwa bei den zahlreichen Grablekythoi, als Grundfarbe diente, ein ins Violette spielendes Rot und – selten – Blau, Rosa, Gold und Braun. Die schwarze Tonfarbe, hergestellt auf der Grundlage von Eisenoxyd und durch hohe Widerstandsfähigkeit sowie einen schönen metallischen Glanz ausgezeichnet, wurde mit Hilfe eines dicken Pinsels aufgetragen. Danach wurde die Ware im Ofen gebrannt, was ein sehr heikler Arbeitsgang war. Wenn es sich um künstlerische Produkte handelte (denn viele der Gefäße, die wir in den Museen bewundern, haben nie irgendeinem Gebrauchszweck gedient, sondern sind ausschließlich

Abb. 29. Tongrube. Abbau des Tons und Wegtransport mit Körben. Korinth. Pinax, 7. Jh. v. Chr.

Nach: E. Pfuhl, *Malerei und Zeichnung der Griechen*, Bd. 3, München: Bruckmann, 1923, Taf. 44, Abb. 186.

zur Freude des Auges geschaffen worden), zeichnete der Töpfer sein Werk: »Soundso hat [es] gemacht«, und ebenso tat es der Maler: »Soundso hat [es] gemalt«. Auf diese Weise kennen wir die Namen zahlreicher Handwerker, von denen mehrere als große Künstler gelten dürfen. Die gesamte großflächige Malerei der klassischen Zeit ist untergegangen, die Vasen aber ermöglichen es, uns von ihr eine Vorstellung zu bilden.

Gelegentlich finden sich auf Vasenbildern Schmiedewerkstätten dargestellt. Der Ofen, mehr als mannshoch, muß wenigstens zwei Meter groß gewesen sein. Mit einem Blasebalg, d. h. einem aus Ziegenleder hergestellten Schlauch, facht man das Feuer an. Ein Arbeiter hält mit einer langen Zange ein Stück Metall auf dem Amboß fest, ein anderer bearbeitet es mit Hammerschlägen. Auf fast allen Schmiededarstellungen hängen an der Wand Gefäße, die zweifellos ein Getränk zur Erfrischung der Arbeiter enthalten. Diese sind meist völlig nackt, zuweilen sehr leicht gekleidet. Wir erblicken auch Handwerker beim Gießen der verschiedenen Teile einer Bronzestatue, die später mit Hilfe von Nieten zusammengesetzt werden (s. Abb. 31). Andere sind mit der Politur einer Kolossalstatue beschäftigt.[54]

Abb. 30. Töpfer mit Töpferscheibe. Korinth. Pinax, 7. Jh. v. Chr.
Nach: E. Pfuhl, *Malerei und Zeichnung der Griechen*, Bd. 3, München: Bruckmann, 1923, Taf. 44, Abb. 187.

In klassischer Zeit war Griechenland, das schöne Wälder besessen hatte, in beträchtlichem Ausmaß entwaldet und mußte Holz aus Makedonien, Thrakien, Kleinasien und Großgriechenland einführen. Die meisten seiner Schiffe hat Athen in der Tat mit thrakischem Holz gebaut. Auf der Grabstele eines Bettenmachers sind die Werkzeuge dargestellt, derer sich die Tischler bedienten: Winkelmaße, Zirkel sowie gebogene Gegenstände, die zum Zeichnen der Zierleisten dienten. Auf Vasen erkennen wir einen Zimmermann, der einem Balken mit einer Art von langgestielter Hacke die gewünschte Vierkantform gibt, einen Tischler, der mit einem durch einen Bogen betätigten Zimmermannsbohrer ein Loch in eine Truhe

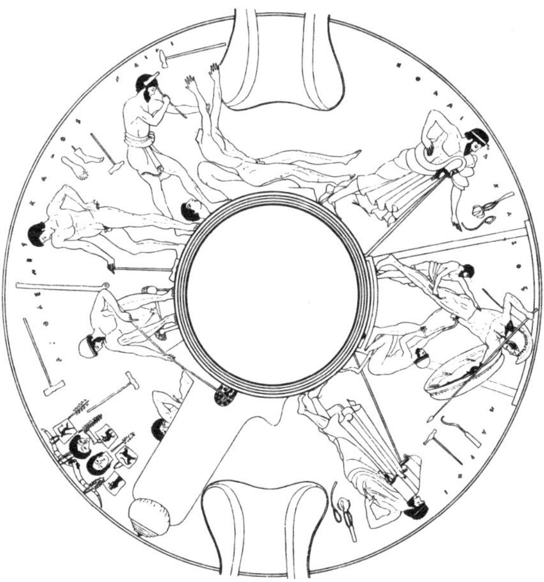

Abb. 31. Erzgießerei, Statuenfabrikation. Nach einer rotfigurigen attischen Schale aus Vulci, 1. Viertel 5. Jh. v. Chr.

Nach: H. Blümner, *Technologie und Terminologie der Gewerbe und Künste bei Griechen und Römern*, Bd. 4,1, Leipzig und Berlin: Teubner, 1886, S. 230, Taf. V, Abb. 50.

bohrt, und einen Bildhauer, der mit Hilfe eines Meißels eine hölzerne Herme schnitzt (s. Abb. 32).[55]

Die Steinquader wurden mit äußerster Sorgfalt gebrochen und geglättet. Bekanntlich besaß Griechenland Steinbrüche mit hervorragendem Marmor, insbesondere auf der Insel Paros und – in Attika – an den Hängen des Pentelikon. Dazu verfügte es auch noch über einen bläulichen Kalkstein, wie er in Delphi so häufig ist. Auf zwei Seiten der rechteckigen Steine bzw. auf der Peripherie der Säulentrommeln ließen die Arbeiter Tragzapfen stehen, die das Anheben gestatteten. Dies wurde mit einer noch recht unentwickelten Vorrichtung aus langen Balken, einem Seil, einer Rolle und einer Winde bewerkstelligt. Danach wurden die Zapfen natürlich beseitigt. Die Steine wurden peinlich genau untereinander durch Bleiklammern verbunden (s. Abb. 33). Deren Form hat sich mit der Zeit geändert (Schwalbenschwanz-, T-Form) und gibt den Archäologen Hinweise für die Datierung an die Hand. Man weiß, daß die Griechen gern auf den Stein malten: die meisten Statuen und Flachreliefs aus Marmor wurden mit lebendigen, vor allem

Abb. 32. Hermenschnitzer. Nach einer attischen Schale.

Nach: H. Blümner, *Technologie und Terminologie der Gewerbe und Künste bei Griechen und Römern*, Bd. 2, Leipzig und Berlin: Teubner, 1879, S. 340, Abb. 54.

blauen und roten Farben hervorgehoben. Die mit eingeschnittenen Figuren oder Skulpturen versehenen Stelen waren ebenfalls bemalt, und die Buchstaben der Inschriften wurden nicht nur eingemeißelt, sondern auch – gewöhnlich mit roter Farbe – ausgemalt.

Das Leder wurde, bevor der Schuhmacher (σκυτοτόμος, σκυτεύς) es zurechtschnitt, vom Lohgerber (σκυτοδέψης, βυρσοδέψης) bearbeitet. Gewisse Gerber waren einflußreiche »Industrielle« und widmeten sich ganz der Politik, so Kleon und Anytos. Auf einem Vasenbild sehen wir einen Schuster mit einem sehr einfachen Verfahren einen Schuh nach Maß zuschneiden. Der Kunde hat seinen Fuß auf einen Untersatz aus Holz oder Stein gestellt, der auf dem Tisch der Werkstatt liegt. Er stützt sich mit einer Hand auf den Kopf des Handwerkers, der mit einem Schustermesser das Leder um den Fuß des Kunden herum ausschneidet. Auch auf einer anderen Vase begegnet uns ein Schuhmacher, der mit dem Zuschneiden eines Lederstücks beschäftigt ist; an der Wand hängen ein Schustermesser, Lederstücke und Schuhformen.[56] Es gab für Herren- und Damenschuhe verschiedene Werkstätten (s. Abb. 34).[57]

Das Spinnen und Weben besorgten in erster Linie die Frauen des Hauses, doch fehlten auch Betriebe, die Wolle gewerblich verarbeiteten, nicht. Man begann mit der Reinigung der Wolle in heißem

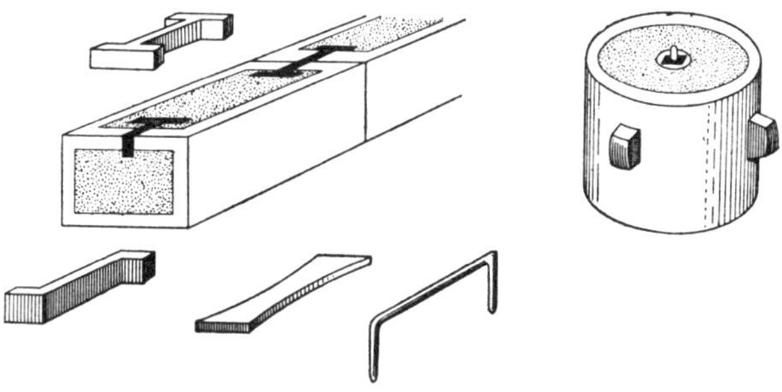

Abb. 33. Bautechniken. Verklammerung von Steinquadern und Säulentrommeln. Säulentrommel rechts mit Tragzapfen.

Nach: *Histoire générale des techniques*, Bd. 1, Paris: Presses Univ. de France, 1962, S. 185, Abb. 44 und 45.

Wasser. Darauf krempelte man die Faserbüschel, indem man sie über dem ausgestreckten Bein kräftig auseinanderzog und zusammenpreßte. Bei diesem Arbeitsgang konnte man sich allerdings auch eines ὄνος oder Epinetron (ἐπίνητρον) genannten Tongeräts bedienen, über dessen Verwendung uns die Bemalung eines dieser Gegenstände unterrichtet. Es handelt sich dabei um einen Halbzylinder aus Ton, der mit seinem passend geformten Hohlraum auf dem unteren Teil des Oberschenkels und dem Knie aufliegt. Zum Krempeln drückt die Arbeiterin die Wollflocken auf die leicht aufgerauhte Fläche des Oberteils des ὄνος. Dann wird die Wolle auf dem Spinnrocken befestigt. Die Spinnerin arbeitete durchaus nicht immer im Sitzen; auf einem Vasenbild gewahrt man eine Frau, die mit Geschick Kunkel und Spindel im Stehen handhabt. Schließlich wurde die Wolle auf einem altertümlichen »stehenden«, d. h. in der Vertikale angelegten Webstuhl gewoben. Sobald die Kette einmal aufgespannt war, wurden die Schußfäden mit Hilfe des Schiffchens (κερκίς) eingearbeitet (s. Abb. 12 und 14).[58]

Abb. 34. Schuster bei der Arbeit. Rotfiguriges attisches Vasenbild. Nach: H. Blümner, *Technologie und Terminologie der Gewerbe und Künste bei Griechen und Römern*, Bd. 1, Leipzig und Berlin: Teubner, ²1912, S. 287, Abb. 92.

Der Färber (βαφεύς) unterwarf die Woll- oder Leinenstücke erst einer langwierigen und sorgfältigen Vorbereitung, ehe er sie in das Farbbad tauchte. Dadurch sollte die Farbe gegen das Waschen widerstandsfähig gemacht und vor dem Verschießen gesichert werden.[59] Der Walker (κναφεύς) schließlich behandelte in seinem Betrieb die neuen Gewebe, denen er die Appretur verlieh, doch reinigte er – wie unsere heutigen Färbereien – auch getragene Kleider. Er legte sie in große Becken, deren Wasser Pottasche zugesetzt wurde, oder in Behälter mit »Walkerde« (essigsaurer Tonerde) und preßte sie dann aus. Der »Kleinliche«, einer der theophrastischen Charaktere, »schärft den Walkern ein, daß sein Mantel viel Erde erhalten soll, damit er nicht schnell schmutzig wird«.[60]

Kleinhandel und Seehandel

Sehr häufig verkauften Bauern und Handwerker ihre Erzeugnisse ohne Zwischenhändler unmittelbar. Der Acharner trug selbst seine Kohlensäcke in die Stadt, und so tat es der Bauer mit seinen Früchten, seinem Gemüse, seinen verschiedenen Käsesorten, mit seinem Öl und Wein (vgl. das Vasenbild auf dem Umschlag). Der Lampen-, Schuh-, Waffen- oder Vasenhersteller bot in der Auslage seiner Werkstatt die von seinen Sklaven gefertigten Gegenstände feil. So wird auch der Schuster des Herondas-Mimus, Kerdon, zugleich Hersteller und Händler sein. Vasenbilder zeigen uns einen Käufer vor dem Angebot eines Töpfers, Ölhändler, die Kunden herbeirufen, indem sie die Qualität ihres Produktes anpreisen und dabei eine Lekythos füllen, und desgleichen Fischer, die ihren Fang zum Markt tragen.[61]

Aber es gab ebenso zahlreiche Wiederverkäufer, die beim Hersteller Waren ankauften, um sie dann im kleinen an ihre Kundschaft weiterzuvertreiben. Alle, die solchen Kleinhandel treiben, werden mit einem stark abwertend nuancierten Wort Kapeloi (κάπηλοι) genannt, wogegen das Wort Emporoi (ἔμποροι), das die Kaufleute bezeichnet, die sich dem Handel im großen, im wesentlichen dem Überseehandel, widmen, von diesem Unterton frei ist.

Kapeloi sind alle Inhaber von Ständen und kleinen Läden und an erster Stelle die Getränke- und Imbißverkäufer, die Schankwirte, dann auch die »Korn-, Gemüse- und Breiverkäufer« oder die »Knoblauch- und Brotausbieter und die Gasthausbesitzer«.[62] Insbesondere auf der Agora und in den Straßen nahe dem Marktplatz drängen sich die Händler (s. Abb. 35):

»Wer immer etwas zu verkaufen hat, Sklaven, mit soeben gefertigten Waren beladen, Handwerker aus dem Kerameikos, von Melite und Skambonidai, Bauern, die vor der Morgendämmerung aus ihrem Dorf aufgebrochen sind, Megarer, die ihre Schweine vor sich hertreiben, Fischer vom Kopaissee, alle laufen kreuz und quer durcheinander. Durch die baumbestandenen Straßen erreichen sie die den verschiedenen Waren zugewiesenen Bezirke, die durch verschiebbare Einfriedungen voneinander getrennt sind. Nacheinander öffnen sich zu durch die Marktordnung festgesetzten Stunden die Märkte für Gemüse, für Obst, Käse, Fisch, Fleisch- und Wurstwaren, Geflügel und Wildbret, Wein,

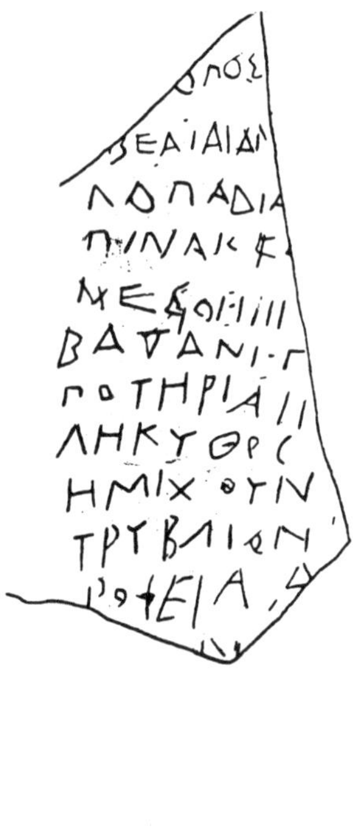

Abb. 35. ›Einkaufsliste‹. Graffito auf Tonscherbe, 4. Jh. v. Chr.

Nach: *Graffiti in the Athenian Agora. Excavations of the Athenian Agora*, Picture Books No. 14, Princeton, N. J.: The American School of Classics at Athens, 1974, Abb. 49.

Holz, Töpferwaren, für den Trödelkram und die Eisenwaren. Sogar die Bücher haben einen eigenen Winkel. Jeder Händler hat seinen Platz, den ihm die Zahlung einer Gebühr zusichert. Im Schatten eines Sonnensegels oder -schirms breitet er, nicht weit von seinem Karren und seinen ausruhenden Tieren, auf einem Brettergestell sein Angebot aus. Die Kunden gehen umher, werden zum Kauf aufgefordert; Boten und Lastträger bieten ihre Dienste an. Geschrei, Flüche und Streitereien: die Agoranomoi wissen nicht, wem sie Gehör schenken sollen. Wenn die Marktstände unter freiem Himmel geschlossen sind, begibt sich die Kundschaft in die überdachte Markthalle, einen Bazar nach orientalischer Art, dessen Rückseite Geschäftsräume einnehmen.«[63]

Die kleinen Händler stehen in schlechtem Ruf. Man wirft ihnen vor, es mit den Münzen und dem Gewicht trotz der Überwachung durch die Metronomoi nicht so genau zu nehmen oder auch die Kunden über die Qualität der Waren zu täuschen. Selbst wenn ihre persönliche Ehrenhaftigkeit erwiesen ist, bleibt ihr Gewerbe verschrien. Aristophanes läßt nicht ab, mit einer gewissen Bosheit daran zu erinnern, daß des Euripides Mutter auf dem Markt Gemüse verkaufte. In der Tat waren die Frauen, die auf diese Weise ihren Lebensunterhalt auf der Straße und der Agora verdienten, noch stärker mißachtet als die Männer und gerieten leicht in den Verdacht der Liederlichkeit. Der Wursthändler in den *Rittern* des Aristophanes muß sich von einem der Diener des Demos sagen lassen: »[. . .] du hast ja, was ein Demagog nur immer braucht: die schönste Brüllstimme, bist ein Lump von Haus aus, Krämer, [. . .].«[64]

Trotz der schlechten Straßen, die häufig nicht mehr als Trampelpfade waren und die Flüsse an natürlichen Furten überquerten, legten viele reisende Händler mit ihren Bündeln und ihren Lasttieren, beladenen oder vor zwei- oder vierrädrige Karren gespannten Eseln oder Maultieren, weite Strecken zurück, um etwa den Athenern die Produkte des fruchtbaren Boiotien anzubieten. Aristophanes stellt uns einen Athener vor, der mit einem Thebaner feilscht; dieser hat aus seiner Heimat allerlei Arten von Wildbret, Geflügel

und Fischen mitgebracht, namentlich die berühmten Aale aus dem Kopaissee, die das Entzücken aller Feinschmecker hervorriefen.[65]
Der Großhandel jedoch, der Handel der Emporoi, wurde angesichts der Schwierigkeit und Kostspieligkeit der Landverbindungen im wesentlichen auf dem Seeweg abgewickelt.
Im Jahrhundert des Perikles war das Mittelmeer dank der athenischen Seeherrschaft, die sich seit dem Sieg bei Salamis und der Entstehung des Delischen Seebundes unaufhaltsam durchsetzte, von Piraten gereinigt worden. Die Kriegsschiffe, die drei Reihen von Ruderern besaßen, die Trieren (τριήρεις), gewährleisteten zugleich die Vorherrschaft der athenischen Flotte und die Ordnung der Meere. So konnten die Handelsschiffe, die man im Gegensatz zu den schlankeren Kriegsschiffen mit geringerem Tiefgang als die »runden« oder »bauchigen« bezeichnete, frei verkehren, ohne andere Gefahren als die der Wellen und des Unwetters fürchten zu müssen (s. Abb. 36). Während die Trieren ihre Schnelligkeit den Rudern verdankten, kamen die runden, viel langsameren Schiffe vor allem mit Hilfe des Segels voran; die Ruder spielten hier nur eine untergeordnete Rolle.
Die Verwendung von Ankern war den Griechen geläufig, was sie nicht kannten, war das um eine senkrechte Achse drehbare Steuerruder am Heck. Man ist der Ansicht gewesen, diese Unkenntnis habe zur Begrenzung des Fassungsvermögens ihrer Schiffe beigetra-

Abb. 36. Griechisches Handelsschiff (links) und Kriegsschiff (Bireme). Von einer schwarzfigurigen Kylix, 6. Jh. v. Chr.
Nach: Ch. Singer [et al.] (Hrsg.), *A History of Technology*, Bd. 2, Oxford: Clarendon, 1972, S. 564, Abb. 515.

gen: die größten Handelsschiffe konnten weniger als vierhundert Tonnen Fracht, etwa das Dreifache des Schiffsraums einer Triere, transportieren. Doch hatte die Begrenztheit des Schiffskörpers auch andere Gründe. Wie hätte man mit den geringen damals verfügbaren mechanischen Hilfsmitteln während der schlechten Jahreszeit oder gar bei Nacht, wenn das Meer anstieg, die Schiffe aufs Land ziehen sollen? Das Fehlen von guten Seekarten, von Kompaß und leistungsfähigen Leuchttürmen machte die nächtliche Seefahrt in der Tat gefährlich. Man pflegte daher fast ausschließlich tagsüber und in der schönen Jahreszeit zu reisen und achtete darauf, das Land nicht aus dem Blick zu verlieren. Die Schiffe folgten der Küste so nah wie möglich oder fuhren von Insel zu Insel, um bei Sonnenuntergang einen Zufluchtsort zu finden. Um vom Peiraieus nach Sizilien zu gelangen, reiste man gewöhnlich über Korkyra und Tarent. Die Schiffe wurden mit Hilfe von Rollen an Land gezogen. Wer die Fahrt um die Peloponnes vermeiden wollte, konnte vom Saronischen Golf in den von Korinth gelangen, indem man das Schiff auf einer Art Schlippwagen den Diolkos (δίολκος) entlang ziehen ließ, dessen Trasse in der Nähe des heutigen Kanals verläuft und diesen streckenweise schneidet.[66]

Mit seiner riesigen Reede und den wohlgeschützten Liegebecken stellt der Peiraieus damals die beiden Häfen von Korinth, den von Aigina, der lange mit ihm im Wettstreit gelegen hatte, und alle anderen Seeplätze Griechenlands in den Schatten. Er ist Mittelpunkt von Aktivitäten, die in demselben Maße, wie der Seehandel Athens seinen Landhandel, wie das Vermögen der Emporoi, seien sie nun Bürger oder Metöken, die Habseligkeiten der Kapeloi aussticht, die Geschäfte der Agora an Wichtigkeit noch übertreffen. Gelegentlich werden die Großkaufleute, die erhebliche Kapitalinvestitionen aufbringen müssen und großen Risiken ausgesetzt sind, von den Bankiers mit hochverzinsten Darlehen unterstützt. Auch der Staat kommt bei all diesen Tätigkeiten, die er – mit Ausnahme, wie wir sehen werden, des Getreidehandels – im übrigen unbehelligt läßt, auf seine Kosten, nimmt er doch über eine Pachtgesellschaft eine Zollgebühr von einem Hundertstel, dann einem Fünfzigstel des Werts aller Waren ein, die durch den Hafen des Peiraieus gehen.

Die politische Hegemonie gestattet es Athen, sich zugleich auch die wirtschaftliche Vorherrschaft zu sichern. Um den Marinearsenalen des Peiraieus den Bau immer neuer Schiffe zu ermöglichen, muß man zunächst thrakisches Holz und mehrere andere Materialien aus verschiedenen Ländern kommen lassen. Hierbei sichert die Vormachtstellung Athens der Stadt ein rechtlich sanktioniertes – wie im Falle des auf den Zinnober der Insel Keos erworbenen Vorrechts – oder doch zumindest ein faktisches Monopol. Daher kann der Verfasser der Ἀθηναίων πολιτεία, einer sehr aufschlußreichen kleinen Schrift, die uns unter den Werken des Xenophon überkommen ist, sagen:

»Unter den Griechen und Barbaren sind allein sie [die Athener] in der Lage, Reichtümer ⟨aus dem Seehandel⟩ zu ziehen. Denn wenn irgendeine Stadt reich an Holz für den Schiffsbau ist, wo wird sie es verkaufen, wenn es dem Herrscher über das Meer nicht gefällt? Und wo wird eine Stadt, die reich an Eisen oder Kupfer oder Leinen ist, einen geeigneten Markt finden, wenn sie den Beherrscher der See nicht zufriedenstellt? Aus all den genannten Dingen aber stelle ich auch meine Schiffe her, indem ich von dem einen das Bauholz, von einem zweiten Eisen, von den anderen Kupfer, Leinen und Wachs beziehe [...] Und ohne selbst etwas aus dem Boden zu gewinnen, bekomme ich all dies über das Meer.«

Ein anderer Abschnitt desselben Werkes gibt uns eine Vorstellung von der Fülle und Verschiedenartigkeit der Waren, die von überall her im Peiraieus zusammenströmten:

»Dazu kommt folgendes: Landmächte ertragen die von Zeus geschickten Krankheiten der Feldfrüchte nur mit Schwierigkeiten, Seemächte dagegen leicht. Denn es ist ja nicht die ganze Erde zugleich von der Krankheit betroffen, und so wird denen, die das Meer beherrschen, das Nötige aus den Ländern geliefert, in denen Überfluß herrscht. Wenn es erlaubt ist, auch kleinere Dinge zu erwähnen, so waren es die Athener, die als erste Formen des

Wohllebens gefunden haben, indem sie mit allen Ländern Verbindungen knüpften. Was immer es an Angenehmem in Sizilien oder Italien, in Zypern oder Ägypten, in Lydien oder am Pontos, auf der Peloponnes oder wo auch immer sonst gibt, all das wurde dank der Herrschaft über das Meer an einem Orte zusammengebracht.«[67]

Worauf es den Athenern jedoch mehr als auf alle Tafelvergnügungen ankam, war die Versorgung mit Getreide; denn Attika erzeugte bei weitem zuwenig Gerste und Weizen, als daß es davon seine Bevölkerung hätte ernähren können. Der Kornmarkt des Peiraieus (ἀλφιτόπωλις) mußte immer genügend Vorräte speichern, um dem Bedarf von Stadt und Heer gerecht zu werden. In der ersten Sitzung jeder Prytanie, also zehnmal jährlich, ließ sich die Volksversammlung einen Bericht über den Versorgungsstand vortragen. Strenge Gesetze regelten die Pflichten der Getreidegroß- und -zwischenhändler (σιτοπῶλαι) ebenso wie die der Müller und Bäcker, um jede Unterschlagung, jeden wucherischen Aufkauf von Vorräten, was beides eine Verknappung des Brotes und folglich Preissteigerungen bewirkt hätte, zu verhindern. Die Ausführung dieser Gesetze war dem Kollegium der Sitophylakes (σιτοφύλακες) anvertraut, die den Kornhandel sowie den Verkauf von Mehl und Brot überwachten.
Die großen getreideerzeugenden Länder lagen weit entfernt: Ägypten, Sizilien, die Schwarzmeerküste. Man kann sagen, daß die Frage der Getreideversorgung die athenische Politik immer entscheidend geprägt hat; denn die Heeresexpeditionen nach Ägypten und Sizilien im 5. Jahrhundert, die eine wie die andere mit Katastrophen endeten, sind wenigstens teilweise aus wirtschaftlichen Gründen unternommen worden, und es war der Wunsch, sich die Kontrolle über die aus dem Schwarzmeerbecken kommenden Weizenlieferungen zu sichern, der Athen zwang, den thrakischen Chersones und die anderen Besitzungen an der Straße der Meerengen als lebenswichtig zu betrachten. Für das 4. Jahrhundert sind die Inschriften, die sich auf die Herrscher des Reichs am kimmerischen Bosporos beziehen, außerordentlich aufschlußreich: Satyros, später

sein Sohn Leukon und seine Enkel Spartokos und Pairisades gewährten oder bestätigten den athenischen Importkaufleuten umfassende Privilegien.[68] Im Jahre 354 sollte der am Beginn seiner Rednerlaufbahn stehende Demosthenes vor einem athenischen Gericht sagen:

»[...] es ist euch ja bekannt, daß kein Volk so viel eingeführtes Getreide verbraucht wie gerade wir. Die Getreideeinfuhr aus dem Pontos nun kommt allein schon der gesamten Einfuhr aus den übrigen Handelsplätzen gleich. Und das ist nicht verwunderlich; denn nicht nur weil jene Gegend das meiste Getreide hervorbringt, sondern vornehmlich deshalb ist dies der Fall, weil Leukon, der dortige Herrscher, den Leuten, die für Athen laden, Zollfreiheit gewährt hat und durch den Herold verkünden läßt, daß diejenigen, die zu uns fahren, als erste beladen werden. [...] Macht euch klar, was das bedeutet! Von allen, die bei ihm Getreide laden, nimmt er den Dreißigsten. Nun werden jährlich von dorther etwa 400 000 Medimnen [mehr als 200 000 Hektoliter] bei uns eingeführt, wie man aus den Eingangslisten der Sitophylakes ersehen kann. Folglich gibt er uns auf 300 000 Medimnen 10 000 dazu, und auf die 100 000 ungefähr 3000. Weit entfernt nun, dem Staat diese Wohltaten zu entziehen, hat er noch überdies in Theudosia einen Hafen einrichten lassen, der nach Aussage der Schiffer dem zu Bosporos [oder Pantikapaion, heute Kertsch] in nichts nachsteht, und uns auch dort die Zollfreiheit gewährt. [...] So schickte er zur Zeit des allgemeinen Notstands vor zwei Jahren Getreide nicht nur zur Deckung eures eigenen Bedarfs, sondern in solchen Massen, daß ihr noch 15 Talente, die Kallisthenes verwaltete, beim Verkauf herausschlagen konntet.«[69]

Wie man sieht, sollte Athen selbst nach dem Verlust seiner politischen Hegemonie im Jahre 404 einen großen Teil seiner Stellung als Handelsvormacht bewahren. In diesem Bereich ist es erst lange nach Ende des hier betrachteten Zeitraums von Alexandrien und Rhodos übertroffen worden.

Das Ärztewesen

Über den »Beruf« des Schulmeisters und Lehrers ist im voraufgehenden Kapitel gesprochen worden. Bei der Darstellung des Justizwesens werden wir Gelegenheit haben, eine Vorstellung von den Logographen (λογογράφοι), einer Art von Rechtsanwälten, zu geben. Priester, Seher und Künstler sollen im Zusammenhang des religiösen und künstlerischen Lebens genannt werden. Unter den heute als »freie« bezeichneten Berufen findet sich nur einer, den an dieser Stelle vorzuführen angebracht scheint: der des Arztes.
Platon freilich scheint die Medizin nicht als »Freie Kunst« zu betrachten.[70] Das rührt ohne Zweifel daher, daß sich viele Scharlatane als Ärzte ausgaben. In der Tat gab es keinerlei Berufsdiplom, und wer immer wollte, konnte sich Arzt nennen. Viele Heilkundige arbeiteten mit magischen Formeln oder der Deutung von Träumen. Letzteres Verfahren wurde im Asklepios-Heiligtum zu Epidauros, auf das wir später zurückkommen werden, im großen praktiziert.
Doch gab es auch wirkliche Ärzte. Im allgemeinen waren dies freigeborene Männer, aber es kam vor, daß ein Reicher einen seiner Sklaven die Heilkunst lernen ließ, um später von ihm gepflegt zu werden; überdies hatten die Ärzte ihrerseits eigene Sklaven, die ihnen zur Hand gingen und so den praktischen Umgang mit der Kunst erlernten.
Die in Ägypten seit vielen Jahrhunderten blühende Medizin hatte auch in Griechenland eine lange Tradition, die wenigstens bis in Homerische Zeit zurückreichte.[71] Die ionischen Philosophen wandten medizinischen Problemen große Aufmerksamkeit zu, und wir sahen im vorigen Kapitel, daß eine Reihe von Sophisten den Anspruch erhob, neben anderen τέχναι auch die Heilkunst zu lehren. Eines der Zentren medizinischer Bildung lag auf Knidos, ein anderes vielleicht in Kroton, der Heimatstadt des berühmten Demokedes, der Stadtarzt in Aigina und Athen gewesen war, bevor er in den Dienst des Polykrates von Samos und später des Königs Dareios überging.[72] Doch sieht es sehr danach aus, als habe die nicht mehr bloß empirisch, sondern mit vernunftgeleiteter Analyse arbeitende Medizin ihren Ursprung auf der Insel Kos genommen. Hier wurden

in der Familie der Asklepiaden die gewonnenen Kenntnisse vom Vater an die Söhne weitergegeben, freilich ohne Weigerung, auch nicht zum γένος gehörende Adepten der Kunst daran teilhaben zu lassen.

Der berühmte Hippokrates von Kos wurde um 460 v. Chr. geboren; er ist der Vater wenn nicht der Medizin, so doch zumindest einer ausschließlich auf Beobachtung und Vernunft gegründeten Methode sowie eines echten »medizinischen Humanismus«, der in seinem *Eid*, in der Abhandlung *Über die alte Heilkunst* und in den *Aphorismen* des Corpus hippocraticum so bemerkenswert zum Ausdruck kommt. Wir zitieren hier einige Absätze aus dem *Eid*:

> »Ich werde niemandem eine Arznei geben, die den Tod herbeiführt, auch nicht, wenn ich darum gebeten werde, auch nie einen Rat in dieser Richtung erteilen. Ich werde auch keiner Frau ein Mittel zur Vernichtung keimenden Lebens geben. [...]
> In welche Häuser ich auch gehe, ich werde sie nur zum Heil der Kranken betreten, unter Meidung jedes wissentlichen Unrechts und Verderbens und insbesondere jeder geschlechtlichen Handlung gegenüber weiblichen Personen wie auch gegenüber Männern, Freien und Sklaven.«[73]

Damit war die ärztliche Pflichtenlehre zu einer gewissen Vollendung gebracht. Mit Recht hat man schreiben können:

> »Allseitige Achtung des Menschen gegenüber seinem Mitmenschen ohne Unterschied von Stand und Herkunft ist in der griechisch-römischen Antike selbst auf der Ebene der philosophischen Ethik keineswegs eine selbstverständliche Haltung gewesen. Man kann also unmöglich leugnen, daß der hippokratische Arzt mit seiner Art zu denken und zu handeln über die Mentalität seiner Zeit hinausragt.«[74]

Die Paidotriben, von denen wir im voraufgehenden Kapitel gesprochen haben, wurden durch ihre Aufgaben dazu gebracht, so etwas wie eine wirkliche »Gymnasialmedizin« auszuüben. Um den Athleten die gesündeste Ernährungsweise raten zu können, mußten sie zugleich Hygieniker und Diätetiker sein, Masseure und Gliedereinrenker, um Brüche, Verstauchungen und Verrenkungen zu behandeln. So wurde Herodikos von Selymbria, nachdem er lange Zeit Turnlehrer gewesen war, auf ganz natürliche Weise Arzt, als die Gesundheit die Ausübung seines ersten Berufs nicht mehr gestattete.[75] »Sportärzte«[76] gab es ebenso wie Militärärzte, die schon in der *Ilias* die Heere auf den Feldzügen begleiteten, um die Verwundeten zu pflegen, wie etwa auch in der *Anabasis* zu sehen ist.[77]

Die Schüler der Heilkunst eigneten sich bei einem Lehrmeister die nötigen Kenntnisse in der Diagnostik und Prognostik an und lernten die Beherrschung aller ärztlichen Kunstgriffe, etwa den Aderlaß, das Einführen eines Klistiers und das Setzen von Schröpfköpfen (von denen man Exemplare aus Horn und Bronze gefunden hat). Auch einige oberflächliche chirurgische Eingriffe gehörten zur praktischen Ausbildung, aber da Sitten und religiöse Einstellung der genauen Untersuchung menschlicher Leichen entgegenstanden, blieben die anatomischen Kenntnisse sehr mangelhaft: nur Tiere sezierte man.

Jedermann hatte Bücher über Heilkunst[78] zu seiner Verfügung und konnte sich, was immer man auch davon sagen würde, Arzneien unmittelbar beim φαρμακοπώλης, dem Apotheker[79], beschaffen, der seinerseits die nötigen Vorräte vom ῥιζοτόμος (Wurzelschneider) bezog; denn das Sammeln von Heilkräutern galt schon seit dem frühesten Altertum als wesentlicher Bestandteil der Kunst des Gesundmachens. Meist jedoch bereiteten die Ärzte die Medikamente, die sie ihren Kranken verordneten, selbst zu. Sie besaßen häufig ein Labor, und einige konnten sogar die Kranken, deren Behandlung sie genau zu überwachen wünschten, in ihr Haus aufnehmen. Andere begaben sich als Wanderärzte nach Art der Sophisten von Stadt zu Stadt, um ihre Dienste anzubieten (s. Abb. 37).

Eine charakteristische und im übrigen gut bezeugte Einrichtung ist die der vom Staat bezahlten Ärzte (δημόσιοι ἰατροί). Oben haben wir auf den Fall des Demokedes von Kroton hingewiesen. Um die Mitte des 5. Jahrhunderts gibt uns eine Bronzetafel aus Idalion auf Zypern Kenntnis von einem Vertrag zwischen der Stadt und

Abb. 37. Ordinationszimmer eines Arztes. Von einem Rund-Aryballos des Klinik-Malers.
Nach: *Mon. Piot* 13, 1906, Taf. 13.

dem Arzt Onasilos und seinen Brüdern, die sich verpflichteten, gegen eine Pauschalentschädigung die Kriegsversehrten zu pflegen.[80] In Athen wurden die Stadtärzte von der Volksversammlung gewählt, der sie Befähigungsnachweise vorzulegen hatten.[81] Die Stadt zahlte ihnen ein Gehalt und stellte Räumlichkeiten für die Sprechstunden, die Operationen und die stationäre Behandlung der Kranken zur Verfügung; auch die Medikamente bezahlte der Staat. Die Kosten, die derartige Sozialleistungen mit sich brachten, wurden über eine Sondersteuer, das ἰατρικόν, gedeckt. Die Kranken, denen die Mittel fehlten, sich in die Pflege eines Privatarztes zu begeben, wurden also kostenlos behandelt.

Im Gegensatz zum alten Ägypten, wo es nach Herodot zahlreiche Fachärzte gab, ist in Griechenland von solchen Spezialisten selten die Rede. Die am besten bezeugte Fachrichtung ist die des Augenarztes, der seine Klienten vor allem mit Tropfen behandelt. Die Zahnärzte waren in der Lage, Zähne durch Füllungen aus Blei oder Gold zu erhalten. Ein spöttischer Witz des Aristophanes könnte glauben machen, es habe Fachärzte für Mastdarmerkrankungen gegeben.[82]

Auch Frauen konnten die Heilkunst ausüben, doch beschränkten sie sich gewöhnlich auf die Arbeit als Krankenwärterin, Pflegerin und besonders als Geburtshelferin. Sokrates war Sohn einer Hebamme, und Platon läßt ihn recht ausführlich über diesen Beruf sprechen, als die Rede auf des Sokrates eigene μαιευτική [τέχνη] kommt, die darin bestehen soll, die Seelen der Menschen zur Wahrheit hin zu entbinden.[83] Bei den Intimkrankheiten zögerten die Frauen aus Scham, sich an einen Arzt zu wenden, und vertrauten sich lieber einer Person des eigenen Geschlechts an. Die Amme der Phaidra, die wie eine Zeitgenossin des Euripides spricht, sagt zu ihrer Herrin:

Hast du ein Leiden, das man scheu verbirgt:
Die Frauen stehn zur Hilfe treu bereit.
Verträgt die Krankheit eines Mannes Ohr,
So sprich, und Ärzten machen wir sie kund.[84]

Abgesehen von den Hebammen dürften freilich die weiblichen »Heilkundigen« mehr noch als ihre männlichen Kollegen zu magischen Praktiken und »bewährten Hausmitteln« Zuflucht genommen haben.

Sechstes Kapitel
Körperpflege und Kleidung

Sauberkeit und Körperpflege

Die griechischen Ärzte maßen der Gesundheitslehre, der Körperpflege und den Leibesübungen große Bedeutung bei. Zur Gesundheit und zum Wohlbefinden (εὐεξία) schienen den Männern und – zumindest in Sparta – auch den Frauen gymnastische Übungen unerläßlich. Selbst Sokrates, obwohl in fortgeschrittenem Alter, widmete sich ihnen eine Zeitlang, »um seinen Bauch, der das rechte Maß überschritten hatte, auf eine angemessenere Größe zurückzubilden«.[1] Schon in frühester Jugend lernten die Kinder, am Strand oder in den Flüssen (die in Griechenland freilich selten und überdies häufig ausgetrocknet sind) zu baden und zu schwimmen. Die Kinder von Sparta nahmen sogar im Winter täglich ein Bad im Eurotas. Ebenso taten dies die erwachsenen Männer; Nausikaa und ihre Dienerinnen jedoch, die im Fluß badeten, nachdem sie dort die Wäsche gewaschen hatten, dürften in klassischer Zeit keine Nacheiferinnen gehabt haben, da die Frauen nur aus Anlaß bestimmter religiöser Feste ein Bad im Freien nahmen. Wie man sagt, soll der Maler Apelles seine *Aphrodite Anadyomene* beim Anblick der Phryne entworfen haben, als diese an den Eleusinia (᾽Ελευσίνια) (ohne Zweifel in der Bucht von Phaleron anläßlich der eigentümlichen Zeremonie des ἅλαδε μύσται [Zum Meer, Mysten!]) oder den Poseidonia (Ποσειδώνια) im Meer badete.[2]

Peisistratos und seine Söhne hatten im 6. Jahrhundert Athen mit großartigen Brunnenhäusern ausgestattet, an denen die Frauen ihre Krüge füllten, wo man aber auch, falls die Ausgüsse hoch genug angebracht waren, eine reinigende Dusche nehmen konnte, indem man sich unmittelbar unter den Strahl stellte (s. Abb. 38). Mehrere schwarzfigurige Vasen zeigen uns Szenen dieser Art, die in der Folgezeit auf der Keramik des rotfigurigen Typs jedoch sehr selten werden. Gehört zum Brunnen dagegen ein Becken, in dem sich

Abb. 38. Griechische Frauen beim Duschen. Von einer schwarzfigurigen Vase, 6. Jh. v. Chr.
Nach: Ch. Singer [et al.] (Hrsg.), *A History of Technology*, Bd. 2, Oxford: Clarendon, 1972, S. 667, Abb. 610.

das Wasser sammelt, ist es offensichtlich verboten, dort zu baden, um so jede Verschmutzung zu vermeiden. Im Athen des 5. Jahrhunderts wäscht man sich eher selten an öffentlichen Wasserstellen, denn in der Zwischenzeit haben sich andere Gewohnheiten herausgebildet.

Dies ist ja die Zeit, in der die Palaistren und Gymnasien an Zahl zunehmen. Diese Einrichtungen besaßen Brunnen, Badewannen und sogar Schwimmbecken (λουτρά). Das kreisförmige Wasserbecken von Delphi hat einen inneren Durchmesser von 9,70 Metern und eine Tiefe von fast 2 Metern und gestattete also durchaus, wirklich zu schwimmen. Ohne Zweifel wuschen sich die Athleten zunächst in den unterhalb der Brunnen liegenden Wannen, bevor sie ein gemeinsames Bad im Schwimmbecken nahmen.[3] Die Gymnasien werden, sofern das möglich ist, immer in der Nähe des Meeres, eines Wasserlaufes oder einer Quelle angelegt (das Gymnasion von Del-

phi liegt nicht weit von der kastalischen Quelle), um die Einrichtung der Badeanlagen zu erleichtern. Gegen Ende des 5. Jahrhunderts wird das Bad unter freiem Himmel im allgemeinen zugunsten eines bequemeren geschlossenen Baderaums aufgegeben; Bleiröhren regeln den Zu- und Abfluß des Wassers. Auch Anlagen mit fließendem Wasser zum Waschen der Füße finden sich. Zu der Zeit, zu der Aristophanes seine *Wolken* spielen läßt, d. h. im Jahre 423, scheint es in den Gymnasien noch keine warmen Bäder gegeben zu haben; diese existierten damals wohl nur in den öffentlichen Badehäusern, von denen wir anschließend sprechen werden.[4] In der Folgezeit schlossen die Gymnasien auch Trockenkammern ein, deren Hitze eine intensive Schwitzkur ermöglichte. Mit Gewißheit kann man sagen, daß das Gymnasion sehr zur Verbreitung körperlicher Sauberkeit in Griechenland beigetragen hat.
Die Griechen der klassischen Zeit kannten auch das Bad in einer Einzelwanne, wie es schon bei den Homerischen Helden zur Reinigung und Entspannung üblich war. Die Badewanne (πύελος) besteht oft aus entsprechend geformter Terrakotta, ist also sehr zerbrechlich; sie kann aber auch aus einem Steinblock herausgeschnitten oder aus kleinen, in Mörtel getauchten Ziegeln gemauert sein, die sodann mit einer Putzschicht verkleidet wurden. Die annähernd rechteckigen Wannen von Olynthos haben einen Boden, der wie bei unseren »Sitzbadewannen« nach hinten in Form eines Sitzes ansteigt. In derartigen Wannen kann der Körper nicht vollständig untertauchen, so daß sich der Badende selbst begießen oder von einem Diener mit Hilfe eines Gefäßes oder eines Schwammes begießen lassen mußte. Die großen und tiefen Badewannen, in denen man sich ganz ausstrecken kann, waren, wie man sagte, eine Angelegenheit der Sybariten.[5] Die kreisförmigen oder ovalen Zuber oder Schüsseln aus Metall, Terrakotta oder Holz dienten zum Waschen nur der wichtigsten Körperteile oder zum Baden der Kleinkinder. Zum Fußwaschen benutzte man eine Metallschale von geringer Tiefe, die auf drei in Löwenpranken endenden Füßen stand. Das in klassischer Zeit anscheinend am weitesten verbreitete Waschgerät ist eine große kreisrunde tiefe Wanne, die auf einem an der Basis weit ausladenden Fuß steht, dessen Oberteil gewöhnlich ein

ionisches Kapitell bildet. Auf den rotfigurigen Vasen ist dies das am häufigsten anzutreffende Badezubehör im Haus und in der Palaistra. Oft waren diese Becken aus dem Stein geschnitten, zuweilen aus gebranntem Ton geformt. Sieht man von denen ab, die in den Gymnasien unter einem Brunnen standen, mußten sie von Hand gefüllt und ebenso ausgeleert werden. Im Winter wurde das Wasser vor dem Hineingießen in einem Becken angewärmt.

Die warmen Bäder jedoch galten in den Augen gewisser Leute und namentlich der Spartanachahmer als verweichlichend. Aristophanes läßt sogar durchblicken, daß viele Athener die Nachahmung Spartas bis zur Verachtung nicht nur aller Verfeinerung, sondern jeder Sauberkeit trieben.[6]

Öffentliche Badeeinrichtungen existierten in Athen seit dem 5. Jahrhundert und nahmen im 4. Jahrhundert an Zahl beträchtlich zu. Hier fanden die Kunden flache Badewannen mit einem niedrigen Sitz am Ende von der Art, wie wir sie beschrieben haben, und dazu Schwimmbecken. In den meisten Fällen sind die Wannen kranzförmig um einen runden Saal angeordnet; einige dieser Rundbauten waren als Schwitzbäder eingerichtet. Doch auch abgesehen von diesen, wurden die öffentlichen Bäder wie auch das Wasser für die Körperreinigung gewiß geheizt. Sie standen unter der Leitung des »Bademeisters« (βαλανεύς), der im Auftrage des Besitzers das geringe Eintrittsgeld (2 Kupferstücke, d. h. ein paar Pfennige) einnahm, in seinem Haus für Ordnung sorgte und die Arbeit der Sklaven oder »Badeknaben« regelte; oft war dies eine malerische, ewig schreiende Person von schlechtem Ruf. Die Knaben sorgten für die Hitze, begossen die Badenden mit Wasser und rieben sie mit Öl ein.

Nicht nur zum Waschen, sondern auch um Freunde zu treffen und zu schwätzen, begibt man sich in die öffentlichen Bäder, zumindest die Müßiggänger. Strenge Persönlichkeiten wie Phokion zeigen sich dort nicht[7], die kleinen Leute jedoch genießen dort gern die Entspannung und Annehmlichkeit eines Bades und bleiben im Winter, wenn sie zu Hause kein Feuer haben, recht lange dort, um sich zu wärmen.[8] Es hat den Anschein, daß in einer Reihe dieser Einrichtungen bestimmte Räume den Frauen vorbehalten waren, doch

ohne Zweifel verkehrten dort nur die Athenerinnen der ärmeren Schichten, die Freudenmädchen und die Sklavinnen. Die athenischen »Bürgerfrauen« badeten zu Hause in einer Wanne oder häufiger noch an einem großen, auf einem Fuß stehenden Becken in einem Zimmer des Gynaikons, eine Szene, die wiederholt auf den Vasenbildern dargestellt ist.
Seife war den Griechen unbekannt. Im vierten Kapitel sahen wir, daß die Athleten des Gymnasions sich mit Öl und Sand einrieben und anschließend vor dem Waschen mit einem Schaber den Schmutz von der Haut kratzten. Im Bad muß man eine aus dem Boden gewonnene unreine Form von kohlensaurem Natron, eine Kalilösung auf der Grundlage von Holzasche (zweifellos dieselbe wie bei der Kleiderwäsche: κονία, λίτρον) oder eine besondere Tonerdeart (σμῆγμα, Χαλαστραῖον, Κιμωλία γῆ) verwendet haben. Aristophanes läßt seinen Acharner Dikaiopolis sagen: »[...] doch niemals hat mich je, seit ich mich wasche, die Lauge (κονία) so im Aug' gebissen wie heute, da ich [...]« und spricht an anderer Stelle von »dem winzigen Kleigenes, dem abscheulichsten Bader von allen, die da walten des aschegemengten, verpfuscht salpetrigen Staubs und kimolischer Seifenerde«.[9] Kimolos, eine der Kykladen, erzeugt noch heute eine stark sodahaltige Kalksteinart, die als »kimoleischer Kalkstein« bezeichnet wird. Im 3. Jahrhundert scheinen die Syrakusanerinnen des Theokrit als Seife zum Händewaschen eine nicht sehr dickflüssige Masse, eine Art Creme, verwendet zu haben.[10]
Ein Bad nahm man gern vor dem abendlichen Mahl. Dies war sogar zu einer recht festen Gewohnheit geworden, so daß die Worte »sich baden« und »zu einem Essen gehen« praktisch gleichbedeutend verwendet wurden. Sokrates, der sich bekanntlich mehr um seine Seele als um seinen Körper sorgte, pflegte sich, wenn er zu einem Mahl geladen war, einem Bad zu unterziehen, bevor er seinen Gastgeber zum abendlichen Essen aufsuchte:

> »Ich traf den Sokrates, frisch gebadet und an den Füßen Sandalen, die er selten trägt. Ich fragte ihn, wohin er ginge, daß er sich so schön gemacht habe, und er antwortete: Zum Mahle bei

Agathon. [...] Darum habe ich mich geschmückt, damit ich ein Schöner zum Schönen gehe.«[11]

Bei solchen Anlässen ging man gewöhnlich auch zum Friseur. Die Athener liebten es, dort ihre Zeit mit einem Schwatz und dem Austausch von Neuigkeiten zu verbringen, wie der Invalide des Lysias[12] sagt, legten aber – ganz wie die »langhaar'gen Achaier« Homers – auch großen Wert auf die Wohlgeordnetheit des Haares, des Lippen- und Kinnbartes, die sie gemäß den unterschiedlichen Sitten der Zeit und sozialen Schichten trugen. Auch der Finger- und Fußnägel nimmt sich der Friseur, der zugleich Bader ist, an. Erst nach Alexander lassen die Griechen sich allmählich Bart und Schnauzbart ganz abnehmen. Spricht man in klassischer Zeit von Rasiermessern, handelt es sich immer um ein Zubehör der weiblichen, nicht der männlichen Schönheitspflege, denn die Frauen bedienten sich zur Entfernung überflüssiger und unerwünschter Haare der Flamme einer Lampe[13] oder bestimmter Enthaarungscremes, sie kannten aber auch Rasiermesser. Bei Aristophanes sagt eine Frau, die sich für einen Mann ausgeben möchte: »Schermesser litt ich keins im Haus, fort warf ich's, um recht dicht behaart zu werden und allem gleich, nur keiner Frau, zu sehn!«, und wenn in einer anderen Komödie Euripides zu Agathon sagt: »Dein Messer, Agathon! Du führst ja stets Rasierzeug bei dir. [...]«, dann ist dies eine Anspielung auf die weibisch verweichlichten Sitten dieses Dichters. Als Praxagora ihre Gefährtinnen auffordert, sich zu verkleiden, um zur Agora zu gehen und dort die Macht zu übernehmen, schärft sie ihnen ein, die mitgebrachten falschen Bärte anzulegen.[14]

»Noch ist es ja nicht so lange her«, so schreibt Thukydides, »daß dort [in Athen] die älteren Leute unter den begüterten aufhörten, in ihrer verfeinerten Art leinene Röcke zu tragen und sich durch Einführen goldener Zikaden die Haupthaare zu einem Schopf (κρωβύλος) aufzustecken.«[15]

Es ist nicht recht erkennbar, ob es sich bei den erwähnten »Zikaden« um zikadenförmige goldene Haarnadeln (derlei Nadeln sind nirgendwo gefunden worden) oder um goldene Spiralen handelte, die beim Gehen ein dem Zirpen dieser Tiere entfernt vergleichbares Geräusch hervorbrachten. Betrachtet man den Kopf des sogenannten Rampinschen Reiters im Louvre[15a] (s. Taf. 14), kann man die Feinheit seines gelockten Haars mit den symmetrisch hinter den Ohren geordneten Flechten nur bewundern. In jener Zeit pflegten sich die Männer mit ebensolcher Gesuchtheit zu frisieren wie die Koren (κόραι) der Akropolis.

Nach den Perserkriegen dagegen tragen in Athen fast nur noch die Kinder ihre Haare sehr lang. Wenn sie ins Ephebenalter kommen, schneiden sie die langen Haare ab und weihen sie den Göttern. In völligem Gegensatz dazu haben die spartanischen Kinder ganz kurz geschorenes Haar, und erst die Erwachsenen zeichnet jene lange Haartracht aus, die in Athen nur gewisse Stutzer der Ritterklasse nachahmen. Der Kleinliche des Theophrast läßt sich ganz kahl scheren, um weniger häufig zum Barbier gehen zu müssen.[16] Die Sklaven werden immer kahl oder sehr kurz geschoren. Die meisten freien Athener der klassischen Zeit trugen – wie z. B. die Beamten auf dem Panathenäenfries[17] – recht kurze Haare.

In archaischer Zeit hatte man den Bart oft zu einem ringförmigen Vollbart gestutzt, im Jahrhundert des Perikles ließ man ihn dagegen auf den Backen wachsen und gab ihm einen ovalen oder spitzzulaufenden Schnitt.

Wenn in archaischer Zeit Männer und Frauen sich sehr ähnlich frisierten, dann behielten die Athenerinnen der klassischen Zeit die von ihren Männern längst aufgegebenen hochkomplizierten Haartrachten nicht nur bei, sondern entwickelten sie sogar weiter. Nur an bestimmten Festen ließen sie ihr Haar unaufgesteckt um die Schultern fliegen. Für Sklavenfrauen scheint ein kurzer Haarschnitt die Regel gewesen zu sein, doch machten die Hetären und Musikantinnen wahrscheinlich eine Ausnahme. Die Oboenspielerin auf dem sogenannten Ludovisischen Thron trägt einen Knoten, den ein κεκρύφαλος, eine sehr kleidsame Art Haarnetz oder Kopftuch, das die Haare von der Stirn bis zum Nacken umfaßte und von vorn nach hinten holte, zusammenhielt. Die Frauen freien Standes schnitten sich die Haare nur vorübergehend, etwa zum Zeichen

1

2

3

4

5

6

7

8

9

10

11

12

13

14

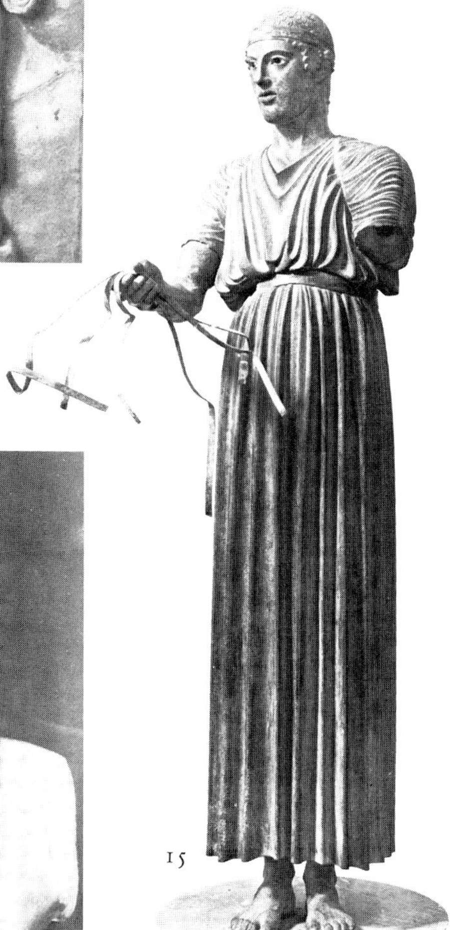

15

16

17

18

19

20

21

22

23

24

25

26

27

28

29

30

31

32

33

34

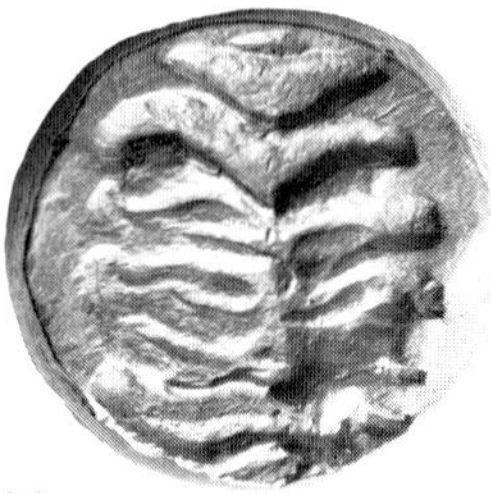
35

36

37

38

39

40

41

der Trauer. Junge Mädchen trugen oft einfache Bänder, um ihr Haar zusammenzuhalten und daran zu hindern, in die Stirn zu fallen. Wenn die Haare der Koren von der Akropolis oft, zu langen Zöpfen geflochten, bis tief auf den Rücken und die Brust herabfallen, sind die der Athenerinnen Perikleischer Zeit im ganzen gekräuselt, zu Locken gelegt und auf unterschiedliche Weise zum Scheitel oder am Hinterkopf aufgesteckt. Die Archäologen haben auch Kämme wiederentdeckt, auf der athenischen Agora etwa einen Doppelkamm aus Olivenholz, der auf der einen Seite 31 feine, auf der anderen Seite 20 grobe Zähne hat und in der Mitte mit einem eingeschnittenen Eierstab- und Pfeilspitzmotiv verziert ist.[18] Daneben gab es Kämme aus Knochen und Elfenbein, Schildpatt und Bronze; manche erheben sich durch ihre Dekoration zu wirklichen Kunstwerken.

Beim Färben der Haare ging es vor allem um die künstliche Aufhellung, denn die am meisten geschätzte Farbe war Blond. Auch fremde Haarteile und Perücken fanden Verwendung.

Weiter oben erwähnten wir, wie sich die Frauen überflüssiger oder unerwünschter Haare entledigten. Auch Schönheitscremes benutzten die Frauen, dazu alle Arten von im μυροπώλιον zu kaufenden Duftstoffen und Schminken. Ischomachos sagt von seiner jungen Frau:

> »Ich sah einmal, daß sie viel Bleiweiß aufgelegt hatte, um weißer auszusehen, als sie war, und viel Rot, um rosiger zu scheinen als in Wahrheit. Sie hatte hohe Absätze, um größer zu erscheinen, als sie von Natur war.«

Diese Geziertheit bringt der jungen Frau eine lange Belehrung ihres Gatten ein, obwohl sie – eine anständige Frau – nur in der Absicht, ihm mehr zu gefallen, zu diesen Mitteln gegriffen hatte.[19] Die Dirnen verwandten nicht nur im Übermaß Bleiweiß und Lotwurzrot, sondern betonten die Augen und Brauen durch schwarze oder braune Striche und Schatten; auch eine Art Büstenhalter (στρόφιον) war ihnen nicht unbekannt. Man sieht, gefallsüchtigen und eitlen Damen der Perikleischen Zeit fehlte es nicht an Mitteln; und dabei haben wir vom Schmuck, der uns weiter unten beschäftigen wird, noch gar nicht gesprochen!

Die Gewänder der Männer

An Textilien kannten die Griechen von ferne solch exotische Produkte wie Seide[20] und Baumwolle, die Herodot »pflanzliche Wolle«, wörtlich »vom Baum stammende Wolle«[21] nennt. Zur wirklichen Verfügung standen ihnen jedoch nur Leinen, das Pelzwerk bestimmter Tiere, vor allem die Haare der Ziege, die man zu einem groben Stoff (σάκκος) verwob, und Wolle.
Vom Spinnen und Weben, den wesentlichen Aufgaben der griechischen Frauen, haben wir im vorausgehenden Kapitel gesprochen. Flachs wurde im Orient und in Kleinasien angebaut, von wo ihn die Griechen anfangs roh oder bearbeitet einführten. Später wurde die Pflanze in mehreren Gebieten Griechenlands, in Thrakien, Makedonien und Achaia, und auf einigen Inseln wie Kreta, Zypern und Amorgos heimisch gemacht. Die Flachsstengel wurden in der Sonne getrocknet und anschließend in lauwarmem Wasser geröstet. War die Wolle wieder trocken, wurden die inneren Fibern mit Hilfe eines Schlegels auf einem Stein von der äußeren Schuppenschicht befreit. Dann wurden die Fäden gesponnen und gewoben.
Die antike – griechische und römische – Kleidung ist nicht wie die unsrige nach Schnitt und Verarbeitung der Form des Körpers angepaßt und darauf abgestimmt, sondern wird in Falten um den Körper gelegt. Ein antikes Gewand besteht einfach aus einem rechteckigen Stück Stoff von der Gestalt, in der es den Webstuhl verlassen hatte und vom Färber oder Walker an den Handel weitergegeben wurde. Es umhüllt den Körper sehr frei und wird nur in bestimmten Fällen von einem Gürtel, mit Spangen oder einigen Nähten zusammengehalten.

> »Die partielle Körperblöße, die die Beweglichkeit der Faltengewänder beiläufig verursachen konnte, zeigte sich allenthalben

im öffentlichen Leben, wie es uns auf den antiken Malereien und Skulpturen begegnet, ohne daß jemand darin etwas anderes als das ganz Natürliche gesehen hätte. Sklaven, Arbeiter, Bauern, Matrosen usw. mußten ja dauernd ihre bloßen Schultern und Oberkörper, ihre von Sonnenhitze oder Kälte angegriffenen und von der täglichen Berührung mit der freien Luft so etwas wie eine Patina erhaltenden Arme und Beine den Blicken preisgeben.«[22]

Diese teilweise Nacktheit, die dank dem Klima und der Gewöhnung zu ertragen war, erstaunt kaum in einem Land, in dem die Athleten sich in völliger Nacktheit zeigten. Quintilian sollte von der Toga sagen: *nec strangulet nec fluat* (sie soll nicht beengen, aber auch nicht um den Körper herumfließen). In der Tat durfte die antike Kleidung weder so eng anliegen, daß sie die Bewegung hemmte, noch durfte sie durch allzu flatternde Weite hinderlich sein.
Die Männer tragen keine besondere Unterwäsche. Ein Hemd ersetzt ihnen die unmittelbar auf der Haut liegende Tunika, deren ursprünglichster und einfachster Typ (der recht oft gleichzeitig als Mantel dient) die Exomis (ἐξωμίς) ist, ein Gewand, bei dem eine Schulter unbedeckt bleibt (ἐξ – ὦμος). Die Exomis ist das typische Arbeitskleid der Sklaven, aller Arbeiter freien Standes und der meisten Soldaten. Von geringer Länge, in Hüfthöhe von einem Gürtel zusammengehalten und auf der Schulter mit einer Fibel oder einem einfachen Knoten befestigt, kann sie über dem rechten Oberschenkel entweder offenhängen oder zusammengenäht sein. In jedem Fall läßt sie die ganze rechte Hälfte des Oberkörpers völlig unbedeckt. Besonders berühmt war die Qualität der in Megara hergestellten Exomides.
Das eigentliche Untergewand, der Chiton (χιτών), unterscheidet sich in seiner kurzen Form von der Exomis nur dadurch, daß es gewöhnlich auf beiden Schultern mit Spangen oder Knöpfen befestigt wird. Wenn der König Kleomenes in dem Augenblick, da er mit dem Schwert in der Hand zu einem verzweifelten Kampf in Alexandria eindringen will, »die Naht seines Unterkleids an der

rechten Schulter zerreißt«, verwandelt er damit praktisch seinen Chiton in eine Exomis.[23] Das durch einen Gürtel geraffte Untergewand warf in Hüfthöhe eine Reihe von bauschigen Falten, die man Kolpos (κόλπος) nannte. Oft geht dieser einher mit einem zweiten breiteren und höher sitzenden Gürtel, dem ζωστήρ, einem Soldatenkoppel aus Leder, das einen zweiten Kolpos entstehen läßt, wie auf dem Panathenäenfries an einem vor seinem Pferd stehenden Reiter zu sehen ist.[24]

Zum Schlaf behielt man die Tunika an, die so als Nachthemd und tagsüber als Untergewand diente, doch legte man den Gürtel ab. Hesiod sagt: »Sollte sich nämlich bei dir auf dem Hof einmal Schlimmes ereignen, kommt ungegürtet dein Nachbar, beim Gürten säumen die Vettern.«[25] Die Kinder, so z. B. der junge Theseus auf der berühmten Euphronios-Schale des Louvre, trugen kurze Untergewänder ohne Gürtel.[26]

Jedoch ist auch das lange Untergewand der alten Ionier, das »bis zu den Füßen fallende«, in klassischer Zeit nicht völlig verschwunden, aber es scheint ein Prunk- und Staatsgewand zu sein, das die Priester, die Kitharaspieler und bestimmte Wettbewerber bei den öffentlichen Spielen tragen. Der Wagenlenker von Delphi (s. Taf. 15) trägt »das lange Untergewand der Wagenlenker, die traditionelle weiße ξυστίς, die man beim Rennen trug. Von dem sehr hoch, oberhalb des Magens sitzenden Gürtel fällt das Gewand in langen parallelen Falten bis zu den Knöcheln. [...] Über dem Gürtel bauscht sich das Untergewand merklich auf, insbesondere auf den beiden Seiten. Es deutet vorne und hinten einen spitzen Halsausschnitt an und endet über den Schultern und Armen mit einer Naht, die eine Menge Falten absteckt. Die Verbindung dieser Naht mit der unter den Achseln verlaufenden dünnen Schnur bildet Ärmel, die bis zur Mitte des Oberarms reichen.«[27]

Das Untergewand, auch das kurze, hatte bisweilen lange Ärmel, die angenäht werden mußten und ohne Zweifel in der Nachfolge der persischen Kleidung standen.[28]

Das gewöhnliche Obergewand oder der Mantel der Griechen (Himation, ἱμάτιον) war ein rechteckiges Wolltuch aus einem Stück, das man ohne irgendeine Klammer oder sonstige Befestigung um den

Körper legte (s. Taf. 3). Ein einfaches Himation aus grobem Stoff und ohne jeden Schmuck, ein Himation also der Art, wie es die Philosophen trugen, hieß Tribon (τρίβων, Gebrauchs-, Alltagsmantel), wogegen das aus feinerer Wolle gewobene und oft mit Farbstreifen verzierte Himation, das die modebewußten Herren trugen, Chlanis (χλανίς) genannt wurde. Zum Mantel gehörte oft ein langer, in einer Krücke endender Stock; blieb man stehen, stützte man sich in einer vertrauten, sehr häufig auf den Flachreliefs und den Vasenbildern dargestellten Haltung auf diesen Stock, damit er die Falte des Himations unter der Achsel festhalte.[29]

Die spartanischen Kinder, so sagt Plutarch, »gingen, sobald sie zwölf Jahre alt waren, stets ohne Unterkleidung (χιτών) und bekamen nur einen Mantel (ἱμάτιον) aufs Jahr«.[30] Auch viele Athener trugen – sei es, um lakonische Sitten nachzuahmen[31], sei es aus Armut – nur ein Obergewand unmittelbar auf dem Körper. Sokrates und in seiner Nachfolge viele Philosophen gehörten zu ihnen, so daß Antiphon zu ihm sagen konnte: »[...] dein Leben lang läufst du ohne Schuhwerk und ohne Unterkleidung«.[32] Der Mantel war freilich weit genug, um den ganzen Körper zu bedecken; nur wenn ein heftiger Windstoß ihn hochhob, bemerkte man das Fehlen des Untergewandes. Immerhin scheint gewiß, daß es in Athen eine Merkwürdigkeit darstellte, wenn jemand den Mantel unmittelbar auf der Haut trug.

Um sich das Himation umzulegen, bedeckte man zunächst Rücken und Schultern und ließ dabei die beiden Spitzen, die die unteren Ecken des rechteckigen Tuches bildeten, nach vorne fallen; dann übertrug man mit der ausgestreckten Rechten die Falten auf den schon empfangsbereit angewinkelten linken Arm oder die linke Schulter, von wo sie in einem spitzen Zipfel auf den Rücken herabfielen. Dies nannten die Griechen »Sich-rechtsherum- (ἐπὶ δεξιᾷ) Anziehen«, womit genau jene Bewegung gemeint ist, bei der man den Mantelschoß mit der rechten Hand ergriff, ihn dann in einer ersten Phase vom Körper wegstreckte, um ihn schließlich über die linke Schulter zu werfen. In den *Vögeln* des Aristophanes sagt Poseidon zu Triballos, einer als der griechischen Bräuche unkundig geltenden Barbarengottheit:

Nein, wirft sich der den Mantel linkisch um!
Schlag ihn doch rechts herüber, wie's der Brauch verlangt!
Geht dir's wie dem Laispodias, armer Tropf?[33]

Der athenische Stratege Laispodias, der unter Geschwüren und Krampfadern am linken Bein litt, hätte demnach seinen Mantelschoß von links nach rechts herabfallen lassen, um sein Leiden zu verbergen; denn wenn er sich wie alle anderen gekleidet hätte, wäre das linke Bein beim Gehen unbedeckt geblieben (zumindest sofern er einen kurzen Chiton trug). Im *Theaitetos* Platons spricht Sokrates mit kritischer Ironie von gewissen einsichtslosen Leuten, die u. a. »nicht imstande sind, sich das Gewand richtig (ἐπιδέξια) in der Art eines freien Mannes umzuwerfen«.[34]

Die alten Redner – Solon, Perikles, Themistokles, Aristeides – waren, wenn sie vom Podium herab ihre Ansprachen hielten, immer so in ihren Mantel gehüllt, daß beide Arme bedeckt waren und nur die rechte Hand aus den Falten herausschaute. Damit war jeder Gestik, jedem rhetorischen Einsatz von betonter Lebhaftigkeit, ein Riegel vorgeschoben. Dies war die Haltung der Solon-Statue auf Salamis, wie Aischines berichtet, der die vornehme Zurückhaltung der ehemals in der Gemeinde Verantwortung tragenden Männer anführt, um anschließend um so wirkungsvoller die stürmische Erregtheit des Demosthenes, jenes »wilden Tieres« (θηρίον), verurteilen zu können.[35] Auch die Replik einer angeblichen Sophokles-Statue zeigt diese Haltung.[36] Zur Zeit des Aischines und Demosthenes waren die Redner auf der Tribüne so in den Mantel gehüllt, daß dessen Schoß unter der rechten Achsel hinweg schärpenartig quer über die Brust zur linken Schulter geführt wurde. Der rechte Arm blieb bei dieser Drapierung außerhalb des Himations völlig frei. In der *Weibervolksversammlung* sagt Praxagora zu ihren Gefährtinnen: »Abstimmen müßt ihr so: Ihr hebt den Arm auf, den bis zur Schulter freien!«[37] Tatsächlich ist diese Form der Abstimmung, die χειροτονία, nur möglich, wenn man die rechte Schulter und den rechten Arm aus dem faltenreichen Gewand befreite.

Wollte man den Bewegungen des Körpers – etwa bei einer heftigen oder erregten Unternehmung – größere Freiheit verleihen, legte man bisweilen das Himation der Länge nach auf doppelte Stärke zusammen, doch war in diesem Fall eine Spange oder Klammer erforderlich, um es wie eine Exomis oder Chlamys (χλαμύς) an der Schulter zu befestigen. Nach der Niederlage von Chaironeia wurden sogar die alten Männer eingezogen, um die Verteidigung der Stadt gegen den Athen bedrohenden Philipp zu stärken. Der Redner Lykurgos sagt zu diesem Ereignis:

> »Da sah man, wie die Altersschwachen, die an Jahren Vorgerückten, die das Gesetz vom Kriegsdienst entband, in der ganzen Stadt – sie an der Schwelle des Alters! – sich zu Tode hetzten, den Mantel (ἱμάτιον) doppelt umgeschlagen und mit Spangen angeheftet!«[38]

Damit hatten sie unversehens die Mäntel, wie man sie in Friedenszeiten trug, den Erfordernissen des Kriegslebens angepaßt.
Die Chlamys, schlechthin *das* Gewand der Soldaten, Epheben und Reiter (s. Taf. 16), stammte wahrscheinlich aus Thessalien, wurde aus einem dichteren, steiferen Stoff hergestellt als selbst der Tribon und war immer mit einer Spange an der Schulter befestigt. Dieser recht kurze Mantel flog und flatterte hinter dem Läufer oder Reiter im Wind, eine Bewegung, der die Künstler – z. B. auf dem Panathenäenfries[39] – außerordentlich reizvolle Wirkungen abgewonnen haben. Die Chlamys konnte, da allzu offen und wehend, den Körper nicht wie das Himation bedecken und machte es unerläßlich, ein Untergewand zu tragen. Wer das wünschte, konnte auch mit Leichtigkeit statt des rechten den linken Arm freilassen, indem er die Fibel am Hals von der einen auf die andere Schulter versetzte. Auch als primitiver Schild konnte der Mantel dienen, wenn man ihn um den linken Arm wickelte, wie es Alkibiades tat, als er kurz vor seinem Tod aus dem brennenden Haus gegen die Feinde vordrang.[40] Die gewöhnlich purpurrot gefärbte Chlamys sollte die gesamte Antike hindurch der am weitesten verbreitete Militärmantel bleiben: Noch die Soldaten des Pilatus werden Jesus vor der Dornenkrönung in einen ihrer Mäntel, eine »scharlachrote Chlamys« (χλαμύδα κοκκίνην) kleiden (Matth. 27,28).

Die Sklaven tragen in Griechenland keine gruppenspezifische Kleidung, sondern dürften in etwa wie die Metöken und die Athener der besitzlosen Schicht angezogen gewesen sein.

Die Gewänder der Frauen

Die Kleidung der Frauen unterscheidet sich nicht grundsätzlich von der der Männer. Eine besondere Bearbeitung und die Gesuchtheiten der Eitelkeit mögen ihr ein ganz anderes Aussehen geben, im wesentlichen aber handelt es sich immer um ein rechteckiges Woll- oder Leinentuch, das in der Form, wie es den Webstuhl verläßt, mit Hilfe von Spangen und kurzen Nähten zwanglos um den Körper gelegt wird. Phokion und seine Frau, so wird gesagt, besaßen in ihrer Armut nur einen einzigen Ausgehmantel, den abwechselnd der eine oder andere benutzte. Jedoch scheinen der Schnitt, die Farbe und der Schmuck für die beiden Geschlechter gewöhnlich nicht dieselben gewesen zu sein. In der *Weibervolksversammlung* entleihen Praxagora und ihre Gefährtinnen nicht nur die Stöcke und hohen Schuhe (ἐμβάδες) von ihren Männern, sondern auch die Mäntel, und Blepyros, dem so nichts anderes übrigbleibt, als sich in den kleinen safranfarbenen (κροκωτός) Mantel seiner Frau zu hüllen, wirkt lächerlich.[41]

Das elementarste Frauengewand ist das der Mädchen von Sparta, über das die athenischen Dichter so sehr gespottet haben.[42] Dieser kurze, offene Peplos (πέπλος) dient zugleich als Unterkleid und Mantel. Er besteht aus einem recht knappen wollenen Umschlagtuch, das ohne Gürtel und Naht einfach mit einer Fibel auf beiden Schultern befestigt wird. Nur eine der beiden Seiten des Körpers wird von dieser Andeutung eines Kleidungsstückes wirklich bedeckt, die andere entblößt sich bei der geringsten Bewegung. Plutarch sagt:

> »In der Tat waren die Schöße an den Untergewändern der jungen [spartanischen] Frauen unten nicht zusammengenäht, sondern schlugen sich auf und entblößten beim Gehen das ganze Bein,

weshalb man sie mit dem Namen φαινομηρίδες (Beinentblößerinnen) bedacht hatte.«[43]

Ist dieser offene Peplos lang genug, kann er mit einem Einschlag getragen werden:

»Hatte eine Frau beim Weben einen rechteckigen Stoff von größeren Abmessungen als denen des dürftigen Peplos der spartanischen Mädchen bekommen, mußte sie natürlich mit Hilfe von Spangen alles auffangen und umschlagen, was der Länge nach über ihre Körpergröße hinausging. Der Wollumhang begann dann, obwohl nach wie vor auf einer der beiden Seiten offen, sich selbst in seiner oberen Hälfte zu bedecken, d. h., er wuchs um ein mehr oder weniger langes Obergewand, das aber wohlgemerkt mit dem Unterteil ein geschlossen zusammenhängendes Stück ohne irgendeine Naht bildete. Ebenso fielen bei die Maße des Oberkörpers überschreitender Breite die freien Säume längs der seitlichen Öffnung unter reichlichem Faltenwurf hinab, wodurch das Gewand besonders füllig wirkte.«[44]

Eine mit diesem Peplos bekleidete Frau konnte bequem eine Hand unter der Falte durchstecken. Diese vertraute Geste findet man bei einer ganzen Reihe von Kleinstatuen, insbesondere bei solchen, die als Spiegelhalter dienen.
Hat die Umschlagfalte eine genügende Länge, kann sie so über dem Kopf zurechtgezogen werden, daß sie eine Art Schleier oder Kapuze bildet. Auf Grabstelen zeigen sich in dieser Weise gekleidete Frauen.
Bleibt der Peplosumschlag in seiner gewöhnlichen Lage, kann er durch das Tragen eines Gürtels auf Hüfthöhe in zwei Teile geteilt werden. Nach den Repliken, die wir von ihr besitzen, trug die Athena Parthenos des Pheidias ein solches Gewand.[45] Der Gürtel bewahrt nicht nur die Ordnung des Faltenwurfs und verhindert, daß sich das rechte Bein beim Gehen entblöße, sondern er stellt auch den Oberkörper heraus und fördert die Wirkung einer edleren und strengeren Gestalt. Ist der Stoff nicht über der Brust gespannt,

kann der Gürtel auch hier jenen bauschigen Faltenwurf hervorrufen, den die Griechen Kolpos nannten.
Schließlich konnte der Peplos auch durch eine von der Hüfte bis zu den Füßen reichende Naht halb oder sogar in der Weise von oben bis unten ganz geschlossen werden, daß nur für die Arme ein Durchschlupf blieb. Die Anordnung des offenen Peplos ist notwendig asymmetrisch, die des geschlossenen, der in etwa zylindrische Form annimmt, dagegen von bemerkenswert symmetrischer Regelmäßigkeit. Auch der geschlossene Peplos läßt Überwurf und Gürtel zu, wie die majestätische Kleidung der ἐϱγαστῖναι (Arbeiterinnen, d. h. der Wirkerinnen des Athena-Peplos) des Parthenon auf dem im Louvre befindlichen Teil des Panathenäenfrieses zeigt.[46]
Anläßlich eines Krieges zwischen Athen und Aigina, dessen genaues Datum wir nicht kennen, das aber mit Sicherheit vor 485 v. Chr. liegen muß, berichtet Herodot, die Aigineten hätten einen so vollständigen Sieg errungen, daß alle Athener zugrunde gingen mit Ausnahme eines einzigen:

> »Nach seiner Ankunft in Athen meldete dieser das Unglück. Aber die Frauen der Krieger, die gegen Aigina gezogen waren, gerieten in solche Aufregung darüber, daß er allein gerettet worden sei, daß sie ihn umringten, auf ihn von allen Seiten mit ihren Kleiderspangen einstachen und dabei nacheinander fragten, wo ihr Mann geblieben sei. Auf diese Weise kam er zu Tode. Den Athenern aber sei die Tat der Frauen noch furchtbarer erschienen als das Unglück. Sie hätten nicht gewußt, womit anders sie die Frauen hätten strafen können, als daß sie ihre Kleidung in ionische Tracht umänderten. Bis dahin nämlich trugen die athenischen Frauen dorische Tracht, die der korinthischen sehr ähnlich ist. Von jetzt an mußten sie einen Leibrock aus Leinen anziehen, damit sie keine Spangen mehr nötig hatten. Diese Kleidung ist genaugenommen seit alters nicht ionischen, sondern karischen Ursprungs. Alle griechischen Frauen trugen in alter Zeit die heute sogenannte dorische Tracht.«[47]

Die letzte Behauptung ist sehr anfechtbar, und wir sind auch durchaus nicht verpflichtet, den Bericht des Herodot buchstäblich zu nehmen. Mit großer Wahrscheinlichkeit war der Modewechsel im Hinblick auf die Frauenkleidung in Athen das Ergebnis einer langen Entwicklung und nicht die Folge eines dramatischen Ereignisses, wie es der Historiker erzählt. Aufrechtzuerhalten ist aber gewiß die von ihm getroffene Unterscheidung zwischen dem meist aus Wolle gefertigten und mit Spangen zusammengehaltenen Peplos und dem – genähten – Untergewand aus Leinen. Dabei ist ebenfalls zuzugestehen, daß dieser Leibrock das jüngere Gewand ist.

Schon immer hatten die Griechen die Wolle ihrer Schafe zur Anfertigung von Kleidern gebraucht; Leinen dagegen mußte, wie oben gesagt wurde, anfangs namentlich aus Ionien eingeführt werden, bevor es in mehreren Gebieten des eigentlichen Griechenland heimisch gemacht werden konnte. Leinen mußte demnach recht lange als ein Luxusgewebe gelten, dessen Gebrauch sich nur Schritt für Schritt und zuerst unter den modebewußten Damen der wohlhabenden Schicht ausbreitete. Doch gehen wir wohl nicht fehl in der Annahme, daß der alte Wollpeplos, wenn zwar von den Putzsüchtigeren aufgegeben, so doch nach wie vor das Gewand der Bäuerinnen und der meisten Frauen des Volkes geblieben ist, ganz zu schweigen von den Sklavinnen. So wie die athenischen Architekten am Parthenon den dorischen und den ionischen Fries verbanden, so pflegten auch die Athenerinnen bald den »dorisch« genannten Peplos, bald das feine kleingefältelte Leinenuntergewand (χιτών) zu tragen, das man als »ionisch« bezeichnete. Auf ein und demselben eleusinischen Flachrelief aus der Mitte des 5. Jahrhunderts ist Demeter in den strengen Peplos gekleidet, während ihre Tochter Kore einen eleganten Leinenchiton trägt.[48] (Siehe Taf. 18.)

Der Leinenrock wird wie der Peplos aus einem einheitlichen rechteckigen, nach dem Webvorgang nicht mehr grundlegend veränderten Stück gefertigt. Dabei werden jedoch die beiden seitlichen Säume des Rechtecks miteinander vernäht und die beiden oberen Ränder beidseitig auf den Schultern und die Arme entlang durch eine doppelte Reihe von kurzen Nahtstellen und bisweilen Spangen so verbunden, daß sie weite Ärmellöcher bilden. Der Gürtel läßt je nach Länge des Stoffs einen mehr oder weniger großen Kolpos entstehen. Oft wurde die Plissierung des Leinenchitons mit den Nägeln der Finger bewerkstelligt, in einem noch ganz unentwickelten Verfahren also, denn das Bügeleisen war den Menschen des Altertums anscheinend unbekannt. Wie der Peplos läßt dieser Chiton in seiner langen Form schließlich auch einen doppelten Überwurf auf der Brust und im Rücken zu.

Über dem Chiton, einem Kleidungsstück, das natürlich weniger warmhielt als der Peplos, trugen die Frauen im Winter verschiedene Arten von Mänteln, z. B. einen einfachen Umhang, der in Form eines Schultertuches mit einer Spange auf einer der beiden Schultern festgeheftet wurde, auch ein rundes (ἔγκυκλον) Mäntelchen, einen Peplos als Obergewand oder schließlich ein um den Körper gelegtes langes Himation, das dem der Männer entspricht, dessen Schoß aber gewöhnlich in eleganterer Manier nach vorne und nicht nach hinten herabfällt (χλανίς). Manchmal hing dieser Mantel mehrfach der Länge nach zusammengefaltet auf beiden Armen nach hinten und nahm dann auf den Vasenbildern das Aussehen eines langen Schultertuches an.[49] (Siehe Taf. 17.)

Im 4. Jahrhundert wickeln sich die zierlichen jungen Frauen, die uns die Terrakotten von Tanagra vorstellen, leicht fröstelnd in weite kunstvoll umgelegte Mäntel, die ihre Unterkleider fast ganz bedecken. In einigen Fällen ziehen sie gar einen Zipfel des Mantels als Kapuze über den Kopf.[50]

Wenn auch die Athenerinnen der armen Schichten weiterhin selbst ihre Kleider woben, hatten sich die Handwerker mancher Städte in der Herstellung bestimmter Kleidungsstücke hohes Ansehen erworben. Die Insel Amorgos exportierte kostbare Leinenröcke, die im Einzelhandel sehr teuer waren, während man sich aus sizilischer Leinwand für weniger Geld ein solches Kleidungsstück anfertigen lassen konnte.[51] Ebenfalls sehr geschätzt waren die langen Leinengewänder (καλασίρεις) aus Korinth. Chios, Milet und Zypern lieferten ihre mit Stickereien verzierten Kleider in weite Fernen. Pellene fertigte geschätzte Mäntel, und die in Patras gewobene Byssos (βύσσος), ein Leinenstoff sehr feiner Qualität, war bei den Modedamen gesucht.

Wenn Euripides in der *Medea* einen Boten berichten läßt, wie Glauke, die frisch mit Jason vermählte Tochter des Königs von Korinth, die vergiftete Krone und das vergiftete Kleid, die todbringenden Geschenke der eifersüchtigen Zauberin, von deren Söhnen entgegennimmt, dann zeichnet er eine Frau seiner Zeit bei der Anprobe eines neuen Gewandes:

Als sie den Schmuck sah, widerstand sie nicht
Und sagt' ihm alles zu; kaum waren Vater
Und Söhne fort, noch gar nicht weit vom Hause,
Nahm sie das bunte Kleid und zog es an,
Flocht sie das goldne Krönchen in die Locken,
Gab, vor dem lichten Spiegel, ihnen Form
Und lächelte dem seelenlosen Bilde;
Erhob sich von dem Sessel dann, durchschritt
Mit weißen Füßchen tänzelnd das Gemach,
Entzückt von dem Geschenk, und prüfte wieder
Und wieder bis zum Saum den Faltenwurf.[52]

Dieser letzte Zug, ohne Zweifel der malerischste des ganzen Porträts, ist leicht zu verstehen: Glauke dreht den Kopf nach hinten und schaut auf ihre Fersen, wobei sie sich auf die Zehenspitzen stellt, um den Fall ihres Kleides und seine Rückenwirkung zu sehen.

Schmuck und modische Requisiten

Die goldene Krone der Prinzessin Glauke ist eines jener prächtigen Schmuckstücke, das sich die griechischen Frauen gern aufs Haar setzen, wenn sie sich für ein Fest oder einen Empfang ankleiden. Wie wir sagten, waren die Athener in der Zeit der Perserkriege mit ihrem goldzikadenbewehrten κρωβύλος (Schopf) in dieser Hinsicht nicht weniger eitel als ihre Frauen, doch wurde die Männermode, abgesehen von bestimmten Umständen, etwa anläßlich religiöser Feiern oder bei Prunkmählern, schnell nüchterner. Vielleicht verschmähten die jungen Stutzer der begüterten Klasse, die »Ritter« des Aristophanes mit ihrer langen Haartracht, solchen Schmuck nicht, trugen sie doch manchmal sogar an den Knöcheln Zierringe aus Metall. Ein Dandy wie der Dichter Agathon, der – so wird gesagt – eine Vorliebe für Frauenkleider hatte, trug ohne jeden Zweifel Schmuck, aber dies bildet eine Ausnahme, die ihn auffallen ließ. In klassischer Zeit sind Schmuckstücke unter gewöhnlichen Lebensumständen praktisch den Frauen vorbehalten, abgesehen freilich von den Edelsteinringen, mit denen die Männer auf jedem Brief oder Dokument, dessen Geheimhaltung ihnen am Herzen lag, ihr Siegel (σφραγίς) in Ton und Wachs drückten.

Die Frauen trugen recht häufig Halsketten, Armbänder, Ohrgehänge und – an den Beinen – Ringe. Die schweren Halsketten mit Anhängern, wie sie in der mykenischen und archaischen Zeit bekannt waren – man denke an das Harmonia-Collier, für das Eriphyle ihre Pflichten verriet[52a] –, werden in Perikleischer Zeit seltener; an ihre Stelle treten leichtere Kettchen, die bisweilen mit Amuletten behängt werden. Die Armbänder werden am Handgelenk, doch auch, wenn die obere Hälfte des Arms vom Peplos unbedeckt bleibt, zwischen Ellbogen und Schulter getragen; meist sind dies Spiralen oder einfache Ringe aus Gold oder Silber, die mit einem Figürchen geschlossen werden können. Sehr häufig hat dieser Schmuck die Form einer sich ringelnden Schlange.

Die Sitte, sich das Ohrläppchen zu durchbohren, um daran Schmuckgehänge zu befestigen, findet sich zu allen Zeiten. Die griechischen Frauen der Perikleischen Zeit trugen allerdings nicht mehr die schweren, zusammengesetzten Ohrgehänge der mykenischen Goldschmiedekunst, sondern am häufigsten kleine, etwa mit einer Rosette verzierte Edelmetallscheiben. Zuweilen hingen winzige Tierfiguren als Amulette daran. Die Mode der am Knöchel oder an der Wade getragenen Ringe war weit verbreitet und scheint religiöse oder besser: magische (ἀποτρόπαιος) Bedeutung besessen zu haben.

Natürlich verschlossen die Frauen ihren Schmuck in einem Kästchen, das sie sich von einer Sklavin bringen ließen, wenn sie sich ausstaffieren wollten – eine Szene, die auf den Vasenbildern und auch den Grabreliefs, z. B. der bewundernswerten Stele der Hegeso[53], häufig dargestellt wird.

Unter den Attributen der Weiblichkeit dürfen Fächer und Schirm nicht vergessen werden, Gegenstände von großer Nützlichkeit in einem so heißen und sonneversengten Land wie dem griechischen.

Der griechische Fächer (ῥιπίς) hat mit dem neuzeitlichen Faltenfächer, der sich halbkreisförmig aufklappen läßt und beim Schließen in sich selbst zusammenfällt, nichts gemein. Er ist ein einfacher, gestielter, flacher Schirm, der gewöhnlich die Form eines Aronstab- oder Palmblatts hat, dessen Stiel als Griff dient, oder auch herzförmige Gestalt aufweist. So sehen z. B. die feststehenden, aus dünnen Holztafeln hergestellten Fächer aus, derer sich die in den Tanagra-Figürchen dargestellten modebewußten jungen Frauen bedienten.[54] Manchmal nimmt der Fächer auch Kreis- oder Palmettenform an. Verschiedene Farben schmücken diese Fächer: Grün, Blau oder Weiß, bisweilen sind sie auch vergoldet.

Der Schirm (σκιάδειον) gleicht dagegen in seinem Aufbau, so wie man ihn auf einigen Flachreliefs und Vasenbildern des 5. Jahrhunderts dargestellt findet, sehr den heutigen Schirmen. Auf einem mit Griff versehenen Schirmstock gleitet frei ein Ring, der eine Reihe von kreisförmig angeordneten, mit einem runden Stück Stoff bespannten Stäben so in Bewegung setzt, daß sich der Schirm öffnet oder schließt. Um die Eleganz noch zu verfeinern, versah man bisweilen die Enden der Stäbe mit Fransen. Der Sonnenschirm (der natürlich auch gegen den Regen dienlich sein konnte) wird nur selten geschlossen dargestellt. Fast immer trägt ihn ein hinter der zu schützenden Dame stehender Sklave. Diese Schirme scheinen eine religiöse Rolle gespielt zu haben, vergleichbar den Baldachinen bei bestimmten feierlichen Prozessionen, etwa dem Panathenäenumzug oder dem der Skirophorien (Σκιροφόρια), in denen vor dem Priester des Poseidon und der Athenapriesterin ein weißer Sonnenschirm einhergetragen wurde. Doch war er natürlich auch ein rein alltäglicher Gegenstand, mit dem eitle Frauen ihren hellen Teint zu schützen pflegten.

Schuhe

Viele Sklaven und Leute aus dem Volk, auch Sokrates, liefen in den Straßen Athens und auf den Wegen der näheren Umgebung mit bloßen Füßen. Die auf Vasenbildern dargestellten Personen tragen recht selten Schuhe, und es ist gewiß, daß Athener und Athenerinnen in ihrer Wohnung meist barfuß gingen. Draußen dagegen waren Sandalen und Schuhe durchaus gang und gäbe. Der Kleinliche des Theophrast freilich zog aus Sparsamkeit die Schuhe erst zur Mittagszeit an![54a]

Bei den Schuhen besteht – ebenso wie bei den anschließend zu besprechenden Hüten – die Schwierigkeit darin, die Entsprechungen zwischen den zahlreichen uns aus den literarischen Quellen bekannten Namen und den bildlichen Darstellungen ausfindig zu machen, die uns die archäologischen Denkmäler bieten. Viele der vorgeschlagenen Gleichsetzungen bleiben ungewiß. Oft wurden die Schuhe nach Maß angefertigt; in diesem Fall schnitt der Schuhmacher die Sohle zu, indem er mit dem Messer unmittelbar um den Fuß des Kunden fuhr.[55] Die Sandalen bestanden aus einfachen Kork-, Holz- oder Ledersohlen, die mit um den Knöchel und die Zehen gebundenen Riemchen am Fuß befestigt wurden, dessen Rücken unbedeckt blieb. Die Embas (ἐμβάς), ein gängiger Halbstiefel, den die Männer auf Reisen trugen, ist ein hochgeschlossener, vorn geschnürter und oben in einer Art Stulpe endender Schuh. Die Endromis (ἐνδρομίς) hat sehr ähnliche Formen, weist aber keinen Umschlag auf. Der aus Lydien stammende Kothurn (κόθορνος), den Aischylos abgeändert und dem Theater angepaßt haben soll, ein Schuh mit hoher Sohle, war offensichtlich weniger genau als die bisher erwähnten der Fußform angepaßt, denn er konnte ohne Unterschied rechts wie links getragen werden. Von daher erklärt sich auch der Spitzname »Kothurn«, mit dem der Politiker Theramenes von seinen Feinden bedacht wurde, die ihm vorwarfen, allzu bedenkenlos von einer Partei zur anderen überzugehen.[56]

Die Frauenschuhe hatten vielfältigere und elegantere Formen entwickelt. Bei einigen Typen kennzeichnet der Name (etwa Περσικαί oder Λακωνικαί, sc. ἐμβάδες) eindeutig die Herkunft, aber sie zu beschreiben bereitet Schwierigkeiten. Wir wissen, daß Frauen, um größer zu erscheinen, eine Art Ferseneinlage zwischen Fuß und Schuh schoben, denn die unter dem Schuh angebrachten Absätze kannten anscheinend die Schuhmacher des Altertums noch nicht. Ein Komiker sagt: »Ist eine Dame allzu klein, legt Kork sie in ihr Stiefelzeug.« Das für die Frauenschuhe bestimmte Leder wurde mit verschiedenen Farben, mit Schwarz, Rot, Weiß oder Gelb, getränkt. Wie bei den Kleidern produzierten die Handwerker mehrerer Städte, darunter z. B. die von Argos, Sikyon und Rhodos, berühmte Modelle.

Ein Mimiambos des Herondas läßt uns bei einem Schuhmacher eintreten, der zugleich wie viele seiner Berufskollegen Schuhhändler ist. Zwar stammt dieser Text aus dem 3. Jahrhundert, aber es ist ziemlich wahrscheinlich, daß die feinen Damen von Athen schon im 4. Jahrhundert bei ihrem Lieferanten eine große Auswahl vorfanden und daß die von Herondas beschriebene Szene kaum verändert schon 50 oder 100 Jahre früher hätte spielen können. Zwei Kundinnen betreten den Laden, und sofort bemüht sich der Schuster Kerdon um sie, bittet, Platz zu nehmen, fährt seine Sklaven an, stellt die verschiedenen Modelle seines Angebots vor und lobt in hohen Tönen deren Vorzüge. Nebenbei läßt er uns wissen, daß er 13 Sklaven in seiner Werkstatt beschäftigt; dann sagt er:

Zu sehen kriegt ihr jetzt
An Spezialitäten alle Marken:
Sikyonier, Ambrakidien, Nossis, Chier,
Papageien, Hanfriem, Baukis, Pantoffeln,
Ionische Ringsverschnürte, Nachthüpfer,
Hochknöchel, Krebse, Argossandalen,
Scharlach, Epheben, Laufschuhe – kurz, wonach
Einer jeden steht das Herz, das sagt mir nur:
[...]

E i n e K u n d i n :
Was soll das Paar denn kosten, das du vorhin
Uns vorgeführt hast? Aber donn're nicht
Zu stark, sonst jagst du selber uns davon.

Kerdon: Schätz du es, bitte, selbst und stelle fest
Wieviel es wert ist [...]
Willst du, Verehrte, ein wahres Schusterkunstwerk,
So bietest du was [...], wovon
Es Brot für uns gibt, die das Werkzeug rühren.
Die Kundin:
Was brummst du da, statt frank und frei den Preis
Zu nennen, wie du ihn berechnet hast?
Kerdon: Verehrte, eine Mine ist dies Paar wert
[= 100 Drachmen, eine beträchtliche Summe],
Du magst hinaufsehn oder auf den Boden.
Und wenn's Athene selber kaufte, ließ' ich
Nicht soviel wie ein Spänchen Kupfer abgehen.
Die Kundin: Es ist ganz klar, warum dein Laden, Kerdon,
So ganz von schönen Kostbarkeiten voll ist.
Dörr sie nur ein und hüt sie [...].

Und in demselben tändelnden Ton geht der Handel weiter.[57]

Hüte und andere Kopfbedeckungen

Bleibt noch schließlich das Kapitel über die Kopfbedeckungen. Die Männer gehen auf der Straße gewöhnlich barhäuptig und setzen nur auf dem Lande eine Kopfbedeckung auf. In der Stadt tragen nur die auf der Durchreise befindlichen Fremden einen Hut. Im Krieg schützt ein Metallhelm den Kopf. Die Faustkämpfer – wir würden sagen: die Boxer – tragen einen Kopfschutz aus Leder.
Der Pilos (πῖλος) ist ein formschöner Hut von hoher, mehr oder weniger kegelstumpfartiger und sich verjüngender Gestalt, der zum Schutz gegen die Sonne auch einen Schirm und verschiedene Verzierungen haben konnte. Gewöhnlich bestand er aus einem recht festen, steifen Filz, damit er sich nicht allzuleicht zerdrücken ließ. Auch Leder und sogar Metall sind als Materialien belegt. Herodot nennt Piloi auch die hohen Turbane der Perser.[58] Diese Kopfbedeckung konnte auch als Kriegshelm dienen.[59]

Das Wort Pilidion (πιλίδιον), die Verkleinerungsform von Pilos (πῖλος), bezeichnet in Wirklichkeit eine durchaus verschiedene Kopfbedeckung (so wie im Französischen eine *casquette* [Schirmmütze] eben nicht ein kleiner *casque* [Helm] ist). Eine einfache Filz- oder Wollkappe, ist das Pilidion zunächst eine Art Nachtmütze, die mancher Kranke auf ärztliche Anweisung tragen muß, um den Kopf warmzuhalten.[60] Auf dem Lande tragen diese Mütze, der ein Schirm und jede Verzierung fehlt, auch die Sklaven und die Leute aus dem niederen Volk, Bauern, Hirten, Handwerker, Seeleute, Schausteller usw. Auch der Gott Hephaistos als Schutzherr der Arbeiter trägt diesen Hut (s. Abb. 57). Ein Athener von einem gewissen Ansehen hätte sich geschämt, mit einer solch unfeinen Kleine-Leute-Mütze durch die Straßen Athens zu laufen. Solon freilich hatte sich unter ganz bestimmten Umständen nicht gescheut, dies zu tun; bezeichnend ist dabei allerdings, daß er damit die Absicht verband, sich für geistesgestört halten zu lassen.[61]

Die κυνῆ ist eine Kappe aus Leder (wörtlich: aus Hundehaut), die in Form und Verwendung dem Pilidion nahesteht.

Der Pilos schützte, selbst wenn er einen Schirm besaß, nur unvollkommen gegen die Glut der Sonne. Daher ist die bevorzugte Kopfbedeckung der Reisenden – auch des Himmelsboten Hermes – der Petasos (πέτασος), ein breiter Filz- oder Strohhut mit ausladender Krempe und flacher Hutschale, der ein Kinnband besaß, an dem man ihn zurückschieben und auf dem Rücken tragen konnte. Ein solcher Hut mußte auf dem Kopf festgebunden werden, da er dem Wind eine große Angriffsfläche bot, aber dafür schützte er wirksam gegen Sonne und Regen. (Siehe Taf. 16 und 17.)

Die Frauen bedeckten den Kopf, wie schon gesagt, mit einem kapuzenartig übergezogenen Zipfel ihres Untergewandes oder Mantels. Der κεκρύφαλος, von dem wir ebenfalls sprachen, ist eher eine Art von um die Frisur gebundenem Kopftuch oder Haarnetz als ein wirklicher Hut. Doch kennen auch die Frauen eine runde, breitrandige, zur Mitte spitz zulaufende Kopfbedeckung, die Tholia (θολία), die aufs Ganze gesehen eine Abart des Petasos ist. Die Tonstatuetten von Tanagra zeigen, mit welcher Vornehmheit die feinen Damen die Tholia zu tragen wußten.[61a]

Siebtes Kapitel

Essen, Spiele und Vergnügungen

Tageseinteilungen

Der Arbeitstag wie auch die Versammlungen jeder Art, die der Ekklesia, der Gerichte und der Aufzüge zu religiösen Festen, begannen in der Regel bei Sonnenaufgang. Vor dem Verlassen des Hauses im ersten Morgengrauen nahm ein Athener ein Frühstück (ἀκρατισμός) zu sich, gewöhnlich ein paar Bissen Gersten- oder Weizenbrot, die man mit ein wenig ungemischtem (ἄκρατος) Wein anfeuchtete. Wollte er diese erste Mahlzeit etwas reichlicher gestalten, konnte er Oliven oder Feigen hinzufügen.

Die Tageseinteilungen, die Stunden, konnten im antiken Griechenland nicht genau gezählt werden. In früher Zeit bezeichnete man die verschiedenen Tageszeiten in ungefährer Weise, indem man von der Morgendämmerung, von der »Stunde des vollen Marktes« (um die Mitte des Vormittags), von Mittag, Nachmittag und Abend sprach. Seit der Mitte des 5. Jahrhunderts verfügten die Griechen jedoch über zwei Geräte zur Zeitmessung, die aus dem Osten übernommene Sonnenuhr (Gnomon, γνώμων) und die Klepsydra (κλεψύδρα), eine Wasseruhr, die durch das gleichmäßige Ablaufen einer bestimmten Flüssigkeitsmenge die Zeit angab. Die auf demselben Prinzip wie die Klepsydra beruhende hydraulische Uhr war in klassischer Zeit noch unbekannt. Praktisch war es der 433/432 von dem Astronom Meton auf der Pnyx über einer horizontalen Fläche errichtete aufrechtstehende Gnomonstab oder waren es auch die Zeiger anderer, gelegentlich tragbarer[1a] Sonnenuhren, die durch die wechselnde Länge des Schattens den für ein Treffen oder eine Einladung vereinbarten Zeitpunkt anzeigten. Die Schattenlänge maß man dabei in Fuß. In der *Weibervolksversammlung* sagt Praxagora zu ihrem Gatten: »Dein ganzes Geschäft ist, nach dem Schatten zu schaun, wenn er 10 Fuß mißt: Dann verfügst du ge-

salbt dich zum Essen.«[1] Der Komiker Eubulos spricht von einem großen Esser, der, »von einem Freund zu Tisch geladen, zum Hause des Mahls kommen sollte, wenn der Schatten 20 Fuß Länge erreicht habe, bei Sonnenaufgang den Schatten zu messen begann und, als dieser noch mehr als 2 Fuß länger war, sich zum ausgemachten Ort begab, mit der Entschuldigung, Geschäfte hätten ihn aufgehalten – dabei war er bei Tagesanbruch gekommen«![2] Da alle Einladungen zum Essen für den Abend galten, bedeutete dies soviel wie wenn jemand, der eine Einladung »um acht« hat, acht Uhr morgens käme. Selbst als die Sonnenuhren an Zahl zugenommen hatten, scheinen es sich die Athener – anders als die Römer – nicht durchweg zur Gewohnheit gemacht zu haben, die Stunden des Tages von Sonnenaufgang an durchzuzählen. Die Tageseinheiten blieben bei ihnen daher immer sehr unbestimmt und ungefähr – ein Umstand, der auch den Rhythmus ihres Lebens beeinflussen sollte.
Um die Mittagszeit oder im Laufe des Nachmittags nehmen die Griechen einen kleinen Schnellimbiß (ἄριστον) zu sich. Der eine oder andere schätzt auch ein Vesperbrot (ἑσπέρισμα) gegen Abend; die bei weitem reichlichste Mahlzeit aber, das Nachtmahl (δεῖπνον), legt man gewöhnlich an das Ende des Tages oder gar in die Stunden nach Einbruch der Nacht.

Speisen und Getränke

Was aßen nun die Griechen an einem gewöhnlichen Tag, wenn sie abends nicht eingeladen waren? Die meisten, und besonders die Athener, waren für ihre Genügsamkeit bekannt: Klima und geringe Fruchtbarkeit des Bodens können dies weitgehend erklären. Die Bewohner des üppigen Boiotien galten dagegen als kräftige Esser, über deren Neigung zur Völlerei – wie auch über ihre Begriffsstutzigkeit und ihr grobschlächtiges Wesen – man sich lustig machte. Wenn man ihnen allerdings nachsagte, sie fänden nur am Wohlleben und an ausgedehnten Gelagen Gefallen, so drückten sich darin vielleicht nur die Vorurteile gehässiger Nachbarn aus.[3] Die Lebensführung der Spartaner galt im Gegensatz dazu als noch sparsamer als die der Athener, doch ging diese Meinung vielleicht auf ebensolche Phantasievorstellungen zurück.

Homer schon nannte die Menschen »Mehlesser«. Getreide, im wesentlichen Weizen und Gerste, bildet die Grundlage der Ernährung, und wie wir schon sagten, führte Athen große Mengen davon ein. Als Platon in seiner Schrift vom *Staat* das Bild eines gesunden und ursprünglichen Lebens zeichnen will, sagt er:

> »Zur Nahrung werden [diese Menschen] sich aus Gerste und Weizen Mehl bereiten, es kneten und backen, gutes Gersten- und Weizenbrot vorsetzen auf Rohrgeflecht oder reinen Blättern [...]«.[4]

Das kuchenförmig geknetete Gerstenbrot, die μᾶζα, bildet die Grundnahrung im alltäglichen Leben. Solon hatte ein Gesetz erlassen, das eigentliche Weizenbrot (ἄρτος) dürfe nur an den Festtagen gegessen werden. Im Athen des Perikleischen Zeitalters freilich dürfte man ohne Zweifel alle Tage ebensogut Weizenbrot wie μᾶζα beim Bäcker gefunden haben – früher buk jede Familie selber ihr Brot –, doch war die μᾶζα billiger, und die Armen mußten sich fast immer damit zufriedengeben.

Jede feste Nahrung, die im Laufe einer Mahlzeit neben dem Brot gereicht wird, heißt Opson (ὄψον), etwa Gemüse, Zwiebeln, Oliven, Fleisch, Fisch, Obst und Süßigkeiten. Gemüse waren selten und – in der Stadt – recht teuer, sieht man einmal von den Bohnen und Linsen ab, die man vor allem als dicke Suppe oder Brei (ἔτνος) aß. Wollte man Aristophanes[5] glauben, so hätte sich Herakles, nach ihm ein Vielfraß wie kein zweiter, im wesentlichen diesem schweren und kräftigenden Gericht ergeben. Knoblauch und ebenso Käse und Zwiebeln wurden in großen Mengen verzehrt, vor allem im Heer, wo empfindliche Naturen diese Kost eintönig und gewöhnlich fanden.[6] Oliven gab es in Attika – zumindest vor dem Peloponnesischen Krieg – im Überfluß, und wenn auch die meisten zur Ölproduktion dienten, aß man doch viele so.

Fleisch war teuer, mit Ausnahme des Schweinefleischs (ein Ferkel kostete 3 Drachmen[7]). Die armen Stadtbewohner bekamen nur dann und wann bei Opfern ein Stück Fleisch zu essen, brachten doch fast alle religiösen Feste ausgesprochene Schlachthaus- und Metzgerszenen mit sich, die in der Regel mit einem Schmaus endeten. Die wohlhabenden Grundbesitzer auf dem Land jedoch hatten oft Geflügel, Schwein, ein junges Zicklein oder einen Hammel auf dem Teller, ganz zu schweigen von dem Wildbret, das ihnen die Jägerei verschaffte.

Die meisten Stadtathener mußten sich im allgemeinen eher von Fisch als von Fleisch ernähren. In dieser Hinsicht ist schon aufschlußreich, daß das Wort ὄψον, das, wie wir sagten, alles bezeichnet, was zum Brot gegessen wird, mit der Zeit eine Bedeutungsverengung zu »Fisch« erfahren hat, so daß das neugriechische Wort für »Fisch« hiervon abgeleitet ist. Fisch ist – neben Brot – wahrscheinlich die Hauptnahrung der städtischen Bevölkerung. Jede Preissteigerung bei den Sardinen und Anschovis auf dem Markt im Phaleron setzte die kleinen Leute in Unruhe und ließ sie fürchten, auf eines der am weitesten verbreiteten und geschätztesten Gerichte verzichten zu müssen. Der Fischmarkt erfreute sich regsten Zuspruchs und war einer der malerischsten auf der ganzen Agora. Manche besonders schmackhaften und begehrten Arten waren zu teuer, als daß sie auf den Tischen der Armen hätten liegen können, so etwa die berühmten Aale vom Kopaissee; denn die Athener waren auf Süßwasserfisch ebenso versessen wie auf Meeresfisch, den Thunfisch zum Beispiel. Auch *frutti di mare* waren geschätzt, Muscheln und Weichtiere wie die Tintenfische und Kalmare, die an den Küsten Euboias im Überfluß das Meer bevölkern und für die Fischer von Eretria eine so bedeutende Einnahmequelle darstellen, daß diese Stadt als unterscheidendes Kennzeichen auf ihren Münzen einen Kalmar gewählt hatte.[8] Bestimmte Händler verkauften in einer Salzlake gepökelten oder geräucherten Fisch und ebensolches Fleisch (τάριχος).

Mit einem Nachtisch (τράγημα) konnte man die Mahlzeit beenden, etwa mit getrockneten oder frischen Früchten, insbesondere Feigen, Nüssen und Weintrauben, oder mit einer Art Honigkuchen (s. Abb. 39).

Gewöhnlich besorgten die Frauen des Hauses, vor allem die Sklavin-

Abb. 39. Dessertfrüchte auf dreifüßigem Tisch.
Nach: Ch. Daremberg, E. Saglio und É. Pottier, *Dictionnaire des antiquités grecques et romaines*, Bd. 1,2, Paris: Hachette, 1887, S. 1275, Abb. 1697.

nen, die Küche. Seit dem 4. Jahrhundert jedoch treten berufsmäßige Köche und Bäcker auf; einige verfassen sogar Lehrbücher der »Kochkunst«. Platon erwähnt den »Bäcker Thearion, Mithaikos, der über die sizilische Kochkunst geschrieben hat, und den Schankwirt Sarambos [...], der eine lieferte wunderschönes Brot, der andere Speisen, der dritte Wein.«[9]

Die meisten Speisen aß man mit den Fingern, denn der Gebrauch von Gabeln war unbekannt. Die flachen μᾶζα- oder Weizenbrote konnten recht gut die Teller ersetzen, doch benutzte man auch flache Schalen und Schüsseln aus Holz, gebranntem Ton oder Metall. Dicke Suppen oder Brei aß man mit Löffeln, die den unsrigen ziemlich ähnlich sehen und deren Stiel bisweilen reich verziert war. Gab es Fleisch, konnte man auf das Messer natürlich nicht verzichten.

Das am meisten geschätzte Gericht der Spartaner bei ihren gemeinsamen Mahlzeiten (συσσίτια) ist die berühmte »Schwarze Suppe«, eine Art von sehr scharfem Ragout aus Schweinefleisch, Blut, Essig und Salz. Plutarch berichtet, »einer der Könige von Pontos habe sich dieser Brühe wegen sogar einen lakonischen Koch gekauft; als er aber kostete, habe sie ihm gar nicht geschmeckt. Darauf habe der Koch gesagt: ›Ja, Herr König, diese Suppe muß man essen, nachdem man vorher im Eurotas gebadet hat.‹«[10] Diese zufällige Anekdote bestätigt uns selbst für Sparta, wo die Hochschätzung des Wassers und der Körperhygiene, wie wir sagten, nicht sehr ausgeprägt war, die Gewohnheit, sich vor dem Essen zu waschen.

Der Kykeon (κυκεών), der rituelle Trank bei den Eleusinischen Mysterien, dem die griechischen Bauern aber auch gern bei sich zu Hause zusprachen, nahm eine Zwischenstellung zwischen fester Nahrung und Getränk ein. Sein Grundbestandteil war ein Brei aus Gerste und Wasser, dem verschiedene Pflanzen, z. B. Polei, Minze oder Thymian, das besondere Aroma verliehen – eine einfache Speise also, der man jedoch allerlei Heilkräfte nachsagte:

> »Wenn im *Frieden* des Aristophanes Trygaios fürchtet, der allzu ausgedehnte Genuß von Feigen werde ihm Verdauungsschwierigkeiten bereiten, bekommt er von Hermes den Rat, einen Polei-Kykeon zu trinken. Offensichtlich handelt es sich um ein Hausmittel der Landleute. Auch der Chor rühmt in demselben Stück den Kykeon als Besonderheit des Landlebens. Zu den Wohltaten, die der Bauer bei der Heimkehr wieder antrifft, zählt auch der mit Thymian gewürzte Kykeon, an dem er sich mitten im Sommer gütlich tut. Ein Abschnitt in Theophrasts *Charakteren* zeigt deutlich die Volkstümlichkeit des Kykeon und die Abneigung der feinen Gesellschaft gegen dieses Bauerngetränk. Sein Typ des ›Bäurischen‹ hat einen Kykeon getrunken, bevor er zur Volksversammlung geht, und behauptet gegenüber den Nachbarn, die sich von seinem Atem belästigt fühlen, nichts dufte so angenehm wie Thymian.«[11]

Zum Trinken bediente man sich zweifellos aus Holz oder Metall gefertigter Becher, z. B. von der Art des lakonischen Kothon (κώθων), von dem Plutarch berichtet, er sei vor allem bei Feldzügen nützlich gewesen:

»Denn das schlechte, das Auge beleidigende Wasser, das man notgedrungen trinken mußte, wurde durch die Farbe des Kothon dem Anblick entzogen, und durch seine eingebogenen Ränder wurde der Schmutz ferngehalten, so daß das Getränk reiner an die Lippen gelangte.«[12]

In Athen dagegen verwandte man in den Häusern vor allem Schalen aus gebranntem Ton.

Am häufigsten trank man sicherlich Wasser, dessen wohlschmeckende Frische die Kenner zu schätzen wußten, daneben Milch, vor allem die der Ziegen, und eine Art Met, ein Mischgetränk aus Honig und Wasser. Das königliche Getränk aber lieferte der Weinstock, das »Geschenk des Dionysos«. War auf dem Lande die Weinlese vorbei, probierte man den süßen Wein. Die Verarbeitung des Mostes unterschied sich merklich von den heutigen Verfahren; da man den Wein nicht ausreichend lange und ohne die nötige Ordnung in Fässern reifen ließ, bereitete die Aufbewahrung der kostbaren Flüssigkeit Schwierigkeiten. Um sicherzugehen, daß der Wein nicht verdarb, mischte man ihm Salzwasser oder andere Ingredienzien bei, was an die heute in Griechenland übliche Behandlung des Weines mit Harz *(rezina)* denken läßt, wenngleich die Alten, soweit wir wissen, zu keiner Zeit den Wein mit Harz versetzt haben. Oft gab man Gewürze hinzu, Thymian etwa, Minze oder Zimt, bisweilen auch Honig. Auch aufgekochten Wein bereitete man sich. Jede Landschaft mit einer großen »Sorte«, einer großen »Lage«, hatte ihre eigenen Zubereitungsformen.

Der für den sofortigen Verbrauch vorgesehene Wein wurde in Schläuchen aus Ziegen- oder Schweinehaut aufbewahrt, während der für den Export bestimmte in die damals anstelle unserer heutigen Fässer gebräuchlichen großen Terrakottagefäße (πίθοι) oder in Tonamphoren gegossen wurde, deren Innenwände mit einer Pechschicht ausgekleidet waren. Die Amphorenhenkel trugen Stempel mit dem Namen des Händlers und bestimmter lokaler Beamter, deren Siegel in gewisser Weise die Herkunftsbezeichnung und Güteklasse gewährleistete. Besonders berühmt waren u. a. die Weine von Thasos, Chios, Lesbos und Rhodos. Weinausfuhr und -einfuhr waren – insbesondere in Thasos – durch Gesetze geregelt, die jeden Betrug unter Strafe stellten und anscheinend eine echte Schutzzollwirtschaft sicherten.[13]

Recht selten nur trank man reinen Wein (ἄκρατος). Vor jeder Mahlzeit bereitete man in einem großen Gefäß, dem Krater (κρατήρ), ein mehr oder weniger starkes Wein-Wasser-Gemisch zu. Schon in der *Ilias* befiehlt Achilleus bei dem Empfang für die Gesandten Agamemnons dem Freunde Patroklos: »Sohn des Menoitios, stell vor uns einen größeren Krater, misch uns stärkeren Wein, und füll einem jeden den Becher!«[14] In gleicher Weise wurde auch in klassischer Zeit der Wein je nach Umständen mit Wasser verlängert. Die Diener schöpften den Wein mit am Ende umgebogenen Kellen aus Metall und Ton oder mit Hilfe von Schöpfgefäßen (οἰνοχόαι) aus dem Mischgefäß und füllten die Schalen der Gäste. Bei religiösen Feiern diente der Wein auch zu Trankopfern zu Ehren der Götter; der Kult bestimmter Gottheiten schloß den Gebrauch von Wein allerdings aus, so daß man ihnen Milchopfer darbrachte.

Die Symposien

Wenn die Spartaner regelmäßig ihre Mahlzeiten (συσσίτια, Syssitien) gemeinsam einnahmen, so liebten die Griechen allgemein sehr die Freuden des großen Gastmahls, etwa anläßlich eines Festes der Familie oder der Stadt oder bei jedem anderen Ereignis, das zu feiern würdig war, seien es Erfolgserlebnisse – wie insbesondere der Sieg bei den Wettbewerben der Athleten oder Dichter –, Ankunft oder Abreise eines Freundes oder anderes mehr. Sogar eine neue literarische Gattung haben die Gastmähler (συμπόσια, Symposia) entstehen lassen, wie u. a. die *Das Gastmahl* betitelten Schriften Platons und Xenophons und – sehr viel später – die *Tischgespräche* (Συμποσιακά) des Plutarch und das *Sophistenmahl* (Δειπνοσοφισταί) des Athenaios bezeugen.

Das von uns mit »Gastmahl« übersetzte Wort συμπόσιον (Symposion) bezeichnet eigentlich ein gemeinsames Trinkfest, ein Gelage (s. Taf. 21). Um es richtig zu verstehen, muß man jedoch wissen, daß jedes Mahl mit Freunden oder Bekannten, jedes Essen einer religiösen Bruderschaft oder irgendeiner anderen Vereinigung (θίασος) aus zwei aufeinanderfolgenden Teilen bestanden. Zunächst befriedigte man durch das eigentliche Essen den Hunger, sodann ging man zum Genuß von Getränken, im wesentlichen von Wein, über. War dieser Teil auch der Zeit nach der zweite, so erschien er doch keineswegs als zweitrangig oder untergeordnet, denn schließlich war er es, der dem Symposion seinen Namen gegeben hat. Auch dauerte er gewöhnlich viel länger als der erste, begleiteten ihn doch allerlei gemeinsam genossene Zerstreuungen, die nach Zeit und Ort verschieden waren: Gespräche, Denksportaufgaben, musikalische Darbietungen, Tanzvorführungen usw. Man glaube freilich nicht, der erste Teil habe jedes Getränk, der zweite jede feste Nahrung ausgeschlossen; im Gegenteil konnten sich die Gäste auch beim Essen auf Wunsch zu trinken geben lassen, und oft knabberten sie während des eigentlichen Symposions weiter an verschiedenen Nachspeisen (τραγήματα), um den Durst zu wecken, getrockneten oder frischen Früchten, Kuchen, süßen Bohnen oder gerösteten Kichererbsen und ähnlichen Kleinigkeiten.[15]

Wie bei den spartanischen Syssitien handelt es sich in Athen immer um reine Männermahlzeiten. Einmal mehr zeichnet sich hierin klar der schon im vierten Kapitel bei der Behandlung der Erziehung und der Knabenliebe erkennbar gewordene Charakter der griechischen Gesellschaft ab: Frauen freien Standes sind von allen Zusammenkünften des gesellschaftlichen wie des politischen Lebens unerbittlich ausgeschlossen. Freilich nehmen sie ihrerseits an bestimmten religiösen Festen gemeinsame Mahlzeiten ein, die streng ihren Geschlechtsgenossinnen vorbehalten sind, so in Athen etwa an den Thesmophorien. In Platons *Gastmahl* zählt Diotima, die aus Mantineia stammende Fremde, eben nicht zu den Teilnehmern des Abends; Sokrates begnügt sich vielmehr damit, die Worte wiederzugeben, von denen er behauptet, sie aus dem Munde dieser Frau vernommen zu haben, die freilich trotz solcher literarischen Fiktion doch ohne Zweifel nur seine eigenen Gedanken, eher sogar noch die des Verfassers, Platons, darlegen.[16] In der Tat erschienen in der Perikleischen Zeit Frauen bei den Gastmählern nur, um die Herren

zu bedienen und um – vor allem im zweiten Teil des Abends – als Flötenspielerinnen, Tänzerinnen oder Freudenmädchen für ihre Unterhaltung zu sorgen.
Freunde oder die Mitglieder desselben Vereins (ἑταιρεία) entschlossen sich manchmal zur Gründung eines Eranos (ἔρανος), d. h., sie vereinbarten, abwechselnd bei dem einen oder anderen zusammenzukommen, wobei jeder seinen Anteil an Speisen und Getränken jeweils mitzubringen hatte. Meist fanden die Symposien allerdings auf Einladung eines Mannes statt, der über die Mittel verfügte, um

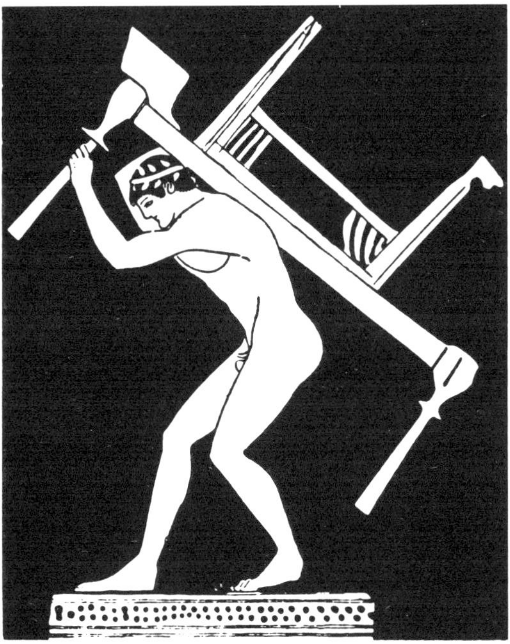

Abb. 40. Diener, eine Kline und einen Tisch tragend. Nach einem Vasenbild des Panmalers, 2. Viertel 5. Jh. v. Chr.
Nach: G. M. A. Richter, *Handbuch der griechischen Kunst*, Köln und Berlin: Phaidon, 1966, S. 425, Abb. 486.

die Kosten des Treffens zu übernehmen. Solche Einladungen zum Abendessen scheinen üblicherweise recht kurzfristig angesetzt worden zu sein, etwa bei einem Treffen auf der Agora oder der Straße. Es kommt auch vor, daß jemand aus eigenem Antrieb einen Freund mitbringt, den der Herr des Hauses nicht mit einer Einladung bedacht hat. Die von den Komödiendichtern so oft verspotteten Schmarotzer suchen immer nach einer Gelegenheit zu gutem Essen und Trinken.

Im Hause des Gastgebers angekommen, zieht man die Schuhe aus und läßt sich von den Sklaven die Füße waschen, dann betritt man den Speisesaal. Oft tragen die Mahlgenossen Kränze von Blättern und Blüten, auch die Brust können solche Ziergirlanden (ὑποθυμίδες) schmücken.[17] Allgemein ißt man im Liegen, d. h. die Beine auf einem Ruhebett ausgestreckt, jedoch mit aufgerichtetem oder leicht geneigtem, von Kissen und Polstern gestütztem Oberkörper. Zahllose Vasenbilder und Flachreliefs stellen solche Bankettszenen dar. Zahl und Anordnung der Speisesofas waren natürlich unterschiedlich; gewöhnlich lagen zwei, manchmal drei Gäste auf derselben Kline. Daß dabei – wie heute – Fragen des Vorrangs und der Etikette auftreten konnten, versteht sich von selbst. Die eigentlichen Ehrenplätze sind an der Seite des Hausherrn, der persönlich jedem Gast seinen Platz anweisen konnte, dies aber keineswegs immer tat. Kleine, tragbare Tische von quadratischer oder rechteckiger Form oder auch Rundtische mit drei Beinen sind so angeordnet, daß jeweils einer vor jeden Gast oder jede Kline zu stehen kommt. Darauf stellen die Sklaven die in verschiedenen Gefäßen oder auf Tellern zubereiteten Gerichte (s. Abb. 40).

Sobald die Symposiasten sich niedergelassen haben, reichen ihnen die Diener Wasserkanne und Becken zum Händewaschen (χέρνιψ), was um so sinnvoller erscheint, als man anschließend die meisten Gerichte mit den Fingern zu essen pflegt. Das Essen beginnt oft mit dem πρόπομα, was man fast mit »Aperitif« übersetzen möchte, handelt es sich doch um eine Schale stark gewürzten Weines, die man vor Beginn der Speisenfolge kreisen läßt.[18]

Wer nur zum eigentlichen Symposion geladen ist, kommt erst nach Ende des Essens. Das Gelage beginnt mit den üblichen Trankopfern zu Ehren der Götter, vor allem des Dionysos, der »gütigen Gottheit«, die den Menschen den Wein geschenkt hat. Bei diesem Opfer trinkt man eine geringe Menge ungemischten Wein, gießt einige Tropfen auf den Boden und ruft dabei den Namen des Gottes an. Darauf folgt ein Preisgesang auf Dionysos. Anschließend bestimmt man – oft durch das Würfellos – den Symposiarchos (συμποσίαρχος), den »Trinkmeister«, dessen Hauptaufgabe darin besteht, das Mischverhältnis von Wasser und Wein und die Zahl der von allen Zechgenossen auszutrinkenden Schalen zu bestimmen. Es ist Brauch, der Reihe nach auf das Wohl aller Teilnehmer zu trinken. Wer dem Trinkmeister nicht folgt, muß sich einer Art Strafe unterziehen, z. B. nackt tanzen oder die Oboenspielerin, die ja nicht fehlen darf, auf den Armen dreimal um den Speiseraum tragen. Oft enden die Symposien mit allgemeiner Trunkenheit, und gewisse Vasenbilder zeigen Frauen, die mit Mühe die vor Übelkeit schwankenden Zecher stützen und nach Hause geleiten.

»Das Gastmahl« Platons

Im *Gastmahl* des Platon begegnet uns als erster Sokrates, der sich, »gebadet und an den Füßen Sandalen, die er selten trug«, zum Haus des Dichters Agathon begibt, um dort mit einigen Freunden auf Wunsch des Dichters dessen soeben im Tragödienwettbewerb errungenen Sieg zu feiern. Unterwegs fordert Sokrates aus eigenem Antrieb einen des Weges kommenden Freund namens Aristodemos, den Agathon nicht geladen hatte, auf dazuzukommen, und da Sokrates unversehens zurückbleibt, um über ein ihm in den Sinn kommendes Problem nachzudenken, trifft Aristodemos als erster ein. Agathon bittet ihn sofort herein und schickt einen Diener nach Sokrates. Aristodemos nimmt auf einem Speisesofa neben dem Arzt Eryximachos Platz; ein Sklave reicht ihm Wasser zum Reinigen der Hände. Agathon befiehlt den Dienern, das Essen hereinzutragen, ohne auf Sokrates zu warten, der schließlich eintrifft, als das Mahl schon halb vorüber ist.

»Danach, als Sokrates sich [neben Agathon, also auf dem Ehrenplatz] niedergelegt und mit den anderen gespeist hatte, vergossen sie die Spende, sangen dem Gott [Dionysos] den Hymnos, erfüllten alle übrigen Bräuche und wandten sich dann dem Weine zu.«[19]

Doch da die Gäste zufällig schon am Vorabend ausgiebig getrunken haben, kommen sie überein, »es bei dieser Zusammenkunft nicht auf den Rausch anzulegen, sondern nach Neigung zu trinken«, ohne daß etwas erzwungen werde, d. h., ohne daß ein Symposiarch die Zahl der von jedem einzelnen zu leerenden Schalen festsetze. Eryximachos schlägt weiterhin vor, »die eben eingetretene Oboenspielerin sich empfehlen zu lassen, mag sie für sich selber spielen oder, wenn sie will, den Weibern nebenan, daß wir den heutigen Tag mit Wechselreden [über ein bestimmtes Thema] beisammen sind«. Phaidros schlägt daraufhin als Gegenstand der Erörterung die Liebe (ἔρως) vor.[20]
Im folgenden lesen wir dann nacheinander die Reden des Phaidros, des Pausanias, des Eryximachos (dem der Dichter Aristophanes seinen Platz in der Reihenfolge überläßt, da er selbst von einem hartnäckigen Schluckauf heimgesucht wird, was ihm von seiten des Arztes Eryximachos eine Belehrung über die verschiedenen Arten der Schluckaufbekämpfung einträgt), darauf Aristophanes (der vom Schluckauf inzwischen geheilt ist), nach einem Zwischenspiel Agathon und schließlich Sokrates selbst, der zunächst in seiner bekannten Art mit Agathon ein Zwiegespräch führt und dann seine, oder besser: die Ideen Platons zu dem Thema des Abends entwickelt, wobei er sie unter dem Namen der Diotima vorträgt.
Kaum hatte Sokrates seine Rede beendet, »da wurde plötzlich mit vielem Getöse an das Hoftor gepocht wie von Festschwärmern, und der Ton einer Oboenspielerin war zu hören«. Agathon befiehlt seinen Sklaven nachzuschauen, wer dort sei:

»Wenig später hörte man des Alkibiades Stimme im Hofe. Der war sehr berauscht und schrie laut; er fragte, wo Agathon sei, und befahl, ihn zu Agathon zu führen. Dann führten ihn die Oboenspielerin, die ihn unter den Arm gefaßt hatte, und einige andere von seinen Begleitern herein. Und er blieb an der Tür stehen, bekränzt mit einem dichten Kranze von Efeu und Veilchen, und trug auf dem Haupte viele Bänder und sagte: Ihr Männer, seid gegrüßt! Nehmt ihr einen schwer Berauschten als Mitzecher auf, oder müssen wir gehen, nachdem wir nur Agathon mit Bändern und Girlanden geschmückt haben? Denn dazu sind wir gekommen.«[21]

Alkibiades wird aufgefordert einzutreten und legt sich auf der Kline des Hausherrn zwischen diesem und Sokrates, den er nicht gleich erkennt, zu Tisch. Agathon weist die Sklaven an, dem neugekommenen Gast die Schuhe zu lösen.
Alkibiades erklärt nun, man müsse noch trinken, und setzt sich – mit der eigentümlichen Autorität eines Betrunkenen – selbst als Symposiarch ein. Er befiehlt, eine große Weinschale, oder besser noch, so sagt er, jenen ψυκτήϱ, d. h. ein Kühlgefäß, zu bringen, von dem der Erzähler uns wissen läßt, daß es 8 κοτύλαι, mit anderen Worten: mehr als 2¹/₄ Liter faßt.[22] Er wird gefüllt; Alkibiades leert ihn bis auf den Grund und zwingt Sokrates, dieselbe Menge zu trinken. Danach hält er, zum Sprechen aufgefordert, seine berühmte Lobrede auf Sokrates: *in vino veritas*.[23] Als darauf Sokrates seinerseits einen Preis auf Agathon vortragen will und diesen bittet, er möge auf der Kline die Plätze wechseln, damit er wieder neben ihn zu liegen komme,

»kamen plötzlich eine große Menge Festschwärmer an das Tor und fanden es offen, da zufällig jemand hinausgehen wollte. Und so kamen sie geradewegs zu ihnen herein und legten sich nieder. Alles war voll von Lärm, und man wurde ohne jede Ordnung gezwungen, sehr viel Wein zu trinken.«[24]

Einige Gäste verabschieden sich, andere überkommt der Schlaf. Allein Agathon, Aristophanes und Sokrates trinken weiter und plaudern. Endlich geben auch Aristophanes, dann Agathon dem Schlaf nach. Sokrates, der ohne Beschwerden (s. Taf. 20) große Mengen Wein zu sich nehmen konnte, »stand auf und ging davon. Er schlug den Weg zum Lykeion ein, nahm ein Bad und brachte den ganzen Tag zu, wie er es sonst tat, und als er so getan, begab er sich abends nach Hause zur Ruhe.« So endet das *Gastmahl* Platons.

»Das Gastmahl« Xenophons

Der gleichnamige Dialog Xenophons beginnt nach einem kurzen Vorspruch mit folgenden Sätzen: »An den Großen Panathenäen fand ein Pferderennen statt. Kallias war damals der intime Freund des jungen Autolykos, und da dieser gerade im Pankration gesiegt hatte, ging er mit ihm zu der Veranstaltung. Als das Rennen vorüber war, ging er mit Autolykos und seinem Vater Lykon in seine Villa im Peiraieus, und es schloß sich ihm auch Nikeratos an. Da sah er Sokrates, Kritobulos, Hermogenes, Antisthenes und Charmides zusammenstehen«; er lädt sie zusammen mit Autolykos und seinem Vater auf denselben Abend zum Essen in sein Haus, zweifellos um den Sieg seines jungen ἐρώμενος im Pankration zu feiern.

Im Speiseraum liegt Autolykos, dessen Schönheit die Blicke aller auf sich zieht, neben seinem Vater. Schweigend nehmen die Gäste das Essen ein, als plötzlich an der Tür geklopft wird. Der Komiker Philippos kommt in Begleitung eines Sklaven und bittet – Parasit (παράσιτος), der er ist – für sich und seinen Diener, zum Essen zugelassen zu werden. Kallias bittet ihn, Platz zu nehmen, denn »die Anwesenden sind, wie du siehst, vollgestopft mit Ernst«, und in der Tat »versuchte Philippos sofort, etwas Spaßhaftes zu sagen, um das zu erreichen, weswegen er überall zu den Festen gerufen wurde«. Aber seine Späße wollen anfangs keinen der Anwesenden zum Lachen bringen, weshalb Philippos mitten im Essen aufhört, sich verhüllt und unter scheinbaren Tränen der Länge nach auf der Kline ausstreckt. Dies rührt die Anwesenden; sie fordern ihn auf weiterzuessen und versprechen sogar, über seine künftigen Scherzreden zu lachen.[25]

»Als man die Tische weggeräumt, die Trankspende geopfert und das Gebet gesungen hatte«, d. h. bei Beginn des eigentlichen Symposions, trat ein Gaukler aus Syrakus auf, der mit einer Gruppe von drei jungen Artisten, einer guten Oboenspielerin, einer Tanzakrobatin und einem außerordentlich schönen Knaben, der sowohl die Kithara spielte wie auch tanzte, für Unterhaltung (κῶμος) sorgte (s. Abb. 41). Sehr wahrscheinlich hatte der reiche Kallias den Syrakusaner vorher eigens engagiert, damit er seinen Gästen etwas Ergötzliches biete. Zumindest gibt Xenophon dies zu verstehen, da er nur sagt, daß der Unterhaltungsmanager seine Tänzer und Sänger als Attraktion vorführte und sein Geld damit verdiente. Zunächst lauscht man einigen Darbietungen des Kitharisten und der Oboenspielerin. Kallias schlägt vor, Duftstoffe, Salböl und Weihrauch, bringen zu lassen, doch Sokrates widerspricht mit der Bemerkung, der Gebrauch von Duftstoffen gezieme nur den Frauen. (In den Speiseräumen gab es wie im Gynaikon jene hochfüßigen Räucherbecken [θυμιατήρια], die auch bei religiösen Feiern eine Rolle spielten. Die Griechen verwandten Weihrauch bei jeder Gelegenheit in bedeutenden Mengen.[26]) Anschließend jongliert die Tänzerin unter Oboenbegleitung im Takt mit zwölf Reifen, gibt sich gefährlichen Übungen an einem rings mit aufrechtstehenden Schwertern besteckten Rad hin, indem sie mit einem Überschlag über diese hinweg hinaus- und hineinspringt, und ruft mit all ihren Darbietungen die Kommentare der Gäste hervor. Dann ist der Knabe mit einer Tanznummer an der Reihe, was Sokrates zu einer lustigen Lobrede auf den Tanz oder eher: die rhythmische Gymnastik veranlaßt, von der er sagt, er möchte sie selbst gern ausüben, um seinen »Bauch, der das Maß überschritten hat, etwas bescheidener zu machen«. Der Possenreißer Philippos ahmt dann auf groteske Art die beiden Tänzer nach (s. Abb. 42). Sokrates setzt durch, daß man mit Maßen und nicht um der Trunkenheit willen trinken wolle, und beginnt, nachdem der Knabe sich zu einem Liedchen auf der Kithara begleitet hat, ein Gespräch: Jeder Anwesende soll die Tugend oder die Kunst angeben, der er den höchsten Wert beimißt, und ihre Vortrefflichkeit zu beweisen versuchen, was allerdings zu einem scherzenden und eher zusammenhanglosen Wortgeplänkel führt. Ein komischer Schönheitswettbewerb zwischen Sokrates und Kritobulos schließt sich an.

Ein wenig später wünschen einige Gäste ein Vergleichespiel, dem sich aber die anderen widersetzen, worauf Sokrates sie dadurch vor Streit bewahrt, daß er alle zusammen ein Lied anstimmen

Abb. 41. Belustigungen beim Symposion: Hetäre balanciert einen Skyphos auf dem Bauch.
Nach: Ch. Daremberg, E. Saglio und É. Pottier, *Dictionnaire des antiquités grecques et romaines*, Bd. 4,2, Paris: Hachette, o. J. [um 1910], S. 1581, Abb. 6695.

läßt. Als die Tänzerin sich auf eine neue Akrobatennummer vorbereitet, bittet Sokrates den Syrakusaner um ein weniger gefährliches und ruhigeres Spiel. Während der Impresario und seine Truppe draußen die nötigen Vorbereitungen treffen, unterhalten sich die Gäste über die Liebe, die im Grunde den Hauptgegenstand auch des Xenophontischen Werkes bildet. Nach diesem Wechselgespräch zieht sich der junge Autolykos mit seinem Vater zurück, und der Syrakusaner läßt eine Art Pantomime vorführen, in der die Tänzerin und der Tänzer die Rollen von Ariadne und Dionysos einnehmen. Das anmutige Schauspiel, zu dem die Oboe einen bacchischen Rhythmus spielte, geriet recht schnell ins Schlüpfrige:

»Es war, als ob ihnen [den Schauspielern] nicht Gebärden eingelernt worden wären, sondern als hätte man ihnen erlaubt zu tun, wonach sie sich schon lange sehnten. Als schließlich die Gäste das Paar umschlungen und wie zum Brautbett miteinander hinausgehen sahen, da schwuren die bisher noch Ehelosen, sie würden

Abb. 42. Tanzende Symposiasten, mit Skyphoi balancierend.
Nach: Ch. Daremberg, E. Saglio und É. Pottier, *Dictionnaire des antiquités grecques et romaines*, Bd. 4,2, Paris: Hachette, o. J. [um 1910], S. 1580, Abb. 6694.

heiraten, und die Verheirateten bestiegen ihre Pferde, um zu ihren Frauen heimzureiten und das Glück auch zu genießen. Aber Sokrates und die andern, die noch da waren, gingen hinaus, wo Lykon und sein Sohn mit Kallias spazierengingen, und schlossen sich ihnen an. Das war das Ende jenes Gastmahles.«[27]

Verschiedene Vergnügungen

Obwohl auch eine literarische Umsetzung der Wirklichkeit, scheint das *Gastmahl* Xenophons den Charakter dieser meist lebhaft-vergnügten Versammlungen treuer bewahrt zu haben als das Platonische. Hier kann Sokrates sogar ein Lied anstimmen; in der Tat zogen die erwachsenen Griechen vor allem bei den Mählern und den religiösen Festen der Familie und der Stadt aus der musikalischen Bildung ihrer Jugendjahre Gewinn.

> »Vor allem bei den Gelagen waren Gesänge der natürliche Ausdruck der Freude, sei es, daß die Leier unter den Gästen die Runde machte, sei es, daß bisweilen jeder der Reihe nach mit einem Myrten- oder Lorbeerzweig in der Hand einige Verse vortragen mußte, deren rhythmisches Maß ein Nachbar mit Leier oder Flöte unterstützte. Alt und jung, alle setzten ihre eigene Person daran, und es ist erheiternd, auf den Vasenbildern jene gutmütigen Gestalten glatzköpfiger Bürger zu sehen, die das Alter hat dicker werden lassen, ohne ihnen doch eine Art stämmiger Eleganz zu rauben, wie sie sich zwischen zwei Liedern erfrischen. Diese belesenen Zecher sprachen Verse des Simonides zu Ehren des Chrios, eines Athleten von Aigina, oder ›Trink, trink an diesem Tag des Glücks‹ oder ein Gedicht aus einer höheren Gattung wie das ›Nein, du bist nicht tot, du lieber Harmodios‹. Kratinos' Hymnen, etwa ›Doro mit den Sykophantenschuhen‹ oder ›Verfertiger gelehrter Hymnen‹, der eine oder andere Abschnitt aus Aischylos und Euripides, ein paar Strophen des Alkaios oder der Sappho lebten bei solchen Gelegenheiten weiter. Beliebte Dichter wie Theognis, Anakreon oder Kydias von Hermione lieferten ebenfalls Stoff zu spontanen Gesangswettbewerben, die sich bis weit in die Nacht hinzogen.«[28]

Gewiß konnten wirkliche Kabarettnummern wie die des syrakusanischen Unterhaltungsmanagers die Symposien würzen, doch brauchte es dazu einen reichen Gastgeber, der eine solche Artistentruppe anheuern konnte. Meist sorgten die Gäste mit weniger Aufwand durch eigenen Einsatz für Zerstreuung. Neben der Musik und den Liedern wandten sie sich dann dem freien Gespräch zu (das ohne Zweifel im allgemeinen mehr den etwas zusammenhanglosen und vom Hundertsten ins Tausendste treibenden Bemerkungen des Xenophontischen *Gastmahls* als den klug durchgegliederten, thematisch gebundenen Reden des Platonischen Werks geähnelt haben dürfte), Denksportaufgaben wie etwa Rätseln, Scharaden und

Vergleichen (auf letztere spielt Xenophon an), an denen der frische und scharfe Verstand der Athener seine Freude fand, und schließlich Geschicklichkeitsspielen, von denen der Kottabos (κότταβος) anscheinend das am weitesten verbreitete war. (Siehe Taf. 21.)

Wie wir sagten, begann jedes Symposion mit Trankspenden zu Ehren der Götter, insbesondere des Dionysos, d. h., man trank einen Schluck ungemischten Wein und goß unter Anrufung des Gottes einige Tropfen auf den Boden. Während des Gelages vergnügten die Symposiasten sich daran, den Rest der Flüssigkeit auf dem Schalengrund, statt ihn als Trankspende zu Boden zu gießen, auf ein bestimmtes Ziel zu schleudern. Bei dieser neuartigen Libation rief man nicht den Namen eines Gottes an, sondern nannte den Namen der Geliebten: Fiel die Flüssigkeit auf den angezielten Teller oder in das entsprechende Gefäß, sah man darin ein günstiges Vorzeichen dafür, daß das Liebeswerben mit Erfolg gekrönt sein würde. Auch die Frauen praktizierten bei dem ihrem Geschlecht vorbehaltenen gemeinsamen Essen diesen Liebeskottabos ebenso wie auch die zu den Männergelagen gebetenen Freudenmädchen. Auf einer Vase des Euphronios hält eine auf dem Speisesofa ausgestreckte nackte Frau einen Schalenhenkel in der Rechten und sagt dabei: »Diese werfe ich für dich, Leagros.«[28a] Theramenes soll sich im Augenblick des Sterbens eine parodierende Anspielung auf diesen Brauch erlaubt haben: Auf Initiative des Kritias, eines der Dreißig Tyrannen, zum Tode verurteilt, »soll er, wie man erzählt, als er den Schierlingsbecher trank, die letzten Tropfen wie beim Kottabosspiel ausgeschüttet haben mit den Worten: ›Dies ist für den schönen Kritias!‹«[29]

Der Kottabos hatte einen solchen Erfolg, daß man über die soeben beschriebene einfachste Form hinaus verschiedene Abwandlungen und Ausgestaltungen erfand. So konnte etwa das als Ziel dienende Gefäß mit Wasser gefüllt werden, auf dessen Oberfläche kleine Untertassen aus gebranntem Ton schwammen. Diese kleinen Boote galt es dann mit dem Wein anzuzielen und so geschickt zu treffen, daß sie kenterten und versanken. Der Preis beim Kottabosspiel ging an den Spieler mit der höchsten Versenkziffer.

Schließlich hatte man den Einfall, eine kleine Scheibe im Gleichgewicht auf einen langen senkrechtstehenden, in einer Spitze endenden Metallstab zu setzen. Der Spieler hatte mit dem Rest seines Weines diese Scheibe herunterzuwerfen, und der Wurf galt anscheinend

Abb. 43. Kottabos.

Nach: Ch. Daremberg, E. Saglio und É. Pottier, *Dictionnaire des antiquités grecques et romaines*, Bd. 3,1, Paris: Hachette, 1900, S. 867, Abb. 4306.

als besonders gelungen, wenn die Scheibe im Fall einen umgekehrten Teller berührte, der wie eine Art Manschette auf Zweidrittelhöhe des Metallstabs angebracht war (s. Abb. 43).

Dieses Spiel mit seinen bacchischen Zügen (denn selbstverständlich ging es dabei nicht ohne den Genuß zahlreicher Schalen Wein ab) war vor allem bei den Gelagen beliebt, aber auch an öffentlichen Orten, wo sich die Müßiggänger trafen, namentlich in den Badehäusern. Als Preis für den Kottabossieger winkten Eier, Äpfel, Kuchen, Sandalen, ein Halsband, Bänder (Tänien), eine Schale, ein Ball oder ganz einfach ein Kuß des oder der Geliebten. Der Spieler wurde anscheinend nicht nur nach der Geschicklichkeit beurteilt, mit der er ins anvisierte Ziel traf, sondern auch nach der Eleganz der Bewegung, mit der er die Schale führte.

Spiele

Im vierten Kapitel sprachen wir nur vom Spielzeug und den Spielen der kleinen Kinder; dagegen wurden die Vergnügungen der größeren Kinder, der Heranwachsenden und der Erwachsenen noch kaum erwähnt. Gerade diese waren keineswegs die Letzten, wenn es um Spielleidenschaft ging.

Die wichtigsten Spiele der Kindheit und Jugend unterscheiden sich kaum nach Völkern und Zeiten, und die meisten der heute üblichen Spiele waren schon im antiken Griechenland in derselben oder in verwandter Form bekannt. Die Kinder Athens und ganz Griechenlands pflegten mit Bällen verschiedener Größe zu spielen, mit dem Reifen, mit dem Kreisel, mit Knöcheln. Hüpfspiele wie »Himmel und Erde« gehörten zu ihren Beschäftigungen ebenso wie die Schaukel, das Bockspringen und der ἐφεδρισμός, bei dem man einen Spielgefährten auf dem Rücken trug. Die Kinder spielten mit Murmeln, genauer: mit Nüssen, wobei verschiedene Spielregeln gelten konnten:

> »Einmal war eine Nuß mit solchem Geschick auf drei andere in entsprechender Weise angeordnete zu werfen, daß sie zusammen eine Pyramide bildeten [...]. Wer gewann, durfte sich die vier Nüsse aneignen. Bei dem unter dem Namen ὤμιλλα oder δέλτα bekannten Spiel zeichnete man einen Kreis oder ein Dreieck, innerhalb dessen die geworfene Nuß landen und liegenbleiben mußte. Man kann sich vorstellen, daß im Falle des Erfolgs alle vorher das Ziel verfehlenden Nüsse an den Gewinner fielen. Eine letzte Abart schließlich setzte an die Stelle der auf den Boden gezeichneten Figur einen kleinen Graben oder ein am Boden aufgestelltes Gefäß [...]; der Sieger konnte wie beim vorhergehenden Verfahren ermittelt werden.«[30]

Auch mit Tonscherben oder Steinen spielte man, wobei gewann, wer seinen Stein nächst einer auf dem Boden vorgezogenen Linie plazieren konnte.[31]

Das heute Jo-Jo genannte Spiel war auch den alten Griechen bekannt. Es handelt sich dabei um zwei durch einen zylindrischen Steg verbundene Scheiben. Auf dem Steg rollt sich ein Faden auf bzw. ab, dessen eines Ende an den Fingern der rechten Hand des Spielers befestigt ist. Möglicherweise stellte die Statue des Epheben von Antikythera den jungen Mann genau bei diesem Spiel dar.[32] Ein Jo-Jo konnte aus Holz oder Metall bestehen, doch besitzen unsere Museen auch Votiv-Jo-Jos aus Ton; bekanntlich bestand bei den jungen Griechen der Brauch, beim Erreichen des Jugendlichenalters bestimmten Gottheiten das Spielzeug der Kindheit oder aber Weihobjekte, die dessen Gestalt nachbildeten, darzubringen.

Kinder und Epheben vergnügten sich auch mit Gleichgewichtsübungen. Auf einer im Louvre befindlichen Vase sieht man einen jungen Mann, der mit dem linken angehobenen Fuß eine Vase balanciert, deren Bauch nach unten spitz zuläuft.[33] Der ἀσκωλιασμός, ein Wettbewerb der jungen Leute, bestand darin zu erproben, wer sich am längsten auf einem gefüllten und vorher eingeölten Weinschlauch aufrecht zu halten vermochte: Schlauch und Inhalt gehörten dem Sieger. Vor allem bei gewissen ländlichen Festen zu Ehren des Dionysos widmete man sich diesem Spiel.[34] Auch Stelzen waren nicht unbekannt.

Das Ballspiel, dem sich schon in der *Odyssee* Nausikaa und ihre Gefährtinnen hingeben, war nicht auf die Kinder beschränkt und kannte wie heute sehr zahlreiche Varianten. Ein aus dem Kerameikos stammendes Flachrelief zeigt junge Leute, die – gänzlich unbekleidet – mit unten umgebogenen Stöcken ein Ballspiel treiben, das an das neuzeitliche Hockeyspiel denken läßt.[35] Die Erwachsenen vergnügten sich am Ballspiel im Gymnasion, wo für diesen Zweck ein besonderer Bezirk abgegrenzt war. Im übrigen ist es schwierig, reine Spielereien von gewissen vom Paidotriben angeordneten Übungen zu unterscheiden, da ja all diese Spiele unter freiem Himmel stattfanden und dazu dienten, den Körper zu entfalten und geschmeidig zu machen.

Die Menschen der Antike vertrieben sich die Zeit auch gern mit den Tieren des Hauses, oft sogar auf recht grausame Weise. Ein archaisches Flachrelief zeigt zwei einander gegenübersitzende Epheben, deren einer einen Hund, der andere eine Katze an einer Leine hält.

Deutlich erkennbar stehen sich die beiden Tiere gereizt knurrend wie zum Angriff gegenüber. Hinter beiden Epheben steht je ein Mann, gestützt auf seinen Stock, und verfolgt mit Leidenschaft den Kampf. Zweifellos handelt es sich hier um Anhänger oder Wetter[36] (s. Taf. 19). Katzen waren im Unterschied zu Hunden im antiken Griechenland jedoch selten. In den Häusern hielten die Griechen vor allem gezähmte Wiesel, die Jagd auf die Mäuse machten. Bei den Tierkämpfen stellte man meist zwei Hähne einander gegenüber, denen vorher Knoblauch und Zwiebeln zu fressen gegeben worden waren, um ihre Kampflust anzustacheln. Am Sporn der Hähne befestigte man dabei einen Bronzestachel, um den Schlägen Kraft zu verleihen. Diese mehrfach auf Vasen dargestellten Kämpfe boten Gelegenheit zum Abschluß von Wetten; gute, ausgewählte Kampfhähne wurden sehr teuer bezahlt. Selbst in Athen wurden alle Jahre von den Beamten Hahnenkämpfe im Theater veranstaltet.

Auf dem Zufallsprinzip beruhender Glücksspiele gab es eine Menge, angefangen mit dem Spiel »Gerade oder Ungerade«, das man mit Bronzemünzen (χαλκίνδα), mit Knöchelchen oder mit Bohnen spielte, bis hin zu den verschiedenen Arten des Würfelspiels (κύβοι). Der Platonische *Lysis* zeigt uns eine Palaistra-Szene am Feste des Hermes, der Schutzgottheit der Gymnasien, in der Knaben nach dem Opfer »[...] in einer Ecke des Auskleidezimmers Gerade und Ungerade spielten mit vielen Knöcheln, die sie aus einer Art Körbchen herausholten. Diese umstanden im Kreis andere und schauten zu.«[37]

Beim Würfeln spielte man üblicherweise mit drei Würfeln aus gebranntem Ton, deren sechs Seiten entweder mit für Zahlen stehenden Buchstaben (A = 1, B = 2, usw.) oder mit den mehr oder minder abgekürzten Namen der ersten sechs Zahlen versehen waren. Die Einheit oder Eins hieß κύβος.[38] Der beste oder »Aphrodite-Wurf«[39] brachte dreimal die Sechs, der schlechteste oder »Hundewurf« dreimal κύβος, d. h. dreimal die Eins.

Beim sogenannten »Fünf-Linien-Spiel« standen sich zwei Spieler gegenüber, die entsprechend den Ergebnissen beim Würfeln eine Art Spielsteine auf vorgezeichneten Linien voransetzten.[40] Auch ein unserem »Gänsespiel« entsprechendes Spiel war den Griechen nicht unbekannt. Die πεττεία glich eher dem Tricktrack oder dem Damespiel und ging bis in früheste Zeit zurück; schon die Homerischen Helden und die Freier der Penelope ergötzen sich am »Steineschieben«.[41]

An täglichen Zerstreuungen fehlte es den Athenern nicht. Sie besuchten die Agora und die anderen Gemeindeplätze, vor allem auch die Gymnasien, in denen sich viele Athener auch als Erwachsene den Leibesübungen widmeten. Das gewöhnlichste, aber nicht das geringste Vergnügen war es, in den Straßen, auf dem Marktplatz, in den Friseurläden und in den Werkstätten und Geschäften aller Art umherzuwandeln. Dort tauschte man Neuigkeiten aus oder entspann lange Gespräche. Sokrates nutzte solche Gelegenheiten zur Kontaktaufnahme. Auf der Agora traten auch die Gaukler, Jongleure oder Wanderschauspieler, die Zauberkünstler, Tänzer und Narren jeder Größenordnung auf. Gewiß gab es in Athen Marionettenspieler und ein Schattentheater, jene Vorläufer also des türkisch-balkanischen *Karagöz*. Wahrscheinlich hat Platon an solche Darbietungen gedacht, als er den berühmten Höhlenmythos erdachte, in dem die Schatten auf der Rückwand des Felsengangs erscheinen. Konzerte fanden in großer Zahl im Odeion statt, vornehmlich an den Festtagen.

In seiner Leichenrede auf die im Krieg gefallenen Soldaten, einer Rede, die zugleich das Lob der ganzen Stadt, ihrer Gesetze und ihrer Sitten verkündet, läßt Thukydides Perikles sagen:

> »Auch zur Erholung des Geistes von der Arbeit haben wir die besten Vorkehrungen getroffen. Wir feiern nämlich Kampfspiele und Opferfeste, die über das ganze Jahr verteilt sind, wir richten unsere Wohnungen stattlich und schön her und haben unsere tägliche Freude daran, durch die Gram und Mißstimmungen verscheucht werden.«[42]

Die Feste der Stadt werden wir uns weiter unten im Kapitel über das religiöse Leben vergegenwärtigen.

Jagd

Jagd und Fischfang bildeten wie heute für die einen ein wirkliches Handwerk, für andere eine bloße Zerstreuung. Xenophon betrachtet in seiner Schrift *Kynegetikos* (Κυνηγετικός, Von der Jagdkunst) die Jagd als einen wesentlichen und gewichtigen Teil der Erziehung von Heranwachsenden, da sie den Körper übt, an die Gefahr gewöhnt und so auf den Krieg vorbereitet, aber solche Ansichten waren eher in Lakonien als in Attika geläufig und wuchsen Xenophon aus seiner Bewunderung für Sparta zu, das sogar auf Heloten, also auf Menschen, Jagd machte.[43] Viele wohlhabende Athener gingen der Jagd dagegen gewiß nur als einem Sport nach, obgleich Attika eine der wildärmsten Gegenden Griechenlands war.

In mykenischer und archaischer Zeit hatte es in den Bergen und Wäldern Griechenlands wilde Tiere, namentlich Löwen, gegeben, und die Großwildjagd hat bedeutende Spuren in der Mythologie der Hellenen hinterlassen, die so viele Jagdgottheiten und jagende Heroen kennt. Fromm zählt Xenophon sie zu Beginn seines *Kynegetikos* auf. Wenn auch in klassischer Zeit durchaus noch einige Wildtierarten und ohne Zweifel Wölfe (die selbst heute nicht völlig verschwunden sind) überlebten, jagte man doch vor allem Wildschweine, Hirsche, zahllose Hasen und Vögel: Rebhühner, Wachteln, Lerchen, Krammetsvögel usw. Die Aristophanische Komödie *Die Vögel* zählt eine große Zahl von Arten des Federvolks auf, doch fällt es nicht immer leicht, sie mit wirklichen Lebewesen zu verbinden.[43a]

Die älteste der in Perikleischer Zeit angewandten Jagdtechniken war wahrscheinlich die Fallenstellerei. Vögeln und kleinem Landwild stellte man Schlingen, Netze oder Drahtfederfallen.[44] Wollte man ein größeres Wild lebend fangen, kam man nicht ohne Fallgruben der von Xenophon beschriebenen Art aus. Man hob dazu eine tiefe Grube mit steil abfallenden Rändern aus und bedeckte sie mit Astwerk, damit sie nicht vorzeitig entdeckt werden konnte. An einen zuvor in der Mitte der Grube errichteten Pfahl band man ein Lamm, dessen Mähen das Raubtier anlocken sollte. Das Reisig gab dann unter dessen Gewicht nach, und das Tier fiel in die

Grube. Um es aus dieser herauszuziehen, ließ man einen Käfig mit einem Stück Fleisch geöffnet in die Grube hinab. Sobald das Tier in den Käfig gegangen war, sperrte man ihn zu und holte ihn nach oben.
Vögel erlegte man mit Pfeil und Bogen oder mit einer Steinschleuder. Andere Jagdwaffen sind der Speer, die Axt, die Keule, der Dolch und der Stock, dessen Gebrauch bei der Hasenjagd gang und gäbe ist.

> »Die Alten«, so schreibt P. Chantraine, »verfügten nicht über genügend kraftvolle und genautreffende Wurfgeschosse und zogen nur in Ausnahmefällen auf die Reitjagd. Daher mußte das Wild notwendig in Fallen oder Netze getrieben werden, um den Schlägen der Jäger ausgeliefert zu sein. Der *Kynegetikos* des Xenophon ist in dieser Hinsicht aufschlußreich. Bei der Hasenjagd hetzt der Jäger mit einem Jagdhund den Hasen und versucht, ihn auf die von einem Wächter (ἀρκυωρός) im Auge behaltenen Netze zuzutreiben. Der Jäger selbst oder der Netzhüter schlägt den gefangenen Hasen tot, sofern er ihn nicht lebend aus dem Garn holt. Zu unterscheiden sind: 1. die ἄρκυς, ein kleines, feingearbeitetes Netz aus jeweils zu 3 und 3 zusammengedrehten Fäden; Länge etwa 1,15 Meter, Höhe knapp 1 Meter; – 2. die ἐνόδια, stärkere, weil aus 12 Fäden gebildete Netze von größerer Länge (4–9 Meter), die man auf den Wegen und an den Kreuzungspunkten der Wildpfade auslegt; – 3. Die δίκτυα schließlich, aus 16 Fäden gedreht, dienen zum Fang von Wild jeder Art und zur Eingrenzung großer Jagdkessel von 20 bis 50 Metern Ausdehnung. Die Gabeln, auf denen sie aufgerollt werden, sind über einen Meter hoch.«[45]

Jagdhunde – bei der Verwendung von Fallen und Gruben kaum von Nutzen – sind bei der Jagd mit dem Netz unerläßlich und waren so verbreitet, daß κυνηγός, das griechische Wort für Jäger, »Hundeführer« bedeutete.[46] Der *Kynegetikos* des Xenophon verweilt des längeren bei der Aufzucht und Dressur von Hofhunden und solchen für die Treibjagd. Bestimmte Rassen Lakoniens waren besonders berühmt für ihre Schnelligkeit und Tüchtigkeit. Auf Vasenbildern und Stelen klassischer Zeit finden sich Jagdhunde mit schmalen, spitzzulaufenden Ohren und sich verjüngender Schnauze.

»Eine schwarzfigurige Vase zeigt einen Jäger, der – auf dem Kopf eine Filzmütze (πιλίδιον) und das Untergewand keck geschürzt (εὔζωνος) – über der Schulter einen Jagdstock (λαγωβόλον) trägt, an dem ein Hase und ein Fuchs hängen. Der Hund in seiner Nähe scheint zu jener lakonischen Rasse zu gehören, von der Aristoteles sagt, sie habe zugleich etwas vom Hund und vom Fuchs.«[47]

Fischfang

Häufiger als die Jagd war der Fischfang ein Beruf, und wir sagten ja schon, daß Fisch eines der Grundnahrungsmittel der Griechen, vor allem der Athener, war.
Ohne Zweifel wäre es Xenophon keineswegs in den Sinn gekommen, so wie über die Jagd, auch ein Buch über den Fischfang zu schreiben, denn dieser erschien den alten Griechen als eine durchaus unedlere Beschäftigung. Als Platon in den *Gesetzen* den Erziehungswert der einen wie des anderen untersucht, richtet er an die jungen Leute folgenden Wunsch:

»Ihr Lieben, seht zu, daß ihr immer frei bleibt von dem Drang und dem Verlangen nach der Jagd zu Wasser und nach dem Angeln und überhaupt dem Fang der Wassertiere mit Reusen, bei deren Gebrauch man ebensogut schlafen wie wachen, jedenfalls immer müßig sein kann.«[48]

Plutarch übersteigerte später eine schon in klassischer Zeit verbreitete Meinung, wenn er schrieb, der Fischfang habe nichts Ruhmbringendes und sei eines freien Mannes unwürdig, da er mehr List als Kraft erfordere und nicht – wie die Jagd – Gelegenheit zu heilsamer Körperübung biete.[49] Erst Oppianos widmete im 2. Jahrhundert n. Chr. mit seinen *Halieutika* der Kunst des Fischfangs eine monographische Abhandlung. Doch erlauben uns literarische Anspielungen und bildliche Darstellungen, die antiken Techniken der Fischerei kennenzulernen, Techniken, die den heutigen sehr stark ähneln und sich viel weniger weiterentwickelt haben als die der Jagd.

Die von Platon erwähnte Fischerei mit dem Haken, d. h. mit der Angel, geschah mit einer Angelrute, gewöhnlich einem biegsamen Schilfrohr und einem Faden aus Leinen oder Roßhaar, an dem man einen Korkschwimmer, ein Blei und schließlich den Haken befestigte. Die kleinen Fische köderte man mit Würmern oder Insekten, die großen wiederum mit kleinen. Wie heute verwandte man auch künstliche Köder, so etwa die sogenannten »Fliegen« aus roten Wollfäden. Auch die sogenannte Grundangel, d. h. eine Angel ohne Rute, befand sich schon im Gebrauch (s. Abb. 44).

Eine Vase des 5. Jahrhunderts zeigt einen mit angewinkelten Knien auf einem Felsvorsprung über dem Meer hockenden Knaben, der in der Rechten eine Angel, in der Linken einen Fischkorb hält; im klaren Wasser hat der Maler Fische, einen Tintenfisch und eine Reuse dargestellt.[50]

Die Reuse ist eine Art Korb aus Schilfgeflecht von bald breiter und runder, bald länglicher und zu den Enden hin spitz zulaufender Form. Die Arbeitsweise unterschied sich nicht von der heutigen: War der Fisch einmal in die Falle geschwommen, hinderten ihn scharfe Dorne oder Stöckchen daran, wieder zu entweichen.

Die Fischnetze weisen wie die für die Jagd bestimmten sehr unterschiedliche Formen auf. Im groben pflegte man wie heute zwei Arten zu unterscheiden, das Wurfnetz, ein trichterförmiges, bleibeschwertes Netz, das man durch einen Wurf im Wasser auslegte und später wieder einholte, und das Schleppnetz, ein langes, rechteckiges Netz, das die Fischer an den Enden hinter sich herzogen, wodurch sie den Fisch auf einen bestimmten Ort zutrieben. An diesem Vorgang konnten mehrere Schiffe gleichzeitig teilnehmen.

Ein Fangverfahren, das Reuse und Netz verbindet, ist folgendes: Durch eine feste Anlage aus Netzen und Pfählen werden die Fische wie durch ein Labyrinth bis zu einer Art Käfig geleitet, wo man sie fängt, indem man ein Netz hochzieht und so die »Todeskammer« schließt.

Mit der Harpune oder dem Dreizack zog man gegen die Wale aus, aber auch gegen Fische mittlerer Größe und namentlich gegen den Thunfisch. Die Thunfischjagd gehört zu denen, die eine sehr zahlreiche und für bestimmte Aufgaben verantwortliche Mannschaft

Abb. 44. Fischfang mit der Angel.
Nach: Ch. Daremberg, E. Saglio und É. Pottier, *Dictionnaire des antiquités grecques et romaines*, Bd. 4,1, Paris: Hachette, 1907, S. 490, Abb. 5686.

erfordert. Bestimmte Wachtposten und Späher beobachteten die Bänke der Thunfische und benachrichtigten die Fischer bei ihrer Ankunft. Einige Männer übernahmen dann die Rolle von Treibern und drängten die Fische in die Netze, indem sie ohne Zweifel nach Art der heutigen griechischen Fischer »zu diesem Zweck großen Lärm machen, sei es mit Tamburinen, sei es, indem sie mit an einem Seil befestigten Steinen auf das Wasser schlagen, mit den Füßen das Wasser in Aufruhr bringen oder mit einem Stock auf ein Holzbrett schlagen«.[51] Die Boote näherten sich dann einander, und die in den Netzen an die Oberfläche geholten Thunfische wurden mit Dreizackstichen durchbohrt oder mit Bootshaken totgeschlagen.

Bei der Schwertfischjagd wird ein Netz im Meer ausgelegt, zum Ufer zurückgeschleppt und auf den beiden Endseiten von den Fischern in der Weise eingeholt, daß es einen großen Halbkreis bildet. Ist das Netz genügend zugezogen, springen die Männer ins Wasser und stechen die Schwertfische mit Harpunen tot.

Schließlich sei erwähnt, daß die Griechen auch die Fischjagd bei Fackellicht, d. h. nach Art des »Feuerschiffs«, praktizierten. Oppian beschreibt sie in folgender Weise:

> »Einige Fischarten gehen am hellen Tag ins Netz, andere werden am Abend gefangen. Fallen die ersten Schatten der Nacht herab, entzünden die Fischer eine Fackel, fahren mit ihrem Boot aus und bringen den ruhenden Fischen unsichtbaren Tod. Diese eilen herbei, sich freuend an der glänzenden Flamme der Tannenholzfackel, umziehen das Boot, um das verderbenbringende nächtliche Licht zu betrachten, und empfangen den mitleidlosen Stoß der dreigezackten Harpune.«[52]

Dieses Fischereiverfahren ist heute noch, insbesondere an den Küsten der Insel Lesbos, anzutreffen.[53]

Griechische Gesten und ihre Bedeutung

Zu einer ganzen Reihe der oben vorgestellten Spiele gehört eine ausdrucksstarke Mimik; wir deuteten ja schon kurz an, wie sehr die Griechen für die anmutige Eleganz der Bewegungen empfänglich waren, handle es sich dabei um den Faltenwurf ihres Mantels oder um das gekonnte Schleudern des Weinrestes beim Kottabosspiel.[54]

Heute umspielen die Mittelmeervölker – und insbesondere das griechische Volk – die Worte mit lebhaften und zahlreichen Gesten, oft ersetzen diese sogar die Worte. Sie sprechen nicht nur mit »Händen und Füßen«, wie man sagt, sondern auch durch die Haltung des Kopfes und des ganzen Körpers. War dem früher ebenso?

Die Griechen der Perikleischen Zeit warfen wie ihre modernen Nachfahren zur Verneinung den Kopf zurück (ἀνανεύω) und hoben dabei die Kinnpartie mit an, im Gegensatz zum seitlichen Kopfschütteln, das bei uns üblich ist. Wenn sie sich begegneten, hoben sie die rechte Hand zum Zeichen des Grußes; der später in Rom geläufige Begrüßungskuß war dagegen ungebräuchlich. Das Händereichen war im wesentlichen auf bestimmte Handlungen religiösen Charakters beschränkt und hatte die Bedeutung einer feierlichen Verpflichtung.[55] Auf Grabstelen sieht man häufig den Toten und einen seiner überlebenden Angehörigen einen Händedruck austauschen.

Im Theater und in der Volksversammlung fand Zustimmung im Beifallklatschen (κρότος) und Zurufen oder Geschrei Ausdruck, Unzufriedenheit durch Pfiffe und wildes Durcheinanderrufen.[56] Es hat allerdings den Anschein, als seien diese lärmenden Kundgebungen (θόρυβος) in der Zeit der Perikleischen Amtsführung selten gewesen und erst nach Perikles' Tod häufiger geworden. Jedenfalls wissen wir, daß die Redner zur Zeit Solons auf der Tribüne ohne irgendeine äußere Bewegung sprachen und »die Hand im Mantel« bargen, während sie in der Epoche des Demosthenes und des Aischines nicht darauf verzichteten, durch große Gesten und »rhetorische« Haltung den Schwung der Worte zu unterstreichen.[57] Man darf sich vorstellen, daß diesem abweichenden Gebaren der Redner eine veränderte Haltung des Publikums entsprach, das sich zunehmend erregter und lärmender zeigte. Aristophanes, der die Zurückhaltung und Würde der Athener von einst bewundert, nimmt an der rohen Gewöhnlichkeit seiner Zeitgenossen heftigen Anstoß.

Im alltäglichen Leben hatten bestimmte Gesten eine übertragene Bedeutung. Wollte man seine Freude zeigen, schnalzte man mit den Fingern der über den Kopf erhobenen Hand, wie es vielleicht der Ephebe von Marathon tut. Wer sich über jemanden lustig machen oder ihn ins Lächerliche ziehen wollte, drehte ihm nicht wie heute »eine Nase«, sondern wies mit dem allein ausgestreckten Mittelfinger auf ihn, während alle anderen Finger der Hand umgebogen blieben (σκιμαλίζω). Der Mittelfinger war nun aber bei den Griechen und Römern *infamis digitus*. So stellte sein Ausstrecken ein obszönes Bubenstück dar, das in etwa unserem »die Feige zeigen« entspricht[58] [einer obszönen Form der Verhöhnung, bei der dem

Feind die Hand mit zwischen Zeige- und Mittelfinger durchgestecktem Daumen gezeigt wurde].

Viele Gesten dieser Art waren von Religion oder Aberglauben vorgeschrieben. Von jedem Anblick, der eine Befleckung mit sich bringen konnte, wie man glaubte, wandte man sich ab. Um ein schlechtes Vorzeichen, die Wirkung eines bestimmten Wortes oder eine als ärgerlich angesehene Begegnung abzuwehren, spuckte man aus. Sieht der Abergläubische des Theophrast »einen Geisteskranken oder Epileptiker, erschrickt er und spuckt in die Falten seines Gewandes«.[59] Wenn der Grieche weinte, Schmerzen litt und um so mehr, wenn er den Tod nahen fühlte, verhüllte er aus Scham und um den anderen einen Anblick von trauriger Vorbedeutung zu ersparen, das Gesicht mit einem Teil seines Gewandes.[60]

Die Totentrauer fand Ausdrucksformen, die uns heute übertrieben erscheinen:

> »Dann erhebt sich die Wehklage und das Geheul der Weiber, alle vergießen Tränen, schlagen sich die Brust, raufen das Haar und kratzen sich die Backen blutig: mitunter zerreißt einer sein Kleid und streut sich Asche auf den Kopf, kurz, die Lebenden sind bejammernswürdiger als der Tote; denn jene wälzen sich oftmals auf der Erde und stoßen den Kopf auf den Boden, dieser liegt wohlgestaltet und schön und reich bekränzt hoch und erhaben da, wie zu einem feierlichen Umzug geschmückt.«[61]

Diese Darstellung Lukians ist mehrere Jahrhunderte jünger als die klassische Zeit, doch dokumentieren zahlreiche literarische Quellen und figürliche Denkmäler, daß die Bezeugung von Trauer im Jahrhundert des Perikles kaum weniger heftig war.[62]

Achtes Kapitel

Das religiöse Leben und das Theater

Der Sinn für das Heilige und die Riten

Häufig betrachtet man die Griechen als Rationalisten, nicht völlig zu Unrecht, wenn man damit meint, daß sie die Wissenschaft und Philosophie geschaffen haben oder auch daß mehr als ein griechischer Philosoph die religiösen Überlieferungen seines Volkes einer scharfen und ätzenden Kritik unterzogen hat.[1] Das griechische Volk in seiner Gesamtheit jedoch war wie alle Völker der antiken Welt von jenem Gespür für das Heilige[2] durchdrungen, das der Ausdruck θάμβος, ein Wort vorgriechischen Ursprungs, sehr treffend charakterisiert. Es handelt sich dabei um jene Furcht, jenes ehrfürchtige Erschrecken, das das Nahen jeder übernatürlichen Kraft, jedes übernatürlichen Wesens hervorruft, das man in Natur oder Menschenwelt wahrzunehmen glaubt.[3] Für einen Menschen des Altertums war die ganze Welt von kleinen und großen, wohlwollenden oder zu fürchtenden Gottheiten bevölkert. Hier liegt die Quelle des Polytheismus, der in Griechenland nach einer animistischen Entwicklungsstufe recht schnell anthropomorphe Gestalt annahm. In dieser Zeit, wo

der Himmel auf der Erde,
In einem Volk von Göttern atmend, weilte,[4]

glaubten die Menschen an die Existenz zahlloser ganz naher, fast greifbarer Gottheiten, von denen Glück und Unglück der Sterblichen auf Erden sowohl wie nach dem Tode im Jenseits des Hadesreiches abhing. Ihr gesamtes Leben war gegliedert vom Rhythmus der religiösen Feste der Familie, des Demos, der Phyle und der Stadt und geprägt durch den peinlich eingehaltenen Nachvollzug der von den Vorfahren ererbten Bräuche (τὰ πάτρια).

Ohne Zweifel gab es in Griechenland seit dem 6. Jahrhundert unter den Philosophen scharfsinnige und eigenwillige Köpfe, die an der

Existenz der Götter zweifelten, wenige Einzelgestalten zunächst, die jedoch in der zweiten Hälfte des 5. Jahrhunderts, zur Zeit der Sophisten, immer zahlreicher wurden. Dadurch erscheint diese Zeit ein wenig wie eine Vorläuferin unseres 18. Jahrhunderts, des »Jahrhunderts der Aufklärung« und des Kampfes gegen die Religion.[5] Männer wie Perikles oder Thukydides scheinen, auch wenn sie gewiß den Kultgewohnheiten der Stadt und der Familie Folge leisteten, nur sehr bedingt an die Wirksamkeit der religiösen Handlungen und – um so weniger – an die der abergläubischen Praktiken oder an die Richtigkeit der Orakel geglaubt zu haben. Als Perikles 429 an der Pest, die ihn bald dahinraffen sollte, krank daniederlag, »zeigte er einem Freund, der ihn besuchte, ein Amulett, das ihm von den Frauen um den Hals gelegt worden sei, als ob er sagen wollte, es müsse wohl sehr schlecht mit ihm stehen, daß er sich solche Possen gefallen lasse«.[6] Andere Männer aber, die viel eher für den »durchschnittlichen Athener« stehen können, ein Stratege wie Nikias oder ein Schriftsteller wie Xenophon, waren von einer Frömmigkeit beseelt, die schon an Aberglauben grenzte. Selbst Philosophen wie Sokrates und sein Schüler Platon, der doch so heftig die mythische Götterwelt des Homer kritisierte, glaubten fest an die Existenz des Transzendenten[7], und dennoch mußte Sokrates den Schierlingsbecher trinken – wegen Gottlosigkeit!

Viele Philosophen folgten – wie später der Platoniker Plutarch – einem mittleren Weg zwischen Köhlerglauben und völliger Skepsis, einer *via media* zwischen Aberglauben und Atheismus, die ihnen beide in gleicher Weise schwere Irrtümer zu sein schienen. Erst seit dem 3. Jahrhundert kamen in der Schule des Epikur zahlreiche Ungläubige zusammen. Aber selbst die Philosophen des Κῆπος (des Gartens) waren nicht einfach Atheisten, vielmehr wohnten die Götter, die sie anerkannten, weit entfernt von der Welt der Menschen und befaßten sich mit deren Geschäften in keiner Weise. In der Praxis führte dies die Epikureer zu einer gleichgültigen Haltung gegenüber der Religion und oft zu einer erklärten Feindseligkeit gegenüber der traditionellen Frömmigkeit.[8]

Die antike Stadt war, wie wir heute sagen, »totalitär«. Jede Unterscheidung von Zeitlich-Weltlichem und Geistlich-Überweltlichem war in ihr undenkbar. Die Priester, die nicht unbedingt einer inneren »Berufung« folgen mußten, waren Beamte der Stadt. Daher entbehrt es nicht der Folgerichtigkeit, wenn Philosophen, die ihren Atheismus offen bekannten oder deren Anschauungen als verdächtig galten, als Verletzer der Stadtgesetze und der Regeln menschlicher Gemeinschaft betrachtet wurden: Wer nicht an die Macht der Athena, der Schutzgöttin der Stadt, und ihres Vaters Zeus glaubte, konnte kein guter Athener sein. Aus diesem Grund wurden im 5. und 4. Jahrhundert mehrfach Asebieprozesse gegen Philosophen angestrengt. Der berühmteste ist der Prozeß des Sokrates, dem im Jahre 399 die Anklage vorwarf, er »glaube nicht an die Götter, an welche die Stadt glaubt, versuche neue Götter einzuführen und verderbe dadurch die Jugend«; Sokrates wurde zum Tode verurteilt. Vor ihm waren Anaxagoras, der Lehrer des Perikles, Protagoras von Abdera und Diagoras von Melos, die, obgleich Stadtfremde, alle einen beträchtlichen Einfluß in Athen ausübten, wegen Gottlosigkeit vor Gericht gestellt worden.[9] Auch die tragischen Dichter Aischylos und Euripides waren gegen solche Verfolgungen nicht gefeit, die Komödie dagegen genoß – in einer Inkonsequenz, die überraschen mag – viel größere Freiheit. In den *Vögeln* konnte Aristophanes ungestraft wetten, daß Demeter nicht eine Weizenähre wachsen lassen könne, wenn die Vögel das Korn aufgefressen hätten. Ebenso durfte er in den *Fröschen* Dionysos, den Gott des Theaters, dem zu Ehren jede Tragödie und Komödie aufgeführt wurde, als Feigling und Prahlhans darstellen. Bei diesen ausgelassenen Scherzen wurde eben nichts völlig ernst genommen.

Die ältesten Kultformen der griechischen Religion – einer Religion ohne Dogma und Heiliges Buch – gehören ohne Zweifel zur Hirten- und Bauernfrömmigkeit, die danach strebt, die Fruchtbarkeit der Herden und reichen Ertrag der Äcker zu sichern.

> »Stellen wir uns einen griechischen Bauern vor: Wie die kleinen Leute aller Zeiten stand er früh auf, noch vor Sonnenaufgang. Im Halbdunkel des Morgens suchte er die Sterne [...]. Mit einem Handkuß begrüßte er die aufgehende Sonne, so auch die erste Schwalbe oder die erste Weihe [...] Mehr noch als die Sonne

wünschte er Regen herbei, manchmal erfrischende Kühle. Von fern betrachtete er den höchsten, bisweilen von Wolken verhüllten Gipfel der Umgebung, denn dort oben, auf dem Gipfel des Berges, wohnte Zeus, der Wolkensammelnde, Donnergrollende, Regenspendende. Das war ein großer Gott. Das Grollen des Donners war Zeichen seiner Macht und seiner Anwesenheit, manchmal auch seines Zorns.«[10]

Die gesprochene Sprache selbst bezeugt die Kraft solcher Anschauungen. Die Griechen sagten nicht »*es* regnet« oder »*es* donnert«, sondern »*Zeus* regnet« und »*Zeus* donnert«.
Wasser war in Griechenland knapp und daher besonders kostbar. Aus diesem Grund waren alle Wasserläufe heilig. Kein Heer überquerte einen Fluß, ohne ihm ein Opfer darzubringen, denn der Fluß selbst war eine Gottheit. Hesiod schrieb vor, beim Überschreiten eines Flusses jedesmal ein Gebet zu sprechen und sich die Hände im Wasser zu waschen. Die Nymphai (νύμφαι), was einfach soviel wie »Mädchen« bedeutet, belebten die Berge, die kühlen Grotten, die Haine, die Wiesen und Quellen. Die Nymphen des Meers hießen Nereiden; zu ihnen gehörte bekanntlich Thetis, die Mutter des Achilleus. Sie sind wohltätige Gottheiten, doch wer sie kränkt oder auch nur vernachlässigt, muß fürchterliche Rache gewärtigen. Verfällt jemand dem Wahnsinn, so sagt man, er sei »von den Nymphen ergriffen« (νυμφόληπτος). Ebenso wird der plötzliche Tod von Männern und Frauen den unsichtbaren Pfeilen der göttlichen Bogenschützen Apollon und Artemis zugeschrieben.
Der Kult besteht im wesentlichen aus Gebeten, Opfern und rituellen Reinigungsakten. Gewöhnlich betet man stehend, die Arme zum Himmel erhoben, wenn man sich an Zeus oder andere himmlische Gottheiten wendet, mit zur Erde gerichteten Armen, wenn man zu Hades oder den anderen Göttern der Unterwelt spricht. Wenn man den Gott oder die Göttin anruft, bezieht man sich wie zur Erinnerung auf seine frommen Handlungen und nennt das, worum man bittet. So wendet sich im Ersten Gesang der *Ilias* der Apollon-Priester Chryses auf folgende Weise an seinen Gott:

Höre mich, Gott, der du Chrysa mit silbernem Bogen umwandelst,
Samt der heiligen Killa, und Tenedos mächtig beherrschest.
Smintheus! Hab ich dir je von erlesenen Farren und Ziegen
Fette Schenkel verbrannt, so gewähre mir dieses Verlangen:
Meine Tränen vergilt mit deinem Geschoß den Achaiern![11]

Wenn man sich an die Götter wendet, geht es fast immer um einen Tausch, wobei das Opfer dargebracht wird, um eine Gunst oder Hilfe gegen die Feinde zu erhalten. In den offiziellen Gebeten der Stadt erbittet Athen von den Göttern, an ihrer Spitze Athena und Zeus, »Wohlergehen und Heil für die athenischen Bürger, ihre Frauen und Kinder sowie das ganze Land und seine Verbündeten«.

Opfergaben begleiten üblicherweise das Gebet, sei es eine Wein- oder Milchspende, seien es einige Kuchen und anderes Backwerk (πελανός), das man auf dem Altar niederlegt, oder Gemüse und Erstlingsfrüchte der Ernten. Die wichtigsten Opfer sind freilich die Blutopfer. In der ältesten Zeit glaubte man, die Götter forderten Menschenopfer; die Opferung der Iphigenie z. B. ist eine mythische Erinnerung daran. Doch waren überall schon in vorklassischer Zeit Tieropfer an deren Stelle getreten. Die Tiere, die man bei solchen Anlässen zu schlachten pflegt, sind Hammel oder Mutterschafe, Kühe oder Rinder, Schweine, Ziegen oder Böcke. Jede Gottheit hat bestimmte Vorlieben: Poseidon bringt man vor allem Stiere, Athena Kühe, Artemis und Aphrodite Ziegen dar. Asklepios fordert einen Hahn oder ein Huhn, andere Götter Tauben, Hunde oder Pferde. Die Hekatombai (ἑκατόμβαι, wörtlich: Opfer von hundert Rindern) und die Darbringung eines dreifachen Opfers für Poseidon, nämlich eines Stiers, eines Widders und eines Ebers *(suovetaurile)*, bezeugt schon Homer.[12] Die Opfertiere müssen immer τέλειοι sein, d. h. vollkommen gesund und ohne Tadel. Auch ihr Geschlecht und die Farbe ihres Fells oder Gefieders sind nicht ohne Bedeutung. Den Göttinnen opfert man gewöhnlich weibliche Tiere, den Göttern des Himmels Tiere weißer oder heller Farbe, denen der Unterwelt dagegen schwarze oder dunkle.

Die Kultfeier findet meist in der Morgendämmerung statt (s. Taf.

22). Der Altar ist mit Blumen und Girlanden aus Blattwerk geschmückt. Die weißgekleideten Priester und alle Anwesenden tragen einen Kranz auf dem Kopf. Das Opfertier ist mit Kränzen und Wollbinden behängt, seine Hörner sind bisweilen vergoldet. Aus einem χερνιβεῖον oder χερνίβιον genannten Gefäß besprengt man das Opfertier und die Umstehenden mit dem für die rituelle Reinigung bestimmten Wasser. Man entzündet auf dem Altar das Feuer und wirft Gerstenkörner und einige Haare vom Kopf des Tieres hinein. Nach dem Gebet öffnet der Priester mit einem Messerstich die Kehle des Tieres, wobei er den Kopf nach hinten nimmt; das ausströmende Blut muß den Altar benetzen. Zu Ehren des Gottes verbrennt man gewöhnlich nur einen kleinen Teil des Opfertieres, nämlich ein Schenkelstück und ein wenig von jenem Fett, dessen Brandgeruch (κνῖσα)[13] die Götter bei Homer so gerne einatmen. Das Tier wird in Stücke zerlegt und an die Priester und Gläubigen verteilt, die ihren Anteil an Ort und Stelle verzehren oder mit nach Hause nehmen können. Bei bestimmten Opfern zugunsten der Götter der Unterwelt oder der Toten wird das geschlachtete Tier indessen ganz verbrannt: Dies ist das Holokauston (ὁλόκαυστον). Oft nimmt ein Wahrsager am Opfer teil. Er prüft die noch warmen Eingeweide des Tieres, vor allem die Leber, und zieht daraus Schlüsse auf den Willen der Götter. Ein Blutopfer ist also ein Schlachtfest, das gewöhnlich mit einem Mahl endet.

Das Holokauston wird auch als Opfer zur Reinigung einzelner oder der gesamten Gemeinde dargebracht. Wie alle Völker der Antike besaßen die Griechen eine furchterregende Vorstellung von ritueller Unreinheit. Diese war immer eine Befleckung des ganzen menschlichen Wesens, des Leibes und der Seele, zumal der – recht junge – Begriff des moralischen Versagens, der »Sünde«, mit dem der Unreinheit noch nicht in Verbindung gebracht wurde. Unrein war namentlich alles, was mit Geburt und Tod zu tun hatte, jeder Mensch, der einen anderen getötet hatte, und sei es auch mit gutem Recht in legitimer Selbstverteidigung. Den Götterbildern und Kultfeiern darf man nur im Zustand völliger Reinheit nahen, andernfalls rechnet man aufgrund des θάμβος-Gefühls mit göttlichem Zorn und göttlicher Rache. Jede Opferhandlung, aber auch, wie wir sahen, jede Sitzung der Bürgerversammlung Athens, begann mit Reinigungs- oder Lustrationsriten. Jedes Haus, in dem jemand gestorben war, mußte – wie der Palast des Odysseus nach der Tötung der Freier – zusammen mit all seinen Bewohnern der feierlichen Reinigung unterworfen werden. Zu diesem Zweck verwandte man häufig Meerwasser; wurde ein Opfer dargebracht, so schlachtete man meist ein Schwein, dessen Blut kathartische Wirkung zugeschrieben wurde. Apollon Pythios, der Gott von Delphi, der nach dem Mythos Orestes nach dem Muttermord an Klytaimnestra gereinigt haben sollte, galt als der Lustrationsgott schlechthin, hatte er sich doch nach der Tötung Pythons selbst einem Reinigungsakt unterziehen müssen. Jedes frevelhafte Wort mußte umgehend gesühnt werden, und sei es nur durch ein Ausspucken, das Reinigungswert besaß.[14]

Der Totenkult, der mit dem dritten Tag nach der Beisetzungsfeier begann, nahm, wie Fustel de Coulanges in seinem Werk *La cité antique* gezeigt hat, im Leben der Hinterbliebenen eine bedeutende Stellung ein.[15] An den Tagen des Jahresgedächtnisses begeben sich Angehörige und Freunde zum Grab und bringen dem Toten Trankspenden und Opfergaben. Die Feier geht meist mit einem gemeinsamen Totenmahl zu Ende. Die Milch- und Weinspenden wie auch die Weihgaben an Lebensmitteln, Salz, Kuchen und Früchten werden in Gefäßen mit durchbrochenem Boden dargebracht. Auf diese Weise können Speise und Trank zu den Toten gelangen; denn dieser lebt ja, so glaubt man, unter der Erde weiter und freut sich über die ihm dargebotenen Gaben, wie sich in der *Nekyia* des XI. Gesangs der *Odyssee* die von Odysseus beschworenen Schatten gierig auf das schwarze Blut der geschlachteten Opfertiere stürzen, um durch solchen Trank ein wenig Kraft zurückzugewinnen ... Zu Hause bewahrte man ein Bild des Toten in der Nähe des häuslichen Altars auf. Aus einer Inschrift des 2. Jahrhunderts v. Chr. wissen wir, daß dieses Bild zweimal im Monat, bei Neumond und am siebten Tag, mit Lorbeer bekränzt werden mußte.[16] Es hat eine gewisse Wahrscheinlichkeit, daß diese oder eine entsprechende Kultvorschrift schon in klassischer Zeit befolgt wurde.

Der attische Festkalender

Die Feste, deren religiöser Charakter mit dem städtisch-politischen untrennbar verschmolzen ist, waren besonders zahlreich und glanzvoll in Athen, dessen nicht eben wenigen Vorzügen Perikles in der ihm von Thukydides in den Mund gelegten Leichenrede für die für das Vaterland gefallenen Bürger die »Wettspiele und Opfer, die jahraus, jahrein bei uns Brauch sind«[17], zurechnet. All diese Feiern trugen dazu bei, die religiösen Gefühle und zugleich den Patriotismus, den Götterglauben und den Nationalstolz hervortreten zu lassen und zu stärken. Nur der Krieg konnte den Kreislauf dieser großen, regelmäßig wiederkehrenden Zusammenkünfte unterbrechen oder doch zumindest ihren Glanz beeinträchtigen. So erklärt sich, weshalb der personifizierte Friede in der gleichnamigen Komödie des Aristophanes, als ihn die vereinten Anstrengungen der Landleute schließlich aus der Höhle befreien, in der er unter Steinen versteckt lag, in Begleitung zweier Ehrendamen auftritt, nämlich der Erntegöttin Opora und der Theoria, der Göttin der Schauspiele und Feste. Das Glück des Friedens besteht für einen Athener der Perikleischen Zeit vor allem in materiellem Überfluß und in der Freude der großen Feste (πανηγύρεις). Man denkt sofort an den *panem et circenses*-Schrei der römischen Plebs, freilich mit dem Unterschied, daß Theoria gegenüber den Zirkusspielen Vergnügungen einer höheren Ordnung bietet.

Die meisten, wenn nicht gar alle Feste dieser Art schlossen Spiele, d. h. Wettkämpfe (ἀγῶνες), ein. Meist waren dies die gymnischen Wettbewerbe der Athleten, von denen wir im Zusammenhang des Erziehungswesens gesprochen haben[18], doch kannte man auch den Dichter- und Sängerwettstreit, Konkurrenzen der tragischen und komischen Dichter und zuweilen sogar Schönheitswettbewerbe, bei denen sich Frauen und Männer um den Preis für vollkommenen Wuchs und stattliche Erscheinung bewarben.

Schauen wir uns also in Grundzügen den athenischen Festkalender an und kennzeichnen wir mit einigen Worten die wichtigsten seiner Kultfeiern![19] Während des Peloponnesischen Krieges war eine Kalenderreform vorgenommen worden, um die Übereinstimmung von Mondmonaten und Sonnenjahr wiederherzustellen. Dies verursachte eine gewisse Verwirrung bei der ordnungsgemäßen Feier der herkömmlichen Feste, was Aristophanes zum Anlaß nahm, die Mondgöttin (Selene) durch den Chor seiner *Wolken* folgenden scherzhaften Tadel an die Athener richten zu lassen:

> [...] auf ihre [der Mondgöttin] Tage [habt]
> Ihr nicht pünktlich acht und werft sie durcheinander kunterbunt.
> Darum lesen ihr die Götter ein Kapitel jedesmal,
> Wenn sie nach der alten Rechnung zählend kommen und kein Fest
> Treffen, und um Schmaus und Opfer schnöd geprellt nach Hause gehen:
> Denn am Tage, wo ihr opfern solltet, richtet, foltert ihr;
> Wenn wir Götter aber einen Festtag haben, etwa wenn
> Wir um Memnon trauern oder um Sarpedon, opfert ihr
> Wein und lacht und scherzt.[20]

Das Jahr, sowohl das bürgerliche wie das Festjahr, begann offiziell im Juli mit dem attischen Monat Hekatombaion (Ἑκατομβαιών). Dieser hieß ursprünglich Kronion (Κρονιών), da man an seinem 12. Tag in der Freude über die soeben beendete Ernte Kronos (Saturn), den Vater des Zeus, und seine Gemahlin, die Göttermutter Rhea (Kybele), feierte. Die Kronia (Κρόνια) vereinigten wie die römischen Saturnalien Herren und Sklaven in einem ausgelassenen, lärmenden Festgelage im Schoß der Familie; aber das Fest hatte durchaus auch einen öffentlichen und nationalen Charakter. Am 16. desselben Monats wurde das Synoikia-Opfer gefeiert, das an den von Theseus vollzogenen Synoikismos (συνοικισμός), den lange zurückliegenden Ursprung der Einheit Attikas und der athenischen Macht, erinnern sollte. Ganz am Ende des Hekatombaion lag das große nationale Fest der Stadtpatronin Athena, die Panathenäen (Παναθήναια). Das alljährlich wiederkehrende Fest dieses Namens dauerte zwei Tage, alle vier Jahre jedoch wurde es mit besonderer Feierlichkeit begangen und dauerte dann vier Tage. Bei den sportlichen Wettbewerben, unter denen ein Fackellauf (λαμπαδηδρομία)[21] hervorzuheben ist, erhielten die siegreichen Athleten Öl von den heiligen Olivenbäumen der Athena in den sogenannten »panathenäischen« Amphoren (s. Taf. 30), deren Bemalung einerseits die zwischen zwei Säulen stehende Athena Promachos (d. h. die Vorkämpferin, die in der ersten Reihe Kämpfende), andererseits eine Darstellung des Wettbewerbs (beispielsweise des Stadionlaufes) zeigte, in dem der betreffende Athlet den Sieg davongetragen hatte. Bei den großen Panathenäen folgte dann der große (auf dem Fries des Parthenon dargestellte) Festzug, der vom Kerameikos aus die Stadtmitte durchquerte und schließlich in feierlicher Form den alle vier Jahre von ausgewählten Mädchen bestickten Peplos, der die Kultstatue der Athena bekleiden sollte, zur Akropolis brachte. Die Priester und alle Körperschaften der Stadt, auch die Vertreter der Metöken, bildeten einen wohlgeordneten Zug, den Epheben zu Pferde begleiteten. Auf der Akropolis angekommen, opferte man vor dem alten Tempel der Athena Polias (d. h. Schützerin der Stadt) zunächst vier Rinder und vier Schafe. Auf dem großen vor dem Parthenon gelegenen Altar schlachtete man dann so viele Kühe, wie zur Speisung der gesamten Stadt gebraucht wurden: Es ist ohne Zweifel diese Hekatombe, die dem Monat den neuen Namen Hekatombaion gegeben hat.

Im Boedromion (Βοηδρομιών, September/Oktober) wurden die Mysterien von Eleusis gefeiert, deren Behandlung wir einem späteren Abschnitt vorbehalten wollen. Auch das Fest des Apollon Boedromios (Βοηδρόμιος, des im Kampf Helfenden), die Boedromien (Βοηδρόμια), fielen in diesen Monat und brachten ein Opfer und einen Umzug mit sich.

Der am dichtesten mit Festen übersäte Monat war der Pyanopsion (Πυανοψιών, Oktober/November). Am 7. Tag fanden zu Ehren Apollons die Pyanopsien (Πυανόψια) statt, ein von außerordentlich alten und merkwürdigen Riten geprägtes Fest der Saaten. Man brachte dem Gott ein Bohnengericht (πύανοι) und mehrere andere mit Weizenmehl vermengte Hülsenfrüchte dar und trug dann die εἰρεσιώνη, einen mit Wollbinden umwickelten und mit Erstlingsfrüchten behängten Ölzweig, in einer Prozession als Fruchtbarkeitstalisman umher, wozu eine Gruppe fröhlicher Knaben folgende Verse sang:

Eiresione, gib uns Feigen und nahrhafte Brote,
Honig dazu in der Schale und Öl, uns reichlich zu salben,
Und einen Becher lauteren Weins, daß trunken wir ruhen.[22]

Ein anderer Umzug von annähernd entsprechendem Charakter spielte sich an den Oschophorien (Ὠσχοφόρια) zu Ehren des Dionysos ab. Ein von zwei Knaben, die ἀμφιθαλεῖς[23] sein mußten, angeführter Zug junger Leute trug Rebzweige mit anhängender Traubenlast umher. Opfer und Trankspende wurden mit dem liturgischen Ruf ἐλελεῦ, ἰοὺ ἰού begleitet. Tänze und Wettläufe von Epheben schlossen sich an.[24]

Am 11., 12. und 13. desselben Monats fanden die Thesmophorien (Θεσμοφόρια) statt, ein Fest zu Ehren der Demeter Thesmophoros, die zugleich über die Saaten der Felder und die Fruchtbarkeit der Frauen wacht. Nur verheiratete Frauen nahmen daran teil, Männer waren völlig ausgeschlossen.[25] Die Frauen bereiteten sich auf dieses Fest vor, indem sie einige Tage lang sexuelle Enthaltsamkeit übten.[26] Am ersten Tag, der Ἄνοδος (Aufstieg), holte man die Reste geheiligter Dinge (Ferkel, Nachbildungen der Geschlechtsteile oder Schlangen aus Teig), die vier Monate zuvor vergraben worden waren, wieder ans Licht. Eine entsprechende Kulthandlung von ländlich-bäuerlicher Magie vollzogen zwei Arrephoroi (ἀρρηφόροι) genannte junge Mädchen zu Ehren der Athena. Am zweiten Tag, der Νηστεία (Fasten), enthalten sich die Frauen jeder Nahrung. Am dritten Tag, den Kalligeneia (Καλλιγένεια, dem Fest der schönen oder guten Geburt), brachten sie Demeter allerlei Früchte der Erde sowie einen Mehlbrei und Käse als Weihgaben dar, dann riefen sie obszön-spöttische Anzüglichkeiten, hantierten mit plastischen Nachbildungen des *cunnus*, aßen Granatapfelkerne und peitschten sich mit grünen Zweigen (der Lebensrute) – all diese Riten wurden offensichtlich als fruchtbarkeitsfördernd angesehen.

Die Apaturien (Ἀπατούρια), ein Fest der Bürger in den Phratrien, dauerten ebenfalls drei Tage. Die beiden ersten Tage standen im Zeichen von Opfern und Kultmahlzeiten. Am dritten Tag, der Κουρεῶτις, stellten die Väter den Mitgliedern ihrer Phratrie die in dem betreffenden Jahr geborenen vollbürtigen Kinder vor, um sie

vorschriftsmäßig in das Einwohnerverzeichnis eintragen zu lassen. Aus diesem Anlaß opferte jeder von ihnen ein Mutterschaf oder eine Ziege auf dem Altar des Zeus Phratrios oder der Athena Phratria.
Am 30. Pyanopsion (Πυανοψιών) schließlich, den Chalkeia (Χαλκεῖα), nahmen Athena Ergane (die Arbeiterin) als Göttin der Handwerker und Hephaistos als Gott der Schmiede die Ehrenbezeigungen der Erzarbeiter (χαλκεῖς) und der anderen Berufskollegien entgegen.[27] Wie die Bauern die Erstlingsfrüchte ihrer Ernte, so weihten die Handwerker und Arbeiter der Athena gern ein Erzeugnis ihrer Tätigkeit, ein eigens für die Göttin gefertigtes »Meisterwerk«. Derartige Weihungen zugunsten der Athena Ergane sind in der Tat wiedergefunden worden, z. B. die eines gewissen Bakchios, von dem wir aus seiner ebenfalls erhaltenen Grabinschrift wissen, daß er Töpfer war und bei einem Handwerkerwettbewerb den ersten Preis davongetragen hatte: »Bakchios hat, als ihm die Thiasosgefährten den Kranz zuerkannt hatten, der Athena Organe [= Ergane] diese Erstlingsgabe geweiht.«[28]
Im Monat Posideon (Ποσιδεών) geht es bei dem Fest Haloa (Ἁλῷα, von ἅλως, Tenne oder bearbeitetes Feld) darum, Schutz für das gerade keimende Korn in der Erde zu erflehen, ebenso wie die Thesmophorien die Gunst der Göttin für die Saaten zu bewirken strebten. Die Opfer galten Demeter, ihrer Tochter Kore und dazu Poseidon, der diesem Monat seinen Namen gegeben hat und der eine chthonische Gottheit (Γαιήοχος) war, bevor er sich zum Herrn des Meeres wandelte. Mit Ausnahme einiger Beamter für die Beaufsichtigung der Kultfeiern hatten die Männer an den Haloa keinen Anteil; dafür waren hier die Hetären zugelassen, obwohl sie bei den Thesmophorien wie die Männer ausgeschlossen waren. Im Mittelpunkt der religiösen Bräuche scheint der Phallos (φαλλός) gestanden zu haben. Eine heute in London befindliche Vase zeigt eine Frau, die eine Art Puder, den sie einem Kästchen entnimmt, auf mehrere Terrakottaphalloi streut, die wie Weizenähren in die Erde gepflanzt sind.[29]
Einen hervorragenden Platz nimmt der Phallos auch in den Dionysosfesten ein, die – zumindest die älteren – zusammen in die Wintermonate fallen. Bei den Διονύσια κατ' ἀγρούς, den ländlichen

Dionysien, die im Posideon gefeiert wurden, führte ein Umzug der Landbewohner den Phallos in feierlicher Prozession hinter der Korbträgerin (κανηφόρος) über die Felder.[30] Ein athenischer Volksbeschluß aus der Zeit um 445 v. Chr., der die Gründung einer Kolonie in Brea (Thrakien) regelt, sieht vor, daß die Bürger dieser Stadt »zu den großen Panathenäen eine Kuh und eine vollständige Hoplitenrüstung (πανοπλία), zu den Dionysien einen Phallos« nach Athen senden sollen.[31] Dieses Fest gab Gelegenheit zu Volksvergnügungen, wie man sie noch heute auf unseren Dorffesten sieht: Junge Bauern versuchten, sich auf aufgeblasenen und mit Öl eingeriebenen Weinschläuchen aufrecht zu halten (ἀσκωλιασμός)[32], und fröhliche Schwarmzüge (κῶμοι; diese stehen am Ursprung der »komischen« Chöre) ergingen sich lärmend auf den Wegen und Gassen des Dorfes mit Tanzen, Singen und lustigen oder anstößigen Scherzen gegenüber jedermann, der ihnen über den Weg lief, Männern wie Frauen ohne Unterschied. Seit dem 5. Jahrhundert fügten die reichsten Demen diesen Belustigungen dramatische Aufführungen hinzu.

Im Gamelion (Γαμηλιών, Januar/Februar), dem Monat der Eheschließungen (γάμοι), feierte man das Fest Gamelia (Γαμηλία) oder Theogamia (Θεογαμία) zur Erinnerung an die göttliche Vereinigung von Zeus und Hera und die Lenäen (Λήναια), ebenfalls eines der Dionysosfeste. Es handelt sich bei letzteren nicht, wie man geglaubt hat, um ein Fest der Weinkelter (ληνός), das sich mehrere Monate nach der Traubenlese seltsam ausnähme, sondern um ein orgiastisches Fest der Lenai (λῆναι), wie mit einem anderen Wort die Mänaden oder Bacchantinnen heißen, die von dionysischem Taumel besessenen Frauen. Mit aufgelösten Haaren tanzten sie ekstatisch an dem heiligen Ort des Lenaion (Λήναιον).[33] Da Dionysos der Gott der Dithyramben und des Theaters war, verbanden sich mit diesem Fest auch Rezitationen lyrischer Dichtungen und schauspielerische Darbietungen. Mehrere Stücke des Aristophanes, darunter *Die Acharner*, *Die Ritter* und *Die Wespen*, wurden an den Lenäen gespielt. Zu diesem Anlaß nahmen nur die Athener und Metöken an den Festveranstaltungen teil, während bei den Διονύσια τὰ μεγάλα (den Großen Dionysien) im März viele Gesandte der verbündeten Städte, die sich zur Ablieferung der Tribute in der Stadt aufhalten, den Aufführungen im Theater beiwohnen. Daher kann sich Aristophanes auf die Abwesenheit der Verbündeten berufen, um Kleon, sein »Schwarzes Schaf«, mit um so größerem Freimut anzugreifen:

Selbst Kleon soll mich diesmal nicht verklagen,
Daß ich die Republik vor Fremden schmähe;
Wir sind hier unter uns am heut'gen Fest.
Noch sind die Fremden, die Tribute, noch
Sind die Verbündeten nicht eingetroffen.
Wir sind hier lauter attischreines Korn,
Nenn Spreu der Städter doch ich die Metöken.[34]

Ein anderes großes Fest des Weingottes Dionysos feierte man im Anthesterion (Ἀνθεστηριών, Februar/März): die Anthesterien (Ἀνθεστήρια). Wie die Thesmophorien zu Ehren der Demeter im Pyanopsion fielen sie auf den 11., 12. und 13. des Monats. Am ersten dieser drei Tage, den Πιθοίγια (Öffnung der Fässer), öffnete man die Pithoi (πίθοι) aus gebranntem Ton, in denen der Wein seit der Herbstlese aufbewahrt worden war. An diesem oder dem Χόες (kleine Töpfe zum Weingießen, vgl. χοηφόροι) genannten folgenden Tag gab es ein Wetttrinken. Auf ein Trompetenzeichen mußte jeder so schnell wie möglich den Wein eines solchen Kruges hinunterschlucken (s. Abb. 45). Der Sieger erhielt einen Blätterkranz und einen Weinschlauch. Die Töpfe, von denen eine große Anzahl wiedergefunden worden ist, sind häufig mit Szenen geschmückt, in denen sich kleine Kinder mit Spielzeug und Kränzen vergnügen; denn die Anthesterien schlossen auch ein Kinderfest ein.[35] Am zweiten Tag führte man den auf einem schiffsförmigen Karren sitzenden Dionysos in einem feierlichen Umzug durch die Stadt. Die Teilnehmer dieser Prozession scheinen Masken getragen zu haben, und man hat diese fröhliche Zeremonie mit unserem Karneval vergleichen können. Die Rolle des Gottes dürfte der Archon Basileus übernommen haben, denn die Basilinna (βασίλιννα), die Königin (d. h. die Frau des Archon Basileus), mußte sich mit ihm in einem Hieros Gamos (ἱερὸς γάμος) vereinigen. Der dritte Tag des Festes aber, die Χύτροι (Töpfe), waren ganz anderer Prägung; er galt den Toten und Sterbenden. In Terrakottatöpfen bereitete

Abb. 45. Berauschter Bakchospriester mit festlichen Schnürstiefeln bzw. Gamaschen, Thyrsos und Kantharos. Von einer griechischen Vase, 5./4. Jh. v. Chr.
Nach: R. Forrer, *Archäologisches zur Geschichte des Schuhs aller Zeiten*, Schönenwerd: Verlag des Bally-Schuhmuseums, 1942, S. 78, Abb. 19.

man einen Brei aus verschiedenen Hülsenfrüchten und Getreidekörnern, die Panspermia (πανσπερμία), die vor Einbruch der Nacht gegessen werden mußte[35a]. Das Hauptopfer wurde Hermes Psychopompos, dem Gott, der die Schatten in die Unterwelt führte, dargebracht. Wie um das böse Schicksal zu beschwören, rief man am

Ende des dritten Tages: »Zur Tür hinaus, ihr Keren (Κῆρες, Todesgöttinnen), die Anthesterien sind vorbei!«[36]
Der Anthesterion ist möglicherweise auch der Monat der Chloia (Χλόια), eines Festes zu Ehren der Demeter Chloe, und der Diasien (Διάσια), des größten athenischen Zeusfestes.
Im Elaphebolion (Ἐλαφηβολιών, März/April), mit dem der Winter zu Ende ging und der Frühling begann, brachten die Beamten der Athena Danksagungsopfer (προχαριστήρια) dar. Im Vordergrund standen in diesem Monat die Διονύσια τὰ μεγάλα, die Großen Städtischen Dionysien, die – als zweite Theaterspielzeit nach den Lenäen – viele Fremde anzogen, da ja mit dem Ende der schlechten Jahreszeit die Schiffe von neuem das Ägäische Meer durchkreuzen konnten. Das Fest, dessen aufwendige Pracht allein mit dem der Großen Panathenäen zu vergleichen ist, zog sich über fünf Tage hin. Am 9. des Monats trug man die Dithyramben vor, am 10. wurden die Komödien aufgeführt, an den Tagen vom 11. bis 13. die Tragödientrilogien, denen jeweils ein Satyrspiel folgte. Im Zusammenhang des Theaters werden wir anschließend darauf zurückkommen.
Im Munychion (Μουνυχιών, April/Mai) fand am 16., den Munichien (Μουνίχια), ein Umzug zu Ehren der Artemis statt, der man zu diesem Anlaß Kuchen brachte, die ringsum mit brennenden Kerzen besteckt waren.
Im Thargelion (Θαργηλιών, Mai/Juni) wurden zu Ehren des Apollon, des Bruders der Artemis und des Reinigungsgotts schlechthin, die Thargelien (Θαργήλια) gefeiert. Am ersten Tag, dem 6. des Monats, wurde die Stadt durch die φαρμακοί in einem rituellen Akt, dem es an Entsprechungen zu dem jüdischen Brauch des »Sündenbocks« nicht fehlt, gereinigt. Zwei Männer liefen durch die Straßen der Stadt und wurden mit Zweigen des Feigenbaums und mit Meerzwiebelstrünken (σκίλλαι) geschlagen, um sie und damit die Befleckungen (μιάσματα), mit denen man sie beladen glaubte, aus der Stadt zu vertreiben. Am 7. brachte man Apollon den Thargelos (θάργηλος), d. h. einen Kuchen oder Brei aus Getreidekörnern, als Weihung der Erstlinge der folgenden Ernte. Am 25. folgten die Plynterien (Πλυντήρια), d. h. das Fest der Waschung der

Göttin Athena. Man trug die alte Holzstatue (ξόανον) der Athena Polias zum Phaleron und tauchte sie mit dem Peplos ins Meer. Danach bot man ihr eine Art Kuchen aus getrockneten Feigen als Weihgabe dar. Das Holzidol wurde aufgrund der antiken Bilderkultanschauungen selbstverständlich als die Göttin selbst angesehen. So hatte das Bad kathartische Bedeutung für die gesamte Stadt, deren Schutzherrin Athena war. Die Hauptfeste des Thargelion sorgten also für die allgemeine Reinheit der Stadt, denn diese mußte ja des göttlichen Geschenks der neuen Ernte würdig sein.

Der letzte Monat des athenischen Jahres schließlich, der Skirophorion (Σκιροφοριών, Juni/Juli), brachte die Skirophorien (Σκιροφόρια), ein Fest, dessen Riten uns kaum bekannt sind, das aber ein gemeinsames Opfer für Demeter und ihre Tochter Kore, für Athena und Poseidon gekannt zu haben scheint. An den Dipolieia (Διπολίεια) wurde Zeus ein Ochse geopfert, weshalb im Zusammenhang dieses Festes auch der Name Buphonia (Βουφόνια) vorkommt. Gewisse Riten der Arretophorien (Ἀρρητοφόρια), eines Athena-Festes, an dem zwei junge Mädchen als ἀρρηφόροι im Mittelpunkt der Kulthandlungen standen, entsprachen in etwa denen der Ἄνοδος an den Thesmophorien.

Damit haben wir zehn Monate des athenischen Jahres behandelt. Es bleiben noch der Metageitnion (Μεταγειτνιών, August/September) und der Maimakterion (Μαιμακτηριών, November/Dezember), die ebenfalls gewiß nicht frei von religiösen Feiern waren, doch werden die Feste dieser Monate, die Metageitnien (Μεταγείτνια) bzw. die Maimakterien (Μαιμακτήρια), kaum in den uns zur Verfügung stehenden Quellen erwähnt. Immerhin dürfen wir hoffen, mit unseren Bemerkungen ausreichend deutlich gemacht zu haben, daß Thukydides keineswegs übertrieb, als er Perikles sagen ließ, in Athen reihe sich das ganze Jahr hindurch ein Fest an das andere. Dabei haben wir die Festtage bestimmter untergeordneter Gottheiten wie des Asklepios, die Feste der Heroen, z. B. die Theseen (Θησεῖα), und die von den Metöken eingeführten Feiern fremdstämmiger Kulte, so etwa die Bendideia (Βενδίδεια), die seit dem 5. Jahrhundert im Peiraieus zu Ehren der thrakischen Göttin Bendis begangen wurden, sogar völlig beiseite gelassen.

Das Theater

Schon im Zusammenhang der Ländlichen Dionysien, der Lenäen und der Großen Städtischen Dionysien kamen wir auf dramatische Aufführungen zu sprechen. Zusammen mit dem Stadion ist das Theater *das* typische Bauwerk jeder griechischen Stadt von einiger Bedeutung, und bekanntlich gab es in Attika außer dem am Südhang der Akropolis im Heiligtum des Dionysos Eleuthereus gelegenen auch in zahlreichen Demen Theater, insbesondere im Peiraieus, in Kollytos, auf Salamis, in Eleusis, in Thorikos und Rhamnus. Diese dienten sämtlich den Darbietungen an den Ländlichen Dionysien.

Vom Theater in dem Kapitel zu sprechen, das dem religiösen Leben gewidmet ist, erscheint durchaus angebracht, denn jede dramatische Aufführung fand ja in einem Heiligtum des Dionysos anläßlich eines Festes eben dieses Gottes und unter Vorsitz seines Priesters statt, und wie bei den sportlichen Wettbewerben, die andere Feste begleiteten, oblag ihre Ausrichtung in Form von Wettbewerben den Beamten der Stadt.

Wie jeder weiß, wurden die griechischen Theater unter freiem Himmel und gewöhnlich an den Abhängen eines Hügels angelegt, der die Stufen des Theatron (θέατρον) trug. Dieses umfaßte die kreisförmige Orchestra (ὀρχήστρα), auf der der Chor sich um den Altar des Dionysos bewegte. Daran schloß sich nach hinten das Proskenion (προσκήνιον) an, das sich von der den Komplex abschließenden Skene (σκηνή, die ursprünglich nicht mehr als ein einfaches Zelt war, in dem sich die Choreuten und die Schauspieler umkleideten) deutlich abhob (s. Abb. 47). Das Dionysostheater in Athen (s. Taf. 24) geht in seinem heutigen Zustand auf die römische Zeit zurück, während das großartige Theater des Heiligtums von Epidauros in der Argolis die Gestalt seiner klassischen Zeit besser bewahrt hat.[37] All diese Theater besaßen eine ausgezeichnete Akustik (s. Abb. 46 und 47).[38]

Vor den Lenäen und den Großen Dionysien bereiteten in Athen die höchsten Beamten der Stadt, der Archon eponymos und der Archon Basileus, lange Zeit im voraus die Aufführungen vor. Zu-

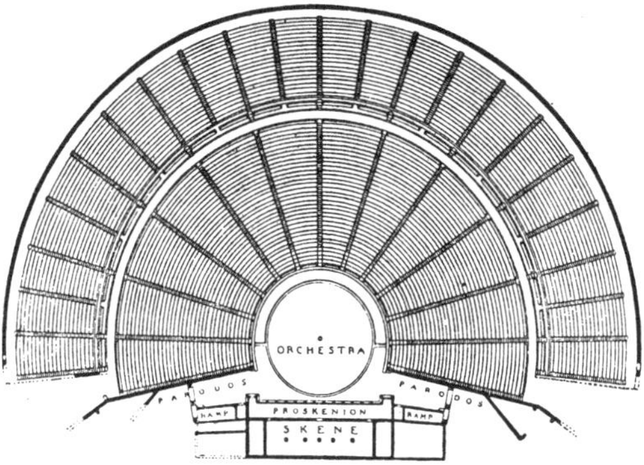

Abb. 46. Epidauros, Theater, Grundriß. Um 350 v. Chr.
Nach: W. B. Dinsmoor, *The Architecture of Ancient Greece*, London: Batsford, ³1950, S. 245, Abb. 90.

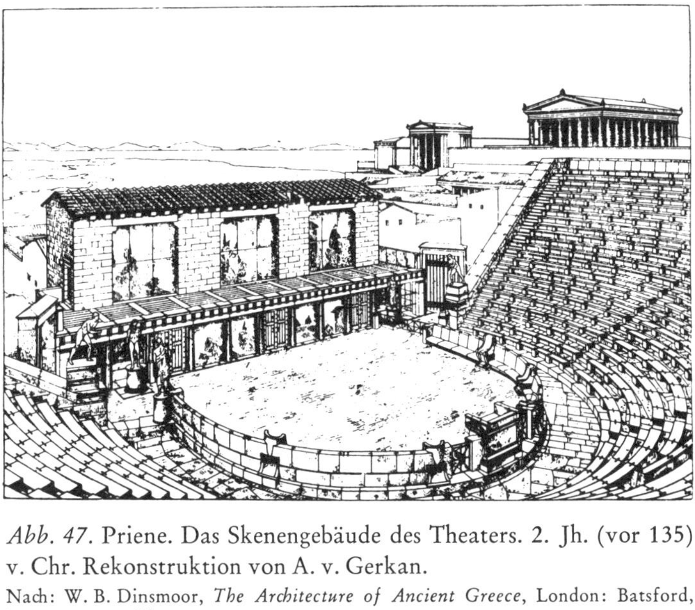

Abb. 47. Priene. Das Skenengebäude des Theaters. 2. Jh. (vor 135) v. Chr. Rekonstruktion von A. v. Gerkan.
Nach: W. B. Dinsmoor, *The Architecture of Ancient Greece*, London: Batsford, ³1950, S. 302, Abb. 111.

nächst bestimmte man die Choregen (χορηγοί), d. h. reiche Bürger, die der Staat damit beauftragte, aus eigenen Mitteln die aus 15 Choreuten (χορευταί) bestehenden tragischen oder die aus 24 Choreuten gebildeten komischen Chöre zu besetzen, zu unterhalten und mit allem Nötigen auszustatten. Die Dichter, die am Wettbewerb teilzunehmen wünschten – auch Fremde, d. h. nichtathenische Griechen waren hier zugelassen –, »beantragten einen Chor« beim Archonten. Dieser konnte nach eigenem Geschmack unter den Bewerbern auswählen, mußte aber dem Volk Rechenschaft über seine Entscheidung ablegen. Der Dichter war sein eigener Regisseur und übte auch den Chor selbst ein, konnte sich aber von einem Chorleiter (χοροδιδάσκαλος) unterstützen oder ganz ersetzen lassen, denn die Aufgabe war schwer und erforderte sehr verschiedenartige Begabungen. Der Chor tanzte und sang ja zum Klang des Aulos, so daß eine antike Tragödie oder Komödie ein »Gesamtkunstwerk« war, das – unter diesem ganz äußerlichen Gesichtspunkt – einer heutigen Oper oder Operette ähnelte. Sodann bestimmte der Archon den Hauptdarsteller, den Protagonisten (πρωταγωνιστής), dem die Schauspieler der zweiten oder dritten Rolle, der Deuteragonist (δευτεραγωνιστής) und der Tritagonist (τριταγωνιστής), unterstanden. Eine Frau durfte weder in der Komödie noch in der Tragödie mitspielen; alle Frauenrollen wurden von Männern dargestellt, und so erscheint es weniger überraschend, wenn die Akteure Masken trugen.

War die dreiteilige Liste der Choregen, Dichter und Protagonisten einmal aufgestellt, mußte man jeweils drei in Gruppen zusammenfassen, d. h. jedem Dichter einen Choregen und einen Protagonisten zuteilen. Dazu wurden anläßlich einer Volksversammlung die Namen der zuvor bestimmten Choregen in eine Amphore gegeben; das Los bestimmte dann die Reihenfolge, in der jeder von ihnen aufgerufen wurde, um sich einen Dichter zu wählen. So entschied sich im Jahre 472 z. B. der junge Perikles in seiner Choregie für Aischylos, der in diesem Jahr die Trilogie aufführte, zu denen *Die Perser* gehörten. Auch die Protagonisten wurden den Dichtern durch das Los zugewiesen, in späterer Zeit dagegen mußte jeder Protagonist nacheinander eine Tragödie aller Dichter interpretieren, wodurch den Autoren größere Chancengleichheit zugesichert wurde.

All diese Vorbereitungen endeten mit dem προάγων, der allgemeinen Vorstellung der Dichter und ihrer Schauspieltruppen im Odeion, einem überdachten Gebäude in Theaternähe, das hauptsächlich für musikalische Darbietungen bestimmt war. Jeder Dichter stellte sich von einem Podium herab dem Publikum vor und verkündete Titel und Gegenstand seiner Stücke sowie die Namen seiner Darsteller. Diese Zeremonie ersetzte also die Theaterankündigung durch öffentliche Anschläge.

Die Aufführungen selbst begannen wie jede Versammlung morgens kurz nach Sonnenaufgang. Das war auch unerläßlich, wenn man bis zum Sonnenuntergang vier oder fünf Theaterstücke mit ihren Tänzen und lyrischen Gesangseinlagen spielen und wenigstens zwischen den Stücken eine gewisse Pause einlegen wollte (die einzelne Tragödie oder Komödie wurde ohne jede Unterbrechung, ohne jeden Zwischenakt, durchgespielt); denn dies war an den Großen Dionysien vier Tage lang die tägliche »Theaterration« der Zuschauer. Nach einem ersten Tag, der im Zeichen des Dionysosumzugs stand, und einem zweiten, der den dithyrambischen Gesängen gewidmet war, stellten am dritten Tage drei, später fünf Dichter jeweils eine Komödie vor. Die drei folgenden Tage galten der Tragödie; dabei war jeder Tag ausschließlich dem Werk eines der drei vom Archonten ausgewählten Dichter vorbehalten, d. h. einer Tetralogie aus drei Tragödien und einem anschließenden Satyrspiel.

Ein Athener, der den Großen Dionysien von Anfang bis zum Ende folgte, wohnte also, sieht man von den Dithyramben einmal ganz ab, 15 oder gar 17 Aufführungen in 4 Tagen bei, hatte also mit anderen Worten eine Gesamtzahl von ungefähr 20 000 gesprochenen oder gesungenen Versen anzuhören! Wir mögen von einer solchen Aufnahmefähigkeit überrascht sein, aber die ausgedehnten Lesungen aus den Homerischen Gesängen, die z. B. an den Panathenäen vorgetragen wurden, hatten die Hörer zu unermüdlicher Aufmerksamkeit erzogen.

Die Frauen waren, wenn sie auch nicht aktiv als Schauspielerinnen an den Stücken mitwirken konnten, mit Sicherheit als Zuschauerinnen im Theater zugelassen.[39] Der Eintrittspreis lag bei 2 Obolen (dem Drittel einer Drachme) pro Platz, doch zahlte den mittellosen Bürgern der Staat selbst dieses Geld aus der Kasse für die Schauspiele (θεωρικόν). Die Plätze des ersten Ranges waren den Priestern und Beamten sowie solchen Athenern und Nichtbürgern vorbehalten, die das Vorrecht der Prohedria (προεδρία), d. h. des Vorsitzes, bekommen hatten.[39a] Die Buleuten, die Epheben und die Metöken hatten jeweils eine besondere Abteilung des κοιλόν, des Sitzflächenrunds, inne. Die Frauen saßen anscheinend geschlossen auf den höchsten Stufen. Jede Phyle verfügte über ihre eigenen Sitzplätze. Trotz solch vorausschauender Regelungen ging es bei der Platzeinnahme nicht immer ohne Unordnung und Streit ab, so daß die Rhabduchen (ῥαβδοῦχοι, Stabträger), denen die Aufrechterhaltung der Ordnung im Theater oblag, einschreiten mußten. Ohne jeden Zweifel brachten die Athener zu Vorführungen solcher Länge trotz ihrer bekannten Genügsamkeit etwas zum Essen und Trinken mit. Manchmal ließen freigebige Choregen Kuchen und Wein an die Zuschauer verteilen. Demnach dürften die Theateraufführungen mit einer gewissen Volksfestatmosphäre verbunden gewesen sein.

Trotzdem besaßen die Aufführungen religiösen Charakter, denn sie wurden ja mit einem Akt der Reinigung durch das Blut eines Ferkels eröffnet. Auch saß in der Mitte der ersten Reihe – gegenüber dem mitten auf der Orchestra gelegenen Altar seines Gottes – der Priester des Dionysos.

Nach der Lustration bestimmt man durch das Los die Reihenfolge, in der die Stücke der am Wettbewerb teilnehmenden Autoren aufgeführt werden sollten. Ein Herold gibt zu Beginn eines jeden Stückes ein Trompetensignal. Der kultische Charakter des Festes hindert das Publikum nicht, seinen Gefühlen geräuschvoll Ausdruck zu verleihen, sei es durch Beifallklatschen, durch Pfeifen oder Fußstampfen.[40] Bestimmte Poeten, so heißt es, engagierten sogar eine bezahlte Claque! Wir mögen uns heute über die außerordentliche Freizügigkeit der antiken Komödien wundern, doch dürfen wir dabei nicht den eigentümlichen Charakter des Dionysoskultes vergessen. Die Dionysien wurden mit einem Umzug eröffnet, in dem der Phallos so etwas wie das Wahrzeichen oder die Fahne bildete, unter der man marschierte, und der Komos (κῶμος), aus dem die Komödie hervorging, war immer vom Überschäumen einer zügellosen und mehr als lockeren Ausgelassenheit gekennzeichnet gewesen.

Nach Beendigung der Wettbewerbe schritt man zur Urteilsbildung und zur Preisverteilung. Vor dem Fest war eine allgemeine Liste von Juroren aufgestellt und bei Beginn der Wettbewerbe durch ein Losverfahren auf zehn Namen eingeschränkt worden. Diese zehn Richter müssen im Theater auf eigens für sie vorgesehenen Plätzen gesessen haben. Nach Abschluß der Aufführungen fällten sie ihre Entscheidung, doch hatte eine erneute Auslosung die Aufgabe, aus den zehn abgegebenen Stimmen die fünf Entscheidungen herauszuziehen, die schließlich allein gültig sein sollten. Das Verfahren war folgendes: Eine Amphore enthielt die Täfelchen, auf denen die Jurymitglieder ihr Urteil verzeichnet hatten, eine zweite fünf schwarze und fünf weiße Würfel; man zog nun gleichzeitig aus der ersten Amphore eine Stimmtafel und aus der zweiten einen Würfel; nur das zusammen mit einem weißen Würfel gezogene Urteil war gültig. Diese Vorsichtsmaßnahmen wurden offensichtlich getroffen, um die Gefahr unredlicher Absprachen mit den Dichtern und Choregen zu beseitigen. Bei der Schilderung der Arbeitsweise der Gerichte werden wir im folgenden Kapitel einem noch bemerkenswerteren Aufwand an Einrichtungen dieser Art begegnen. Trotzdem versuchte die Menge manchmal, Druck auf das Richterkollegium auszuüben. Dann konnte es erneut zu tumultartigen Szenen kommen, in deren Verlauf die Rhabduchen viel zu tun hatten. Mit der Verachtung eines echten Aristokraten nennt Platon das Publikum der dramatischen Aufführungen eine θεατροκρατία und kritisiert damit jene in seinen Augen notwendig willkürliche Einflußnahme und Gunstverteilung einer launisch-wankelmütigen Zuschauermasse, die in seinem philosophisch begründeten Staatskonzept als Entscheidungsträger keinen Platz haben darf.[41]

In beiden Wettbewerben, dem tragischen und dem komischen, werden jeweils drei Preise verliehen, einer dem Dichter, ein zweiter dem Choregen, der dritte schließlich dem Protagonisten. Die Preise bestehen in einem einfachen Efeukranz, nur die Sieger bei den Dithyramben erhielten anscheinend einen Dreifuß. Von diesen Preisen sind zu unterscheiden die zweifellos entsprechend dem erreichten Rang abgestuften Ehrengelder, die Dichter wie Protagonisten bekamen. Die siegreichen Choregen weihten bisweilen dem Dionysos ein Monument, das die Erinnerung an ihren Sieg und den dadurch erworbenen Ruhm verewigen sollte. Das des Lysikrates[42] ist bis heute erhalten.

Am zweiten Tag nach Ende der Festspiele versammelte sich das Volk im Theater, um die Geschäftsführung des für die Ausrichtung der Wettbewerbe verantwortlichen Archonten zu prüfen. Mit der Abstimmung sprach man ihm öffentlich Lob oder Tadel aus.

Der Euergetismus und die panhellenischen Feste

Die Choregie (χορηγία), von der wir soeben sprachen, ist eine Leiturgie (λειτουργία), d. h. ein der Öffentlichkeit erwiesener Dienst und gleichzeitig eine Art Zusatzsteuer für die reichsten Bürger. Doch vermischt sich hiermit der Aspekt einer gewissen Ehrung, denn der Chorege scheute ja unter Umständen nicht erneute Ausgaben, um die Theateraufführung, in der »sein« Dichter – und doch wenigstens teilweise dank seines Einsatzes – den Triumph davongetragen hatte, im Gedächtnis seiner Mitbürger zu verankern.

Andere reiche Bürger wurden zur Leistung anderer Leiturgien berufen. Die Trierarchie (τριηραρχία) bestand in der Unterhaltung und dem Kommando eines Kriegsschiffs, einer Triere (τριήρης); wer eine Gymnasiarchia (γυμνασιαρχία) übertragen bekam, hatte gymnische Spiele zu veranstalten und den Athleten das notwendige Öl zu liefern. Eine Hestiasis (ἑστίασις) verlangte von ihrem Inhaber die Finanzierung eines öffentlichen Mahls für alle Bürger einer Phyle. Diese Bürger wurden bei Wahrnehmung ihrer Aufgaben als Beamte mit Unverletzlichkeitscharakter betrachtet, und wer sie – wie Meidias, der vor vollbesetztem Theater den damals mit einer Choregie betrauten Demosthenes ohrfeigte – beleidigte oder körperlich angriff, setzte sich strengen Strafen aus. Zeigten sie sich freigebig und um das öffentliche Wohl besorgt, erschienen sie als Euergeten (εὐεργέται), d. h. Wohltäter des Volkes. Gewiß gaben manche Athener als eher unfreiwillige Wohltäter ihr Geld nur widerwillig aus, andere aber sahen in den Leiturgien das nur allzu gern ergriffene Mittel, sich selbst und ihrer Familie eine wirkliche Popularität zu erwerben. Man darf nicht vergessen, daß die φιλοτιμία, der Wunsch nach Ehren und Ruhm, im Athen des Perikleischen Jahrhunderts ein tiefverwurzeltes und weitverbreitetes Gefühl war, so daß es nicht schwerfällt, für jene Zeit Beispiele von ganz freiwilligem und spontanem Euergetentum zu finden.[42a]

Kimon, der Sohn des Miltiades, verwandte seine Reichtümer und die Beute aus seinen Feldzügen zum Nutzen seiner Mitbürger. Er ließ die Einfriedungen seiner Güter beseitigen, um so den weniger begüterten Metöken und Athenern zu ermöglichen, bei ihm Früchte zu sammeln, und bot vielen Bedürftigen täglich eine zwar einfache, aber ausreichende Mahlzeit – wir würden sagen: einen »Volkseintopf«. So machte er aus seinem Haus ein »gemeinsames Prytaneion«, sagt Plutarch und denkt dabei an die Sitte, die besonders verdienten Bürger im Prytaneion zu speisen. Kimon gab sogar den jungen Leuten, die ihn als Leibwache begleiteten, Befehl, mit ihnen etwa begegnenden alten und schlechtgekleideten Athenern die Kleider zu tauschen und den ehrbaren Armen auf dem Marktplatz Geldstücke zu verteilen.[43]

Vor allem aber die Feste boten Gelegenheit zu aufsehenerregenden Akten der Freigebigkeit. Nikias hatte sich durch aufwendige Prachtentfaltung Ruhm erworben, als er die athenische θεωρία [Gesandtschaft, hier eines Chores zu Ehren des Delischen Apollon] nach Delos führte. Man berichtet sogar, er habe eine in Athen vorgefertigte Brücke, die ganz mit Malereien, Goldarbeiten, Kränzen und Wandbehängen ausgeschmückt gewesen sei, nach Delos überführen lassen, um für die Dauer des Festes Delos mit seiner Nachbarinsel Rheneia zu verbinden.[44]

Auch bei den vier großen panhellenischen Festen in Olympia, in Delphi (Πύθια, s. Taf. 25), am Isthmos und in Nemea – mit denen die sportlichen Wettbewerbe einhergingen, deren Sieger Pindar in

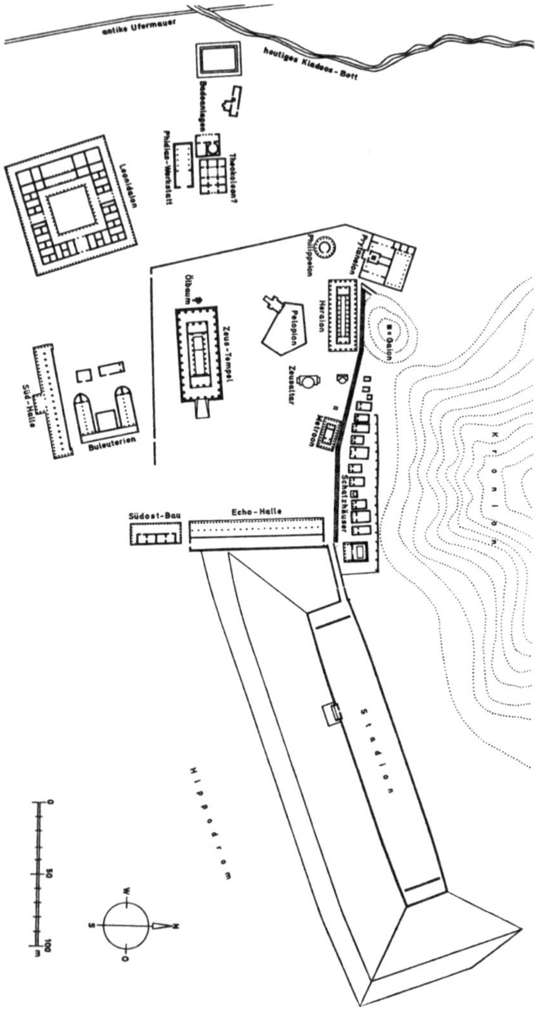

Abb. 48. Olympia. Plan des Festbereichs. 4. Jh. v. Chr.
Nach: H.-V. Herrmann, *Olympia. Heiligtum und Wettkampfstätte*, München: Hirmer, 1972, S. 162, Abb. 115.

seinen Siegesoden feierte – wetteiferten die reichen und ehrgeizigen Griechen, sich und ihrer Heimat durch verschwenderische Freigebigkeit Ruhm zu verschaffen, eine Freigebigkeit, die sie manchmal zugrunde richtete. Als Alkibiades im Jahre 416 an den Olympischen Spielen teilnahm, erregte er die Bewunderung aller Griechen. Es war nicht allein der Umstand, daß er dank seines außerordentlich reichen und glänzenden Reitstalls neun Wagengespanne gleichzeitig auf seinen Namen laufen lassen und den ersten, zweiten und vierten Preis heimfahren konnte, was bis dahin nie vorgekommen war, sondern darüber hinaus ließ er ein riesiges Zelt errichten, in dem er einer großen Zahl von Pilgern nach dem Opfer ein aufwendiges Mahl bot.[45] Neider behaupteten freilich, die mit Athen »verbündeten« Städte Ephesos, Chios und Lesbos hätten Alkibiades das Zelt, die Opfertiere und den Wein kostenlos liefern müssen und eines der Gespanne habe ihm überhaupt nicht gehört.[46]

Das Zeus-Heiligtum in Olympia in der Nähe des Alpheios bildete alle vier Jahre für die Griechen aller Städte die bedeutendste Versammlungsstätte (πανήγυρις). Die Bedeutung dieses in jedem fünften Jahr (πεντετηρικά; das Ausgangsjahr wird jeweils mitgezählt), d. h. mit anderen Worten alle vier Jahre gefeierten Festes lag darin, daß die einzige in ganz Griechenland anerkannte Zeitrechnung sich auf die im Jahre 776 v. Chr. einsetzende *Olympiadenära* gründete. Die Schlacht von Salamis (480 v. Chr.) fiel danach in das erste Jahr der 75. Olympiade ($74 \times 4 = 296$; $776 - 296 = 480$). Selbst Sklaven und Barbaren konnten dem Feste beiwohnen, nicht aber die verheirateten Frauen. Erst in Olympia wurden sich die Griechen ihrer – bei allen politischen Trennungen – tiefverwurzelten Einheit bewußt. So fand im Umkreis des dem Zeus heiligen Bezirks ein echter Jahrmarkt mit Unterhaltungen für jeden Geschmack statt (s. Abb. 48). Nicht etwa nur sportliche Wettbewerbe standen auf dem Programm; Sophisten und eine Reihe von Schriftstellern lasen bei dieser Gelegenheit aus ihren letzten Werken, so namentlich Herodot, Gorgias, Lysias und Isokrates. Letzterer hat sein Werk *Panegyrikos* freilich nicht selbst vorgetragen; der Name Panegyrikos (Πανηγυρικός) erklärt sich damit, daß Isokrates die Rede für eine versammelt gedachte Olympische Panegyris (πανήγυρις) verfaßt hat.

Sechs Tage dauerte das Fest. Am ersten Tag wurden am Altar des Zeus und an den sechs, wie man glaubte, von Herakles errichteten Doppelaltären Opfer, dazu am Grab des Pelops, des Eponymen der Peloponnes, Trankspenden dargebracht. Daran anschließend ging man zu den Vorbereitungsförmlichkeiten für die Spiele über. Die fünf folgenden Tage waren hauptsächlich den sportlichen Wettkämpfen geweiht. Zehn Disziplinen für Erwachsene standen neben drei Kinderveranstaltungen. Die erwachsenen Männer maßen sich in vier Schnelligkeitsläufen, dem Stadionlauf, dem Diaulos (δίαυλος), d. h. dem Lauf über die doppelte Stadiondistanz, sodann dem Dolichos (δόλιχος), einem Mittelstreckenlauf wahrscheinlich über sechs Stadien, und dem Waffenlauf. Darauf folgten der Ringkampf, der Faustkampf, das Pankration und das Pentathlon (πένταθλον), eine Verbindung von fünf Wettbewerben.[47] Im Hippodrom (s. Taf. 28) beendeten das Quadrigarennen, in dem 416 Alkibiades siegte, und das Rennen der Einzelreiter die Kämpfe. Für die Kinder gab es den Stadionlauf, den Ringkampf und den Faustkampf. Alle Wettbewerbe wurden unter der Aufsicht der Hellanodiken (ἑλλανοδίκαι, Hellenenrichter) ausgetragen. Der siebte und letzte Tag schließlich stand im Zeichen eines feierlichen Umzugs und eines Mahls. Die Namen der Sieger, der *Olympioniken*, wurden vom Herold zusammen mit dem Namen ihres Vaters und ihrer Heimat ausgerufen. Als Preis erhielten die siegreichen Kämpfer einen einfachen Kranz aus Ölzweigen, doch kannte ihr Ruhm keine Grenzen und fiel auch auf ihre Familien und ihre Stadt zurück. Athen belohnte die Sieger von Olympia mit der »Speisung im Prytaneion«[48] auf Lebenszeit, und wird nicht behauptet, daß eine Stadt, um einen heimkehrenden Olympioniken in unerhörter Weise zu empfangen, nicht gezögert hatte, einen Teil ihrer Befestigungen niederzureißen, um ihn durch ein Tor einziehen zu lassen, das bis dahin noch niemand durchschritten hatte?

Mysterienkulte: Eleusis und die Orphik

Gelang es den städtischen Kulten und den panhellenischen Heiligtümern, das religiöse Verlangen des griechischen Volkes zu befriedigen? Gewiß konnte ein Athener durchaus seine Göttin Athena mit glühendem Eifer verehren, so wie Hippolytos in der seinen Namen tragenden Tragödie des Euripides gegenüber Artemis eine fast mystische Frömmigkeit pflegt, aber Hippolytos war eben auch Orphiker. Die staatlichen Kulte mit ihren oft erhabenen Zeremonien behielten immer etwas ein wenig Kaltes und Unpersönliches. Sie wandten sich an die Götter, um das kollektive Wohlergehen der Städte oder gar des ganzen Griechenland zu erwirken, doch am individuellen Glück des Menschen in diesem oder dem späteren Leben nahmen sie kaum Anteil. Der Totenkult ließ sich die »Nahrung« für die Schatten angelegen sein, gab aber keinerlei Sicherheit über Glück und Unglück im Jenseits.

Demgegenüber versprachen die Mysterienreligionen ihren Anhängern ein glückseliges Leben – und zwar unabhängig von jedem Begriff verdienstlicher oder sündhafter Lebensführung – für den Fall, daß sie sich in den Kult einweihen ließen und seine Riten beobachteten. Wie die daraus abgeleiteten französischen und deutschen Wörter umfaßt das griechische Wort Mysterion (μυστήριον) die Vorstellung von etwas einer beschränkten Zahl von Privilegierten vorbehaltenem Geheimnisvollen, und die durch die verwandten Begriffe »mystisch« (μυστικός) und »Mystizismus« umschriebenen Vorstellungen waren in mehreren dieser Sekten weit entwickelt. Bestimmte Kulte waren dem Staat verdächtig, während die von Athen offiziell anerkannten und geschützten Mysterien von Eleusis sich einer besonders günstigen Lage erfreuten, die ihr die ganze Antike hindurch eine außerordentliche Bedeutung verlieh.

Die großen Eleusinischen Mysterien wurden, wie wir schon sagten, im Boedromion, im heutigen September, zu Ehren der Demeter und ihrer Tochter Kore gefeiert.[49] Diese Göttinnen wachen zugleich über die Getreidesaaten und die Toten, die ja – wie das Korn – in der Erde verborgen sind. Auch orphische und dionysische Einflüsse scheinen die Mysterien erfahren zu haben. Die uns erhaltene

Homerische Hymne an Demeter gestaltet den Mythos vom Raub der Kore durch Hades und von der Suche der untröstlichen Mutter, die, in Eleusis aufgenommen, dem jungen Demophon Unsterblichkeit verleiht und seine mit Mysterien verbundene Verehrung begründet. (Siehe Taf. 18.)

Hier die letzten Verse des Hymnos, eine Art »Seligpreisung« (μακαρισμός):

> Selig der Erde bewohnende Mensch, der solches gesehen!
> Doch wer die Opfer [ἱερεῖα] nicht darbringt, oder sie meidet, wird niemals
> Teilhaft solchen Glücks; er vergeht in modrigem Düster.[49a]

Eleusis, ein attischer Demos, liegt 22 Kilometer von Athen entfernt. Am 14. Boedromion wurden die »heiligen Dinge« (ἱερά) in einem Korb in einem großen Festzug von Eleusis nach Athen gebracht, wo man sie im Eleusinion (Ἐλευσίνιον) niederlegte. Am 15. versammelte man in der Säulenhalle der Malereien (στοὰ ποικίλη) die Bewerber für die Einführung in die Mysterien. Alle, auch Sklaven und Barbaren, waren zugelassen; ausgeschlossen blieben allein die nicht gereinigten Mörder und solche, deren Stimme nicht »verständlich« war, d. h. wahrscheinlich die, die nicht über genügend Griechischkenntnisse verfügten, um die rituellen Formeln angemessen aussprechen zu können. Am 16. des Monats begaben sich die Mysten zur Mole von Phaleron zu einer eigentümlichen Reinigungszeremonie: Auf den Ruf der Priester: »Zum Meer, ihr Mysten!« eilte jeder, ein Bad zu nehmen, wobei er ein anschließend geopfertes Schwein hinter sich herzog.[50] Am 19. führte dann eine große und feierliche Prozession unter Gesängen und »Iakchos-Iakchos«-Rufen den mystischen Korb über die Heilige Straße von Athen nach Eleusis zurück. Dort wurde schließlich nach einem Fasttag in den beiden Nächten vom 21. bis zum 23. des Monats die Initiation vollzogen.

Was jedoch in diesen beiden Nächten geschah, mußte geheim bleiben, und wer immer kundgab, was er gesehen oder gehört hatte, war mit dem Tode zu bestrafen. Das Geheimnis ist so gut gehütet worden, daß es nur einige späte Texte, vor allem solche der Kirchen-

väter, ermöglichen, andeutungsweise zu erahnen, worin die Initiation bestand. Der große Raum, in dem sich die heiligen Bräuche abspielten, das Telesterion (τελεστήριον), ist durch die Ausgrabungen wiederentdeckt worden. Ein großes Viereck von 50 Metern Seitenlänge durchziehen 6 Reihen von je 7 Säulen, deren Basen noch heute zu sehen sind. Die zum Teil in den Fels geschnittenen Stufen boten gegebenenfalls 3000 Menschen einen Sitzplatz (s. Abb. 49).
Die erste Nacht verlieh den Kandidaten den unteren Initiationsgrad. Das Fasten der Mysten wurde – wie das der Demeter im Homerischen Hymnos – durch den Genuß des Kykeon (κυκεών), eines rituellen Tranks aus Wasser, Hafergrütze und Poleiminze, gebrochen.[51] Dann wurden die in dem Korb befindlichen heiligen Gegenstände aufgedeckt und von den Mysten betastet. Vermutlich handelt es sich insbesondere um Nachbildungen männlicher und weiblicher Geschlechtsteile. Der Myste hatte folgende Formel zu sprechen: »Ich habe gefastet, ich habe den Kykeon getrunken. Ich habe den Gegenstand aus dem Korb genommen und nach Vollzug des Aktes in den anderen Korb gelegt, dann aus diesem wieder in den ersten Korb.« Auch sang man heilige Gesänge, die Priester aus der Familie der Eumolpiden (Ἐυμολπίδαι, d. h. der »guten Sänger«) zu leiten hatten.

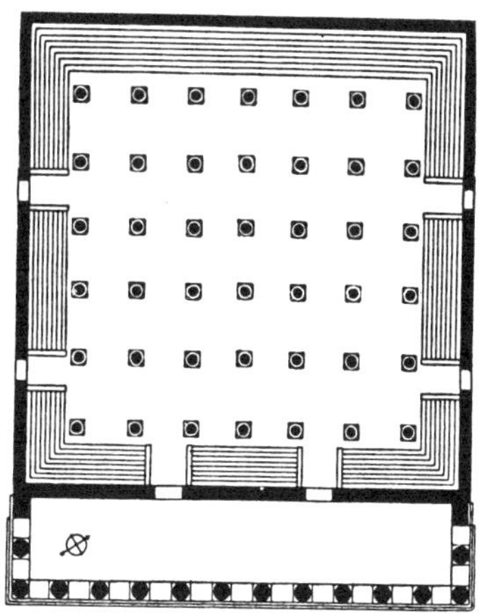

Abb. 49.
Eleusis. Telesterion, Grundriß.
Nach: W. B. Dinsmoor, *The Architecture of Ancient Greece*, London: Batsford, ³1950, S. 195, Abb. 73.

In der zweiten Nacht wurden die Mysten des vergangenen Jahres Epoptai (ἐπόπται, »betrachtende« Mysten) und erreichten damit den höchsten Grad der Einführung. Die Telesterionhalle lag im tiefsten Dunkel, und die Mysten mußten sich in eine Atmosphäre von Schrecken und Angst versetzen, wozu finstere Trauergesänge beitrugen. Dann erleuchteten plötzlich Fackeln – das typische Attribut der Demeter und Kore und Symbol der Offenbarung – die Mitte des Saales mit glänzendem Licht. Jetzt zeigte man den Eingeweihten »dieses große und bewundernswerte Mysterion, eine geerntete Ähre«, und wahrscheinlich auch ein liturgisches Schauspiel, einen Hieros Gamos. Ein fälschlich Plutarch[52] zugeschriebenes Fragment von hohem Wert aus der Feder des Redners Themistios sagt uns:

> »Dann erleidet [die Seele, wenn der Mensch im Begriff ist zu sterben,] dasselbe wie diejenigen, die in große Mysterien eingeweiht werden. [...] Irrwege zuerst und mühevolles Umherschweifen im Dunkel, dann vor dem Ende selbst das höchste Grauen, Schaudern, Zittern, Schweiß und Entsetzen. Danach erscheint ihm ein wunderbares Licht, und reine Gegenden und Wiesen nehmen ihn auf, wo Klänge und Tänze und ehrfurchtgebietende heilige Töne und Worte und heilige Erscheinungen ihm begegnen. Dort wandelt der nun Vollendete und Geweihte frei und ledig und schwärmt bekränzt in Gesellschaft heiliger und reiner Männer, hinschauend auf die ungeweihte und ungereinigte Masse der Lebenden hienieden, die in vielem Schlamm und Nebel einander treten und drängen, aus Furcht vor dem Tod ans Elend gefesselt wegen ihres mangelnden Glaubens an das Gute im Jenseits.«

Wie die Mysterien der Demeter versprachen auch die des Dionysos ohne Zweifel die Glückseligkeit über das Grab hinaus. Ihre Anhänger waren in Thiasoi (θίασοι) organisiert, zu denen die rituelle Einführung Zugang verschaffte, und übten kultische Omophagie (ὠμοφαγία), indem sie das rohe Fleisch eines geschlachteten Tieres verschlangen.

Schwieriger läßt sich ausmachen, worin in klassischer Zeit der orphische Kult bestand, d. h. jene Strömung religiöser Vorstellungen, die sich mit dem thrakischen Sänger Orpheus, dem Jünger des Dionysos, verband, der über die magische Kraft der Musik verfügte und in die Unterwelt hinabgestiegen war, bevor er von den Mänaden zerrissen und verschlungen wurde. Die Orphik kannte ohne Zweifel auch ihre Scharlatane – Platon hat sie gebrandmarkt[53] –, die den reichen Leuten für eine gewisse Entschädigung, so sagt er, versprachen, sie durch einige Opfer und magische Zaubersprüche von allem Übel zu befreien und ihren Feinden Schaden zu bringen. Doch läßt sich Platon selbst an anderen Stellen von orphischen Ideen anregen, was zeigt, daß er wenigstens eine gewisse Hochschätzung ihrer Glaubenssätze, wenn schon nicht der Menschen, hegte. Man hat jedoch behaupten können, »die Orphik sei in klassischer Zeit nicht eine wirkliche Lehre, ja kaum ein Kult gewesen [...]. Orphik – das waren im wesentlichen Bücher, von denen wir fast nichts wissen«.[54] Gleichwohl bleibt es wahrscheinlich, daß es seit dem 5. Jahrhundert, wenn nicht eine orphische Religion, doch wenigstens kleine Gruppen von Menschen gab, die ein »orphisches Leben« führten und jener großen mystischen Bewegung, die mit dem »orgiastischen« Gott Dionysos verbunden ist, Theologen und Sittenlehrer geliefert haben.

Die orphische Theogonie und der Mythos von Dionysos–Zagreus und den Titanen sind sehr eigentümlich. Nach den Orphikern ist die menschliche Seele infolge einer alten Schuld, die an die Erbsünde denken läßt (der Ermordung des jungen Zagreus durch die Titanen, die Vorfahren der Menschen), in den Körper wie in ein Gefängnis oder ein Grab (σῶμα = σῆμα) eingesperrt und hat einen ganzen Kreislauf von aufeinanderfolgenden Leben und Wiedergeburten zu durchlaufen. Denen jedoch, die die Offenbarung des Orpheus kennen, eröffnet sich ein Weg des Heils. Der Orphiker muß ein Leben der Enthaltsamkeit, des Verzichts, der asketischen Entsagung führen. Er ist Vegetarier, denn der Glaube an die Seelenwanderung fordert die Achtung des Lebens in jeder Form. Um sich von der Erde zu befreien und zum Wohnsitz der Götter aufzusteigen (und genau das besagt der Schluß des Platonischen *Phaidon*), muß sich die alles Fleischlichen und Stofflichen entledigen. Goldblattamulette aus Gräbern Großgriechenlands und Kretas haben uns die Worte erhalten, die ein Eingeweihter an die Götter der Unterwelt zu richten hat (allerdings ist ihr orphischer Charakter nicht völlig gesichert):

> Ich komme aus [einer Gemeinschaft von] Reinen, o reine Königin der Unterwelt!
> [. . .]
> Denn ich darf mich rühmen, Teil eures glückseligen Geschlechts zu sein.
> Doch hat mich das Schicksal niedergeschlagen [. . .]
> Aus dem qualvollen Kreis schwerer Schmerzen und Trauer bin ich herausgesprungen,
> habe mit schnellem Schritt den begehrten Kranz erlangt.
> In den Schoß der Herrin, der unterirdischen Königin, bin ich geflüchtet.

Darauf antwortet die Göttin:

> Seliger du, Glückseliger, Gott bist du geworden, der du ein Mensch warst.

Und der Eingeweihte beschließt die Anrufung mit der rätselhaften Formel:

> Zicklein, ich bin in die Milch gefallen.[55]

Seher und Orakel

In der offiziellen Kultreligion betet man zu den Göttern und bringt ihnen Opfer dar, um das Wohlergehen der Stadt zu erwirken. In den Mysterienkulten sucht man durch die Initiation Zusicherungen für ein glückliches Leben im Jenseits zu erhalten. Die Menschen verlangten aber – in Griechenland wie überall sonst in der Antike – noch mehr: Sie begehrten, den Willen der Götter für Gegenwart und Zukunft zu erfahren, im voraus zu wissen, welche Ereignisse später eintreten würden. Hier vermittelt die Wahrsagerei.

Das lateinische Wort *divinatio* gibt schon aus sich allein zu erkennen, welch wesentlichen Platz die Wahrsagekunst in der Religion der Alten einnahm, denn etymologisch gesehen umgreift es alle *divina*, d. h. alles auf die Götter Bezügliche. In der Tat ist die Wahrsagerei vielleicht überhaupt das Lebendigste in der Religion Griechenlands und Roms gewesen. Im Griechischen heißt der Seher μάντις (Mantis), die Wahrsagekunst μαντική (sc. τέχνη, Mantik), wobei des genaueren an die auf Intuition und Eingebung beruhende Wahrsagerei gedacht wird, denn die beiden Wörter scheinen zur Familie von μανία (Manie, Wahnsinn oder Ekstase) und μαινάς (Mainas, Mänade) zu gehören. Daneben kannten die Griechen jedoch auch die induktive, d. h. nach bestimmten Kunstregeln verfahrende (ἔντεχνος, τεχνική) Mantik, bei der sich der Wahrsager auf die Beobachtung verschiedener Phänomene stützt, die als sichere Zeichen (σημεῖα) des göttlichen Willens betrachtet werden.

Es gibt Vorzeichen aller Art: Prodigien, denn jeder außergewöhnliche oder wunderbare Anblick, jede tierische[56] oder menschliche Mißgeburt ist ein furchterregendes Zeichen – atmosphärische Zeichen: Regen und Donner sind »Zeichen des Zeus« (Διοσημεῖαι) – visuelle Zeichen: Jede unerwartete Begegnung, besonders morgens beim Verlassen des Hauses, ist von guter oder schlechter Vorbedeutung – akustische Zeichen: Jedes unvorhergesehen vernommene Wort, jedes unerwartete Geräusch, jeder Schrei oder Ton ist ein κληδών (ein durch Hören wahrnehmbares Omen), das gedeutet werden kann – schließlich physiologische Zeichen: Jede unfreiwillige, etwa von der Epilepsie (der Heiligen Krankheit) hervorgebrachte Bewegung oder ganz einfach ein Ohrensausen oder ein Niesen hat eine zeichenhafte Bedeutung, denn der Wille der Götter tut nichts umsonst. Wenn Telemachos niest, sieht seine Mutter Penelope darin ein Vorzeichen guter Bedeutung[57], und ebenso »huldigten alle Soldaten zugleich und aus eigenem Antrieb dem Gott«[58], als nach einer Rede des Xenophon ein Soldat zu niesen begann.

Im Zeus-Heiligtum von Dodona in Epeiros, dem wahrscheinlich ältesten aller mit Orakeln verbundenen Heiligtümer Griechenlands, sagten die Selloi die Zukunft aufgrund der Geräusche voraus, die der Wind verursachte, wenn er das Blätterwerk der Eichen (der

Bäume des Zeus) durchstrich oder wenn er nebeneinander aufgehängte Bronzebecken gegeneinanderstoßen ließ.
Die meisten Vorzeichen zog man jedoch aus den lebenden oder toten Tieren. Insbesondere der Flug und die Rufe der Vögel sind für den Willen der Götter aufschlußreich. Plutarch erklärt die Gründe in folgender Weise:

> »In der Wissenschaft von der Zukunft bildet einen bedeutenden und den ältesten Teil die Vogelschau. Denn durch die Schnelligkeit und die Intelligenz der Vögel und die Gewandtheit, mit der sie alles Erscheinende aufnehmen, bieten sie sich dem Gott als Werkzeug geradezu an. Er zwingt sie zu bestimmten Bewegungen und entlockt ihnen Gezwitscher und Rufe. Bald hält er sie zurück, bald schickt er sie mit Ungestüm, sei es um bestimmte Taten oder Absichten der Menschen umgehend zu verhindern oder aufzuhalten bzw. um sie vollenden zu lassen. Daher nennt Euripides die Vögel allgemein ›Boten der Götter‹.«[59]

Je nachdem ob der Adler, der Vogel des Zeus, von rechts oder links kommt, gibt dies ein günstiges oder schlimmes Vorzeichen. Die ὀρνιθομαντεία war seit Homerischer Zeit so sehr in Mode gekommen, daß die griechischen Wörter zur Bezeichnung von »Vogel« (ὄρνις, οἰωνός) gleichzeitig soviel wie »Vorzeichen« bedeuten.
Im Zusammenhang der Opferdarstellung erwähnten wir andeutungsweise schon die Hieroskopie (ἱεροσκοπία), ein wahrscheinlich aus Etrurien eingeführtes Verfahren der Wahrsagung, das darin bestand, die Eingeweide eines frischgeschlachteten Tieres zu untersuchen, um Auskünfte über den Willen der Götter aus ihnen zu ziehen. An der Leber gilt es namentlich drei Dinge zu untersuchen, das Aussehen der Leberlappen, die Gallenblase und die Pfortader. Bevor Orestes in der *Elektra* des Euripides Aigisthos tötet, hilft er ihm bei einem Opfer, dessen verderbliche Vorzeichen den bevorstehenden Mord ankündigen:

> [. . .] in die Hände nahm
> Aigisth die heiligen Teile, schaut'; beim Eingeweid
> Kein Leberlappen, nah der Galle Adern und

Gefäße zeigten dem Betrachter Böses an.
Da blickt er düster; doch [Orest] befragt ihn:
»Was zagst du?« – »Gastfreund, eine List befürchte ich
Von außen, denn der Sterblichen verhaßtester
Ist Agamemnons Sohn mir, meinem Haus ein Feind.«[60]

Das Fehlen eines Leberlappens ist das sicherste Zeichen, das die Untersuchung der Eingeweide liefern kann. So erfuhren z. B. Kimon, Agesilaos und Alexander der Große von ihrem nahen Ende.[61]

Die allgemeine Bezeichnung jeder Form von Wahrsagerei als Mantik läßt allerdings vermuten, daß für die Griechen die wertvolleren und verläßlicheren Verfahren die der auf Eingebung beruhenden ekstatischen Wahrsagerei waren, in denen ein Mann – oder eine Frau – unmittelbar von den Göttern eine Botschaft erhielt.

Die Oneiromantie (ὀνειρομαντεία), d. h. die Wahrsagung aufgrund von Träumen, steht zwischen der induktiven und der intuitiven Wahrsagerei. Sie gründet sich auf den sehr alten, auch heute nicht völlig verschwundenen Glauben, der in bestimmten Träumen göttliche Offenbarungen sieht. Bücher mit Titeln wie *Deine Träume und Du. Ein Schlüssel zur Welt der Träume* haben ja wohl auch heute noch ihren Leserkreis! Bei Homer sind die von den Göttern geschickten Träume recht häufig, und auch in der antiken Tragödie sind sie zu finden. Von dort sind sie insbesondere in die französische Tragödie des 17. Jahrhunderts eingedrungen. Die ὀνειροκριτική (sc. τέχνη, d. h. die Kunst der Traumdeutung) ist aber eine schwierige Kunst, denn viele Träume sind trügerisch.

Ein großes Heiligtum der Argolis, das besonders im 4. Jahrhundert in Blüte stehende von Epidauros, war berühmt wegen der wunderbaren Heilungen, die sich dort ereigneten. Die Pilger legten sich bei Einbruch der Nacht in der dafür vorgesehenen Säulenhalle (ἄβατον, κοιμητήριον) nieder und schliefen ein. Im Schlaf wurden sie dann geheilt, meist infolge eines Traums, in dem sie Asklepios, den Sohn des Apollon und Gott der Heilkunst, zu sich kommen sahen. Er berührte und behandelte den kranken Körperteil und gab ihnen einen »Befehl« kund, den sie nach dem Aufwachen eiligst befolgten. Die so eigenartigen Inschriftsteine von Epidauros haben uns die »Protokolle« zahlreicher »Wunder« folgenden Typs erhalten: Eine einäugige Frau erhält ihr volles Sehvermögen zurück, ein stummes Kind beginnt plötzlich zu sprechen, ein Mann wird von einem Geschwür geheilt usw.[62]

Im Schlaf ist der Mensch in einem Zustand der Bewußtlosigkeit, die das Nahen der Gottheit begünstigt. Der bevorstehende Tod entwickelt ebenfalls die seherischen Fähigkeiten, die wenigstens der Anlage nach in jedem Menschen liegen. So vermögen in der *Ilias* die Helden Patroklos und Hektor im Augenblick ihres Sterbens die Umstände des nahen Todes dessen vorauszusagen, der ihnen den tödlichen Stoß versetzt hat, ohne doch eigentlich Seher wie Kalchas und Helenos zu sein.[63]

Seher und Seherinnen aber, die über die gehörige Ausbildung verfügen, können im Zustand des Außersichseins (ἔκστασις, Ekstase) oder des ἐνθουσιασμός (Enthusiasmos), d. h. im griechischen Wortsinn: des Ergriffenseins durch einen Gott, den Willen des Zeus offenbaren. Oft überbringt die Botschaft Apollon, der Zeus-Sohn, der nicht nur, wie wir sagten, der Reinigungsgott, sondern auch *der* Gott der Wahrsagung schlechthin ist.

Im 2. Jahrhundert unserer Zeit sollte der ungläubige Lukian die Hauptorakelstätten des Apollon in einem Text von ironischer Unterhaltsamkeit aufzählen. Zeus spricht:

> »Apollon hat gar eine mühselige Kunst übernommen und ist beinahe schon taub gemacht von denen, die ihn mit ihren Befragungen immerfort belästigen: jetzt muß er in Delphi sein, gleich darauf läuft er nach Kolophon, dann geht er über den Xanthos und im Lauf wiederum nach Klaros, dann nach Delos oder Branchidai, kurz, an welchem Orte auch immer seine Prophetin aus der heiligen Quelle getrunken, Lorbeerblätter gekaut und den Dreifuß gerüttelt hat und nun ihn erscheinen heißt, da muß er auf der Stelle ohne Zaudern dastehen und Orakel über Orakel von sich geben, oder es ist um den Ruf der Kunst geschehen.«[64]

Um unmittelbar von Apollon inspiriertes Wahrsagen handelt es sich bei der Trojanerin Kassandra, deren divinatorisches Außersichsein uns Aischylos in seinem *Agamemnon* vor Augen führt. Ähnlich verhält es sich mit den verschiedenen Sibyllen und wahrscheinlich auch den Propheten, die unter dem Namen »Bakis« bekannt waren, schließlich mit der Pythia von Delphi.

Das panhellenische Heiligtum des Pythischen Apollon zu Delphi in der Phokis, im Herzen Mittelgriechenlands, war berühmt wegen der Pythien (Πύθια), der wie das Fest von Olympia alle vier Jahre von der Amphiktyonie (ἀμφικτυονία) der umliegenden Völker gefeierten Spiele. Berühmt war das Heiligtum, das in der Geschichte der griechischen Staaten eine große und zuweilen unheilvolle Rolle gespielt hat, auch und vor allem durch sein Orakel, das bei weitem angesehenste und am meisten in Anspruch genommene der gesamten klassischen Zeit. Man hat behauptet, die Pythia, eine einfache delphische Bäuerin von guter Lebensführung und unbescholtenen Sitten, die für die Dauer ihrer Tätigkeit völlige Keuschheit bewahren mußte, habe nur mit Bohnen das Los geworfen, wenn es darum ging, auf die ihr vorgelegten Anfragen zu antworten (diese hätten demnach immer die Form einer klaren Ja-Nein-Alternative haben müssen). Freilich ist das Losen mit seinem Zufall ein im antiken Griechenland gängiges Verfahren, den Willen eines Gottes zu erkunden, und daß in Delphi in klassischer Zeit κληρομαντεία geübt wurde, ist gewiß. Was aber die von ferne kommenden Städte und Privatleute im Heiligtum des Apollon suchten, war eine vom Gott eingegebene Antwort der Pythia, die, im unterirdischen Adyton (ἄδυτον) des Tempels (dem unzugänglichen heiligen Raum) auf dem schicksalhaften Dreifuß sitzend, im Zustand des Außersichseins den Willen des Zeus verkündete, den ihr der Sohn des Gottes eröffnete. Wodurch wurde der Zustand des Enthusiasmos bewirkt? Genaues ist hierüber nicht bekannt, doch geht die heute am ehesten angenommene Hypothese dahin, es habe sich um so etwas wie Autosuggestion oder *self-hypnotism*, wie die Angelsachsen sagen, gehandelt, um eine Erscheinung also, die von Hysterie sehr wohl verschieden und auch im religiösen Bereich durch zahlreiche Beispiele gut belegt ist.[65]

Wer das Orakel befragen wollte, zahlte zunächst eine πελανός (Kuchen) genannte Gebühr und brachte anschließend ein vorläufiges Opfer in Gestalt einer Ziege dar. Vor dem Schlachten besprengte man diese mit Wasser, und wenn sie unter dem kalten Guß zusammenfuhr und zitterte, entnahm man daraus, daß Apollon zum Wahrsprechen bereit sei.[66] Daraufhin ging die Pythia nach einer Reinigung am Kastalischen Quell in den Tempel, nahm dort auf einem inneren Altar ein Rauchopfer von Lorbeerblättern und Gerstenmehl vor und stieg dann in den unterirdischen, für die Wahrsagung bestimmten Teil des Tempels, das μαντεῖον, hinab. Auch die Ratsuchenden stiegen in der Reihenfolge, die ihnen das einigen verliehene Vorrecht der Promanteia (προμαντεία) und ein Losverfahren zugewiesen hatten, hinab, hielten jedoch mit den Priestern und Propheten in einem ihnen vorbehaltenen Raum an, während allein die Pythia bis zum naheliegenden Adyton weiterschritt. Priester und Fragesteller konnten sie hören, wenn sie prophetisch redete, nicht aber sehen. Dann verkündete sie die »zuverlässigen« und »unfehlbaren« Orakel des Apollon, der den Beinamen Loxias (Λοξίας), d. h. »der Doppeldeutige«, führte, denn seine Antworten waren oft zweideutig. Im Adyton befanden sich die Goldstatue des Apollon, das Grab des Dionysos (dessen Kult in Delphi von großer Bedeutung gewesen war, was vielleicht den Rauschzustand der Pythia erklärt, war doch Dionysos der Gott des orgiastischen Rausches schlechthin), schließlich der Omphalos (ὀμφαλός), d. h. der Erdnabel, ein alter Baitylos (βαίτυλος), ein annähernd kegelförmiger heiliger Stein, und jener Dreifuß, auf dessen Deckel die Pythia saß.

Dies ist nicht der Ort, den ungeheuren religiösen, sittlichen und politischen Einfluß zu vergegenwärtigen, den die Orakelsprüche der Pythia vor allem in den Zeiten tiefer Gläubigkeit, d. h. im 6. und 5. Jahrhundert, hatten, mithin vor dem Auftreten der Sophisten, das mit einer gewissen Abkühlung des Glaubens und folglich des Vertrauens in die Orakel zusammenfiel. Doch schreibt mitten im 4. Jahrhundert der Philosoph Platon in seinem utopischen Entwurf einer Idealstadt vor, alle auf den Kult und die Sittlichkeit bezüglichen Fragen seien vom Delphischen Orakel zu regeln, dem dieser große Geist offensichtlich einen günstigen Einfluß auf die Entwicklung der griechischen Kultur zuerkannte.[67]

Aberglaube

Die Mantik wurde also – anders als in unseren Tagen in den zivilisierten Ländern – nicht von »besonders hellsichtigen Seherinnen« und anderen Wahrsagerinnen im verborgenen ausgeübt; vielmehr war sie eine offizielle, von den Staaten anerkannte Einrichtung, denn auch die Gemeinden legten der Pythia Anfragen vor und gaben zivilen und militärischen Beamten Seher als Ratgeber bei. Lampon, ein Freund des Perikles, der ihn zu einer Art »Minister für Angelegenheiten des Kultus« ernannte, war einer von ihnen.
Die Grenze zwischen Religion und Aberglaube ist häufig unbestimmt. Daher können wir in der Porträtskizze des Abergläubischen, die uns die *Charaktere* des Theophrast bieten, viele oben im Zusammenhang der Religion besprochene, aber zuweilen bis ins Absurde übertriebene Kultformen wiederfinden. Hier der Text:

> »[...] der Abergläubische ist einer, der sich nach der Begegnung mit einem Leichenzug die Hände wäscht, mit Tempelwasser besprengt, ein Lorbeerblatt in den Mund nimmt und so den ganzen Tag umherwandelt.[68] – Wenn ihm ein Wiesel über den Weg läuft[69], geht er nicht eher weiter, bis ein anderer die Stelle überschritten oder er drei Steine der Spur entlang über den Weg geworfen hat. – Sieht er zu Hause eine Schlange und ist es eine Backenschlange, ruft er nach Sabazios[70], ist es eine heilige, dann errichtet er gleich einen kleinen Heroentempel. – Kommt er bei den Ölsteinen[71] an einer Wegkreuzung vorbei, gießt er aus seinem Ölfläschchen (λήκυθος) etwas darüber, fällt auf die Knie (προσκύνησις), küßt den Stein, und erst dann entfernt er sich. – Wenn eine Maus einen Mehlsack angefressen hat, geht er zum Zeichendeuter (ἐξηγητής)[72] und fragt, was zu tun sei, und antwortet dieser, er solle ihn beim Sattler flicken lassen, so achtet er nicht darauf, sondern kehrt heim und bringt ein Opfer[73] dar. – Häufig

pflegt er sein Haus zu reinigen, indem er behauptet, es habe eine Bezauberung durch Hekate[74] stattgefunden. – Wenn Eulen bei seinem Vorübergehen aufschrecken, sagt er: ›Athena ist stärker‹, und nur so geht er weiter. – Er ist weder bereit, an ein Grab heranzutreten noch an eine Leiche, noch an eine Wöchnerin, vielmehr sagt er, es sei ihm förderlich, sich nicht zu beflecken. – Am Vierten und Siebten des Monats[75] trägt er seinen Angehörigen auf, Wein zu kochen, er selbst geht fort, um Myrten, Weihrauch und Opferkuchen zu kaufen, und dann geht er hinein, bekränzt die Hermen[76] und ist den ganzen Tag außer sich. – Hat er geträumt, geht er zu den Traumdeutern (ὀνειροκρῖται), den Wahrsagern, den Vogelschauern, um sie zu fragen, zu welchem Gott oder welcher Göttin zu beten sei. – Um sich weihen zu lassen, geht er jeden Monat zu den Orpheuspriestern (Ὀρφεοτελεσταί) mit seiner Frau, und hat die Frau keine Zeit, mit der Amme und den Kindern. – Auch scheint er zu denen zu gehören, die sich fleißig am Meer besprengen. – Und trifft er einmal einen Knoblauchbekränzten, wie man sie an Wegkreuzungen[77] sieht, geht er heim, badet von Kopf bis Fuß, ruft nach einer Priesterin und läßt sich mit einer Meerzwiebel oder einem jungen Hund, den man um ihn herumtragen muß, reinigen. – Sieht er aber einen Geisteskranken oder einen Epileptiker, erschrickt er und spuckt in die Falten seines Gewandes.«[78]

Riß beim Anziehen ein Riemen des rechten oder linken Schuhs, war dies ebenfalls ein entweder gutes oder schlechtes Vorzeichen.[79]
Man hätte freilich unrecht, wollte man glauben, die Abergläubischen seien samt und sonders unbedarfte Leute aus dem Volk und ohne jede Bildung gewesen. Ein reicher Staatsmann wie Nikias, ein Schriftsteller und Sokrates-Schüler wie Xenophon pflegten sich mit Wahrsagern und χρησμολόγοι (Orakelauslegern und -sammlern) zu umgeben und hielten sich fast ebenso peinlich genau an gewisse Bräuche wie der Abergläubische des Theophrast. Bekanntlich verlor Nikias wegen einer Mondfinsternis, eines der großen Vorzeichen also, in Sizilien sein Heer und ging selbst elend zugrunde:

»Was sagten die Athener, als die Nachricht von dem Unglück eintraf? Sie kannten den persönlichen Mut des Nikias und seine bewundernswürdige Standhaftigkeit. Sie dachten auch nicht daran, ihn deshalb zu tadeln, weil er sich von der Religion hatte zurückhalten lassen. Nur eines hatten sie ihm vorzuwerfen: daß er einen unwissenden Wahrsager mitgenommen hatte. Denn der Wahrsager hatte sich über die Bedeutung der Mondfinsternis getäuscht; er hätte wissen müssen, daß der Mond, der sein Licht verbirgt, für eine Armee, die den Rückzug antreten will, ein günstiges Zeichen sei.«[80]

Zauberei

Die Magie, die wirksame Anweisungen gibt, sich die unbelebte Welt und die lebenden Wesen dienstbar zu machen und sogar die Götter zu zwingen, ihre Macht in den Dienst der Menschen zu stellen, ist im klassischen Griechenland nicht unbekannt, steckt aber gemessen an dem ungeheuren Aufschwung, den sie in hellenistischer und römischer Zeit erfahren sollte, wenn man so sagen darf, noch in den Kinderschuhen. Die Griechen selbst betrachten sie als fremdstämmig und als orientalisches Einwanderungsgut. Die größte Magierin des Mythos, Medea, ist eine in Kolchis geborene Barbarin, und wenn Aischylos seine Zuschauer eine Nekromantie (νεκρομαντεία), d. h. die Aufrufung eines Toten, erleben läßt, dann bezeichnenderweise in seiner *Perser*-Tragödie, in der in einer fast gespenstischen Szene der Chor der Getreuen den alten König Dareios aus seinem Grab hervortreten läßt. Gleichwohl gibt es in der *Ilias* und vor allem der *Odyssee* zahlreiche Spuren magischer Übungen, und berühmt waren schon in klassischer Zeit die Zauberinnen Thessaliens, denen man die Macht zuschrieb, den Mond auf die Erde herabholen zu können und so eine ausreichende Erklärung für die Finsternisse des Erdtrabanten zu bieten.[81] Medea hatte sich mit Jason in Thessalien niedergelassen und dort ihre Kunst weitergeben können.

Die Riten der von Theophrast erwähnten Ὀρφεοτελεσταί, d. h. jener schäbigen Orphiker, von denen Platon sagt, daß sie die Reichen ausnehmen, indem sie ihnen versprechen, durch Zaubersprüche für ihr Glück und das Unglück ihrer Feinde zu sorgen, gehören schon zur Magie. Dies gilt auch von dem reinigenden Kreis, den die Priesterinnen mit der Leiche eines jungen Hundes um den Abergläubischen beschreiben müssen und bei dem es sich um einen Brauch aus dem Kult der Hekate (jener von Theophrast auch an anderer Stelle seiner Skizze erwähnten Göttin) handeln muß. Wie Bendis und Sabazios scheint auch diese meist in Angst versetzende Gottheit, die Schutzherrin der Orphiker und der Zauberer, eine chthonische, d. h. in der Erde wohnende und zugleich Mondgottheit, aus Thrakien gekommen zu sein. Der Volksglaube sieht in ihr eine furchterregende, im schlechten Sinn des Wortes unterirdische Macht, die Gespenster und nächtliche Schreckerscheinungen heraufschickt. Als die Zauberin schlechthin kennt sie alle Liebesbeschwörungen; nicht zufällig ist ihr Kult vor allem unter den Frauen verbreitet.

Die Anwendung eines Liebeszaubers ist uns für das 5. Jahrhundert mittelbar durch Pindar bezeugt, der im übrigen freilich seine Erfindung der Aphrodite und nicht Hekate zuschreibt. Im Zusammenhang der Liebe, die Jason in Medea, der Königstochter von Kolchis, wecken muß, wenn er das Goldene Vlies erobern will, heißt es: »Die Herrin der schärfsten Geschosse, die band einen bunten Wendehals (ἴυγξ) vierspeichig, unlösbar aufs Rad und brachte vom Olymp den Raserei-Vogel, sie, die Kypris, zuerst zu den Menschen [. . .].«[82] Der Wendehals verdankt seinen Namen – wie leicht ersichtlich – der Beweglichkeit seines Kopfes, den er in alle Richtungen schwenken kann. Hier steht er in Verbindung mit dem Rad, und das Wort ἴυγξ bezeichnet zugleich den Vogel und das Ganze von Vogel und Rad. Das Rad hat die Bedeutung eines »magischen Zirkels«: Auf einer Vase aus dem dritten Viertel des 5. Jahrhunderts läßt die Mutter einer jungen Athenerin am Hochzeitsmorgen der Tochter das Zauberrad, das Aphrodites Gaben auf das junge Paar ziehen soll, um einen Stab kreisen.[83] Solche meist aus Terrakotta geformten »Vogelräder«, von denen einige in unseren Museen identifiziert werden konnten, müssen zu derartigen Beschwörungsriten gedient haben[84] (s. Taf. 23). Im 3. Jahrhundert stellt uns Theokrit in seinem Gedicht *Die Zauberin* (Φαρμακεύτρια) eine junge Frau vor, die entschlossen ist, den Liebhaber, der sie verlassen hat, mit wirkkräftigen Zauberpraktiken an sich zu »ketten«. Von der Dienerin fordert sie Lorbeerzweige und einen Zaubertrank, ruft unter anderen Gottheiten den Mond (Selene), Hekate und Medea an und singt folgenden magischen Kehrvers, der die Drehung des ῥόμβος, des Vogelrads, unterstreichen soll:

»Magisches Rädchen (ἴυγξ), zieh in mein Haus du den Mann, den ich liebe.«

Seit der ersten Hälfte des 4. Jahrhunderts breitet sich auch in Attika die Verwendung von Fluchtäfelchen aus. Hierbei handelt es sich um ein magisches Verfahren, mit dem man Feinden, insbesondere Prozeßgegnern, dadurch schaden will, daß man sie den Gottheiten der Unterwelt, Hermes, Hekate und Persephone, weiht. Dazu fesselt man sie an diese, indem man sie durch den magischen Bann buchstäblich in das Reich der Toten *nagelt.* Häufig zählt man dabei die verschiedenen Körperteile des Feindes, seine geistigen Fähigkeiten und seine Tätigkeit auf, um ihn an seiner ganzen Persönlichkeit zu strafen. Die Namen der so dem Tod geweihten Personen werden mit einem Fadennetz umgeben; dann wird das Bleiblatt, das den eingeritzten Fluch trägt, um einen Eisennagel gerollt und in den Boden getrieben.[85]

Neuntes Kapitel
Das Gerichtswesen

Die rechtsprechende Gewalt

Nur für Athen sind uns Einzelheiten aus der Arbeit des Gerichtswesens bekannt. Für die anderen griechischen Städte besitzen wir lediglich sehr seltene und unzureichende Nachrichten. In der aristokratischen Stadt Sparta dürfte das Gerichtswesen sehr viel summarischer ausgebildet gewesen sein als in Athen; so sagt uns Thukydides, wenn er minuziös von der Art und Weise berichtet, in welcher der des Verrats angeklagte Pausanias von den Ephoren seiner Schuld überführt und lebend im Tempel der Athena Chalkioikos, in den er sich geflüchtet hatte, eingemauert wurde, nichts davon, daß er vor einem Gericht gestanden habe.[1]

Die Rechtsprechungsgewalt ist ein Privileg des Königs; bei Homer und Hesiod sind es die Könige, die als Zepterträger die Urteile (θέμιστες) verkünden. Im demokratischen Athen des Perikles wird diese Königsgewalt vom Volk ausgeübt, das der ehrwürdigen Versammlung auf dem Areopag nur bestimmte Mordfälle belassen hat. Mit Stolz verkündet daher Philokleon in den *Wespen* des Aristophanes:

Bei dem Eintritt gleich in die Schranken beweis ich dir klar und unwiderleglich:
Daß sich unsre Gewalt wohl messen darf mit der Herrschaft jedes Monarchen!
Welch Wesen auf Erden ist hoch beglückt, gefeiert und reich wie ein Richter, [...]?
[...]
Nun sprich: bin ich nicht ein gewaltiger Herr,
Gewaltig wie Zeus, der Allmächtige, selbst,
Und spricht man von mir nicht grad wie von Zeus?[2]

Bevor ich jedoch die Arbeitsweise der Gerichte darlege, halte ich es für geraten, in aller Kürze von einer durch und durch athenischen, eher politischen als juridischen Einrichtung zu sprechen, die es dem Volk erlaubte, einen Bürger für befristete Zeit aus der Stadt zu entfernen, ohne ihm einen wirklichen Prozeß zu machen, ja sogar ohne auch nur eine Beschwerde oder Anklage gegen ihn zu erheben: dem Ostrakismos (ὀστρακισμός).

Der Ostrakismos

»Der Ostrakismos war eine dem Recht der Athener eigentümliche Strafbestimmung, eine Art von Zwangsexilierung, die sie über den Betroffenen verhängten, ohne einen anderen Grund als das Gutdünken geltend zu machen, indem sie ihre Entscheidung auf jene Ostraka (ὄστρακα, Tonscherben) ritzten, von denen die Einrichtung ihren Namen herleitet.«[3] Kleisthenes, nach Solon der wirkliche Begründer der athenischen Demokratie, führte den Ostrakismos Ende des 6. Jahrhunderts als Festung gegen den Versuch ein, eine Tyrannis aufzubauen, um so die möglichen Nacheiferer des Peisistratos an der Gewinnung der Macht zu hindern. Im übrigen stellt man nicht ohne Pikanterie fest, daß unter den ersten Opfern des Ostrakismos der ältere Alkibiades und Megakles, Mitarbeiter der erste, Neffe des Begründers dieser Institution der zweite, zu finden sind. Die Verurteilung durch den Ostrakismos ist präventiver Art, d. h., sie bestraft nicht einen begangenen Fehltritt, sondern sucht ihn unmöglich zu machen. Sie bekämpft wirkliches oder unterstelltes Streben nach der Tyrannis, ehrgeiziges oder scheinbar ehrgeiziges Verhalten. Sie stützt sich einzig auf eine Art »Tendenzprozeß«.

Nur einmal jährlich höchstens findet eine Ostrakismos-Abstimmung statt. Diese setzt überdies voraus, daß eine vorbereitende Versammlung der Ekklesia (ἐκκλησία) durch Beschluß festgestellt hat, es liege Veranlassung vor, in diesem Jahr zur Ostrakophoria (ὀστρακοφορία) zu schreiten. Vorversammlung und eine Woche später gegebenenfalls die »Ostrakismos-Versammlung« wurden im Lauf der sechsten und siebten Prytanie abgehalten, also im Winter in den Monaten Posideon und Anthesterion. In beiden nämlich häuften sich bemerkenswert die Feste[4], zu denen die von den großen Arbeiten nun befreiten Bauern Attikas gern in die Stadt kamen.

Zur Ostrakophoria tritt die Ekklesia in außerordentlicher Sitzung zusammen, die nicht unter dem Vorsitz des gewöhnlichen geschäftsführenden Ausschusses, sondern der 9 Archonten und der 500 Mitglieder der Bule steht. Sie findet nicht wie die ordentlichen Versammlungen auf der Pnyx oder im Theater statt, sondern, wie in den ältesten Zeiten, auf der Agora. An diesem Tag »wurde die Agora mit Bretterzäunen gesperrt, in denen man zehn Eingänge freiließ. Durch diese traten die Bürger nach Phylen geordnet herein und gaben ihr Ostrakon ab.«[5] Stimmscherben sind, besonders seit Beginn der amerikanischen Ausgrabungen auf der Agora, in großer Zahl gefunden worden.[6] Die Abstimmung war geheim, doch waren die des Schreibens Unkundigen natürlich gezwungen, den Namen dessen, den sie verbannt wissen wollten, von einem Nachbarn aufschreiben zu lassen.[7]

Die Auszählung dieses Scherbenhaufens dürfte eine langwierige und lästige Aufgabe gewesen sein. Nach Plutarch »zählten die Beamten erst die gesamten abgelieferten Scherben durch; denn wenn die Zahl der Abstimmenden unter 6000 lag, war das Verfahren ungültig; dann ordneten sie die Scherben nach den Namen und ließen den von der Mehrzahl Aufgeschriebenen für auf 10 Jahre verbannt erklären«.[8]

Dem Verbannten bleibt eine Frist von 10 Tagen, um Abschied zu nehmen und seine Ansiedlung außerhalb Attikas in die Wege zu leiten. Er behält das Recht freier Verfügung über seine Güter; hierdurch unterscheidet sich der Ostrakismos als Strafe vom gewöhnlichen Exil (φυγή), das von Gütereinziehung begleitet war. Dem vom Ostrakismos Verbannten ist es verboten, sich Athen über Euboia und die Argolis hinaus zu nähern; aber davon abgesehen hat er völlige Freiheit in der Wahl seines Wohnsitzes, den er ganz nach Belieben wechseln kann. Es kam auch vor, daß der Verbannte vor Ablauf der zehn Jahre durch Beschluß der Volksversammlung zurückgerufen wurde. So verkündeten die Athener, als sie sich

Abb. 50. Ostrakon des Aristeides Lysimachou Alopekethen, mit Korrekturen.

Nach: E. Vanderpool, *Ostracism at Athens*, Cincinnati: Univ. of Cincinnati, 1972, Abb. 41; vgl. die Umzeichnung ebd. Abb. 42.

Abb. 51. Ostrakon des Themistokles Phrearrhios.

Nach: E. Vanderpool, *Ostracism at Athens*, Cincinnati: Univ. of Cincinnati, 1972, Abb. 35.

durch die Angriffsvorbereitungen des Xerxes vor Salamis von einer ungeheuren Gefahr bedroht fühlten, eine Generalamnestie in der Absicht, angesichts der bevorstehenden Nöte eine Art Burgfrieden, ein »geheiligtes Bündnis«, zu erreichen. Alle damals Ostrakisierten, d. h. Megakles, der Großonkel des Perikles, der ältere Alkibiades, Xanthippos, der Vater des Perikles, und Aristeides mit dem Beinamen »der Gerechte«, kehrten so nach Athen zurück (s. Abb. 50). Später traf der Ostrakismos Themistokles (s. Abb. 51), den Sieger von Salamis, Kimon, den Sohn des Miltiades, Thukydides, den Sohn des Melesias und Gegner des Perikles (nicht zu verwechseln mit dem gleichnamigen Historiker), und – gegen Ende des Peloponnesischen Kriegs – den Demagogen Hyperbolos (s. Abb. 52). In der Folgezeit kam das Scherbengericht außer Gebrauch.

Abb. 52. Mit dem Pinsel gemaltes Ostrakon des Hyperbolos Antiphanous, 417 v. Chr.

Nach: E. Vanderpool, *Ostracism at Athens*, Cincinnati: Univ. of Cincinnati, 1972, Abb. 32.

Staatsrechtliche und privatrechtliche Prozesse

Vergleicht man den Aufbau des Gerichtswesens der Antike mit dem in den zivilisierten Ländern der Gegenwart, entdeckt man einen wesentlichen Unterschied: Es gab – zumindest in Athen – keine Staatsanwaltschaft. Die Justiz griff nicht aus sich heraus die Vergehen auf, nur sehr selten ergriffen die Beamten die Initiative bei der Strafverfolgung; eine »Anklagekammer« gab es nicht. In allen privatrechtlichen Streitfällen (δίκαι) kann nur der sich geschädigt Fühlende selbst oder (im Fall von Minderjährigen, Frauen, Metöken und Sklaven) sein Rechtsvertreter einen Prozeß anstrengen, jemanden vor Gericht fordern und vor Gericht gehört werden, manchmal unterstützt von einer Art Rechtsbeistand, dem Synegoros (συνήγορος). In den Prozessen von öffentlichem Belang (γραφαί) dagegen, d. h., wenn eine vermutlich gegen das allgemeine Interesse gerichtete Handlung zur Rede steht, kann sich jeder Bürger, »der da will« (ὁ βουλόμενος), in seiner Eigenschaft als Mitglied der Gemeinschaft als geschädigt betrachten und hat damit das Recht und sogar die Pflicht, dem Gesetz durch Einreichung einer Klage bei einem Beamten »zu Hilfe zu eilen«. Aus diesem Sachverhalt ergibt sich unvermeidlich, daß der Staat sich praktisch gezwungen sieht, die Denunziation zu ermutigen und damit die Zunahme der Sykophanten (συκοφάνται) zu begünstigen.

In den Fällen materieller Schädigung des Staates durch Bruch der Handels-, Zoll- oder Bergbaugesetze sind die Privatleute, die im Sinne der Strafverfolgung die Initiative ergreifen, materiell an dem von ihnen eingeleiteten Verfahren interessiert, erhalten sie doch bei Schuldspruch eine Prämie von – im 5. Jahrhundert – drei Vierteln, im 4. Jahrhundert der Hälfte der auferlegten Geldbuße. Um aber zu vermeiden, daß allzu viele Klagen leichtfertig oder aus dem bloßen Wunsch, jemandem zu schaden, angestrengt würden, mußten bei den δίκαι beide Parteien vor Prozeßbeginn eine bestimmte Summe als Gerichtsgebühren (πρυτανεῖα) hinterlegen; bei den γραφαί ist nur der Ankläger zur Stellung einer Kaution (παράστασις) verpflichtet. Wenn er seine Klage zurückzieht oder beim Urteil nicht wenigstens ein Fünftel der Stimmen erhält, hat er eine Buße von 1000 Drachmen zu leisten. Die Auseinandersetzung (ἀγών) wurde einzig zwischen den beiden Parteien geführt. Der Untersuchungsbeamte war nur mit der Sammlung der eingereichten Klagen, der Aufnahme der von den Gegnern beigebrachten Beweisstücke und Zeugenaussagen und sodann gewöhnlich mit dem Vorsitz im Gericht beauftragt. Die Geschworenenversammlung hört sich jeweils die gegnerischen Einlassungen schweigend an und entscheidet sich dann für eine derselben. Bisweilen äußerten jedoch die in großer Zahl versammelten Richter ihre Ansichten durch »Unruhe im Gerichtssaal« (θόρυβος).

Die Untersuchungsbeamten sind meist die Archonten, der Archon Basileus in den Kult- und Mordprozessen, der Archon eponymos in privatrechtlichen Angelegenheiten, soweit sie die Bürger betreffen, der Archon polemarchos in den Fällen, in die Metöken und

Fremde verwickelt sind; die Thesmotheten schließlich waren für Streitsachen zuständig, in denen materielle Interessen der Stadt auf dem Spiel standen. So zeigt uns Platon zu Beginn des *Euthyphron* (2a) den Seher gleichen Namens und Sokrates, die sich vor der Stoa Basileios, dem Sitz des Archon Basileus, treffen. Euthyphron ist im Begriff, eine Klage gegen seinen eigenen Vater einzureichen, der sich in seinen Augen eine Verletzung der »Frömmigkeit« hat zuschulden kommen lassen, indem er einen des Totschlags verdächtigen Sklaven verhungern ließ. Sokrates seinerseits ist vom Archon Basileus vor Gericht gerufen worden wegen der Klage des Meletos, die ihn der Gottlosigkeit und Jugendverderbnis beschuldigt und die ihn zum Tode führen sollte.

Gibt es auch keinen Staatsanwalt, so fehlt eine Polizeitruppe in Athen dagegen nicht. Deren Vorsteher, die früher sogenannten »Elfmänner« oder »Gefangenenbewacher«, sind damit beauftragt, jeden auf frischer Tat ertappten Dieb oder Verbrecher festzunehmen; ist ein Mörder geständig, lassen sie ihn auf der Stelle hinrichten, andernfalls ziehen sie ihn vor ein Gericht. Darüber hinaus obliegt ihnen die Aufsicht über das Gefängniswesen. Sie eröffnen alle Prozesse mit verkürztem Verfahren, die Untersuchungshaft mit sich bringen. Inbesondere sind sie es auch, die einschreiten, wenn ein Bürger gegen einen Gesetzesbrecher selbst die Hand erhebt und ihn verhaftet (ἀπαγωγή) oder wenn gefordert wird, ein Beamter solle sich an den Aufenthaltsort eines Verbrechers begeben und diesen festnehmen (ἐφήγησις), und schließlich, wenn eine Anzeige (ἔνδειξις) erstattet wird. Auch die Hinrichtungen fallen in ihren Aufgabenbereich: Ein Diener der Elfmänner überbringt Sokrates im Gefängnis den Schierlingsbecher.

Die Blutgerichtsbarkeit

Der Gerichtshöfe gibt es viele in Athen. Der älteste und ehrwürdigste ist mit Sicherheit der Areopag, der zwar seit Perikleischer Zeit alle politische Macht verloren hat, aber weiterhin die Fälle von geplantem Mord, von Verletzungen mit Tötungsabsicht, von Brandstiftung bei einem bewohnten Haus und von Vergiftung verhandelt.

Im Mordfall kann er zum Tode verurteilen, zu Verbannung ins Exil, verbunden mit Gütereinziehung, bei Verletzungen.
Die 51 ἐφέται (Kriminalrichter) verteilen sich auf drei Gerichtshöfe. Das Palladion (Παλλάδιον) richtet über die Fälle unfreiwilliger Tötung und der Anstiftung zum Mord; es kann als Strafe die Exilierung auf Zeit ohne Einziehung des Besitzes verkünden. Das Delphinion (Δελφίνιον) ist zuständig, wenn der mit der Untersuchung beauftragte Archon Basileus die Tötung für entschuldbar oder rechtmäßig erklärt. Ein drittes in Phreattys (Φρεαττύς) am Strand des Meeres tagendes Gericht ließ diejenigen vor sich erscheinen, die wegen Totschlags auf Zeit ins Exil geschickt, einen neuen geplanten Mord begangen hatten. Da dem noch befleckten Angeklagten der Aufenthalt auf attischem Boden untersagt ist, muß er seine Verteidigung den am Ufer sitzenden Richtern von einem Schiff aus vortragen.
Ein fünftes »Blutgericht« endlich setzt sich aus dem Archon Basileus und den Phylen-Königen zusammen und tagt vor dem Prytaneion. Die Art der von ihm verhandelten Fälle zeigt, daß sein Ursprung in sehr frühe Zeit zurückgeht: »Es richtet in Abwesenheit über den unbekannten Mörder und fällt strenge Urteile über Tiere oder Gegenstände aus Stein, Eisen oder Holz, die den Tod eines Menschen verursacht haben. Danach reinigen sie den Ort des Geschehens, indem sie sie über die Grenzen führen oder werfen lassen.«[9]
Doch sind es nicht die »Blutgerichte«, die Athen auf dem Gebiet des Rechtswesens eine besondere Stellung geben oder es von den anderen griechischen Städten unterscheiden. Dies tut vielmehr die Rechtsprechung durch das Volk in der Heliaia (Ἡλιαία), deren Geschäftskreis – abgesehen von den Mordsachen – fast allumfassend ist. Freilich: viele Taten des öffentlichen Lebens wurden von der Bule geahndet, und die Ekklesia, die Vollversammlung des Volkes, saß über die schwerwiegendsten Verbrechen gegen die Staatssicherheit zu Gericht. So wurden im Jahre 406 die in der Seeschlacht bei den Arginusen siegreichen Strategen, denen die Anklage vorwarf, die Rettung der in einem Gewitter schiffbrüchig gewordenen Soldaten vernachlässigt zu haben, in zwei dramatischen Sitzungen der Volksversammlung gerichtet und verurteilt.[10]

Die Heliaia

Wenn die Volksversammlung auch alle Gewalten einschließlich der Rechtsprechung in ihrem Besitz hat, könnte sie ihnen doch nicht allen selbst genügen. Daher entscheidet die aus ihr hervorgehende, ebenfalls sehr mitgliederstarke Heliaia in ihren verschiedenen Unterabteilungen den Großteil der Prozesse. Jeder Athener von dreißig Jahren, der im Besitz der bürgerlichen Rechte ist, kann in sie hineingewählt werden. Die Zahl der Heliasten (ἡλιασταί) oder δικασταί ist auf 6000 festgelegt; dies ist das Quorum der Volksversammlungen der Ekklesia, der Bruchteil des Volkes, den man in der Praxis als dem gesamten Volk gleichkommend betrachtete; wie wir schon sagten, war für eine gültige Abstimmung beim Ostrakismos eine Mindestzahl von 6000 Stimmen gefordert.

Hatte jeder Athener gute Aussichten, wenigstens einmal in seinem Leben Ratsmitglied oder Prytane zu werden, falls er das wünschte[11], so waren die auf einen Richterposten noch größer, da ja die Bule bekanntlich nur 500 Mitglieder umfaßte, die Heliaia dagegen mehr als zehnmal soviel.

In jedem Jahr nahmen die 9 Archonten unter Mitwirkung ihres Sekretärs die Auslosung von jeweils 600 Namen aus jeder der 10 Phylen vor; zugrunde lag diesem Akt eine von den einzelnen Demen entsprechend ihrer Bevölkerungszahl angelegte Kandidatenliste. Das Losverfahren entsprach dabei dem zur Bestimmung der Buleuten üblichen.[12]

Die verschiedenen Gerichtshöfe der Heliaia (von denen mehrere gleichzeitig tagen konnten) umfaßten Geschworenenausschüsse von 501 und sogar von 1001, 1501 oder 2001 Männern. Die gebräuchlichste Zahl war 501.

Die Aufteilung der Heliasten auf die verschiedenen Gerichte war mit einem unendlichen Aufwand von Vorsichtsmaßregeln umgeben, mit dem Ziel zu verhindern, daß die streitenden Parteien den Namen irgendeines ihrer Richter im voraus erführen. Nachdem uns Entdeckung und Identifizierung von bei den Agora-Grabungen gefundenen Bruchstücken der Kleroteria (κληρωτήρια, Losmaschinen) ein völliges Verständnis dreier Kapitel der Aristotelischen

Schrift vom *Staat der Athener* ermöglichen, die uns unvollständig überkommen sind und bis zu dieser Entdeckung nicht zur Gänze erklärt worden waren, vermögen wir heute die peinlich genauen Maßnahmen in der Form, wie sie sich zur Zeit des Aristoteles abspielten, in den Einzelheiten zu beschreiben. *Der Staat der Athener* ist 1891 nach einem Papyrus, der uns allein den Text erhalten hat, veröffentlicht worden. Wir haben hier also mit einem jener recht zahlreichen Fälle zu tun, in denen sich zwei Fachrichtungen (hier Papyrologie und Archäologie) wechselseitig stützen und ergänzen.[13]

Am Tage, an dem die Sitzungen der Heliaia stattfinden sollen, stehen die Heliasten schon vor Sonnenaufgang, in den letzten Stunden der Nacht, auf und streben im Licht der Lampen, die ihnen junge Sklaven vorantragen, den Gerichten zu.[14] Sie finden sich vor dem Gerichtseingang ein, der ihrer Phyle zugewiesen ist, jeder versehen mit seinem Heliastenausweis, d. h. einem Täfelchen aus Bronze oder Buchsbaumholz (nach den Zeiten verschieden), auf dem sein Name, verbunden mit dem Patronymikon und dem Demotikon, sowie zusätzlich einer der ersten zehn Buchstaben des Alphabets (A–K) eingraviert waren (s. Taf. 26). Letzterer diente zur Angabe der Phylenabteilung, zu der der Heliast gehörte; denn die 600 Heliasten einer Phyle sind in 10 Abteilungen zu je 60 Mann aufgeteilt. Natürlich wird die wirkliche Zahl einer Abteilung, die vor den Schranken Aufstellung nahm, infolge von Krankheit oder aus anderen Gründen jeder Art häufig sehr viel niedriger als 60 gewesen sein. Philokleon, den sein Sohn im eigenen Hause eingesperrt hat, wird ja beim Aufrufen der Anwesenden fehlen! Derartige Heliastentäfelchen sind wiedergefunden worden, z. B. die des Dionysos, Sohn des Dionysos aus dem Demos Koile, die im oberen Winkel den Buchstaben A trägt; Dionysos gehörte demnach der ersten Gruppe seiner Phyle an. Im übrigen wußte jeder, daß der Demos Koile zur Phyle Hippothontis gehörte.

Vor dem Eingang einer jeden Phyle stand einer der 9 Archonten, vor dem zehnten deren Sekretär. Zu ihrer Unterstützung hielten sich Stadtsklaven als Gerichtsdiener bereit. An jedem dieser Eingänge ist beiderseits der Tür ein Kleroterion (s. Taf. 27) vorbereitet, je Phyle also 2, im ganzen 20. Das Kleroterion ist ein hoher Marmorblock, dessen Vorderseite von kleinen waagerechten Schlitzen zur Aufnahme der Heliastentäfelchen durchbrochen ist; diese Schlitze sind übereinander in 5 Kolumnen angeordnet. Über jeder dieser Reihen finden sich beim ersten Kleroterion jeder Phyle die Buchstaben Α–Β–Γ–Δ–Ε, beim zweiten die Buchstaben Ζ–Η–Θ–Ι–Κ eingraviert. In einer Ecke jedes Blocks führt eine senkrechte Röhre nach unten, die oben nach Art eines Trichters ausgeweitet ist und unten die in den Trichter geworfenen Würfel austreten läßt, jedoch nur einen nach dem andern dank eines Korkens oder eines einem Hahn ähnlichen Verschlußmechanismus am unteren Ausgang des Rohres. Rundliche, kugelförmige Gegenstände würden uns passender erscheinen, doch sagt Aristoteles ausdrücklich, man werfe Würfel aus Bronze, schwarze und weiße, hinein, vergleichbar denen, die man beim Würfelspiel verwandte (s. Abb. 53).

An jedem Eingang stehen außer den beiden Kleroteria 10 Gefäße, deren jedes mit einem der 10 Anfangsbuchstaben des Alphabets gekennzeichnet ist. Jeder Richter wirft sein Täfelchen in den Kasten, der denselben Buchstaben trägt wie das besagte Täfelchen. Anschließend schüttelt der Gerichtsdiener die Kästen, und der Archon zieht nach dem Zufallsprinzip aus jedem ein Täfelchen. Der jeweils erste Heliast, dessen Name aus dem Kasten gezogen wird, wird »Anhefter« genannt, denn es ist seine Aufgabe, sein eigenes Täfelchen, sodann die seiner Kollegen in der Reihenfolge, wie sie vom Archonten aus dem Kasten entnommen werden, in die Schlitze des Kleroterions zu stecken. So füllt jeder der 10 Anhefter jeder Phyle von oben nach unten die Schlitze der senkrechten Reihe (κανονίς), die den seiner Abteilung entsprechenden Buchstaben trägt. Bald sind auf diese Weise die Namen aller anwesenden Richter im Kleroterion gespeichert.

Darauf zählt der Archon die Namen der am schwächsten besetzten Reihe zusammen (d. h. der Reihe mit der größten Zahl von Abwesenden). Im übrigen kennt er die Zahl der für die Gerichtshöfe des betreffenden Tages notwendigen Geschworenen und bestimmt dementsprechend die Zahl der weißen und schwarzen Würfel, die in die Trichter jedes der beiden Kleroteria zu werfen sind. Die

Heliasten, deren Namen unterhalb der kürzesten Spalte stehen, wissen damit, daß sie aufgrund des Losentscheids ausscheiden müssen und binnen kurzem nach Hause zurückkehren können. Nehmen wir

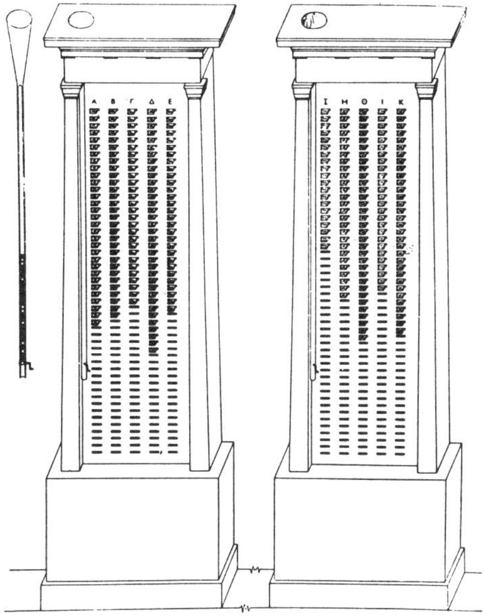

Abb. 53: Kleroteria. Rekonstruktion von S. Dow.

Nach: *The Athenian Citizen. Excavations of the Athenian Agora*, Picture Books No. 4, Princeton, N. J.: The American School of Classics at Athens, 1960, Abb. 24.

folgendes Beispiel an: An einem gegebenen Tag sind 4 Gerichtshöfe mit einer Stärke von jeweils 500 Mitgliedern zu bilden; man muß also 2000 Heliasten benennen, d. h. 200 pro Phyle, 100 pro Kleroterion. Der Archon legt dann 20 (= 100:5) weiße Würfel in den Trichter. Nehmen wir weiterhin an, die am wenigsten gefüllte Spalte umfasse 45 Namen, so wird er 25 (45–20) schwarze Würfel dazuschütten. Doch versteht es sich natürlich von selbst, daß die schwarzen und die weißen Würfel gleichzeitig eingeworfen werden, damit sie sich dem Zufall folgend in der Röhre verteilen.

Jeder weiße Würfel, der aus dem Apparat heraustritt, steht für eine waagerechte Reihe von 5 Täfelchen, ebenso jeder schwarze Würfel. Wenn daher der erste herausfallende Würfel weiß ist, sind die ersten Täfelchen jeder der 5 Reihen (d. h. die der »Anhefter« jeder Abteilung) für diesen Tag rechtswirksam, und die Namen ihrer Inhaber werden umgehend vom Herold verkündet. Ist der zweite Würfel ein schwarzer, heißt dies, daß die 5 Heliasten, deren Täfelchen in den 5 Reihen jeweils an zweiter Stelle standen, an diesem Tag nicht richten werden und entlassen sind, und entsprechend so weiter.

Abgesehen von den Kleroteria und den 10 Kästen, die die Täfelchen der Heliasten auf der Phylenebene enthielten, verfügt der Archon auch über 2 Urnen und andere Gefäße in derselben Zahl, wie Gerichte zu bilden sind. Die beiden Urnen – jeweils eine neben jedem Kleroterion – enthalten Eicheln in ebensolcher Zahl, wie Geschworene jeder Phyle in den 5 Abteilungen zu benennen sind. Diese Eicheln tragen die Buchstaben des Alphabets, beginnend mit dem elften (Λ), zur Bestimmung der zu bildenden Gerichtshöfe (Buchstaben, die vorher in entsprechender Weise ausgelost worden sind). In dem weiter oben angenommenen Fall von 4 Gerichtshöfen mit je 500 Mitgliedern hatte jedes Gefäß 25 mit Λ gezeichnete Eicheln zu enthalten, 25 mit M, 25 mit N und 25 mit O versehene. Der Richter hält die Eichel, die er gezogen hat, hoch, um zuerst dem vorsitzenden Archonten den Buchstaben zu zeigen. Nachdem dieser den Buchstaben gelesen hat, legt er das Täfelchen des Richters in den Kasten, der denselben Buchstaben wie die Eichel trägt. Darauf zeigt der so bestimmte Richter die Eichel auch noch dem Gerichtsdiener, der ihm – als Zeichen des amtierenden Richters – einen Stock von der Farbe des Gerichts aushändigt, das denselben Buchstaben wie die Eichel trägt. Auf diese Weise soll er gezwungen werden, in das ihm vom Los angewiesene Gericht zu gehen und nicht in ein anderes. Wer dies versucht hätte, wäre von der Farbe seines Stabs sogleich verraten worden, denn die Oberschwellen der Gerichtstüren sind jeweils mit verschiedener Farbe bemalt, und der Richter hat sich zu dem Gerichtshof zu begeben, der dieselbe Farbe wie sein Stab und denselben Buchstaben wie seine Eichel aufweist. Unterdessen haben die Anhefter denen, die durch das Los ausgeschieden waren, ihre Täfelchen zurückgegeben; die Gerichtsdiener tragen die Kästen mit den Namen der Phylenangehörigen, die im jeweiligen Gericht sitzen, zu den Gerichtshöfen und übergeben sie den Richtern, die durch das Los bestimmt worden sind, ihren Kollegen nach der Sitzung die Täfelchen zurückzugeben, damit sie auf diese Weise die Auszahlung ihrer Entschädigung (μισθὸς δικαστικός) fordern können; denn die Richter erhielten je Sitzungstag (im Lauf der Zeit wechselnd) einen, zwei oder drei Oboloi.

Im Kapitel 66 des *Staats der Athener* erklärt Aristoteles des weiteren ebenso minuziös, wie der Name des Magistrats ausgelost wird, der jedem Gericht jeweils vorsitzen soll. Man hat darauf aufmerksam gemacht, daß die Zahl der Geschworenen eines Gerichts immer ungerade ist (gewöhnlich 501), um so den Fall von Stimmengleichheit zu vermeiden, daß aber das Kleroteria-Verfahren immer eine gerade Zahl von Geschworenen (500) ergibt – auf welche Weise der letzte Heliast ermittelt wurde, ist uns unbekannt. Ob der den Vorsitz führende Beamte Stimmrecht hatte, bleibt zweifelhaft. Im folgenden erklärt Aristoteles ebenso detailliert das Verfahren, mit dem man aus den Richtern einen Aufseher für das Wasser der Klepsydra (die – ähnlich einer Sanduhr – den Parteien und ihren Verteidigern Redezeit zumaß), die Aufseher über die Stimmsteine und die für die Ausgabe der Anwesenheitsentschädigung an die Richter Zuständigen bestimmt, doch werden wir uns in Zukunft weniger eng an ihn anschließen. Es schien uns aber von Interesse, bei der Art und Weise der Richterzuweisung ein wenig anzuhalten, um zu zeigen, welch peinliche Sorgfalt die athenische Demokratie auf die Arbeit der Gerichte verwandte in dem offensichtlichen Bestreben, jeden Betrug und alle Machenschaften der Parteien im Hinblick auf die Mitglieder des für ihren Fall zuständigen Gerichtshofs zu verhindern; denn bei dem beschriebenen Lossystem konnte kein Prozeßbeteiligter die Zusammensetzung des Gerichts, vor dem er zu erscheinen hatte, schon im voraus kennen.

An Tagen, an denen eine Volksversammlung stattfand, konnten die Gerichtshöfe natürlich nicht zusammentreten, da ja alle Richter Bürger und als solche Mitglieder der Ekklesia waren. Ebensowenig saßen sie – aus religiösen Gründen – an den Festtagen und den als unheilbringend geltenden Tagen zu Gericht. So konnte das Recht oft nur mit Verzögerung seinen Lauf nehmen.

Endlich sind die Heliasten in dem ihnen zugewiesenen Gerichtshof angelangt. Sie erhalten eine Kennmarke (σύμβολον), die sie bei der Stimmabgabe gegen eine andere eintauschen, die ihnen nach Abschluß der Sitzung Anrecht auf die Entschädigung gibt, und nehmen auf den mit Schilfmatten bedeckten Holzbänken Platz. Der vorsitzende Beamte sitzt auf einem erhöhten Richterstuhl (βῆμα) am Ende des Saales, umgeben von seinem Sekretär oder Gerichtsschreiber, einem Herold der Gemeinde und den skythischen Bogenschützen, die wie in der Volksversammlung so auch in den Gerichten die Ordnung sichern. Vor ihm befindet sich die Rednertribüne für die Plädoyers, an die sich rechts und links die der Parteien anschließen. Auch ein Tisch zum Zählen der Stimmsteine ist vorhanden. Die Zuhörerschaft, die außer im Fall einer Verhandlung unter Ausschluß der Öffentlichkeit den Sitzungen beiwohnen kann, drängt sich in der Nähe des Eingangs; eine Schranke trennt sie von den Geschworenen. Sobald die Sitzung beginnt, wird auf ein Zeichen des Vorsitzenden die Tür geschlossen.

Zu Beginn des gerichtlichen Verfahrens verliest der Gerichtsschreiber die bei den Akten befindliche Anklageschrift und die schriftliche Antwort der Verteidigung. Sodann erteilt der Vorsitzende nacheinander dem Kläger und dem Verteidiger das Wort. Jeder in einen Prozeß verwickelte Bürger hat selbst zu sprechen; hält er sich dessen für unfähig, gibt er bei einem Sachverständigen (λογογράφος) eine Gerichtsrede in Auftrag und lernt sie auswendig. Nicht wenige der erhaltenen Gerichtsreden des Lysias, des Demosthenes und anderer sind unter solchen Umständen, d. h. auf Bitten eines Klienten, entstanden. Auch kann man beim Gericht die – im allgemeinen erteilte – Erlaubnis beantragen, sich von einem redegewandteren Freund, einem Synegoros, der nicht Berufsanwalt war und wohl unentgeltlich tätig sein mußte, unterstützen oder gar ganz vertreten zu lassen. Die noch nicht großjährigen Athener, die Frauen, Metöken, Sklaven und Freigelassenen werden vor Gericht von ihrem Vater, ihrem Gatten, dem gesetzlichen Vormund und dem Herrn oder Patron als ihrem Prostates (προστάτης) vertreten.

Wenn nicht ein atmosphärisches Ereignis als Zeichen mit schlechter Vorbedeutung eine zeitweise Aussetzung der Sitzung erzwingt, werden die Verhandlungen ohne Unterbrechung geführt, und da sie an demselben Tag zum Abschluß gebracht werden müssen, kommt man nicht umhin, die Redezeit der Parteien, die ja jeweils das Recht zur Erwiderung haben, einzuschränken. Zu diesem Zweck verwendet man die Klepsydra (κλεψύδρα), eine Wasseruhr.

Solange die Verhandlungen andauern, beschränkt sich die Tätigkeit der Heliasten auf das Anhören. Unmittelbar anschließend ruft der Herold sie zur Abstimmung auf. Jeder hat seine Entscheidung nach bestem Wissen und Gewissen und gemäß den Worten des von ihm geleisteten Eides zu fällen, ohne mit einem anderen Rücksprache zu nehmen und ohne vorgängige Beratung. Im 5. Jahrhundert warf jeder Richter im Vorübergehen einen Stimmstein (ψῆφος)

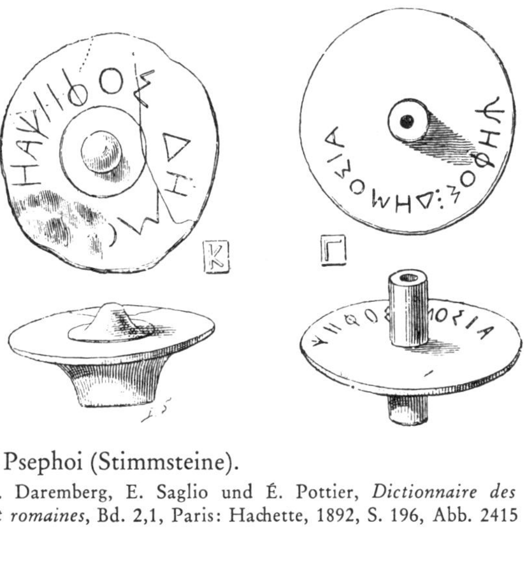

Abb. 54. Psephoi (Stimmsteine).

Nach: Ch. Daremberg, E. Saglio und É. Pottier, *Dictionnaire des antiquités grecques et romaines*, Bd. 2,1, Paris: Hachette, 1892, S. 196, Abb. 2415 und 2416.

oder eine Muschel in eine der beiden Amphoren, deren eine die dem Angeklagten günstigen Stimmen, die andere die für Verurteilung votierenden aufnahm. Im 4. Jahrhundert erdachte man zur besseren Wahrung des Abstimmungsgeheimnisses ein anderes Verfahren: Jeder Geschworene erhielt zwei kreisförmige Stimmarken aus Bronze, die in der Mitte mit einem Stift versehen waren; einer der Stifte war voll, der andere hohl. Einige dieser Stimmarken mit der Aufschrift ψῆφος δημόσια (Stimmstein der staatlichen Gerichte) sind bei den Grabungen wiedergefunden worden (s. Abb. 54). Die Heliasten gingen nun an den beiden Amphoren vorbei, von denen aber nur die erste gültig war. Dabei hielten sie ihre Stimmarken so zwischen Daumen und Zeigefinger, daß die äußeren Enden der Stifte verborgen waren, und legten in die erste Amphore die Marke mit dem Hohlstift, sofern sie für Verurteilung stimmten, die Marke mit dem vollen Stift, wenn sie auf Freispruch erkannten. Die übrigbleibende Stimmarke warfen sie dann in die zweite Amphore.

Wird der Angeklagte von der Mehrheit der Stimmen für schuldig erklärt, schreibt entweder das Gesetz eine bestimmte Strafe vor, oder aber man muß zur Festsetzung des Strafmaßes zu einer erneuten Abstimmung schreiten. Letzteres war etwa bei dem Prozeß des Sokrates im Jahre 399 v. Chr. der Fall. Bei dieser Gelegenheit wurde dem Angeklagten das Wort erteilt, damit er selbst die ihm angemessen erscheinende Strafe angebe. Sokrates erklärte, nach seinem Gewissen habe er keinerlei Bestrafung, vielmehr eine Belohnung für die den Athenern erwiesenen Dienste verdient, und schlug vor, man solle ihn wie die großen Wohltäter des Staates und die Olympioniken auf Staatskosten im Prytaneion speisen. Solche Worte aus dem Munde eines für schuldig erkannten Angeklagten grenzten an Unverschämtheit; Sokrates wurde zum Tode verurteilt: Die Heliasten mochten es nicht, wenn jemand sich über sie lustig zu machen schien.

Wird der Angeklagte dagegen freigesprochen und erhält die Anklage weniger als ein Fünftel der Stimmen, wird der Kläger zu einer Geldbuße oder sogar zur ἀτιμία, d. h. dem Verlust der bürgerlichen Ehrenrechte, verurteilt. Dies geschah im Jahre 330 dem

Aischines, als er in der Kranzaffäre seinen Prozeß gegen Ktesiphon, d. h. gegen Demosthenes, verlor – er wurde mit der sehr schweren Buße von 1000 Drachmen belegt. Man begreift, daß eine solche Bestimmung notwendig erschien, um die Betriebsamkeit der Sykophanten einzuschränken, die allzeit zur Anzeige eines Mitbürgers bereit waren. Wie wir sagten, ermutigten die Gesetze ja angesichts des Fehlens eines Staatsanwalts die privaten Ankläger, indem sie ihnen bei Schuldigkeit des Angeklagten einen Teil der konfiszierten Güter zusprachen. Daß sie Gefahr liefen, selbst bestraft zu werden, falls sie sich unfähig erwiesen, den Beweis im Sinne der Anklage anzutreten, ist nur das logische Gegenstück zu jenem Vorteil und sollte sie zum Nachdenken veranlassen, bevor sie einen Rechtshandel anstrengten.

Es versteht sich beinahe von selbst, daß ein so einzigartiges Rechtsprechungssystem, das die Teilnahme von ganzen Richterscharen erforderte, geeignet war, bei vielen Athenern einen ausgeprägten Hang zum Prozessieren und zu Rechtshändeln entstehen zu lassen, so daß Athen als Δικαιόπολις, die Hauptstadt der Rechtsverdrehung, erschien. *Die Wespen* des Aristophanes, an die sich Racine mehr als einmal erinnerte, als er *Die Prozeßsüchtigen* schrieb, zeigen in ihren komischen Verzerrungen diese Gefahr deutlich auf. Vor allem kritisieren *Die Wespen* die Folgen des Richtergeldes, das man zur Entschädigung für den Zeitverlust infolge der regelmäßigen Teilnahme an den Sitzungen eingeführt hatte; denn jetzt stürzten die Müßiggänger und Arbeitsunfähigen in die Gerichte, um die Anwesenheitsmarke in Empfang zu nehmen. Es hat den Anschein, daß man auch mit einem weniger aufwendigen Apparat und einer geringeren Geschworenenzahl in angemessener Weise Recht hätte sprechen können. Doch müssen wir in den Einrichtungen des athenischen Gerichtswesens den gleichen demokratischen Geist anerkennen, der auch die Regierung der Stadt in die Hände des ganzen Volkes legte. Die Ekklesia besaß, wie wir sahen, neben den anderen Gewalten auch die der Rechtsprechung und hat in zahlreichen politischen Prozessen das Urteil gesprochen, namentlich dann, wenn Strategen auf der Anklagebank saßen. Freilich konnte sie nicht alles selbst bestreiten. Die Heliaia, die – wie auch der Rat –

als Ausschuß der Volksversammlung von Bürgern aller Phylen gebildet wurde und damit in einem bestimmten Sinn wirklich repräsentativ für das Volk von Athen stehen konnte, mußte einfach eine genügend große Mitgliederzahl aufweisen, um sich ihren unanfechtbar demokratischen Charakter zu bewahren; allein dieser rechtfertigte ja ihre unumschränkte Rechtsverbindlichkeit, gab es doch gegen ihre Urteile bekanntlich keine Berufung.
Bei der Ermittlung ist das Zeugnis eines Sklaven nur dann gültig, wenn es durch Folter (Peitsche, Folterbank, Schraubstock oder Rad) erwirkt wurde, doch geht der Anwendung dieses Rechtsmittels immer eine Aufforderung voraus: Eine der Parteien erbietet sich, ihre Sklaven der Folter auszusetzen, oder fordert die Gegenpartei zu entsprechendem Verhalten auf. Möglicherweise war die Folter nicht allzu hart und bestand vor allem in »einer von der Lage des Sklaven selbst geforderten Formalität, da dieser unter Umständen den Haß seines Herrn hätte fürchten müssen, wenn er anders als unter Zwang ausgesagt hätte«.[15] Soviel ist jedenfalls sicher: Ein freier Mann, ob Athener, Metöke oder Fremder, wurde nicht der Folter unterworfen.

Die Strafen

Wie sich das Verfahren der Gerichte unterscheidet, je nachdem, ob beide Parteien Bürger oder ob sie – die eine oder andere oder alle beide – Metöken oder Sklaven sind, so sind auch entsprechend dem Stand der Personen unterschiedliche Strafen vorgesehen. An Geldstrafen kennt das griechische Recht die einfache Bußzahlung, den Schadenersatz und die teilweise oder vollständige Einziehung der Güter, an Leibesstrafen die Verbannung auf Zeit (φυγή) und für immer (ἀειφυγία), die Aberkennung der Bürgerrechte (ἀτιμία), die Einkerkerung (die, sieht man einmal von den zum Tode Verurteilten, die – wie Sokrates – auf die Hinrichtung warten, ab, fast nur Nichtbürger trifft), sodann als auf Sklaven beschränkte Strafen die Geißlung in Verbindung mit dem Rad[16], die Brandmarkung mit einem glühenden Eisen und den Block (ξύλα) und schließlich die Hinrichtung, von der wir anschließend sprechen werden (s. Abb. 55). Daneben gibt es auch Ehrenstrafen von sehr altertümlichem, religiösem Charakter, so für Ehebrecherinnen das Verbot, Schmuck zu tragen und die Tempel zu betreten, die gegen ungesehene Frevler

Abb. 55. Sklaven im Block. Aus einer Illustration zu einer korinthischen Posse (?).
Nach: C. Fränkel, *Rheinisches Museum* 67, 1912, S. 101 mit Komm. S. 100 ff.

geschleuderte Verwünschung, die schimpfliche Erwähnung in einer Steleninschrift und schließlich die Verweigerung der Bestattung.
Der Beamte, der im Gericht den Vorsitz geführt hatte, ließ vom Gerichtsschreiber das Urteilsprotokoll ausfertigen und sandte es an die für die Vollstreckung zuständigen Beamten, an die Elf, die Vorgesetzten der Kerkermeister und des Henkers, oder an die Praktoren (πράκτορες), die die Bußgelder einzogen, oder an die Poletai (πωληταί), deren Aufgabe darin bestand, die eingezogenen Güter zu versteigern, sodann gegebenenfalls dem Ankläger die ihm zukommende Prämie und den Schatzmeistern der Athena den Gerichtszehnten auszuzahlen.
Viele Bürger und Fremde, die zu Geldbußen verurteilt wurden, die ihre Mittel überstiegen, konnten sich der vorgeschriebenen Bestrafung entziehen, indem sie freiwillig ins Exil gingen, so Aischines nach dem Kranzprozeß, so Demosthenes selbst nach der Harpalos-

Affäre. Bekanntlich hätte sogar der schon zum Tode verurteilte Sokrates dank seiner Freunde aus dem Gefängnis entweichen und in die Verbannung gehen können. Er mußte den Schierlingsbecher trinken, was nicht die grausamste Hinrichtungsart war, sondern eine Art geduldeten Selbstmords. Was aber geschah in Athen üblicherweise mit den zum Tode Verurteilten?
In den *Eumeniden* des Aischylos jagt Apollon mit folgenden Worten den häßlichen Chor der Erinnyen, die Orestes verfolgen, aus seinem Heiligtum zu Delphi:

Es ziemt sich nicht, daß ihr euch diesem Hause naht.
Geht dorthin, wo man tötet, Augen aussticht, wo
Man metzelt nach dem Richterspruch, wo man entmannt,
Der Knaben Samen austilgt, wo Verstümmelung
Und Steinigung obwalten und der Jammerlaut
Gepfählter lange wimmert![17]

Es ist wohl kaum erlaubt zu unterstellen, Aischylos habe hier, wie die griechischen Tragiker so oft, an die wirklichen Zustände im Athen seiner Zeit gedacht; insbesondere die Kastration von Kindern ist ein in Griechenland unbekannter orientalischer Brauch.
Was war demnach in Athen die häufigste Art der Todesstrafe?
Im Jahre 1915 zählte man in einem in Phaleron entdeckten Massengrab, das allerdings in die vorklassische Zeit gehört, siebzehn Leichen, die sämtlich um den Hals ein eisernes Band und um Hände und Füße ebensolche Klammern trugen. Diese Skelette stammen mit Sicherheit von Hingerichteten, die bis zum Eintritt des Todes durch das Halseisen und die Klammern auf einem großen Brett aufrecht gehalten wurden (an den Klammern hafteten noch Holzreste). Wahrscheinlich handelt es sich um gefangene und hingerichtete Seeräuber.[18]
Herodot berichtet uns zum Jahre 479, daß die Athener »den Perser Artayktes, den Befehlshaber von Sestos, gefangennahmen und lebendig auf das Brett spannten«.[19] Plutarch erzählt von Perikles, er habe nach der Niederwerfung des Aufstandes der Insel Samos im Jahre 439 eine bestimmte Anzahl von Samiern auf der Agora

von Milet an Pfähle binden und dort zehn Tage lang stehen lassen; darauf habe er den Befehl gegeben, ihnen mit Keulen die Köpfe einzuschlagen.[20] Aristophanes zeigt uns einen Mnesilochos, den einer der skythischen Bogenschützen auf das Brett bindet und so wie Andromeda auf ihrem Felsen den Blicken aller aussetzt.[21] An anderer Stelle spricht er von dem »Brett mit den fünf Löchern«[22], das für Kleon ausersehen sei; diese fünf Löcher entsprechen offensichtlich den Klammern, die den Hals und die vier Gliedmaßen umschlossen.

L. Gernet schrieb:

> »Aus den archäologischen und literarischen Zeugnissen ergibt sich also ein recht klares Bild dieser qualvollen Hinrichtungsart. Der Verurteilte wird mit fünf Klammern nackt an einen senkrecht in den Boden getriebenen Pfahl gespannt. Eine strenge Vorschrift verbietet, sich ihm zu nähern, um Hilfe oder Erleichterung in irgendeiner Form zu bringen. Dann wartet man, bis daß der Tod eintritt. Dieses Vorgehen zeigt eine gewisse Verwandtschaft mit dem bei der Kreuzigung, nur mit dem Unterschied, daß bei dieser Hände und Füße mit Nägeln durchbohrt werden und daß der dadurch eintretende Blutverlust den Todeskampf abkürzen mag. Dazu kommt als wesentlicher Bestandteil dieser Hinrichtungsart das Halseisen, das den Unterkiefer einklemmt und so durch das Körpergewicht die Leiden um ein nicht unbeträchtliches Element vergrößert. Man kann sich den unter Umständen mehrere Tage hinziehenden Todeskampf des Delinquenten vorstellen. Die Tatsache, daß eine solche Hinrichtungsart bei den Athenern im Gebrauch stand, verändert unsere Vorstellungen von ihrem Strafrecht nicht wenig; während der gesamten klassischen Zeit wurde sie praktiziert [...], ihre Spur ist bis zum Ende des 4. Jahrhunderts zu verfolgen.«[23]

War diese Todesart der ἀποτυμπανισμός, wie man in Athen gewöhnlich die Hinrichtung bezeichnete? Man hat dies geglaubt, doch sicher ist das keineswegs. Was also war der ἀποτυμπανισμός dann? Wurde der Übeltäter zu Tode geprügelt oder – vielleicht – enthauptet?

Bei unserem gegenwärtigen Kenntnisstand ist eine abschließende Antwort unmöglich.[24]

Wie dem auch sei, die Hinrichtungsstätte lag außerhalb der Stadt zwischen Athen und dem Peiraieus in der Nähe der nördlichen Langen Mauer. »Leontios«, so erwähnt Platon[25], »der Sohn des Aglaion, ging vom Peiraieus entlang der Nordmauer, aber außerhalb zur Stadt und merkte dort die Leichen beim Henker liegen«. Dieser Ort ist zu unterscheiden vom Barathron (Βάραθρον), einem ehemals als Steinbruch benutzten Abgrund westlich der Akropolis, in den man seit alter Zeit bestimmte zum Tode verurteilte Verbrecher hinabstürzte.

Die Hinrichtung durch Sturz in das Barathron scheint auf Fälle religiösen Frevels und auf politische Verbrechen beschränkt gewesen zu sein. Die selten bezeugte Steinigung war anscheinend ebenfalls den Gotteslästerern und Verrätern vorbehalten, doch begegnet sie mehrfach als unförmliche spontane Hinrichtung durch das aufgebrachte Volk. So wurde im Jahre 479 der Buleut Lykidas von seinen Amtskollegen und den anwesenden Mitbürgern auf der Stelle gesteinigt, als er die Annahme der Vorschläge des Mardonios vorzuschlagen wagte.[26] Die Zurschaustellung auf einem senkrechtstehenden Brett traf vor allem die Seeräuber und die auf frischer Tat beim Diebstahl oder Raubmord festgenommenen Verbrecher. Alle anderen Todeskandidaten erlitten, sofern man ihnen nicht zugestand, im Gefängnis den Schierlingsbecher zu trinken, den noch ungeklärten Tod durch ἀποτυμπανισμός.

Wert und Bedeutung des athenischen Rechtswesens

Die Arbeit des Gerichtswesens war in Athen gewiß nicht ganz befriedigend, und viele der kritischen Bemerkungen des Aristophanes in den *Wespen* sind wohl nicht unbegründet. Man muß sogar weitergehen und erkennen, daß die Grundsätze des attischen Rechts weder unerschütterlich noch allzu dauerhaft waren. Das Fehlen eines Gesetzbuches läßt den Volksrichtern einen zu großen Ermessensspielraum, Leuten also, die in ihrer überwiegenden Mehrheit natürlich keinerlei juristische Ausbildung besitzen und noch dazu – wie alle Massen – sich allzuleicht der Willkür ihrer Leidenschaften, ihren Vorlieben oder tiefen Abneigungen hingeben. Man lese nur einige Gerichtsreden, um sich darüber klarzuwerden, daß die *captatio benevolentiae* meist darauf angelegt ist, dem Stolz des Volkes zu schmeicheln und den Redner soweit als möglich als bescheidenen Mann aus dem Volk, als natürlichen Feind der Reichen und Mächtigen, erscheinen zu lassen. Die »Apologie« des Sokrates muß, falls uns Platon ein in den Grundzügen richtiges Bild davon gibt, durch den sie beherrschenden Ton aristokratischen Selbstbewußtseins eine nahezu einzigartige Ausnahme gebildet haben. Dazu kommt, daß das Rechtsprechungssystem Athens die Überhandnahme der Sykophanten begünstigte.

Doch muß man sich die Entwicklung des Rechts vergegenwärtigen und anerkennen, daß seit der Gesetzgebung des Drakon (7. Jahrhundert), die schon im Vergleich zur vorausgehenden Zeit eine Verbesserung darstellte, Recht und Rechtsprechung in Athen große Fortschritte gemacht hatten. Von größter Bedeutung ist die Abschaffung der Kollektivstrafen und die Anerkennung der persönlichen Verantwortlichkeit; denn in der archaischen Zeit traf die Strafe nicht den Täter, etwa den Mörder, allein, sondern mit ihm die ganze Familie.[27] Der alte Rechtsgrundsatz der Talion »Auge um Auge, Zahn um Zahn« wurde im Perikleischen Athen nur noch in Ausnahmefällen angewandt. Zumindest soweit Bürger der Stadt betroffen waren, begannen hier Geldbußen zunehmend die Leibesstrafen zu verdrängen.

Was zu Recht kritisiert wird, ist nicht die Absicht, sondern die praktische Wirksamkeit dieses Rechtssystems. Gewiß verwandten die Athener große Sorgfalt darauf, nach dem Grundsatz der Billigkeit Recht zu sprechen – im Bemühen, auf jede Weise die Unparteilichkeit des Verfahrens zu sichern und die sittlichen Vorstellungen ihrer Zeit soweit als möglich zu berücksichtigen. Alle Richter der Heliaia leisteten beim Amtsantritt einen Eid, dessen Wortlaut durch Verbindung mehrerer Stellen antiker Autoren annähernd wiederhergestellt werden kann: »Ich werde mein Urteil fällen in Übereinstimmung mit den Gesetzen und Beschlüssen der

Volksversammlung wie auch des Rates. In den vom Gesetzgeber nicht vorgesehenen Fällen werde ich die gerechteste Lösung annehmen, ohne mich von Gunst oder Feindschaft leiten zu lassen. Ich werde mein Urteil allein in Erwägung der dem Gericht vorgelegten Fragen fällen. Mit gleicher Aufmerksamkeit werde ich beide Parteien anhören. Das schwöre ich bei Zeus, bei Apollon und bei Demeter. Mein Leben sei glücklich, wenn ich meinem Eide treu bin; breche ich ihn, Fluch über mich und meine Familie!«

Weshalb sollte man nach alldem das athenische Rechtswesen und ebenso alle anderen demokratischen Einrichtungen der Perikleischen Zeit idealisieren wollen, wie unter anderen G. Glotz zu tun geneigt war? Ein Gerichtssystem, das die Verurteilung des Sokrates zuließ, »des Mannes, der, wie wir wohl sagen dürfen, von seinen Zeitgenossen [...] der beste und der einsichtigste und gerechteste überhaupt war«,[28] war – auch für seine Zeit – gewiß weit davon entfernt, vollkommen zu sein. Statt dessen tut man gut anzuerkennen, daß Athen trotz beachtlicher Anstrengungen im Bereich der Rechtsprechung nicht zu jener Akme (ἀκμή), jenem Punkt höchster Entfaltung und Wirksamkeit, gelangt ist, auf den es Kunst, Literatur und Philosophie geführt hat. Zweifellos besaßen die Athener nicht die juristische Begabung, die später die Römer auszeichnen sollte, denen man trotz mancher Einwände gerechterweise auf diesem Gebiet jener Kultur, die am Ursprung der unsrigen steht, die Schöpferrolle zuerkennen muß.

Zehntes Kapitel

Das Kriegswesen

Der athenische Imperialismus

Heute ist man im allgemeinen der Ansicht, demokratische Regimes seien friedfertiger als Diktaturen. In der Antike, zumindest zur Zeit des Perikles, als sich die athenische Demokratie kriegerisch, eroberungssüchtig und imperialistisch zeigte[1], galt dies offensichtlich nicht. Nach den Perserkriegen, in denen es mehr als jede andere Stadt zur Niederlage der Eindringlinge beigetragen hatte, ging es für Athen darum, die Vormachtstellung in Griechenland zu erringen und trotz der Unabhängigkeitsbestrebungen der sogenannten »verbündeten«, in Wirklichkeit aber Athen unterworfenen Städte in der Folgezeit zu erhalten, trotz auch der Feindseligkeit Spartas und seiner peloponnesischen Bundesgenossen, die eine athenische Vorherrschaft nicht zulassen konnten.

Um seine Herrschaft über die Inseln des Ägäischen Meeres und zahlreiche Hafenstädte der kleinasiatischen Küste zu festigen und zu bewahren, auch um seine großenteils über die Meerengen aus dem Schwarzmeer kommende Getreideversorgung zu sichern[2], brauchte Athen eine bedeutende Handelsflotte und eine mächtige Kriegsmarine. Bekanntlich bestimmte die athenische Thalassokratie seit der entscheidenden Maßnahme des Themistokles in den Jahren vor Salamis (480)[3] bis zu ihrem Zusammenbruch im Jahre 404 in der Tat das gesamte östliche Mittelmeerbecken. Im 4. Jahrhundert, vor allem seit 377, dem Jahr der Errichtung seines zweiten Seebündnisses, versuchte Athen, die verlorene Seeherrschaft wiederzugewinnen.

Darüber hinaus brauchte Athen in der klassischen Zeit immer ein Landheer, um den Angriffen seiner Nachbarn aus Boiotien oder der Peloponnes begegnen und diese seinerseits bei günstiger Gelegenheit in ihrem Lande angreifen zu können. Zu Lande wurde Athen jedoch meist von den Hopliten Spartas oder Thebens in die Verteidigung gedrängt. Als Isokrates in der Absicht, die verderblichen Rivalitäten unter den Griechen zu beenden, eine Teilung der Hegemonie zwischen Athen und Sparta vorschlug, dachte er ganz natürlich an eine Verbindung der athenischen Seeherrschaft mit der Landmacht der Lakedaimonier.

Das Heer der Spartiaten

Diese Landmacht Spartas beruhte in erster Linie auf dem oben[4] beschriebenen System der Kindererziehung, das ganz auf die Vorbereitung zu einem Kriegerleben zielte. Vom 16. bis zum 20. Lebensjahr wurde der Heranwachsende ἰρήν (εἰρήν) des ersten, zweiten, dritten bzw. vierten Jahrgangs. Dieser »Irenat« entspricht der attischen Ephebie, mit dem Unterschied, daß diese mit zwei Jahren um die Hälfte kürzer ist.

Mit zwanzig Jahren wird jeder Spartaner in das aktive Heer eingegliedert, doch gilt seine militärische Ausbildung als noch nicht abgeschlossen: »Die Erziehung erstreckte sich bis in das Erwachsenenalter.«[5] Vom zwanzigsten bis zum dreißigsten Lebensjahr wohnen die jungen Krieger, auch wenn sie verheiratet sind, weiterhin mit ihren »Zeltgenossen« zusammen und nehmen gemeinsam mit ihnen ihre Mahlzeiten (συσσίτια) ein. Zur Agora haben sie noch keinen Zugang, und so üben sie ihre politischen Rechte nicht aus. Ein gewisses Familienleben beginnt für sie erst nach der Vollendung des dreißigsten Lebensjahres, freilich gestört durch die regelmäßigen gemeinsamen Männermahlzeiten. Mit sechzig Jahren wird der Spartiat schließlich vom Heeresdienst befreit und kann in den Ältestenrat, die Gerusia (γερουσία), gewählt werden. Aber auch dann noch bringt er viel Zeit in den Gymnasien zu, wo er die Übungen der Kinder und die Wettkämpfe der εἰρένες beaufsichtigt. Demnach ist es keine Übertreibung, wenn man sagt, sein ganzes Leben sei dem Krieg gewidmet.

Das spartanische Heer steht unter dem Befehl eines der beiden oft von den Ephoroi (ἔφοροι) kontrollierten Könige und umfaßt im wesentlichen Hopliten (ὁπλῖται), d. h. Vollbürger, oder Perioiken (περίοικοι), deren Ausrüstung (πανοπλία) wir weiter unten beschreiben werden. Diese schwerbewaffnete Fußtruppe ist in fünf Regimenter (μόραι) unter dem Kommando der Polemarchoi (πολέμαρχοι) aufgeteilt. Diesen unterstehen die Bataillonskommandeure (λοχαγοί), die Kompaniechefs (πεντηκόνταρχοι) und die Abteilungsführer (ἐνωμοτάρχαι). Die verschiedenen Einheiten erregen durch ihre große Wendigkeit bei der Ausführung militärischer Bewegungen die Bewunderung des Atheners Xenophon, insbesondere beim Übergang von der Marschordnung, der Kolonne, zur Schlachtordnung, der Kampflinie; eine schnelle Schwenkung bringt in kurzer Zeit alle Heeresteile auf die Höhe der anhaltenden Spitzenabteilung. Taucht dann eine feindliche Truppe im Rücken auf, so erreicht jede Reihe durch einen wohldurchdachten Gegenmarsch, daß die besten Soldaten immer am Feind, in der ersten Linie, stehen.[6]

Die spartanischen Hopliten waren von denen der anderen Städte auf den ersten Blick durch die Farbe ihres Untergewands und durch ihre Haartracht zu unterscheiden. Die Unterkleider waren purpurrot, damit, wie man sagte, »das Blut nicht zu sehen sei«; in der athenischen Armee z. B. zierte dagegen nur das Gewand der Offiziere ein Purpurstreifen. Sie trugen lange Haare, was im Griechenland der Perikleischen Zeit eine offenkundige Altertümlichkeit bedeutete. Vor der Schlacht säuberten und kämmten sie diese Haarfülle, die gewöhnlich recht ungepflegt gewesen sein dürfte. Vor der Schlacht an den Thermopylen kann, so sagt uns Herodot, ein von Xerxes als Späher zum Lager des Leonidas gesandter persischer Reiter die spartanischen Soldaten dabei beobachten, wie »ein Teil der Männer Übungen machte, während die anderen ihr Haar kämmten«.[7]

Sparta setzt sein ganzes Vertrauen auf die Hopliten, die bereit sind, eher auf der Stelle zu sterben, als vor dem Feind zurückzuweichen, und besitzt nur eine kleine Reiterei. Im Feldlager herrscht strenge Disziplin; auch auf den geringsten Fehler steht die Prügelstrafe, schwere Vergehen haben die Todesstrafe oder Herabsetzung im militärischen Rang sowie Verlust der bürgerlichen Ehrenrechte zur Folge. Spartas einzige Schwäche in militärischer Hinsicht (eine Schwäche freilich, die auf die Dauer tödlich war) war der Menschenmangel, die ὀλιγανθρωπία. Seine Hopliten genießen die Bewunderung aller, nur – sie sind fast ausgestorben ... Die Kaste der Gleichen (ὅμοιοι), deren materielle Lebensgrundlage an die zu ihren Gunsten von den unteren Klassen des Volkes bearbeiteten Landparzellen (κλῆροι) gebunden war, blieb streng abgeschlossen und begrenzte aus Gruppenegoismus die Zahl ihrer Kinder, so daß die Verluste im Kampf sie unaufhörlich schwächten und zum Schluß buchstäblich dahinschwinden ließen. Bei Plataiai hatten im Jahre 479 5000 spartanische Hopliten gekämpft (dazu 5000 schwerbewaffnete Perioiken und eine Schar von 35 000 leichtbewaffneten Heloten)[8], ein Jahrhundert später, bei Leuktra 371, sollten es nur noch 700 sein.[9]

Trotz ihrer geringen Zahl blieben die spartanischen Hopliten infolge ihrer ausgezeichneten Übung und ihrer strengen Auffassung von Ehre und Disziplin fast immer die unangefochtenen Herren der Schlachtfelder – bis eben zu jenem Treffen bei Leuktra, in dem sie von der thebanischen Armee des Epameinondas besiegt wurden.

Die Boioter besaßen immer eine der besten berittenen Truppen Griechenlands. Ihre Hopliten trugen nicht den gewöhnlichen Rundschild, sondern einen länglichen Schild mit kleinen bogenförmigen Aussparungen auf beiden Seiten.[10] Im 4. Jahrhundert schuf Gorgidas die berühmte »Heilige Schar« Thebens, eine als Stoßtrupp gedachte Eliteeinheit von nur 300 Mann. Die Hopliten dieser Abteilung waren wie die von Sparta oft untereinander durch »Einzelfreundschaften« verbunden, die, so versichert man uns, den Kampfwert und den Zusammenhalt der Truppe erheblich steigerten. Erreichte in Theben ein junger Mann das Wehrpflichtalter, so schenkte ihm sein ἐραστής die vollständige militärische Ausrüstung, die πανοπλία.[11] Epameinondas schließlich gelang es, die unverändert gebliebene Taktik der Lakedaimonier durch eine neue Kampfweise, den Angriff in schiefer Schlachtordnung, zu übertreffen und so über die freilich wenig zahlreichen spartanischen Krieger zu triumphieren.

Das Militärwesen in Athen und die Ephebie

In Athen, so sahen wir[12], entfalteten sich Kindheit und frühe Jugend freier und unter ganz anderen Bedingungen als in Sparta, ohne die unablässige Sorge, nur Elitekrieger heranzubilden.
Doch übt sich der junge Athener eifrig unter der Leitung des Paidotriben in der Palaistra; der Sport ist die übliche Vorbereitung auf das Waffenhandwerk. Ringkampf, Lauf, Sprung und Diskoswurf fördern Kraft und Wendigkeit, der fünfte Wettkampf des Pentathlon (πένταϑλον), der Speerwurf, ist schon eine ganz und gar militärische Übung. Auch für die erwachsenen Männer, die das Ephebenalter überschritten haben, bilden die gymnastischen Übungen das beste Mittel, zwischen zwei Feldzügen »in Form« zu bleiben und sich in der Beherrschung des Körpers zu üben. Im 5. Jahrhundert unterzogen sich mit Sicherheit die meisten Athener, gleich welchen Alters, dieser Ertüchtigung, um immer bereit zu sein, die Strapazen des Militärdienstes zu ertragen. Seit dem 4. Jahrhundert jedoch kann man eine gewisse Abnahme der Sportbegeisterung beobachten. Xenophon stellt fest: »Es sind ja in jeder Stadt nur herzlich wenige, die Leibesübungen betreiben.«[13] Seit dieser Zeit auch neigen die Städte dazu, sich zu ihrer Verteidigung auf bezahlte Berufssoldaten, stadtfremde Söldner, zu verlassen, während die griechischen Heere vor dem Peloponnesischen Krieg fast ausschließlich aus Bürgern bestanden.
Jeder Athener von achtzehn bis sechzig Jahren hat seinem Land Kriegsdienst zu leisten. Im Alter von achtzehn bis zwanzig Jahren ist er Ephebos (ἔφηβος), d. h., er erhält seine militärische Grundausbildung. Vom zwanzigsten bis zum fünfzigsten Lebensjahr gehört er als im Katalogos (κατάλογος, in den Jahrgangslisten) verzeichneter Hoplit oder als Reiter aktiv der Armee an, die bei jedem Aufbruch zu einem Feldzug in fremdes Land (ἔξοδος) abteilungsweise und manchmal vollständig mobil gemacht wird. Vom fünfzigsten bis zum sechzigsten Lebensjahr zählt er zu den Veteranen (πρεσβύτατοι), die zusammen mit den Epheben und den Metöken jeden Alters eine Art Landwehr zur Verteidigung der Grenzen und der festen Plätze Attikas bilden. In Friedenszeiten ist die

Armee nicht mehr als eine Bürgerwehr im Wartestand. Nur die Epheben beschäftigen sich zwei Jahre lang ganz mit ihren Übungen und sind aus diesem Grunde von den politischen Pflichten und sogar von der Forderung, vor Gericht zu erscheinen, entbunden. Zwar sind sie mit dem Eintritt in die Ephebie Bürger, doch üben sie ihre Rechte erst nach Ablauf der beiden Jahre aus.

Zweiundvierzig Jahre dauert also die Wehrpflicht des Atheners, und jeder dieser 42 Jahrgänge wird durch den Archonten und einen eponymen Heros bezeichnet. Die Bürger, die das 60. Lebensjahr vollendet haben, sind von aller militärischen Verpflichtung frei und werden Diaitetai (διαιτηταί), Schiedsmänner oder in etwa »Friedensrichter«.[14]

Als Athen 431 in den Peloponnesischen Krieg eintrat, besaß es ein aktives Heer von 13 000 Hopliten und 1 000 Reitern sowie eine Landwehr von 1 400 Epheben (etwa 700 je Jahrgangsabteilung), 2 500 Veteranen und 9 500 Metöken, insgesamt 27 400 Mann.[15]

Entgegen einer allzu lange maßgeblich gewesenen Theorie deutscher Gelehrter hat die Ephebie schon im 5. Jahrhundert bestanden. Die Hopliten der Schlacht bei Marathon hatten ganz sicher eine militärische Ausbildung erhalten. Die Frage kann vielmehr nur sein, ob seit jener Zeit alle Athener verpflichtet waren, die Ephebie zu absolvieren, d. h., ob die der besitzlosen Klasse Angehörenden, die vor allem als Ruderer in der Flotte dienenden Theten (θῆτες), nicht von ihr befreit waren. Aus dem 4. Jahrhundert besitzen wir aus der Schule des Aristoteles die detaillierte Beschreibung dieser Institution, die seit der Zeit des Perikles vielleicht nur in Einzelpunkten Veränderungen erfahren hatte.

Am Anfang des attischen Jahres, im Hekatombaion, werden die achtzehnjährigen Athener in das Verzeichnis der δημόται, d. h. der Mitglieder des Demos ihres Vaters, eingeschrieben. Die Demenversammlung überprüft die Altersangabe und befindet durch Abstimmung über legitime Geburt und Zugehörigkeit zum Stand der Freien. Bei jeder Zweifelhaftigkeit wird der Fall vor einen Gerichtshof der Heliaia gebracht, und wer des Betrugs überführt worden ist, wird sogleich vom Staat als Sklave verkauft. Die Bule unterwirft die Epheben dann einer weiteren Prüfung. Die körper-

liche Tauglichkeit der jungen Leute wurde gewiß von einem »Musterungsausschuß« begutachtet, sei es der Demenversammlung, der Bule oder im Anfechtungsfall erneut von einem Gericht.[16]
Im Tempel der Nymphe Aglauros im Norden der Akropolis leisteten die Epheben sodann mit über dem Altar ausgestreckter Hand folgenden Eid:

»Nicht werde ich die heiligen Waffen, die ich trage, entehren. Meinen Kampfgenossen werde ich nie im Stich lassen, wo auch immer ich stehe. Auch werde ich die Heiligtümer und unverletzlichen Orte schützen und das Vaterland der Nachwelt nicht geringer übergeben, sondern größer und stärker, soweit es mit Hilfe aller in meinen Kräften steht. Ich werde immer den rechtmäßig gewählten Beamten gehorchen, ebenso den Gesetzen, den schon erlassenen wie den in Zukunft rechtens zu erlassenden, und wenn jemand von ihnen abgehen will, werde ich es nach Kräften und mit Hilfe aller nicht zulassen. Desgleichen werde ich die religiösen Ordnungen der Väter in Ehren halten. Dessen seien mir Zeugen die Götter Aglauros, Hestia, Enyo, Enyalios, Ares und Athena Areia, Zeus, Thallo, Auxo, Hegemone, Herakles, die Grenzen des Vaterlandes, der Weizen, die Gerste, die Weinstöcke, die Ölbäume, die Feigenbäume.«[17]

Diese Aufzählung von Gottheiten, insbesondere der Aglauros, Thallo und Auxo, sowie der Einschluß der Grenzsteine und Früchte Attikas weisen einen betont archaischen Charakter auf; eine solche Eidesformel ist mit Sicherheit früher als im 5. Jahrhundert anzusetzen.
Zur Leitung der Epheben wählte das Volk aus einer von den Vätern der Epheben vorgeschlagenen Dreierliste einen Sophronisten (σωφρονιστής, Aufseher) je Phyle, dazu einen Kosmeten (κοσμητής, Ordner) als Vorsteher des gesamten Ephebenkorps. Ebenso benannte es die Ephebenausbilder (παιδοτρῖβαι) und besondere Lehrer für den Unterricht im Hoplitenkampf (ὁπλομαχία), im Bogenschießen und im Speerwerfen; in Aristotelischer Zeit war ein Fachmann für die Unterweisung in der Handhabung der kurz vorher erfun-

denen Katapultgeschütze hinzugekommen.[18] Das typische Gewand der Epheben war die – wahrscheinlich schwarzgefärbte[19] – Chlamys.

Das Dienstjahr der Epheben beginnt zwei Monate nach dem bürgerlichen Jahresanfang im Monat Boedromion. Der Kosmet und die

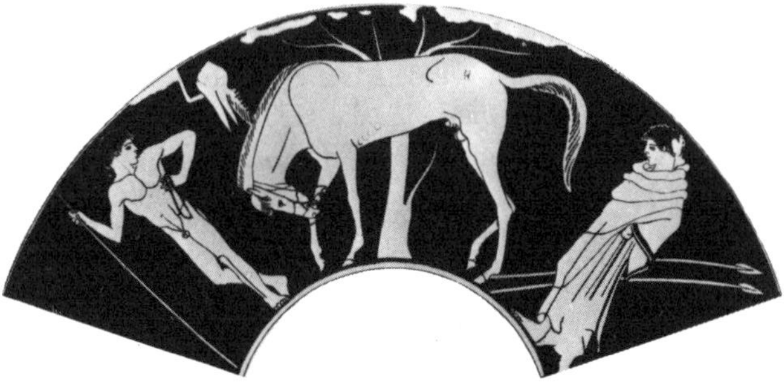

Abb. 56. Epheben mit Pferd. Von einer attischen Vase, frühes 5. Jh. v. Chr.

Nach: J. K. Anderson, *Ancient Greek Horsemanship*, Berkeley und Los Angeles: Univ. of California Press, 1961, Taf. 24.

Sophronisten »machen mit ihnen zunächst einen Rundgang zu den Tempeln Attikas [die sie in Zukunft zu verteidigen haben] und lassen sie dann zum Peiraieus marschieren. Dort nehmen die einen in Munychia, die anderen in der Akte Garnison [...] Der Sophronistes erhält von seinen Phylenmitgliedern das Geld [für die Epheben] (4 Obolen pro Kopf und Tag) und kauft für alle auf gemeinsame Rechnung die Lebensmittel ein – sie speisen nämlich phylenweise gemeinsam – und sorgt für alle anderen Bedürfnisse.«[20]

Vielleicht bestand schon im Ephebenkollegium die Trennung von Fußsoldaten und Reitern, doch herrscht diesbezüglich keine Sicherheit; es steht dagegen fest, daß der Kosmetes verpflichtet war, aus den Epheben gute Reiter zu machen, und ihnen beizubringen hatte, wie man im Reiten den Speer wirft (s. Abb. 56).[21]

So verbringen sie das erste Jahr. Am Ende desselben »findet im Theater eine Volksversammlung statt, in der sie dem Volk kriegerische Übungen vorführen. Bei dieser Gelegenheit erhalten sie von der Stadt den Rundschild und den Speer. Dann ziehen sie im Lande umher und halten sich in den Festungen auf.«[22] Während dieses zweiten Jahres agieren die Epheben als περίπολοι, d. h. soviel wie »patrouillierende Wachsoldaten«, in der Umgebung der Festungen Eleutherai, Phyle und Rhamnus.[23]

Namentlich in Rhamnus ermöglichen uns die Inschriften des 4. Jahrhunderts, ein differenzierteres Bild des Ephebenlebens und sogar ihrer Beziehungen zur einheimischen Bevölkerung zu entwerfen: »Für die Bauern und Fischer von Rhamnus bedeutet die Stationierung einer umfangreichen Ephebenabteilung einen sehr willkommenen Absatzmarkt für die Erträge ihrer Felder oder ihrer Fischereiprodukte. Demos und Garnison arbeiteten sehr eng zusammen. [...] Zweifellos hatten die Epheben militärische Aufgaben, doch ließ die Truppendisziplin recht oft zu wünschen übrig. [...] Mehr noch als an den eigentlichen militärischen Übungen fanden die jungen Leute Gefallen an der Ertüchtigung in den Gymnasien, der notwendigen Ergänzung ihres Soldatenlebens. Diese Übungen hatten einen bedeutenden Ölverbrauch zur Folge«, und die Bürger von Rhamnus leisteten mit einer großzügigen Geldspende einen Beitrag zur Bestreitung der Kosten, was ihnen eine öffentliche Dankeserklärung und Ehrenbezeigungen in Form von Kränzen seitens der Epheben und ihrer Vorgesetzten einbrachte. Auch das kleine Theater erfährt durch die Anwesenheit der Epheben einen lebhaften Aufschwung: »Auf den Ehrenplätzen [der Prohedrie] sitzen die Beamten des Demos und die Offiziere des Ephebenlagers und nehmen Anteil an den dort aufgeführten Schauspielen«, hauptsächlich Komödienwettbewerben:

> »Der Gott der Lenäen brachte den Bewohnern des Demos und den Soldaten ausgelassene Heiterkeit, einem ländlichen und ein wenig rohen Publikum, das eher die bekannten Typen der alten Komödie als die sophistischen Spitzfindigkeiten einer Tragödie des Euripides hören mochte [...] Durch die Berührung mit den

Epheben hebt sich das Lebensniveau der Bauern; stärker städtisch geprägte Gewohnheiten kommen auf und schaffen neue Bedürfnisse, von denen die Denkmäler Zeugnis ablegen.«[24]

Die Landtruppen Athens

Der Hoplit, der schwerbewaffnete Fußsoldat Spartas oder Athens, der seine vorherrschende Stellung auf den Schlachtfeldern das ganze 5. Jahrhundert hindurch und noch einige Zeit darüber hinaus wahren konnte, besaß eine Ausrüstung aus Verteidigungs- und Angriffswaffen (s. Abb. 57 sowie Taf. 28, 31).[25]
Der attische Helm (κράνος) des 5. Jahrhunderts ist weniger schwer als der früherer Zeiten und mit einer weniger hinderlichen Helmzier geschmückt. Er besteht aus einer Metallhalbkugel, die von einer der Rundung der Kugel folgenden Helmzier überhöht wird, und zwei beweglich damit verbundenen Wangenschützern, bisweilen auch einem Nasen- und Nackenschutz. Um Reibungen und Druckstellen am Kopf zu vermeiden, trägt der Hoplit unter dem Helm eine Kappe aus Filz oder Leder. Der meist bronzene Panzer (θώραξ) setzt sich aus zwei Platten zusammen, dem Brust- und dem Rückenteil, die mit Hilfe von Haken und Klammern verbunden werden. Er endet kurz unterhalb der Gürtellinie, läßt also die Schenkel fast völlig unbedeckt. Oft unterstreichen dekorative Umrißzeichnungen oder eingeritzte Linien die Brustmuskulatur. An Stelle des Metallpanzers trug man auch eine Art Wams aus mit Metallplättchen verstärktem Leder oder Leinen. Die Unterschenkel bedecken vom Knie bis zum Knöchel bronzene Beinschienen (κνημίδες), deren Gebrauch im 5. Jahrhundert jedoch zunehmend zurückgeht. Im Unterschied zum an den Seiten mit Aussparungen versehenen Schild der Boioter ist der attische Schild (ἀσπίς) gewöhnlich rund und aus Bronze und hat einen Durchmesser von etwa 90 Zentimetern, doch kann er auch aus mehreren passend zugeschnittenen und aufeinandergenähten Ochsenhäuten bestehen, die auf ein Holz- oder Metallgestell gespannt und auf der Außenseite durch Erzplättchen verstärkt werden. Seine Wandung ist immer nach außen

gebogen und weist in der Mitte einen Buckel (ὀμφαλός) auf. Diesen schmücken bisweilen ein Gorgonenhaupt, das religiöse, apotropäische (ἀποτρόπαιος = Unheil, ein böses Schicksal abwendend) Be-

Abb. 57. Hephaistos schmiedet die Waffen Achills unter dem Beistand der Athena. Rundschild mit Gorgoneion, Beinschienen, Helm, Hammer, Zange und Säge. Hephaistos trägt als Gott der Handwerker das Pilidion. Detail von einer rotfigurigen Vase.
Nach: A. Burford, *Craftsmen in Greek and Roman Society*, London: Thames & Hudson, 1972, S. 195, Abb. V.

deutung hat, oder andere Wappenbilder (ἐπισήματα), mitunter reich verzierte Arbeiten, die freilich nicht an den Schild des Achilleus, ein Werk des Gottes Hephaistos, heranreichen. Ein, später zwei Griffe auf der Innenseite erlauben dem Hopliten, den Schild mit Hand und Arm zu halten. Ist der Kampf vorbei, zieht man einen Riemen durch diese Griffe und kann so den Schild an einem Wehrgehenk auf den Schultern tragen. In einigen Fällen ist der Schild nach unten durch eine Art Fransenschutz – ohne Zweifel aus Leder – verlängert, der die Beine des Kämpfenden schützen soll. Die Füße des Hopliten waren in klassischer Zeit gewöhnlich bloß, während der »eherne Krieger« der Frühzeit Schuhe aus Metall trug.

Im Vergleich zur Verteidigungsausrüstung haben sich die Angriffswaffen seit Homer weniger geändert. Nach wie vor sind dies im wesentlichen Speer und Schwert. Der Speer (δόρυ), eine Stoßwaffe, ist eine ungefähr 2 Meter lange Holzstange, an deren Ende eine bald flache, blattförmige, bald massive, pyramidenförmig langgezogene Metallspitze befestigt ist. Der Schaft – meist aus Eschenholz – ist an der Stelle des Griffs mit langen, schmalen Lederriemen bedeckt. Am hinteren Ende ist er mit einem Metallstück als Gegengewicht zur Spitze versehen, das in manchen Fällen ebenfalls zugespitzt ist, so daß der Speer beidseitig benutzt werden kann. Das Schwert (ξίφος) ist nicht einfach ein großer Dolch, sondern eine Kriegswaffe, die im Nahkampf, Mann gegen Mann, den Speer ersetzen kann. Das Hoplitenschwert hat eine gerade, zweischneidige Klinge und erreicht, das Heft eingeschlossen, leicht eine Gesamtlänge von 60 Zentimetern. Es wird an einem Wehrgehenk an der linken Schulter getragen. Nach den Perserkriegen benutzten die Hopliten auch ein Kurzschwert, das kaum länger ist als ein Dolch.

Unter dem Oberkommando des Archon polemarchos, sodann der Strategen, war das athenische Hoplitenheer in 10 Einheiten unterteilt, die jeweils die Fußsoldaten einer der 10 Phylen zusammenfaßten und von den 10 Taxiarchen (ταξίαρχοι) befehligt wurden. Die Kriegsmäntel dieser vom Volk gewählten Offiziere waren von breiten Purpurstreifen gesäumt.[26] Jeder Taxiarch ernannte seinerseits die Kompanieführer (λοχαγοί).

Der athenische Stratege Iphikrates schuf im 4. Jahrhundert eine Truppe von Peltasten (πελτασταί), denen er eine leichtere Ausrüstung als den Hopliten gab, die wir aber nur sehr schlecht kennen. Es hat jedoch den Anschein, daß der Schild (πέλτη) ein Weidengeflecht von etwa mondsichelförmigem Zuschnitt war und daß der Metallpanzer durch eine Art Leinenhemd ersetzt wurde. Die Peltasten, die den Hopliten an Beweglichkeit überlegen waren, setzten sich auf den Schlachtfeldern erfolgreich durch.

Der Peltast ist ein nur leicht ausgerüsteter Hoplit, seine Angriffswaffen sind Speer und Schwert. Das griechische Heer hatte aber auch leichtbewaffnete Truppen, die bis gelegentlich auf einen kleinen Schild über keinerlei Defensivausrüstung verfügten, die Schleuderer, Speerwerfer (ἀκοντισταί) und Bogenschützen, ganz zu schweigen von jener »Artillerie«, wie sie in der zweiten Hälfte des 4. Jahrhunderts die Bedienungsmannschaft der neuen, Katapult (καταπάλτης) genannten Kampfmaschine bildete. Durch die Torsionskraft aufgedrehter und folglich in ihre ungespannte Ausgangslage zurückdrängender Seile oder Haarbündel konnte das Katapultgeschütz Wurfspieße auf einer fast geradlinigen Bahn auf ein bestimmtes Ziel schleudern.

Die antike Schleuder (σφενδόνη) besteht aus zwei Woll- oder Haarschnüren, die eine kleine Ledertasche tragen. In diese legt der Schleuderer einen Stein oder ein spindelförmiges Ton-, Blei- oder Bronzegeschoß, bringt das Ganze in eine schnelle Kreisbewegung und läßt plötzlich das Ende einer der Schnüre los. Die Zentrifugalkraft trägt den Stein oder die Kugel bis zu einer Reichweite von fast 200 Metern.

Der Kriegerwurfspieß (ἀκόντιον), eine Art verkürzter Speer, ist mit einer Wurfvorrichtung jener Art ausgestattet, wie wir sie für die von den jungen Leuten in den Palaistren benutzten Übungsspeere beschrieben haben.[27]

Vor den Perserkriegen findet man in Athen skythisch gewandete Bogenschützen (τοξόται), die aber ohne Zweifel nicht Barbaren, sondern Athener sind, die in dieser eigenwilligen Aufmachung bei den Hopliten oder Reitern als Waffenknechte dienten und auch als Leichtbewaffnete im Heer mitkämpften. Bei Marathon im Jahre 490 umfaßte die athenische Armee jedoch weder Bogenschützen noch Reiter[28], vielmehr waren es die zahlreichen Soldaten eben dieser Waffengattungen der Armee des Xerxes, die Athen zur Bildung entsprechender Truppen veranlaßten. Athenische Bogenschützen kämpften bei Salamis und Plataiai (480/479). Zur Zeit des Peloponnesischen Kriegs erreichten sie eine Sollstärke von

1600 Mann. Diese Bogenschützen werden unter der ärmsten Bürgerschicht, den enteigneten Theten, ausgehoben. Sie tragen den herkömmlichen Bogen mit Doppelkrümmung:

> »Körper und den oberen Teil der Schenkel bedeckt ein hautenges Gewand mit Halbrock, so daß Arme und Beine frei bleiben. Die Füße schützen bisweilen Halbstiefel, auf dem Kopf sitzt ein leichter Helm oder eine der thrakischen ähnliche Mütze. Im allgemeinen haben die Bogenschützen keine Verteidigungswaffen. Sie tragen auf dem Rücken den Köcher.«[29]

Von dieser Truppe zu Fuß kämpfender Bogenschützen und ebenso von den berittenen Bogenschützen (ἱπποτοξόται) sind die skythischen Bogner sorgfältig zu unterscheiden, die Athen erstmals 477, im Jahre der Gründung des Delisch-Attischen Seebundes, ankaufte. Diese Sklaven barbarischer Herkunft sorgen in Athen insbesondere in den Gerichten, in der Volksversammlung und in den übrigen Versammlungen aller Art für die Aufrechterhaltung der Ordnung; sie sind nicht Soldaten, sondern eine Art Polizisten: Sie tragen lange Hosen (ἀναξυρίδες), die ihnen bis zu den Knöcheln reichen und in Athen das unterscheidende Merkmal des Barbarengewands darstellen, eine hohe, meist spitzzulaufende Mütze, die auf dem Hinterkopf sitzt und bis in den Nacken hinabreicht, den Bogen, den γωρυτός, d. h. nicht einen gewöhnlichen Köcher, sondern eine mit einer losen Tierhaut verschlossene, links am Gürtel befestigte Pfeiltasche, schließlich einen kurzen Säbel und bisweilen eine Axt. Diese Truppe von etwa 1000 Mann lagerte zunächst in Zelten mitten auf der Agora. Später bezog sie eine Kaserne auf dem Areopag-Hügel, von wo sie die in erster Linie zu überwachende Unterstadt beherrschen konnte.[30]

Nach Marathon gründete man auch eine Reiterschwadron, die anfangs 300, dann 600 und schließlich 1000 Pferde umfaßte. Dieser Truppenkörper wurde in einem besonderen Verfahren aus Angehörigen der beiden begütertsten Zensusklassen gebildet, deren zweite dementsprechend sogar Klasse der Reiter oder Ritter (ἱππεῖς) hieß. In der Tat liefert nicht der Staat das Pferd; die Aufzucht von Pferden war Privileg der Reichen.

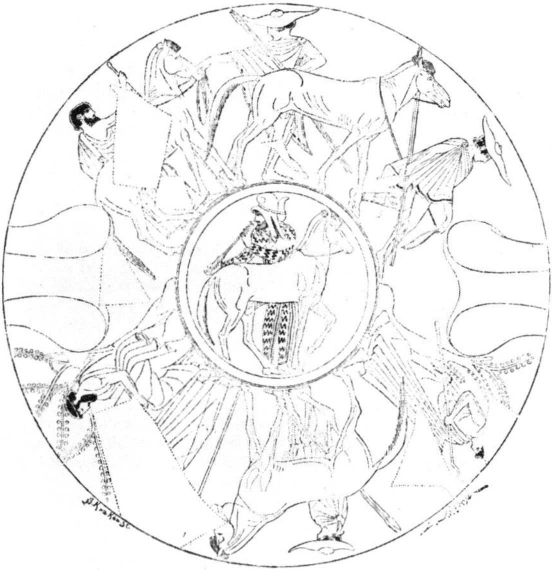

Abb. 58. Dokimasia.
Nach: Ch. Daremberg, E. Saglio und É. Pottier, *Dictionnaire des antiquités grecques et romaines*, Bd. 2,1, Paris: Hachette, 1892, S. 327, Abb. 2484.

»Schon sehr früh hatten [die Söhne aus guter Familie] Gelegenheit, sich mit ihren Pferden auf den Wiesen des Kolonos zu tummeln oder in den feierlichen Umzügen mitzureiten. Wenn sie das Alter für den Militärdienst erreichten, waren sie an den Umgang mit Pferden schon gewöhnt und somit nach Ableistung der beiden Ephebenjahre zum Dienst in der Reiterei geeignet.«[31]

Den Hipparchen (ἵππαρχοι), den vom Volk auf ein Jahr gewählten Oberbefehlshabern der athenischen Reiterei, obliegt die Rekrutierung der Reiter, die anscheinend zu Ende der Ephebendienstzeit vorgenommen wird, jedoch der Bestätigung durch die Bule bedarf. Dazu nimmt diese alljährlich die Parade (δοκιμασία) der Reiter und ihrer Pferde ab (s. Abb. 58). Den Hipparchen unterstehen die

10 Phylarchoi (φύλαρχοι), von denen jeder die Schwadron einer Phyle, mit anderen Worten etwa 100 Mann, befehligte.
Der athenische Reitersoldat ist mit zwei Speeren und einem gewöhnlich säbelförmig gebogenen Schwert (κοπίς) bewaffnet. Den Hoplitenpanzer und den Schild trägt er nur bei friedlichen Aufmärschen; die bronzenen Beinschienen, die die Flanken seines Pferdes verletzt hätten, sind durch hohe Lederstiefel ersetzt. Eine Zeitlang kleidete er sich nach Art der thrakischen Reiter, d. h. mit dem dicken Wollmantel, Knieschützern und der Fuchsfellmütze. Er reitet sein Pferd mit einfachem Zaumzeug ohne Sattel und Steigbügel; das Tier selbst bleibt ohne eigenen Schutz gegen Verletzungen. Im 4. Jahrhundert sollte die Ausrüstung der Reiterei dagegen eher an Gewicht zunehmen; Xenophon rät den Reitern, maßgefertigte Panzer und Waffenhandschuhe zu tragen und ihre Pferde vor allem an den Flanken und unter dem Bauch durch Polsterdecken zu schützen.[32]
Schon aufgrund ihres besonderen Rekrutierungsverfahrens bilden die Reiter die Aristokraten gegenüber dem »Fußvolk« der Hopliten und leichtbewaffneten Infanterie. Sie haben das ganz natürliche Überlegenheitsgefühl des »Herrenreiters«, der auf dem Rücken seines edlen Tieres seine Mitmenschen von oben herab ansieht. Im 4. Jahrhundert sollte Xenophon diese Geisteshaltung teilen. Sie geben sich gerne lakonisch und lassen ihr Haar nach Spartiatenart lang wachsen. Man sehe nur, welch stattliche Erscheinung sie auf dem Panathenäenfries des Parthenon abgeben! In seiner Komödie *Die Ritter* stellt Aristophanes sie mit einer gewissen, wenn auch ironisch gefärbten Sympathie als wackere Anhänger der alten Sitten und der Vaterlandsliebe vergangener Zeiten und damit als geborene Feinde des Demagogen Kleon dar.
Die athenische Armee umfaßte auch allerlei Hilfsdienste, so etwa den der Boten, die die Dienstbezeichnung ἡμεροδρόμοι (Tagesläufer) führten, weil sie zur Erfüllung ihrer Verbindungsaufträge oder um Nachrichten nach Athen zu bringen, imstande sein mußten, einen ganzen Tag lang zu laufen, bevor sie ihre Botschaft an einen anderen Läufer weitergaben.[33] Wie im Heer des Agamemnon vor Troja gab es zur Pflege der Verletzten auch Militärärzte. Wahr-

sager spielten, wie wir sogleich sehen werden, eine bedeutende Rolle.

Zur schnellen Übermittlung wichtiger Nachrichten verwandten die Griechen nicht nur Boten, sondern auch optische Signale, die durch ein System von Zwischenstationen ein richtiges »Lichtfunk«-Netz darstellten.[34]

Zum religiösen Charakter des Krieges

Insbesondere in Athen gaben der Eid der Epheben und ihr Besuch der attischen Heiligtümer dem Antritt ihrer Soldatenlaufbahn einen religiösen Charakter. Zahlreiche Riten markieren auch in den Heeren aller anderen Städte den Beginn jedes militärischen Unternehmens und die verschiedenen Abschnitte des Krieges. Bevor man sich für die Aufnahme eines Krieges entscheidet, befragt man die Götter, indem man sich z. B. an das Orakel des Pythischen Apollon oder auch andere lokale Orakel oder Wahrsager wendet. Ist der Krieg einmal beschlossen, beginnen die Feindseligkeiten erst, nachdem der Herold, dem heilige Unverletzlichkeit zukommt, dem Gegner die feierliche Erklärung über den Abbruch der Beziehungen überbracht hat. Ebenso überbringt der Herold gegebenenfalls Waffenstillstands- oder Friedensangebote. Der Kriegszustand zwischen zwei Staaten ist rechtlich dadurch gegeben, daß alle wechselseitigen Beziehungen durch Herolde unterbrochen (ἀκηρυκτί) sind.

Vor dem Antritt des Feldzugs bedarf es einer erneuten Befragung der Götter und unter Umständen einer erwägenden Beratung über deren doppeldeutige oder widersprüchliche Antworten. Thukydides, der selbst kaum an die Orakel glaubt, sieht sich verpflichtet, die in Athen zur Zeit des Peloponnesischen Krieges umlaufenden Orakelsprüche (χρησμοί) anzuführen, da sie einen beträchtlichen Einfluß auf die Meinungen und Gefühle der Masse ausübten.

Auch wenn das Heer abmarschbereit ist, kann es doch nicht an jedem beliebigen Tag ausrücken. Die Spartiaten trafen in Marathon bekanntlich nach Beendigung der Schlacht ein, weil die Genauigkeit in der Beachtung religiöser Vorschriften ihnen verbot, vor dem

Datum des Vollmonds ins Feld zu ziehen. Die an einem Unglückstag begonnene Sizilische Expedition endete mit der bekannten Katastrophe: Die Götter strafen unbarmherzig die Mißachtung ihrer Anordnungen.

Im Augenblick des Aufbruchs vollzieht der Heerführer ein Opfer und spricht bestimmte Gebete. Zumal ein frommer Feldherr wie Nikias versäumt nicht, die Bilder der Götter und ein tragbares Becken mit dem am Feuer der Stadt entzündeten ewigen Feuer mitzuführen. Auch mehrere Wahrsager gehören zu seiner Begleitung; denn während des ganzen Feldzugs soll keine Entscheidung von Bedeutung ohne vorherige Befragung der Götter getroffen werden.

Dann stehen schließlich beide Heere in Schlachtordnung einander gegenüber. Auf beiden Seiten richtet der Anführer, unterstützt von seinen Wahrsagern, Gebete an die Götter und »weiht« ihnen Männer und Güter des Feindes. Er bringt ein Brandopfer dar, in dessen noch rauchenden Eingeweiden die Opferschauer die Vorzeichen des göttlichen Willens zu erkennen versuchen. Es kommt vor, daß, auch wenn einer der Gegner die Schlacht schon begonnen hat, der andere sich nicht zu verteidigen wagt, wenn die Götter noch kein eindeutiges Zeichen gegeben haben. So ließ die spartanische Armee bei Plataiai die Waffe bei Fuß, den Schild am Boden, unbeweglich einen Pfeilhagel über sich ergehen und wartete, bis die Götter gesprochen hatten.[35]

Götter und Heroen verlassen ihre treuen Anhänger in der Schlacht nicht, sondern kämpfen mit ihnen zusammen. »Als sie bei Marathon gegen die Meder kämpften, glaubten nicht wenige [der athenischen Soldaten], die Geistererscheinung des Theseus zu sehen, wie er gewaffnet vor ihnen her gegen die Barbaren anstürmte.«[36]

In den alten Zeiten, wie in der *Ilias*, werden Kriegsgefangene im Anschluß an die Schlacht dem Opfertod übergeben, da ja die Götter ein Recht auf das ihnen versprochene Menschenopfer haben, es sei denn, man erhofft sich von den Gefangenen ein Lösegeld in ansehnlicher Höhe. Noch in klassischer Zeit werden die Feinde häufig auf dem Schlachtfeld oder gar – was noch grausamer erscheinen mag – nach dem Kampf, wenn sie sich schon ergeben haben, erbarmungslos niedergemetzelt. Den Verletzten gibt man den »Gnadenstoß«. Bei der Einnahme einer Stadt läßt man die Greise, Frauen und Kinder über die Klinge springen; wer verschont bleibt, wird in die Sklaverei verkauft. So will es das von der Religion gerechtfertigte oder vielmehr befohlene Kriegsrecht.

Nur die Toten haben Anspruch auf eine, wenn man so sagen kann, bevorzugte Behandlung. Der Sieger ist verpflichtet, die Seinen zu bestatten und gegebenenfalls den übriggebliebenen Besiegten einen Waffenstillstand zu gewähren, damit auch sie dies tun können.

Den toten oder gefangenen Feinden nimmt man (wie schon in der *Ilias*) die Waffen ab. Auf dem Schlachtfeld aufgehäuft oder an Baumstämmen aufgehängt, bilden sie das den Göttern geweihte, als heilig verehrte Tropaion (τρόπαιον). Dieses mit Waffen bedeckte menschenähnliche Gestell wird als Bild eines Gottes betrachtet.[37] Das Tropaion aufzurichten besagt, vor aller Augen den Sieg deutlich zu machen; denn um dies zu können, muß man Herr des Schlachtfelds geblieben sein. Bei unentschiedenem Ausgang der Schlacht errichten gelegentlich beide Widersacher ein solches Siegesmal.

In klassischer Zeit wird nicht mehr die gesamte dem Feind abgenommene Beute den Göttern geweiht, sondern nur ein Zehntel, »der Zehnte« (δεκάτη). Er steht am Ursprung jener oft prunkvollen Denkmäler, Statuengruppen oder Thesauroi (θησαυροί), die an den Heiligen Straßen der panhellenischen Kultstätten, z. B. in Delphi, eng nebeneinanderliegen und an denen der griechische Patriotismus des Plutarch, der Priester des Pythischen Apollon war, später Anstoß nehmen sollte (s. Abb. 59):

> »Dich ärgert es wohl gar nicht, Apollon mit Erstlingen und Zehnten von Mordtaten, Kriegen und Plünderungen ringsherum umgeben und den Tempel mit der Beute und dem Raube der Griechen angefüllt zu sehen. Auch fällt es dir nicht ein, die Griechen zu bedauern, wenn du auf so schönen Weihgeschenken die schändlichsten Inschriften liest: ›Brasidas und die Akanthier von den Athenern.‹ – ›Die Athener von den Korinthern.‹ – ›Die Phokaier von den Thessaliern.‹«[38]

So wie während des Feldzugs die Ländereien des Feindes verwüstet wurden – die Heere leben ja von den Erzeugnissen des Landes – und wie es ganz üblich scheint, die Ernten zu schneiden und die

Abb. 59. Spartanischer Bronzeschild, von den Athenern nach dem Sieg über die Spartaner bei Pylos 424 v. Chr. als Weihgabe in der Stoa Poikile aufgehängt. Punktinschrift: Ἀθηναῖοι ἀπὸ Λακεδαιμονίων ἐκ Πύλο.

Nach: *The Athenian Citizen. Excavations of the Athenian Agora*, Picture Books No. 4, Princeton, N. J.: The American School of Classics at Athens, 1960, Abb. 34; vgl. ebd. das Foto des Schilds Abb. 33.

Bäume, sogar die Ölbäume (die nach der Neuanpflanzung so lange brauchen, bis sie die ersten Früchte tragen), umzuhauen, so gehört das gegnerische Gebiet nach der Schlacht dem Sieger, der nach Gutdünken darüber verfügt, die Häuser dem Erdboden gleichmachen und alles Leben ausrotten lassen kann.
Wird ein Friedensvertrag geschlossen, so vollzieht sich dieser feierliche Akt wie bei Kriegsbeginn natürlich unter der Leitung der Götter. In der Formel des Eids ruft man sie als Garanten der Vereinbarungen an und besiegelt ihn durch ein besonderes Opfer.

Strategie und Taktik

Das Heer lebt vom Land des Feindes, doch führt es zur Vorsicht einige Lebensmittelvorräte mit und sei es nur, um vor Überschreiten der gegnerischen Grenzen nicht hungern zu müssen. Daher ist jeder zu den Waffen gerufene Athener verpflichtet, in seinem Sack oder eher: Korb (πλέκος) einen Mundvorrat für drei Tage mitzunehmen, im wesentlichen Brot, Käse, Oliven, Zwiebeln und Knoblauch. So erklärt sich, weshalb bei Aristophanes oft von jenem nach »Knoblauchzwiebelkäserülpsen« riechenden Schnappsack die Rede ist, der symbolisch für alle Unannehmlichkeiten des Soldatenlebens im Feldlager steht.[39]

Die meisten geordneten Schlachten der klassischen Zeit sind heftige Zusammenstöße frontal aufgestellter Phalangen, die, sobald die Trompete das Angriffssignal gegeben hat, im Laufschritt und den Paian (παιάν) auf den Lippen, angreifen. So taten es etwa die Athener bei Marathon. Man bemüht sich, möglichst schnell vorzugehen, um die Zeit, in der die Wurfgeschosse der leichtbewaffneten Truppen des Gegners Verluste bewirken können, einzuschränken und gleichzeitig den eigenen Speeren eine stärkere, unwiderstehliche Durchschlagskraft zu verleihen. Selbst die Lakedaimonier, die von allen Griechen in Dingen der Heeresbewegungen den besten Ruf und die größte Erfahrung besitzen, nehmen Aufstellung, bevor sie gegen den Gegner marschieren, und bewahren sie, wenn nicht eine unbedingte Notwendigkeit das verhindert, während des gesamten Treffens; denn jeder Wechsel der Taktik ist bei unmittelbarer Feindberührung gefährlich. Der Kampf löst sich anschließend in Einzelgefechte auf, in μονομαχίαι, d. h. Zweikämpfe Mann gegen Mann. Die Kampfstrategie bleibt, zumindest bis in die Zeit der Iphikrates und Epameinondas, recht unterentwickelt. Die Schlachtordnung ist bei den Spartiaten meist acht Linien tief. Dabei nimmt jeder Mann annähernd einen Quadratmeter Marschraum ein, es sei denn, die Anführer geben Befehl, die Abstände zu schließen und auf Tuchfühlung, d. h. »Schild an Schild«, zu kämpfen. Sieht man von den Kampfwagen ab, die bei Homer zu kaum mehr dienen, als die Anführer zum Schlachtfeld zu bringen und ihnen zu erlauben, sich schneller davon zu entfernen, unterscheiden sich die Infanteriegefechte im Jahrhundert des Perikles nicht grundlegend von den in der *Ilias* beschriebenen. Man versteht daher auch, daß Homer noch immer als ein auf der Höhe der Zeit stehender Lehrherr der Kriegskunst gelten konnte.

Das Aufkommen der Reiterei nach Marathon jedoch ändert ein wenig das Aussehen der Kämpfe. Sie nimmt zunächst Aufgaben im Bereich der Ausspähung und Fühlungnahme wahr. Im Jahre 394 stirbt der junge Athener Dexileos mit vier anderen Reitern in Erfüllung einer ihm und seinen Kameraden anvertrauten besonders schwierigen Aufgabe vor Korinth; sein Grabmonument auf dem Kerameikos-Friedhof stellt ihn in dem Augenblick dar, als er mit dem Speer einen von seinem Pferd niedergetretenen Feind tötet.[40]
Die Reiterei diente auch dazu, den fliehenden Feinden nachzusetzen und sie zu töten. Unter den fliehenden Fußsoldaten, besonders unter den an ihrer Bewaffnung schwer tragenden Hopliten, hatte allein ein Mann von dem Mut und der Selbstbeherrschung eines Sokrates Aussicht, heil aus der Schlacht hervorzugehen. Alkibiades berichtet bei Platon von der Haltung des damals 46jährigen Philosophen beim wilden Zusammenbruch der Schlachtordnung von Delion im Jahre 424:

»Ich war zu Pferd dabei, er aber in schwerer Rüstung zu Fuß. Er ging zusammen mit Laches zurück, als das Volk schon zerstreut war. Ich begegne ihnen, und sobald ich sie sehe, rede ich ihnen Mut zu und sage, daß ich sie nicht verlassen würde. Und da konnte ich Sokrates noch schöner betrachten als in Potidaia – ich selbst war ja weniger gefährdet, weil ich zu Pferde war –, erstens wie sehr er den Laches durch Gefaßtheit überragte, und dann schien er mir dort ganz wie in deinem Verse, Aristophanes, dort grade wie hier seinen Weg zu gehen, ›schreitend wie ein Pfau und seine Augen rollend‹, indem er sich ruhig nach Freund und Feind umblickte, so daß jeder schon von weitem erkennen konnte, daß dieser Mann sich sehr kraftvoll verteidigen würde, wenn ihn jemand anrührte. Deshalb zog er auch ungefährdet ab, er und sein Begleiter, denn im Kriege werden fast nie die angerührt, die sich so halten, sondern man verfolgt die anderen, die Hals über Kopf fliehen.«[41]

Nachdem Athen 480 von den Truppen des Xerxes eingenommen und geplündert worden war, hatte es vor allem dank der Initiative des Themistokles seine Befestigungen wiederaufgebaut und verstärkt. Wie die Ruinen von Messene [Ithone in Messenien] zeigen, sollte die Militärarchitektur im 4. Jahrhundert große Fortschritte machen. Die verschiedenen Festungswerke Attikas spielen nur eine untergeordnete Rolle; das von Rhamnus, das anfangs nur ein einfacher Beobachtungsposten gewesen war, verdient den Namen Zitadelle erst nach den um 412, während des Dekeleischen Krieges, daran begonnenen Arbeiten. Seine Türme und Bollwerke wurden in der Folgezeit mehrfach umgebaut.[42]

Da die Heere des 5. Jahrhunderts nicht über ausreichend wirksame Belagerungsmaschinen verfügten, waren günstig gelegene und gut befestigte und bewachte Städte nur sehr schwer mit nackter Gewalt einzunehmen. Während des fast dreißig Jahre dauernden Peloponnesischen Krieges haben die Lakedaimonier und ihre Verbündeten zwar wiederholt das attische Land verwüstet, die machtvoll verteidigte Einheit, die das durch die Langen Mauern mit dem Peiraieus verbundene Athen darstellte, anzugreifen, haben sie nicht versucht. Nur wenn es gelang, in einem Überraschungsangriff die Mauern zu ersteigen oder durch eine Blockade die Belagerten auszuhungern, konnte man den Widerstand einer zur Verteidigung entschlossenen Stadt brechen. Manchmal öffnete auch Verrat die Tore. Um die Dauer der Belagerung zu verkürzen, indem man die Eingeschlossenen durch Durst überwältigte, zögerten die Belagerer nicht, die fließenden Gewässer zu unterbrechen, doch galt dieses Vorgehen als unlauter und war vom Delphischen Amphiktyonenbund verboten.[43]

Im 4. Jahrhundert schrieb Aineias der Taktiker ein uns erhaltenes Werk über die Kunst, belagerte Orte zu verteidigen. Man findet darin detaillierte und wohldurchdachte Vorschläge aller Art über die Schließung und Bewachung der Tore, die Losungen zum Passieren und die Signalzeichen, die zu errichtenden Beobachtungsposten, die (vornehmlich nachts) zu unternehmenden Ausfälle, die Patrouillen, die damals aufkommenden Belagerungsmaschinen sowie jene Maschinen, mit denen die Belagerten deren Einsatz entgegenwirken konnten, über die Art, wie man Feuer an die (also vor allem hölzernen) Kriegsmaschinen der Belagerer legt, und die Mittel, das Ersteigen der Mauern zu verhindern, kurz über alle Kriegslisten, die Einnahmeversuche des Feindes zu vereiteln. Aineias empfiehlt auch, in dunklen und gewittrigen Nächten vor der Ummauerung Hunde anzubinden, die von weitem alle Spione und Überläufer verraten und eine etwa auf Posten eingeschlafene Wache aufwecken sollen. In der Tat spielten die Hunde, wie wir wissen, oft eine nicht zu vernachlässigende Rolle bei der Bewachung von Festungen.[44]

Die von uns betrachtete Zeit kennt noch nicht die makedonische Phalanx und die Entwicklung der Belagerungskunst (πολιορκητική, sc. τέχνη), die den Kriegen der hellenistischen Zeit ein ganz anderes und von dem der *Ilias*-Schlachten weiter entferntes Gesicht verleihen sollten. Das 4. Jahrhundert ist allerdings in dieser Hinsicht ein Jahrhundert des Übergangs und der schnellen Fortschritte in der Kriegskunst.

Die athenische Kriegsflotte

Athens Macht liegt jedoch vor allem auf dem Meere, wo es, wie wir sagten, im 5. Jahrhundert eine wirkliche Thalassokratie (θαλασσοκρατία) ausübt.

Noch im Jahre 490, dem Jahr von Marathon, besaß es dagegen keine dieses Namens würdige Flotte, ebensowenig wie eine Reitertruppe. Am Ursprung der Kriegsflotte steht ein Mann: Themistokles. Ohne das Orakel der Pythia abzuwarten, das besagte, »nur ein Bollwerk aus Holz mache Athen uneinnehmbar«, erkannte er, daß die Stadt zur Verteidigung gegen die Flotte von Aigina und gegen den drohenden Feldzug des Xerxes zahlreiche Kriegsschiffe brauchte (s. Taf. 29). Er war es, der viele athenische Hopliten zu Marinesoldaten und Matrosen machte, was ihm später den Vorwurf eintrug, er habe »seinen Mitbürgern Schild und Speer aus der Hand genommen und das Athenervolk an die Ruderbank gefesselt«.[45] Indem er aus der Entdeckung einer neuen, reicheren Erzader in den Minen des Laureion Nutzen zog, jenes »Silberquells, den die Erde bewahrte«[46], führte er in der Volksversammlung den Entschluß herbei, daß die Athener, statt wie bisher die Einkünfte aus dem Abbau – in Höhe von 100 und vielleicht sogar 200 Talenten[47] – unter sich zu verteilen, den hundert reichsten Bürgern die Mittel zum Bau von Trieren (τριήρεις) zur Verfügung stellen sollten. Dazu veranlaßte er große Bauarbeiten im Peiraieus, der die mangelhafte Reede von Phaleron als Hafen ablöste. Die Liegebecken von Zea und Munychia, die als Lagerplätze dienen sollten, wurden hergerichtet und verstärkt. Die Bauarbeiten und Vorbereitungsmaßnahmen aller Art wurden so schnell durchgeführt, daß Athen im Jahre 480 bei Salamis 147 ausfahrbereite Kriegsschiffe vorstellen konnte. Wahrscheinlich hielt man 53 weitere als Reserve zurück, so daß die Gesamtflotte 200 Trieren umfaßt haben dürfte. Im Lauf des 5. Jahrhunderts sollte diese Flotte dank den aus den Abgaben der unterworfenen Städte des athenischen Herrschaftsbereichs stammenden Finanzmitteln noch anwachsen. Im 5. und 4. Jahrhundert umfaßte sie gewöhnlich 200 bis 400 Trieren, eine ausreichende Zahl, um die athenische Beherrschung der Ägäis und der Meerengen zu sichern.

In früheren Zeiten hatten die Griechen vor allem Pentekontoroi (πεντηκόντοροι) gebaut, Kriegsschiffe mit 50 auf einer Ruderbank (μονήρεις) sitzenden Ruderern: Im 5. Jahrhundert und bis in die römische Zeit hinein ist der gängige Kriegsschiffstyp die Triere, ein Schiff mit 3 Ruderreihen. Die Docks von Zea erlauben ein Urteil über die Abmessungen des Schiffsrumpfs: Er maß um 50 Meter in der Länge und etwas weniger als 7 in der Breite. Das Verhältnis von Länge und Breite liegt also unter 1:7, während es bei den als »die runden« bezeichneten Handelsschiffen über 1:4 hinausging[48]; zu Recht galten die Trieren als die »langen« Schiffe.

Kiel und Rippen oder Spanten bilden den Grundstock des Schiffsrumpfs. Nach hinten beschreibt der Kiel eine Kurve nach oben bis zur Höhe der Brücke, am Bug trägt der Vordersteven den Rammsporn. Alle Bauteile sind gemeinhin aus Tannenholz, nur der Kiel wird aus Eiche gezimmert, damit er das in der Antike weitverbreitete An-Land-Ziehen auszuhalten vermag. Die Fugen werden mit Werg und Wachs abgedichtet. Schließlich erhält der Rumpf einen Anstrich aus Pech oder Wachs. Auf diesen malt man Sinnbilder und Erkennungszeichen, so am Bug gewöhnlich zwei große Augen, die – wie die Wappenbilder (ἐπισήματα) auf dem Hoplitenschild – apotropäische Bedeutung haben. Das Heck erhebt sich als voluten- oder schwanenhalsförmiges Aphlaston (ἄφλαστον), das im Falle der Enterung zusammen mit dem Schiffsschnabel als Seesiegtrophäe dient. Der Rammsporn und die am Rumpf aufgemalten Augen gehen bisweilen ineinander über und stellen den Kopf eines Tieres, z. B. den abgeschnittenen Schädel eines Ebers dar.[49] Meist hat die Triere nur einen Mast mit Rahe und quadratischem Segel; wird er nicht gebraucht, legt man ihn um und lagert ihn auf einem Gestell zum Heck hin. Die Triere geht nämlich nur unter dem Segel, wenn der Feind weit entfernt ist; will man schnell reisen, beschleunigt man die Fahrt durch den zusätzlichen Einsatz der Ruder. Im Kampf dagegen werden die Manöver mit den Rudern allein vorgenommen. Zwei große beidseitig außen am Heck befestigte Ruder bilden das Steuerruder (s. Abb. 60).

Der dunkelste Punkt im Aufbau einer Triere ist die Anordnung der drei Rudererreihen:

> »Auf den Querbalken, die oben die Rippen des Schiffsrumpfes zusammenhielten, wurden Sitzbänke (θρᾶνοι) angebracht [...]. Eine zweite Reihe läßt sich einrichten, indem man Ruderer auf die Balken (ζυγοί) selbst setzt und Löcher für das Einlegen der Ruder in die Schiffswand bohrt. Unterhalb der Querbalken, im Laderaum (θάλαμος) des Schiffes, kann man eine dritte Reihe unterbringen mit entsprechenden Öffnungen für die Ruder. Die athenische Triere hat 170 Ruderer, davon sind 62 θρανῖται (31 auf jeder Seite), 54 ζυγῖται und 54 θαλαμῖται. Die Ruderöffnungen der 3 Reihen waren wahrscheinlich wechselständig angeordnet; entsprechend mußten es auch die Bänke der Ruderer sein.«[50]

Die Ruder sind natürlich von unterschiedlicher Länge, entsprechend der Höhe der jeweiligen Reihe über dem Meeresspiegel; die der θρανῖται, die den größten Einsatz erfordern, sind über 3 Meter lang, die der θαλαμῖται etwa 1,60 Meter. Es konnte vorkommen, daß jeder Ruderer sein Ruder, den ledernen Pflockriemen, der dazu

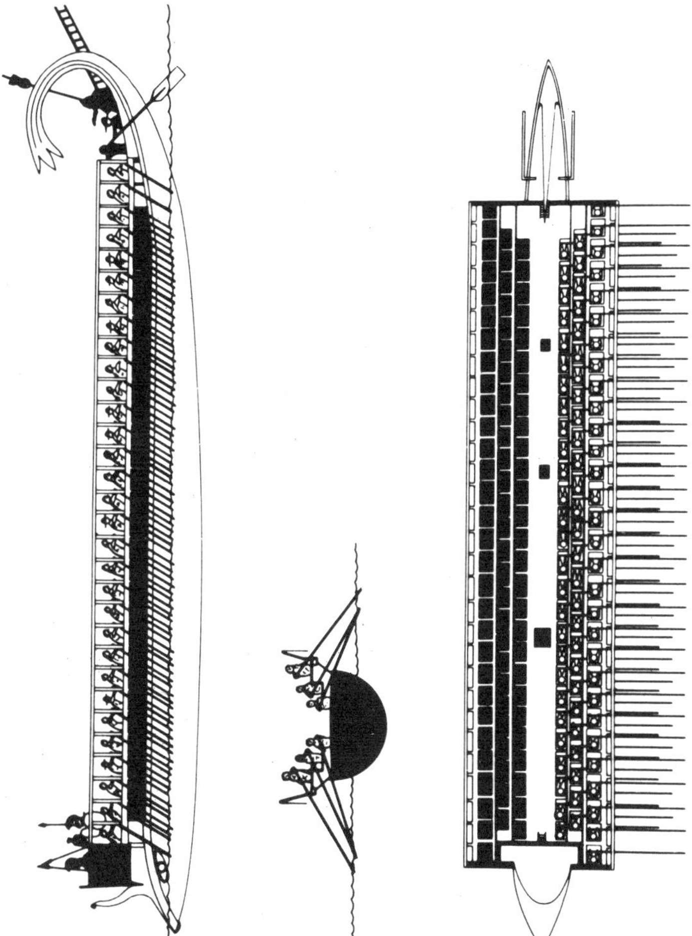

Abb. 60. Athenische Triere, Längsansicht, Querschnitt, Aufsicht. Um 430 v. Chr.

Nach: R. B. Nelson, *Warfleets of Antiquity*, Sussex: War Games Research Group, 1973, S. 22 mit Komm. S. 23.

diente, das Ruder an die Dolle zu binden, und schließlich das ebenfalls lederne Polster für den Holzsitz mit sich tragen mußte.[51]
Zu den 170 Ruderern kamen weitere 30 Besatzungsmitglieder hinzu, so daß sich die Gesamtstärke einer Triere auf 200 Mann belief. Etwa 10 Maate (περίνεῳ), denen es oblag, das Takelwerk und vor allem die Segel zu bedienen und mit Hilfe von Schöpfkellen das in den Kielraum eindringende Wasser ins Meer zurückzubefördern, sodann etwa 10 hoplitenmäßig ausgerüstete Marinesoldaten (ἐπιβάται), die im Vorderteil des Schiffes postiert sind und bei einem Enterversuch den Angreifer zurückschlagen oder selbst auf die Brücke des Gegners springen sollen, schließlich der Trierarch (τριήραρχος) mit seinem Offiziersstab, dem Steuermann, dem Bootsmann (κελευστής), der die Befehle weiterreicht und den Ruderern, unterstützt von einem Oboenspieler (τριηραύλης), die Schlagzahl angibt, dem Bugoffizier auf der Back (πρῳρεύς), dem für die Verpflegung verantwortlichen Schiffskoch sowie einigen für die Beaufsichtigung der Ruderer zuständigen Unteroffizieren.

Trierarchie und Flottentaktik

Die Einrichtung der Trierarchie (τριηραρχία, wörtlich: eines Trierenkommandos) geht anscheinend auf die Zeit des Themistokles zurück und ist wie etwa die Choregie (χορηγία)[52] eine Leiturgie (λειτουργία). Alljährlich werden die Trierarchen von den Strategen nicht etwa unter den besten Seeleuten, sondern unter den reichen Bürgern ausgewählt, die in der Lage sind, diese kostspielige Aufgabe zu übernehmen; denn obgleich der Staat den Schiffsrumpf und wahrscheinlich die Takelage des Schiffes sowie die Mannschaft stellt, bleiben dem Trierarchen drückende Ausgaben: Er muß auf seine Kosten die Takelung aufziehen, wenn nötig vervollständigen und im Lauf des Kriegszuges für Unterhaltung und Reparaturen sorgen. Er führt zwar selbst das Schiffskommando, doch gibt ihm der Steuermann, dem die Besatzung unterstellt ist, als erfahrener Seemann gegebenenfalls technische Ratschläge.
Da gegen Ende des Peloponnesischen Krieges die Bürger zu ver-

armt waren, um den Auftrag zur Ausstattung einer Triere nachkommen zu können, gestattete man zwei συντριήραρχοι, sich zur Teilung der Kosten einer Triere zusammenzuschließen. Jeder befehligte das Schiff sechs Monate lang. Als sich im 4. Jahrhundert die Finanzlage noch weiter verschärft hatte, erdachte man das System der συμμορίαι, um diesen schwerbelastenden Staatsdienst gerechter zu verteilen.

Die Ruderer sind größtenteils Athener aus der ärmsten Klasse der Theten, manchmal Metöken und bei spürbarem Menschenmangel Sklaven, denen man unter der Bedingung des Wohlverhaltens die Freiheit versprach. Zur Besetzung von nur 200 Trieren brauchte man ja mehr als 40 000 Mann! Der Tagessold variierte von 3 Obolen bis zu 1 Drachme.

Das Auslaufen einer athenischen Flotte im Peiraieus war ein großes Schauspiel, besonders bei einer so bedeutenden Expedition wie der nach Sizilien im Juli 415:

> »Die Athener selbst, und was an Verbündeten hier war, zogen am angesetzten Tag mit dem Morgenrot zum Peiraieus hinab und begannen die Schiffe zu füllen, um auszulaufen. Und der übrige Haufe zog mit hinab, alles sozusagen, was in der Stadt war, Städter und Fremde, die Ansässigen, um den Ihrigen das Geleit zu geben, der einem Freund, der einem Verwandten, der einem Sohn, mit Hoffnungen zugleich und Klagen [...] [wobei] die hier versammelte Macht mit der Überfülle von allem, was sie im einzelnen sahen, durch den Anblick ihren Mut wieder hob.
> [...] Die Schiffe [waren] mit großem Aufwand der Stadt und der Schiffsherrn bis aufs letzte fertig, der Staat gab 1 Drachme täglich für jeden Mann der Besatzung und stellte die leeren Schiffe, 60 schnelle und 40 Truppenschiffe, und hierfür die beste Maatschaft, die Schiffsherrn aber gaben Zulagen zum Staatssold für die Ruderer der obersten Bänke (θρανῖται) und die Maatschaft und verwendeten auch sonst für Abzeichen und Takelei nur das Teuerste, wobei jeder sich aufs äußerste anstrengte, daß sein eigenes Schiff an Pracht alle anderen überträfe und an Schnelligkeit [...]

> Als nun die Schiffe bemannt und alles endlich eingeladen war, womit sie auslaufen wollten, ward durch eine Trompete Schweigen geboten, und die Gebete, die vorm Ankerlichten üblich sind, sprachen sie nicht für jedes Schiff einzeln, sondern ein Herold für alle zusammen, wozu sie in den Mischkrügen Wein mischten der ganzen Flotte entlang und aus goldenen und silbernen Bechern die Krieger auf den Schiffen und die Befehlshaber die Spende opferten. Und in den Ruf stimmte der übrige Haufe vom Lande mit ein, die Bürger und wer sonst dabei war und ihnen Gutes wünschte. Nach dem Paian und der Darbringung des Opfers lichteten sie die Anker und liefen zunächst in Linie aus, dann gab's eine Wettfahrt bis Aigina.«[53]

Doch nur allzubald sollte die Triere Salamis, die wie die Paralos[54] besonders bei Staatsbotschaften zum Einsatz kam, Alkibiades, einem der drei Oberkommandierenden, den Befehl überbringen, nach Athen zurückzukehren und sich wegen des Vorwurfs eines Frevels zu verantworten! Die ach so stolze »Armada« sollte am Ende einen völligen Zusammenbruch erleiden. Wer Taktik und Kampflisten des Seekriegs studieren möchte, findet im übrigen sehr aufschlußreiche Kapitel im VII. Buch des Thukydides, in dem der Historiker die Seeschlachten vor Syrakus schildert, die das Scheitern dieser starken und glanzvollen Flotte herbeiführten.
Die Kriegführung zur See ist eine schwierige Kunst, die die Athener ebenso hervorragend beherrschen, wie die Spartiaten im Hoplitenkampf nicht ihresgleichen haben. Ziel ist dabei, die Seite der feindlichen Schiffe mit dem Sporn zu rammen. Um dies zu erreichen, empfiehlt es sich, zunächst die gegnerische Geschwaderordnung zu brechen und dabei Verwirrung zu stiften. Ein gefährliches Manöver bedeutet das rasche Entlangfahren an dem feindlichen Schiff: Erreicht der Angreifer die Höhe des Gegners, zieht er seine Ruder ein und zertrümmert mit dem Bug die Ruder des Gegners, der dann eine leichte Beute der Entermannschaft wird.
Um solch präzise Bewegungen auf See vornehmen zu können, brauchte man verständlicherweise eine gut eingeübte Besatzung. Xenophon berichtet uns davon, wie Iphikrates, der das Korps der

Peltasten aufgestellt hatte, aber auch ein großer Flottenkommandeur (ναύαρχος) war, die Besatzung seines Geschwaders während der Seefahrt um die Peloponnes für den Ernstfall vorbereitete:

»Gleich am Anfang nämlich ließ er die Großsegel in Athen zurück, als führe er zu einer Seeschlacht aus [. . .] Ferner geschah es öfter, daß er, wenn das Heer die Früh- oder die Abendmahlzeit an einem bestimmten Ort einnehmen wollte, die Flotte auf der Höhe dieser Gegend in einer Linie von der Küste weg auf das offene Meer hinaus auffahren ließ. Dann ließ er wieder umwenden, richtete die Trieren mit dem Schiffsschnabel gegen die Küste aus und ließ sie auf ein Zeichen um die Wette zum Landeplatz rudern. Da wurde es denn als große Belohnung für die Sieger betrachtet, wenn sie als erste Wasser holen konnten und was sie sonst brauchten und wenn sie dann als erste ihr Essen fertig hatten. [. . .] Während der Tagesfahrten ließ er die Schiffe jeweils auf ein Zeichen hin bald in Kiellinie hintereinander, bald in Schlachtlinie nebeneinander fahren.«[55]

Man ersieht aus diesem Text recht gut, wie sehr die griechischen Schiffszüge im allgemeinen in der Nähe der Küsten blieben, denn die Seeleute nahmen ihre Mahlzeiten meist an Land ein.

Die Kriegsgefallenen und Kriegsinvaliden

In Sparta wurden die im Kampf gefallenen Krieger in ihrem Purpurmantel, der ihnen das Leichentuch ersetzte, und bedeckt mit Blättern des Ölbaums beigesetzt. Ihre Grabmäler trugen ihre Namen, während die aller anderen Lakedaimonier anonym blieben.[56]
In Athen brachte man nach jedem Feldzug die sterblichen Reste der getöteten Soldaten in die Stadt zurück und bereitete ihnen ein Staatsbegräbnis:

»Dabei werden die Gebeine der Gebliebenen drei Tage vorher auf einem errichteten Gerüst ausgestellt, und jeder bringt dem Seinen Spenden dar, wie er mag [im wesentlichen Wollbinden, Blumenkränze und -girlanden, Zweige, Grabvasen]. Wenn dann die Beisetzung ist, führen sie auf Wagen zypressene Schreine hinaus, einen für jede Phyle [...] Ein Totenlager wird leer mitgetragen, bereitet für die Vermißten, die bei der Bergung nicht gefunden wurden. Das Geleite gibt jeder, der will, Bürger und Fremde, auch die verwandten Frauen sind mit beim Grab und wehklagen. Dann setzen sie sie in dem öffentlichen Grab bei, das in der schönsten Vorstadt [dem Kerameikos] liegt. [...] Ein von der Stadt gewählter [...] Redner spricht auf die Toten eine Lobrede, wie sie ihnen gebührt [...].«[57]

Im Jahre 431 sprach Perikles selbst diesen ἐπιτάφιος λόγος, dessen Erinnerung Thukydides der Nachwelt bewahrt hat.
Auf dem Grabdenkmal werden die Namen der Toten phylenweise unter einer sehr einfachen Eingangsformel eingetragen: »In dem und dem Feldzug fielen die folgenden Athener: aus der Phyle Erechtheis ...«, aber oft preist auch ein kurzes Gedicht, ein Grabepigramm, ihr Heldentum und das schöne Beispiel, das sie den Späteren gegeben haben (s. Abb. 61).[58]
Der Demos übernimmt die Verantwortung für die Kriegswaisen und sorgt bis zum Eintritt in die Ephebie für ihren Lebensunterhalt:

»[...] in dem Augenblick, bevor die Tragödien beginnen sollen, schreitet der Herold nach vorn, stellt die Waisen vor, deren Väter im Krieg gefallen waren und die bei dieser Gelegenheit erstmals die volle Hoplitenrüstung tragen, und hält eine sehr schöne und die Tugend fördernde Ansprache: ›Diese jungen Männer, deren Väter als tapfere Männer im Krieg gefallen sind, hat das Volk in ihrer Jugend aufgezogen. Heute hat es sie mit dieser vollständigen Hoplitenrüstung ausgestattet und entläßt sie mit der Empfehlung an das Gute Geschick (die Ἀγαθὴ Τύχη), auf daß ein jeder auf sich gestellt seine eigenen Wege gehe.‹ Dann fordert er sie auf, den Ehrenrang (προεδρία) im Theater einzunehmen.«[59]

Auch wer seine Kriegswunden überlebt, aber danach Krüppel oder Behinderter bleibt, erhält in Athen Hilfe von der Stadt; ein

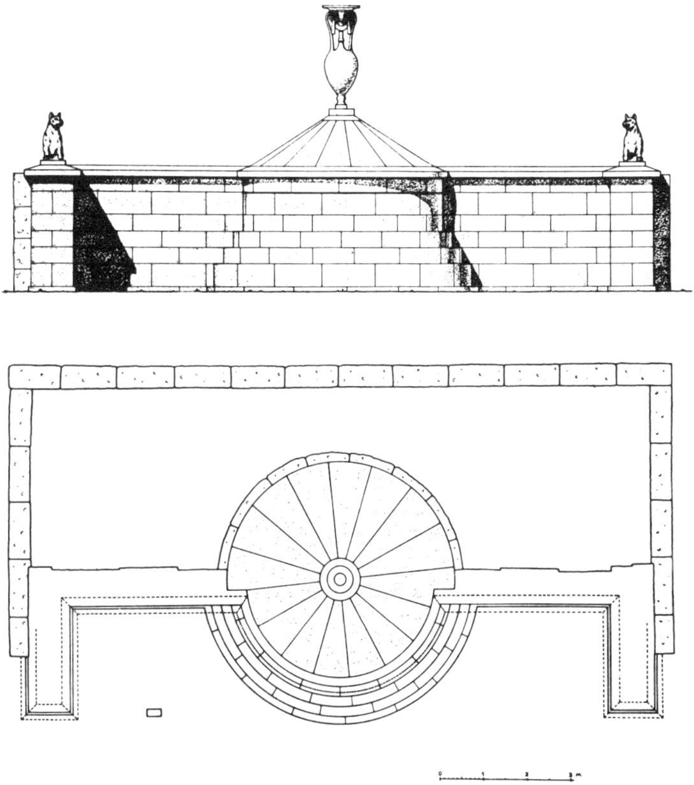

Abb. 61. Staatsgrab am 3. Horos des Kerameikos. Mitte 4. Jh. v. Chr. Rekonstruktion von Fassade und Grundriß.

Nach: D. Ohly, »Kerameikos-Grabung, Tätigkeitsbericht 1956–1961«, in: *AA* 80, 1965, S. 317, Abb. 23 und 24.

Peisistratos zugeschriebenes Gesetz befahl, daß den Kriegsbeschädigten Unterhalt auf Staatskosten zu gewähren sei.[60] Dieses Gesetz ist sorgfältig zu unterscheiden von jenem, das allen in Not geratenen Zivilinvaliden nach Prüfung einen täglichen Unterhalt von 2 Obolen bewilligte.[61] Der Invalide, für den Lysias eine so reizende

Gerichtsrede verfaßt hat, ist sicherlich kein Kriegsversehrter, denn wie sehr würde er andernfalls seine militärischen Verdienste herausstellen, jetzt, wo man davon spricht, ihm seine Pension zu streichen!

Hellas' Geißel: der griechische Bruderkrieg

Diese Krieger haben Griechenland gerettet, die athenischen Hopliten bei Marathon, die spartanischen an den Thermopylen und bei Plataiai, die Seeleute und Epibatai Athens bei Salamis. Ohne sie wäre die von uns beschriebene Zivilisation untergegangen, bevor sie ihre eigentliche Blüte erreicht hatte, und Griechenland wäre eine persische Satrapie geworden. Doch nach den Perserkriegen hat Griechenland all seine militärische Kampfkraft und Erfahrung gegen sich selbst gewandt. Eine der furchtbarsten und zugleich bezeichnendsten Episoden des Peloponnesischen Krieges sind die Vorgänge um Melos im Jahre 416. Diese kleine dorische Insel im Ägäischen Meer (wo im Jahre 1820 die Venus von Milo gefunden wurde) beging in den Augen der Athener den Fehler, zwischen den beiden zu dieser Zeit miteinander im Krieg stehenden »Großen« neutral bleiben zu wollen. Man lese bei Thukydides den tragischen Dialog der athenischen Gesandten und der melischen Beamten, jenen Dialog, dessen Moral der einer Fabel des Äsop ähnelt: »Das Recht des Stärkeren ist immer das bessere.« Da die Melier nicht nachgaben, belagerte Athen die Stadt. Mehr als ein Jahr konnte sich diese Handvoll auf ihre Unabhängigkeit bedachter Männer in heroischem Widerstand halten und bei einem Ausfall sogar zahlreiche Belagerer töten. Die Athener waren gezwungen, Verstärkung zu schicken. Damit war das Ende unausweichbar; Thukydides berichtet davon in wenigen Worten:

> »Als nach diesem Vorfall später noch ein anderes Heer aus Athen kam [...] und nun die Belagerung mit aller Macht führte und auch noch Verrat mitspielte, ergab sich Melos auf Gnade oder Ungnade. Die Athener richteten alle erwachsenen Melier hin,

soweit sie in ihre Hand fielen, die Frauen und Kinder verkauften sie in die Sklaverei.«[62]

Und die Melier waren Griechen, nicht Barbaren!
Derartige Blutbäder und die Verluste in den verschiedenen Land- und Seekämpfen schwächten Griechenland beträchtlich und entleerten es so sehr von Männern, daß die Städte im folgenden Jahrhundert zu ihrer Verteidigung in immer größerem Umfang Söldner anwerben mußten, Soldaten also, die nicht mehr wie die Bürger aus Vaterlandsliebe, sondern einfach zur Bestreitung des Lebensunterhalts für einen Sold kämpften. Im Jahre 399 schon sind die Zehntausend der *Anabasis*, zu denen der Athener Xenophon gehört, der ihre Großtaten schildern wird, griechische Berufssoldaten, die ihr Schwert in den Dienst dessen stellen, der am besten bezahlt. Ihre Geschichte »läßt klar die fatalen Folgen eines langen Krieges hervortreten, der die ehemaligen Soldaten zwingt, sich irgendwo als Söldner zu verdingen. Sie zeigt das Aufkommen einer beutegierigen und gewalttätigen Soldateska.«[63] Doch schon bald sollten diese Abenteurer nicht mehr das Meer überschreiten müssen, um sich den Lebensunterhalt in den Diensten eines persischen Fürsten zu verdienen. Die griechischen Städte, deren Streitigkeiten wieder aufflammten, werden sich für Gold um ihre Dienste reißen. Umsonst wird Demosthenes seine Mitbürger wiederholt beschwören, selbst die Trieren zu besteigen und als Hopliten zu dienen. Meist zogen sie es vor, sich gegen Philipp auf die Söldner zu verlassen, auf die Gefahr hin, erst dann selbst auszuziehen, wenn es schon zu spät sein würde. Bei Chaironeia sind 338 die besten Truppen Athens und Thebens dem Ansturm der makedonischen Phalanx erlegen.
Diese einst durch den Krieg gerettete Zivilisation wird nun vom Krieg geschwächt und aufs Spiel gesetzt. Die blutigen Bruderkriege der Griechen haben Hellas nach und nach seiner besten Kräfte beraubt und es so zu einer leichten Beute für die makedonischen und später römischen Eroberer gemacht.

Zusammenfassung

Das Jahrhundert des Perikles, d. h. die klassische Zeit des 4. und 5. Jahrhunderts, als die wir es am Anfang dieses Buches mit einer gewissen Willkür bestimmt haben, ist nur ein Abschnitt in der mehr als tausendjährigen Entwicklung des antiken Griechenland. Ein in vieler Hinsicht bevorzugter und glanzvoller Abschnitt gewiß, doch konnten wir weder Homer und die griechische Frühgeschichte noch – auf der entgegengesetzten Seite – die hellenistische Kultur völlig mit Schweigen übergehen, die, indem sie seit Alexander über ihren beschränkten Rahmen hinaustrat und den größten Teil der damals bekannten Erde überzog, so etwas wie das letzte Aufblühen des Griechentums bedeuten sollte. Der griechischen Kultur eignen demnach bestimmte konstante Charakterzüge, die seit Homerischer Zeit erkennbar sind und selbst unter römischer Herrschaft nie völlig verschwinden sollten.

Das Perikleische Jahrhundert, eine bevorzugte und glanzvolle Epoche? Ich bin nicht sicher, ob die Lektüre der vorausgehenden Kapitel eine sehr erhabene Vorstellung von dieser Zeit nahelegt. Will man das Alltagsleben in einem bestimmten Lande, zu einer gegebenen Zeit darstellen, so verurteilt man sich notwendig dazu, vor allem die äußere Erscheinung der Dinge, geradezu ihr banalstes, im eigentlichen Sinne ganz und gar »alltägliches« Äußere zu vergegenwärtigen. Wir sprachen von der athenischen Unterstadt, von ihren übelriechenden, nachts unbeleuchteten winkligen Gassen, von den meist unansehnlichen und jeder architektonischen Schönheit entbehrenden Häusern; fast nichts dagegen sagten wir von der Akropolis und ihren unvergleichlichen Monumenten, den Propyläen, dem Tempel der Nike Apteros, dem Erechtheion und dem Parthenon, deren Ruinen noch heute Glanz und Stolz Athens bilden. Die niedrigsten Gewerbe haben wir aufgezählt, jene Berufe, denen die Kleinverdiener dieses arbeitsamen und geschmackssicheren Volkes nachgingen; nur selten jedoch und nur in Andeutungen kamen wir auf die Meisterwerke der Malerei und Bildhauerei zu sprechen. Minuziös beschrieben wir die Aufteilung der Heliasten auf die verschiedenen Gerichtshöfe – und ließen die Beredsamkeit eines Lysias oder Demosthenes unerwähnt. Wir zitierten eine Reihe von Abschnitten aus den antiken Autoren – vor allem aus Aristophanes –, da sie uns geeignet erscheinen, den einen oder anderen Aspekt des täglichen Lebens zu vergegenwärtigen, doch die Dichtkunst Pindars, das Geschichtswerk des Thukydides und die Philosophie Platons übergingen wir mit Schweigen. Wir beschrieben die Organisation der Theateraufführungen anläßlich der religiösen Feste, doch was ließen wir erkennen von den erhabensten Tragödien des Aischylos, Sophokles und Euripides? Bei der Darstellung der Erziehung und des Schulwesens sprachen wir vom Unterricht in den Grundrechenarten, kaum dagegen erwähnten wir die Entwicklung der Geometrie und der mathematischen Wissenschaften zur Zeit Platons, jene Entwicklung, die in sich den Keim zur glanzvollen Blüte der hellenistischen Wissenschaft trug.

Allerdings mag dieses Buch in seiner vorliegenden Gestalt als eine Art Gegengift zu einem bestimmten Typ von Literatur – französischer und anderssprachiger – dienen, der seit der Renaissance seinen Lesern ein ideales, imaginäres, erträumtes, nicht aber historisches Griechenland vor Augen stellt. Sollen wir wirklich, wie man gesagt hat[1], »reinen Herzens glauben, daß der Tageslauf eines jeden [Griechen] von der ebenmäßigen Klarheit eines großen Sophokleischen Dramas geprägt war«? Müssen wir tatsächlich »ohne Unterschied die hervorragende Sauberkeit und gesunde Kraft eines gesamten Volkes loben, das sich in Wirklichkeit nie die Zähne putzte, keine Taschentücher kannte, sich die schmutzigen Finger in den Haaren abwischte, ohne Bedenken auf den Boden spuckte und selbst in den Jahren ohne schreckenverbreitende Hungersnöte und Pestepidemien an Sumpffieber und Tuberkulose um die Wette starb? Nicht ohne Betroffenheit stellt man fest, daß selbst ein kritischer Geist wie Taine sich ein Griechenland ›göttlicher oder ländlicher‹ Spiele vorstellte, in deren Schönheitswettbewerben fast nur Mädchen von der Gestalt der Venus von Milo zu sehen gewesen wären [...]«.[2]

Was dem Althistoriker bei seinen Forschungen in erster Linie auffällt, ist eher die überraschende Entsprechung, die Verwandtschaft und sogar Identität der Sitten und Bräuche verschiedener Völker, die großenteils einander überhaupt nicht kannten und doch aufgrund der annähernd parallel verlaufenden Entwicklung der technischen Fertigkeiten, der Lebensweisen und in gewissem Maße sogar der intellektuellen Vorstellungen unter nahverwandten geschichtlichen Bedingungen lebten. In großer Zahl lassen sich von uns vermerkte Elemente des Alltagslebens, religiöse Riten und sonstige Gewohnheiten aller Art auch bei anderen Völkern des Altertums wiederfinden, bei Persern, Mesopotamiern, Ägyptern und Juden, freilich immer neben ebenso stark ausgeprägten Unterschieden. Das Geheimnis aber oder das »Wunder«, wie man es nennen möchte, liegt darin, daß sich unter materiellen Bedingungen, die sich doch von denen der anderen Länder alles in allem recht wenig unterschieden, nur in Griechenland eine geistig und künstlerisch höherstehende und zukunftsreichere Kultur hat ausgestalten können.

Die unvermeidlichen Lücken unseres Buches im Hinblick auf die griechische Literatur, Philosophie, Wissenschaft und Kunst sind leicht zu füllen, denn von diesen anmutigen Gegenständen handeln zahlreiche ausgezeichnete Werke. Nur zum Thema der Kunst möchte ich hier noch den Text eines großen zeitgenössischen griechischen Schriftstellers, Nikos Kazantzakis, anführen, einen Text, der unsere Bemerkungen über die Handwerker im fünften Kapitel, daß nämlich im alten Griechenland zwischen diesen und den Künstlern kein völlig klarer Bruch bestand, ergänzt und ausweitet:

> »Betrachten Sie einmal eine in Stein gehauene Figur der großen klassischen Zeit genauer! Sie ist nicht reglos. Ein unsichtbarer Lebensschauer durchläuft sie, sie bewegt sich kaum wahrnehmbar wie der Flügel des am Himmel schwebenden Falken. Ein geübtes Auge entdeckt, daß diese Figur eine in den Werken der voraufgehenden Generation vorherrschende Bewegung vollendend abschließt und dabei schon die Form künftiger Arbeiten erkennen läßt. Die Statue lebt, bewegt sich, verewigt die Tradition und bereitet mit gezügelter Kühnheit die Zukunft vor. Die Alten liebten keine abrupten Veränderungen. In frommer Ergebenheit

nahmen sie die Überlieferung an, und wenn sie über diese hinausgingen, dann doch nur, indem sie sich an ihr ausrichteten. Hatte ein schöpferischer Künstler eine neue technische Lösung, eine neue Haltung oder ein neues Lächeln gefunden, so nahmen dies alle auf, als handle es sich um ein gemeinsames Gut [...] Kunst war keine Privatsache, der Künstler vertrat seine Stadt und sein Volk und kannte kein anderes Ziel als das, den großen von der Gesamtheit der Bürger durchlebten Augenblick unvergänglich zu machen. Enge Beziehungen verbanden ihn mit dem Volk.«[3]

Dieses so nüchterne griechische Volk, das sich bei der Arbeit so hart und auf den Schlachtfeldern so mutig erwies – und, wie der Unabhängigkeitsaufstand der Griechen von 1821 und ihr bewundernswerter Kampf während des letzten Weltkriegs zur Genüge zeigen, in dieser Hinsicht seitdem nicht nachgelassen hat –, dieses Volk also hat auf dem Weg über die Römer unserer Kultur unvergängliche Lehren übermittelt (ein κτῆμα ἐς αἰεί, nach dem Wort des Thukydides, ein Besitztum für immer). Doch hat Hellas' Glanz nicht nur die Schriftsteller geblendet, die, wie wir soeben sahen, ein fälschlich paradiesisches Bild des griechischen Lebens entwarfen, er hat auch wirkliche Historiker blind gemacht. Heutzutage wie in der Antike gibt es nicht nur ein »Phantasiebild Sparta«[4], sondern auch und vor allem ein »Phantasiebild Athen« und allgemeiner ein »Phantasiebild Griechenland«.

Häufig liest man wenig differenzierte Urteile über diese Epoche, Urteile, die »Klischees« außerordentlich ähnlich sehen. Danach böte das Athen des Perikles das für immer unvergleichliche Urbild der vollkommenen Demokratie; die Gesittung des alten Griechenland, der »Helden« des Plutarch und der stoischen Weisen, wäre demzufolge jeder anderen überlegen; die Hellenen wären zugleich Rationalisten und Optimisten gewesen, die allein auf die Kräfte der menschlichen Vernunft vertraut und in der Überzeugung gelebt hätten, daß diese Erde für den Menschen alles andere als ein »Tränental« sei. Sehen wir zu, wie es mit diesen Urteilen über Politik, Sittlichkeit und die allgemeine Lebensauffassung der alten Griechen bestellt ist!

Die Athener haben – und dies ist ein großes Verdienst – Bürgerfreiheit und Demokratie entdeckt und zumindest unter Perikles dank der Autorität dieses hervorragenden, mit der Kraft der Überzeugung agierenden Staatslenkers ein sehr beachtliches Beispiel dieser politischen Lebensordnung gegeben. Darf man aber die Zahl der Sklaven vergessen, den eroberungssüchtigen Imperialismus des Perikles, seine Härte bei der Unterdrückung der Aufstände? Die athenische Herrschaftsform litt in Wirklichkeit schon unter Perikles an zahlreichen Fehlern, und nur ein grob vereinfachendes Urteil kann alle Verantwortlichkeiten auf die Nachfolger des großen Mannes, etwa auf Leute vom Schlage Kleons, abwälzen. Selbst Athen, gewiß die freieste aller griechischen Städte, scheint uns oft eine selbstsüchtige, grausame und harte, ja, um es geradeheraus zu sagen, eine wirklich »totalitäre« Stadt. Mit welcher Sparsamkeit verlieh es namentlich das begehrte athenische Bürgerrecht!

Die in der klassischen Zeit der Griechen am häufigsten anzutreffende Moral ist keineswegs die Sittlichkeit der »Heroen des Plutarch«. Zweifellos setzte der »feine und gute« Athener (καλὸς κἀγαθός), dieser Gentleman aus gutem Hause, Schönheit und Tugend, Häßlichkeit und Laster in eins und enthielt sich natürlich jeder Lüge und jeder Gemeinheit, sorgte er sich doch sehr um seinen Ruf (δόξα) und stand ihm doch der Sinn allzusehr nach Ansehen und Ehre (φιλοτιμία). Doch handelt es sich hier unzweifelhaft um eine auf das Meinen, das Was-wird-man-davon-sagen? gegründete und daher sehr gebrechliche Moral. Platon hat das sehr deutlich gezeigt. Die jungen Leute, die in seinen Dialogen auftreten, sind unbestritten rechtschaffene, sympathische und bezaubernde Zeitgenossen, doch nichts (es sei denn, die so selten angewandten Lehren des Sokrates) kann sie daran hindern, in entsprechendem Alter ein Alkibiades oder Kallikles zu werden, so sehr überlagert ihr Verlangen nach Stärke und Macht zum Gewinn von Ruhm jedes andere Gefühl.

Das Heiligtum des Pythischen Apollon in Delphi hat mit Sicherheit einen schwer abzuschätzenden Einfluß auf Religion und Sittlichkeit ausgeübt. Die in der Vorhalle des Tempels eingemeißelten Sprüche der Weisen verkündeten nun aber keineswegs eine heroische Moral des Engagements und eines ständig über sich hinausgehenden Strebens nach Vervollkommnung. »Erkenne dich selbst!« (ein Grundsatz, den Sokrates übernahm, nicht ohne ihm dabei einen neuen Sinn zu geben) bedeutete: »Erkenne deine menschliche Lage und ihre Begrenztheit, setze dich nicht durch Maßlosigkeit der Rache der göttlichen Nemesis aus!« Die beiden anderen Gebote »Nichts im Übermaß« und »Bürgschaft – schon ist Unheil da« rieten, in allen Dingen das rechte Maß einzuhalten und insbesondere die Gefühlsregungen übertriebenen Einsatzes zugunsten eines anderen, d. h. das, was man heute »Wohltätigkeit« oder »Gefälligkeit« nennt, zu fürchten. Weisheitslehren dies sicherlich – doch einer recht vorsichtigen und »bürgerlichen« Weisheit.[5]

Einzig die Sittlichkeit von einigen Philosophen, Schülern des Sokrates, die auch in Pythagoräern und Orphikern Vorgänger gekannt haben, scheint uns wirklich gehobenen Ranges gewesen zu sein, die Sittenlehre eines Platon, die über Askese und betrachtendes Leben zur Vereinigung des Menschen mit dem unbedingten Guten, d. h. Gott, strebt[6], und die eines Aristoteles, die sich auf die zentrale Tugend der »Hochsinnigkeit« (μεγαλοψυχία) gründet[7]. Wieviel echte Schüler aber hatten diese Lehrer hoher Weisheit? Allgemein kann man wohl sagen, daß der Polytheismus eher dazu neigte, zum Aberglauben zu entarten, als dazu, das sittliche Niveau der Menge zu heben.[8] Die Mysterienkulte – etwa der von Eleusis – forderten von ihren Anhängern durchaus kein heiligmäßiges Leben, wenn sie die Unsterblichkeit der Glückseligen zu erlangen wünschten; diese garantierte ihnen ja, welche Laster sie auch immer auf sich luden, die magische Kraft des Initiationsritus. Diogenes machte sich darüber lustig, daß einem Räuber, sofern er nur eingeweiht sei, die ewige Seligkeit zugestanden, dem tugendhaften Epameinondas dagegen, wenn er die Einweihung versäumt habe, verweigert werde, so daß er auf ewig im Schlamm der Unterwelt umherwaten müsse.

Jene »Lebensliebe« schließlich, mit der uns so viele Autoren beim Thema »antikes Griechenland« in den Ohren liegen, ist gewiß nicht ohne historisches Fundament. Die Griechen liebten wie so viele

Menschen anderer Länder und aller Zeiten das Leben und – vor allem – das Licht der Sonne, die durchsichtige Klarheit ihres fast immer wolkenlosen Himmels, die für den Schatten des Hades aufzugeben so hart ist. Aber sie haben den Zauber des Lebens ohne Selbstbetrug ausgekostet, ohne einfältigen Optimismus, mit offenen Augen für die *condicio humana*, die gemeinhin ebensoviel Übel wie Gutes in sich schließt:

> »Man verzeichnet das Bild der alten Griechen erheblich, wenn man sie als unbekümmert in den Tag hineinlebend darstellt. Das Gegenteil ist wahr. Die weithin übliche Überzeugung besagt, daß das Leben hart ist, daß die unerbittlichen und neidischen Götter uns mehr Schmerzen als Freuden schicken und daß das einzige unverlierbare Gut des Menschen, das, was ihm bleibt, wenn er alles verloren hat, jene Großgesinntheit ist, mit der er ein feindliches Geschick überwindet. Der seinem Schicksal überlegene Mensch – vielleicht ist dies das letzte Wort der griechischen Weisheit.«[9]

In diesem Punkt haben sich die Griechen seit der *Ilias* nicht geändert. In der allegorischen Rede von den zwei Fässern, die Achilleus dem weinenden Priamos hält, zieht der Homerische Held den unwahrscheinlichen, unwirklichen Fall, daß Zeus einem Menschen nur Gutes verliehe, gar nicht erst in Betracht: es ist schon viel, vom höchsten der Götter wie Peleus, wie Priamos selbst, einige Jahre des Glücks empfangen zu haben; denn viele kennen in ihrem ganzen Leben nichts anderes als Elend und Unglück.[10] Theognis verkündet: »Nie geboren zu sein ist Menschen das Beste von allem, noch auch das stechende Licht, Strahlen der Sonne zu sehn; dem Geborenen baldigster Weg durch die Pforten des Hades, Ruhe sodann, hoch bedeckt von dem verbergenden Erdreich.«[11] Auch Herodot meint, »wen die Götter lieben, der sterbe jung«.[12] Mehrfach raten die tragischen Chöre: »Hütet euch, einen Menschen vor seinem Tode glücklich zu preisen; wißt ihr denn, was ihm die Götter noch vorbehalten haben?«, und Euripides versichert, den Gedanken des Theognis aufgreifend, man solle den, der auf die Welt komme und dem damit soviel Unheil in Aussicht gestellt werde, beweinen, den Toten aber, der an das Ende seiner Leiden gelangt sei, mit Freudengesängen begleiten[13].

Unser Bestreben sollte sein, die alten Griechen und insbesondere die Athener so zu zeigen, wie sie waren, mit ihren Mühen, aber auch in ihrer Größe. Diese ragt so sehr über alles andere hinaus, daß es ganz unnütz wäre, ein solches Volk idealisieren zu wollen. Ja, die Athener haben Sokrates gegen das Recht dem Henker übergeben, doch Sokrates selbst war Athener, und welcher Mensch war – einfachhin als Mensch – je größer als Sokrates?

Anmerkungen

Abkürzungen nach *L'Année philologique* bzw. *The Oxford Classical Dictionary*, Oxford ²1970, S. IX ff.

Erstes Kapitel. Der geographische Rahmen: Stadt und Land

1 Plutarch, *Theseus* 6, 3–7. Zwar ist es richtig, daß – nach dem Mythos – damals grausame Räuber den Landweg unsicher machten, Periphetes, Sinis, Skiron und Prokrustes, aber wie auch immer: im Vergleich zu dem Umweg über die Megaris war die Überquerung des Saronischen Golfs der kürzere und schnellere Weg.
2 Thukydides II, 15, 3.
3 G. Fougères, *Athènes*, Paris 1912, S. 125.
3a Über das nicht ganz einfache und anhand der literarischen und archäologischen Überlieferung nicht mit letzter Sicherheit zu klärende Verhältnis von Metroon, Altem Buleuterion, Neuem Buleuterion und dem hellenistischen Metroon informiert kurz J. Travlos, *Bildlexikon zur Topographie des antiken Athen*, Tübingen 1971, S. 352 [*E. P.*].
4 Plutarch, *Kimon* 13, 8.
5 Lysias, *Für den Invaliden* 19 f.
6 Demosthenes, *Über den Kranz* 169. Vgl. zu den textkritischen und interpretatorischen Schwierigkeiten dieser Stelle die Ausgaben und Kommentare.
7 Pseudo-Dikaiarch, »Über die Städte Griechenlands«, in: *Fragmenta Historicorum Graecorum* collegit [. . .] C. Müllerus, Bd. 2, Paris 1848, S. 254.
8 Demosthenes, *Dritte Olynthische Rede* 26 und 29.
9 Aristoteles, *Der Staat der Athener* 50, 2.
10 Xenophon, *Das Gastmahl (Symposion)* 2, 20.
11 Dittenberger, *Sylloge* 1, S. 491–493, Nr. 281.
12 Plutarch, *Perikles* 5, 2.
13 Aristophanes, *Die Wespen* 219. 248–257.
14 Siehe S. 21.
15 Antiphon I, 14.
16 Plutarch, *Demosthenes* 11.
17 Thukydides II, 3, 3.
18 Teles, hrsg. und eingel. von O. Hense, Tübingen ²1909 (Neudr. Hildesheim 1969), S. 41, vgl. S. 15.
19 Aristophanes, *Plutos* 535.
20 Vgl. V. Svoronos-Hadjimichalis, »L'évacuation de la fumée dans les maisons grecques des Vᵉ et IVᵉ siècles«, in: *BCH* 80, 1956, S. 483–506.
21 Herodot IV, 103.
22 Xenophon, *Memorabilien* III, 6, 14.
23 R. Martin, *L'urbanisme dans la Grèce antique*, Paris ²1974, S. 223.
24 Aischines, *Gegen Timarchos* 124.
25 Vgl. *Excavations at Olynthus* 8: D. M. Robinson und J. W. Graham, *The Hellenic House*, Baltimore u. a. 1938; 12: D. M. Robinson, *Domestic and*

Public Architecture, ebd. 1946. – *Exploration archéologique de Délos* 8: J. Chamonard, *Le quartier du théâtre. Étude sur l'habitation délienne à l'époque hellénistique*, Paris 1922–24.

26 Xenophon, *Memorabilien* III, 8 f.

27 Vgl. Demosthenes, *Gegen Euergos und Mnesibulos* 56: »Als sie die Schreie hörten, sperrten die anderen Dienerinnen, die sich in ihrer Wohnung im ersten Stock aufhielten, ihren Teil des Hauses zu.«

28 Aristophanes, *Die Wespen* 139–141.

29 R. Ginouvès, »Une salle de bains hellénistique à Delphes«, in: *BCH* 76, 1952, S. 560 f.

30 Demosthenes, *Gegen Androtion* 53.

31 Lysias, *Über den Mord an Eratosthenes* 9 f.

32 Pseudo-Aristoteles, *Oikonomika* 2, 2, 4 (1347 a 4–6).

33 Polyainos, *Strategemata*, 3, 90, 3.

34 Plutarch, *Phokion* 18, 5.

35 Athenaios II, 39 f.

36 Andokides 4, 17. Plutarch, *Alkibiades* 16, 4.

37 J. Hatzfeld, *Alcibiade. Étude sur l'histoire d'Athènes à la fin du Ve siècle*, Paris ^{2}1951, S. 128 f. im Anschluß an *IG* I^{2}, 330 (vgl. M. N. Tod, *A Selection of Greek Historical Inscriptions* 1, Oxford ^{2}1946, S. 199 f., Nr. 80). Zur Bedeutung des Wortes ἀνάκλισις vgl. L. Robert, *Hellenica* 9, Paris 1950, S. 46.

38 Platon, *Protagoras* 314c–316a.

39 Vgl. Aristophanes, *Die Wespen* 935, *Die Weiber am Thesmophorenfest* 633; Eupolis, zitiert bei Athenaios I, 17d–e.

40 Demosthenes, *Gegen Konon* 4.

41 Aristophanes, *Lysistrata* 915–936, *Die Wolken* 12–14.

42 Plutarch, *Kimon* 13, 8.

42a Allerdings stammen die bei dieser Grabung ans Tageslicht gekommenen Überreste erst aus späthellenistischer oder frührömischer Zeit, vgl. J. Travlos, *Bildlexikon zur Topographie des antiken Athen*, Tübingen 1971, S. 43 [*E. P.*].

43 Aristophanes, *Die Wolken* 1002–08. 1011 f.

44 R. Martin, *L'urbanisme dans la Grèce antique*, Paris ^{2}1974, S. 276. Vgl. H. Herter, *Platons Akademie*, Bonn ^{2}1952.

45 Platon, *Phaidros* 230b–d. Diese Stelle ist häufig nachgeahmt worden, wie man aus der Einleitung zu Plutarchs *Erotikos* (*Moralia* 749A) ersehen kann: »Laß du für diesmal alle die dichterischen Beschreibungen von schattigen Wiesen, von Efeulauben, von rieselnden Bächen und andere solche Gemeinplätze weg, deren sich manche Schriftsteller mit mehr Eifer als Geschmack bedienen, um in ihren Werken den Ilissos des Platon und den mit Gesträuchen und lieblichem Gras bedeckten Abhang anzubringen«. Dt. nach der Übersetzung von Kaltwasser, in: Plutarch, *Vermischte Schriften* 2, München, Leipzig 1911, S. 1.

46 Aristophanes, *Die Vögel* 493–498.

47 Aristophanes, *Die Frösche* 108–115.

48 Plutarch, *Kimon* 10, 6 f., vgl. *Perikles* 9, 2.

49 Plutarch, *Perikles* 33, 1 f.

50 Xenophon, *Anabasis* V, 3, 7–12. Vgl. É. Delebecque, »Le site de Scillonte«, in: *Annales de la Faculté des Lettres d'Aix* 29, 1955, S. 5–17.

51 Aristophanes, *Die Wolken* 43–52.
52 Aristophanes, *Die Acharner* 32–36.
53 Aristophanes, *Der Frieden* 569–579.

Zweites Kapitel. Die Polis und ihre Bevölkerung: Bürger, Metöken, Sklaven

1 A. Aymard, »Les cités grecques à l'époque classique. Leurs institutions politiques et judiciaires«, in: *La ville* 1: *Institutions administratives et judiciaires* (Recueils de la société Jean Bodin 6, 1), Brüssel 1954, S. 49–68, hier S. 52 f.; jetzt in: A. A., *Études d'Histoire Ancienne*, Paris 1967, S. 273–284, hier S. 275.
2 Zu den Prozessen wegen Gottlosigkeit s. Kap. 8, S. 262 f.
3 Herodot VII, 104, 4.
4 Platon, *Kriton* 50a–b.
5 Vgl. J. A. O. Larsen, *Representative Government in Greek and Roman History*, Berkeley und Los Angeles 1955.
6 Plutarch, *Aristeides* 7, 5. Anscheinend bedeutet die Zahl 6000 die zur Gültigkeit der Entscheidung erforderliche Mindestmenge von Abstimmungsteilnehmern und will nicht besagen, der vom Ostrakismos Betroffene müsse von 6000 Stimmen verurteilt werden, doch bleibt diese Frage umstritten. Vgl. auch Kap. 9, Anm. 8, S. 399.
7 Siehe S. 48.
8 Vgl. Aristophanes, *Die Weiber am Thesmophorenfest* 277 f.
9 Demosthenes, *Erste Rede gegen Philippos* 10.
10 *Apg.* 17, 21.
11 Vgl. Aristophanes, *Die Weibervolksversammlung* 131, 148 und 163.
12 Zu den skythischen Bogenschützen s. unten S. 76 und 344.
13 Aristophanes, *Die Wolken* 577–586.
14 Xenophon, *Hellenika* I, 7, 7.
15 G. Glotz, *La cité grecque*, nouvelle édition augmentée [...] par P. Cloché, Paris 1953, S. 221.
16 Siehe S. 24.
17 Aristoteles, *Der Staat der Athener* 63, 1 (s. Kap. 9, S. 314 ff.)
18 Thukydides II, 39, 1.
19 Vgl. R. Flacelière, *Inscriptions de la terrasse du temple et de la région nord du sanctuaire, N°s 87 à 275* (Fouilles de Delphes III, 4), Paris 1954, S. 263, Nr. 204.
20 Homer, *Ilias* XVIII, 373–377. 417–421. 469–473.
21 Thukydides V, 116, 4.
22 Athenaios VII, 289b.
22a Freilich ist diese Überlieferung nicht eben vertrauenswürdig und wird weitgehend abgelehnt, vgl. z. B. U. Kahrstedt, »Platons Verkauf in die Sklaverei«, in: *Würzburger Jahrbücher* 2, 1947, S. 295–300 [*E. P.*].
23 Xenophon, *Oikonomikos* 9, 5.
24 A. Aymard, in: A. Aymard und J. Auboyer, *L'Orient et la Grèce* (Histoire générale des civilisations I), Paris ³1957, S. 329.
25 Vgl. Demosthenes, *Für Phormion* 45 und *Gegen Stephanos.*

26 Lysias, *Für den Invaliden* 6.
27 Vgl. A. Plassart, »Les archers d'Athènes«, in: *REG* 26, 1913, S. 151–213.
28 Zu diesem καταχυσμα-Brauch vgl. Aristophanes, *Plutos* 768 f., 789–795.
29 Fustel de Coulanges, *La cité antique. Étude sur le culte, le droit, les institutions de la Grèce et de Rome*, Paris [5]1874, S. 131; dt. von P. Weiß: *Der Antike Staat. Studie über Kultus, Recht und Einrichtungen Griechenlands und Roms*, Berlin und Leipzig 1907, S. 127 f.
30 Siehe S. 74 f.
31 Vgl. A. Aymard, »Hiérarchie du travail et autarcie individuelle dans la Grèce archaïque«, in: *Revue d'histoire de la philosophie et d'histoire générale de la civilisation* 11, 1943, S. 124–146; jetzt in: A. A., *Études d'Histoire Ancienne*, Paris 1967, S. 316–333.
32 Plutarch, *Lykurgos* 24, 3.
33 Vgl. R. Joly, *Le thème philosophique des genres de vie dans l'Antiquité classique* (Mémoire de l'Académie royale de Belgique, Classe des Lettres et des Sciences morales et politiques LI, 3), Brüssel 1956.
34 Platon, *Phaidros* 248e bietet folgende Rangordnung: 1. der Philosoph, 2. der gute König, 3. der Staatsmann, 4. der Sportler, 5. der Wahrsager, 6. der Dichter, 7. der Bauer oder Handwerker, 8. der Sophist und Demagoge, 9. der Tyrann.

Drittes Kapitel. Die Welt der Frauen: Ehe und Familie

1 Vgl. G. Glotz, *La civilisation égéenne*, nouvelle édition mise à jour par Ch. Picard (L'évolution de l'humanité I, 3, 3), Paris 1937, S. 166–170.
2 Vgl. E. Mireaux, *La vie quotidienne au temps d'Homère*, Paris 1954, S. 204 bis 227: La vie des femmes.
3 Vgl. Plutarch, *Vergleich von Lykurgos und Numa* 3, 3–5 (ed. Flacelière: 3, 5 bis 9).
4 Euripides, *Andromache* 597 f.
5 Xenophon, *Oikonomikos* 7, 5.
5a Xenophon, ebd. 7, 10–12.
6 Herodot VI, 122.
7 Naumachios [wahrscheinlich 4. Jh. n. Chr.], V. 12 der »Ratschläge für das Eheleben«, in: *Die griechischen Dichterfragmente der römischen Kaiserzeit*, ges. und hrsg. von E. Heitsch (Abh. Akad. d. Wiss. Göttingen, Phil.-Histor. Kl., 3. Folge, Nr. 49), Göttingen 1961, S. 92 [überliefert bei Stobaios (ed. Hense) IV, S. 570, Z. 20].
8 Menander, *Das Schiedsgericht* 490 ff. [Anfang des 4. Aktes] und Fragment 651 Kock [Bd. 3, S. 192] = 651 Edmonds [Bd. 3 B, S. 814 f.].
9 Xenophon, *Das Gastmahl* 8, 3.
10 Platon, *Das Gastmahl* 179b–c.
10a Vgl. I. Düring in: *RE* Suppl. 11, 1968, Sp. 181 f., s. v. Aristoteles.
11 Plutarch, *Über die Liebe (Erotikos)*, und R. Flacelière, »Les Épicuriens et l'amour«, in: *REG* 67, 1954, S. 69–81.
12 Plutarch, *Themistokles* 32, 2.
13 Demosthenes, *Gegen Eubulides* 20 f.
14 Hesiod, *Werke und Tage* 696–698.
15 Siehe S. 83.

16 Vgl. M. Durry, »Le mariage des filles impubères à Rome«, in: *CRAI* 1955, S. 84–91. [Man vergleiche aber auch die daran anknüpfende Diskussion mit dem Widerspruch von J. Reinach, »Puberté féminine et mariage romain«, in: *Revue Historique du Droit français et étranger* 34, 1956, S. 268–273, und der Antwort Durrys, »Sur le mariage romain. Autocritique et mise au point«, in: *Revue internationale des Droits de l'Antiquité*, 3e série, 3, 1956, S. 227 bis 243. *E. P.*]
17 Aristoteles, *Politik* VII, 14, 6 (1335 a 28 f.) legt das Heiratsalter der Mädchen auf 18, das der Männer auf 37 Jahre fest.
18 Menander, *Die junge Frau mit abgeschnittenem Haar (Perikeiromene)* 1013–15 [Menandri reliquiae selectae, ed. F. H. Sandbach, Oxford 1972, S. 221]. Ein Talent entspricht 6000 Drachmen.
19 Demosthenes, *Gegen Boiotos*, 2. Rede, 12 f.
20 Demosthenes, *Gegen Aphobos*, 3. Rede, 43.
21 Vgl. Dion Chrysostomos 7 [*Euboiische Rede oder Der Jäger*], 70.
22 Vgl. Aristoteles, *Politik* VII, 16 (1335 a 35–38).
23 Vgl. *Anthologia Graeca* VI, 280 und L. Robert, *Collection Froehner* 1: *Inscriptions grecques*, Paris 1936, S. 27, Nr. 24 und Taf. 14.
24 Vgl. Plutarch, *Über die Liebe (Erotikos)* 10 (755 A).
25 Zur Funktion der ἀμφιθαλεῖς vor allem bei bestimmten Spielen und Kultfeiern, allerdings mit Akzent auf der späteren Zeit, vgl. L. Robert, »'Αμφιθαλής«, in: *Athenian Studies presented to W. S. Ferguson*, Cambridge (Mass.) 1940 (Harvard Studies in Classical Philology, suppl. vol. 1; Neudr. New York 1973), S. 509–519; jetzt in: L. R., *Opera minora selecta* 1, Amsterdam 1969, S. 633–643.
26 P. Roussel, »La famille athénienne«, in: *Lettres d'humanité* (Ergänzungsheft zum *Bulletin de l'Association G. Budé)* 9, 1950, S. 5–59, hier S. 10.
27 Plutarch, *Lykurgos* 15, 3 f. (ed. Flacelière: 15, 4–7).
28 Siehe Kap. 2, S. 77.
29 Plutarch, *Lykurgos* 15, 7 (ed. Flacelière: 15, 12).
30 Xenophon, *Oikonomikos* 7, 7.
31 Euripides, *Medea* 236 f.
32 Vgl. etwa die Ermahnungen eines Ehemanns an seine Frau bei Menander, Fragment 546 Kock [Bd. 3, S. 166] = 546 Edmonds [Bd. 3 B, S. 784 f.] = 592 Sandbach [*Menandri reliquiae selectae*, Oxford 1972, S. 318].
33 Vgl. Aristophanes, *Die Weiber am Thesmophorenfest.*
34 Lysias, *Über den Mord an Eratosthenes* 7 f. und 20.
35 Xenophon, *Oikonomikos* 3, 12.
36 Xenophon, *Oikonomikos* 7, 35–37.
37 Plutarch, *Phokion* 18, 2.
38 Homer, *Odyssee* XIX, 350–394.
39 Theophrast, *Charaktere* XVIII, 4.
40 Aristophanes, *Lysistrata* 327–332.
41 Aristophanes, *Die Wespen* 497; *Die Weiber am Thesmophorenfest* 387.
42 Demosthenes, *Gegen Eubulides* 34 f.
43 Vgl. M. Clerc, *Les métèques athéniens*, Paris 1893 (BÉFAR 64), S. 395, und G. Glotz, *Le travail dans la Grèce ancienne*, Paris 1920, S. 218, 221, 261 f. (Frauen).
44 Aristophanes, *Die Wolken* 41–43 und 60–65.

45 P. Roussel, »La famille athénienne«, in: *Lettres d'humanité* (Ergänzungsheft zum *Bulletin de l'Association G. Budé*) 9, 1950, S. 5–59, hier S. 20.
46 Pseudo-Demosthenes, *Gegen Kallikles* 23.
47 Theokrit, *Die Syrakusanerinnen am Adonisfest* 1–17. Dt. von F. P. Fritz.
48 Platon, *Gesetze* 658d.
49 Aristoteles, *Politik* VII, 17 (1336 b 12–23).
50 O. Navarre, *Le théâtre grec. L'édifice, l'organisation matérielle, les représentations*, Paris 1925, S. 245.
51 Montaigne, *Les essais* (III, 5), hrsg. von P. Villey, Bd. 3, Paris [2]1930, S. 88 und 90.
52 Thukydides II, 53, 1 f.
53 Aristoteles, *Politik* IV, 15, 3 (1299 a 22).
54 Aristophanes, *Die Weibervolksversammlung* 214–228.
55 Pseudo-Demosthenes, *Gegen Neaira* 122.
56 Vgl. Xenophon, *Oikonomikos* 3, 14 und Platon, *Menexenos* passim; hier ist allerdings die Sokratische Ironie zu berücksichtigen.
57 Aristophanes, *Die Acharner* 526 f.
58 M. Delcourt, *Périclès*, Paris [4]1939, S. 77.
59 Vor allem Demosthenes, *Gegen Boiotos*, 1. und 2. Rede, und Isaios, *Über das Erbe des Pyrrhos*.
60 Plutarch, *Über die Liebe (Erotikos)* 9 (753 C–D).
61 Isaios, *Über das Erbe des Pyrrhos* 28.
62 Plutarch, *Über die Liebe (Erotikos)* 9 (753 D).
63 Vgl. G. Colin, in: Hypéride, *Discours*, texte établi et publié par G. C. (Collection [. . .] Association G. Budé), Paris 1946, Einführung S. 10–12.
64 Plutarch, *Warum weissagt die Pythia jetzt nicht in Versen (De Pythiae oraculis)* 14 (401 A).
65 Vgl. Aristophanes, *Der Frieden* 165.
66 Athenaios XIII, 569d.
67 Isaios, *Über das Erbe des Philoktemon* 19 f.
68 Pseudo-Demosthenes, *Gegen Neaira*, passim.
69 Amphis, bei Athenaios XIII, 559a–b.
70 Hesiod, *Werke und Tage* 376 f.
71 Platon, *Gesetze* 930d.
72 Plutarch, *Solon* 20, 3.
73 Plutarch, *Über die Liebe (Erotikos)* 23 (769 A–B).
74 Menander, Fragment 656 Kock [Bd. 3, S. 192] = 656 Edmonds [Bd. 3 B, S. 816 f.].
75 Poseidippos [um 300 v. Chr.], Fragment 11 Kock [Bd. 3, S. 338 f.] = 11 Edmonds [Bd. 3 A, S. 232 f.].
76 Aristoteles, *Politik* VII, 16 (1335 b 19–26, Zitat: 24).
77 F. Solmsen und E. Fraenkel, *Inscriptiones graecae ad inlustrandas dialectos selectae*, Leipzig [4]1930, Nr. 39 B, Z. 24–27.
78 P. Roussel, »La famille athénienne«, in: *Lettres d'humanité* (Ergänzungsheft zum *Bulletin de l'Association G. Budé*) 9, 1950, S. 26.
79 Vgl. Aristophanes, *Die Weiber am Thesmophorenfest* 505 und 509; *Die Frösche* 1190.
79a Vgl. Aristoteles, *Politik* VII, 16 (1335 b 23 f.).

80 Plutarch, *Lykurgos* 16, 1 f.
81 Plutarch, *Lykurgos* 16, 2; vgl. P. Roussel, »L'exposition des enfants à Sparte«, in: *REA* 45, 1943, S. 5–17.
82 Photius patriarcha, *Lexicon*, rec. S. A. Naber, Bd. 2, Leiden 1865, S. 128: ›ῥάμνος‹. Vgl. L. Moulinier, *Le pur et l'impur dans la pensée des Grecs d'Homère à Aristote*, Paris 1952, S. 69.
83 Aristophanes, *Die Vögel* 493–498.
84 Aristophanes, *Die Wolken* 60–67.
85 L. Moulinier, *Le pur et l'impur dans la pensée des Grecs d'Homère à Aristote*, Paris 1952, S. 66–71.
86 L. Lerat, »Une loi de Delphes sur les devoirs des enfants envers leurs parents«, in: *RPh* 17, 1943, S. 62–86.
87 Plutarch, *Solon* 21, 5; vgl. auch das Gesetz der Stadt Iulis betreffend das Grabrecht: Dittenberger, *Sylloge* 3, S. 364–367, Nr. 1218, Z. 2 f.
88 Aristophanes, *Die Wespen* 609; *Die Vögel* 503; *Die Weibervolksversammlung* 818 [s. unten S. 169].
89 Theophrast, *Charaktere* VI, 9.
90 Aristophanes, *Die Wolken* 507.
90a Die Zeremonien vom Tod bis zum Begräbnis nahmen anscheinend drei Tage in Anspruch, vgl. Antiphon, *Über den Chorknaben* 34.
90b Vgl. z. B. J. Charbonneaux, R. Martin und F. Villard, *Das klassische Griechenland (480–330 v. Chr.)*, München 1971, Abb. 303–305; monographische Behandlung bei D. C. Kurtz, *Athenian White Lekythoi. Patterns and Painters*, Oxford 1975.
91 Dittenberger, *Sylloge* 3, S. 364–367, Nr. 1218, Z. 23–29.
92 Pseudo-Demosthenes, *Gegen Makartatos* 62.
93 Pseudo-Demosthenes, ebd. Nomos, 1. Satz.
94 Pseudo-Demosthenes, *Gegen Euergos und Mnesibulos* 69.
95 Vgl. L. Moulinier, *Le pur et l'impur dans la pensée des Grecs d'Homère à Aristote*, Paris 1952, S. 76–82.

Viertes Kapitel. Die Kinder und das Erziehungswesen

1 Vgl. F. Ollier, *Le mirage spartiate. Étude sur l'idéalisation de Sparte dans l'antiquité grecque de l'origine jusqu'aux Cyniques* 1, Paris 1933.
2 Plutarch, *Lykurgos* 23, 2 (ed. Flacelière: 23, 2).
3 Plutarch, *Lykurgos* 14, 2 (ed. Flacelière: 14, 4).
4 Platon, *Der Staat* 458d.
5 Plutarch, *Lykurgos* 16, 3 (ed. Flacelière: 16, 4).
6 H.-I. Marrou, *Histoire de l'éducation dans l'antiquité*, Paris [6]1965, S. 53; dt. Ausg. von R. Harder, übers. von Ch. Beumann: *Geschichte der Erziehung im klassischen Altertum*, Freiburg i. Br. 1957, S. 39.
7 Vgl. H.-I. Marrou, »Les classes d'âge de la jeunesse spartiate«, in: *REA* 48, 1946, S. 216–230.
8 Plutarch, *Lykurgos* 16, 6 (ed. Flacelière: 16, 10 f.).
9 P. Roussel, *Sparte*, Paris [2]1960, S. 46 f.
10 Vgl. R. Flacelière, »La flagellation à l'autel d'Orthia: ›Lycurgue‹ XVIII, 2«, in: *REG* 61, 1948, S. 398–400.

11 Vgl. H. Jeanmaire, *Couroi et Courètes. Essai sur l'éducation spartiate et sur les rites d'adolescence dans l'antiquité hellénique*, Lille 1939, S. 540 ff.

11a Vgl. z. B. Thukydides V, 70.

12 Vgl. P. Girard, *L'éducation athénienne au Ve et au IVe siècle avant J.-C.*, Paris 1889, S. 69.

13 Platon, *Gesetze* 790d–e.

14 Lysias, *Über den Mord an Eratosthenes* 9.

15 Aischylos, *Die Choephoren* 749–760.

16 Homer, *Ilias* IX, 485–495.

17 Aristophanes, *Die Wolken* 1381–84.

18 Aisopos: *Corpus fabularum Aesopicarum*, ed. A. Hausrath, Bd. I, 1, Leipzig o. J. [1940], S. 188–190, Nr. 163; dt. z. B. in: *Antike Fabeln*, eingel. und hrsg. von L. Mader, Zürich und Lausanne 1971, S. 132 f.

19 Platon, *Phaidon* 61b.

20 Aristophanes, *Die Wespen* 1182–85. Vgl. die Fabel des Aisopos »Die Mäuse und die Wiesel«, in: *Corpus fabularum Aesopicarum*, ed. A. Hausrath, Bd. I, 1, Leipzig o. J. [1940], S. 148, Nr. 174; dt. z. B. in: *Antike Fabeln*, eingel. und hrsg. von L. Mader, Zürich und Lausanne 1971, S. 103.

21 Platon, *Gesetze* 793e; vgl. auch die folgenden Absätze.

22 Aristoteles, *Politik* VIII, 6 (1340 b 25–31).

23 Aristophanes, *Die Wolken* 861–864.

24 Vgl. z. B. A. Laumonier, *Les figurines de terre cuite* (Exploration archéologique de Délos, Fasc. 23), Paris 1956, Nr. 258, 265, 1340, 1344, 1346.

25 Aristophanes, *Die Wolken* 878–881.

26 Plutarch, *Dion* 9, 2.

27 Aischines, *Gegen Timarchos* 9–12.

28 Vgl. H.-I. Marrou, *Histoire de l'éducation dans l'antiquité*, Paris [6]1965, S. 538 f., Anm. 3; dt. Ausg. von R. Harder, übers. von Ch. Beumann: *Geschichte der Erziehung im klassischen Altertum*, Freiburg i. Br. 1957, S. 537 f., Anm. 3.

29 Dittenberger, *Sylloge* 3, S. 52, Nr. 956.

30 Platon, *Charmides* 153a; Plutarch, *Alkibiades* 3.

31 Plutarch, *Themistokles* 10, 3.

32 Vgl. Platon, *Protagoras* 326c: »Die Söhne der Reichen sind es, die unter ihren Altersgenossen zuerst in die Schule eintreten und zuletzt aus ihr ausscheiden.«

33 Plutarch, *Aristeides* 7, 5 f.

34 Aristophanes, *Die Wolken* 18–24 (Strepsiades führt Buch über seine Schulden); *Die Ritter* 188 f.

35 Aristophanes, *Die Wolken* 963–965.

36 Vgl. z. B. E. Pottier, *Douris et les peintres de vases grecs*, Paris o. J. [1904], S. 112, Abb. 22, oder H.-I. Marrou, *Geschichte der Erziehung im klassischen Altertum*, Freiburg i. Br. 1957, Abb. 11 und 12. Auch bei K. Papaioannou, *Griechische Kunst*, Freiburg i. Br. 1972, Abb. 710.

37 Platon, *Protagoras* 325c–326c.

38 Das παιδαγωγεῖον, d. h. der Warteraum der Paidagogen, falls man das Wort bei Demosthenes, *Über den Kranz* 258, so zu verstehen hat; es könnte allerdings auch ein einfaches Synonym für διδασκαλεῖον (Unterrichtsraum, Klasse) sein.

39 Demosthenes, *Über den Kranz* 258 (vgl. die vorige Anm.).

40 E. Pottier, *Douris et les peintres de vases grecs*, Paris o. J. [1904], S. 112 und Abb. 23 [gegenüber S. 116].

41 Theophrast, *Charaktere* XXX, 14; vgl. O. Navarre, *Caractères de Théophraste, commentaire exégétique et critique*, Paris 1924, S. 100.
42 Es handelt sich um die *scriptio continua*. V. Coulon beschreibt sie recht seltsam, wenn er in seiner Aristophanes-Ausgabe der Collection Budé, Bd. 1, Paris 1923, S. VI sagt: »Er [der Text] hat weder Worte noch Sätze noch Akzente noch Satzzeichen.«
43 Diese Wettbewerbe sind aus Inschriften und durch das Epigramm VI, 308 der *Anthologia Graeca* bekannt: »Achtzig Knöchel zum Spiel hat Konnaros neulich bekommen, weil er in trefflicher Schrift über die Klasse gesiegt.«
44 Herakleitos, *Homerika problemata* 1, 5–7 (hrsg. mit frz. Übersetzung von F. Buffière: Héraclite, *Allégories d'Homère*, Paris 1962 [Collection ... Association G. Budé], S. 1 f.). Vgl. F. Buffière, *Les mythes d'Homère et la pensée grecque*, Paris 1956, S. 10.
45 Vgl. H.-I. Marrou, *Histoire de l'éducation dans l'antiquité*, Paris [2]1950, S. 219 und die Taf. gegenüber S. 216; [6]1965, S. 238 f.; dt. Ausg. von R. Harder, übers. von Ch. Beumann: *Geschichte der Erziehung im klassischen Altertum*, Freiburg i. Br. 1957, S. 230 f. mit Abb. 25.
46 Vgl. das Buch von L. Séchan, *La danse grecque*, Paris 1930, und neuerdings G. Prudhommeau, *La danse grecque antique* 1, Paris 1965.
47 *Odyssee* VIII, 479–481.
48 *Ilias* IX, 186–189.
49 Plutarch, *Themistokles* 2, 3.
50 Platon, *Der Staat* 424c; Plutarch, *Agis* 10, 4.
51 Vgl. P. Boyancé, *Le culte des Muses chez les philosophes grecs* (BÉFAR 141), Paris 1937, passim.
52 Vgl. Ch. Dugas, *Aison et la peinture céramique à Athènes à l'époque de Périclès*, Paris 1930, Abb. 2 (gegenüber S. 12); J. Charbonneaux, R. Martin und F. Villard, *Das klassische Griechenland (480–330 v. Chr.)*, München 1971, S. 253, Abb. 287.
52a Vgl. z. B. K. Papaioannou, *Griechische Kunst*, Freiburg i. Br. 1972, Abb. 736; J. Charbonneaux, R. Martin und F. Villard, *Das klassische Griechenland (480–330 v. Chr.)*, München 1971, S. 250–252, Abb. 282, 285, 286.
53 P. Girard, *L'éducation athénienne au Ve et au IVe siècle avant J.-C.*, Paris 1889, S. 183.
54 Vgl. *Homerische Hymnen*, *An Hermes* 24–61.
55 Vgl. den Anfang der *Vita* des Isokrates, in: Isocrate, *Discours*, texte établi et traduit par G. Mathieu und É. Brémond, Bd. 1 (Collection [...] Association G. Budé), Paris [2]1956, S. XXXIII.
56 Vgl. P. Girard, *L'éducation athénienne au Ve et au IVe siècle av. J.-C.*, Paris 1889, die Abb. auf den S. 103, 105, 109, 111, 165, 171, 173.
57 Aristophanes, *Die Wolken* 966–972.
58 Plutarch, *Alkibiades* 2, 4 f.
59 Vgl. Ch. Picard, *La sculpture antique de Phidias à l'ère byzantine*, Paris 1926, S. 197, Abb. 81.
60 Plutarch, *Über das E in Delphi (De E delphico)* 21 (394 B–C).
61 Vgl. z. B. Plutarch, *Über die Liebe (Erotikos)* 9 (753 D).
62 Aristoteles, *Politik* VIII, 5 f. (insbes. 1340 b 20–1341 a 17 und 1341 b 8–18).
63 Den Ausdruck verdanke ich H.-I. Marrou, *Histoire de l'éducation dans l'anti-*

quité, Paris ^{6}1965, S. 216; dt. Ausg. von R. Harder, übers. von Ch. Beumann: *Geschichte der Erziehung im klassischen Altertum*, Freiburg i. Br. 1957, S. 207 f.

64 *Das Leben des Sophokles* 3, in: *Sophocle*, texte établi par A. Dain et traduit par P. Mazon, Bd. 1 (Collection [. . .] Association G. Budé), Paris 1955, S. LXIII-LXIV.

65 Dittenberger, *Sylloge* 3, S. 241, Nr. 1087. Zum Monument vgl. J. Travlos, *Bildlexikon zur Topographie des antiken Athen*, Tübingen 1971, S. 348 ff.

66 Vgl. H.-I. Marrou, *Histoire de l'éducation dans l'antiquité*, Paris ^{6}1965, S. 546 f., Anm. 1, 2 und 3; dt. Ausg. von R. Harder, übers. von Ch. Beumann: *Geschichte der Erziehung im klassischen Altertum*, Freiburg i. Br. 1957, S. 544 f., Anm. 1–3.

67 Vgl. Platon, *Lysis* 206d.

68 Thukydides I, 6, 5.

69 Siehe S. 139.

70 Vgl. z. B. P. Girard, *L'éducation athénienne au Ve et au IVe siècle avant J.-C.*, Paris 1889, die Abb. auf S. 193 und 199.

71 Vgl. z. B. P. Louis, *Les métaphores de Platon*, Rennes 1945, S. 214.

72 Lukian, *Lukios oder Der Esel* 8–10.

73 Lukian, *Hermotimos oder Von den philosophischen Sekten* 40; vgl. L. Robert, »Inscription agonistique de Smyrne«, in: *Hellenica* VII, Paris 1949, S. 105 bis 113, zum Losverfahren S. 106 ff.

74 Vgl. die Abb. in dem Aufsatz von F. Chamoux, »L'Athéna mélancolique«, in: *BCH* 81, 1957, S. 141–159. Nach ihm handelt es sich bei der auf dem berühmten Flachrelief der sog. »sinnenden Athena« dargestellten Stele um eines dieser τέρματα. Das Ganze wäre dann die Weihgabe eines bei den Panathenäischen Spielen im Wettlauf siegreichen Athleten. Jedoch hat Ch. Picard, »L'Athéna ›Horia‹ et les ›Bornes de la Patrie‹«, in: *Revue archéologique* 1958, I, S. 95–98, dieser These widersprochen.

74a Zu den Sprungwettbewerben, insbes. zur Form der Hanteln und zur Sprungtechnik, vgl. J. Jüthner, *Die athletischen Leibesübungen der Griechen* II, 1: Lauf-, Sprung- und Wurfbewerbe, hrsg. von F. Brein (Sitzungsberichte d. Österr. Akad. d. Wiss. Wien, Phil.-Histor. Kl. 249, 2), Wien 1968, S. 159 ff. Zur Form der Halteren vgl. ebd. die Abb. im Text und die Taf. XLII bis XLVI, XLVIII, L, LII, LIII u. a.; zum Phayllos-Sprung ebd., S. 200 ff. und 210 ff.

75 J. Charbonneaux, *La sculpture grecque classique* 1, Paris 1943, S. 23 f. und Taf. 4, 5 und 6c.

76 Vgl. P. Girard, *L'éducation athénienne au Ve et au IVe siècle avant J.-C.*, Paris 1889, S. 205, Abb. 24.

77 Plutarch, *Lykurgos* 19, 4 (ed. Flacelière: 19, 9); vgl. R. Flacelière, »Un mot de Lycurgue: ›Lycurgue‹ XIX, 9«, in: *REG* 61, 1948, S. 400 f.

77a Vers von J. M. de Hérédia: »les athlètes nus sous le ciel clair d'Hellas«.

78 H.-I. Marrou, *Histoire de l'éducation dans l'antiquité*, Paris ^{6}1965, S. 196; dt. Ausg. von R. Harder, übers. von Ch. Beumann: *Geschichte der Erziehung im klassischen Altertum*, Freiburg i. Br. 1957, S. 186.

79 Aristoteles VIII, 3 (1338 b 38–1339 b 10); *Nikomachische Ethik* II, 2 (1104 a 11 bis 16).

80 Zu den Ballspielen (Feldball, Hockey) vgl. die beiden archaischen Flachreliefs

bei Ch. Picard, *La vie privée dans la Grèce classique*, Paris 1930, Taf. XLVII; K. Papaioannou, *Griechische Kunst*, Freiburg i. Br. 1972, Abb. 329; das Reifenspiel auf dem Vasenbild »Ganymed mit dem Hahn« bei J. Charbonneaux, *La sculpture grecque classique* 1, Paris 1943, Taf. 14, oder bei K. Papaioannou, *Griechische Kunst*, Freiburg i. Br. 1972, Abb. 114.

81 Platon, *Gesetze* 689d.

82 H.-I. Marrou, *Histoire de l'éducation dans l'antiquité*, Paris [6]1965, S. 184 f.; dt. Ausg. von R. Harder, übers. von Ch. Beumann: *Geschichte der Erziehung im klassischen Altertum*, Freiburg i. Br. 1957, S. 174 f. Vgl. K. Schütze, »Warum kannten die Griechen keine Schwimmwettkämpfe?«, in *Hermes* 73, 1938, S. 355–357.

83 Plutarch, *Über die Liebe (Erotikos)* 21 (766 E–768 B); s. oben Kap. 3, S. 86.

84 Plutarch, *Über die Liebe (Erotikos)* 16 (760 B–C).

85 Zu dem gesamten Komplex vgl. H.-I. Marrou, *Histoire de l'éducation dans l'antiquité*, Paris [6]1965, S. 61–64; dt. Ausg. von R. Harder, übers. von Ch. Beumann: *Geschichte der Erziehung im klassischen Altertum*, Freiburg i. Br. 1957, S. 47–50.

86 Plutarch, *Über die Liebe (Erotikos)* 4 (750 D).

87 Platon, *Das Gastmahl* 217a–219e.

88 Plutarch, *Über die Liebe (Erotikos)* 5 (752 A).

89 Vgl. H.-I. Marrou, *Histoire de l'éducation dans l'antiquité*, Paris [6]1965, S. 70–73; dt. Ausg. von R. Harder, übers. von Ch. Beumann: *Geschichte der Erziehung im klassischen Altertum*, Freiburg i. Br. 1957, S. 57–60.

90 Vgl. P. Boyancé, *Le culte des Muses chez les philosophes grecs* (BÉFAR 141), Paris 1937, passim.

91 Man vergleiche den *Protagoras* Platons, der genau diese Frage behandelt.

92 Platon, *Protagoras* 315a–b.

93 Zur Akademie s. Kap. 1, S. 41–43.

94 Man vergleiche im wesentlichen Platons *Phaidon*. Mit Gewinn ist zu lesen V. Goldschmidt, *La religion de Platon*, Paris 1949; jetzt in: V. G., *Platonisme et pensée contemporaine*, Paris 1970, S. 9–129.

95 Siehe S. 141.

96 Aristoteles, *Politik* VIII, 2 (1337 b 24–26. 1338 a 17–19. 1338 a 40–b 2).

Fünftes Kapitel. Arbeit und Beruf

1 Homer, *Odyssee* XI, 487–491; es handelt sich um die berühmte Antwort Achills an Odysseus in der Unterwelt.

2 Vgl. André Aymard, »L'idée de travail dans la Grèce archaïque«, in: *Journal de Psychologie* 1948, S. 29–50.

3 Aristoteles, *Politik* III, 5 (1278 a 2 f. 8. 20 f. 25 f.) und VIII, 2 (1337 b 11–15).

4 Platon, *Gorgias* 512c; Xenophon, *Oikonomikos* 4, 2 f.

5 Xenophon, *Memorabilien* II, 7, 6 f.

6 Vgl. Kap. 2, S. 79 den Abschnitt aus Plutarch, *Lykurgos* 24, 3.

7 Plutarch, *Solon* 2, 5–7; Hesiod, *Werke und Tage* 311.

8 Plutarch, *Perikles* 2, 1.

9 Euripides hat in seinem Stück *Elektra* den Gatten der Titelheldin, einen αὐτουργός, als außerordentlich sympathische Gestalt angelegt.

10 Vgl. die Ausgabe der Association G. Budé: Isocrate, *Discours*, texte établi et traduit par G. Mathieu et É. Brémond, Bd. 1, Paris ³1963, S. XXXIII.
11 Thukydides II, 40, 1 f.
12 Herodot II, 167. Ich folge hier P. Chantraine, »Trois noms grecs de l'artisan (δημιουργός, βάναυσος, χειρῶναξ)«, in: *Mélanges de philosophie grecque offerts à Mgr Diès*, Paris 1956, S. 41–47.
13 Siehe Kap. 2, S. 79.
14 Plutarch, *Lykurgos* 9, 1 f. Zu den 1894 bzw. 1952 gefundenen Eisenspießen des Heraions von Argos vgl. jetzt P. Courbin, »Valeur comparée du fer et de l'argent lors de l'introduction du monnayage«, in: *Annales* 14, 1959, S. 209 bis 233.
15 Aischylos, *Die Perser* 238.
16 Vgl. J. Labarbe, *La loi navale de Thémistocle*, Paris 1957, S. 10–51.
17 Vgl. Louis Robert, *Études de numismatique grecque*, Paris 1951, S. 105–135: Les drachmes du Stéphanophore à Athènes.
18 M. N. Tod, *A Selection of Greek Historical Inscriptions to the End of the Fifth Century B. C.* 1, Oxford 1933, S. 163–166, Nr. 67; jedoch sind seither weitere Abschriften dieses Beschlusses gefunden worden: vgl. J. und L. Robert, »Bulletin épigraphique«, in: *REG* 64, 1951, S. 152 f., Nr. 70.
19 Aristophanes, *Die Vögel* 1040 f.
20 Aristophanes, *Der Frieden* 169–172; vgl. den Aufsatz von P. Roussel, »L'amende de Chios«, in: *REA* 35, 1933, S. 385 f.
21 Aristophanes, *Die Weibervolksversammlung* 815–822.
22 Im Zusammenhang der Bestattungssitten s. Kap. 3, S. 113.
23 Vgl. E. Bourguet, *L'administration du sanctuaire pythique au IVᵉ siècle av. J.-C.* (BÉFAR 95), Paris 1905.
24 Aristophanes, *Die Wolken* 16–18.
25 Vgl. Th. Homolle, in: *BCH* 50, 1926, S. 87.
26 Xenophon, *Oikonomikos* 5, 4. 7. 12. 14. 15. 17. – Im ersten Abschnitt habe ich gegen Flacelière und alle deutschen Übersetzungen die in dem, wie mir scheint, entgegensetzend, nicht parallelisierend gebauten Satz intendierte Differenzierung landwirtschaftlicher Funktionen hervorzuheben versucht [*E. P.*].
27 Vgl. P. Roussel, *Sparte*, Paris ²1960, S. 53–59.
28 Siehe Kap. 1, S. 46 f.
29 Siehe Kap. 1, S. 48.
30 G. Glotz, *Le travail dans la Grèce ancienne. Histoire économique de la Grèce depuis la période homérique jusqu'à la conquête romaine*, Paris 1920, S. 303.
31 Vgl. P. Cloché, *Les Classes, les Métiers, le Trafic*, Paris 1931, Taf. VIII, 1.
32 Vgl. P. Cloché, ebd., Taf. IX, 2.
33 Vgl. P. Cloché, ebd., Taf. XXXIII, 2 und X, 2.
34 Vgl. P. Cloché, ebd., Taf. XI und XII.
35 Aristophanes, *Der Frieden* 571–579, s. oben S. 49.
36 Aristophanes, *Der Frieden* 253 f.
37 Vgl. P. Cloché, *Les Classes, les Métiers, le Trafic*, Paris 1931, Taf. XXXVII.
38 Platon, *Der Staat* 373c.
39 Aristophanes, *Der Frieden* 374, s. unten Kap. 8, S. 290.
40 Aristophanes, *Die Wolken* 69–72.
41 Vgl. L. Robert, »Les chèvres d'Héracleia«, in: *Hellenica* VII, Paris 1949, S. 161–170.

42 Vgl. den S. 164 f. zitierten Abschnitt aus Xenophons *Memorabilien.*
43 G. Glotz, *Le travail dans la Grèce ancienne. Histoire économique de la Grèce depuis la période homérique jusqu'à la conquête romaine*, Paris 1920, S. 315.
44 Aristoteles, *Der Staat der Athener* 50, 2.
45 Plutarch, *Perikles* 12, 5–7.
46 Vgl. P. Cloché, *Les Classes, les Métiers, le Trafic*, Paris 1931, Taf. XXI, 1. Auf dem Bild rechts ist unter den mit der Bemalung von Vasen beschäftigten Lehrlingen ein junges Mädchen zu erkennen.
47 Aristophanes, *Die Wespen* 100–102.
48 Aristophanes, *Die Vögel* 489–492.
49 Aristophanes, *Der Frieden* 13 f.; Athenaios XII, 548c.
50 Vgl. É. Ardaillon, *Les mines du Laurion dans l'antiquité* (BÉFAR 77), Paris 1897, passim.
51 Vgl. zu den wesentlichsten Formen etwa in Ch. Dugas, *La céramique grecque*, Paris 1924, die Abbildungen auf S. 8, 10 und 15. Siehe jetzt die Zusammenstellung bei K. Papaioannou, *Griechische Kunst*, Freiburg i. Br. 1972, S. 609.
52 P. Cloché, *Les Classes, les Métiers, le Trafic*, Paris 1931, Taf. XVIII, 1.
53 M. N. Tod, *A Selection of Greek Historical Inscriptions* 2: *From 403 to 323 B.C.*, Oxford 1948, S. 181–185, Nr. 162.
54 Vgl. P. Cloché, *Les Classes, les Métiers, le Trafic*, Paris 1931, Taf. XXIII, 1 und 3; XXIV, 1 und 2.
55 Vgl. P. Cloché, ebd., Taf. XXVI; XXVII, 3 und 4; XXVII, 1.
56 Vgl. P. Cloché, ebd., Taf. XXX, 2 und XXXI, 1.
57 Xenophon, *Kyroupaideia* 8, 2, 5.
58 Vgl. P. Cloché, *Les Classes, les Métiers, le Trafic*, Paris 1931, Taf. XXVIII, 1 und 2; XXIX, 1, 2 und 5. Aufschlußreich ist ein Vergleich mit der Arbeitsweise der Spinnerinnen und Weberinnen in den griechischen Dörfern von heute: s. P. de La Coste-Messelière und G. de Miré, *Delphes*, Paris 1957, Taf. 9 und 11.
59 Platon, *Der Staat* 429d–430b.
60 Theophrast, *Charaktere* X, 14.
61 Vgl. P. Cloché, *Les Classes, les Métiers, le Trafic*, Paris 1931, Taf. XXXII bis XXXIV und XXXVI.
62 Aristophanes, *Lysistrata* 457 f.
63 G. Glotz, *Le travail dans la Grèce ancienne. Histoire économique de la Grèce depuis la période homérique jusqu'à la conquête romaine*, Paris 1920, S. 345 f.
64 Aristophanes, *Die Ritter* 217 f.
65 Aristophanes, *Die Acharner* 870–880.
66 Zum δίολκος vgl. *BCH* 81, 1957, S. 526–528 und die Abb. 1–8, sowie G. Roux, *Pausanias en Corinthie*, Paris 1958, S. 88 f. mit Abb. 2 und 3. Dem geht voraus N. M. Verdelis, »Der Diolkos am Isthmus von Korinth«, in: *MDAI(A)* 71, 1956, S. 51–59 mit Beilage 33–41. Dazu zuletzt C. H. Bohtz und W.-D. Albert, in: *AA* 90, 1975, S. 500, Anm. 25, die gegen Verdelis für die ursprüngliche Anlage der Spurrinnen eintreten. In diese sei grobkörniger Sand gestreut worden, auf dem sich die zum Transport benutzten Kufen-, nicht Radfahrzeuge bewegt hätten [*E. P.*].
67 Pseudo-Xenophon, *Athenaion Politeia (Der Staat der Athener)* 2, 11 und 2, 6 f.
68 M. N. Tod, *A Selection of Greek Historical Inscriptions* 2, Oxford 1948, S. 42–45, Nr. 115, und S. 193–198, Nr. 167.
69 Demosthenes, *Gegen Leptines* 31–33.

70 Pseudo-Platon, *Alkibiades* I, 131a–b.
71 In der *Ilias* pflegen die Asklepios-Söhne Machaon und Podaleirios die Verwundeten. Vgl. auch *Ilias* XI, 514 und *Odyssee* XVII, 384.
72 Herodot III, 125–137.
73 Hippokrates, »Der Eid (Orkos)«, in: *Œuvres complètes d'Hippocrate*, traduction nouvelle avec le texte grec en regard par É. Littré, Bd. 4, Paris 1844, S. 628–633.
74 L. Bourgey, *Observation et expérience chez les médecins de la collection hippocratique*, Paris 1953, S. 270. Vgl. auch den Hippokrates-Aufsatz von R. Dumesnil in: *Lettres d'humanité* 3, 1944, S. 33–45, und die Übersetzung des Traktats »Über die alte Heilkunst« von A. Festugière: ebd., S. 46–70, und in A.-J. Festugière (Hrsg.), *Hippocrate, L'ancienne médecine*, introduction, traduction et commentaire, Paris 1948. Jetzt statt vieler Titel: L. Edelstein, *Der hippokratische Eid*, mit einem forschungsgeschichtlichen Nachwort von H. Diller, Zürich 1969.
75 Platon, *Der Staat* 406a–b.
76 Vgl. L. Robert, »Épitaphe d'un médecin des athlètes à Thyatire«, in: *Hellenica* IX, Paris 1950, S. 25–27.
77 Xenophon, *Anabasis* III, 4, 30; V, 5, 5 und 20; VII, 2, 6.
78 Platon, *Phaidros* 268c.
79 Aristophanes, *Die Weiber am Thesmophorenfest* 504.
80 C. D. Buck, *The Greek Dialects*, Chicago 1955, S. 210–213.
81 Platon, *Gorgias* 455b; vgl. 456b.
82 Aristophanes, *Die Weibervolksversammlung* 363 f.
83 Platon, *Theaitetos* 149a ff.
84 Euripides, *Hippolytos* 293–296.

Sechstes Kapitel. Körperpflege und Kleidung

1 Xenophon, *Das Gastmahl* II, 19.
2 Athenaios XIII, 590 f. Ich benutze hier und im folgenden das Werk von R. Ginouvès, *Balaneutikè. Recherches sur le bain dans l'Antiquité grecque* (BÉFAR 200), Paris 1962.
3 Vgl. J. Jannoray, *Le gymnase de Delphes* (Fouilles de Delphes II), Paris 1953, S. 61 ff.
4 Aristophanes, *Die Wolken* 991 und 1045 ff.
5 Athenaios XII, 519e.
6 Aristophanes, *Die Vögel* 1281–83.
7 Plutarch, *Phokion* 4, 2.
8 Aristophanes, *Plutos* 535, s. oben Kap. 1, S. 29 f.
9 Aristophanes, *Die Acharner* 17–19; *Die Frösche* 709–712.
10 Theokrit, *Die Syrakusanerinnen am Adonisfest* 30; vgl. die Anmerkung von Ph.-E. Legrand, in: *Bucoliques grecs* 1: *Théocrite*, texte établi et traduit par Ph.-E. L. (Collection [. . .] Association G. Budé), Paris [5]1960, S. 121, Anm. 8.
11 Platon, *Das Gastmahl* 174a.
12 Vgl. Kap. 1, S. 19 f. das Zitat aus Lysias, *Für den Invaliden* 20.
13 Vgl. Aristophanes, *Die Weibervolksversammlung* 12 f.
14 Aristophanes, *Die Weibervolksversammlung* 65–72; *Die Weiber am Thesmophorenfest* 218 f. Vgl. P. Lévêque, *Agathon*, Paris 1955, S. 39.

15 Thukydides I, 6, 3.
15a Vgl. z. B. R. Lullies, *Griechische Plastik von den Anfängen bis zum Ausgang des Hellenismus*, München ²1960, Abb. 31, oder K. Papaioannou, *Griechische Kunst* (Ars antiqua 4), Freiburg i. Br. 1972, Abb. 58.
16 Theophrast, *Charaktere* X, 14.
17 Vgl. J. Charbonneaux, *La sculpture grecque classique* 1, Paris 1943, Taf. 69; R. Lullies, *Griechische Plastik von den Anfängen bis zum Ausgang des Hellenismus*, München ²1960, Taf. 155, 160, 163.
18 Vgl. *BCH* 80, 1956, S. 237, Abb. 6.
19 Xenophon, *Oikonomikos* 10, 2.
20 Aristoteles, *Naturgeschichte der Tiere (Hist. an.)* V. 19, (551 b 11–16), vgl. ders., dass., bei Athenaios VIII, 352 f. [Es handelt sich wohl nicht um den chinesischen Seidenwurm, sondern um eine verwandte, in Kleinasien heimische Art (P. Louis, in: Aristote, *Histoire des Animaux* II Collection ... Association G. Budé, Paris 1968, S. 40, Anm. 3)].
21 Herodot III, 47, 2 und 106, 3.
22 L. Heuzey, *Histoire du costume antique*, Paris 1922, S. 5.
23 Plutarch, *Kleomenes* 58 (37), 5.
24 Vgl. J. Charbonneaux, *La sculpture grecque classique* 1, Paris 1943, Taf. 62.
25 Hesiod, *Werke und Tage* 344 f.
26 Vgl. Ch. Dugas und R. Flacelière, *Thésée. Images et récits*, Paris 1958, Taf. 9; man vergleiche auch den jungen Troilos auf einer anderen Schale des Euphronios: E. Pottier, *Douris et les Peintres de Vases grecs*, Paris o. J. [1904], S. 89, Abb. 18.
27 F. Chamoux, *L'aurige* (Fouilles de Delphes IV, 5), Paris 1955, S. 51.
28 Vgl. L. Heuzey, *Histoire du costume antique*, Paris 1922, S. 80–84.
29 Vgl. z. B. P. Cloché, *Les Classes, les Métiers, le Trafic*, Paris 1931, Taf. XXIV B und XXX B.
30 Plutarch, *Lykurgos* 16, 6 (ed. Flacelière: 16, 12).
31 Vgl. F. Ollier, *Le mirage spartiate. Étude sur l'idéalisation de Sparte dans l'Antiquité grecque des origines jusqu'aux Cyniques* 1, Paris 1933, S. 172 f. und 184 f.
32 Xenophon, *Memorabilien* I, 6, 2.
33 Aristophanes, *Die Vögel* 1567–69. Vgl. F. Robert, in: *REG* 70, 1957, S. XVI bis XVII.
34 Platon, *Theaitetos* 175e.
35 Aischines, *Gegen Timarchos* 25.
36 Vgl. L. Heuzey, *Histoire du costume antique*, Paris 1922, S. 102, Abb. 53, wozu man die Demosthenes-Statue, ebd., S. 30, Abb. 19, vergleichen muß.
37 Aristophanes, *Die Weibervolksversammlung* 266 f.
38 Lykurgos, *Gegen Leokrates* 40.
39 Vgl. J. Charbonneaux, *La sculpture grecque classique* 1, Paris 1943, Taf. 64.
40 Plutarch, *Alkibiades* 39, 3.
41 Aristophanes, *Die Weibervolksversammlung* 313–318.
42 Siehe Kap. 3, S. 82.
43 Plutarch, *Vergleich zwischen Lykurgos und Numa* 3, 3 f. (ed. Flacelière: 3, 6 f.).
44 L. Heuzey, *Histoire du costume antique*, Paris 1922, S. 156.
45 Vgl. J. Charbonneaux, *La sculpture grecque classique* 1, Paris 1943, Taf. 46.

46 Vgl. ebd., Taf. 83.
47 Herodot V, 87, 2–88, 1.
48 Vgl. J. Charbonneaux, *La sculpture grecque classique* 1, Paris 1943, Taf. 41.
49 Vgl. den Alabastros des Pasiades, abgebildet z. B. bei L. Heuzey, *Histoire du costume antique*, Paris 1922, Taf. V (gegenüber S. 220).
50 Vgl. J. Charbonneaux, *La sculpture grecque classique 2*, Paris 1943, Taf. 104, und E. Pottier, *Diphilos et les modeleurs de terres cuites grecques*, Paris o. J. [1909], passim.
51 Platon, *Dreizehnter Brief* 363a.
52 Euripides, *Medea* 1156–66; zum letzten Vers vgl. die Anmerkung von H. Weil in seiner Ausgabe: *Sept tragédies d'Euripide*, Paris 1868, S. 182; auch zitiert in der Ausgabe: Euripide, *Médée*, édition, introduction et commentaire par R. Flacelière (Collection Erasme), Paris 1970, S. 105.
52a Vgl. Homer, *Odyssee* XI, 326 f., und statt vieles anderen E. Bethe, in: *RE* VI (1907), Sp. 460–463, s. v. Eriphyle.
53 Vgl. J. Charbonneaux, *La sculpture grecque classique* 2, Paris 1943, Taf. 57, oder R. Lullies, *Griechische Plastik von den Anfängen bis zum Ausgang des Hellenismus*, München ²1960, Taf. 187, auch J. Charbonneaux, R. Martin und F. Villard, *Das klassische Griechenland (480–330 v. Chr.)*, München 1971, S. 182, Abb. 196, und K. Papaioannou, *Griechische Kunst*, Freiburg i. Br. 1972, Abb. 566.
54 Vgl. z. B. E. Pottier, *Diphilos et les modeleurs de terres cuites grecques*, Paris o. J. [1909], Taf. XII; P. Guillon, *La Béotie antique*, Paris 1948, Taf. XXI. Vgl. auch die weiteren in Anm. 61a aufgeführten Abbildungen.
54a Theophrast, *Charaktere* X, 14.
55 Siehe Kap. 5, S. 187.
56 Xenophon, *Hellenika* II, 3, 30 f.
57 Herondas, *Mimiamben* VII, 56–85 [mit Auslassungen].
58 Herodot III, 12, 4.
59 Vgl. z. B. eine Grabstele mit eingemeißelter Inschrift: P. Guillon, *La Béotie antique*, Paris 1948, Taf. XXIV.
60 Platon, *Der Staat* 406d.
61 Vgl. R. Flacelière, »Le bonnet de Solon«, in: *REA* 49, 1947, S. 235–247.
61a Vgl. z. B. P. Guillon, *La Béotie antique*, Paris 1948, Taf. XXI, linke Figur; J. Charbonneaux, *Les terres cuites grecques*, Paris 1936, Taf. 45; E. Pottier, *Diphilos et les modeleurs de terres cuites grecques*, Paris o. J. [1909], Taf. XV, Nr. 265; M. Bieber, *Griechische Kleidung*, Berlin und Leizpig 1928, Taf. XXXI, 1.

Siebtes Kapitel. Essen, Spiele und Vergnügungen

1a Vgl. E. Buchner, »Antike Reiseuhren«, in: *Chiron* 1, 1971, S. 457–482 mit Taf. XII, XIII; H. Diels, *Antike Technik*, Osnabrück 1965, S. 155 ff.: Die antike Uhr.
1 Aristophanes, *Die Weibervolksversammlung* 651 f.
2 Eubulos, Fragment 119 Kock [Bd. 2, S. 206 f.] = 119 Edmonds [Bd. 2, S. 136 bis 139] (aus Athenaios I, 8b–c).

3 Vgl. P. Guillon, *La Béotie antique*, Paris 1948, S. 79–92: Histoire d'un préjugé.
4 Platon, *Der Staat* 372b.
5 Aristophanes, *Die Frösche* 62 f.
6 Aristophanes, *Der Frieden* 529 und 1127–29.
7 Aristophanes, *Der Frieden* 374.
8 Vgl. R. Flacelière, »Thémistocle, les Érétriens et le calmar«, in: *REA* 50, 1948, S. 211–217.
9 Platon, *Gorgias* 518b.
10 Plutarch, *Lykurgos* 12, 7 (ed. Flacelière: 12, 13).
11 A. Delatte, *Le cycéon, breuvage rituel des mystères d'Éleusis*, Paris 1955, S. 27 mit den Zitaten aus Aristophanes, *Der Frieden* 712 und 1169, und Theophrast, *Charaktere* IV, 2 f.
12 Plutarch, *Lykurgos* 9, 4 f. (ed. Flacelière: 9, 8).
13 Vgl. IG XII Supplementum, Nr. 347, I, und zuletzt J. Pouilloux, *Recherches sur l'histoire et le culte de Thasos* I: *De la fondation de la cité à 196 avant J.-C.*, Paris 1954, S. 37–54.
14 Homer, *Ilias* IX, 202 f.
15 Vgl. Aristophanes, *Der Frieden* 1136, und P. Mazons Anmerkung zu diesem Vers in seiner Ausgabe des Stücks: Aristophane, *La paix*, Paris 1904, S. 99.
16 Platon, *Das Gastmahl* 201d–e; vgl. die Ausgabe von L. Robin: Platon, *Œuvres complètes* IV, 2: *Le Banquet*, texte établi et traduit par L. R. (Collection [. . .] Association G. Budé), Paris [5]1951, Vorbemerkung S. XXII–XXVII.
17 Plutarch, *Tischgespräche* III, 1 (647 E).
18 Athenaios II, 66c–d.
19 Platon, *Das Gastmahl* 176a.
20 Platon, *Das Gastmahl* 176d–177c.
21 Platon, *Das Gastmahl* 212c–e.
22 Zu diesem Absatz und zu den verschiedenen Arten von ψυκτῆρες vgl. G. Daux, »Sur quelques passages du Banquet de Platon«, in: *REG* 55, 1942, S. 236–271, hier S. 268 f.
23 Vgl. den interessanten Aufsatz von P. Boyancé, »Platon et le vin«, in: *Lettres d'Humanité* (Ergänzungsheft zum *Bulletin de l'Association G. Budé*) 10, 1951, S. 3–19.
24 Platon, *Das Gastmahl* 223b.
25 Xenophon, *Das Gastmahl* I.
26 Solche θυμιατήρια sind auf Vasenbildern zu sehen, vgl. z. B. H. Metzger, *Les représentations dans la céramique attique du IVe siècle* (BÉFAR 172), Paris 1951, Taf. I, 1 und II, 2. Zu einem bestimmten Gebrauch von Parfums vgl. Aristophanes, *Lysistrata* 938–947.
27 Xenophon, *Das Gastmahl* VII–IX.
28 P. Girard, *L'éducation athénienne au Ve et au IVe siècle avant J.-C.*, Paris 1889, S. 182.
28a P. Kretschmer, *Die Griechischen Vaseninschriften, ihrer Sprache nach untersucht*, Gütersloh 1894, S. 87, Nr. 55.
29 Xenophon, *Hellenika* II, 3, 56.
30 F. Chapouthier, »Les peintures murales d'un hypogée funéraire près de Massyaf«, in: *Syria* 31, 1954, S. 172–211, hier S. 199 im Anschluß an die pseudo-ovidische Elegie *Nux (Die Nuß)*. Doch ist dieses Spiel auch in der klassischen

Zeit Griechenlands bezeugt, und F. Chapouthier (ebd., S. 200, Abb. 16) erwähnt eine attische Vase vom Ende des 5. Jh.s, auf der er dieses Spiel bei drei Kindern wiederzuerkennen glaubt.

31 Vgl. J. Taillardat, »Le groupe familier grec: κινδάνω, (σ)κίνδαρος, ὀστρακίνδα, κίνδῡνος«, in: *REA* 58, 1956, S. 189–194, hier S. 191: dieses Spiel hieß ὀστρακίνδα.

32 Vgl. E. A. Gardner, »Notes on Greek Sculpture II. The Motive of the Cerigotto Athlete«, in: *JHS* 43, 1923, S. 142 f., und Ch. Picard, *La vie privée dans la Grèce classique*, Paris 1930, Taf. LVIII, 1. Der Ephebe z. B. bei K. Papaioannou, *Griechische Kunst*, Freiburg i. Br. 1972, Abb. 149 und 628. Vgl. zur Interpretation dieses Werkes jetzt aber F. Chamoux in: *Revue archéologique* 1968, S. 161–170, der die Auffassung, die in der Statue einen Jo-Jo spielenden Epheben erkennen will, ausdrücklich ablehnt und auf dem Hintergrund zahlreicher hellenistisch-römischer Wiedergaben des Motivs zu der Meinung gelangt, hier sei Herakles im Garten der Hesperiden dargestellt [*E. P.*].

33 Ch. Picard, *La vie privée dans la Grèce classique*, Paris 1930, Taf. LIX, Abb. 1.

34 H. Jeanmaire, *Dionysos. Histoire du culte de Bacchus*, Paris 1951, S. 42.

35 Ch. Picard, *La vie privée dans la Grèce classique*, Paris 1930, Taf. XLVII, Abb. 3.

36 Vgl. Ch. Picard, *La sculpture antique des origines à Phidias* 1, Paris 1923, S. 397, Abb. 119; besser bei R. Lullies, *Griechische Plastik*, München [2]1960, Taf. 64, 65.

37 Platon, *Lysis* 206e.

38 Vgl. P. Wuilleumier, »Dé à jouer de Tarente«, in: *Istros* 1, 1934, S. 14–18.

39 Aischylos, *Agamemnon* 32 f.

40 Vgl. J. Taillardat, »Le groupe familier grec: κινδάνω, (σ)κίνδαρος, ὀστρακίνδα, κίνδῡνος«, in: *REA* 58, 1956, S. 193.

41 Vgl. z. B. *Odyssee* I, 107. Über das zweifelhafte »Seeschlacht«-Spiel: H. van Effenterre, »Cupules et naumachie«, in: *BCH* 79, 1955, S. 541–548.

42 Thukydides II, 38, 1.

43 Vgl. É. Delebecque, *Essai sur la vie de Xénophon*, Paris 1957, S. 173–181.

43a Vgl. dazu etwa den Versuch von D'Arcy W. Thompson, *A Glossary of Greek Birds*, Oxford und London [2]1936.

44 Vgl. P. Cloché, *Les Classes, les Métiers, le Trafic*, Paris 1931, S. 24, Abb. 9 und Taf. XIV, Abb. 5.

45 P. Chantraine, *Études sur le vocabulaire grec*, Paris 1956, S. 64.

46 Vgl. P. Chantraine, ebd., S. 84 (auch ff.).

47 P. Cloché, *Les Classes, les Métiers, le Trafic*, Paris 1931, Taf. XV, 1 mit der Bildlegende; vgl. Aristoteles, *Naturgeschichte der Tiere (Hist. an.)* VIII, 28 (607 a 3). Vgl. auch Cloché a. a. O., Taf. XVI.

48 Platon, *Gesetze* 823e.

49 Plutarch, *Über die Klugheit der Tiere (De sollertia animalium)* 9 (966 A–B).

50 P. Cloché, *Les Classes, les Métiers, le Trafic*, Paris 1931, Taf. XVII, Abb. 7.

51 L. Robert, »Inscriptions des Dardanelles, 2. Inscriptions de la colonie romaine de Parion«, in: *Hellenica* X, Paris 1955, S. 272.

52 Oppianos, *Halieutika* IV, 640–646; vgl. F. Vian, »Les comparaisons de Quintus de Smyrne«, in: *RPh* 28, 1954, hier nur S. 50 f.: Oppien, Halieutiques.

53 Vgl. S. Myrivilis, *Die Madonna mit dem Fischleib* (Roman. Aus dem Neugriechischen von H. von den Steinen), Zürich 1955, S. 70, 215 f. u. ö.
54 Siehe S. 213 f. und 247 f.
55 Vgl. C. Sittl, *Die Gebärden der Griechen und Römer*, Leipzig 1890, S. 78–81.
56 Vgl. vor allem Platon, *Gesetze* 700c.
57 Siehe S. 214.
58 P. Mazon, in seiner Ausgabe: Aristophane, *La Paix* (s. Anm. 15), S. 60, Anm. zu V. 549.
59 Theophrast, *Charaktere* XVI, 14.
60 Vgl. den Bericht über die letzten Augenblicke vor Sokrates' Tod: Platon, *Phaidon* 117c und 118a.
61 Lukian, *Über die Trauer (De luctu)* 12.
62 Siehe Kap. 3, S. 114.

Achtes Kapitel. Das religiöse Leben und das Theater

1 Vgl. das Buch von P. Decharme, *La critique des traditions religieuses chez les Grecs, des origines aux temps de Plutarque*, Paris 1904, das zwar alt ist, aber nach wie vor fast nichts von seinem Wert und seinem Interesse eingebüßt hat.
2 Den Beweis dazu hat vor einiger Zeit erneut erbracht E. R. Dodds, *The Greeks and the Irrational* (Sather Classical Lectures 25), Berkeley und Los Angeles 1951; dt. von H.-J. Dirksen: *Die Griechen und das Irrationale*, Darmstadt 1970.
3 Den Begriff ϑάμβος hat A. Festugière klug analysiert in seinem Beitrag zur *Histoire générale des Religions*, hrsg. von M. Gorce und R. Mortier, Bd. 2: *Grèce – Rome*, Paris 1944, S. 41–47, bes. S. 41 f.
4 A. de Musset, »Rolla et le Grand Prêtre«, V. 8, in: A. de Musset, *Poésies complètes*, texte établi et annoté par M. Allem (Bibliothèque de la Pléiade 17), Paris 1957, S. 570.
5 Zu den Sophisten s. Kap. 4, S. 157–162.
6 Plutarch, *Perikles* 38, 2 (nach der *Ethik* des Theophrast).
7 Vgl. das Buch von V. Goldschmidt, *La religion de Platon*, Paris 1949; jetzt in: V. G., *Platonisme et pensée contemporaine*, Paris 1970, S. 9–129.
8 Vgl. A.-J. Festugière, *Épicure et ses dieux*, Paris 1946.
9 Das Zitat aus Platon, *Apologie* 23c. Zum Thema allgemein vgl. E. Derenne, *Les procès d'impiété intentés aux philosophes à Athènes au Ve et au IVe siècles avant J.-Chr.* (Bibl. Fac. Phil. Lettres Univ. Liège XLV), Lüttich und Paris 1930.
10 M. P. Nilsson, *La religion populaire dans la Grèce antique*, Paris 1954, S. 6 f.; zuerst engl. u. d. T.: *Greek Popular Religion*, New York 1940, S. 5 f.
11 Homer, *Ilias* I, 37–42.
12 Zum »suovetaurile« vgl. *Odyssee* XI, 130 f.
13 Die Kirchenväter werden sich später darüber wundern, daß »die Götter, die das Glück haben, sich von Nektar und Ambrosia zu nähren, sich vom widerwärtigen Geruch verbrannter Knochen entzücken lassen« (Theodoret von Cyrus, *Therapeutike* XII, 15).
14 Vgl. L. Moulinier, *Le pur et l'impur dans la pensée des Grecs d'Homère à Aristote*, Paris 1952, passim. Zum reinigenden Ausspucken ebd., S. 74.

15 Siehe Kap. 3, 155 f.; Fustel de Coulanges, *La cité antique*, Paris [21]1910, S. 15 ff. u. ö.; dt. von P. Weiß: *Der antike Staat*, Berlin und Leipzig 1907, S. 20 ff. u. ö.
16 Eine delphische Freilassungsurkunde: *Sammlung der griechischen Dialekt-Inschriften*, hrsg. von H. Collitz und F. Bechtel, Bd. 2, Göttingen 1899, S. 269 f., Nr. 1807. Vgl. L. Lerat, »Une loi de Delphes sur les devoirs des enfants envers leurs parents«, in *RPh* 17, 1943, S. 62–86, hier S. 82.
17 II, 38, 1; s. oben Kap. 7, S. 252.
18 Siehe Kap. 4, S. 146–153.
19 Das Standardwerk ist L. Deubner, *Attische Feste*, Wien und Darmstadt [3]1969 (zuerst Berlin 1932).
20 Aristophanes, *Die Wolken* 615–622.
21 Derartige Läufe scheinen recht beliebt gewesen zu sein und sind auch an Festen des Hephaistos, des Prometheus und des Pan veranstaltet worden, vgl. M. Delcourt, *Héphaïstos ou la légende du magicien* (Bibl. Fac. Phil. Lettres Univ. Liège 146), Paris 1957, S. 200–203.
22 Plutarch, *Theseus* 22, 4 f.
23 D. h. Knaben, deren Vater *und* Mutter leben, s. Kap. 3, S. 91.
24 Trotz der Vorbehalte von H. Jeanmaire, *Dionysos. Histoire du culte de Bacchus*, Paris 1951, S. 486, halte ich es für sehr wahrscheinlich, daß die 'Ωσχοφόρια ein Weinlesefest waren.
25 Vgl. die Komödie des Aristophanes mit dem Titel *Die Weiber am Thesmophorenfest (Thesmophoriazusai).*
26 Vgl. Theodoret von Cyrus, *Therapeutike* XII, 73.
27 Vgl. M. Delcourt, *Héphaïstos ou la légende du magicien*, Paris 1957, S. 195 bis 200.
28 Ch. Michel, *Recueil d'Inscriptions grecques.* Supplément, Bruxelles 1912–27, S. 129, Nr. 1597 (Weihinschrift); vgl. S. 190, Nr. 1820 (Grabinschrift). Der ϑίασος ist eine Kultvereinigung, die Menschen derselben Berufsgruppe zusammenschließen konnte.
29 Vgl. die Wiedergabe der Londoner πελίκη in dem Werk von L. Deubner, *Attische Feste*, Wien und Darmstadt [3]1969, Taf. 3, Abb. 3; Kommentar ebd., S. 65 f.
30 Vgl. Aristophanes, *Die Acharner* 247–262.
31 M. N. Tod, *A Selection of Greek Historical Inscriptions* 1, Oxford [2]1946, S. 88, Nr. 44, Z. 11–13.
32 Siehe Kap. 7, S. 250.
33 Vgl. H. Jeanmaire, *Dionysos. Histoire du culte de Bacchus*, Paris 1951, S. 44–47.
34 Aristophanes, *Die Acharner* 502–508.
35 Siehe Kap. 4, S. 126.
35a Demgegenüber statuiert Deubner, *Attische Feste*, Berlin 1932, S. 112 f., gestützt auf den Ravennater Aristophanes-Scholiasten, Ach. 1076 (Suda χύτροι): »Natürlich durfte niemand von dem Opfer essen« [*E. P.*].
36 Vgl. H. Jeanmaire, *Dionysos. Histoire du culte de Bacchus*, Paris 1951, S. 48–56.
37 Vgl. J. und G. Roux, *Grèce*, Paris 1957, Taf. 74, 75, 104, 105.
38 Vgl. F. Canac, »L'acoustique des théâtres antiques«, in: *La Revue scientifique*, mai–juin 1951, S. 151–166. Dazu jetzt ders., *L'acoustique des théâtres antiques*, Paris 1967.

39 Siehe Kap. 3, S. 101.
39a Zu diesem Fragenkreis am Beispiel des Dionysostheaters in Athen vgl. jetzt M. Maaß, *Die Prohedrie des Dionysostheaters in Athen* (Vestigia 15), München 1972, vor allem S. 77 ff.: Zum Prohedrierecht.
40 Siehe Kap. 7, S. 259.
41 Platon, *Gesetze* 701a.
42 Siehe Kap. 4, S. 143 und Abb. 19.
42a Zum Problem des Euergetismus in der Antike allgemein vgl. P. Veyne, *Le pain et le cirque*, Paris 1976; E. Skard, *Zwei religiös-politische Begriffe: Euergetes–Concordia*, Oslo 1932.
43 Plutarch, *Kimon* 10; vgl. oben Kap. 1, S. 46.
44 Plutarch, *Nikias* 3, hier vor allem 3, 4 f.
45 Zu dieser Benutzung der σκηναί vgl. L. Robert, *Le sanctuaire de Sinuri près de Mylasa I: Les inscriptions grecques* (Mémoires de l'Institut Français d'Archéologie de Stamboul VII), Paris 1945, S. 50, und ders., in: *Hellenica* X, Paris 1955, S. 287, wo auf die Ähnlichkeit mit dem türkischen *çardak* hingewiesen wird. In den arabischen Ländern und namentlich in Ägypten bieten Hochzeiten und andere Ereignisse Gelegenheit, große Stoffzelte aufzuschlagen und darin die Gäste zu bewirten.
46 Vgl. Andokides IV, 29 f.; Isokrates, *Über das Gespann*, passim. Vgl. auch J. Hatzfeld, *Alcibiade. Étude sur l'histoire d'Athènes à la fin du Ve siècle*, Paris ²1951, S. 130 f. und 139 f.
47 Siehe Kap. 4, S. 146 f.
48 Platon, *Apologie* 36d.
49 Siehe Kap. 8, S. 270.
49a Homerische Hymnen, *An Demeter* 480–482.
50 Siehe Kap. 6, S. 202 im Zusammenhang des Bades der Phryne.
51 Vgl. A. Delatte, *Le cycéon, breuvage rituel des mystères d'Éleusis*, Paris 1955, und oben Kap. 7, S. 233.
52 Bei Stobaios V (ed. Hense, Berlin 1912), S. 1089. Vgl. M. P. Nilsson, *Les croyances religieuses de la Grèce antique*, Paris 1956, S. 179. Dt. bei M. P. Nilsson, *Geschichte der griechischen Religion II: Die hellenistische und römische Zeit* (Handbuch der Altertumswissenschaft V, 2. 2), München ²1961, S. 680 mit Anm. 3.
53 Platon, *Der Staat* 364–365a.
54 L. Moulinier, *Orphée et l'Orphisme à l'époque classique*, Paris 1955, S. 115 f.
55 Ch. Michel, *Recueil d'Inscriptions grecques* 1, Brüssel 1900, S. 881, Nr. 1330 [aus Thurioi, Unteritalien, 4. Jh. v. Chr.].
56 Vgl. Plutarch, *Perikles* 6, 2 f., wo die Geburt eines Widders mit nur einem Horn auf dem Landgut des Perikles von dem Seher Lampon und von dem Philosophen Anaxagoras, zwei Freunden des athenischen Staatsmannes, unterschiedlich gedeutet wird.
57 Homer, *Odyssee* XVII, 541–546.
58 Xenophon, *Anabasis* III, 2, 9.
59 Plutarch, *Über die Klugheit der Tiere (De sollertia animalium)* 22 (975 A–B).
60 Euripides, *Elektra* 826–833.
61 Die große Bedeutung der Leber für die Wahrsagung hatte zwei bemerkenswerte Folgen: einmal bewirkte sie eine schon früh fortgeschrittene Kenntnis der Anatomie dieses Organs, und zum zweiten beeinflußte sie unmittelbar die

Theorien Platons und Aristoteles' über die Wahrsagung und – in allgemeinerer Weise – ihre physiologischen Lehren.

62 Weitere Einzelheiten z. B. bei A.-J. Festugière, in: *Histoire générale des Religions*, hrsg. von M. Gorce und R. Mortier, Bd. 2: *Grèce – Rome*, Paris 1944, S. 128–136.

63 Vgl. auch die Voraussage, die Sokrates nach der Verurteilung seinen Richtern vorhält (Platon, *Apologie* 39c–e).

64 Lukian, *Der doppelt Angeklagte* 1 (*Luciani Opera*, hrsg. von M. D. MacLeod, Bd. 2, Oxford 1974, S. 86, Z. 13 ff.).

65 Vgl. insbes. P. Amandry, *La mantique apollinienne à Delphes. Essai sur le fonctionnement de l'Oracle* (BÉFAR 170), Paris 1950; R. Flacelière, »Le délire de la Pythie est-elle une légende?«, in: *REA* 52, 1950, S. 306–324; M. Delcourt, *L'oracle de Delphes*, Paris 1955; H. W. Parke und D. E. W. Wormell, *The Delphic Oracle*, 2 Bde., Oxford 1956.

66 Diese »Ziegenprobe« kennt nur Plutarch in später Zeit, doch wurde sie wahrscheinlich schon in klassischer Zeit praktiziert. Blieb die Ziege unter dem Wasserguß unbeweglich, konnte die Befragung für die Pythia gefährlich oder sogar tödlich sein, vgl. Plutarch, *Über das Verschwinden der Orakel (De defectu oraculorum)* 51 (438 A–C).

67 Zum Einfluß Delphis namentlich J. Defradas, *Les thèmes de la propagande delphique*, Paris [2]1972.

68 R. Flacelière möchte im Anschluß an einige frühere Editionen (vgl. u. a. O. Navarre, *Caractères de Théophraste*, commentaire exégétique et critique, Paris 1924) diese in der Überlieferung verdorbene Stelle mit den Χόες, dem zweiten Tag der Ἀνθεστήρια (vgl. oben S. 274), in Verbindung bringen. Die Einwände gegen diese Konjektur bei P. Steinmetz: Theophrast, *Charaktere*, hrsg. und erkl. von P. S., Bd. 2: *Kommentar und Übersetzung*, München 1962, S. 187–189 [*E. P.*].

69 Ein schlechtes Vorzeichen ebenso wie auch der Schrei der Eule oder ein von Mäusen angenagter Gegenstand, die anschließend erwähnt werden.

70 Aus Thrakien stammender Gott, dessen Kult – wie der der Bendis – seit dem 5. Jh. in Griechenland eindrang. Die Schlange ist eines seiner üblichen Attribute.

71 Es handelt sich um βαίτυλοι, dem Apollon Agreus geweihte Steine, die mit Öl begossen und wie der delphische ὀμφαλός mit Wollbinden behängt wurden.

72 Der ἐξηγητής ist ein Ausleger der göttlichen Dinge; in Athen besitzt er Magistratsrang, vgl. J. H. Oliver, *The Athenian Expounders of Sacred and Ancestral Law*, Baltimore 1950.

73 Vgl. Bion von Borysthenes, in: *Fragmenta Philosophorum Graecorum* coll. [. . .] F. G. A. Mullachius, Bd. 2, Paris 1867 (Nachdr. Aalen 1966), S. 427, Nr. 45; auch in: *Teles*, hrsg. und eingel. von O. Hense, Tübingen [2]1909, S. LIII (aus Klemens von Alexandria, *Stromateis* VII, 4, 24, 4): »Was ist Erstaunliches daran, wenn eine Maus, die nichts zu beißen hat, deinen ledernen Vorratssack anknabbert? Erstaunlich wäre, wie Arkesilaos scherzhaft sagte, wenn der Sack die Maus gefressen hätte!«

74 Eine Göttin der Zauberei und der nächtlichen Erscheinungen, vgl. weiter unten S. 304.

75 Die Tage galten als unheilbringend (ἀποφράδες, sc. ἡμέραι). Zum Siebten

des Monats (statt des Vierundzwanzigsten wie bei Flacelière) vgl. P. Steinmetz, Theophrast, *Charaktere*, hrsg. und erkl. von P. S., Bd. 2: *Kommentar und Übersetzung*, München 1962, S. 199 [*E. P.*].

76 Oder die Hermaphroditen? Der Text der Handschrift ist nicht sicher. Flacelière will mit Siebenkees »Hermaphroditen« in den Text nehmen, vgl. aber P. Steinmetz, Theophrast, *Charaktere*, hrsg. und erkl. von P. S., Bd. 2: *Kommentar und Übersetzung*, München 1962, S. 196–200 [*E. P.*].

77 »Es war Brauch, Hekate an den Wegkreuzungen Speisen darzubringen, die dann dort verdarben. Nach meiner Ansicht handelt es sich hier um Männer, denen die Beseitigung solcher Überreste oblag. Der Abergläubische hält sich für befleckt, wenn er ihnen begegnet« (Anmerkung von O. Navarre, in: O. N., *Caractères de Théophraste*, commentaire exégétique et critique, Paris 1924, zu Kap. XVI, S. 71 f.). [Demgegenüber plädiert P. Steinmetz, Theophrast, *Charaktere*, hrsg. und erkl. von P. S., Bd. 2: *Kommentar und Übersetzung*, München 1962, S. 203–205, mit guten Gründen dafür, daß es sich hier um Bettler handle, die von den der Hekate hingestellten Gaben essen, was dem Abergläubischen als Frevel gelten muß (*E. P.*).]

78 Theophrast, *Charaktere* XVI: Der Abergläubische. Dt. unter Benutzung der Übersetzung von D. Klose, Stuttgart 1970.

79 Menander, Fragment 109 Kock [Bd. 3, S. 33] = *Menandri reliquiae selectae*, rec. F. H. Sandbach, Oxford 1972, S. 304, Fragment 97 (aus Klemens von Alexandria, *Stromateis* VII, 4, 24, 3).

80 Fustel de Coulanges, *La cité antique*, Paris [21]1910, S. 264 (nach Thukydides VII und Plutarch, *Nikias* 23). Dt. unter Benutzung der Übertragung von P. Weiß: *Der antike Staat*, Berlin und Leipzig 1907, S. 271.

81 Platon, *Gorgias* 513a.

82 Pindar, *Vierte Pythische Ode* 213–217.

83 *Catalogue of the Greek and Etruscan Vases in the British Museum* 3, hrsg. von C. H. Smith, London 1896, S. 366 f., Nr. E 774. Abb. bei A. Dumont und J. Chaplain, *Les céramiques de la Grèce propre* 1, Paris 1888, Taf. IX. Vgl. den Aufsatz von J. de la Genière (s. Anm. 84), S. 28 f.

84 J. de la Genière, »Une roue à oiseaux du Cabinet des Médailles«, in: *REA* 60, 1958, S. 27–35.

85 Vgl. Ch. Michel, *Recueil d'Inscriptions grecques* 1, Paris 1900, S. 878 f., Nr. 1319–25, und L. Robert, *Collection Froehner* 1: *Inscriptions grecques*, Paris 1936, S. 12–16, Nr. 11 und 12.

Neuntes Kapitel. Das Gerichtswesen

1 Thukydides I, 130–134.

2 Aristophanes, *Die Wespen* 548–550 und 620 f.

3 J. Carcopino, *L'ostracisme athénien*, Paris [2]1935, S. 5.

4 Siehe Kap. 8, S. 272 und 274.

5 Philochoros, Fragment 79 b = F. Jacoby, *Die Fragmente der griechischen Historiker III B*, Leiden 1950, S. 107, Fragment 30.

6 Vgl. J. Carcopino, *L'ostracisme athénien*, Paris [2]1935, Taf. I–III. Die später gefundenen Ostraka sind in der Zeitschrift *Hesperia* veröffentlicht worden. Bis 1952 waren insgesamt 1650 Ostraka bekannt, vgl. A. E. Raubitschek,

»Ostracism«, in: *Actes du IIe Congrès International d'Épigraphie grecque et latine (Paris 1952)*, Paris 1953, S. 59–74, hier S. 62. Nach E. Vanderpool (s. Literaturverzeichnis), S. 4, belief sich diese Zahl 1972 auf etwa 6500.

7 Vgl. die von Plutarch überlieferte Anekdote anläßlich der Ostrakisierung des Aristeides, oben Kap. 4, S. 129.

8 Plutarch, *Aristeides* 7, 5. Nach Philochoros, Fragment 79 b (s. oben Anm. 5) soll die Zahl 6000 nicht die Mindestzahl der Abstimmenden angeben, vielmehr hätte danach der vom Ostrakismos Betroffene wenigstens durch 6000 Stimmen bezeichnet werden müssen. J. Carcopino, *L'ostracisme athénien*, Paris ²1935, S. 89–104, hat der Behauptung des Philochoros gegenüber der des Plutarch den Vorzug gegeben, doch bleibt der Zweifel bestehen.

9 G. Glotz, *La cité grecque*. Nouvelle édition augmentée [. . .] par P. Cloché, Paris 1953, S. 275.

10 Xenophon, *Hellenika* I, 7.

11 Siehe Kap. 2, S. 61 und 63.

12 Siehe Kap. 2, S. 61.

13 Es handelt sich um die Kapitel 63–65 des *Staats der Athener.* Ich beziehe mich auf zwei Arbeiten von Sterling Dow: *Prytaneis. A Study of the Inscriptions Honoring the Athenian Councillors* (Hesperia, Suppl. I), Athen 1937, S. 198–215: Allotment machines, und: ders., »Aristotle, the Kleroteria, and the Courts«, in: *Harvard Studies in Classical Philology* 50, 1939, S. 1–34.

14 Vgl. Aristophanes, *Die Wespen* 219. 249. 255.

15 R. Dareste, *Les Plaidoyers civils de Démosthène*, traduits en français, avec arguments et notes, Paris 1875, Bd. 1, S. XVII.

16 Aristophanes, *Der Frieden* 452.

17 Aischylos, *Die Eumeniden* 185–190.

18 Das Werk von A. D. Keramopoullos, Ὁ ἀποτυμπανισμός. Συμβολὴ ἀρχαιολογικὴ εἰς τὴν ἱστορίαν τοῦ ποινικοῦ δικαίου καὶ τὴν λαογραφίαν *(Der Apotympanismos. Ein archäologischer Beitrag zur Geschichte des Strafrechts und zur Volkskunde)*, ist 1923 in Athen erschienen, vgl. dazu L. Gernet, »Sur l'exécution capitale«, in: *REG* 37, 1924, S. 261–293.

19 Herodot VII, 33.

20 Plutarch, *Perikles* 28, 2.

21 Aristophanes, *Die Weiber am Thesmophorenfest* 930–1014.

22 Aristophanes, *Die Ritter* 1037–49.

23 L. Gernet, »Sur l'exécution capitale«, in: *REG* 37, 1924, S. 264 f.

24 Vgl. K. Latte, in: *RE* Suppl. VII (1940), Sp. 1606–08: »Todesstrafe« [der bei der Interpretation der hier angeführten Stellen allerdings vielfach andere Auffassungen vertritt (*E. P.*)].

25 Platon, *Der Staat* 439e.

26 Herodot IX, 5.

27 Vgl. G. Glotz, *La solidarité de la famille dans le droit criminel en Grèce*, Paris 1904, S. 403 ff. und passim.

28 Platon, *Phaidon* 118a.

Zehntes Kapitel. Das Kriegswesen

1 Vgl. die bemerkenswerte Untersuchung von J. de Romilly, *Thucydide et l'impérialisme athénien*, Paris ²1951, sowie das anregende Buch von A. Thibaudet, *La campagne avec Thucydide*, Paris 1922.
2 Siehe Kap. 5, S. 195 f.
3 Vgl. J. Labarbe, *La loi navale de Thémistocle*, Paris 1957.
4 Siehe Kap. 4, S. 117–122.
5 Plutarch, *Lykurgos* 24, 1.
6 Xenophon, *Der Staat der Lakedaimonier* 11, 5–10. Vgl. die Ausgabe von F. Ollier: *La République des Lacédémoniens*, Lyon 1936, und seinen Kommentar ebd., S. 57–62. Die dort gegebenen Skizzen machen die Verhältnisse ausreichend deutlich.
7 Herodot VII, 208. Es handelt sich gewiß um einen Ritus, der auch andernorts anzutreffen ist, vgl. den Anfang des Deboraliedes (*AT*, Richt. 5, 2): »In Israel haben die Krieger ihr Haar entknotet« (d. h. sich zum Kampf bereit gemacht). [Diese eigenwillige Übersetzung verfehlt wohl den Sinn der Stelle (*E. P.*).] Die Beduinen kennen diesen Brauch vor der Schlacht noch heute.
8 Herodot IX, 28.
9 Xenophon, *Hellenika* VI, 4, 15.
10 Vgl. L. Lacroix, »Le bouclier, emblème des Béotiens«, in: *RBPh* 36, 1958, S. 5–30 mit Taf. II–IV.
11 Plutarch, *Über die Liebe (Erotikos)* 761 B. »Das Wesen der griechischen Knabenliebe besteht in der Kameradschaft von Kriegern« (nach H.-I. Marrou, *Histoire de l'éducation dans l'antiquité*, Paris ⁶1965, S. 62; dt. Ausg. von R. Harder, übers. von Ch. Beumann: *Geschichte der Erziehung im klassischen Altertum*, Freiburg i. Br. 1957, S. 48; s. oben Kap. 4, S. 153–157.
12 Siehe Kap. 4, S. 122–129.
13 Xenophon, *Hellenika* VI, 1, 5.
14 Aristoteles, *Der Staat der Athener* 53, 4. Er unterscheidet sorgfältig die 42 Eponymen der militärischen Jahrgänge von denen der 10 Phylen.
15 Thukydides II, 13; vgl. G. Glotz und R. Cohen, *Histoire grecque* 2, Paris 1931, S. 223 ff.
16 Aristophanes, *Die Wespen* 578. Dort sagt der Heliast Philokleon: »Bei der Prüfung der Knaben erlaubt das Gesetz uns Richtern, ihr Glied zu beschauen.«
17 Vgl. L. Robert, *Études épigraphiques et philologiques*, Paris 1938, S. 296–307.
18 Aristoteles, *Der Staat der Athener* 42, 3.
19 Siehe Kap. 6, S. 215, und zur Farbe P. Roussel, »Les chlamydes noires des éphèbes athéniens«, in: *REA* 43, 1941, S. 163–165. Zu einem anderen Ergebnis kommt jüngst P. G. Maxwell-Stuart, »Remarks on the Black Cloaks of the Ephebes«, in: *PCPhS* 16, 1970, S. 113–116 [*E. P.*].
20 Aristoteles, *Der Staat der Athener* 42, 3.
21 A. Martin, *Les cavaliers athéniens* (BÉFAR 47), Paris 1886, S. 327.
22 Aristoteles, *Der Staat der Athener* 42, 4.
23 Vgl. L. Robert, »Péripolarques«, in: *Hellenica* X, Paris 1955, S. 283–292.
24 J. Pouilloux, *La forteresse de Rhamnonte* (BÉFAR 179), Paris 1954, S. 81 f.
25 Vgl. z. B. den Hopliten Aristion bei J. und G. Roux, *Grèce*, Paris 1957, Taf. 80, die Abschiedsszene des Kriegers bei Ch. Dugas, *Aison et la peinture céramique à Athènes à l'époque de Périclès*, Paris 1930, Abb. 3, und die zahlreichen Tafeln des Werkes von P. Couissin, *Les institutions militaires et na-*

vales (La vie publique et privée des anciens Grecs VIII), Paris 1932, hier vor allem Taf. VII–XXI. Für eine weiter zurückliegende Epoche ist von Interesse P. Courbin, »Une tombe géometrique d'Argos«, in: *BCH* 81, 1957, S. 322–386 mit Taf. I–IV.

26 Vgl. Aristophanes, *Der Frieden* 303 und 1172 f.

27 Siehe Kap. 4, S. 149 f.

28 Herodot VI, 112.

29 A. Plassart, »Les archers d'Athènes«, in: *REG* 26, 1913, S. 202.

30 A. Plassart, ebd., S. 187–195.

31 G. Glotz und R. Cohen, *Histoire grecque* 2, Paris 1931, S. 343 f.

32 Xenophon, *Von der Reitkunst* 12.

33 Vgl. H. Bengtson, »Aus der Lebensgeschichte eines griechischen Distanzläufers«, in: *Symbolae Osloenses* 32, 1956, S. 35–39; jetzt in: H. B., *Kleine Schriften zur Alten Geschichte*, München 1974, S. 208–212; neuerdings V. J. Matthews, »The Hemerodromoi. Ultra-long distance running in Antiquity«, in: *CW* 58, 1974, S. 161–169.

34 Vgl. Aischylos, *Agamemnon* 8–10, 279–316, und vor allem Thukydides II, 94, 1. Zur Erläuterung s. z. B. H. Diels, *Antike Technik. Sieben Vorträge*, Osnabrück 1965 (Neudr. der 2./3. Aufl. Stuttgart 1920/1924), S. 71 ff.: Antike Telegraphie.

35 Herodot IX, 61 f.

36 Plutarch, *Theseus* 35, 5.

37 Vgl. G. Ch. Picard, *Les trophées romains. Contribution à l'histoire de la Religion et de l'Art triomphal de Rome* (BÉFAR 187), Paris 1957, S. 13–64: Du trophée grec.

38 Plutarch, *Warum weissagt Pythia jetzt nicht in Versen (De Pythiae oraculis)* 15 (401 C–D).

39 Aristophanes, *Der Frieden* 528 f.

40 Vgl. das Flachrelief bei G. Fougères, *Athènes*, Paris 1912, S. 143 [oder bei K. Papaioannou, *Griechische Kunst* (Ars antiqua, Bd. 4), Freiburg i. Br. 1972, Abb. 565; ein gutes Foto, auch der Inschrift, bietet E. Panofsky, *Grabplastik. Vier Vorlesungen über ihren Bedeutungswandel von Alt-Ägypten bis Bernini*, Köln 1964, Abb. 34]. Die Inschriften bei M. N. Tod, *A Selection of Greek Historical Inscriptions* 2, Oxford 1948, S. 18–21, Nr. 104 und 105.

41 Platon, *Das Gastmahl* 221a–b. Der angeführte Aristophanes-Vers – der Komödienschreiber ist bei dem Gastmahl anwesend – ist V. 362 der *Wolken*.

42 Vgl. J. Pouilloux, *La forteresse de Rhamnonte*, Paris 1954, S. 9–66.

43 Aischines, *Über die Gesandtschaft* 115.

44 Aineias der Taktiker, in: *Aeneas Tactius, Asclepiodotus, Onasander*, with an English Translation by Members of the Illinois Greek Club (Loeb Classical Library), London und New York 1923. Zur Rolle der Hunde vgl. P. Roussel, »Les κυνηγοί à l'époque hellénistique et romaine«, in: *REG* 43, 1930, S. 361–371.

45 Plutarch, *Themistokles* 4; das Zitat 4, 3. Platon und andere Philosophen waren der Ansicht, eine Kriegsflotte sei für den Staat von Übel.

46 Siehe Kap. 5, S. 167 und 181 f.

47 Vgl. J. Labarbe, *La loi navale de Thémistocle*, Paris 1957, S. 42.

48 Zur Handelsflotte s. Kap. 5, S. 191–196.

49 Vgl. die Tafeln XXVII–XXIX des Buches von P. Couissin, *Les institutions militaires et navales*, Paris 1932.

50 P. Couissin, ebd., S. 97 f.
51 Thukydides II, 93, 2.
52 Siehe Kap. 8, S. 284.
53 Thukydides VI, 30–32, 2.
54 Die *Paralos* brachte die Schreckensnachricht von der Katastrophe an den Ziegenflüssen (Aigospotamoi) nach Athen, vgl. Xenophon, *Hellenika* II, 2, 3.
55 Xenophon, *Hellenika* VI, 2, 27–30.
56 Plutarch, *Lykurgos* 27, 2 f.; vgl. R. Flacelière, »Les funérailles spartiates: ›Lycurgue‹ XXVII, 2 f.«, in: *REG* 61, 1948, S. 403–405.
57 Thukydides II, 34.
58 Vgl. z. B. M. N. Tod, *A Selection of Greek Historical Inscriptions* 1, Oxford ²1946, S. 100–102, Nr. 48, und S. 127 f., Nr. 59.
59 Aischines, *Gegen Ktesiphon* 154.
60 Plutarch, *Solon* 31, 2.
61 Aristoteles, *Der Staat der Athener* 49, 4.
62 Thukydides V, 84–116; Zitat 116, 3 f.
63 G. Glotz und R. Cohen, *Histoire grecque* 3, Paris 1936, S. 42.

Zusammenfassung

1 Ch. Picard, *La vie privée dans la Grèce classique*, Paris 1930, S. 97.
2 Ch. Picard, ebd.
3 N. Kazantzakis, *Du mont Sinaï à l'île de Vénus. Carnets de voyage*, Paris 1958, S. 205 f.; der Anfang auch dt. in: N. K., *Vom Zauber der griechischen Landschaft*, München und Berlin 1976, S. 44.
4 So der Titel eines Buches von F. Ollier über die Idealisierung Spartas: *Le mirage spartiate. Étude sur l'idéalisation de Sparte dans l'Antiquité grecque de l'origine aux Cyniques*, Paris 1933.
5 Vgl. J. Defradas, *Les thèmes de la propagande delphique*, Paris ²1972, S. 268–283.
6 Vgl. A. Diès, *Platon*, Paris 1930.
7 Vgl. R.-A. Gauthier, *Magnanimité. L'idéal de la grandeur dans la philosophie païenne et dans la théologie chrétienne*, Paris 1951. [Vgl. aber den Kommentar von F. Dirlmeier zu Aristoteles, *Nikomachische Ethik* 1123 a 34, in: Aristoteles, *Nikomachische Ethik*, übers. von F. Dirlmeier, Berlin 1956 (Aristoteles, *Werke in deutscher Übersetzung*, Bd. 6), S. 370–372 (*E. P.*).]
8 Siehe Kap. 8, S. 301–303.
9 A.-J. Festugière, »Sur une épitaphe de Simonide«, in: *Vie intellectuelle*, 25. Januar 1937, S. 302.
10 *Ilias* XXIV, 527 ff. Vgl. R. Flacelière, in: *Homère* (Bibliothèque de la Pléiade CXV), Paris 1955, Einführung S. 47–50.
11 Theognis 425–428.
12 So die implizite Schlußfolgerung der Geschichte der beiden argivischen Zwillingsbrüder Kleobis und Biton (Herodot I, 31), deren Statuen bekanntlich bei den Ausgrabungen in Delphi wiedergefunden wurden. [Siehe die Abb. bei R. Lullies, *Griechische Plastik von den Anfängen bis zum Ausgang des Hellenismus*, München ²1960, Taf. 14 und 15.]
13 Euripides, Fragment 499.

Bibliographie

Die hier zusammengestellte Bibliographie beabsichtigt nicht mehr, als dem Leser einige Hinweise zur weiterführenden und vertiefenden Lektüre an die Hand zu geben. Vollständigkeit zu beanspruchen liegt ihr nicht nur aus Raumgründen fern. Bei der Auswahl wurde der Schwerpunkt auf Gesamtdarstellungen und breitere monographische Abhandlungen, wenn vorhanden, neueren Datums gelegt; Aufsätze fanden nur in Einzelfällen Berücksichtigung.
Umfangreichere Literaturnachweise bieten die angegebenen Handbücher und die einschlägigen bibliographischen Hilfsmittel wie u. a. *L'Année philologique*, Paris 1924 ff., die jährlich vier Beilagen der Rezensionszeitschrift *Gnomon*, Berlin, dann München 1925 ff., die *Archäologische Bibliographie*, Berlin 1913 ff. sowie die Forschungsberichte in der Zeitschrift *Lustrum*, Göttingen 1956 ff.
Abgesehen von der Auswahl allgemeinerer Literatur, insbesondere auch der eher »politisch« akzentuierten Geschichtsbetrachtung zuzurechnender Werke, die hier an den Anfang gestellt wurde, folgt die Anordnung der Titel im allgemeinen soweit wie möglich den Kapiteln und Abschnitten des Buches. Es versteht sich dabei von selbst, daß zu zahlreichen Themen nicht zu vernachlässigende Ausführungen auch in Büchern zu finden sind, die aufgrund ihrer vorwiegenden Thematik unter einer anderen Rubrik aufgeführt wurden. Gelegentliche Querverweise sollen die Lücken schließen helfen.
Die Zeitschriften werden mit den in der *Année philologique* verbindlichen Abkürzungen zitiert.

Allgemeine Werke

Enzyklopädien und Lexika

Daremberg, Ch., E. Saglio und É. Pottier: *Dictionnaire des antiquités grecques et romaines*, Paris 1877–1919.

Devambez, P., avec la collaboration de R. Flacelière, P. M. Schuhl et R. Martin: *Dictionnaire de la civilisation grecque*, Paris 1966; engl. u. d. T.: *A Dictionary of Ancient Greek Civilization*, London 1967.

Enciclopedia dell'arte antica classica ed orientale, 7 Bde. und 1 Suppl.-Bd., Florenz 1958 ff.

Lavedan, P.: *Dictionnaire illustré de la mythologie et des antiquités grecques et romaines*, Paris 1931.

Lexikon der Alten Welt, hrsg. von C. Andresen [u. a.], Zürich und Stuttgart 1965; jetzt auch als Taschenbuchausg.: *dtv-Lexikon der Antike*, 13 Bde., München 1969 ff.

Lübker, F.: *Reallexikon des klassischen Altertums*, 8. Aufl. bes. von J. Geffcken und E. Ziebarth, Leipzig 1914.

The Oxford Classical Dictionary, ed. by N. G. L. Hammond and H. H. Scullard, Oxford ²1970.

»Der kleine Pauly«. Lexikon der Antike, hrsg. von K. Ziegler und W. Sontheimer, Stuttgart 1963 ff.

Paulys Realencyclopädie der classischen Altertumswissenschaften. Neue Bearb. von G. Wissowa, fortgef. von W. Kroll und K. Mittelhaus, [. . .] hrsg. von K. Ziegler, Stuttgart, [dann] München 1893 ff.

Vial, C.: *Lexique d'antiquités grecques*, Paris 1972 (Coll. U 2).

Historische Gesamtdarstellungen und Einzelstudien zur politischen Geschichte

Aymard, A., und J. Auboyer: *L'Orient et la Grèce antique*, Bd. 1, Paris [3]1957 (Histoire générale des civilisations I).

Bayer, E.: *Griechische Geschichte*, Stuttgart 1968 (Kröner TB 362).

Bayer, E.: *Grundzüge der griechischen Geschichte*, Darmstadt [4]1973.

Beloch, K. J.: *Griechische Geschichte*, 4 Bde., Berlin 1967 (Neudr. der 2. Aufl. Straßburg und Berlin 1912–27).

Bengtson, H. (Hrsg.): *Griechen und Perser. Die Mittelmeerwelt im Altertum* 1, Frankfurt a. M. 1965 (Fischer Weltgeschichte 5).

Bengtson, H.: *Griechische Geschichte. Von den Anfängen bis in die römische Kaiserzeit*, München [4]1969 (Handbuch der Altertumswissenschaft III, 4).

Berve, H.: *Griechische Geschichte*, Bd. 2: *Blütezeit des Griechentums*, Freiburg i. Br. [2]1961 (Herder TB 56).

Busolt, G.: *Griechische Geschichte*, 3 Bde., Gotha 1893–1904; Neudr. Hildesheim 1968.

The Cambridge Ancient History, ed. by J. B. Bury, S. A. Cook, F. E. Adcock, Bd. 5 und 6, Cambridge 1927.

Cook, R. M.: *The Greeks till Alexander*, London 1961.

Finley, M. I.: *Die Griechen. Eine Einführung in ihre Geschichte und Zivilisation*, München 1976.

Giannelli, G.: *Trattato di storia greca*, Rom [3]1954.

Glotz, G., und R. Cohen: *Histoire grecque*, Bd. 1–3, Paris 1925–36 (Histoire générale éd. par G. Glotz, Histoire ancienne II, 1–II, 3).

Hammond, N. G. L.: *A History of Greece to 322 B. C.*, Oxford [2]1967.

Hammond, N. G. L.: *Studies in Greek History. A Companion Volume to A History of Greece to 322 B. C.*, Oxford 1973.

Hammond, N. G. L.: *The Classical Age of Greece*, London 1975.

Hatzfeld, J.: *Histoire de la Grèce ancienne*, Paris 1975.

Heuß, A.: »Hellas. Die archaische Zeit. Die klassische Zeit«, in: *Propyläen Weltgeschichte. Eine Universalgeschichte*, hrsg. von G. Mann und A. Heuß, Bd. 3, Berlin [u. a.] 1962, S. 69–400; Neudr. München 1976.

Ἱστορία τοῦ ἑλληνικοῦ ἔθνους. Bd. III 1/2: κλασσικὸς ἑλληνισμός, Athen 1972; engl. u. d. T.: *A History of the Hellenic World*, Bd. III 1/2: *The Classical Era*, Athen und London [i. Vorb.].

Laistner, M. L. W.: *A History of the Greek World from 479 to 323 B. C.*, London 1970 [zuerst ebd. 1936].

Meyer, Ed.: *Geschichte des Altertums*, Bd. IV, 1–V, 5. bzw. 6. Aufl., Darmstadt 1965/69.

Pavan, M.: *Il momento del »classico« nella Grecità politica*, Rom 1972.

Pugliese Carratelli, G.: *Storia greca*, Mailand 1975 [zuerst 1967].

Schachermeyr, F.: *Die frühe Klassik der Griechen*, Stuttgart 1966.

Schachermeyr, F.: *Griechische Geschichte. Mit besonderer Berücksichtigung der geistesgeschichtlichen und kulturmorphologischen Zusammenhänge*, Stuttgart [u. a.] ²1969.

Sealy, R.: *A History of the Greek City States, 700–338 B. C.*, Berkeley und Los Angeles 1976.

Weiler, I.: *Griechische Geschichte. Einführung – Quellenkunde – Bibliographie*, Darmstadt 1976.

Wilcken, U.: *Griechische Geschichte im Rahmen der Altertumsgeschichte*, Darmstadt 1973 (Neudr. der Ausg. Berlin ⁹1962).

Will, É.: *Le monde grec et l'Orient*, Bd. 1: *Le Ve siècle (510–403)*, Paris 1972 (Coll. Peuples et civilisations II, 1).

Will, É., C. Mossé und P. Goukowsky: *Le monde grec et l'Orient*, Bd. 2: *Le IVe siècle et l'époque hellénistique*, Paris 1975 (Coll. Peuples et civilisations II, 2).

Accame, S.: *L'imperialismo ateniese all'inizio del secolo IV a. C. e la crisi della polis*, Neapel ²1966.

Aurenche, O.: *Les groupes d'Alcibiade, de Léagoras et de Teucros. Remarques sur la vie politique athénienne en 415 av. J.-C.*, Paris 1974.

Barbieri, V.: *I Greci nell'età di Pericle*, 2 Bde., Turin 1964.

Bayer, E., und J. Heideking: *Die Chronologie des perikleischen Zeitalters*, Darmstadt 1975 (Erträge der Forschung 36).

Beloch, J.: *Die attische Politik seit Perikles*, Darmstadt 1967 (Neudr. der Ausg. Leipzig 1884).

Berve, H.: *Die Tyrannis bei den Griechen*, 2 Bde., München, [zugleich] Darmstadt 1967.

Blumenthal, E.: *Die altgriechische Siedlungskolonisation im Mittelmeerraum unter besonderer Berücksichtigung der Südküste Kleinasiens*, Tübingen 1963 (Tübinger Geographische Studien 10).

Boer, W. den: *Laconian Studies*, Amsterdam 1954.

Bringmann, K.: *Studien zu den politischen Ideen des Isokrates*, Göttingen 1965 (Hypomnemata 14).

Buchner, E.: *Der Panegyrikos des Isokrates. Eine historisch-philologische Untersuchung*, Wiesbaden 1958 (Historia Einzelschriften 2).

Burn, A. R.: *Persia and the Greeks*, London 1962.

Cloché, P.: *La politique étrangère d'Athènes de 404 à 338 av. J.-C.*, Paris 1934.

Cloché, P.: *Le monde grec aux temps classiques (500–336 av. J.-C.)*, Paris 1958.

Connor, W. R.: *The New Politicians of Fifth-Century Athens*, Princeton 1971.

Cook, J. M.: *The Greeks in Ionia and the East*, London 1962.

Dobesch, G.: *Der panhellenische Gedanke im 4. Jahrhundert und der ›Philippos‹ des Isokrates. Untersuchungen zum korinthischen Bund*, Bd. 1, Wien 1968.

Ehrenberg, V.: *From Solon to Socrates. Greek History and Civilization during the Sixth and Fifth Centuries B. C.*, London ²1973.

Ferrabino, A.: *L'impero ateniese*, Turin 1927; Neudr. Rom 1972 (Studia Historica 106).

Finley, M. I.: *Ancient Sicily to the Arab Conquest*, London 1968.

Forrest, W. G.: *A History of Sparta 950–192 B. C.*, Oxford 1968.

Gehrke, H. J.: *Phokion. Studien zur Erfassung seiner historischen Gestalt*, München 1976 (Zetemata 64).
Green, P.: *Armada from Athens*, London [u. a.] 1970.
Green, P.: *The Year of Salamis 480–479 B. C.*, London 1970.
Hatzfeld, J.: *Alcibiade. Étude sur l'histoire d'Athènes à la fin du Ve siècle*, Paris ²1951.
Hellenische Poleis. Krise – Wandlung – Wirkung, hrsg. von E. Ch. Welskopf, 4 Bde., Berlin, [gleichzeitig] Darmstadt 1974 [zahlreiche Beiträge unterschiedlicher Qualität zu vielen der hier angesprochenen Themen].
Jones, A. H. M.: *Sparta*, Oxford 1967.
Kiechle, F.: *Lakonien und Sparta*, Berlin 1963 (Vestigia 5).
Lévêque, P., und P. Vidal-Naquet: *Clisthène l'Athénien. Essai sur la représentation de l'espace et du temps dans la pensée politique grecque de la fin du VIe siècle à la mort de Platon*, Paris 1964 (Annales litt. de l'Université de Besançon 65).
Lévy, E.: *Athènes devant la défaite de 404. Histoire d'une crise idéologique*, Paris 1976 (BÉFAR 225).
Littman, R. J.: *The Greek Experiment. Imperialism and Social Conflict 500–400 B. C.*, London 1974.
Maddoli, G.: *Cronologia e storia. Studi comparati sull'›Athenaion Politeia‹ di Aristotele*, Perugia 1975.
Meier, Ch.: »Clisthène et le problème politique de la polis grecque«, in: *RIDA* 20, 1973, S. 115–159.
Meiggs, R.: *The Athenian Empire*, Oxford 1972.
Mossé, C.: *La fin de la démocratie athénienne. Aspects sociaux et politiques du déclin de la cité grecque au IVe siècle av. J.-C.*, Paris 1962.
Mossé, C.: *La tyrannie dans la Grèce antique*, Paris 1969 (Coll. Hier).
Mossé, C.: *La colonisation dans l'Antiquité*, Paris 1970 (Coll. FAC).
Mossé, C.: *Histoire d'une démocratie, Athènes. Des origines à la conquête macédonienne*, Paris 1971 (Coll. Points Histoire I).
Mossé, C.: *Athens in Decline, 404–86 B. C.*, London und Boston 1973.
Ostwald, M.: *Nomos and the Beginning of the Athenian Democracy*, Oxford 1969; Rez. Ch. Meier in: *HZ* 218, 1974, S. 372–376.
Raubitschek, A. E.: »The Case against Alcibiades (Andocides IV)«, in: *TAPhA* 79, 1948, S. 191–210.
Romilly, J. de: *Thucydide et l'impérialisme athénien*, Paris ²1952; engl. Übers. mit Nachträgen: *Thucydides and Athenian Imperialism*, New York 1963.
Roussel, P.: *Sparte*, Paris ²1960.
Ryder, T. T. B.: *Koine Eirene. General Peace and Local Independance in Ancient Greece*, Oxford 1965.
Ryffel, H.: ΜΕΤΑΒΟΛΗ ΠΟΛΙΤΕΙΩΝ. *Der Wandel der Staatsverfassungen*, Bern 1949 (Noctes Romanae 2); Neudr. New York 1973.
Sainte-Croix, G. E. M. de: *The Origins of Peloponnesian War*, Ithaca (N. Y.) 1972.
Sanctis, G. de: *Atthís. Storia della repubblica ateniese dalle origini alla età di Pericle.* Nuova edizione con le aggiunte dell'autore. Premessa di S. Accame con documenti inediti, Florenz 1975 (Il pensiero storico 66).
Schachermeyr, F.: *Die Sieger der Perserkriege*, Göttingen 1974 (Persönlichkeit und Geschichte 82).
Schachermeyr, F.: *Perikles*, Stuttgart [u. a.] 1969.

Schäfer, H.: *Staatsform und Politik. Untersuchungen zur griechischen Geschichte des 6. und 5. Jahrhunderts*, Leipzig 1932; Neudr. Rom 1972 (Studia Hist. 117).
Schuller, W.: *Die Herrschaft der Athener im ersten Attischen Seebund*, Berlin 1974.
Tigerstedt, E. N.: *The Legend of Sparta in Classical Antiquity*, 2 Bde., Stockholm [u. a.] 1965–74.
Warner, R.: *Men of Athens. The Story of Fifth-Century Athens*, London 1972.
Wes, M. A.: »Democratie en imperialisme in Athene. De vijfde eeuw. De vierde eeuw«, in: *Lampas* 6, 1973, S. 16–56.
Whibley, L.: *Greek Oligarchies. Their Character and Organization*, Cambridge 1955; Neudr. Rom 1968.
Woodhead, A. G.: *The Greeks in the West*, London 1962.

Griechische Inschriften als Zeugnisse des privaten und öffentlichen Lebens. Griechisch und deutsch, hrsg. von G. Pfohl, München und Darmstadt 1965.
Lewis, N.: *Greek Historical Documents. The Fifth Century B. C.*, Toronto 1971.
Meiggs, R., und D. Lewis: *A Selection of Greek Historical Inscriptions to the End of the Fifth Century B. C.*, Oxford 1969.
Tod, M. N.: *A Selection of Greek Historical Inscriptions*, Bd. 1: *To the End of the Fifth Century*, Oxford ²1946; Bd. 2: *From 403 to 323 B. C.*, Oxford 1948.
Vannier, F.: *Le IVᵉ siècle grec*, Paris 1967 (Coll. U 2 [eine Sammlung von Quellen in frz. Übers. mit hist. Einl.]).

Gesamtdarstellungen der Kultur- und Sittengeschichte

Adorno, F. [u. a.]: *Tutto su Atene classica. Panorama di una civiltà.* 335 illustrazioni a colori, Florenz ²1966; dt. u. d. T.: *Athen und seine große Zeit*, Würzburg 1976.
Blanck, H.: *Einführung in das Privatleben der Griechen und Römer*, Darmstadt 1976 [neuere Literatur in Auswahl].
Bonnard, A.: *Civilisation grecque*, 3 Bde., Lausanne 1958/59.
Botsford, G. W., und E. G. Sihler (Hrsg.): *Hellenic Civilization*, New York 1920 [mit Neudrr.].
Bowra, C. M.: *Griechenland. Von Homer bis zum Fall Athens*, München 1974 (Kindlers Kulturgeschichte II); zuerst dt. u. d. T.: *Griechenland von Homer bis 404 v. Chr.*, Zürich 1960.
Bowra, C. M.: *Periclean Athens*, Hammondsworth (Middlesex) 1974, [zuerst] London 1971.
Chamoux, F.: *Griechische Kulturgeschichte*, München 1966; urspr. frz. u. d. T.: *La civilisation grecque à l'époque archaïque et classique*, Paris 1963 (Les grandes civilisations II).
Cloché, P.: *La civilisation athénienne*, Paris 1927.
Croiset, M.: *La civilisation de la Grèce antique*, Neudr. Paris 1969 (Petite Bibliothèque Payot 133).
Delvoye, Ch., G. Roux [u. a.]: *La civilisation grecque de l'Antiquité à nos jours*, 2 Bde., Brüssel 1967.
Déonna, W.: *La vie privée des Déliens*, Paris 1948.
Excavations of the Athenian Agora. Picture Books, hrsg. von der American School

of Classical Studies at Athens, H. 1 ff., Princeton (N. J.) 1960 ff. [verschiedene Auflagen; die Hefte, bisher 15, sind jeweils einem besonderen Thema gewidmet und bieten durch ihr reiches Bildmaterial einen ansprechenden Einblick in die verschiedenen Bereiche der athenischen Zivilisation im Lauf der antiken Geschichte].

Friedell, E.: *Kulturgeschichte Griechenlands*, München 1950, [zuletzt] 1976.

Gigon, O.: *Die Kultur der Griechen*, Frankfurt a. M. 1973 (Separatausg. aus dem *Handbuch der Kulturgeschichte*).

Hampe, R., und E. Simon: *Griechisches Leben im Spiegel der Kunst*, Mainz 1959.

Harder, R.: *Eigenart der Griechen. Einführung in die griechische Kultur*, hrsg. von W. Marg, Freiburg i. Br. 1962 (Herder TB 120); T. 1 auch in: R. H., *Kleine Schriften*, hrsg. von W. Marg, München 1960, S. 1–38.

L'héritage vivant de l'Antiquité grecque – The Living Heritage of Greek Antiquity, hrsg. von der Fondation Européenne de la Culture, Den Haag und Paris 1967 [Aufsätze zu verschiedenen Bereichen griechischer Geschichte und Kultur].

Hermann, K. F.: *Lehrbuch der griechischen Privatalterthümer*, 3. Aufl. bes. von H. Blümner, Freiburg i. Br. 1882.

Kitto, H. D. F.: *Die Griechen*, Frankfurt a. M. 1960 (Fischer Bücherei 356).

Kranz, W.: *Griechentum. Eine Geschichte der griechischen Kultur und Literatur*, Baden-Baden und Stuttgart o. J. [1952 oder später].

Levi, M. A.: *La Grecia antica*, Turin 1963 (Società e Costume I).

Müller, I.: *Die griechischen Altertümer. Die Privataltertümer*, München ²1892 (Handbuch der classischen Altertumswissenschaften IV, 1. 3).

Müller, R. (Hrsg.): *Kulturgeschichte der Antike*, Bd. 1: *Griechenland*, Berlin 1976 (Veröffentlichungen des Zentralinstituts für Alte Geschichte und Archäologie 6/1).

Nouhaud, P.: *Panorama du siècle de Périclès*, Paris 1960.

Picard, Ch.: *La vie privée dans la Grèce classique*, Paris 1930.

Picard, Ch.: *La vie dans la Grèce classique*, Paris ⁸1973 (Coll. Que sais-je? 231).

Robinson, C. E.: *Everyday Life in Ancient Greece*, Oxford 1936 [zuerst 1933].

Webster, T. B. L.: *Everyday Life in Classical Athens*, London und New York 1969.

Webster, T. B. L.: *Athenian Culture and Society*, London 1973.

Literatur, Geschichtsschreibung, Philosophie

Dihle, A.: *Griechische Literaturgeschichte*, Stuttgart 1967 (Kröner TB 199).

Flacelière, R.: *Griechische Literaturgeschichte*, dt. von E. Pöhlmann, München 1966.

Lesky, A.: *Geschichte der griechischen Literatur*, Bern und München ³1971.

Schmid, W., und O. Stählin: *Geschichte der griechischen Literatur*, München 1929 ff. (Handbuch der Altertumswissenschaft VII, 1. 2).

Snell, B.: *Dichtung und Gesellschaft. Studien zum Einfluß der Dichter auf das soziale Denken und Verhalten im alten Griechenland*, Hamburg 1965.

Barker, E.: *Greek Political Theory*, London ³1947; Neudr. 1960.

Finley, M. I.: *The Greek Historians*, London 1959.

Fritz, K. von: *Die Griechische Geschichtsschreibung*, Bd. 1 [in 2 Bdn.]: *Von den Anfängen bis Thukydides*, Berlin 1967.

Grant, M.: *The Ancient Historians*, London 1970; dt. u. d. T.: *Klassiker der antiken Geschichtsschreibung*, München 1974.
Herodot. Eine Auswahl aus der neueren Forschung, hrsg. von W. Marg, Darmstadt [2]1968 (Wege der Forschung 26 [Literatur]).
Histoire et historiens dans l'Antiquité, par K. Latte [et al.], Genf und Vandœuvres 1956 (Fondation Hardt. Entretiens sur l'Antiquité classique 4).
Sinclair, T. A.: *A History of Greek Political Thought*, London 1952.
Starr, Ch. G.: *The Awakening of Greek Historical Spirit*, New York 1968.
Strasburger, H.: *Die Wesensbestimmung der Geschichte durch die antike Geschichtsschreibung*, Wiesbaden [3]1975.
Thukydides, hrsg. von H. Herter, Darmstadt 1968 (Wege der Forschung 98).
Weber-Schäfer, P.: *Einführung in die antike politische Theorie*, 2 Tle., Darmstadt 1976 [Literatur].

Guthrie, W. K. C.: *A History of Greek Philosophy* [bisher 4 Bde.], Cambridge 1962 ff.
Ueberweg, F.: *Grundriß der Geschichte der Philosophie*, Bd. 1: *Die Philosophie des Altertums*, hrsg. von K. Praechter, Berlin [12]1926; Neudr. Darmstadt 1967.

Archäologie und Kunstgeschichte

Boardman, J., J. Dörig, W. Fuchs und M. Hirmer: *Die griechische Kunst*, München [3]1976.
Charbonneaux, J., R. Martin und F. Villard: *Das klassische Griechenland 480 bis 330 v. Chr.*, München 1971 (Universum der Kunst).
Devambez, P.: *L'art au siècle de Périclès*, Lausanne 1955.
Kraiker, W.: *Funde in Athen*, Göttingen, [zugleich] Darmstadt 1971.
MacKendrick, P.: *The Greek Stones Speak. The Story of Archaeology in Greek Lands*, London [zuletzt] 1970; dt. u. d. T.: *Hellas' steinernes Erbe*, Wiesbaden 1965.
Papaioannou, K.: *Griechische Kunst*, Freiburg i. Br. 1972 (Ars Antiqua 4).
Pollitt, J. J.: *Art and Experience in Classical Greece*, Cambridge 1972.
Richter, G. M. A.: *Handbuch der griechischen Kunst*, Köln und Berlin 1966.
Robertson, R.: *A History of Greek Art*, 2 Bde., Cambridge 1975.
Schefold, K.: *Klassisches Griechenland*, Baden-Baden 1965.
Schefold, K.: *Die Griechen und ihre Nachbarn*, Berlin 1967 (Propyläen Kunstgeschichte 1).
Schuchhardt, W.-H.: *Griechische Kunst*, Stuttgart 1968 (Belser Stilgeschichte 2).
Schuchhardt, W.-H.: *Geschichte der Griechischen Kunst*, Stuttgart 1971.
Webster, T. B. L.: *Greek Art and Literature 530–400 B. C.*, London 1939.

Arias, P. E., B. B. Shefton und M. Hirmer: *A History of Greek Vase Painting*, London 1962, [zuvor dt.:] *Tausend Jahre griechische Vasenkunst*, München 1960.
Boardman, J.: *Athenian Black Figure Vases: a Handbook*, London 1974.
Boardman, J.: *The Athenian Red Figure Vases. The Archaic Period: a Handbook*, London 1975.
Buschor, E.: *Griechische Vasen*, Neuausg., durchges. und im Anh. überarb. von M. Dumm, München und Darmstadt 1969.
Cook, R. M.: *Greek Painted Pottery*, London [2]1972.

Dugas, Ch.: *La céramique grecque*, Paris 1924.
Noble, J.: *The Techniques of Painted Attic Pottery*, London und New York 1965.
Pfuhl, E.: *Malerei und Zeichnung der Griechen*, 3 Bde., München 1923; Neudr. Rom 1969.
Philippaki, B.: *The Attic Stamnos*, Oxford 1967.
Richter, G. M. A., und M. Milne: *Shapes and Names of Athenian Vases*, New York 1935.
Rumpf, A.: *Malerei und Zeichnung*, München 1963 (Handbuch der Archäologie IV, 1).
Schiering, W.: *Griechische Tongefäße. Gestalt, Bestimmung und Formwandel*, Berlin 1967.
Sichtermann, H.: *Die griechische Vase. Gestalt, Sinn und Kunstwerk*, Berlin 1963.
Simon, E.: *Die griechischen Vasen*, München 1976.

Alscher, L.: *Griechische Plastik*, 4 Bde., Berlin 1954–61.
Buschor, E.: *Die Plastik der Griechen*, München ²1958.
Carpenter, R.: *Greek Sculpture, a Critical Review*, Chicago 1960; Neudr. 1975.
Charbonneaux, J.: *La sculpture grecque classique*, Paris 1943.
Chesterman, J.: *Classical Terracotta Figures*, London 1974.
Conze, A. (Hrsg.): *Die attischen Grabreliefs*, Berlin 1893 ff.
Diepolder, H.: *Die attischen Grabreliefs des 5. und 4. Jahrhunderts*, Berlin 1931; Neudr. Darmstadt 1965.
Fuchs, W.: *Die Skulptur der Griechen*. Aufnahmen von M. Hirmer, München 1969.
Furtwängler, A.: *Meisterwerke der griechischen Plastik*, Leipzig und Berlin 1893.
Gauer, W.: »Die griechischen Bildnisse der klassischen Zeit als politische und persönliche Denkmäler«, in: *JDAI* 83, 1968, S. 118–179.
Hekler, A.: *Bildnisse berühmter Griechen*. Bearb. von H. v. Heintze, Mainz ³1962.
Higgins, R. A.: *Greek Terracottas*, London 1967 (Methuen's Handbook of Archaeology).
Hoelscher, T.: *Griechische Historienbilder des 5. und 4. Jahrhunderts v. Chr.*, Würzburg 1973 (Beiträge zur Archäologie VI).
Lippold, G.: *Die griechische Plastik*, München 1950 (Handbuch der Archäologie III, 1); Neuausg. durch W. Fuchs [im Druck].
Lullies, R.: *Griechische Plastik von den Anfängen bis zum Ausgang des Hellenismus*, München ²1960.
Metzler, D.: *Porträt und Gesellschaft. Über die Entstehung des griechischen Porträts in der Klassik*, Münster 1971.
Picard, Ch.: *Manuel d'archéologie grecque. La sculpture*, 4 Bde., Paris 1935–59.
Richter, G. M. A.: *The Sculpture and Sculptors of the Greeks*, New Haven (Conn.) ²1950.
Richter, G. M. A.: *The Portraits of the Greeks*, 3 Bde., London 1965.

Dinsmoor, W. B.: *The Architecture of Ancient Greece. An Account of its Historical Development*. Reprint of 3rd edition 1950 with new preface and 55 new illustrations, London 1975.
Lawrence, A. W.: *Greek Architecture*, Hammondsworth ³1973.
Martin, R.: *Manuel d'architecture grecque*, 3 Bde., Paris 1965 ff. [erschienen ist Bd. 1: *Matériaux et techniques*; Bd. 2: *Formes et styles*, und Bd. 3: *Plans et compositions*, befinden sich in Vorb.].

Orlandos, A.: *Les matériaux de construction et la technique architecturale des anciens Grecs*, 2 Bde., Paris 1966–70 (École Française d'Athènes. Travaux et Mémoires 16/16 Bis).
Plommer, W. H.: *Ancient and Classical Architecture*, London [4]1964.
Robertson, D. S.: *A Handbook of Greek and Roman Architecture*, Cambridge [2]1954.

Einleitung

Grecs et barbares, Genf und Vandœuvres 1962 (Fondation Hardt. Entretiens sur l'Antiquité classique 8).
Jardé, A.: *La formation du peuple grec*, Paris 1923; Neudr. ebd. 1968 (Coll. L'évolution de l'humanité).
Jüthner, J.: *Hellenen und Barbaren. Aus der Geschichte des Nationalbewußtseins*, Leipzig 1923 (Das Erbe der Alten VIII).
Stier, H. E.: *Die geschichtliche Bedeutung des Hellenennamens*, Köln 1970 (Gesellschaft für Forschung des Landes Nordrhein-Westfalen, Geisteswissenschaften, Vorträge 159).

Erstes Kapitel. Der geographische Rahmen: Stadt und Land

'ΑΤΛΑΣ ΤΗΣ 'ΕΛΛΑΔΟΣ – *Atlas of Greece – Atlas de Grèce* (1 : 200 000), Athen 1965 (National Statistical Service of Greece).
Blümner, H.: *Karte von Griechenland zur Zeit des Pausanias sowie in der Gegenwart* (Maßstab 1 : 500 000), Berlin und Leipzig 1911.
Großer historischer Weltatlas, hrsg. vom Bayerischen Schulbuch-Verlag, Bd. 1: *Vorgeschichte und Altertum*, bearb. von H. Bengtson und V. Milojčić, München [5]1972.
Stier, H. E., und E. Kirsten: *Westermanns Atlas zur Weltgeschichte* 1, Braunschweig 1969.

Boulanger, R.: *Grèce*, Paris 1974 (Les guides bleus).
Kirsten, E., und W. Kraiker: *Griechenlandkunde. Ein Führer zu klassischen Stätten*, 2 Halbbde., Heidelberg [5]1967.
Peterich, E.: *Griechenland. Ein Reisebuch*, Olten [4]1961.
Peterich, E., und J. Rast: *Griechenland. Ein kleiner Führer.* Von Th. M. Höpfner neubearb. Aufl., Olten und Darmstadt 1973.
Schoder, R. V.: *Ancient Greece from the Air.* With 140 colour photographs by the author, 138 ground plates and 1 map, London 1974; dt.: *Das antike Griechenland aus der Luft*, Bergisch-Gladbach 1975.

Bradford, J.: *Ancient Landscapes. Studies in Field Archaeology*, London 1957; Neudr. 1974.
Cary, M.: *The Geographic Background of Greek and Roman History*, Oxford 1949.
Cary, M., und E. H. Warmington: *The Ancient Explorers*, London 1963 [erstmals ebd. 1929]; dt. u. d. T.: *Die Entdeckungen der Antike*, Zürich 1966.

Casson, L.: *Travel in the Ancient World*, London 1974; dt. u. d. T.: *Reisen in der Alten Welt*, München 1976.
Châtaigneau, Y., und J. Sion: *La Grèce*, in: Vidal de la Blache, P., und L. Gallois, *Géographie universelle*, Bd. 7, T. 2, Paris 1934, S. 512–575.
Hehn, V.: *Kulturpflanzen und Haustiere in ihrem Übergang aus Asien nach Griechenland und Italien sowie in das übrige Europa. Historisch-linguistische Skizzen*, Berlin [8]1911; Neudr. Darmstadt 1963.
Heidel, W. A.: *The Frame of the Ancient Greek Maps. With a Discussion of the Discovery of the Sphericity of the Earth*, New York 1937 (American Geographical Society, Research Series No. 20).
Keller, O.: *Die antike Tierwelt*, 2 Bde., Leipzig 1909–13.
Lesky, A.: *Thalatta. Der Weg der Griechen zum Meer*, Wien 1947.
Lorimer, H. L.: »The Country Cart of Ancient Greece«, in: *JHS* 23, 1903, S. 132 bis 151 [Abb.!].
Makkonen, O.: *Ancient Forestry. A Historical Study*, Bd. 1 und 2: *Facts and information on trees*, Helsinki 1967–69 (Acta forestalia Fennica 82 und 95).
Myres, J. L.: *Geographical History in Greek Lands*, Oxford 1933.
Pédech, P.: *La géographie des Grecs*, Paris 1976 (Coll. SUP Litt. anciennes).
Philippson, A.: *Land und See der Griechen*, Bonn 1947.
Philippson, A.: *Das Klima Griechenlands*, Bonn 1948.
Philippson, A., und E. Kirsten: *Die griechischen Landschaften. Eine Landeskunde*, Frankfurt a. M. 1950 ff.
Sambursky, S.: *The Physical World of the Greeks*, London 1956; dt. u. d. T.: *Das physikalische Weltbild der Antike*, Zürich 1965.
Thomson, J. O.: *History of Ancient Geography*, Cambridge 1948.

Fougères, G.: *Athènes*, Paris 1912.
Judeich, W.: *Topographie von Athen*, München [2]1931 (Handbuch der Altertumswissenschaft III, 2. 2); Neubearb. in Vorb. durch F. G. Maier und H. Dienast.
Kirsten, E.: »Ur-Athen und die Heimat des Sophokles«, in: *WS* N. F. 7, 1973, S. 5–26.
Kron, U.: *Die zehn attischen Phylenheroen: Geschichte, Mythos, Kult und Darstellungen*, Berlin 1976 (MDAI [A], Beih. 5).
Lang, M., und C. M. J. Eliot: *The Athenian Agora. A Guide of the Excavations*, Athen 1954.
Lauter, H., und H. Lauter-Bufé: »Die vorthemistokleische Stadtmauer nach philologischen und archäologischen Quellen«, in: *AA* 90, 1975, S. 1–9.
Papastavrou, J., und W. Zschietzschmann: *Athenai. Geschichte und Topographie*, in: *RE* Suppl. 13, 1974, Sp. 13–140; auch als Separatdruck: Stuttgart 1974.
Shear, T. L.: »The Monument of the Eponymous Heroes in the Athenian Agora«, in: *Hesperia* 39, 1970, S. 145–222.
Thallon Hill, Ida: *The Ancient City of Athens. Its Topography and Monuments*, London 1953; Neudr. Chicago 1969.
Thompson, H. A., und R. E. Wycherley: *The Agora of Athens. The History, Shape and Uses of an Ancient City Center*, Princeton 1972 (The Athenian Agora. Results of Excavations conducted by the American School of Classical Studies at Athens XIV).
Travlos, J.: *Bildlexikon zur Topographie des antiken Athen*, Tübingen 1971.
Boersma, J. S.: *Athenian Building Policy from 561/0 to 405/4 B. C.*, Groningen 1970.

Castagnoli, F.: *Ippodamo di Mileto e l'urbanistica a pianta ortogonale*, Rom 1956; jetzt engl.: *Orthogonal Town Planning*, Cambridge (Mass.) 1971.
Giuliano, A.: *Urbanistica delle città greche*, Mailand 1966.
Graham, A. J.: *Colony and Mother City in Ancient Greece*, Manchester 1964.
Kirsten, E.: *Die griechische Polis als historisch-geographisches Problem des Mittelmeerraums*, Bonn 1956 (Colloquium Geographicum V).
Kriésis, A.: *Greek Town Building*, Athen 1965.
Kron, U.: *Die zehn attischen Phylenheroen: Geschichte, Mythos, Kult und Darstellungen*, Berlin 1976 (MDAI[A], Beih. 5).
Lavedan, P., und J. Hugueney: *Histoire de l'urbanisme. Antiquité*, 2ème édition entièrement refondue, Paris 1966.
Maier, F. G.: *Griechische Mauerbauinschriften*, Bd. 1: *Texte und Kommentare*, Bd. 2: *Untersuchungen*, Heidelberg 1959–61 (Vestigia 1/2).
Martin, R.: *Recherches sur l'agora grecque*, Paris 1951 (BÉFAR 174).
Martin, R.: *L'urbanisme dans la Grèce antique*, Paris ²1974.
Ward Perkins, J. B.: *Cities of Ancient Greece and Italy. Planning in Classical Antiquity*, London 1974.
Wokalek, A.: *Griechische Stadtbefestigungen. Studien zur Geschichte der frühgriechischen Befestigungsanlagen*, Bonn 1973 (Abhandlungen zur Kunst-, Musik- und Literaturwissenschaft 136).
Wycherley, R. E.: *How the Greeks built Cities*, London ²1962; Neudr. ebd. 1973.

Excavations at Olynthus. Part 8: *The Hellenic House [. . .]* by D. M. Robinson and J. W. Graham, Baltimore 1938; Part 12: *Domestic and Public Architecture [. . .]* by D. M. Robinson, Baltimore 1946.
Graham, J. W.: »Houses of Classical Athens«, in: *Phoenix* 28, 1974, S. 45–54.
Jones, J. E.: »Town and Country Houses of Attica in Classical Times«, in: *MIGRA* 1, 1975, S. 63–141.
Jones, J. E., A. J. Graham und L. H. Sackett: *An Attic Country House below the Cave of Pan at Vari*, London 1974; zuvor in: *Annual of the British School at Athens* 68, 1973.
Lauter-Bufé, H., und H. Lauter: »Wohnhäuser und Stadtviertel des klassischen Athen«, in: *MDAI(A)* 86, 1971, S. 109–124.
Nowicka, M.: *Les maisons à tour dans le monde grec*, Breslau u. a. 1975 (Academia Scientiarum Polona. Bibliotheca Antiqua XV).

Elliger, W.: *Die Darstellung der Landschaft in der griechischen Dichtung*, Berlin und New York 1975 (Untersuchungen zur antiken Literatur und Geschichte 15).
Fairclough, H. R.: *Love of Nature among the Greeks and Romans*, New York 1930.
Motte, A.: *Prairies et jardins de la Grèce antique. De la religion à la philosophie*, Brüssel 1973 (Académie Royale de Belgique, Mémoires de la Classe des Lettres, 2ème sér., t. LXI, Fasc. 5).
Schönbeck, G.: *Der locus amoenus von Homer bis Horaz*, Diss. Heidelberg 1962.
Vischer, R.: *Das einfache Leben. Wort- und motivgeschichtliche Untersuchungen zu einem Wertbegriff der antiken Literatur*, Göttingen 1965 (Studienhefte zur Altertumswissenschaft 11).

Eliot, C. W. J.: *Coastal Demes of Attika. A Study of the Policy of Kleisthenes*, Toronto 1962 (Phoenix Suppl. V).
Gschnitzer, F.: »Stammes- und Ortsnamen im alten Griechenland«, in: *WS* 68, 1955, S. 120–144.
Pritchett, W. K.: *Studies in Ancient Greek Topography*, 2 Bde., Berkeley und Los Angeles 1965–69.
Thorikos and Laurion in Archaic and Classical Times. Papers and Contributions of the Colloquium held in March, 1973, at the State University of Ghent, edited by H. Mussche and others, Gent 1975 (Miscellanea Graeca I).

Zweites Kapitel. Die Polis und ihre Bevölkerung: Bürger, Metöken, Sklaven

Amit, M.: *Great and Small Poleis. A Study in the Relations between the Great Powers and the Small Cities in Ancient Greece*, Brüssel 1973 (Coll. Latomus 134).
Edelmann, H.: »Volksmassen und Einzelpersönlichkeit im Spiegel von Historiographie und Publizistik des 5. und 4. Jahrhunderts«, in: *Klio* 56, 1974, S. 415 bis 444.
Ehrenberg, V.: *Von den Grundformen griechischer Staatsordnung.* Heidelberg 1961 (Sitzungsberichte d. Heidelberger Akad., Phil.-Hist. Kl. 1961, 3).
Ehrenberg, V.: *Der Staat der Griechen*, Zürich und Stuttgart [2]1965; zuletzt engl. u. d. T.: *The Greek State*, London [2]1974.
Gaiser, K.: *Das Staatsmodell des Thukydides. Zur Rede des Perikles für die Gefallenen*, Heidelberg 1975.
Gawantka, W.: *Isopolitie. Ein Beitrag zur Geschichte der zwischenstaatlichen Beziehungen in der griechischen Antike*, München 1975 (Vestigia 22).
Giovannini, A.: *Untersuchungen über die Natur der bundesstaatlichen Sympolitie in Griechenland*, Göttingen 1971 (Hypomnemata 33).
Glotz, G.: *La cité grecque*, Paris 1968 (Coll. L'évolution de l'humanité XIV; erstmals 1928 erschienen).
Graham, A. J.: *Colony and Mother City in Ancient Greece*, Manchester 1964.
Gschnitzer, F.: *Abhängige Orte im griechischen Altertum*, München 1958 (Zetemata 17).
Gschnitzer, F.: *Gemeinde und Herrschaft. Von den Grundformen griechischer Staatsordnung*, Graz, Wien und Köln 1960 (Österr. Akad. d. Wiss. Wien, Phil.-Hist. Kl., Sitzungsberichte 235, 3).
Kahrstedt, U.: *Griechisches Staatsrecht*, Bd. 1, Göttingen 1922 [mehr nicht ersch.].
Kahrstedt, U.: *Studien zum öffentlichen Recht Athens*, Bd. 1: *Staatsgebiet und Staatsangehörige in Athen*, Bd. 2: *Untersuchungen zur Magistratur in Athen*, Stuttgart 1934–36.
Kluwe, E.: »Das Problem von Einzelpersönlichkeit und athenischem Staat in der modernen Literatur«, in: *Klio* 57, 1975, S. 477–499.
Larsen, J. A. O.: *Greek Federal States*, Oxford 1968.
Martin, V.: *La vie internationale dans la Grèce des cités (VIe–IVe siècles av. J.-C.)*, Genf 1940.
Merritt, B. D., H. T. Wade-Gery und M. F. McGregor: *The Athenian Tribute-Lists*, Cambridge (Mass.) 1939–53.

Perlman, S.: »Panhellenism, the Polis and Imperialism«, in: *Historia* 25, 1976, S. 1–30.
Philippson, C.: *The International Law and Custom of Ancient Greece and Rome*, 2 Bde., London 1911.
Ténékidès, G.: *La notion juridique d'indépendance et la tradition hellénique. Autonomie et fédéralisme aux Ve et IVe siècles av. J.-C.*, Athen 1959.
Zur griechischen Staatskunde, hrsg. von F. Gschnitzer, Darmstadt 1969 (Wege der Forschung 96).

Aristophanes und die alte Komödie, hrsg. von H. J. Newiger, Darmstadt 1974 (Wege der Forschung 265).
Aristotle and Xenophon on Democracy and Oligarchy. ... Translations with introductions and commentary by J. M. Moore, London 1975 [enthält Aristoteles, Athenaion Politeia; Ps.-Xenophon, Athenaion Politeia; Xenophon, Lakedaimonion Politeia; die Politeia der Boioter aus einem Oxyrhynchos-Papyrus].
Austin, M., und P. Vidal-Naquet: *Économies et sociétés en Grèce ancienne*, Paris 1972 (Coll. U 2 [bietet eine Sammlung von Quellen in frz. Übers. mit einer längeren Einleitung]).
Bonner, R. J.: *Aspects of Athenian Democracy*, Berkeley 1933; Neudr. Rom 1970 (Studia Historica 67).
Braunert, H.: *Utopia. Antworten griechischen Denkens auf die Herausforderung durch soziale Verhältnisse*, Kiel 1969 (Veröffentlichungen der Schleswig-Holsteinischen Universitätsgesellschaft, N. F. 51).
Buchanan, J. J.: *Theorika. A Study of Monetary Distribution to the Athenian Citizenry during the Fifth and Fourth Century*, Locust Valley und New York 1962.
Busolt, G., und H. Swoboda: *Griechische Staatskunde*, Bd. 1: *Allgemeine Darstellung des griechischen Staates*, München ³1920; Neudr. 1963; Bd. 2: *Darstellung einzelner Staaten und der zwischenstaatlichen Beziehungen*, München ³1926; Neudr. 1972 (Handbuch der Altertumswissenschaft IV, 1. 1/2).
Calhoun, G. M.: *Athenian Clubs in Politics and Litigation*, Austin (Texas) 1913; Neudr. Rom 1964 (Studia Historica 7).
Cloché, P.: *La démocratie athénienne*, Paris 1959.
Daube, D.: *Civil Disobedience in Antiquity*, Edinburg 1972.
Davies, J. K.: *Athenian Propertied Families, 600–300 B. C.*, Oxford 1971.
Dover, K. J.: *Aristophanic Comedy*, London und Berkeley 1972.
Ehrenberg, V.: *The People of Aristophanes*, New York ³1962; dt. u. d. T.: *Aristophanes und das Volk von Athen. Eine Soziologie der altattischen Komödie*, Zürich und Stuttgart 1968.
Ferguson, J.: *Utopias in the Ancient World*, London 1975.
Fisher, N. R. E.: *Social Values in Classical Athens*, ed. with an Introd. by N. R. E. F., London und Toronto 1976 (The Ancient World: Source Books).
Flashar, H.: *Formen utopischen Denkens bei den Griechen*, Innsbruck 1974 (Innsbrucker Beiträge zur Kulturwissenschaft 3).
Forbes, C. A.: *Neoi. A Contribution to the Study of Greek Associations*, Middletown (Conn.) 1933 (Philological Monographs II).
Forrest, W. G.: *Wege zur hellenischen Demokratie. Staatsdenken und politische Wirklichkeit von 800–400 v. Chr.*, München 1966.
Frost, F. J.: *Democracy and the Athenians. Aspects of Ancient Politics*, New York 1969.

Frost, F. J.: *Greek Society*, Lexington (Mass.) 1971.
Fuks, A.: *The Ancestral Constitution. Four Studies in Athenian Party Politics at the End of the Fifth Century B. C.*, London 1953.
Hansen, M. H.: »How Many Athenians Attended the Ekklesia«, in: *GRBS* 17, 1976, S. 115–134.
Hignett, C.: *A History of the Athenian Constitution to the End of the Fifth Century*, Oxford 1952 [überkritisch].
Hoelscher, T.: »Die Aufstellung des Perikles-Bildnisses und ihre Bedeutung«, in: *WüJbb.* N. F. 1, 1975, S. 187–199.
Isager, S., und M. H. Hansen: *Aspects of Athenian Society in the Fourth Century B. C. A Historical Introduction to and Commentary on the ›Paragraphe-Speeches‹ and the Speech ›against Dionysodorus‹ in the Corpus Demosthenicum (XXXII–XXXVIII and LVI)*, Odense 1975 (Odense University. Classical Studies 5).
Jaeger, W.: *Demosthenes. Der Staatsmann und sein Werden*, Berlin 1939; Neudr. ebd. 1963.
Jones, A. H. M.: *Athenian Democracy*, Oxford ²1969.
Jurewicz, O., und H. Kuch: *Die Krise der griechischen Polis*, Berlin 1969 (Deutsche Akad. d. Wiss. Schriften der Sektion für Altertumswissenschaften 55, 1).
Kluwe, E.: »Die soziale Zusammensetzung der athenischen Ekklesia und ihr Einfluß auf politische Entscheidungen«, in: *Klio* 58, 1976, S. 295–333.
Laix, R. A. de: *Probouleusis at Athens. A Study in Decisionmaking*, Berkeley 1973 (University of California. Publ. in History 83).
Larsen, J. A. O.: *Representative Government in Greek and Roman History*, Berkeley 1955; Neudr. 1966.
Levi, M. A.: *Commento storico alla Respublica Atheniensium di Aristotele*, 2 Bde., Mailand und Varese 1968.
Meier, Ch.: »Die Entstehung des Begriffs Demokratie«, in: Ch. M., *Die Entstehung des Begriffs ›Demokratie‹. Vier Prolegomena zu einer historischen Theorie*, Frankfurt a. M. ²1970 (edition suhrkamp 387), S. 7–69.
Meyer, E.: *Einführung in die antike Staatskunde*, Darmstadt ²1974, S. 55–119 und S. 301 ff. [Literatur].
Momigliano, A., und S. C. Humphreys: »The Social Structure of the Ancient City«, in: *ASNP*, Cl. Lett. Filos., ser. III, 4, 1974, S. 331–367.
Oliva, P.: *Sparta and her Social Problems*, Amsterdam und Prag 1971.
Pecorella Longo, C.: *›Eterie‹ e gruppi politici nell'Atene del IV secolo a. C.*, Florenz 1971.
Pöhlmann, R. von: *Geschichte der sozialen Frage und des Sozialismus in der antiken Welt*, 2 Bde., München ³1925.
Pohlenz, M.: *Staatsgedanke und Staatslehre der Griechen*, Leipzig 1923.
Quass, F.: *Nomos und Psephisma. Untersuchungen zum griechischen Staatsrecht*, München 1971 (Zetemata 55).
Rhodes, P.: *The Athenian Boule*, Oxford 1972.
Romilly, J. de: *Problèmes de la démocratie grecque*, Paris 1975 (Coll. Savoir).
Sainte-Croix, G. E. M. de: *The Class Struggle in the Ancient Greek World*, London 1977 [im Druck].
Sartori, F.: *Le eterie nella vita politica ateniese del VI e V secolo a. C.*, Rom 1957; Neudr. 1967.

Schaefer, A.: *Demosthenes und seine Zeit*, 3 Bde., Leipzig ²1885–87, Neudr. Hildesheim 1966.
Scharr, E.: *Xenophons Staats- und Gesellschaftsideal und seine Zeit*, Halle 1919; Neudr. 1975.
Schwarze, J.: *Die Beurteilung des Perikles durch die attische Komödie und ihre historische und historiographische Bedeutung*, München 1971 (Zetemata 51).
Seager, R.: »Elitism and Democracy in Classical Athens«, in: *The Rich, the Well-Born, and the Powerful. Elites and Upper Classes in History*, ed. by F. C. Jaher, Urbana, Chicago und London 1973, S. 7–26.
Stark, I.: »Das Verhältnis des Aristophanes zur Demokratie der athenischen Polis«, in: *Klio* 57, 1975, S. 329–364.
Strauss, L.: *Über Tyrannis. Eine Interpretation von Xenophons »Hieron«*, mit einem Essay über Tyrannis und Weisheit von A. Kojève, Neuwied a. Rh. und Berlin 1963 (Politica 10).
Tarkiainen, T.: *Die athenische Demokratie*, Zürich und Stuttgart 1966, [zuletzt als TB] München 1972 (dtv WR 4104).
Tod, M. N.: *Streiflichter auf die griechische Geschichte. Drei Vorlesungen über die aus griechischen Inschriften zu gewinnenden Aufschlüsse über Leben und Denken der Alten Welt*, Darmstadt 1968 (Libelli 159).
Traill, J. S.: *The Political Organization of Attica. A Study of the Demes, Trittyes, and Phylai, and their Representation in the Athenian Council*, Princeton 1975 (Hesperia Suppl. 14).
Wason, M. O.: *Class Struggle in Ancient Greece*, London 1947; Neudr. Rom 1972 (Studia Historica 119).
Webster, T. B. L.: *Studies in Later Greek Comedy*, Manchester 1953; Neudr. 1975.
Wilamowitz-Moellendorff, U. von: *Aristoteles und Athen*, 2 Bde., Berlin 1893; Neudr. Berlin, Dublin und Zürich 1966.
Zahrnt, M.: *Olynth und die Chalkidier. Untersuchungen zur Staatenbildung auf der Chalkidischen Halbinsel im 5. und 4. Jahrhundert*, München 1971 (Vestigia 14).
Ziebarth, E.: *Das griechische Vereinswesen*, Leipzig 1896; Neudr. 1969.

Adcock, F. E., und D. J. Mosley: *Diplomacy in Ancient Greece*, London 1975.
Andreades, A.: *Geschichte der griechischen Staatswirtschaft* 1, München 1931; Neudr. Hildesheim 1965; engl. u. d. T.: *A History of Greek Public Finances*, Cambridge (Mass.) 1933.
Fornara, Ch. W.: *The Athenian Board of Generals from 501 to 404*, Wiesbaden 1971 (Historia Einzelschriften 16).
Gera, G.: *L'imposizione progressiva nell'antica Atene*, Rom 1975.
Francotte, H.: *Les finances des cités grecques*, Lüttich und Paris 1909; Neudr. Rom 1964 (Studia Historica 6).
Körner, R.: »Zu Recht und Verwaltung der griechischen Wasserversorgung nach den Inschriften«, in: *APF* 22/23, 1973/74, S. 155–203 [zugleich Diss. Berlin 1970].
Linders, T.: *The Treasurers of the Other Gods in Athens and their Functions*, Meisenheim a. Glan 1975 (Beiträge zur klassischen Philologie 62).
Mosley, D. J.: *Envoys and Diplomacy in Ancient Greece*, Wiesbaden 1973 (Historia Einzelschriften 22).
Piérart, M.: »Les εὔθυνοι athéniens«, in: *AC* 40, 1971, S. 526–573.

Thomsen, R.: *Eisphora. A Study of Direct Taxation in Ancient Athens,* Kopenhagen 1964.
Vatin, C.: »Jardins et services de voirie«, in: *BCH* 100, 1976, S. 555–564.

Balogh, E.: *Political Refugees in Ancient Greece. From the Period of the Tyrants to Alexander the Great,* Johannesburg 1943; Neudr. Rom 1972 (Studia Juridica 74).
Clerc, M.: *Les métèques athéniens,* Paris 1893 (BÉFAR 64).
Gauthier, P.: *Symbola: les étrangers et la justice grecque,* Nancy 1972.
Haarhoff, T. J.: *The Stranger at the Gate. Aspects of Exclusiveness and Cooperation in Ancient Greece and Rome, with some reference to modern times,* Oxford 1938; Neudr. 1948.
Pečirka, J.: *The Formula for the Grant of Enktesis in Attic Inscriptions,* Prag 1966 (Acta Universitatis Carolinae Philosophica et Historica. Monographia XV).
Pope, H.: *Non-Athenians in Attic Inscriptions,* New York 1935.
Pope, H.: *Foreigners in Attic Inscriptions,* Philadelphia 1947; zusammen mit dem vorangehenden Titel nachgedruckt Rom 1969 (Studia Historica 64 und 65).
Stelzer, E.: *Untersuchungen zur Enktesis im attischen Recht,* Diss. München 1971.

Actes du colloque 1971 sur l'esclavage, Paris 1972 (Annales litt. de l'Université de Besançon 140); dasselbe 1972, Paris 1974 (Annales litt. . . . 163).
Calderini, A.: *La manomissione e la condizione dei liberti in Grecia,* Mailand 1908; Neudr. Rom 1965 (Studia Historica 21).
Deininger, J.: »Neue Forschungen zur antiken Sklaverei (1970–1975)«, in: *HZ* 222, 1976, S. 359–374.
Finley, M. I. (Hrsg.): *Slavery in Classical Antiquity. Views and Controversies,* Cambridge und New York ²1968.
Himmelmann, N.: *Archäologisches zum Problem der griechischen Sklaverei,* Wiesbaden 1971 (Abhandl. d. Akad. d. Wiss. und Lit. Mainz 1971, H. 13, S. 615 bis 659); vgl. aber auch die methodischen Bedenken von T. Hoelscher in: *Gnomon* 47, 1975, S. 179–183.
Klees, H.: *Herren und Sklaven. Die Sklaverei im oikonomischen und politischen Schrifttum der Griechen in klassischer Zeit,* Wiesbaden 1976 (Forschungen zur antiken Sklaverei 6).
Kuch, H.: *Kriegsgefangenschaft und Sklaverei bei Euripides,* Berlin 1974 (Deutsche Akad. d. Wiss. Schriften zur Geschichte und Kultur der Antike 9).
Lotze, D.: ΜΕΤΑΞΥ ΕΛΕΥΘΕΡΩΝ ΚΑΙ ΔΟΥΛΩΝ. *Studien zur Rechtsstellung unfreier Landbevölkerungen in Griechenland bis zum 4. Jahrhundert v. Chr.,* Berlin 1959.
Rädle, H.: *Untersuchungen zum griechischen Freilassungswesen,* Diss. München 1969.
Snowden jr., F. M.: *Blacks in Antiquity. Ethiopians in the Greco-Roman Experience,* Harvard und Oxford 1970.
Vogt, J. (Hrsg.): *Bibliographie zur antiken Sklaverei,* Red. N. Brockmeyer, Bochum 1971.
Vogt, J.: *Sklaverei und Humanität,* Wiesbaden ²1972 (Historia Einzelschriften 8).
Wallon, H.: *Histoire de l'esclavage dans l'Antiquité,* Bd. 1, Paris ²1879.
Westermann, W.: *The Slave System of Greek and Roman Antiquity,* Philadelphia 1955; Neudr. 1964.

Beloch, J.: *Die Bevölkerung der griechisch-römischen Welt*, Leipzig 1886; Neudr. Rom 1968 (Studia Historica 60).
Bérard, J.: »Problèmes démographiques dans l'histoire de la Grèce antique«, in: *Population* 2, 1947, S. 303–312; vgl. dazu aber A. Aymard, *Annales E S. C.* 4, 1949, S. 345.
Dreizehnter, A.: »Die Bevölkerungszahl in Attika am Ende des 4. Jahrhunderts«, in: *Klio* 54, 1972, S. 147–151.
Gomme, A. W.: *The Population of Athens in the Fifth and Fourth Centuries B. C.*, Oxford 1933; Neudr. Chicago 1967.
Sargent, R. L.: *The Size of Slave Population at Athens during the Fifth and Fourth Centuries B. C.*, Urbana 1925; Neudr. Rom 1971 (Studia Historica 92) und Westport (Conn.) 1973.

Drittes Kapitel. Die Welt der Frauen: Ehe und Familie

Burck, E.: *Die Frau in der griechisch-römischen Antike*, München 1969.
Lévy, É.: »Les femmes chez Aristophane«, in: *Ktema* 1, 1976, S. 99–112.
Paoli, U. E.: *La donna greca nell'antichità*, Florenz 1953; dt.: *Die Frau im alten Hellas*, Bern und München 1955.
Vogt, J.: *Von der Gleichwertigkeit der Geschlechter in der bürgerlichen Gesellschaft der Griechen*, Wiesbaden 1960 (Abh. d. Akad. d. Wiss. und Lit. Mainz, Geistes- und sozialwiss. Kl. 1960, Nr. 2).
Zinserling, V.: *Die Frau in Hellas und Rom*, Stuttgart 1973.

Boardman, J., und E. La Rocca: *L'eros in Grecia*, Mailand 1975.
Eglinton, J. Z.: *Greek Love*, New York 1964; dt.: *Griechische Liebe*, Hamburg 1967.
Farina, A.: *Il processo di Frine*, Neapel 1960 (Collana di Studi Greci 32).
Fink, F. F.: *Hochzeitsszenen auf attischen schwarz- und rotfigurigen Vasen*, 2 Bde., Diss. Wien 1975.
Flacelière, R.: *L'amour en Grèce*, Paris 1960; Neudr. 1971.
Fuhrmann, H.: »Gespräche über Liebe und Ehe auf Bildern des Altertums«, in: *MDAI(R)* 55, 1940, S. 76 ff.
Gaiser, K.: *Für und wider die Ehe. Antike Stimmen zu einer offenen Frage*, München 1974 (Dialog mit der Antike 1).
Hopfner, Th.: *Das Sexualleben der Griechen und Römer*, Bd. I, 1, Prag 1938.
Lesky, A.: *Vom Eros der Hellenen*, Göttingen 1976 (Kleine Vandenhoeck-Reihe 1422).
Moulinier, L.: *Le pur et l'impur dans la pensée des Grecs, d'Homère à Aristote*, Paris 1952.
Paoli, U. E.: *Die Geschichte der Neaira und andere Begebenheiten aus der alten Welt*, Bern 1953; zuletzt in der 2., erw. ital. Aufl.: U. E. P., *Cane del popolo. Uomini e cose del mondo antico*, Florenz 1956.
Schumann, H.-J. von: *Sexualkunde und Sexualmedizin in der klassischen Antike*, München 1975.
Vatin, C.: *Recherches sur le mariage et la condition de la femme mariée à l'époque hellénistique*, Paris 1970 (BÉFAR 216).
Vernant, J. P.: »Le mariage en Grèce archaïque«, in: *PP* 28, 1973, S. 51–74.

Wehrli, C.: »Les gynéconomes«, in: *Museum Helveticum* 19, 1962, S. 33–38.
Beauchet, L.: *Histoire du droit privé de la république athénienne*, Bd. 1: *Le droit de famille*, Paris 1897.
Bertman, S.: *The Conflict of Generations in Ancient Greece and Rome*, London 1976.
Brindesi, F.: *La famiglia attica. Il matrimonio e l'adozione*, Florenz 1961.
Broadbent, M.: *Studies in Greek Genealogy*, Leiden 1968, insbes. S. 113 ff.: Classical Athenian Family Law.
Charlier, M.-Th., und G. Raepsaet: »Études d'un comportement social: les relations entre parents et enfants dans la société athénienne à l'époque classique«, in: *AC* 40, 1971, S. 589–606 mit Taf. I–II.
Lacey, W. K.: *The Family in Classical Greece*, London 1968.
Roussel, P.: »La famille athénienne«, in: *Lettres d'Humanité* 9, 1950, S. 5–59.
Thompson, W. E.: *De Hagniae hereditate. An Athenian Inheritance Case*, Leiden 1976.
Wolff, H. J.: »Eherecht und Familienverfassung in Athen«, in: H. J. W., *Beiträge zur Rechtsgeschichte Altgriechenlands und des hellenistisch-römischen Ägypten*, Weimar 1961, S. 155–242; zuerst engl. in: *Traditio* 2, 1944, S. 43 ff.

Raepsaet, G.: »Les motivations de la natalité à Athènes aux Ve et IVe siècles avant notre ère«, in: *AC* 40, 1971, S. 80–110.
Rudhardt, J.: »La reconnaissance de la paternité. Sa nature et sa portée dans la société athénienne. Sur un discours de Démosthène«, in: *Museum Helveticum* 19, 1962, S. 39–64.

Ahlberg, G.: *Prothesis and Ekphora in Greek Geometric Art*, Göteborg 1971 (Studies in Mediterranean Archaeology 32).
Clairmont, Ch. W.: *Gravestone and Epigramm. Greek Memorials from the Archaic and Classical Period*, Mainz 1970; vgl. dazu aber die Rezension von H. Hiller, in: *Gnomon* 47, 1975, S. 587–597.
Felten, F.: *Thanatos- und Kleophonmaler. Weißgrundige und rotfigurige Vasenmalerei der Parthenonzeit*, München 1971 (Münchener archäologische Studien 3).
Felten, W.: *Attische Unterweltsdarstellungen des VI. und V. Jahrhunderts v. Chr.*, München 1975 (Münchener archäologische Studien 6).
Geroulanos, J. M.: »Grabsitten des ausgehenden geometrischen Stils im Bereich des Gutes Trachones bei Athen«, in: *MDAI(A)* 88, 1973, S. 1–54.
Keuls, E.: *The Water Carriers in Hades. A Study of Catharsis through Toil in Classical Antiquity*, Amsterdam 1974.
Kurtz, D. C.: *Athenian White Lekythoi. Patterns and Painters*, Oxford 1975.
Kurtz, D. C., und J. Boardman: *Greek Burial Customs*, London 1971.
Rohde, E.: *Psyche. Seelenkult und Unsterblichkeitsglaube der Griechen*, 9. und 10. Aufl. hrsg. von O. Weinreich, Tübingen 1925; Neudr. der 2., verb. Aufl. von 1898, Darmstadt 1974.
Rudhardt, J.: »Sur quelques bûchers d'enfants découverts dans la ville d'Athènes«, in: *Museum Helveticum* 20, 1963, S. 10–20.
Simonett, Ch.: ΘΑΝΑΤΟΣ. *Ein kleines Buch vom Tod*, Zürich 1945.

Viertes Kapitel. Die Kinder und das Erziehungswesen

Barclay, W.: *Educational Ideals in the Ancient World*, London 1959, S. 49–142.

Beck, F. A. G.: *Greek Education 450–350 B. C.*, London 1964.

Beck, F. A. G.: *Album of Greek Education. The Greeks at School and Play*, Sydney 1975.

Bork, A.: *Der junge Grieche*, Zürich und Stuttgart 1959.

Buffière, F.: *Les mythes d'Homère et la pensée grecque*, Paris 1956.

Christes, J.: *Bildung und Gesellschaft. Die Einschätzung der Bildung und ihrer Vermittler in der griechisch-römischen Antike*, Darmstadt 1975 (Erträge der Forschung 37).

Delorme, J.: *Gymnasion. Études sur les monuments consacrés à l'éducation en Grèce, des origines à l'Empire romain*, Paris 1960 (BÉFAR 196).

Girard, P.: *L'éducation athénienne au Ve et au IVe siècle avant Jésus-Christ*, Paris 1889.

Grasberger, L.: *Die leibliche Erziehung bei den Griechen und Römern*, 3 Bde., Würzburg 1864–81; Neudr. Aalen 1971.

Jaeger, W.: *Paideia. Die Formung des griechischen Menschen*, 3 Bde., Berlin [u. a.] 1933–47; ungek. photomech. Neudr. in einem Band, Berlin und New York 1973.

Klein, A. E.: *Child Life in Greek Art*, New York 1932.

Kühnert, F.: *Allgemeinbildung und Fachbildung in der Antike*, Berlin 1961 (Deutsche Akad. d. Wiss. Schriften der Sektion für Altertumswissenschaften 30).

Lichtenstein, E.: *Der Ursprung der Pädagogik im griechischen Denken*, Hannover 1970 (Das Bildungsproblem in der Geschichte des europäischen Erziehungsdenkens I, 1).

Marrou, H.-I.: *Histoire de l'éducation dans l'Antiquité*, Paris ^{6}1965; dt. Übers. von Ch. Beumann nach der 2. Aufl.: *Geschichte der Erziehung im klassischen Altertum*, hrsg. von R. Harder, Freiburg i. Br. 1957; Neudr. München 1977 (dtv WR 4275).

Georgiades, Th.: *Musik und Rhythmus bei den Griechen. Zum Ursprung der abendländischen Musik*, Hamburg 1958 (rde 61).

Kachler, K. G.: »Der Tanz im antiken Griechenland«, in: *Antike Welt* 5, 1974, H. 3, S. 3–14.

Koller, H.: *Musik und Dichtung im alten Griechenland*, Bern und München 1963.

Lawler, L. B.: *The Dance in Ancient Greece*, London 1964.

Lawler, L. B.: *The Dance of Ancient Greek Theatre*, Iowa City 1964.

Lippmann, E. A.: *Musical Thought in Ancient Greece*, New York und London 1964.

Pöhlmann, E.: *Denkmäler altgriechischer Musik. Sammlung, Übertragung und Erläuterung aller Fragmente und Fälschungen*, Nürnberg 1970 (Erlanger Beiträge zur Sprach- und Kunstwissenschaft 31).

Prudhommeau, G.: *La danse grecque antique*, 2 Bde., Paris 1965.

Webster, T. B. L.: *The Greek Chorus*, London 1970.

Weege, F.: *Der Tanz in der Antike*, Halle a. d. Saale 1926.

Wegner, M.: *Das Musikleben der Griechen*, Berlin 1949.

Wegner, M.: *Griechenland*, Leipzig o. J. [1963] (Musikgeschichte in Bildern, hrsg. von H. Besseler und M. Schneider, Bd. 2: Musik des Altertums, Lfg. 4).

Biliński, B.: *L'agonistica sportiva nella Grecia antica. Aspetti sociali e ispirazioni letterarie*, Rom 1961.
Dover, K.: *Greek Homosexuality*, London 1977 [im Druck].
Gardiner, E. N.: *Greek Athletic Sports and Festivals*, London 1910.
Gardiner, E. N.: *Athletes of the Ancient World*, Oxford 1930.
Harris, H. A.: *Greek Athletes and Athletics*, London 1964.
Harris, H. A.: *Sport in Greece and Rome*, London 1972.
Jüthner, J.: *Die athletischen Leibesübungen der Griechen*, 2 Bde., hrsg. von F. Brein, Wien 1965–68 (Österr. Akad. d. Wiss., Phil.-Hist. Kl., Sitzungsberichte 249, 1. 2).
Neutsch, B.: *Der Sport im Bilde griechischer Kunst*, Willsbach und Heidelberg 1949.
Patrucco, R.: *Lo sport nella Grecia antica*, Florenz 1972.
Pogey, L.-R. u. a.: *Histoire de l'amour grec dans l'Antiquité*, Paris 1930.
Popplow, U.: *Leibesübungen und Leibeserziehung in der griechischen Antike*, Schorndorf b. Stuttgart [2]1960 (Beiträge zu Lehre und Forschung der Leibeserziehung II).
Weiler, I.: *Der Sport bei den Völkern der alten Welt. Eine Einführung*, Darmstadt 1976.
Zschietzschmann, W.: *Wettkampf- und Übungsstätten in Griechenland*, Bd. 1: *Das Stadion*, Bd. 2: *Palästra – Gymnasion*, Schorndorf b. Stuttgart 1960/61 (Beiträge zu Lehre und Forschung der Leibeserziehung V und VIII).

Die Fragmente der Vorsokratiker. Griech. und dt. von H. Diels, 9., verb. Aufl. hrsg. von W. Kranz, 3 Bde., Berlin 1959/60, Bd. 2, S. 252 ff.
Untersteiner, M.: *Sofisti. Testimonianze e frammenti.* Introduzione, traduzione e commentario, 4 Bde., Florenz 1949–62 (Biblioteca di Studi Superiori IV–VII).

Braun, E.: *Aristoteles und die Paideia*, Paderborn 1974.
Clark, D. L.: *Rhetoric in Greco-Roman Education*, Morningside Heights und New York 1957.
Clarke, M.: *Higher Education in the Ancient World*, London 1971.
Fahr, W.: Θεοὺς νομίζειν. *Zum Problem der Anfänge des Atheismus bei den Griechen*, Hildesheim 1969 (Spudasmata 26).
Fink, E.: *Metaphysik der Erziehung im Weltverständnis von Plato und Aristoteles*, Frankfurt a. M. 1970.
Guthrie, W. K. C.: *The Sophists*, London 1971.
Isokrates, hrsg. von F. Seck, Darmstadt 1976 (Wege der Forschung 351).
Kennedy, G.: *The Art of Persuasion in Greece*, Princeton 1963.
Lynch, J. P.: *Aristotle's School. A Study of Greek Educational Institution*, Berkeley [u. a.] 1972.
Martin, J.: »Zur Entstehung der Sophistik«, in: *Saeculum* 27, 1976, S. 143–164.
Nestle, W.: *Vom Mythos zum Logos*, Stuttgart 1940 [mit Neudrr.].
Schachermeyr, F.: *Geistesgeschichte der Perikleischen Zeit*, Stuttgart [u. a.] 1971.
Schubart, W.: *Das Buch bei den Griechen und Römern*, hrsg. von E. Paul, Heidelberg [3]1962.
Snell, B.: *Die Entdeckung des Geistes. Studien zur Entstehung des europäischen Denkens bei den Griechen*, Göttingen [4]1975.
Sophistik, hrsg. von C. J. Classen, Darmstadt 1976 (Wege der Forschung 187).

Tenbruck, F.: »Zur Soziologie der Sophistik«, in: *neue hefte für philosophie* 10, 1976, S. 51–77.
Turner, E. G.: *Athenian Books in the Fifth and Fourth Centuries B. C.*, London 1951.
Untersteiner, M.: *I sofisti.* 2ª edizione riv. e notevolmente ampliata con un appendice su Le origini sociali della Sofistica, 2 Bde., Mailand 1967.

Fünftes Kapitel. Arbeit und Beruf

Actes du colloque d'histoire sociale 1970, Paris 1972 (Annales litt. de l'Université de Besançon 128).
Bodei Giglioni, G.: *Lavori pubblici e occupazione nell'antichità classica*, Bologna 1974 (Il mondo antico 4).
Bolkestein, H.: *Economic Life in Greece's Golden Age*, new ed. revised and annotated by E. J. Jonkers, Leiden 1958.
Calhoun, G. M.: *The Business Life of Ancient Athens*, introduction by W. E. Creed, Rom 1965 (Studia Historica 20; Neudr. d. Ausg. Chicago 1926).
Cavaignac, E.: *L'économie grecque*, Paris 1951.
Cloché, P.: *Les Classes, les Métiers, le Trafic*, Paris 1931 (La vie publique et privée des anciens Grecs V).
Ehrenberg, V.: *Aristophanes und das Volk von Athen. Eine Soziologie der altattischen Komödie*, Zürich und Stuttgart 1968.
Erb, O.: *Wirtschaft und Gesellschaft im Denken der hellenischen Antike*, Basel 1938 (Studien zur Wirtschafts- und Gesellschaftsgeschichte).
Finley, M. I.: *The Ancient Economy*, London ²1975; dt. u. d. T.: *Die antike Wirtschaft*, München 1977 (dtv WR 4277).
Francotte, H.: *L'industrie dans la Grèce ancienne*, Brüssel 1900 (Biblioth. Faculté Phil. Lettres Univ. Liège VII).
French, A.: *The Growth of the Athenian Economy*, London 1964.
Glotz, G.: *Le travail dans la Grèce ancienne. Histoire économique de la Grèce depuis la période homérique jusqu'à la conquête romaine*, Paris 1920; engl. u. d. T.: *Ancient Greece at Work*, London ²1965.
Heichelheim, F.: *Wirtschaftsgeschichte des Altertums*, 2 Bde., Leiden 1938; jetzt zu benutzen die engl. Ausg.: *An Ancient Economic History*, 3 Bde., Leiden 1958 bis 1970.
Humphreys, S. C.: »Economy and Society in Classical Athens«, in: *ASNP* 39, 1970, S. 1–26.
Jones, A. H. M.: »Die wirtschaftlichen Grundlagen der athenischen Demokratie«, in: *WaG* 14, 1954, S. 10–28.
Michell, H.: *The Economics of Ancient Greece*, Cambridge ²1957.
Mossé, C.: *Le travail en Grèce et à Rome*, Paris ²1971 (»Que sais-je?« N⁰. 1240); engl. u. d. T.: *The Ancient World at Work*, London 1969.
Mossé, C.: »La vie économique d'Athènes au IVᵉ siècle: crise ou renouveau?«, in: *Praelectiones Patavinae, raccolte da F. Sartori*, Rom 1972, S. 135–144.
Oertel, F.: *Kleine Schriften zur Wirtschafts- und Sozialgeschichte des Altertums*, hrsg. von H. Braunert, Bonn 1975 (Antiquitas I, 22) [hier die Beiträge S. 19–201].
Pekáry, Th.: *Die Wirtschaft der griechisch-römischen Antike*, Wiesbaden 1976, S. 7–42 [oberflächlich-generalisierend, einige Literaturangaben].

Toutain, J.: *L'économie antique*, Paris 1927; engl. u. d. T.: *The Economic Life of the Ancient World*, London 1930.
Zimmermann, H.-D.: »Die freie Arbeit in Griechenland während des 5. und 4. Jahrhunderts«, in: *Klio* 56, 1974, S. 337–352.

Babelon, E.: *Les monnaies grecques*, Paris 1921.
Bogaert, R.: *Banques et banquiers dans les cités grecques*, Leiden 1968.
Bogaert, R. (Hrsg.): *Epigraphica* III: *Texts on Bankers, Banking and Credit in the Greek World*, Leiden (Textus minores 47 [im Druck]).
Erxleben, E.: »Das Kapital der Bank des Pasion und das Privatvermögen des Trapeziten«, in: *Klio* 55, 1973, S. 117–134.
Franke, P. R., und M. Hirmer: *Die griechische Münze*, München ²1972.
Giovannini, A.: »Athenian Currency in the Late 5th and Early 4th Century B. C.«, in: *GRBS* 16, 1975, S. 185–196.
Jenkins, G. K., und H. Küthmann: *Münzen der Griechen*, München 1972.
Kraay, C. M.: *Archaic and Classical Greek Coins*, Berkeley und Los Angeles 1976.
Schönert-Geiss, E.: »Die Geldzirkulation Attikas«, in: *Klio* 56, 1974, S. 377–414.
Will, É.: »Fonctions de la monnaie dans les cités grecques de l'époque classique«, in: *Numismatique antique. Problèmes et méthodes* (Actes du colloque organisé à Nancy du 27 sept. au 2 oct. 1971 [. . .] éd. par J.-M. Dentzer [et al.]), Nancy und Löwen 1975 (Annales de l'Est, mém. n°. 44), S. 233–246; vgl. ebd. auch die Beiträge von L. Lacroix, S. 153 ff. (über Münztypen), Ph. Gauthier, S. 165 ff. (Münzlegenden), T. Hackens, S. 189 ff. (über den Rhythmus der Münzproduktion).

Andreev, V. N.: »Some Aspects of Agrarian Conditions in Attica in the Fifth to Third Centuries B. C.«, in: *Eirene* 12, 1974, S. 5–46.
Asheri, D.: *Distribuzioni di terre nell'antica Grecia*, Turin 1966 (Memorie dell' Accademia delle Scienze di Torino, Cl. di Sc. mor., stor. e filol., ser. 4, X).
Audring, G.: »Über den Gutsverwalter (ἐπίτροπος) in der attischen Landwirtschaft des 5. und 4. Jahrhunderts«, in: *Klio* 55, 1973, S. 109–117.
Audring, G.: »Grenzen der Konzentration von Grundeigentum in Attika während des 4. Jahrhunderts«, in: *Klio* 56, 1974, S. 445–456.
Audring, G.: »Über die Stellung der Bauern in der athenischen Demokratie«, in: *Klio* 57, 1975, S. 399–403.
Behrend, D.: *Attische Pachturkunden. Ein Beitrag zur Beschreibung der* μίσθωσις *nach den griechischen Inschriften*, München 1970 (Vestigia 12).
Fine, J. V. A.: *Horoi. Studies in mortgage, real security and land tenure in ancient Athens*, Princeton 1951; Neudr. 1975 (Hesperia Suppl. IX).
Finley, M. I.: *Studies in Land and Credit in Ancient Athens, 500–200 B. C.: the Horos-Inscriptions*, New Brunswick (N. J.) 1952.
Finley, M. I. (Hrsg.): *Problèmes de la terre en Grèce ancienne*, Paris 1973 (Civilisations et Sociétés 33).
Georgoudi, St.: »Quelques problèmes de la transhumance dans la Grèce ancienne«, in: *REG* 87, 1974, S. 155–185.
Jardé, A.: *Les céréales dans l'Antiquité grecque*, Bd. 1: *La production*, Paris 1925 (BÉFAR 130).
Köster, K.: *Die Lebensmittelversorgung der altgriechischen Polis*, Berlin 1939 (Neue Deutsche Forschungen, Abt. Alte Geschichte VII).

Moritz, L. A.: *Grain-mills and Flour in Classical Antiquity*, Oxford 1958.
Walcot, P.: *Greek Peasants, Ancient and Modern. A Comparison of Social and Moral Values*, Manchester 1970.

Blümner, H.: *Technologie und Terminologie der Gewerbe und Künste bei Griechen und Römern*, 4 Bde., Leipzig 1875–87, Bd. I², 1912; Neudr. Hildesheim 1969.
Burford, A.: *Craftsmen in Greek and Roman Society*, London 1972.
Diels, H.: *Antike Technik. Sechs Vorträge*, Stuttgart ³1924; Neudr. Osnabrück 1965.
Drachmann, A. G.: *The Mechanical Technology of Greek and Roman Antiquity*, Kopenhagen 1963.
Flinders Petrie, W. M.: *Tools and Weapons*, London 1917.
Forbes, R. J.: *Studies in Ancient Technology*, 9 Bde., Leiden ²1964–71.
Frontisi-Ducroux, F.: *Dédale. Mythologie de l'artisan en Grèce ancienne*, préface de P. Vidal-Naquet, Paris 1975.
Histoire générale des techniques, publiée sous la direction de M. Daumas, Bd. 1: *Les origines de la civilisation technique*, Paris 1962, S. 183–217.
Hodges, H.: *Technology in the Ancient World*, Harmondsworth (Middlesex) 1971.
Oertel, F.: »Zur Frage der attischen Großindustrie«, in: *RhMus* 79, 1930, S. 230 bis 252 [dagegen Schwahn, W., s. u.].
Roebuck, C. (Hrsg.): *The Muses at Work. Arts, Crafts, and Professions in Ancient Greece and Rome*, Cambridge (Mass.) 1969.
Schwahn, W.: »Die xenophontischen poroi und die athenische Industrie im 4. Jahrhundert«, in: *RhMus* 80, 1931, 253 ff. [dagegen Oertel, F., s. o.].
Singer, Ch. et al. (Hrsg.): *A History of Technology*, Bd. 2: *The Mediterranean Civilizations and the Middle Ages c. 700 B. C. to c. A. D. 1500*, Oxford 1972 [zuerst 1957].
Sprague de Camp, L.: *Ingenieure der Antike*, Düsseldorf und Wien 1964.
Ziomecki, J.: *Les représentations d'artisans sur les vases attiques*, Breslau [u. a.] 1975 (Academia Scientiarum Polona. Bibliotheca Antiqua XIII).

Ashmole, B.: *Architect and Sculptor in Classical Greece*, New York 1972 (Wrightsman Lectures 6).
Bluemel, C.: *Griechische Bildhauer an der Arbeit*, Berlin 1940; zuletzt engl.: *Greek Sculptors at Work*, London 1969.
Burford, A.: *The Greek Temple Builders at Epidauros. A Social and Economic Study of Building in the Asklepian Sanctuary during the 4th and Early 3rd Century B. C.*, Liverpool 1969.
Carpenter, R.: *Die Erbauer des Parthenon*, München und Darmstadt 1970.
Hampe, R., und A. Winter: *Bei Töpfern und Zieglern in Süditalien, Sizilien und Griechenland*, Mainz und Bonn 1965.
Lauter, H.: *Zur gesellschaftlichen Stellung des bildenden Künstlers in der griechischen Klassik*. Erlangen 1974 (Erlanger Forschungen. A. 23).
Philipp, H.: *Tektonon Daidala. Der bildende Künstler und sein Werk im vorplatonischen Schrifttum*, Berlin 1968 (Quellen und Schriften zur bildenden Kunst 2).
Tracy, V. S.: *The Lettering of an Athenian Mason*. With an introduction: The Study of Lettering, by St. Dow, Cambridge (Mass.) 1975 (Hesperia Suppl. XIV).

Webster, T. B. L.: *Potter and Patron in Classical Athens*, London 1972 [vgl. aber auch die Einwände von N. Kunisch, in: *GGA* 226, 1974, S. 215–221].

Dworakowska, A.: *Quarries in Ancient Greece*, Breslau [u. a.] 1975 (Academia Scientiarum Polona. Bibliotheca Antiqua XIV).
Kleberg, T.: *Buchhandel und Verlagswesen in der Antike*, Darmstadt ³1969.
Lau, O.: *Schuster und Schusterhandwerk in der griechisch-römischen Literatur*, Diss. Bonn 1967.
Pleiner, R.: *Iron-working in Ancient Greece*, Prag 1969.

Ardaillon, E.: *Les mines du Laurion dans l'Antiquité*, Paris 1887 (BÉFAR 77).
Hopper, R. J.: »The Laureion Mines. A Reconsideration«, in: *Annual of the British School of Athens* 63, 1968, S. 293–325.
Lauffer, S.: *Die Bergwerkssklaven von Laureion*, 1. Teil: Arbeits- und Betriebsverhältnisse. Rechtsstellung, 2. Teil: Gesellschaftliche Verhältnisse, Aufstände, Wiesbaden 1956 [2., erg. Aufl. in Vorb.].
Lauffer, S.: »Das Bergbauprogramm in Xenophons Poroi«, in: *MIGRA* 1, 1975, S. 171–207.

Bourriot, F.: »La considération accordée aux marins dans l'Antiquité grecque. Époques archaïques et classiques«, in: *Revue d'histoire économique et sociale* 50, 1972, S. 7–41.
Casson, L.: *The Ancient Mariners. Seafarers and Seafighters of the Mediterranean in Ancient Times*, London 1959.
Casson, L.: *Ships and Seamanship in the Ancient World*, Princeton (N. J.) 1971.
Hyde, W. W.: *Ancient Greek Mariners*, New York 1947.
Köster, A.: *Studien zur Geschichte des antiken Seewesens*, Leipzig 1934 (Klio Beiheft 32).
Ormerod, H.: *Piracy in the Ancient World. An Essay in Mediterranean History*, Liverpool und London 1924.
Ziebarth, E.: *Beiträge zur Geschichte des Seeraubs und Seehandels im alten Griechenland*, Hamburg 1929.

Erxleben, E.: »Das Verhältnis des Handels zum Produktionsaufkommen in Attika im 5. und 4. Jahrhundert«, in: *Klio* 57, 1975, S. 365–398.
Roebuck, C.: *Ionian Trade and Colonization*, New York 1959 (Monographs on Archaeology and Fine Arts).
Speck, E.: *Handelsgeschichte des Altertums*, Bd. 2: *Die Griechen*, Leipzig 1901.
Ziebarth, E.: *Der griechische Kaufmann im Altertum*, München 1934 (Tusculum-Schriften. H. 18).

Antike Medizin, hrsg. von H. Flashar, Darmstadt 1971 (Wege der Forschung 221).
Berger, E.: *Das Basler Arztrelief. Studium zum griechischen Grab- und Votivrelief um 500 v. Chr. und zur vorhippokratischen Medizin*, Basel 1970 (Veröffentlichungen des Antikenmuseums Basel 1).
Bolkestein, H.: *Wohltätigkeit und Armenpflege im vorchristlichen Altertum*, Utrecht 1939; Neudr. Groningen 1967.
Bourgey, L.: *Observation et expérience chez les médecins de la collection hippocratique*, Paris 1953.

Cohn-Haft, L.: *The Public Physicians of Ancient Greece*, Northampton (Mass.) 1956 (Smith College Studies in History XLII).
Deichgräber, K.: *Medicus gratiosus. Untersuchungen zu einem griechischen Arztbild*, Wiesbaden 1971 (Abh. der Akad. d. Wiss. u. Lit. Mainz, Geistes- und sozialwiss. Kl. 1970, H. 3).
Gil, L.: »Ärztlicher Beistand und attische Komödie. Zur Frage der demosieuontes und Sklavenärzte«, in: *Sudhoffs Archiv. Zeitschrift für Wissenschaftsgeschichte* 57, 1973, S. 255–274.
Goltz, D.: *Studien zur altorientalischen und griechischen Heilkunde. Therapie – Arzneibereitung – Rezeptstruktur*, Wiesbaden 1974 (Sudhoffs Archiv. Beiheft 16).
Hands, A. R.: *Charities and Social Aid in Greece and Rome*, Ithaca (N. Y.) 1968.
Hausmann, U.: *Kunst und Heiltum. Untersuchungen zu den griechischen Asklepiosreliefs*, Potsdam 1948.
Jouanna, J.: *Hippocrate. Pour une archéologie de l'École de Cnide*, Paris 1974.
Kerényi, K.: *Der göttliche Arzt. Studien über Asklepios und seine Kultstätten*, Darmstadt [3]1975.
Kudlien, F.: *Der Beginn des medizinischen Denkens bei den Griechen von Homer bis Hippokrates*, Zürich 1967.
Kudlien, F.: *Die Sklaven in der griechischen Medizin der klassischen und hellenistischen Zeit*, Wiesbaden 1968 (Forschungen zur antiken Sklaverei 2).
Majno, G.: *The Healing Hand. Man and Wound in the Ancient World*, Cambridge 1975.
Nielsen, H.: *Ancient Ophthalmological Agents*, Odense 1974.
Phillips, E. D.: *Greek Medicine*, London 1973.
Sigerist, H. E.: *A History of Medicine*, Bd. 2, Oxford 1961, S. 211–333.
Snyder, G.: *Instrumentum medici. Der Arzt und sein Gerät im Spiegelbild der Zeiten*, Ingelheim a. Rh. 1972, S. 25 ff.

Sechstes Kapitel. Körperpflege und Kleidung

Alfageme, I. R.: »Higiene, cosmética y dietetica en la comedia ática«, in: *Cuadernos de filologia clásica* 9, 1975, S. 241–274.
Cooney, J. D.: »Deluxe Toilet Objects«, in: *Bulletin of the Cleveland Museum of Art* 60, 1973, S. 215–221.
Ginouvès, R.: *Balaneutikè. Recherches sur le bain dans l'Antiquité grecque*, Paris 1962 (BÉFAR 200).
Grillet, B.: *Les femmes et les fards dans l'antiquité grecque*, Lyon 1975.
Jüthner, J.: *Körperkultur im Altertum*, Jena 1928 (Jenaer medizin-historische Beiträge 12).
Lilja, S.: *The Treatment of Odours in the Poetry of Antiquity*, Helsinki 1972 (Commentationes Humanarum Litterarum 49).

Bieber, M.: *Griechische Kleidung*, Berlin und Leipzig 1928 [Neudr. i. Vorb.].
Bieber, M.: *Entwicklungsgeschichte der griechischen Tracht. Von der vorgriechischen Zeit bis zum Ausgang der Antike*, 2., durchges. Aufl. bes. von F. Eckstein, Berlin 1967.
Blanck, I.: *Studien zum griechischen Halsschmuck der archaischen und klassischen Zeit* (Diss. Mainz), Köln 1974.

Boardman, J.: *Archaic Greek Gems. Schools and Artists in the Sixth and Early Fifth Centuries B. C.*, London 1968.

Boardman, J.: *Greek Gems and Finger Rings. Early Bronze Age to Late Classical*, London 1970.

Dugas, Ch.: *Aison et la peinture céramique à l'époque de Périclès*, Paris 1930.

Heuzey, L.: *Histoire du costume antique, d'après les études sur le modèle vivant*, Paris 1922.

Pottier, E.: *Diphilos et les modeleurs de terres cuites grecques*, Paris o. J. [1909].

Siebtes Kapitel. Essen, Spiele und Vergnügungen

Gibbs, S. L.: *Greek and Roman Sundials*, New Haven und London 1976 (Yale Studies in the History of Science and Medicine 11).

Brothwell, D. R., und P. B.: *Food in Antiquity. A Survey of the Diet of Early Peoples*, London 1969.

Delatte, A.: *Le cycéon, breuvage rituel des mystères d'Éleusis*, Paris 1955.

Guillon, P.: *La Béotie antique*, Paris 1948.

Währen, M.: *Brot und Gebäck im alten Griechenland*, Detmold 1974.

Drougou, St.: *Der attische Psykter*, Würzburg 1975 (Beiträge zur Archäologie 9).

Fehr, B.: *Orientalische und griechische Gelage*, Bonn 1971 (Abh. zur Kunst-, Musik- und Literaturwissenschaft 94).

Jeanmaire, H.: *Dionysos. Histoire du culte de Bacchus*, Paris 1951; Neudr. 1970.

Kyrieleis, H.: *Throne und Klinen*, Berlin 1964 (Jahrb. des Deutschen Archäologischen Instituts. Erg.-H. 24).

Richter, G. M. A.: *The Furniture of the Greeks, Etruscans and Romans*, London 1966.

Roux, G.: »Salles de banquet à Délos«, in: *Études déliennes* (BCH Suppl. I), Paris 1973, S. 525–554.

Delebecque, E.: »Temps et loisirs dans la Grèce antique«, in: Gareau, E. (Hrsg.), *Valeurs antiques et temps modernes. Classical Values and the Modern World. The G. P. Vanier Memorial Lectures 1970–1971*, Ottawa 1972, S. 81–95.

Déonna, W.: *Le symbolisme de l'acrobatie antique*, Berchem und Brüssel 1953 (Coll. Latomus 9).

Déonna, W.: *Un divertissement de table. »À cloche-pied«*, Berchem und Brüssel 1959 (Coll. Latomus 40).

Jüthner, J.: »Die Namen der Astragalwürfe«, in: *JÖAI* 23, 1926, Beih. Sp. 105 bis 116; vgl. ebd. 27, 1932, Beih. Sp. 97–100: J. J., »Zu den Astragalwürfen«.

Latte, K.: »'ΑΣΚΩΛΙΑΣΜΟΣ«, in: *Hermes* 85, 1957, S. 385–391; jetzt auch in: K. L., *Kleine Schriften*, München 1968, S. 700–707.

Mazzarino, S.: »Kottabos siculo e siceliota«, in: *RAL* 15, 1939, S. 357–378.

Rohlfs, G.: *Antikes Knöchelspiel im einstigen Großgriechenland. Eine vergleichende historisch-linguistische Studie*, Tübingen 1963.

Schmidt, E.: *Spielzeug und Spiele der Kinder im klassischen Altertum. Mit Beispielen aus den Beständen des Deutschen Spielzeugmuseums Sonneberg*, Meiningen 1971 (Südthüringer Forschungen 7/1971 [Literatur-Auswahl]).

Welskopf, E. Ch.: *Probleme der Muße im alten Hellas*, Berlin 1962.

Höppener, H.: *Halieutica. Bijdrage tot de kennis der oud-grieksche visscherij*, Amsterdam 1931.
Hull, D. B.: *Hounds and Hunting in Ancient Greece*, Chicago 1964.
Lindner, K.: *Beiträge zu Vogelfang und Falknerei im Altertum*, Berlin und New York 1973 (Quellen und Studien zur Geschichte der Jagd 12).
Richmond, J.: *Chapters on the Greek Fish-Lore*, Wiesbaden 1973 (Historia Einzelschriften 28).

Déonna, W.: *L'expression des sentiments dans l'art grec. Les facteurs expressifs*, Paris 1914.
Kenner, H.: *Weinen und Lachen in der griechischen Kunst*, Wien 1960 (Österr. Akad. d. Wiss. Wien, Phil.-hist. Kl., Sitzungsberichte 234, 1960, H. 2).
Neumann, G.: *Gesten und Gebärden in der griechischen Kunst*, Berlin 1965.
Radermacher, L.: *Weinen und Lachen. Studien über antikes Lebensgefühl*, Wien 1947.
Sittl, C.: *Die Gebärden der Griechen und Römer*, Leipzig 1890; Neudr. Hildesheim und New York 1970.

Achtes Kapitel. Das religiöse Leben und das Theater

Brelich, A.: *Paides e parthenoi*, Bd. 1, Rom 1969 (Incunabula Graeca 36).
Burkert, W.: *Homo necans. Interpretationen altgriechischer Opferriten und Mythen*, Berlin und New York (Religionsgeschichtliche Versuche und Vorarbeiten 32).
Dodds, E. R.: *The Greeks and the Irrational*, Berkeley und Los Angeles 1951; dt. u. d. T.: *Die Griechen und das Irrationale*, Darmstadt 1970.
Himmelmann-Wildschütz, N.: ΘΕΟΛΗΠΤΟΣ, Marburg a. d. Lahn 1957.
Kirk, G. S.: *The Nature of Greek Myth*, London 1974.
Nilsson, M. P.: *Cults, Myths, Oracles, and Politics in Ancient Greece*, Lund 1951.
La notion du divin depuis Homère à Platon, Genf und Vandœuvres 1952 (Fondation Hardt. Entretiens sur l'Antiquité classique 1).
Radermacher, L.: *Mythos und Sage bei den Griechen*, Wien ²1942.
Vernant, J.-P.: *Mythe et société en Grèce ancienne*, Paris 1974.
Vernant, J.-P.: *Mythe et pensée chez les Grecs*, 2 Bde., Paris ⁵1974.

Grimal, P.: *Dictionnaire de mythologie grecque et romaine*, Paris 1959.
Gruppe, O.: *Griechische Mythologie und Religionsgeschichte*, 2 Bde., München 1906 (Handbuch der Altertumswissenschaft V, 2, 1. 2).
Hunger, H.: *Lexikon der griechischen und römischen Mythologie*, Wien ⁶1969; danach, allerdings ohne Abb., die Taschenbuchausg. Reinbek bei Hamburg 1974 u. ö. (rororo handbuch 6178).
Peterich, E.: *Götter und Helden der Griechen. Kleine Mythologie*, Frankfurt a. M. und Hamburg 1958 u. ö. (Fischer Bücherei 259).
Preller, L.: *Griechische Mythologie*, bearb. von C. Robert, 7 Bde., Berlin ⁴1887 bis 1926.
Ranke-Graves, R. von: *Griechische Mythologie. Quellen und Deutung*, 2 Bde., Reinbek b. Hamburg 1960 u. ö. (rde 113/114 und 115/116).
Roscher, W. H. (Hrsg.): *Ausführliches Lexikon der griechischen und römischen Mythologie*, Leipzig 1884 ff.

Rose, H. J.: *Griechische Mythologie*, München [4]1974.
Tripp, E.: *Reclams Lexikon der antiken Mythologie*, Stuttgart 1974.

Barthell jr., E. E.: *Gods and Goddesses of Ancient Greece*, Coral Gables (Florida) 1971.
Bianchi, U.: *La religione greca*, Turin 1975 (Separatausg. aus der 6. Aufl. der *Storia delle religioni*, diretta da G. Castellani).
Festugière, A.-J.: »La religion grecque«, in: *Histoire générale des religions*, éd. par M. Gorce et R. Mortier, Bd. 2: *Grèce – Rome*, Paris 1944, S. 27–147.
Gernet, L., und A. Boulanger: *Le génie grec dans la religion*, Paris 1932; Neudr. 1970 (Coll. L'évolution de l'humanité, Sect. 1, 11).
Guthrie, W. K. C.: *The Greeks and their Gods*, London 1954; Neudr. 1968.
Kern, O.: *Die Religion der Griechen*, 3 Bde., Berlin 1926–38; Neudr. Darmstadt 1963.
Metzger, H., und R. Martin: *La religion grecque*, Paris 1976 (Coll. SUP – L'historien 22).
Nilsson, M. P.: *Greek Folk Religion*, with Foreword by A. D. Nock, New York 1961; Neudr. 1971; zuerst u. d. T.: *Greek Popular Religion*, New York 1940.
Nilsson, M. P.: *Griechischer Glaube*, Bern 1950 (Slg. Dalp 64).
Nilsson, M. P.: *Les croyances religieuses de la Grèce antique*, Paris 1956.
Nilsson, M. P.: *Geschichte der griechischen Religion*, 2 Bde., München [3]1967/74 (Handbuch der Altertumswissenschaft V, 2, 1. 2).
Nilsson, M. P.: *Greek Piety*, New York 1969.
Otto, W. F.: *Die Götter Griechenlands*, Frankfurt a. M. [5]1961.
Places, É. des: *La religion grecque. Dieux, cultes, rites et sentiment religieux dans la Grèce antique*, Paris 1969.
Rudhardt, J.: *Notions fondamentales de la pensée religieuse et actes constitutifs du culte dans la Grèce classique. Étude préliminaire pour aider à la compréhension de la piété athénienne au IVe siècle*, Genf 1958.
Séchan, L., und P. Lévêque: *Les grandes divinités de la Grèce*, Paris 1966.
Simon, E.: *Die Götter der Griechen*, München 1969.
Walter, H.: *Griechische Götter. Ihr Gestaltwandel aus den Bewußtseinsstufen des Menschen, dargestellt an den Bildwerken*, München 1971 [vgl. die Rezension von K. Fittschen, in: *Gnomon* 46, 1974, S. 787–796].
Wilamowitz-Moellendorff, U. von: *Der Glaube der Hellenen*, 2 Bde., Berlin 1931 bis 1932; Neudr. Darmstadt [3]1959, [zuletzt] 1976.

Delcourt, M.: *Héphaïstos ou la légende du magicien*, Paris 1957 (Bibl. Fac. Phil. Lettres Univ. Liège, Fasc. 146).
Détienne, M.: *Les jardins d'Adonis. La mythologie des aromates en Grèce*, Paris 1972.
Jeanmaire, H.: *Dionysos. Histoire du culte de Bacchus*, Paris 1951; Neudr. 1970.
Lloyd-Jones, H.: *The Justice of Zeus*, Berkeley 1971 (Sather Classical Lectures 41).
Peschlow-Bindokat, A.: »Demeter und Persephone in der attischen Kunst des 6.–4. Jahrhunderts«, in: *MDAI(A)* 87, 1972, S. 60–157.

Dahl, K.: *Thesmophoria. En graesk kvindefest. Tillaeg: De vigtigste kilder i original og i dansk oversaettelse. With a Summary in English*, Kopenhagen 1976 (Opuscula Graecolatina. Museum Tusculanum. Suppl. 6).

Deubner, L.: *Attische Feste*, Berlin 1932; Neudr. Wien und Darmstadt ³1969.

Merritt, B. D.: *The Athenian Year*, Berkeley und Los Angeles 1961 (Sather Classical Lectures 32).

Mikalson, J. D.: *The Sacred and Civil Calendar of the Athenian Year*, Princeton 1975.

Nilsson, M. P.: *Die Entstehung und religiöse Bedeutung des griechischen Kalenders*, Lund ²1962 (Scripta minora R. Soc. Hum. Litt. Lund 1960–1961: 1).

Oliver, J. H.: *The Athenian Expounders of the Sacred and Ancestral Law*, Baltimore 1950.

Parke, H. W.: *Festivals of the Athenians*, Ithaca und London 1977 [im Druck].

Piblis, S.: *Panathenaea. The Greatest Festival of Ancient Athens*, Athen 1970.

Samuel, A. E.: *Greek and Roman Chronology. Calendars and Years in Classical Antiquity*, München 1972 (Handbuch der Altertumswissenschaft I, 7).

Schelp, J.: *Das Kanoun, der griechische Opferkorb*, Würzburg 1975 (Beiträge zur Archäologie 8).

Stengel, P.: *Opferbräuche der Griechen*, Leipzig 1910; Neudr. Darmstadt 1972.

Wide, S.: *Lakonische Kulte*, Leipzig 1893; Neudr. Darmstadt 1973.

Berve, H., und G. Gruben: *Griechische Tempel und Heiligtümer*, München 1961; daraus in Neuaufl. gesondert:

Gruben, G.: *Die Tempel der Griechen*, Aufnahmen von M. Hirmer, München 1966; Neudr. Darmstadt 1976.

Hausmann, U.: *Griechische Weihreliefs*, Berlin 1960.

Himmelmann-Wildschütz, N.: *Zur Eigenart des klassischen Götterbildes*, München 1959.

Kähler, H.: *Der griechische Tempel. Wesen und Gestalt*, Berlin 1964.

Babut, D.: *La religion des philosophes grecs de Thalès aux Stoiciens*, Paris 1974 (Coll. SUP Litt. anc. 4).

Boyancé, P.: *Le culte des Muses chez les philosophes grecs*, Paris ²1972 (urspr. BÉFAR 141).

Goldschmidt, V.: *La religion de Platon*, Paris 1949; jetzt in: V. G., *Platonisme et pensée contemporaine*, Paris 1970, S. 9–129.

Schachermeyr, F.: *Religionspolitik und Religiosität bei Perikles*, Wien 1968 (Österr. Akad. d. Wiss. Wien, Phil-hist. Kl., Sitzungsberichte 258, H. 3).

Adrados, F. R.: *Festival, Comedy and Tragedy. The Greek Origins of Theatre*, Leiden 1975.

Arnott, P.: *Greek Scenic Conventions in the Fifth Century*, Oxford 1962.

Bieber, M.: *Die Denkmäler zum Theaterwesen im Altertum*, Berlin und Leipzig 1920.

Bieber, M.: *The History of Greek and Roman Theatre*, Princeton (N. J.) ²1961.

Brooke, I.: *Costume in Greek Classical Drama*, London 1962.

Buchanan, J. J.: *Theorika. A Study of Monetary Distributions to the Athenian Citizenry during the Fifth and Fourth Centuries*, Locust Valley und New York 1962.

Bulle, H., und H. Wirsing: *Szenenbilder zum griechischen Theater des 5. Jahrhunderts v. Chr.*, Berlin 1950.

Canac, F.: *L'acoustique des théâtres antiques. Ses enseignements*, Paris 1967.

Cluzel, M.: *Mimes et poètes antiques*, Paris 1957.
Gerhäuser, M. F.: *Untersuchungen über die Spielmöglichkeiten in griechischen Theatern*, Darmstadt 1964 (Libelli 151).
Ghiron-Bistagne, P.: *Recherches sur les acteurs dans la Grèce antique*, Paris 1976.
Henderson, J.: *The Maculate Muse. Obscene Language in Attic Comedy*, New Haven und London 1975.
Hofmann, W., und H. Kuch: *Die gesellschaftliche Bedeutung des antiken Dramas für seine und unsere Zeit*, Berlin 1973 (Schriften zur Geschichte und Kultur der Antike 6).
Kenner, H.: *Das Theater und der Realismus in der griechischen Kunst*, Wien 1954.
Navarre, O.: *Le théâtre grec. L'édifice, l'organisation matérielle, les représentations*, Paris 1925.
Pickard-Cambridge, Sir A.: *The Dramatic Festivals of Athens*, Oxford [2]1968.
Seeberg, A.: *Corinthian Comos Vases*, London 1971 (BICS Suppl. 27).
Simon, E.: *Das antike Theater*, Heidelberg 1972.
Trendall, A. D.: *Phlyax Vases*, London [2]1967 (BICS Suppl. 19).
Trendall, A. D., und T. B. L. Webster: *Illustrations of Greek Drama*, London 1971.
Walcot, P.: *Greek Drama in its Theatrical and Social Context*, Cardiff 1976.
Webster, T. B. L.: *Greek Theatre Production*, London 1956.
Webster, T. B. L.: *Griechische Bühnenaltertümer*, Göttingen 1963.
Wiemken, H.: *Der griechische Mimus. Dokumente zur Geschichte des antiken Volkstheaters*, Bremen 1972.

Bengtson, H.: *Die Olympischen Spiele in der Antike*, Zürich und Stuttgart [2]1972.
Buhmann, H.: *Der Sieg in Olympia und in den anderen panhellenischen Spielen*, Diss. München 1972.
Eckstein, F.: ΑΝΑΘΗΜΑΤΑ. *Studien zu den Weihgeschenken strengen Stils im Heiligtum von Olympia*, Berlin 1969.
Finley, M. I., und H. W. Pleket: *Die Olympischen Spiele der Antike*, Tübingen 1976.
Gardiner, E. N.: *Olympia. Its History and Remains*, Oxford 1925.
Herrmann, H.-V.: *Olympia. Heiligtum und Wettkampfstätte*, München 1972.
Hönle, A.: *Olympia in der Politik der griechischen Staatenwelt (von 776 bis zum Ende des 5. Jahrhunderts)*, Diss. Tübingen 1968.
Mallwitz, A.: *Olympia und seine Bauten*, Darmstadt 1972.
Weiler, I.: *Der Agon im Mythos. Zur Einstellung der Griechen zum Wettkampf*, Darmstadt 1974 (Impulse der Forschung 16).

Bérard, C.: *Anodoi. Essai sur l'imagerie des passages chthoniens*, Rom 1974 (Bibliotheca Helvetica Romana XIII).
Brillant, M.: *Les mystères d'Éleusis*, Paris 1920.
Clinton, K.: *The Sacred Officials of the Eleusinian Mysteries*, Philadelphia 1974 (TAPhS N. S. 64, 3).
Graf, F.: *Eleusis und die orphische Dichtung Athens in vorhellenistischer Zeit*, Berlin und New York 1974 (Religionsgeschichtliche Versuche und Vorarbeiten 33).
Guthrie, W. K. C.: *Orpheus and the Greek Religion. A Study of the Orphic Movement*, London [2]1952.

Moulinier, L.: *Orphée et l'orphisme à l'époque classique*, Paris 1955.
Mylonas, G.: *Eleusis and the Eleusinian Mysteries*, Princeton 1961.
Simms, R. M.: »The Eleusinia in the Sixth to Fourth Centuries B. C.«, in: *GRBS* 16, 1975, S. 269–279.

Amandry, P.: *La mantique apollinienne à Delphes. Essai sur le fonctionnement de l'oracle*, Paris 1950 (BÉFAR 170).
Bouché-Leclercq, A.: *Histoire de la divination dans l'Antiquité*, 4 Bde., Paris 1879–82.
Defradas, J.: *Les thèmes de la propagande delphique*, Paris ²1972.
Delcourt, M.: *L'oracle de Delphes*, Paris 1955.
Flacelière, R.: *Greek Oracles*, transl. by D. Garman, London 1965; frz. Paris 1961: *Devins et oracles grecs.*
Klees, H.: *Die Eigenart des griechischen Glaubens an Orakel und Seher. Ein Vergleich zwischen griechischer und nichtgriechischer Mantik bei Herodot*, Stuttgart o. J. (Tübinger Beiträge zur Altertumswissenschaft 43).
Parke, H. W., und D. E. W. Wormell: *The Delphic Oracle*, 2 Bde., Oxford 1956.
Parke, H. W.: *Greek Oracles*, London 1967.
Parke, H. W.: *The Oracles of Zeus. Dodona – Olympia – Ammon*, Oxford 1967.
Popp, H.: *Die Einwirkung von Vorzeichen, Opfern und Festen auf die Kriegführung der Griechen im 5. und 4. Jahrhundert v. Chr.*, Diss. Erlangen 1957.
Roux, G.: *Delphi. Orakel und Kultstätten*, München, [gleichzeitig] Darmstadt 1971.

Gundel, H.-G.: »Zodiakos. Der Tierkreis in der antiken Literatur und Kunst«, in: *RE* X A (1972), Sp. 461 ff.; auch separat Stuttgart 1972.
Gundel, W.: *Sternglaube, Sternreligion und Sternorakel. Aus der Geschichte der Astrologie*, Heidelberg ²1959.
Lanata, G.: *Medicina magica e religione popolare in Grecia fino all'età die Ippocrate*, Rom 1967.
Ramnoux, C.: *La nuit et les enfants de la nuit dans la tradition grecque*, Paris 1959.
Richer, J.: *Géographie sacrée du monde grec. Croyances astrales des anciens Grecs*, préface de F. Salviat, Paris 1967.
Richer, J.: *Delphes, Délos et Cumes. Les Grecs et le zodiaque*, Paris 1970.

Neuntes Kapitel. Das Gerichtswesen

Carcopino, J.: *L'ostracisme athénien*, Paris ²1935.
Thomsen, R.: *The Origin of Ostracism. A Synthesis*, Kopenhagen 1972 (Humanitas IV).
Vanderpool, E.: *Ostracism at Athens*, Cincinnati 1972 (Semple Lecture II).

Beauchet, L.: *Histoire du droit privé de la république athénienne*, 4 Bde., Paris 1897; Neudr. Amsterdam 1969.
Gernet, L.: *Droit et société dans la Grèce ancienne*, Paris 1955 (Publications de l'Institut de Droit Romain de l'Univ. de Paris XIII).
Glotz, G.: *La solidarité de la famille dans le droit criminel en Grèce*, Paris 1904; Neudr. London o. J. [nach 1970].

Harrison, A. R. W.: *The Law of Athens*, Bd. 1: *The Family and Property*, Bd. 2: *Procedure*, Oxford 1968–71.
Lipsius, J. H.: *Das attische Recht und Rechtsverfahren*, 3 Bde., Leipzig 1905–15; Neudr. Hildesheim und Darmstadt 1966.
Symposion 1971. Vorträge zur griechischen und hellenistischen Rechtsgeschichte, in Gemeinschaft mit J. Modrzejewski und D. Nörr hrsg. von H. J. Wolff, Köln und Wien 1975.
Weiß, E.: *Griechisches Privatrecht auf rechtsvergleichender Grundlage*, Bd. 1, Leipzig 1923 [mehr nicht ersch.].
Wolff, H. J.: *»Normenkontrolle« und Gesetzesbegriff in der attischen Demokratie. Untersuchungen zur* γραφὴ παρανόμων, Heidelberg 1970 (Akad. d. Wiss. Heidelberg, Phil.-hist. Kl., Sitzungsberichte 1970, H. 2).
Zur griechischen Rechtsgeschichte, hrsg. von E. Berneker, Darmstadt 1968 (Wege der Forschung 45).

Cohen, E. E.: *Ancient Athenian Maritime Courts*, Princeton 1973.
Hansen, M. H.: *The Sovereignty of the People's Court in Athens in the Fourth Century B. C. and the Public Action against Unconstitutional Proposals*, Odense 1974 (Odense University Classical Studies 4).
Hansen, M. H.: *Eisangelia. The Sovereignty of the People's Court in Athens in the Fourth Century B. C. and the Impeachment of Generals and Politicians*, Odense 1975.
Pringsheim, F.: *The Greek Law of Sale*, Weimar 1950.

Bishop, J. D.: »The cleroterium«, in: *JHS* 90, 1970, S. 1–14.
Bonner, R. J.: *Lawyers and Litigants in Ancient Athens*, Chicago 1927; Neudr. Rom 1970 (Studia Historica 66).
Bonner, R. J., und G. Smith: *The Administration of Justice from Homer to Aristotle*, 2 Bde., Chicago 1930–38; Neudr. 1969.
Kroll, J. H.: *Athenian Bronze Allotment Plates*, Cambridge (Mass.) 1972.
Lavency, M.: *Aspects de la logographie judiciaire attique*, Löwen 1964 (Recueil des Travaux d'Histoire et de Philologie, 4e sér., fasc. 32).
Staveley, E. S.: *Greek and Roman Voting and Elections*, Bd. 1, London 1972.

Ducrey, P. und N. D.: »Les suppliciés de Fourni«, in: *Études déliennes* (BCH Suppl. I), Paris 1973, S. 173–181.
Hansen, M. H.: *Atimistrafen i Athen i klassisk tid*, Odense 1973.
Keramopoullos, A. D.: Ὁ ἀποτυμπανισμός. Συμβολὴ ἀρχαιολογικὴ εἰς τὴν ἱστορίαν τοῦ ποινικοῦ δικαίου καὶ τὴν λαογραφίαν *(Der Apotympanismos. Ein archäologischer Beitrag zur Geschichte des Strafrechts und zur Volkskunde)*, Athen 1923.
MacDowell, D. M.: *Athenian Homicide Law in the Age of the Orators*, Manchester 1963; Neudr. 1975.
Meinecke, J.: »Gesetzesinterpretation und Gesetzesanwendung im attischen Zivilprozeß«, in: *RIDA* 18, 1971, 275–360.
Ruschenbusch, E.: *Untersuchungen zur Geschichte des athenischen Strafrechts*, Köln 1968 (Gräzistische Abhandlungen IV).

Latte, K.: *Heiliges Recht. Untersuchungen zur Geschichte der sakralen Rechtsformen in Griechenland*, Tübingen 1920.

Meyer-Laurin, H.: *Gesetz und Billigkeit im attischen Prozeß*, Weimar 1965 (Gräzistische Abhandlungen I).
Plescia, J.: *The Oath and Perjury in Ancient Greece*, Tallahassee 1970.
Romilly, J. de: *La loi dans la pensée grecque, des origines à Aristote*, Paris 1971.
Romilly, J. de: »Religion et droit dans la Grèce ancienne. Dimensions religieuses du droit«, in: *Archives de philosophie du droit* 18, 1973, S. 5–16.
Wolf, E.: *Griechisches Rechtsdenken* I–IV, 2, Frankfurt a. M. 1950–70.
Wolff, H. J.: »Rechtskunde und Rechtswissenschaft bei den Griechen«, in: H. J. W., *Beiträge zur Rechtsgeschichte Altgriechenlands und des hellenistisch-römischen Ägypten*, Weimar 1961, S. 243–258.

Zehntes Kapitel. Das Kriegswesen

Zum Abschnitt »Der athenische Imperialismus« vgl. die entsprechenden Titel im Abschnitt »Historische Gesamtdarstellungen und Einzelstudien zur politischen Geschichte«.

Adcock, F. E.: *The Greek and Macedonian Art of War*, Berkeley 1957; Neudr. 1962 (Sather Classical Lectures 30).
Ahlberg, G.: *Fighting on Land and Sea in Greek Geometric Art*, Lund 1971 (Acta Instituti Atheniensis Regni Sueciae XVI).
Couissin, P.: *Les institutions militaires et navales*, Paris 1932 (La vie publique et privée des anciens Grecs VIII).
Garlan, Y.: *La guerre dans l'Antiquité*, Paris 1972; engl. u. d. T.: *War in the Ancient World*, London 1975.
Kromayer, J., und G. Veith: *Heerwesen und Kriegführung der Griechen und Römer*, München 1928; Neudr. 1963 (Handbuch der Altertumswissenschaft IV, 3, 2).
Pritchett, W. K.: *The Greek States at War*, 2 Bde., Berkeley, Los Angeles und London 1971–75.
Vernant, J.-P. (Hrsg.): *Problèmes de la guerre en Grèce ancienne*, Paris 1968.

Anderson, J. K.: *Ancient Greek Horsemanship*, Berkeley und Los Angeles 1961.
Anderson, J. K.: *Military Theory and Practice in the Age of Xenophon*, Berkeley 1970.
Best, J. G. P.: *Thracian Peltasts and their Influence on Greek Warfare*, Groningen 1969 (Studies of the Dutch Archaeological and Historical Society 1).
Cahn, H. A.: »Dokimasia«, in: *RA* 1973, S. 3–22.
Garlan, Y.: *Recherches sur la poliorcétique grecque*, Paris 1974 (BÉFAR 223).
Lendle, O.: *Schildkröten. Antike Kriegsmaschinen in poliorketischen Texten*, Wiesbaden 1975 (Palingenesia 10).
Lindsay, J.: *Blast Power and Ballistics. Concepts of Force and Energy in the Ancient World*, London 1974.
Marsden, E. W.: *Greek and Roman Artillery*, 2 Bde., Oxford 1969–71.
Martin, A.: *Les cavaliers athéniens*, Paris 1886 (BÉFAR 47).
McCredie, J. R.: *Fortified Military Camps in Attica*, Princeton (N. J.) 1966 (Hesperia Suppl. XI).
Pélékidis, C.: *Histoire de l'éphébie attique, des origines à 31 av. J.-C.*, Paris 1961.
Pleket, H. W.: »Burger en militair in het Griekenland van de 5e en 4e eeuw«, in: *Lampas* 6, 1973, S. 57–86.

Pritchett, W. K.: *Ancient Greek Military Practices* 1, Berkeley u. a. 1971 (University of California. Classical Studies 7).
Snodgrass, A. M.: *Arms and Armour of the Greeks*, London 1967.
Vigneron, P.: *Le cheval dans l'Antiquité gréco-romaine (des guerres médiques aux grandes invasions). Contribution à l'histoire des techniques*, 2 Bde., Nancy 1968 (Annales de l'Est, Mém. 35).
Winter, F. E.: *Greek Fortifications*, London 1971.

Amit, M.: *Athens and the Sea. A Study in Athenian Sea-Power*, Brüssel und Berchem 1965 (Coll. Latomus 74).
Gille, P.: »Les navires à rames de l'Antiquité. Trières grecques et liburnes romaines«, in: *Journal des Savants* 1965, S. 36–72.
Jordan, B.: *The Athenian Navy in the Classical Period. A Study of Athenian Naval Administration and Military Organization in the Fifth and Fourth Centuries B. C.*, Berkeley, Los Angeles und London 1975 (Classical Studies 13).
Labarbe, J.: *La loi navale de Thémistocle*, Paris 1957.
Morrisson, J. S., und R. T. Williams: *Greek Oared Ships 900–322 B. C.*, Cambridge 1968.
Nelson, R. B.: *Warfleets of Antiquity*, Sussex (War Games Research Group) 1973.
Rodgers, W. L.: *Greek and Roman Naval Warfare. A Study of Strategy, Tactics, and Ship Design from Salamis (480 B. C.) to Actium (31 B. C.)*, Annapolis (Maryland) und London 1937; Neudr. 1970.
Rougé, J.: *La marine dans l'antiquité*, Paris 1975 (Collection SUP – L'historien 23).

Ducrey, P.: *Le traitement des prisonniers de guerre dans la Grèce antique, des origines à la conquête romaine*, Paris 1968 (École Française d'Athènes. Trav. et Mém. des anciens membres étrangers XVII).
Lonis, R.: *Les usages de guerre entre Grecs et Barbares des guerres médiques au milieu du IVe siècle av. J.-C.*, Paris 1969 (Annales litt. de l'Université de Besançon 104).
Parke, H. W.: *Greek Mercenary Soldiers from the Earliest Times to the Battle of Ipsus*, Oxford 1933; Neudr. 1970.
Welwei, K.-W.: *Unfreie im antiken Kriegsdienst*, Bd. 1: *Athen und Sparta*, Wiesbaden 1974 (Forschungen zur antiken Sklaverei 5).

Zusammenfassung

Adkins, A. W. H.: *Merit and Responsibility. A Study in Greek Values*, Oxford 1960.
Adkins, A. W. H.: *Moral Values and Political Behaviour in Ancient Greece*, London und New York 1972.
Dover, K. J.: *Greek Popular Morality in the Time of Plato and Aristotle*, Oxford 1974.
Müller, R. (Hrsg.): *Der Mensch als Maß aller Dinge. Studien zum griechischen Menschenbild in der Blüte und Krise der Polis*, Berlin 1976 (Akad. d. Wiss. d. DDR. Veröffentlichungen d. Zentralinstituts f. Alte Geschichte u. Archäologie 8).

Zeittafel

	Geschichte	*Kunst*	*Literatur*
510	Sturz des Hippias in Athen	Beginn der rotfigurigen Keramik	
508/507	Beginn der Reformen des Kleisthenes in Athen		
500/499 bis 494	Ionischer Aufstand; endet mit der Eroberung und Zerstörung Milets durch die Perser	Die Koren auf der Akropolis	
496	Perikles geb.		Sophokles und Empedokles geb.
493	Themistokles Archon		
490	Datis und Artaphernes ziehen zur See gegen Eretria und Athen; Eretria zerstört. Im September Schlacht bei Marathon	Das Schatzhaus der Athener in Delphi	
488/487	Krieg zwischen Athen und Aigina		
487	Erste Anwendung des Ostrakismos		
um 485			Herodot und Gorgias geb. Einrichtung des Komödienwettbewerbs in Athen
483/482	Entdeckung neuer Silberminen am Laureion		
482	Beginn des Themistokleischen Flottenbaus		
480	Athen ruft die ostrakisierten Bürger zurück. Im August marschiert Xerxes in Griechenland ein. Schlachten bei Artemision und Thermopy-	Aphaia-Tempel auf Aigina	Euripides geb. Parmenides: *Lehrgedicht*

	Geschichte	*Kunst*	*Literatur*
	lai. Ende September Schlacht bei Salamis und am Himeras		
479	Athen wird im Sommer zum zweiten Mal durch die Bewohner geräumt. Im Herbst die Schlachten bei Plataiai und Mykale		
479/478	Athenischer Mauerbau		
478/477	Anfänge des Delisch-Attischen Seebundes	Der Wagenlenker von Delphi	
472		Polygnot von Thasos	*Die Perser* des Aischylos aufgeführt unter der Choregie des Perikles
471/470	Ostrakismos des Themistokles, der nach Argos ins Exil geht		
etwa 469	Sieg Kimons über die Perser am Eurymedon		Sokrates geb.
465/464	Vergeblicher Aufstand der Thasier gegen den Seebund		
464	Erdbeben in Sparta: die Heloten entlaufen ihren Herren; Beginn des Dritten Messenischen Krieges (bis 459/458)		
um 463 (?)			Aischylos: *Die Schutzflehenden*
462	Im Sommer Verfassungsreform des Ephialtes in Athen. Kimon in Messenien. Im Herbst Aufkündigung der spartanisch-athenischen Eidgenossenschaft		
461	Kimon ostrakisiert; Ephialtes ermordet		
um 460	Beginn der Herrschaft des Perikles	Der Zeus-Tempel in Olympia. In der Ke-	Hippokrates von Kos geb.

	Geschichte	*Kunst*	*Literatur*
		ramik Übergang vom sog. strengen zum freien Stil	
458	Bau der Langen Mauern von Athen zum Peiraieus begonnen		Aischylos: *Orestie*
um 455	Höhepunkt der athenischen Macht während der Pentekontaëtie		Aischylos gest.
454	Im Sommer Verlegung der Kasse des Seebundes von Delos nach Athen		
451/450	Änderung des Bürgerrechts in Athen		
449	Kallias-Friede		
446/445	30jähriger Friede zwischen Athen und Sparta	Beginn der Arbeiten am Parthenon	
um 445			Aristophanes und Lysias geb.
444/443	Panhellenische Gründung von Thurioi in Süditalien		Herodot und Protagoras in Thurioi
443	Ostrakismos des Thukydides, Sohn des Melesias; Perikles auf der Höhe seiner Macht		
etwa 441			Sophokles: *Antigone*
440/439	Der Samische Aufstand		
438		Aufstellung der Statue der Athena Parthenos im Parthenon. Beginn der Arbeiten an den Propyläen	
436			Isokrates geb.
432/431		Prozeß des Pheidias	
431			Euripides: *Medea*
431–404	Der Peloponnesische Krieg		

	Geschichte	*Kunst*	*Literatur*
430	Im Sommer Ausbruch der ›Pest‹; Perikles wird im Herbst abgesetzt		um 430: Prozeß des Anaxagoras
429	Perikles wird im Frühjahr rehabilitiert, stirbt aber im Herbst an der Seuche		
428			Euripides: *Hippolytos*
428/427			Gorgias von Leontinoi in politischer Mission in Athen
425		Tempel der Nike Apteros in Athen	Aristophanes: *Die Acharner*
424	Gefecht bei Amphipolis: Verbannung des Thukydides (des Historikers)		Aristophanes: *Die Ritter*
423			Aristophanes: *Die Wolken*
421	Im April wird ein 50-jähriger Friede zwischen Athen und den Lakedaimoniern geschlossen, der sog. Nikias-Friede	Errichtung des Erechtheions in Athen	Aristophanes: *Der Friede*
417	Ostrakismos des Hyperbolos: letzte Anwendung dieses politischen Instruments		
416	Alkibiades läßt das nach Neutralität strebende Melos einnehmen		
415	Beginn der sog. Sizilischen Expedition der athenischen Flotte unter Nikias, Lamachos und Alkibiades (Sommer); letzterer, im Zusammenhang mit dem Hermenfrevel nach Athen zurückgerufen, sucht in Sparta Zuflucht		Euripides: *Die Troerinnen*

	Geschichte	*Kunst*	*Literatur*
414	Wiederbeginn des Krieges zwischen Athen und Sparta im Sommer (sog. Dekeleisch-ionischer Krieg, bis 404)		Aristophanes: *Die Vögel*
413	Untergang der athenischen Truppen in Sizilien im Hochsommer bis Herbst		Euripides: *Elektra*
411	Oligarchischer Umsturz in Athen		Antiphon und Protagoras gest.
um 410		Die Tholos in Delphi	
410	Zusammenbruch der Herrschaft der 5000 in Athen; Wiederherstellung der alten Demokratie. Beschluß, das geltende Recht aufzuzeichnen		
406	Schlacht bei den Arginusen mit folgendem Prozeß in Athen		Sophokles und Euripides gest.
405	Schlacht bei Aigospotamoi		Aristophanes: *Die Frösche*
404	Eroberung Athens		
403	Nach der Herrschaft der Dreißig in Athen (404 bis 403) Wiedererrichtung der Demokratie unter dem Archontat des Eukleides. Allgemeine Amnestie		Lysias: Rede *Gegen Eratosthenes*
401	Der ›Zug der Zehntausend‹. Tod des jüngeren Kyros in der Schlacht bei Kunaxa		Xenophon nimmt am ›Zug der Zehntausend‹ teil: *Anabasis*. In Athen wird Sophokles' *Oidipus auf Kolonos* aufgeführt
401/400	Wiedervereinigung von Eleusis mit Athen		

	Geschichte	*Kunst*	*Literatur*
399			Prozeß und Tod des Sokrates. Andokides: *Über die Mysterien*
394	Schlacht bei Nemea und bei Koroneia; die Seeschlacht bei Knidos beendet die spartanische Seeherrschaft	Grabmal des Dexileos in Athen	Eröffnung der Schule des Isokrates in Athen
392		Praxiteles geb. Skopas in Tegea	Andokides: *Vom Frieden.* Aristophanes: *Die Weibervolksversammlung*
388			Aristophanes: *Plutos*
387	Der Königsfriede (sog. Antalkidas-Friede)		Gründung der Platonischen Schule im Hain des Heros Akademos. Arbeit an dem Werk *Der Staat*
um 385			Platon: *Das Gastmahl.* Aristophanes gest.
384			Demosthenes und Aristoteles geb.
380			Isokrates: *Panegyrikos*
379	Kapitulation Olynths, Auflösung des chalkidischen Staates. Theben wird befreit und die spartanische Besatzung zum Abzug gezwungen		
378/377	Gründung des 2. Attischen Seebundes		
nach 373		Wiederaufbau des Apollontempels in Delphi	
371–362	Hegemonie Thebens		

	Geschichte	*Kunst*	*Literatur*
371	Friede zwischen Athen und Sparta. Schlacht bei Leuktra		Xenophon verläßt sein Gut Skillus
um 367	Verständigung zwischen Athen und Sparta		Xenophon kehrt nach Athen zurück. Aristoteles tritt in die Akademie ein
362	Schlacht bei Mantineia; Tod des Epameinondas		
362/361	Allgemeiner Friede (κοινὴ εἰρήνη) in Griechenland (allerdings ohne Sparta)		
357–355	Athenischer Bundesgenossenkrieg		
356	Alexander (d. Gr.) geb.	Zerstörung des Artemisions in Ephesos	
um 354			Isokrates: Rede *Über die Antidosis*
351		Das Mausoleion von Halikarnassos	
349			Demosthenes: *Erste Rede gegen Philipp*
349/348	Olynthischer Krieg; Zerstörung der Stadt 348		
347			Platon gest.; sein Alterswerk *Nomoi* gelangt nicht mehr zum Abschluß. Demosthenes: *Gegen Meidias*
342			Aristoteles wird Lehrer des Alexander. Menander geb.
341			Epikur geb.
340	Bildung eines hellenischen Bundes auf Betreiben des Demosthenes. Athen erklärt Phil-		

	Geschichte	*Kunst*	*Literatur*
	ipp von Makedonien im Herbst den Krieg		
339			Isokrates: *Panathenaikos*
338	Schlacht bei Chaironeia. Bildung eines panhellenischen Bundes in Korinth		
337	Beschluß über den zu führenden Perserkrieg auf dem korinthischen Kongreß		
336–323	Alexander (d. Gr.)		
336		*Agias* des Lysipp	
334	Alexander setzt den 336 eröffneten Perserkrieg durch Übersetzen nach Kleinasien fort. In den folgenden Jahren bis zu seinem Tod ausgedehnte Eroberungszüge durch Kleinasien, den Vorderen Orient bis hin zum Indus	Das Lysikrates-Monument in Athen	
331	Gründung Alexandreias		
330			Aischines: *Gegen Ktesiphon.* Demosthenes: *Über den Kranz*
323	Alexander gest.		
322			Demosthenes, Hypereides, Aristoteles gest.
316			Menander: *Dyskolos*

Tafelnachweis

Umschlagbild: Blick auf die Akropolis vom Museion aus; rechts das Lykabettos-Tal. (Foto Loirat)
Bauern auf dem Weg zum Markt. Attische Pelike des Schweine-Malers. Höhe 0,35 m. Etwa 475–465 v. Chr. Cambridge, Fitzwilliam Museum. (Foto Guillaume Budé)

1 Gräberstraße am Kerameikos (vgl. Abb. 8 und 9, S. 39 f.). Im Hintergrund die Akropolis. Beachtenswert die verschiedenen Typen von Grabstelen, die Trennmäuerchen zwischen den einzelnen Grabstätten und die Grablekythos im Vordergrund. (Foto Loirat)

2 Die Rednertribüne (βῆμα) auf der Pnyx im Zentrum der theaterähnlichen Anlage. In der hier freigelegten Form gehört sie zur dritten, in die Jahre 330–326 v. Chr. fallenden Bauphase. (Foto Boudot-Lamotte)

3 Vater und Sohn. Attisches Grabrelief. Marmor. Datiert ins 3. Viertel des 5. Jh.s v. Chr. (Papaspyridi, *Guide*, S. 159, Nr. 2894) oder um 410 v. Chr. (S. Karousou, *National Archaeological Museum. Collection of Sculpture. A Catalogue*, Athen 1968, S. 78, Nr. 2894). Athen, Nationalmuseum Nr. 2894. (Bildarchiv Foto Marburg im Forschungsinstitut für Kunstgeschichte)

4 Junger Sklave. Aus einer Tarentiner Grabgruppe. Kalkstein. Höhe 0,64 m. Hellenistisch. Berlin, Staatliche Museen. (Museumsfoto)

5 Frauen oder Mädchen am Brunnenhaus der Kallirhoe. Attische Hydria. Höhe 0,52 m. 6. Jh. v. Chr. Paris, Louvre F 302. (Foto Hachette)

6 Hochzeitszug. Attische Amphore. Höhe 0,455 m. Stil der 1. Hälfte des 5. Jh.s v. Chr. Gefunden 1863 in Etrurien, z. T. stark ergänzt (vor allem fast die ganze Figur der Brautführerin). Paris, Louvre G 226. (Foto Musée du Louvre)

7 Aufbahrung eines Toten (πρόθεσις) mit Klageweibern. Attische Lutrophoros des Kleophrades-Malers. Um 480 v. Chr. Ausschnitt. Paris, Louvre CA 453. (Hirmer Fotoarchiv München)

8 Orpheus bei den Thrakern. Kolonnettenkrater des Orpheus-Malers. 2. Viertel des 5. Jh.s v. Chr. Berlin, Staatliche Museen. (Museumsfoto)

9 Schulunterricht. Attische Schale des Duris. 1. Viertel des 5. Jh.s v. Chr. Berlin, Staatliche Museen. (Museumsfoto) Vgl. S. 130 f.

10 Übungen in der Palaistra. Attische Schale des Duris. 1. Hälfte des 5. Jh.s v. Chr. Ausschnitt. Paris, Louvre G 118. (Foto Hachette)

11 Töpferwerkstatt. Attischer rotfiguriger Glockenkrater des Komaris-Malers. Späteres 5. Jh. v. Chr. Oxford, Ashmolean Museum. (Museumsfoto)

12 Bäckerinnen beim Teigrollen. Links eine Aulosspielerin, die den Rhythmus der Bewegungen bestimmt. Terrakotta aus Theben (Boiotien). Höhe 0,09 m, Breite 0,18 m. Letztes Viertel des 6. Jh.s v. Chr. Paris, Louvre [*Musée national du Louvre, Catalogue raisonné des figurines et reliefs en terre-cuite grecs, étrusques et romains*, Bd. 1 (S. Mollard-Besques), Paris 1954, S. 20, Nr. B 116 mit Taf. XV]. (Foto Hachette)

13 Truhe (κιβωτός) mit zwei Rundkörben (κάλαθοι) und verschiedenen Gefäßen (Krug, Lekythos, Alabastra). Darunter ein Hahn. Weihrelief aus

Lokroi Epizephyrioi (Locri, Unteritalien). Terrakotta. Höhe 0,19 m, Breite 0,15 m. Tarent, Museo Nazionale. (Hirmer Fotoarchiv München)

14 Kopf des Rampinschen Reiters. Athen, Akropolis. Marmor. Gesamthöhe 1,05 m, Höhe des Kopfes 0,27 m. Um 560 v. Chr. Paris, Louvre. (Foto Hachette)

15 Wagenlenker. Delphi. Bronze. Höhe 1,80 m. Um 477 v. Chr. Delphi, Museum. (Foto Giraudon/Alinari)

16 Reiter, bekleidet mit Chlamys und Petasos. Attische Schale aus der Werkstatt des Euphronios. Anfang des 5. Jh.s v. Chr. Paris, Louvre G 108 (Foto Giraudon)

17 Mann und Frau in typischer Gewandung der klassischen Zeit. Schale des Brygos-Malers. Aus Vulci. Frühes 5. Jh. v. Chr. London, British Museum E 69. (Foto DAI Rom)

18 Demeter, Triptolemos und Kore (Persephone). Weihrelief, gefunden 1859 in Eleusis. Marmor. Höhe 2,40 m. Um 440 v. Chr. Athen, Nationalmuseum. (Foto Giraudon/Alinari)

19 Epheben lassen einen Hund und eine Katze gegeneinander kämpfen. Seitenrelief einer quadratischen Marmorbasis. Höhe 0,29 m, Breite 0,79 m. Gefunden 1922, verbaut in der Stadtmauer am Piräischen Tor. Um 510 v. Chr. Athen, Nationalmuseum 3476. (Foto Giraudon)

20 Junger Mann muß sich nach einer Zecherei übergeben. Eine Hetäre stützt seinen Kopf. Schale des Duris. 1. H. 5. Jh. Aus Vulci. Vatikan. (Foto DAI Rom)

21 Symposiasten beim Kottabosspiel. Von einer attischen rotfigurigen Schale des Duris. Aus Vulci. Von Interesse auch das unterhalb der Bankettszene verlaufende Band um den Fuß des Gefäßes. Hier finden sich von links nach rechts Darstellungen einer Kylix, eines Skyphos, eines Kantharos, eines zweiten Skyphos, einer weiteren Kylix sowie einer Oinochoe. Vatikan. (Foto DAI Rom)

22 Opferszene an einem Altar vor ithyphallischer Herme. Säulenkrater des Pan-Malers aus Cumae. 2. Viertel des 5. Jh.s v. Chr. Neapel, Museo Nazionale. (Foto DAI Rom)

23 Magisches Vogelrad. Attische Terrakotta spätgeometrischen Stils. Ende des 8. oder Anfang des 7. Jh.s v. Chr. Paris, Bibliothèque nationale, Cabinet des Médailles. (Foto Bibl. Nat.)

24 Athen, Dionysostheater. Mittelteil, von Südwesten gesehen. In ihrer heutigen Gestalt entstammt die Anlage im wesentlichen dem 1. und 2. nachchristlichen Jh., wenngleich ihre Anfänge bis in das 6. Jh. v. Chr. zurückreichen. Man beachte auf diesem Bild vor allem die aus der Kaiserzeit stammende Trennmauer zwischen Orchestra und Cavea und die besonders fein gearbeiteten Lehnsitze aus Marmor in der unteren Reihe und in der Umgebung des Podiums, das in der Bildmitte zu sehen ist. Vgl. zu letzteren vor allem die Dissertation von M. Maaß, *Die Prohedrie des Dionysostheaters in Athen*, München 1972 (Vestigia 15). (Foto P. J. Launay)

25 Delphi. Das Stadion von Westen. Erstmals im 6. Jh. v. Chr. errichtet, geht es in seiner jetzigen Gestalt auf das 2. nachchristliche Jh. und den reichen athenischen Rhetor Herodes Atticus (101–177) zurück, der es mit Steinsitzen ausstattete und vielleicht auch um das monumentale Tor am äußersten Ende der Rennbahn erweiterte. (Foto P. J. Launay)

26 Heliastentäfelchen. Bronze (11,2 × 2,15 × 0,23–0,28). Athen, Nationalmuseum, Inv. Bronze 15 173. Κλεόφαντος Κλεάνδρου ἐκ Κεραμέων (Kleophantos, Sohn des Kleandros aus dem Demos Kerameus).
Nach: J. H. Kroll, Athenian Bronze Allotment Plateis, Cambridge/Mass.: Harvard University Press, 1972, Nr. 14, Abb. 27.
27 Kleroterion, Gerät zur Auslosung der Heliasten. Nach: *Hesperia* Suppl. 1, 1937, S. 200, Nr. I. Vgl. oben S. 314–317.
28 Hopliten in voller Rüstung und Wagenkämpfer in vierspännigem Wagen. Sog. Krater von Vix (gefunden in einem reichen Wagengrab der späten Hallstattzeit in Vix bei Châtillon-sur-Seine, Côte d'Or). Bronze. Höhe des Kraters 1,64 m. Um 525 v. Chr. Detail des Frieses. Châtillon-sur-Seine, Museum. (Foto Remy)
29 Attische Kriegsschiffe. Attische Schale des Nikosthenes. 2. Hälfte des 6. Jh.s v. Chr. Paris, Louvre F 123. (Hirmer Fotoarchiv München)
30 Panathenäische Preisamphore aus dem Jahre 340/339 v. Chr. (Archontat des Theophrastos). Gefunden in Ben-Ghazi, Cyrenaika. Höhe 0,77 m, mit Deckel 0,955 m. Paris, Louvre [CVA Louvre 5, Gruppe III Hg, Taf. 5]. (Foto Giraudon)
31 Abschied des Kriegers. Attische Amphore, dem Nikoxenos-Maler zugeschrieben. 1. Drittel des 5. Jh.s v. Chr. Paris, Louvre G 46. (Foto Hachette)
32/33 Athen. Tetradrachmon. Um 490–480 v. Chr. Paris, Cabinet des Médailles. (Hirmer Fotoarchiv München)
Vorderseite (32): Kopf der Athena nach rechts; der Helm mit Olivenblättern geschmückt.
Rückseite (33): ΑΘΕ. Eule nach rechts stehend, den glotzäugigen Kopf nach vorn gewandt. Oben links Ölzweig, links vom Kopf kleiner Halbmond. Das Ganze in vertieftem Quadrat.
34/35 Doppeldareikos. Gold. Um 331–300 v. Chr. (16,71 g). London, British Museum, Department of Coins and Medals. (Hirmer Fotoarchiv München)
Vorderseite (34): Perserkönig mit Speer und Bogen im Knielauf nach rechts. Dahinter Monogramm aus Φ und Μ sowie eine Satrapentiara.
Rückseite (35): Incusa.
36/37 Amphiktyonenmünze. Delphi, Stater. 346–339 v. Chr. oder 336–334 v. Chr. (12,28 g). Athen, Nationalmuseum, Münzkabinett. (Hirmer Fotoarchiv München)
Vorderseite (36): Kopf der Demeter mit Ährenkranz und Schleier nach links.
Rückseite (37): ΑΜΦΙΚΤΙΟΝΩΝ. Apollon mit Lorbeerkranz, Lorbeerzweig und Kithara auf dem Omphalos zu Delphi sitzend. Vor ihm Dreifuß.
38/39 Kos. Tetradrachmon. Um 450–400 v. Chr. Athen, Nationalmuseum, Münzkabinett. (Hirmer Fotoarchiv München)
Vorderseite (38): ΚΟΣ. Zum Diskuswurf ansetzender Athlet, hinter ihm Dreifuß (als Preis?).
Rückseite (39): Krabbe in vertieftem Quadrat, in dessen diagonal geteiltem Feld Wellen angedeutet sind.
40 Kyzikos. Stater. Elektron. Um 500–450 v. Chr. (15,99 g). Paris, Cabinet des Médailles. (Hirmer Fotoarchiv München)
Vorderseite: Nackter Jüngling in Hockstellung nach links, in der Rechten

einen korinthischen Helm haltend, in der Linken ein Schwert in Scheide. Unten Thunfisch.

Rückseite: s. Franke/Hirmer, *Die griechische Münze* Nr. 698.

41 Chalkidische Liga. Tetradrachmon. Etwa 410–400 v. Chr. (14,4 g). London, British Museum, Department of Coins and Medals. (Foto Office du livre, Fribourg)

Vorderseite: Apollonkopf nach links (abgebildet bei Jenkins/Küthmann, *Münzen der Griechen* Nr. 216).

Rückseite: Siebensaitige Lyra (vgl. oben S. 139–141).

Karte S. 12/13: Gesamtplan von Athen. Nach: *Großer historischer Weltatlas*, hrsg. vom Bayerischen Schulbuch-Verlag, I. Teil, Vorgeschichte und Altertum, 5. überarb. u. erw. Aufl., München 1972, Karte 34.

Karte S. 15: Athen und Peiraieus. Nach: W. Judeich, *Topographie von Athen*, Handbuch der Altertumswissenschaft III, 2. 2, München: C. H. Beck, ²1931, S. 156.

Karte S. 478/479: Die griechische Welt in der Antike (Theodor Schwarz, Urbach).

Verzeichnis der griechischen Begriffe

Die erst im Mittel- oder Neugriechischen bekannten Wörter sind in eckige Klammern gesetzt.

ἄβαξ (auch: ἀβάκιον): Rechentafel, Rechenbrett; Würfelbrett. 136
ἄβατον: das dem Publikum unzugängliche Innere eines Heiligtums; hier: Liegefläche für den Heilschlaf in einem Tempel. 297
Ἀγαθὴ Τύχη: das gute Geschick, Glück u. ä. (personifiziert). 362
ἀγκύλη: Wurfschlinge, Wurfriemen des Speers. 150, 343
ἀγορά: Versammlung, Versammlungsplatz, besonders des Volkes; Marktplatz, Markt. 11, 17–20, 21, 31, 56, 57, 61, 73, 76, 95, 98, 106, 179, 190, 209, 231, 252, 308, 314, 332, 344
ἀγορανόμος: Marktverwalter, dem die Regelung von Kauf und Verkauf obliegt. 24, 63, 191
ἀγών: Versammlung, Platz für Versammlungen; Wettkampf, *pl.* die Spiele; Schlacht. 268, 311
ἄδυτον: der unzugängliche heilige Raum einer Kultstätte, auch ἄβατον. 299 f.
ἀειφυγία: Exilierung auf Lebenszeit. 324
Ἀκαδημία: der nach dem Heros Akademos (Hekademos) benannte Hain in der athenischen Vorstadt, in dessen Gymnasion Platon lehrte; daher auch: die Platonische Schule. 20, 41–43, 158, 161
ἀκηρυκτί: (der Kriegszustand) ohne Botenaustausch. 347
ἀκμή: Höhepunkt, Kulminationspunkt; der Zeitpunkt der größten Wirksamkeit eines Mannes, an dem alle Möglichkeiten optimal entfaltet sind. 330
ἀκόντιον: Speer, Wurfspieß. 146, 149–151, 343
ἀκοντιστής: Speerwerfer, mit Wurfspieß bewaffneter Soldat. 146, 149–151, 343
ἀκρατισμός: Frühstück. 228
ἄκρατος (sc. οἶνος): ungemischter Wein (auch von anderen Getränken). 228, 235
ἀλάβαστος (auch -ρος oder -ρον): meist kugelförmiges Gefäß ohne Henkel zur Aufbewahrung von Parfüm, oft aus Alabaster. 146
ἅλαδε μύσται: Name des 2. Tages der Eleusinischen Mysterien, der 16. Boedromion. 202, 290
ἁλτῆρες, οἱ: die den Schwung verstärkenden Gewichte beim Weitsprung. 149
ἀλφιτόπωλις στοά: Kornmarkt im Peiraieus. 195
Ἁλῶα, τά: Fest der Demeter als der Erfinderin des Ackerbaus, Erntefest, am 26. Posideon. 272
ἅλως: Dreschboden; das zum Dreschen auf dem Boden ausgebreitete Korn. 272
ἀμίς: Nachttopf. 37
ἀμόργη: die beim Olivenpressen auslaufende bittere wässerige Flüssigkeit. 175
Ἀμφιδρόμια, τά: Feier anläßlich der Namengebung eines Kindes, am fünften oder zehnten Tag nach der Geburt. 112
ἀμφιθαλής (sc. παῖς): ›nach beiden Seiten blühend‹, d. h. ein Kind, das noch beide Eltern hat; bei religiösen Zeremonien Ehrenknabe oder Aufwärter. 91, 271

'Αμφικτυονία: Amphiktyonenbund, die zur Pflege eines gemeinsamen Heiligtums, zu Festversammlungen und damit verbundenen Beratungen und Entscheidungen über gemeinsam interessierende Angelegenheiten zusammengeschlossenen Städte und deren Vertreter in der Bundesversammlung; speziell die pyläisch-delphische Amphiktyonie der 12 Stämme um die Kultstätten der Demeter in den Thermopylen und des Apollon in Delphi. 170, 299, 353

ἀμφορεύς: Gefäß mit schmalem Hals und zwei Henkeln, u. a. benutzt zur Aufbewahrung von Wein, Milch, auch eingelegten Speisen. 270, 280, 283, 322

ἀνάκλισις: das Zurückgelehntliegen, Im-Bett-Liegen, auch: Bank, Sitz u. ä., hier: Lehnstuhl mit Armstützen. Kap. 1, Anm. 37

ἀνανεύω: den Kopf zurückwerfen (als Zeichen der Verneinung, Abwehr oder Verweigerung), verweigern. 258 f.

ἀναξυρίδες: lange Hosen, wie sie bei östlichen Völkern getragen wurden, z. B. von den skythischen Bogenschützen in Athen. 344

ἀνδραποδιστής: Sklavenfänger, Sklavenhändler. 72

ἀνδρών: Männerraum, Herrenzimmer; Speisesaal; Empfangszimmer. 32, 36, 96, 101

'Ανθεστήρια: ›Fest der Blumen‹, d. i. dreitägiges Dionysosfest in Athen, im Monat Anthesterion. 126, 274–276

'Ανθεστηριών: der achte Monat des attischen Jahres, Ende Februar – Anfang März. 132, 179, 274–276, 308

ἄνοδος: ›Aufstieg‹ (z. B. zur Akropolis in Athen); hier: der 1. Tag der Thesmophorien, am 11. Pyanopsion. 271, 277

ἀοιδός: Sänger, auch: der fahrende Sänger. 137

ἀπαγωγή: hier: im attischen Recht ein gerafftes Verfahren, durch das eine in flagranti ertappte Person von jedem Bürger verhaftet und vor die Beamten gebracht werden konnte. 312

'Απατούρια, τά: ein in Athen und den meisten ionischen Städten von den Phratriemitgliedern gefeiertes Fest, im Monat Pyanopsion. 271

ἀποδέκται, οἱ: ein von Kleisthenes geschaffenes Gremium von Finanzbeamten. 63

ἀποτρόπαιος: Übel abwendend (von Göttern, Opfern u. a.); etwas mit schlechten Vorzeichen Behaftetes, etwas Abzuwendendes. 222, 341, 356

ἀποτυμπανισμός: Kapitalstrafe, vielleicht eine Art Kreuzigung. 327 f.

ἀποφράς; ἀποφράδες ἡμέραι: unglückbringend, etwas, das nicht erwähnt werden darf; unreine, unglückbringende Tage. Kap. 8, Anm. 75

ἀρά: Gebet; Verwünschung, Fluch. 89

ἀργυροκοπεῖον: Silberschmiede und das dazugehörende Geschäft; hier: die Münze (als Ort oder Gebäude). 76, 167, 182

ἀρδάνιον (auch: ἀρδάλιον): ein Wassergefäß, das vor die Tür gestellt wurde, wenn im Haus ein Toter über Erden stand. 114

"Αρειος πάγος: Hügel des Ares in Athen, Sitz der Gerusia. 24, 56, 76, 306, 312 f., 344

ἀρετή: das gute, d. h. tüchtige, wirkkräftige Wesen (etwa von Tieren, Dingen, Menschen, einem Land usw.), Gesundheit, Leistungsfähigkeit u. a. 156, 159, 160, 164

ἄριστον: Mittagsmahlzeit, -imbiß. 229

ἄρκυς: Netz, Jagdnetz (auch: Haarnetz der Frauen). 254
ἀρκυωρός: (bei der Jagd) Wächter am Jagdnetz. 254
Ἀρρητοφόρια, τά (auch: Ἀρρηφόρια): ein Fest in Athen, an dem die Mädchen in einer Prozession die Symbole der Athena Polias tragen, im Monat Skirophorion. 277
ἀρρηφόρος: Mädchen, das an den Arretophorien die Symbole der Athena Polias im Umzug durch Athen trägt. 271, 277
ἄρτος: Kuchen oder Brot aus Weizenmehl, meist *pl.* 230
ἀρχιτέκτων: Oberbeamter für das Bauwesen; im *pl.*: Behörde der Flottenbauer; in Athen: Verwalter des Staatstheaters und Organisator der Dionysien. 25
ἄρχων: in Athen einer der drei bzw. neun politischen Oberbeamten; *der* Archon, d. h. der eponyme Archon; in Sparta: *pl.* die Behörden. 24, 46, 58, 63 f., 65, 66, 94, 274, 278, 280, 284, 308, 311 f., 314–318, 336
Ἀσκληπιάδαι, οἱ: die Asklepios-Söhne (auf der Insel Kos), Name für die Ärzte. 198
ἀσκωλιασμός: ein Spiel an den Askolia, dem 2. Tag der Ländlichen Dionysien, bei dem man auf einem mit Fett eingeriebenen gefüllten Weinschlauch das Gleichgewicht halten mußte. 250, 273
ἀσπίς: der Schild. 339, 340
ἀστράγαλοι, οἱ: Knöchel, die zum Würfelspiel dienten, Würfelspiel. 125, 251
ἀστυνόμος: in Athen der Beamte, dem die Aufsicht über die Polizei, Straßen und öffentlichen Gebäude oblag. 24, 25, 63, 179
ἀτιμία: Ehrlosigkeit; Erklärung des Verlusts von Privilegien oder der Bürgerrechte. 53, 94, 113, 322, 324
ἀτροπάμπαις: in Sparta Anführer (?) der Pampaides, einer Jugendformation. 119
αὐλή: allgemein Hof, Halle; offener Hof vor dem Haus; später Hof oder Viereck, um das das Haus herumgebaut wurde. 32
αὐλητής: Aulos-, Oboenspieler. 139, 146
αὐλητρίς: Aulos-, Oboenspielerin, Musikantin, auch: Freudenmädchen. 24, 108, 115, 141, 179, 208, 237, 239, 240, 243
αὐλός: Pfeife, Flöte, am ehesten: Oboe. 108, 121, 130, 139–143, 145, 176, 181, 244, 280
αὐτουργός: Landwirt, der seine Äcker selbst bestellt. 74, 165, 173
ἄφλαστον: das mit Ornamenten versehene, aufwärts gebogene Heck eines Schiffs. 356

βάθρον: Schemel, Stuhl (ohne Lehne und Armstützen). 131
βαίτυλος: Kultstein, der als vom Himmel gefallen gilt und daher für heilig gehalten wird. 300
βαλανεύς: Bademeister. 205, 206
βάναυσος: Beiwort der Klasse der Handwerker und Handarbeiter; vulgär, von schlechtem Geschmack, ungebildet. 164, 166
Βάραθρον: ein Abgrund in Athen, in den Verbrecher gestürzt wurden. 328
βάρβαρος: nicht-griechisch, fremd; nach den Perserkriegen auch: roh, brutal. 5, 65 u. ö.
βασιλεύς: allgemein König; in Athen der ἄρχων βασιλεύς, der zweite Archont. 63, 107, 173, 274, 278, 311 f., 313

δόλιχος: beim Wettkampf: der Lauf über die lange Distanz, vielleicht sechs Stadien; Streckenmaß: 12 Stadien. 288
δόξα: hier: Meinung anderer von einem, Ansehen, Achtung, Ruf. 371
δόρυ: Lanze, (Lanzen-)Schaft, Speer. 339, 342, 343
δραχμή: Gewicht; Geld: 1 Drachme ≙ 6 Obolen. 167, 171, 177, 179, 180, 230, 359

ἐγγύησις: allgemein: Sicherheit, Pfand; hier: Verlobung. 87–89, 93, 106
ἔγκτησις: das Metöken verliehene Recht, Grund und Boden sowie Häuser zu erwerben. 66
ἔγκυκλος: kreisförmig. 220
Εἵλως (auch: Εἱλώτης): Helot, Name der spartanischen »Sklaven«. 8, 76, 121, 173, 253, 334
εἰρεσιώνη: mit Wolle umwundener oder mit Früchten behangener Öl- oder Lorbeerzweig, der an den Pyanopsien und den Thargelien von singenden Knaben zu Ehren des Apollon umhergetragen wurde, während gleichzeitig Helios und den Horai Opfer dargebracht wurden; danach an den Haustüren aufgehängt. 270 f.
εἰρήν: junger Mann von 16 bis 20 Jahren in Sparta (in der Forschung auch andere Meinungen). 119, 121, 332
Ἑκατομβαιών: der erste Monat des attischen Jahres, Juli–August. 269 f., 336
ἑκατόμβη: Opfer von 100 Ochsen, aber schon bei Homer auch allgemein: Opfer. 265, 270
ἔκδοσις: hier: das »Aus-dem-Haus-Geben« der Braut, Akt der Eheschließung durch Übergabe der Braut (nebst Mitgift) an den Gatten. 89
ἐκκλησία: eine regulär einberufene Versammlung; in Athen: Volksversammlung. 52 f., 54, 55–60, 64, 76, 165, 178, 200, 267, 280, 307 f., 313, 314, 320, 323, 339, 345
ἐκκλησιάζω: an der Volksversammlung teilnehmen. 56
ἔκστασις: Verzückung, Trance, Ekstase u. ä. 298
ἐκφορά: das Hinaustragen, besonders einer Leiche aus dem Haus, Begräbnis(-zug). 114
Ἐλαφηβολιών: der neunte Monat des attischen Jahres, März–April. 276
ἐλελεῦ, ἰοὺ ἰού: liturgischer Ruf beim Opfer während der Oschophoria. 271
Ἐλευσίνια, τά: die Eleusinischen Mysterien, gefeiert im Monat Boedromion. 202, 289–292
Ἐλευσίνιον: Tempel der Demeter und Kore in Athen. 290
Ἑλλανοδίκαι, οἱ: die Oberrichter bei den Olympischen Spielen. 288
Ἑλληνοταμίαι, οἱ: die Schatzmeister des Delischen Bundes. 63
ἐμβάς: eine Schuhart (von umstrittenem Charakter). 216, 224
ἔμπορος: Reisender; daraus: (Groß-)Händler, Überseehändler (im Gegensatz zum κάπηλος, dem Kleinhändler und Wiederverkäufer). 189, 192–196
ἔνδειξις: Anzeige, Angabe; Vorbringen von Rechtshindernissen gegen die Bekleidung eines bestimmten Amtes durch eine bestimmte Person; auch: die Anklageschrift. 312
ἐνδρομίς: hoher Stiefel, wie ihn Artemis bei der Jagd trägt; Soldatenstiefel. 224
ἐνθουσιασμός: Inspiration, göttliche Begeisterung, Wahnsinn. 298–300
ἐνόδια, τά: Fangnetze, mit denen man den Tieren den Weg verlegte. 254

θέατρον: Ort zum Anschauen von Schauspielen, Theater; Versammlungsort; die Gesamtheit der Zuschauer; das Schauspiel. 101, 144, 251, 273, 276, 278 bis 284, 339

θέμιστες, αἱ: hier: Urteile, Rechtsentscheidungen von Königen und Priestern. 306

θεογαμία: Götterhochzeit. 273

θεσμοθέτης: »Gesetzgeber«; in Athen Titel der sechs jüngeren Archonten. 64, 312

Θεσμοφόρια, τά: in Athen und andernorts Fest der Frauen zu Ehren der Demeter Thesmophoros, am 11.–13. Pyanopsion. 95, 96, 103, 236, 271, 272

θεωρία: Betrachtung, Kontemplation, Theorie, Spekulation; Sehenswürdigkeit, Schaustück, bes. Schauspiel im Theater und bei Spielen; personifiziert: die Göttin des Schauspiels; auch: Gesandtschaft zu einem Fest. 79, 268, 285

θεωρικόν: Fonds zur Beschaffung von Freiplätzen im Theater oder bei Spielen. 282

θηρίον: wildes Tier. 214

θής, *pl.* θῆτες: Besitzloser, Höriger; in Athen Angehöriger der 4. Klasse der Solonischen Verfassung. 54, 72, 163, 336, 344, 359

θησαυρός: hier: Schatzhaus; der dort aufbewahrte Schatz. 349

Θησεῖα, τά: Festspiele zu Ehren des Theseus, am 8. Pyanopsion. 277

θίασος: Kultbrüderschaft, religiös-kultischer Verein; allgemein: Gesellschaft, Genossenschaft; Fest, Bankett. 66, 158, 236, 272, 292

θολία: kegelförmiger Hut mit breitem Rand oder vielleicht Sonnenschirm. 227

Θόλος: Rundbau mit Kegeldach; in Athen die Tholos, in der die Prytanen speisten. 18, 62

θόρυβος: Lärm, Durcheinander, Verwirrung, Unruhe, Aufruhr; bes. als Zeichen von Zustimmung oder Ablehnung. 259, 311

θρανίτης: Ruderer auf der obersten der drei Sitzreihen einer Triere. 356, 359

θρᾶνος: Balken, Bank; oberste Sitzreihe einer Triere. 356

θρῆνος: Klagelied, Trauer. 114

θυγατήρ: Tochter. 86

θυμιατήριον: Weihrauchschale. 243

θυρίς, *pl.* θυρίδες: Fenster, -rahmen. 30

θυρωρός: Türhüter, Pförtner. 92

θώραξ: Brust, Rumpf; Brustpanzer. 340

ἰατρικόν: Sondersteuer zur Finanzierung der medizinischen Fürsorge seitens der Polis. 200

ἰατρός, δημόσιος: öffentlicher Arzt, Gemeinde-, Stadtarzt. 67, 199 f.

ἱερά, τά: heilige Dinge, Gegenstände, das Heilige. 290

ἱερεῖον: Opfertier, Schlachttier; allgemein Opfer. 290

ἱερόδουλος: Tempelsklave, Tempeldirne. 75

ἱερὸς γάμος: Götterhochzeit. 275, 292

ἱεροσκοπία: Wahrsagung aufgrund von Opferschau. 296

ἱμάτιον: Obergewand; ein rechteckiges Tuch, das über dem Chiton getragen wurde. 37, 212–215, 220

ἵππαρχος: Befehlshaber über die Reiterei in Athen. 345 f.

ἱππεύς, *pl.* ἱππεῖς: Reiter, Ritter, auch: Teilnehmer an einem Wagenwettkampf; in den frühen griechischen Gemeinden eine aristokratische Gruppe, im Athen

Solons die 2. Klasse der Verfassung, später ein aristokratisches Kavalleriekorps; in Sparta die königliche Leibgarde. 208, 221, 338, 343, 344–346, 352

ἵππιος (sc. δρόμος): »Pferdelaufstrecke«, vielleicht über die vierfache Stadiondistanz. 147

ἵππος: Pferd. 99, 152, 171

ἱπποτοξότης: berittener Bogenschütze. 334

ἰσοτέλεια: Gleichheit an Steuern und Tributen; Gleichstellung von Metöken mit den Bürgern in Hinsicht der Abgaben usw. 66

ἴυγξ: der Vogel Wendehals, der, auf ein Rad gebunden, als Zauber eingesetzt wurde, um untreue Liebhaber zur Umkehr zu bewegen. 304 f.

κάθαρμα: hier: der geheiligte Bezirk, in dem die Volksversammlung abgehalten wird. 58

καθέδρα: Sitz, Stuhl, besonders des Lehrers. 131

καλάσιρις: langes ägyptisches oder persisches Gewand, unten mit Fransen versehen; auch in Korinth produziert. 220

Καλλιγένεια: Beiname, mit dem Demeter an den Thesmophorien angerufen wurde; der 3. Tag der Thesmophorien. 271

καλὸς: schön, gut, edel u. ä. 154, 155

καλὸς κἀναθός: schön von Gestalt und edel von Gesinnung und Handeln: Menschenideal der griechischen Klassik. 371

Κανηφόροι, αἱ: Mädchen, die bei festlichen Umzügen Körbe mit Opfergaben tragen. 273

κανονίς: hier: die senkrechte Reihe von spaltförmigen Öffnungen des Kleroterions, die die Heliastentäfelchen aufnehmen. 316

κάπηλος: Kleinhändler, Krämer; auch: Kneipenwirt. 189–191

καπνοδόκη: Rauchfang, ein entsprechendes Loch im Dach. 30

κατάλογος: Register, Katalog, Liste; in Athen z. B. die der Bürger, der Buleuten, der Rekruten. 335

καταπάλτης (oft: καταπέλτης): Kriegsmaschine zum Schleudern von Pfeilen, Bolzen u. ä., Katapultgeschütz. 338, 343

κατάχυσμα, *pl.* καταχύσματα: eine Handvoll Nüsse, die über die Braut, auch über einen neuerworbenen Sklaven als neue Mitglieder des Hauswesens gestreut wird. 77, 92, 106

κεκρύφαλος: Haarnetz der Frauen. 90, 208, 227

κελευστής: Bootsmann, der den Ruderern die Schlagzahl angibt. 358

κεραμική (sc. τέχνη): Töpferhandwerk, -kunst. 9

κερκίς: Weberschiffchen. 71, 188

Κῆπος: ›Garten‹, Name der Schule des Epikur. 53, 158, 262

Κῆρες, αἱ: Todesgöttinnen. 276

κιθάρα: Leier. 71, 130, 137–141, 243

κιθαριστής: Leierspieler, Musiklehrer. 127, 128, 129 f., 137–141, 155, 212, 243

κιθαρῳδός: Kitharöde, jemand, der zur Leier singt, der seinen eigenen Gesang auf der Leier begleitet. 140

Κιμωλία (γῆ): Kimolische Erde, ein weißer Lehm, der in Bädern, beim Barbier und in der Medizin gebraucht wurde. 206

κλεψύδρα: Wasseruhr, benutzt z. B. zur Begrenzung der Sprechzeit in der Volksversammlung oder vor Gericht. 228, 319, 321

κληδών: Omen, Vorzeichen. 295
[κληρομαντεία]: Wahrsagung, Orakel durch Werfen des Loses. 299
κλῆρος: das, was durch Los zugewiesen wird, Anteil; ein Stück Land, Hof, Grundbesitz. 79, 173, 334
κληροῦχος: Besitzer eines durch Los zugewiesenen Stückes Land, besonders auf neu in Besitz genommenem Gebiet. 66
κληρωτήριον: hier: steinerne Losmaschine zur Bestimmung der Mitglieder der verschiedenen Gerichte in Athen. 314–319
κναφεύς: Walker, Stoffkämmer. 189
κνημίς: Beinschiene. 340
κνῖσα: Rauch und Geruch von verbranntem Fett, des verbrannten Opfertieres. 266
κόγγιον: Flüssigkeitsmaß. 115
κόθορνος: Halbstiefel, Kothurn; von den Tragöden bei der Darstellung der heroischen Charaktere getragen, daher Symbol der Tragödie. 224
[κοιλόν]: Sitzflächenrund im Theater. 282
κοιμητήριον: Schlafraum in einem Tempel (zum Heilschlaf); Begräbnisplatz. 297
κόλπος: Busen, überfallender Faltenwurf beim Tragen von Gürteln. 212, 218, 219
κονία: hier: laugenartige Flüssigkeit zum Waschen. 206
κοπίς: Hackmesser, -beil; breites, gebogenes Messer (bei den Thessaliern); Reitersäbel. 346
κοπρολόγος: Straßenreiniger; Beauftragter für die Sauberkeit der Straßen, den ἀστυνόμοι unterstellt. 24
κόρη: Mädchen. 208
κοσμητής: Beamter, dem die Aufsicht über die Ephebie obliegt (in Athen und andernorts). 337 f.
κότταβος: Spiel, vielleicht sizilischen Ursprungs, bei dem man die Neige des Weins in ein Metallgefäß zu schleudern hatte; das Spiel selbst, der dabei zu gewinnende Preis, der dabei geworfene Wein, das Metallbecken. 247 f.
κοτύλη: kleines Gefäß, Tasse; Flüssigkeitsmaß, auch Trockenmaß. 241
Κουρεῶτις (sc. ἡμέρα): der dritte Tag der Apaturien, an dem die Kinder den Phratriemitgliedern vorgestellt wurden und die Knaben einen Rezitierwettbewerb veranstalteten. 271
κράνος: Helm. 340
κρατήρ: Mischgefäß, in dem Wein mit Wasser gemischt wurde; auch jedes tassenartige Gefäß. 235
κροκωτά (sc. ἱμάτια): safranfarbenes Gewand, getragen von ausgelassenen Frauen, auch von Dionysos (über dem Chiton). 216
Κρόνια (sc. ἱερά), τά: in Athen Fest des Kronos, am 12. Hekatombaion. 269
Κρονιών: ursprünglicher Name des Hekatombaion, des ersten Monats im attischen Festkalender. 269
κρότος: klappernder Lärm u. ä.; Händeklatschen, Beifall. 259
κρυπτεία: ein Initiationsritus in Sparta, bei dem der junge Spartiat einen Heloten töten mußte. 71, 76, 118, 121
κρωβύλος: Haarflechte, -schopf auf dem Scheitel; auch: Helmzier aus Haar. 207, 221

κτῆμα ἐς ἀεί: »Besitztum für immer« (Thukydides I, 22). 370
κύβος: Würfel (meist *pl.*), auch würfelförmige Steine beim Losverfahren. 251
Κυζικηνός (sc. στατήρ): ein kyzikenischer Stater, eine Elektronmünze. 168
κυκεών: ein Trank aus Gerstenkörnern, geriebenem Käse und pramnischem Wein, auch mit Honig, Zauberkräutern. 233, 291
κύλιξ: Becher oder Schale, bes. für den Wein. 182
κυνῆ (< κυνέη): Hundehaut, die allgemein zur Herstellung von Soldatenhüten gebraucht wurde, daher häufig: Helm; auch: Bauernhut. 227
κυνηγός: Jäger (»Hundetreiber«). 253–255
Κυνόσαργες: ein dem Herakles geweihtes Gymnasion außerhalb Athens, das in besonderer Weise für die nicht reinblütigen Athener bestimmt war. 20, 43
κυρία (sc. ἐκκλησία): Hauptversammlung, d. h. reguläre Versammlung des Volkes. 57
κύριος: Herr; der, in dessen Munt ein Mädchen bis zur Heirat steht. 83, 87
κώθων: lakonisches Trinkgefäß. 233 f.
κωλακρέτης: Finanzbeamter im frühen Athen. 63
κῶμος: Umzug, Feierei; eine Gruppe von umherziehenden Bacchanten; die bei einem solchen Umzug gesungenen Lieder. 243, 273, 283
κώρυκος: Ledersack oder Ranzen für den Proviant; im Gymnasion: Ledersack zum Boxtraining. 152

λαγωβόλον: Jagdstock (zum Totschlagen des gefangenen Wildes). 254 f.
Λακωνικαί (sc. ἐμβάδες): lakonische Schuhe (von Männern getragen). 224
λαμπαδηδρομία: Fackellauf. 153, 269
λειτουργία: jede Art von Arbeit und Dienst für das Gemeinwesen; den reichen Bürgern übertragene Sonderaufgaben im Dienste der Polis. 47, 65, 165, 284, 358
λήκυθος: Ölflasche, Gefäß für Salböle und Kosmetika. 41, 113, 138, 183, 189, 301
Λῆναι, αἱ: Bacchantinnen, Mänaden. 273
Λήναια (sc. ἱερά), τά: die Lenäen, ein attisches (auch rhodisches) Fest mit dramatischen Wettbewerben (bes. komödiantische Stoffe) zu Ehren des Dionysos im Monat Lenaion (= Gamelion). 65, 273, 339
Λήναιον: der Platz in Athen, wo die Lenäen stattfanden. 273
ληνός: Weinpresse. 273
λίτρον: kohlensaures Natron, Soda. 206
λογογράφος (auch: λογογραφεύς): Prosaschriftsteller; hier: Redenschreiber für den Auftritt vor Gericht. 197, 320
Λοξίας: Beiname des Apollon, vielleicht, weil seine Orakel doppeldeutig sein konnten. 300
λουτρόν: Bad, Badestelle, Badeeinrichtung; Wasser zum Baden oder Waschen. 203
λουτροφόρος: Gefäß, das auf das Grab eines Unverheirateten gestellt wurde. 41, 90
λοχαγός: »Oberst«, Befehlshaber eines Bataillons (etwa 100 Mann); in Sparta Befehlshaber über einen Lochos ($1/4$ oder $1/5$ einer Mora, s. d.). 333, 342
λύγξ: Luchs (gilt als schwieriges Wort). 132
λυκάνθρωπος: Wolfsmensch, Werwolf. 121
Λύκειον: Lykeion, das nach dem benachbarten Tempel des Apollon Lykeios

μουσική (sc. τέχνη): jede Kunst oder Fertigkeit, der die Musen vorstehen; Kunst, Literatur. 130, 138
μουσικὸς ἀνήρ: der für die Gaben der Musen empfängliche Mann, der gebildete Mensch. 138
μύριοι: zehntausend. 136
μυροπώλιον: Kosmetikhandlung, Parfümerie. 209
μυστήριον: meist *pl.*: Mysterienkult; Werkzeuge oder Ornamente der Mysterien. 289–294
μύστης: der Myste, der in die Mysterien Eingeweihte, Initiierte. 290–292

ναύαρχος: Flottenkommandeur. 361
νεανίσκος: junger Mann, Jüngling; Diener. 144
νεκρομαντεία: Heraufrufen von Toten; Nekromantie. 303
Νέμεσις: ausgleichende Gerechtigkeit, göttliche Vergeltung (personifiziert). 372
νευρόσπαστα: Gliederpuppen. 126
Νηρηίς, *pl.* Νηρηίδες: Töchter des Nereus, Seenymphen, Quellnymphen. 264
νηστεία: der zweite Tag der Thesmophorien, ein Fasttag. 271
νόμος: Brauch, Gewohnheit; Gesetz. 51 f.
νυμφεύτρια: Brautführerin; auch: Braut. 91
νύμφη: junge Frau, Braut; heiratsfähiges Mädchen; junges Mädchen; Nymphe u. a. 43, 264, 337
νυμφόληπτος: von den Nymphen gefangen, hingerissen, verzückt; wahnsinnig. 264

ξενηλασία: Vertreibung, Ausweisung der Fremden in Sparta. 65
ξίφος: Schwert; auch: das Recht über Leben und Tod im Sinne des *ius gladii.* 342 f.
ξόανον: geschnitztes Bild aus Holz; Bild, Statue (bes. eines Gottes). 277
ξύλα, τά: Block, Pranger. 324, 325
ξυστίς: bis zu den Füßen herabreichendes vornehmes Gewand aus feinem, weichem Material. 212

ὀβολός: Gewicht und Geldeinheit in Athen (= 1/6 Drachme). 167 f., 171, 282, 319, 338, 359, 363
ὁδοποιός: hier: Aufsichtsbeamter im Straßenwesen. 25
οἰκία: Haus, Wohnung; Haushalt, häusliche Einrichtung. 31
οἶκος: Haus u. ä; Wohnraum, Oikos. 32, 35, 93, 109
οἰνοχόη: Gefäß, mit dem man Wein aus dem Mischgefäß (κρατήρ) entnahm und in die Becher goß; auch beim Totenkult von Bedeutung. 126, 235
οἰωνός: Vogel, Raubvogel, auch als Vorzeichen. 296
ὀλιγανθρωπία (auch: ὀλιγανδρία): Menschenmangel, Bevölkerungsschwund. 334
ὁλόκαυστος, -ον: ein vollständig zu verbrennendes Opfer. 266
ὀλολυγή: lautes Geschrei, vor allem von Frauen, die einen Gott anrufen, z. B. bei der Totentrauer. 114, 260
᾽Ολυμπία (sc. χώρα): das Gebiet um Pisa und den elischen Olymp, wo die Olympischen Spiele stattfanden. 146, 287 f.
ὀλυμπιάς: die Olympischen Spiele; der Sieg in Olympia. 287 f.
ὀλυμπιονίκης: Sieger bei den Olympischen Spielen. 288, 322

παλαίστρα: Ringschule; metaphor. auch: Schule. 128, 144, 146 f., 152, 155, 203, 205, 251, 335
πάλη: Ringen (als Sport); allgemein: Kampf, Schlacht. 147, 288
παλλάδιον: einer der drei Ephetengerichtshöfe in Athen. 313
παλλακή (auch παλλακίς): Konkubine (im Gegensatz zur ἄκοιτις, der rechtmäßigen Ehefrau). 105
Παναθήναια (sc. ἱερά), τά: Fest der Athena als der Stadtgöttin in Athen, im Monat Hekatombaion. 66, 83, 146, 208, 212, 215, 218, 223, 242, 269 f, 273, 281, 346
πανηγυρικός: für eine öffentliche Versammlung oder ein öffentliches Fest bestimmt; feierlich, festlich. 287
πανήγυρις: allgemeine oder nationale Versammlung, besonders Festversammlung zu Ehren einer nationalen Gottheit. 268, 287
πανοπλία: vollständige Rüstung eines Hopliten. 273, 333, 334, 340–342, 346, 362
πανσπερμία: dicke Suppe aus Kräutern, Samen aller Art u. a. m. 275
παραλία (sc. τριήρης oder ναῦς): Triere von Paralos, dem Bezirk Attikas an der See, zwischen Hymettos, Brauron und Sunion, athenische Avisotriere. 360
παράσιτος: Parasit: jemand, der bei einem anderen ißt und ihn durch Schmeichelei und Possenreißerei entschädigt, Schmarotzer. 237, 242
παράστασις: hier: Hinterlegung von Geld, Gerichtsgebühr beim Beantragen eines bestimmten Prozesses; Kaution. 311
παρθένεια, τά: von einem Mädchen-, Jungfrauenchor gesungene Chorlieder. 118
πάροχος: jemand, der neben einem anderen auf einem Wagen sitzt, besonders der Führer des Bräutigams bei den Hochzeitszeremonien. 91
παστάς: Portikus vor einem Haus; Kolonnaden um einen Tempel; Teil des Hauses in unmittelbarer Nachbarschaft der Portikus: Halle, oder die Portikus selbst (so hier); Innenraum, Brautgemach. 32, 34–36
πάτρια, τά: das von den Vätern Ererbte, Brauchtum, die alte Verfassung usw. 261
πελανός: runder Kuchen als Geschenk an die Götter. 265, 300
πελίκη: Tongefäß bestimmter Form (s. z. B. das Gefäß auf dem Umschlag). Kap. 8, Anm. 29
πελταστής: wer eine πέλτη (s. d.) trägt; allg. *pl.*: leichte Truppen. 342 f., 361
πέλτη: kleiner, leichter Schild aus Leder, ohne Rand. 342
πένταθλον: Fünfkampf, Wettbewerb mit fünf Übungen. 147, 288, 335
πεντακοσιομέδιμνος, *pl.* -οι: die 1. Klasse im Steuersystem Solons; Fünfhundert-Scheffler, Bürger, deren Landbesitz jährlich einen Ertrag von 500 Medimnen hervorbrachte. 46
πεντετηρικός: fünfjährig, d. h. in jedem fünften Jahre wiederkehrend (etwa Spiele, Feste usw.). 287
πεντηκόνταρχος: in Athen: Befehlshaber von 50 Mann, der unter dem Trierarchos dient; in Sparta: Kompaniechef (über vielleicht 64, möglicherweise über 50 Mann). 333
πεντηκόντερος (auch -ορος) (sc. ναῦς): Schiff mit 50 Rudern. 355
πέπλος: allgemein jedes gewobene Tuch, das zur Bekleidung oder Verkleidung benutzt wird, Laken, Decke, Vorhang, Schleier; hier: von Frauen getragenes Obergewand oder Mantel in einem Stück. 216–219, 220, 270, 277

περίνεως, *pl.* -νεῳ: Matrosen, Seeleute; im Sg. Unteroffizier, Maat. 358
περίοικος: Periöken, die Einwohner der von Sparta abhängigen Städte; allg.: Abhängige, Unterworfene. 332 f., 334
περίπολος: Patrouillengänger, Wachmann (Ephebe im 2. Jahr). 339
περιστίαρχος: jemand, der die περίστια darbringt, das Opfer eines Schweins bei der Lustration einer Volksversammlung oder auch die Lustration selbst. 58
περίστυλον: Peristyl, Kolonnade (um einen Tempel oder um den Innenhof des Hauses). 31, 34–36
περισχοίνισμα: durch ein Seil abgesperrter Platz für die Volksversammlung. 11
Περσικαί (sc. ἐμβάδες): Schuhe persischer Machart, auch von den Kleidungsstücken, etwa prachtvollen orientalischen Gewändern. 224
πέτασος: breitrandiger Filzhut, getragen u. a. von Reisenden und den Epheben. 227
πεττεία (auch: πεσσεία): ein Spiel, das dem Dame- oder Puffspiel ähnelt. 252
Πιθοίγια, τά: Festtag an den Anthesterien, an dem die Fässer mit dem neuen Wein geöffnet wurden. 274
πίθος: großes Terrakottagefäß zur Aufbewahrung von Wein, Öl, Getreide u. a. 182, 234, 274
πιλίδιον: Filzhut, dann: Nachtmütze. 227, 255, 341
πῖλος: alles, was aus Filz gemacht ist, insbesondere ein engsitzender Hut. 226 f.
πλαταγή: Rassel, Räppelchen. 125
πλέκος: Flechtwerk; hier: Flechtkorb. 351
πλῆκτρον: Instrument zum Schlagen der Leier, Plektron. 71, 139
Πλυντήρια (sc. ἱερά), τά: in Athen Fest, an dem die Kleider der Athena gewaschen wurden, am 25. Thargelion. 276
πνύξ: die Pnyx, Ort in Athen, an dem die Volksversammlung stattfand (zumindest zu bestimmten Zeiten). 11, 53, 54, 56 f., 228, 308
ποίησις: das Machen, Schaffen, Herstellen im Gegensatz zum Handeln, der πρᾶξις. 79
Ποικίλη (sc. στοά): die Stoa Poikile in Athen, eine mit Malereien ausgeschmückte Portikus. 19, 290, 350
ποικίλος: vielfarbig, bunt, gesprenkelt, gefleckt. s. Ποικίλη
πολέμαρχος: Kriegs-, Feldherr, Oberkommandierender; in Athen der dritte Archon. 63, 66, 311 f., 333, 342, 354
πολιορκητική (sc. τέχνη): Belagerungskunst, -technik. 354
πόλις: Stadt, Gemeinde, zentraler Ort u. ä. 50 und *passim*
Ποσειδώνια, τά: Spiele zu Ehren Poseidons. 202
Ποσιδεών: sechster Monat des attischen Kalenders, Dezember–Januar. 272 f., 308
πράκτωρ (auch: πρακτήρ): Beamter, der Schulden bzw. Geldstrafen einzuziehen hat; auch: Steuereinnehmer. 63, 325
πρᾶξις: Tätigsein, Handeln, vor allem im politischen Sinne. 79
πρατοπάμπαις: Anführer (?) der Pampaides, einer spartanischen Jugendformation. 119
πρεσβύτατος, *pl.* -οι: die Ältesten der athenischen Armee (50–60 Jahre), die zusammen mit den Epheben eine Art Miliz bildeten. 335, 336
προάγων: feierlicher Aufzug der Schauspieler und Theaterleute vor ihrer Darbietung. 281

προβασκάνιον (auch: προβασκανία): Schutz gegen Hexerei, Amulett. 112, 126, 222, 262, 294

προβούλευμα: Vorbeschluß des Rats (βουλή), der der Volksversammlung zur Abstimmung vorgelegt wurde. 58, 60

πρόγραμμα: öffentliche Bekanntmachung; Tagesordnung, z. B. der Bule oder der Volksversammlung. 53

προεδρία: Privileg, bei Spielen, Theatervorstellungen u. a. die vorderen Sitze einzunehmen; ein solcher Ehrenplatz. 62, 282, 339, 362

πρόθεσις: Aufbewahrung eines Toten. 113

πρόθυρον (auch: προθυρών): Eingangstür, Flur, Eingang zur αὐλή; auch: Portikus. 32

προμαντεία: Privileg, ein Orakel im Vergleich zu anderen Konsulenten vorrangig zu befragen. 300

προμικκιζόμενος: Knabe einer bestimmten Altersstufe in den spartanischen Jugendformationen (das Alter ist umstritten). 119

πρόπαις: Knabe einer bestimmten Altersstufe in den spartanischen Jugendformationen. 119

πρόπομα: ein Trank vor den Mahlzeiten, »Aperitif«. 238

προσκήνιον: hier: erhöhte Plattform vor dem Bühnengebäude, Bühne; auch: gemalte Szenerie am Ende der Bühne. 278

προσκύνησις: Sich-zu-Boden-Werfen als Gehorsams- oder Anbetungsgeste. 301

προστάτης: allgemein: Vorsteher, Führer; hier: Patron von Freigelassenen. 66, 321

προστῷον: Portikus, Säulengang. 37

προχαριστήρια, τά: Danksagungsopfer zu Ehren der Athena zum Frühjahrsbeginn, im Monat Elaphebolion. 276

πρυτανεία: Amt und Tätigkeit der Prytanen; Vorsitz: die Zeit, in der die fünfzig Prytanen aus jeder Phyle in Bule und Ekklesia Athens den Vorsitz führten. 56 f., 59, 63, 195, 308

πρυτανεῖα, τά: Geldsumme, die vor Beginn eines Prozesses von jeder Partei hinterlegt werden mußte. 311

πρυτανεῖον: Amtssitz der Prytanen in Athen, Prytaneion. 46, 59, 62, 285, 288, 313

πρύτανις, *pl.* πρυτάνεις: allgemein: Herr, Herrscher; in Athen: Mitglied der 50-Männer-Vertretung einer jeden Phyle, die wechselweise in Bule und Ekklesia den Vorsitz innehatten. 56, 57 f., 59, 61–63, 64

πρωρεύς: kommandierender Bugoffizier. 358

πρωταγωνιστής: Darsteller der ersten Rolle eines Stückes; Hauptdarsteller. 280, 284

Πυανόψια (sc. ἱερά), τά: athenisches Fest zu Ehren Apollons, am 7. Pyanopsion. 270

Πυανοψιών: der vierte Monat des attischen Kalenders, Oktober–November. 270 bis 272

πύανος: ein Gericht aus Saubohnen, an den Pyanopsia dem Apollon dargebracht. 270

πύελος (auch: πύαλος): hier: Badewanne, Waschzuber. 34, 204

Πύθια (sc. ἱερά), τά: die Pythischen Spiele zu Ehren des Apollon Pythios in Delphi. 285, 299

Πυθία (sc. ἱέρεια): Pythia, die Priesterin des Pythischen Apollon in Delphi, die als die Stimme des Gottes auf die Orakelfragen antwortete. 299–301, 347, 354

πωλητής: in Athen und andernorts: Beamte, die Steuern und andere öffentliche Einnahmequellen verpachteten, konfiszierten Besitz verkauften und Verträge über öffentliche Arbeiten eingingen. 63, 325

ῥαβδοῦχος: hier: mit Stöcken bewaffnete Ordnungskräfte, z. B. im Theater, bei der Volksversammlung usw. 282, 283

ῥάμνος: hier: Ölzweig; auch eine Art Dornstrauch. Kap. 3, Anm. 82

ῥιζοτόμος: Wurzelsammler, -schneider, besonders als Lieferant der Ärzte und Apotheker oder von Zaubermitteln. 199

ῥιπίς: Fächer. 223

ῥόμβος (auch: ῥύμβος): magisches Rad, vgl. ἴυγξ. 304 f.

ῥωβίδας: Knabe einer bestimmten Altersstufe als Mitglied einer spartanischen Jugendformation (Alter umstritten). 119

σάκκος: grobes Gewand aus Ziegenhaar, Sackkleid. 210

Σαλαμινία (sc. ναῦς oder τριήρης): hier: athenische Avisotriere. 360

σῆμα: Himmelszeichen, Omen u. ä.; Zeichen, an dem man ein Grab erkennt, das Grab selbst. 293

σημεῖον: Grab, Grabmal; Zeichen, Signal (häufig durch Fahnen). 57, 295

σιτοπώλης: Kornhändler. 195

σιτοφύλακες, οἱ: Getreideaufseher, Beamte in Athen, die die Kornimporte registrierten und den Verkauf von Korn, Mehl und Brot beaufsichtigten. 195 f.

σκηνή: Zelt, hier: Bühnengebäude. 278

σκιάδειον: Schattenspender, Sonnenschirm; auch eine Art breiter Hut. 223

Σκιάς: hier: die Tholos in Athen, s. dort. 62

σκίλλα: Meerzwiebel, bei bestimmten Reinigungsriten verwandt. 276, 302

σκιμαλίζω: sich lustig machen über jdn., jdn. verspotten durch eine obszöne Geste. 259

Σκιροφόρια, τά: athenisches Fest, wahrscheinlich zu Ehren der Demeter, Kore und Athena sowie des Poseidon, im Monat Skirophorion. 223, 277

Σκιροφοριών: der zwölfte Monat des attischen Kalenders, Juni–Juli. 277

Σκύθης: Skythe; in Athen Mitglied der Stadtpolizei, die vermutlich größtenteils aus Skythen bestand. 58, 76, 77, 320, 327, 344

σκυτεύς: Lederverarbeiter, besonders Schuhmacher. 187

σκυτοδέψης: Gerber. 187

σκυτοτόμος: Lederzuschneider, besonders Schuhmacher. 187.

σμῆγμα (auch: σμῆμα): Seife; auch: Salbmittel. 206

σοφιστής: ein Kenner seines Fachs, Experte; ein weiser, vorsichtiger oder staatsmännisch denkender Mensch; dann (mit negativem Akzent) Sophist; später gängige Bezeichnung für einen Rhetorikprofessor. 42, 68, 131, 157 bis 162, 197, 235, 262 f., 287, 300

στάδιον: Längenmaß; Wettkampfbahn, Wettlauf. 14, 144, 147 f., 288

στατήρ: Gewicht; eine in verschiedenen Metallen (Gold, Silber, Elektron) geprägte Standardmünze. 168

στήλη: Säule, hier: Steinblock mit Relief und Inschrift als Grabmonument. 41, 138, 255, 259, 325

τέλειος (τέλεος): vollkommen; (von Opfertieren) ganz, ohne Fehl; (von Tieren) erwachsen; (von Menschen) vollkommen in ihrer Art; (von Gelübden) erfüllt u. a. 265
τελεστήριον: Ort der Initiation, besonders in Eleusis und Phlyai. 291 f.
τέρμα: Ende, Ziel; Wendemarke für die Pferde oder Läufer beim Rennen. 148
τεταρτημόριον: Viertel; besonders Viertelobol. 168
τετράδραχμον: Tetradrachme, Silbermünze im Wert von vier Drachmen. 167
τεχνικός: künstlich, handwerklich, geschickt; nach den Regeln der Kunst angefertigt, vgl. ἔντεχνος. 295
τοιχωρύχος: »Mauerdurchbrecher«, Einbrecher, Dieb. 28
τοξότης: Bogenschütze, Bogner; in Athen die Stadtpolizei, vgl. Σκύθης. 58, 76 f., 320, 327, 343 f.
τράγημα: meist *pl.*, getrocknete Früchte oder Süßspeisen, als Dessert eingenommen. 231, 236
τραπεζίτης: Geldwechsler, Bankier; Direktor einer Staatsbank (auf Inschriften bezeugt). 67, 74 f., 193
τρίβων: einfaches, abgetragenes Gewand, getragen u. a. von Spartanern, vor allem von Philosophen wie Sokrates, besonders von den Kynikern und Stoikern. 213, 215
τριηραρχία: das Kommando über eine Triere; in Athen die Leiturgie, eine Triere zu finanzieren und auszustatten. 65, 284, 358 f.
τριήραρχος (auch: -ης): Trierenkommandeur; Ausstatter einer Triere. 358 f.
τριηραύλης: Aulosspieler an Bord einer Triere, der den Ruderern durch seinen Rhythmus das Halten der Schlagzahl erleichterte. 358
τριήρης (sc. ναῦς): Triere, Dreiruderer. 174, 192, 193, 284, 355–361
τριλογία: Gruppe von drei Tragödien, Dialogen usw. 280, 281
τριταγωνιστής: Schauspieler, der die dritte Rolle eines Stücks verkörperte. 280
τριτημόριον: Drittel; eine Münze im Wert von 3/4 Obolen (= τριταρτημόριον). 168
τριώβολον: Dreiobolenstück = eine halbe Drachme; in Athen das Tagesgeld der Richter, seit etwa 392 die Entschädigung für die in der Ekklesia anwesenden Bürger, der Sold der Marinesoldaten (ἐπιβάται), das μετοίκιον (s. dort). 168
τρόπαιον: aus Kriegsbeute errichtetes Denkmal eines Sieges, Tropaion (> Trophäe). 349
τυραννοκτόνος: Tyrannenmörder, Harmodios und Aristogeiton, die 514 den Peisistratos-Sohn Hipparchos umgebracht hatten. 154 f., 246
τύχη: das Unberechenbare, Geschick, Schicksal, Zufall; auch personifiziert. 362

ὑποθυμίς, *pl.* ὑποθυμίδες: Girlande, die man um den Hals trägt, um den Duft der Blumen zu genießen. 237

φαινομηρίς, *pl.* φαινομηρίδες: Frauen, »die den Oberschenkel sehen lassen«, Beiwort der Spartanerinnen wegen ihrer offenen Kleidung. 82, 216 f.
φάλαγξ: Schlachtreihe, Schlachtordnung; schwere Infanterie in Schlachtordnung u. a. 351, 354
φαλλός: Phallos, männliches Glied oder Nachbildung desselben, häufig von kultischer Bedeutung. 272 f., 283
φαρμακεύτρια: Giftmischerin, Kräuterhexe. 305

φαρμακοπώλης: Apotheker, Heilmittelverkäufer. 199

φαρμακός: jemand, der zur Genugtuung oder zur Reinigung für andere geopfert oder hingerichtet wird; Sündenbock; da hierbei meist Verbrecher verwandt wurden, generell ein tadelndes Wort. 276

φιλοτιμία: Ehrliebe, Ruhmsucht, Streben nach Ansehen im Rahmen der Polis. 143, 285, 371

φορβειά: ledernes Mundband, das – wie ein Halfter um die Lippen des Aulosbläsers gelegt – das Hervorbringen und Regulieren der Töne unterstützen soll. 139, 146

φόρος: allgemein: Zahlung; alles, was auf dem Weg von Zahlungen eingebracht wird; Tribut. 169, 274

φρατρία: »Bruderschaft« im politischen Sinn, Unterteilung der Phyle. 54, 55, 93, 271 f.

Φρεαττύς: einer der drei Ephetengerichtshöfe in Athen. 313

φρύνη: Kröte, hier: Name der Kurtisane Mnesarete. 106 f., 202

φυγή: Flucht, Zufluchtsort; hier: Verbannung, Exil; auch: die Körperschaft der Exilierten an einem Ort. 308, 313, 324

φύλαρχος (auch: -ης): Vertreter einer φυλή in politischen Körperschaften; Oberbeamter einer Phyle; militärischer Befehlshaber der Reiterei einer Phyle. 346

φυλή: Personenverband, der durch Zusammenwohnen an einem Ort als zu einer Einheit gehörig betrachtet wurde, so etwa die zehn Phylen des Kleisthenes in Attika. Bei den dorischen Stämmen galt als Einheitsprinzip das gemeinsame Blut einer Abstammung. Auch: das von einer Phyle gestellte militärische Kontingent. 54, 55, 61, 63, 64, 141, 143, 261, 282, 284, 308, 313, 314–319, 324, 337 f., 342, 346, 362

Χαλαστραῖον: eine Art feines Soda, gewonnen aus einem See in der Nähe von Chalastra am Thermaischen Golf, zusammen mit Lauge oder Seife zum Reinigen verwandt. 206

Χαλκεῖα, τά: athenisches Fest zu Ehren der Athena Ergane und des Hephaistos, Ende des Monats Pyanopsion. 272

χαλκεύς: allgemein: Schmied, Metallarbeiter; Kupferschmied; auch Beiname des Zeus. 184, 272

χαλκίνδα, παίζειν: ein Spiel, bei dem man eine sich drehende Kupfermünze zum Halten bringt, bevor sie selbst fällt. 251

χαλκός: Kupfer; alles, was aus Metall gemacht ist; allgemein: Geld; Bronze und die daraus hergestellten Gegenstände wie Kessel, Spiegel, Teller u. a. m. 181 f., 184

χειρονομία: Schattenboxen; pantomimische Bewegung, Gestikulieren. 152

χειροτονία: hier: Wahl, Abstimmung durch Handaufheben. 25, 58, 60, 214

χειρῶναξ: allgemein: jemand, der Herr über seine Hände ist; hier: Handwerksmeister. 166

χερνιβεῖον, χερνίβιον: heiliges Wasser für rituelle Zwecke; das entsprechende Gefäß. 266

χέρνιψ: Wasser zum Reinigen der Hände vor und bei einem Gastmahl; das entsprechende Gefäß. 238

χίλιοι: tausend. 136

χιτών: das auf der Haut getragene Kleidungsstück, Untergewand, Tunika; allgemein: Mantel, Bedeckung jeder Art. 211, 213, 218–220
χλαμύς: kurzer, besonders von Reitern getragener Mantel; allgemein: Militärmantel, lateinisch *paludamentum*. 165, 215, 338
χλανίς: von Männern und Frauen getragenes Obergewand aus Wolle. 165, 213, 220
Χλόια, τά: Fest zu Ehren der Demeter Chloe und der Kore in Eleusis, im Monat Anthesterion. 276
Χόες: 2. Tag der Anthesterien, am 12. Anthesterion. 274
χοηφόρος: jemand, der ein Trankopfer an die Toten oder über ihren Gräbern darbringt, indem er nacheinander Honig, Wein und Wasser vergießt. 274
χορευτής: Chortänzer und -sänger, auch Beiname des Dionysos. 278, 280
χορηγία: die Leiturgie eines Choregen, d. h. des Mannes, dem die Finanzierung der Ausstattung und Einübung eines Theaterchores übertragen wird. 65, 284, 358, s. auch χορηγός
χορηγός: Chorege. 143, 280, 282, 283, 284, s. auch χορηγία
χοροδιδάσκαλος: Chorleiter, der die Gesänge und Tänze einübt. 143, 280
χορός: Tanz; Chor, Tanzgruppe; Tanzplatz. 141, 143, 152, 273, 278, 285
χοῦς: Krug, Gefäß, das z. B. beim Totenopfer der χοηφόροι (s. dort) Verwendung fand. 115
χρησμολόγος: Orakelsammler und -ausleger. 302
χρησμός: Orakel, Orakelspruch. 347
χύτρα: irdener Topf; auch: metallenes Gefäß. 182
Χύτροι, οἱ: der dritte Tag der Anthesteria in Athen. 275 f.

ψῆφος: kleiner, runder Stein, Kiesel; hier: Stimmstein. 319, 320, 321 f.
ψίαθος: Schilfmatte (zum Schlafen). 38
ψυκτήρ: Gefäß zum Weinkühlen; auch metaphorisch: ruhiger, kühler Ort. 241

ὤμιλλα: Spiel, bei dem Nüsse o. ä. in einen Kreis geworfen werden. 249
ὠμοφαγία (auch: ὀμοφαγία): das Essen von rohem Fleisch als kultische Handlung. 292
Ὠσχοφόρια, τά: ein Tag des athenischen Festes Σκίρα, an dem zwei ausgewählte junge Männer, Söhne von Vollbürgern, in Frauenkleidern und Rebzweige mit Trauben in Händen tragend, in einer Prozession von jungen Männern vom Dionysostempel zum Tempel der Athena Skiras geleitet wurden. 271

Nachwort des Herausgebers

Ein Buch zu schreiben, das sich über den engen Kreis der Mitforschenden hinaus an ein weiteres interessiertes Publikum wendet, und dabei nicht auf die Präzision der Belege und das detaillierte Ausdiskutieren der behandelten Problematik zu verzichten, muß dem vom Fach kommenden Autor wie der Versuch einer Quadratur des Kreises erscheinen. Und so überrascht es nicht allzusehr, wenn auch gerade im deutschsprachigen Raum jene »Resignation«, die »von dem Gelehrten gefordert wird, der seine Mitbürger möglichst wenig beschwindeln und möglichst wenig ennuyieren möchte« (Th. Mommsen), jahrzehntelang und im wesentlichen bis heute die Haltung der Fachwelt bestimmt hat. Dabei ist das heute angesichts der Frage nach Sinn und Aufgabe von Alter Geschichte und Geschichte überhaupt unübersehbar gewordene Vermittlungsproblem in den Hintergrund gedrängt worden, ein Problem, das sich unter den gewandelten Publikumsbedingungen der Gegenwart freilich in noch verschärfter Form stellt, da wohl kaum ein Autor mehr davon ausgehen kann, auf einen Leserkreis zu wirken, dem die Antike aus dem Unterricht eine vertraute Vorstellung wäre und dem der Zugang zu den Originalquellen durch die Kenntnis der alten Sprachen mit geringer Mühe offenstünde.

Robert Flacelière hat sich im vorliegenden Buch dieser schwierigen Aufgabe gestellt und in der Tradition eines Fustel de Coulanges und eines Gustave Glotz eine Darstellung der Kultur des ›klassischen‹ Griechenlands geschaffen, die durch ihren Reichtum an lebendigen Einzelheiten aus der archäologischen Überlieferung und die zahlreichen ausführlichen Zitate charakteristischer Zeugnisse aus den literarischen Quellen ebenso wie durch die Wahl allgemeinerer, übergeordneter Gesichtspunkte, die durch das ganze Werk hindurch leitfadenartig wiederaufgenommen und in der Schlußbetrachtung auf ihren anthropologischen Nenner gebracht werden, für sich in Anspruch nehmen kann, ein lebendiges Bild der gewählten Epoche zu entwerfen. Dabei ist zu bemerken, daß Flacelière sich zu diesem Zweck mit gutem Recht über die früher (etwa in den umfangreichen Handbüchern der positivistisch bestimmten Geschichtsschreibung vom Ende des vergangenen Jahrhunderts) in der Regel zugrunde gelegte Trennung von »Privataltertümern« und »Staatsaltertümern« hinweggesetzt und viele Einzelheiten aus dem Bereich des politischen Lebens, soweit es Leben der Bürger ist, in seine Darstellung der »vie quotidienne« einbezogen hat. Daß die hohe Literatur, die Philosophie und die Gipfelpunkte der griechischen Kunst dagegen am Rande der Betrachtung stehen, mag dem Leser von »Griechischen Kulturgeschichten« aus der Feder angelsächsischer Autoren als ein gewisser Mangel erscheinen, hat aber gleichwohl seine sachlichen Gründe (vgl. die Zusammenfassung S. 368 f.), zumal in der »Griechischen Literaturgeschichte« desselben Autors (s. Bibliographie) eine einschlägige Ergänzung des vorliegenden Bandes zur Verfügung steht.

Dem wissenschaftlich mit der Geschichte des Altertums befaßten Leser mag manches ergänzungs- oder modifizierungsbedürftig erscheinen, doch hätte es den gegebenen Rahmen einer deutschen Übersetzung überschritten, größere Eingriffe in den Text vorzunehmen. Hier konnte es vielmehr allein darum gehen, parallel zur Übersetzung alle Belege zu prüfen, die Zitate präziser zu fassen, gelegentlich um einige Hinweise zu erweitern und im übrigen nur offensichtliche Fehler oder Versehen auszuräumen. Dies ist, soweit wie möglich und sinnvoll, geschehen.

Eine Bibliographie von etwa 850 Titeln, die sich auf Standardwerke, größere monographische Abhandlungen und jüngste Literatur beschränkt, soll dem interessierten Leser das tiefere Eindringen in hier nur zum Anklingen gebrachte Probleme erleichtern.

Dem des Griechischen Unkundigen wurde in Form eines griechisch-deutschen Begriffsverzeichnisses mit über 650 Stichwörtern, das zugleich als Sachindex zu verwenden ist, eine hoffentlich nicht nutzlose Lesehilfe gegeben.

Desgleichen soll eine Zeittafel die historisch-diachronische Einordnung der in der vorwiegend synchronistisch angelegten Darstellung geschilderten Zustände und Ereignisse ermöglichen.

Die Auswahl der Fototafeln wurde erweitert, einige sehr bekannte

Motive wurden gegen seltenere oder illustrationskräftigere ausgetauscht. Besonderer Wert aber wurde darauf gelegt, durch eine größere Zahl von bisher völlig fehlenden Textabbildungen die archäologische Überlieferung in ihrem eigentlichen Medium, dem Gesichtssinn, angemessen zu vergegenwärtigen und die topographischen Erörterungen durch eine Reihe von Karten und Plänen zu erhellen.

Bei der Anfertigung des deutschen Textes wurden zur Übertragung der Zitate aus griechischen Autoren die vorliegenden Übersetzungen dankbar herangezogen; allerdings schien es erlaubt, von einer durchgängigen Nennung der Übersetzer abzusehen, da sich in vielen Fällen eine Abweichung von der betreffenden deutschen Textfassung im Interesse einer größeren Nähe zum jeweils in Rede stehenden Sachbereich als unvermeidlich erwies. Wer ohne entsprechende Sprachkenntnisse sich auf die Lektüre eines antiken Textes einlassen möchte, kann im übrigen mit den üblichen Hilfsmitteln leicht eine brauchbare Übersetzung auftreiben, sofern eine solche vorhanden ist.

Edgar Pack

Inhalt

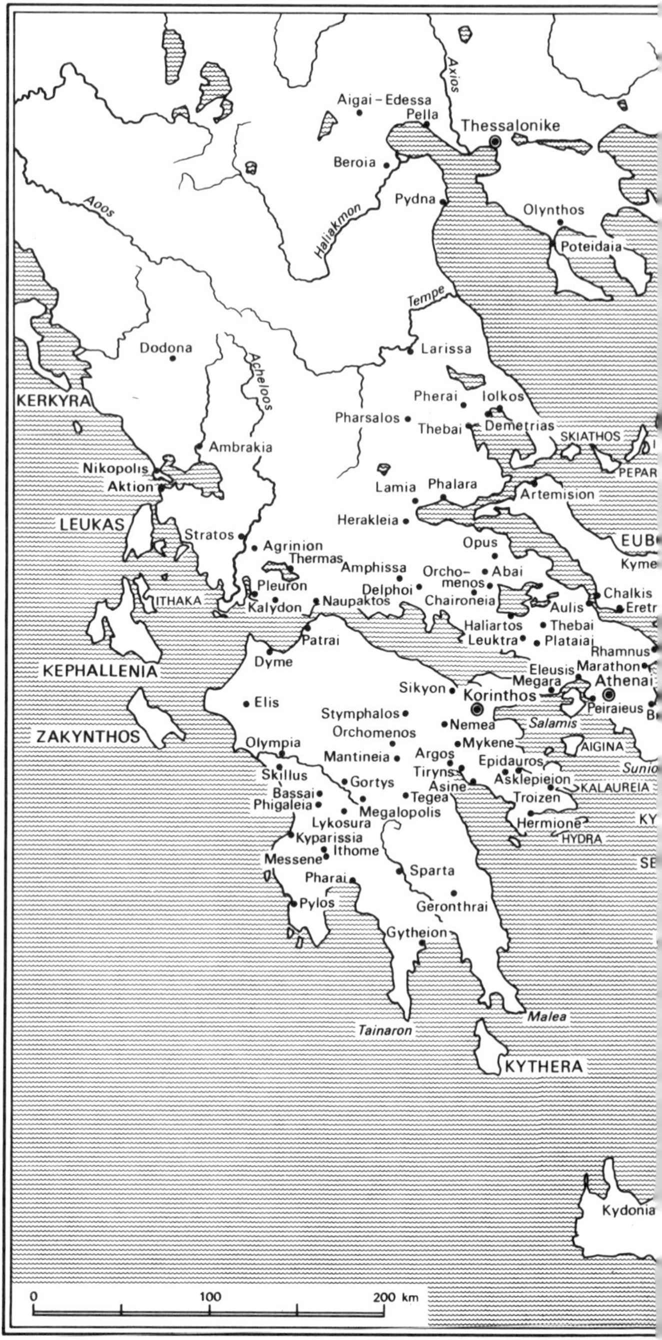
Aigai-Edessa
Pella
Axios
Thessalonike
Beroia
Pydna
Aoos
Haliakmon
Olynthos
Poteidaia
Tempe
Dodona
Acheloos
Larissa
KERKYRA
Pherai
Iolkos
Pharsalos
Thebai
Demetrias
SKIATHOS
Ambrakia
Nikopolis
Aktion
Lamia
Phalara
Artemision
LEUKAS
Herakleia
Stratos
Agrinion
Opus
Thermas
Amphissa
Orcho-
menos
Abai
Kyme
Pleuron
Delphoi
Chalkis
ITHAKA
Kalydon
Naupaktos
Chaironeia
Aulis
Haliartos
Thebai
Patrai
Leuktra
Plataiai
Rhamnus
Dyme
KEPHALLENIA
Eleusis
Marathon
Sikyon
Megara
Athenai
Elis
Korinthos
Stymphalos
Peiraieus
Nemea
Salamis
ZAKYNTHOS
Orchomenos
Olympia
Mykene
AIGINA
Mantineia
Argos
Epidauros
Tiryns
Skillus
Asine
Asklepieion
Gortys
KALAUREIA
Bassai
Tegea
Troizen
Phigaleia
Megalopolis
Lykosura
Hermione
Kyparissia
HYDRA
Ithome
Messene
Sparta
Pharai
Pylos
Geronthrai
Gytheion
Malea
Tainaron
KYTHERA
Kydonia
0
100
200 km

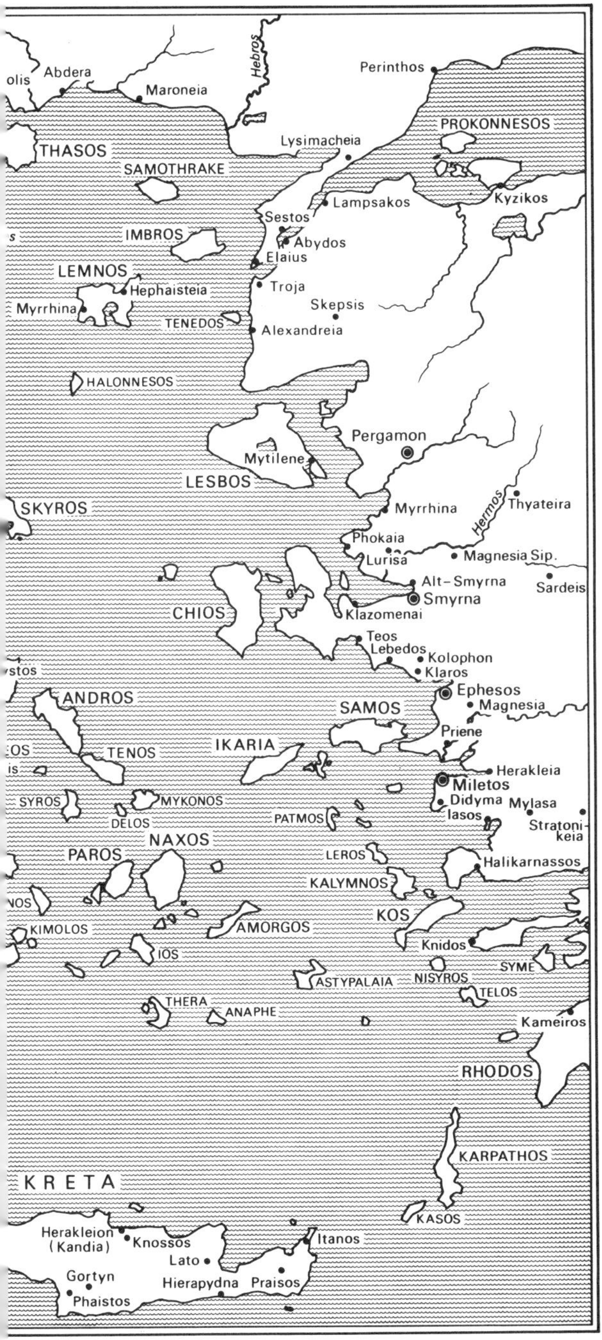
Abdera
Maroneia
Hebros
Perinthos
PROKONNESOS
THASOS
SAMOTHRAKE
Lysimacheia
Lampsakos
Kyzikos
Sestos
IMBROS
Abydos
Elaius
LEMNOS
Hephaisteia
Troja
Myrrhina
Skepsis
TENEDOS
Alexandreia
HALONNESOS
Pergamon
Mytilene
LESBOS
SKYROS
Myrrhina
Hermos
Thyateira
Phokaia
Lurisa
Magnesia Sip.
Alt-Smyrna
Sardeis
Smyrna
CHIOS
Klazomenai
Teos
Lebedos
Kolophon
Klaros
Ephesos
ANDROS
SAMOS
Magnesia
Priene
IKARIA
TENOS
Herakleia
Miletos
Didyma
Mylasa
SYROS
MYKONOS
Iasos
PATMOS
DELOS
Stratoni-
keia
NAXOS
PAROS
LEROS
Halikarnassos
KALYMNOS
KOS
KIMOLOS
AMORGOS
Knidos
IOS
SYME
ASTYPALAIA
NISYROS
TELOS
THERA
ANAPHE
Kameiros
RHODOS
KARPATHOS
K R E T A
KASOS
Herakleion
(Kandia)
Knossos
Itanos
Lato
Gortyn
Hierapydna
Praisos
Phaistos